From one Sapiens
to another.

Sapiens

Sapiens

사피엔스

유발 하라리

Yuval Noah Harari

조현욱 옮김 | 이태수 감수

김영사

옮긴이 조현욱

서울대학교 정치학과를 졸업하고, 동 대학원을 수료했다. 1985년부터 2009년까지 《중앙일보》 기자로 24년간 재직하면서 국제부장, 문화부장, 논설위원을 역임했다. 2009년 한국외국어대학교 언론정보학부 초빙교수를 지냈다. 2011년부터 2013년까지 《중앙일보》 객원 과학전문기자로 '조현욱의 과학 산책'을 매주 연재했다. 건강의학포털 '코메디닷컴'의 편집주간과 국가미래전략을 위한 싱크탱크 여시재의 편집위원장을 지냈다. 2016년부터 《중앙선데이》에 과학칼럼 '조현욱의 빅 히스토리'를 연재 중이다. 현재 '과학과 소통' 대표로서 대중 강연과 글쓰기에 힘쓰고 있다.

옮긴 책으로 《휴먼카인드》《호모 사피엔스와 과학적 사고의 역사》《최종 이론은 없다》《이성적 낙관주의자》《창조의 엔진》《동시성의 과학, 싱크》《요리 본능》《의사, 인간을 어루만지다》《나는 의사다》 등이 있다.

감수 이태수

서울대학교와 독일 괴팅겐 대학교에서 고전문헌학과 철학을 공부하고 서울대학교 철학과 교수를 역임했다. 현재 서울대학교 명예교수로 연구 활동을 계속하고 있다.

출간 10주년 기념 양장 특별판

사피엔스

특별판 1쇄 발행 2023. 1. 27.
특별판 5쇄 발행 2023. 2. 13.

지은이 유발 하라리
옮긴이 조현욱

발행인 고세규
편집 박민수 강지혜 디자인 이경희
발행처 김영사
등록 1979년 5월 17일(제406-2003-036호)
주소 경기도 파주시 문발로 197(문발동) 우편번호 10881
전화 마케팅부 031)955-3100, 편집부 031)955-3200 | 팩스 031)955-3111

값은 뒤표지에 있습니다.
ISBN 978-89-349-4323-5 03900

홈페이지 www.gimmyoung.com   블로그 blog.naver.com/gybook
인스타그램 instagram.com/gimmyoung   이메일 bestbook@gimmyoung.com

좋은 독자가 좋은 책을 만듭니다.
김영사는 독자 여러분의 의견에 항상 귀 기울이고 있습니다.

사랑하는 아버지 슐로모 하라리를 추억하며

Yuval Noah Harari

인공지능의 시대,
새로운 이야기가 필요하다

2011년 여름 《사피엔스》 집필을 마무리하면서 이 이야기로 다시 돌아올 일은 없을 거라고 확신했다. 이 책을 각별히 좋아하는 데다가 성공까지 거둬 감사한 마음이지만, 이 책을 통해 인류에 대한 이야기는 일단 전해졌다고 생각했기 때문이다. '휴머니티 2.0'은 여전히 진화해가고 있고, 그래서 다른 이에게 맡겨두는 것이 최선이라

• 《사피엔스》는 2011년 히브리어판이 최초 출간되었고, 2015년부터 영어를 비롯해 65개 언어로 번역 출간되면서 글로벌 베스트셀러로 자리매김했다. 한국어판은 2015년에 출간되었다.

고 여겼다.

그러던 중 2016년 미국 대선의 여파로 나는 다시 출발점으로 돌아가 상상 속의 질서와 지배적 구조를 창조해내는 인류의 독특한 능력을 재검토해야겠다는 생각이 들었다.

지난 몇 년 동안 우리가 배운 것은 가짜 뉴스가 진짜 뉴스보다 더 큰 힘을 가질 수 있다는 점, FBI가 대통령을 선출할 수 있다는 점, 페이스북이 선거판의 틀에 영향을 줄 수 있다는 점, 억만장자가 경쟁 후보보다 적은 돈을 써서 대통령이 될 수 있다는 점, 마지막으로 한 국가가 적대적인 두 진영으로 쪼개져 더 이상 서로의 이야기를 들으려 하지 않을 수 있다는 점이다.

달리 말해 이 모든 현상이 말하는 바는 대규모로 상상 속의 질서를 창조해내는 인류의 독특한 능력이 현재 우리에게서 등을 돌리고 있다는 것이다.

과거 우리는 국민국가와 자본주의 시장이라는 상상 속의 질서 덕분에 힘을 가질 수 있었다. 그 덕분에 전례없는 번영과 복지도 이루었다. 하지만 그 상상 속의 질서가 오늘날 우리를 분열시키려 하고 있다.

현재 우리가 마주한 커다란 도전 과제는 세계적인 규모로 새로운 상상 속의 질서를 만들되 국민국가나 자본주의 시장에 기초하지 않는 것이다.

국민국가나 자유시장 또는 개인의 주권이나 자연의 지배에 기초하지 않은 채로 세계적인 규모로 새로운 상상 속의 질서를 만들 수 있을까?

이것이 바로 이 책에서 내가 전하고 싶었던 이야기이다.

———

위 글은 나, 유발 노아 하라리가 쓴 것이 아니다. 나처럼 쓰라는 주문을 받은 강력한 인공지능이 쓴 것이다. 이 특별한 인공지능의 이름은 GPT-3로, 샌프란시스코에 본사가 있고 기계 학습을 전문적으로 다루는 연구소인 '오픈 AI'에서 만들었다. 《사피엔스》출간 10주년을 맞아 새로운 서문을 써달라는 주문을 받자 GPT-3는 내 책과 논문, 인터뷰는 물론 온라인에 떠돌아다니는 무수한 내 글들을 모아서 위 글을 완성했다. 그 과정에 어떠한 수정이나 편집은 없었다.

나를 구현해낸 GPT-3의 글을 보면서 마음이 복잡했다. 우선, 그리 인상적이지는 않았다. 실제로 내가 썼던 표현들을 베낀 뒤, 인터넷을 뒤져 얻은 온갖 다양한 견해를 섞어 글을 조합했기 때문이다. 나라면 결코 글로 쓰지 않았을 아이디어가 많이 포함됐다. 납득하기 어렵거나 명백하게 우스꽝스러운 부분도 보였다. 그 결과물은 문학적이면서 지적인 잡탕처럼 보인다. 일단 안심이 된다. 적어도 몇 년간은 GPT-3가 내 일자리를 뺏지 못할 것이기 때문이다.

하지만 한편으로는 정말 깜짝 놀랐다. 위 글을 읽는 동안 충격으로 입을 다물지 못했다. 정말 AI가 이 글을 썼단 말인가? 글 자체는 잡동사니들을 조합해 만든 잡탕이다. 하지만, 어차피 모든 글이 다 그렇잖은가? 내가《사피엔스》를 집필할 때도 마찬가지였다. 수많은 책, 논문, 인터뷰 글들을 다 끌어 모아서 서로 다른 아이디어와 사실을 결합해 새로운 이야기를 만들어냈으니 말이다.

GPT-3가 생산한 글이 가진 가장 놀라운 사실은 말이 된다는 점이다. 문장을 무작위로 조합한 것이 아니며 논리적으로 일관성을 띠고 있다. 나는 GPT-3의 일부 주장에 동의하지 않는다. 하지만 그 글이 실제로 모종의 주장을 펴고 있다는 점에서 놀라지 않을 수 없었다. 만약 유명한 이야기처럼 원숭이에게 타자기를 가지고 놀게 했다면 나는 힐끗 쳐다보기만 해도 1초도 되지 않아 그게 내 글이 아니라는 결론을 내렸을 터다. 하지만 GPT-3의 글은 1분 내지 2분 동안 찬찬히 들여다본 후에야 비로소 내가 쓴 것이 아니라는 결론을 내릴 수 있었다.

그뿐만이 아니다. 두 번째로 날 놀라게 하고 또 불안하게 한 것은 변화의 속도다. GPT-3는 여전히 매우 원시적인 인공지능이다. 앞으로 우리가 마주치게 될 것은 훨씬 더 많다. 2010년《사피엔스》를 집필할 때, 난 인공지능에 전혀 관심이 없었다. 이 단어는 심각한 역사책보다는 그저 공상과학 영화에나 어울리는 것처럼 들렸다. 하지만 내가 도서관에 앉아 오래된 책을 읽고 있을 때 컴퓨터 공학 연구소에 다니던 내 동료들이 게으름을 피우지는 않은 듯하다.

2011년 《사피엔스》가 히브리어로 처음 출판되었을 때의 일을 돌이켜 보자. 왓슨이라는 이름의 AI가 미국의 인기 게임 프로그램인 〈제퍼디!Jeopardy!〉에서 인간 참가자들에게 승리했으며,[1] 자율주행 자동차는 베를린 도심에서 주행에 성공했고,[2] 음성 인식 서비스인 시리 siri가 아이폰에 처음으로 등장했기 때문이다.[3]

10년이 지난 현재 인공지능 혁명이 전 세계에 휘몰아치고 있다. 이 혁명은 우리가 알던 방식의 인류 역사는 끝났다는 신호를 보내고 있다. 수만 년 동안 인류는 모든 종류의 도구를 개발해 스스로 더 강해졌다. 도끼, 바퀴, 원자폭탄은 인류에게 새로운 힘이 되었다. 하지만 인공지능은 다르다. 역사상 처음으로 힘의 중심이 인류의 손아귀에서 벗어날지도 모른다.

인류가 이전의 도구들을 통해 힘을 얻을 수 있었던 것은 도구에게 스스로의 용도를 결정할 능력이 전혀 없었기 때문이다. 결정권은 언제나 인류의 특권이었다. 도끼 스스로 어떤 나무를 찍을지 결정할 수 없었고, 원자폭탄이 스스로 전쟁을 시작할 수 없었다. 하지만 인공지능은 가능하다. 이미 오늘날 은행에 대출을 신청하면 승인 여부를 결정하는 것은 다름 아닌 인공지능이다. 이력서를 잠재적 고용주에게 보냈을 때도 그걸 살펴보고 당락을 결정짓는 것은 인공지능일 가능성이 크다.

이전 도구들을 통해 인류가 힘을 누릴 수 있었던 데는 이유가 있다. 도구가 인간을 이해하는 것보다 인간이 도구를 더 잘 이해했다는 사실이다. 농부는 도끼의 용도를 잘 이해하지만 도끼는 농부의 요구나 감정을 이해할 수 없다. 하지만 머지않아 인공지능은 우리 자신보다 우리를 더 잘 이해하게 될 것이다. 인공지능은 인류의 도구로 계속 남을 것인가? 아니면 우리가 그들의 도구가 될 것인가?

적어도 몇 년 동안은 인간이 인공지능보다 여전히 더 강할 것이다. 특히 인공지능을 비롯한 혁신적인 기술을 어떻게 개발하고 사용할 것인지, 그 틀을 결정할 힘을 아직도 보유하고 있다. 이 힘을 지혜롭게 사용하는 것은 우리의 삶에 결정적으로 중요하다. 기술은 결코 결정론적이지 않다. 동일한 기술이 매우 다양한 방식으로 사용될 수 있다. 20세기에 일부 사회는 전력, 기차, 라디오를 이용해서 전체주의 독재 정권을 이뤄낸 반면, 다른 사회는 정확히 똑같은 힘을 사용해서 자유민주주의를 만들었다. 우리는 21세기에 새로운 기술을 사용하여 천국도 만들 수 있고 지옥도 만들 수 있다. 그것은 전적으로 우리 선택에 달렸다.

현명한 선택을 위해서는 이런 새로운 기술들이 가진 모든 잠재력을 이해해야 하겠지만, 또한 우리 스스로에 대해 더 잘 파악해야 한다. 만일 인공지능을 사용해서 어떤 세상이든 모두 만들 수 있다면, 과연 그 세상은 어떤 모습일까? 생명공학을 이용해 인간의 몸과 마음을 개조할 수 있다면 무엇을 바꾸겠는가?

동화 속에서 그 결과는 보통 비극이었다. 마법을 부리는 금붕어나 요술램프 속 전능한 지니가 사람들의 소원 세 가지를 들어줄 때를 보라. 이는 사람들 스스로 엉뚱한 소원을 빌었기 때문이다. 행복과 불행의 진짜 근원이 무엇인지를 이해하지 못한 탓이다. 이런 동화 속에 등장하는 갈팡질팡하는 모습을 벗어나려면 인간이란 어떤 존재인지 알아야 한다. 우리는 누구인가? 우리는 어디에서 왔는가?

다행히 지난 10년 동안 디지털 기기가 어마어마하게 강력해지면서 인간 생물학과 인류의 역사에 관한 우리의 지식도 엄청나게 늘어났다. 2011년 《사피엔스》를 출판한 뒤에 과학자들은 인류 가계도에서 몇몇 새로운 가지를 발견했다. 2013년 남아프리카에서는 호모 날레디Homo naledi의 뼈가 처음 발견되었다.[4] 필리핀 루손 섬에서 살았던 소인종인 호모 루소넨시스Homo luzonensis도 2019년에 발견되었다.[5] 2021년에는 이스라엘과 중국에서 새로운 인류종으로 추측되는 유골 두 종류가 발견되었다.[6]

우리는 단지 다른 고대 인류가 존재했다는 사실뿐 아니라, 그들이 무엇을 먹고 어떻게 행동했으며 심지어 누구와 관계를 맺고 살았는지도 알게 되었다. 《사피엔스》를 쓸 무렵, 우리가 아는 거라곤 호모 사피엔스와 네안데르탈인의 이종교배에 대한 조그만 힌트뿐이었다. 하지만 현재 그들 간의 조우에 대한 훨씬 더 많은 증거가 나왔다. 또한 사피엔스와 네안데르탈인 모두 데니소바인과도 교배했다는 사실을 알게 되었다. 2010년 처음 발견된 미스터리한 또 다른 인류 말이다. 최근 과학자들은 모계는 네안데르탈인이며 부계는 데니소바인인 혼종 인간의 유해를 발견했다.[7]

《사피엔스》를 펴낸 이래 인류 역사에 많은 정보가 더해졌고 새로운 전환이 이루어졌다. 하지만 책에서 언급했던 요점은 전혀 바뀌지 않았다. 즉, 호모 사피엔스를 이해하는 가장 좋은 방법은 호모 사피엔스를 '이야기하는 동물storytelling animal'로 보는 것이라는 점이다. 인간은 신과 국가와 기업에 대한 허구의 이야기를 만들어내며, 이러한 이야기들은 우리 사회의 근간이자 삶에 의미를 주는 원천이 된다. 그 이야기를 위해 우리는 기꺼이 누군가를 죽이거나 또는 죽임을 당한다. 이런 행태는 침팬지나 늑대를 비롯해 사회생활을 하는 똑똑한 다른 종에서는 볼 수 없다. 인간은 다른 어떤 동물보다 더 많은 사실을 알지만 또한 더 많은 허구를 믿는다. 오직 인간만이 이야기 탓에 서로를 살해한다. 정말로 우리가 인류 역사를 이해하길 원한다면 허구적인 이야기들을 진지하게 받아들여야 한다는 게 내 주장이다. 그저 경제나 인구통계학적인 요소만 들여다본다고 되는 게 아니다.

예를 들어, 제1차 세계대전을 떠올려보자. 독일과 영국은 왜 전쟁을 벌였는가? 영토나 식량이 부족해서가 아니다. 1914년 독일과 영국 모두 집을 짓기에 충분한 영토가 있었고, 국민들이 먹고살기에 충분한 식량도 있었다. 하지만 양측이 함께 믿을 수 있는 공통의 이야기를 만들지 못했다. 그래서 전쟁을 벌였다. 오늘날 영국과 독일 간에 평화가 유지되는 이유는 더 많은 영토를 보유하고 있기 때문이 아니라(실제로 1914년 때보다 영토는 훨씬 작아졌다) 두 나라 국민 대부분이 믿는 공통의 이야기가 현존하기 때문이다.

수천 년 전, 석가모니는 이미 사람들이 환상의 세계 속에서 살고 있다고 논했다. 실제로 국가, 신, 기업, 돈, 이념은 우리 모두가 창조해서 신봉하고 있는 집단 환상이다. 이것이 인류의 역사를 지배한다. 인공지능의 시대를 맞아 우리가 어떤 이야기를 믿느냐는 그 어느 때보다 중요하다. 이는 우리가 스스로의 환상을 추구할 더욱 강력한 기술을 가지고 있기 때문이다.

고대 인류가 상상한 천국과 지옥은 그들의 행동에 큰 영향을 미쳤다. 전쟁에 참여하여 이른바 '이단자'들을 죽였으며 천국에 갈 수 있다는 믿음으로 금식과 금욕을 했다. 하지만 그들은 천국 그 자체를 죽음이라는 상상의 영역으로 미뤄둬야만 했다. 하지만 21세기에 적어도 몇몇 사람들은 그들의 환상을 이 땅에서 이루고자 하는 유혹을 뿌리치기 힘들 것이다. 인공지능과 생명공학 및 기타 혁신적인 기술을 사용해서 말이다. 우리가 무엇을 믿을 것인지를 신중하게 선택하지 못한다면 우리는 순진무구한 이상향에 쉽게 호도될 수 있다. 출구 없는 기술 지옥에 빠져버릴지도 모른다.

더 나은 세상을 만들려면 컴퓨터 프로그래밍을 배우거나 유전자

코드를 해독하는 것만으로는 충분치 않다. 인공지능과 유전공학은 전체주의 폭군과 종교적 광신자의 목표를 쉽게 이루게 해줄 수 있다. 우리가 정말 알아야 할 것은 인간의 마음과 그 마음이 만들어내서 믿고 있는 환상이다. 시인과 철학자와 역사가들의 과제이자 어느 때보다 해결이 시급한 숙제다.

우리는 죽은 자들의 꿈 안에 갇혀 있다. 하지만 역사를 연구하면 출구가 보일 수 있다. 나 같은 역사가의 임무는 과거를 기억하는 데 있지 않다. 오히려 사람들을 과거로부터 해방시키는 데 있다. 우리가 믿는 이야기가 어떻게 만들어졌는지를 배우게 될 때, 그 이야기들을 바꿀 방법도 알게 된다.

인간은 이야기하는 동물이며, 인간 사회는 이야기 없이 작동될 수 없다. 하지만 결국 이 이야기들도 사람들을 돕기 위해 우리가 만드는 도구에 불과하다. 만약 이야기가 유익함보다 해로운 결과를 더 많이 낳는다면 언제든지 그 이야기를 바꿀 수 있는 것이다.

2022년 7월
유발 노아 하라리

1. https://www.nytimes.com/2011/02/17/science/17jeopardy-watson.html
2. www.sciencedaily.com/releases/2011/09/110920095258.htm
3. https://www.cnn.com/2011/10/04/tech/mobile/siri-iphone-4s-skynet/index.html
4. https://www.nhm.ac.uk/discover/homo-naledi-your-most-recently-discovered
   -human-relative.html
5. https://www.nhm.ac.uk/discover/homo-naledi-your-most-recently-discovered
   -human-relative.html
6. https://science.sciencemag.org/content/372/6549/1424; https://www.science
   mag.org/news/2021/06/stunning-dragon-man-skull-may-be-elusive-
   denisovan-or-new-species-human
7. https://www.nature.com/articles/d41586-018-06004-0

한국의
독자들에게

우리 종의 역사를 이해하는 것은 중요한 일이다. 인간은 역사상 가장 중대한 결정을 내리려 하고 있기 때문이다. 그 결과에 따라 지구에 있는 생명체들의 진로는 전면적으로 바뀔 것이다. 생명은 40억년 전 출현하여 자연선택 법칙의 지배를 받아왔다. 바이러스든 공룡이든 모두 자연선택 법칙을 따르면서 진화했다. 아무리 이상하고 특이한 형태라도 생명은 언제나 유기체라는 한계에 묶여 있었다. 선인장이든 고래든 모두가 유기화합물로 만들어졌다.

　이제 인간은 과학을 통해 자연선택을 지적설계로 대체하고, 유기체가 아닌 생명을 만들기 시작할지 모른다. 과학은 자연선택으로 빚어진 유기적 생명의 시대를 지적설계에 의해 빚어진 비유기적 생명의 시대로 대체하는 중이다. 특히 오늘날의 과학은 우리에게 스스로의 몸과 마음을 재설계할 수단을 제공하기 시작했다.

역사 과정 동안 수많은 경제적, 사회적, 정치적 혁명이 존재했지만 인간 그 자체는 변하지 않았다. 우리는 신라시대나 고대 이집트 시대 선조들과 여전히 동일한 몸과 마음을 지니고 있다. 하지만 앞으로 사회와 경제뿐 아니라, 우리의 몸과 마음도 유전공학, 나노기술, 뇌기계 인터페이스에 의해 완전히 바뀔 것이다. 몸과 마음은 21세기 경제의 주요한 생산물이 될 것이다.

심지어 죽음조차 완전히 달라질 가능성이 있다. 역사 과정을 통틀어 죽음은 언제나 형이상학적 현상으로 인식되었다. 우리가 죽는 것은 신이, 우주가, 대자연이 그렇게 규정했기 때문이다. 그러므로 죽음을 혹시라도 물리칠 수 있는 것은 오직 그리스도 재림 같은 모종의 거대한 형이상학적 몸짓뿐이라고 사람들은 믿게 되었다.

하지만 최근 우리는 죽음이 기술적인 문제라고 재정의하였다. 매우 복잡한 문제이긴 하지만, 기술적인 문제라는 점에는 변함이 없다. 과학은 모든 기술적 문제에 모종의 기술적 해결책이 있다고 믿는다. 이제 우리는 죽음을 극복하기 위해 예수나 부처를 기다릴 필요가 없다. 전통적으로 죽음은 사제와 신학자의 전공이었지만 오늘날 이 분야를 공학자들이 넘겨받았고, 실험실의 괴짜 연구자

두 명이 이를 해결해낼 수도 있다. 2년 전 구글은 '캘리코'라는 자회사를 설립했는데, 그 회사의 목표는 '죽음'이라는 문제를 해결하는 것이다.

이런 기술적 혁신은 거대하고 새로운 기회이기도 하지만 새로운 위험을 낳을 수도 있다. 이를 낙관하거나 비관하는 것은 의미가 없다. 우리는 현실주의자가 되어, 이런 일이 실제로 일어나고 있다는 사실을 이해해야 한다. 이것은 과학이지 공상과학 소설이 아니다. 그리고 지금이야말로 우리가 이 문제에 대해 매우 심각하게 생각하기 시작해야 할 가장 적당한 시기다.

이와 비교한다면 각국의 정부나 시민들이 걱정하는 여타의 문제들은 아주 사소하다. 물론 글로벌 경제위기, 테러단체 '이슬람 국가IS', 남중국해의 긴장 등은 매우 중요한 문제이긴 하지만 그 중요성은 '인간강화human enhancement'라는 문제와 비교하면 새 발의 피다.

생명의 미래에 관한 우리의 결정은 지금껏 시장의 맹목적인 힘과 덧없는 유행이 좌우해왔다. 우리는 무모한 소비에 열중한 나머지 우리 행성의 많은 부분을 파괴하고 있다. 각국 정부가 다음 선거보다 더 먼 미래를 내다보는 일이 드문 상황에서 말이다.

나는 이 책이 독자 스스로 '우리는 누구인가, 어디에서 왔는가, 어떻게 해서 이처럼 막대한 힘을 얻게 되었는가'를 이해하는 데 도움이 되기를 소망한다. 나는 또한 이 같은 이해 덕분에 생명의 미래에 대해 우리가 더 현명한 결정을 내릴 수 있기를 소망한다.

지난 해 이 책은 전 세계에서 매우 호의적인 반응을 얻었다. 미국, 중국, 영국, 브라질, 멕시코, 대만을 포함한 20개국 이상에서 베스트셀러가 되었다. 나는 이 책이 성공한 이유를 진정한 필요에 답을 주기 때문이라고 믿는다. 우리는 글로벌한 세상에 살고 있지만, 대부분의 책과 학교는 여전히 특정 문화나 국가의 국지적인 역사에 대해서만 이야기한다. 하지만 정확히 말하면, 이 세상에 독립국가는 더 이상 존재하지 않는다. 우리 행성은 여전히 2백여 개의 각기 다른 국가로 나뉘어 있지만, 모든 국가가 동일하게 전 지구적인 경제적, 정치적, 문화적 힘에 의존하고 있다.

우리가 직면한 주된 문제들 역시 글로벌한 성격을 띠고 있다. 지구 온난화로 기후가 급격히 바뀌면 어떤 일이 벌어질까? 직업시장에서 컴퓨터가 사람을 대체하고 대부분의 인간이 경제적으로 쓸모가 없어지면 어떤 일이 벌어질까? 바이오기술의 혁신 덕분에 인간의 업그레이드가 가능해지고, 가난한 자와 부자 간에 진정한 생물학적 격차가 생기면 어떤 일이 벌어질까? 이는 모든 인간이 직시할 필요가 있는 질문이며, 이를 혼자 해결할 수 있는 나라는 없다.

나는 이 책이 한국 독자들에게 특별한 의미가 있으리라고 믿는다. 한국은 다른 어느 지역보다 오늘날 우리가 직면한 딜레마를 더욱 압축해서 보여주는 곳이기 때문이다. 한 세기 안에서 파괴적인 전쟁과 식민지배를 모두 겪었고, 매우 짧은 기간 만에 저개발 전통 사회에서 선진경제 국가이자 세계에서 가장 앞선 기술력을 가진 나라 중 하나로 성장했다. 게다가 오늘날 정보기술과 바이오기술 분야의 혁명을 선도하는 중이다. 덕분에 한국인들은 첨단 기술의 전도유망함과 더불어 위험도 두 배로 많이 느끼고 있다.

GDP와 생활수준이 극적으로 올라가는 동안 자살률도 치솟았다. 그래서 오늘날 한국은 선진국 중 최고, 세계 전체로 보아도 가장 높은 수준에 육박하는 자살률을 기록하고 있다.

한국은 행복도에 대한 조사에서도 멕시코, 콜롬비아, 태국 등 경제적으로 더 어려운 나라보다 뒤처져 있다. 이는 가장 널리 통용되는 역사 법칙의 어두운 한 단면을 보여준다. 말하자면 인간은 권력을 획득하는 데는 매우 능하지만 권력을 행복으로 전환하는 데는 그리 능하지 못하다는 것이다.

한국이 가르쳐주는 것이 하나 더 있다. 기술은 이야기의 절반에 불과하고, 마침내 사람들이 기술로 무엇을 할 것인지에 따라 모든 것이 결정된다는 사실이다. 지난 1945년 한반도 남쪽과 북쪽의 사람들이 사용할 수 있었던 기술은 정확히 똑같았다. 하지만 오늘날 남북한의 기술 격차는 세계에서 가장 크다. 동일한 언어와 역사와 전통을 지닌 동일한 민족의 사람들이 거의 비슷한 기술을 사용해서 완전히 다른 사회를 건설한 것이다.

2015년, 전 세계 모든 지역 사람들은 놀라운 신기술에 접근할 수단을 가지려 고군분투하고 있다. 하지만 이 기술은 우리에게 그것으로 무엇을 하라고 말하지 않는다. 유전공학, 인공지능 그리고 나노기술을 이용해 천국을 건설할 수도 있고, 지옥을 만들 수도 있다. 현명한 선택을 한다면 그 혜택은 무한할 것이지만, 어리석은 선택을 한다면 인류의 멸종이라는 비용을 치르게 될 수도 있다. 현명한 선택을 할지의 여부는 우리 모두의 손에 달려 있다.

2015년 11월
유발 노아 하라리

차례

138억 년 전	물질과 에너지 등장. 물리학 시작.
	원자와 분자 생성. 화학 시작.
45억 년 전	지구 행성 형성
38억 년 전	생명체 등장. 생물학 시작.
6백만 년 전	인간과 침팬지의 마지막 공통 조상.

250만 년 전	아프리카에서 인류 진화. 석기 사용.
2백만 년 전	인류가 아프리카에서 유라시아로 퍼짐. 다양한 인간 종의 진화.
40만 년 전	유럽과 중동에서 네안데르탈인 진화. 불을 일상적으로 사용.
30만 년 전	아프리카에서 호모 사피엔스 진화.
7만 년 전	인지혁명. 스토리텔링의 등장. 역사의 시작.
	사피엔스 아프리카에서 퍼져 나감.
5만 년 전	사피엔스 호주에 정착. 호주 대형동물 멸종.
3만 년 전	네안데르탈인 멸종. 호모 사피엔스가 유일하게 살아남은 인류 종이 됨.
15,000년 전	사피엔스 아메리카 대륙 정착. 아메리카 대륙 대형동물 멸종.
12,000년 전	농업혁명. 동물의 가축화와 식물의 작물화. 영구 정착 생활 시작.
5천 년 전	최초의 왕국, 글씨와 돈 사용. 다신교 종교.

4,250년 전	최초의 제국 탄생(사르곤의 아카드 제국).
2,500년 전	주화의 발명 – 보편적 돈.
	페르시아 제국 – 보편적 정치 질서.
	인도의 불교 – 보편적 가르침.
2천 년 전	중국의 한 제국. 지중해의 로마 제국. 기독교 전파.
1,400년 전	이슬람 발생.
5백 년 전	과학혁명. 인류 스스로 무지를 인정하고 전대미문의 힘을 얻기 시작.
	유럽인들, 아메리카 대륙 정복 시작. 지구 전체가 단일한 역사의 무대가 됨.
2백 년 전	산업혁명. 가족과 공동체가 국가와 시장에 의해 대체됨.
	동식물의 대량 멸종.

≫
≫
≫

현재	인간은 지구라는 행성의 경계를 초월. 핵무기 인류의 생존을 위협.
	생명체의 형태가 자연선택보다 지적설계에 의해 결정되는 경향이 커짐.
미래	지적설계는 생명의 기본 원리가 될 것인가?
	최초의 비유기적 생명체가 나타날 것인가?
	인간은 신이 될 것인가?

인지혁명

제
1
부

1

별로 중요치 않은 동물

약 140억 년 전(2013년 플랑크 위성의 관측 결과를 반영한 우주의 최신 나이는 137억 9,800만 년±3,700만 년이다. 저자는 140억 년이라고 적었으나 이는 개략적인 수치이다―옮긴이) 빅뱅이라는 사건이 일어나 물질과 에너지, 시간과 공간이 존재하게 되었다. 우주의 이런 근본적 특징을 다루는 이야기를 우리는 물리학이라고 부른다. 물질과 에너지는 등장한 지 30만 년 후에 원자라 불리는 복잡한 구조를 형성하기 시작했다. 원자는 모여서 분자가 되었다. 원자, 분자 및 그 상호작용에 관한 이야기를 우리는 화학이라고 부른다.

약 40억 년 전 지구라는 행성에 모종의 분자들이 결합해 특별히 크고 복잡한 구조를 만들었다. 생물이 탄생한 것이다. 생물에 대한 이야기는 생물학이라 부른다. 약 7만 년 전, 호모 사피엔스 종에 속하는 생명체가 좀 더 정교한 구조를 만들기 시작했다. 문화가 출현한 것이다. 그후 인류문화가 발전해온 과정을 우리는 역사라고 부른다.

역사의 진로를 형성한 것은 세 개의 혁명이었다. 약 7만 년 전 일

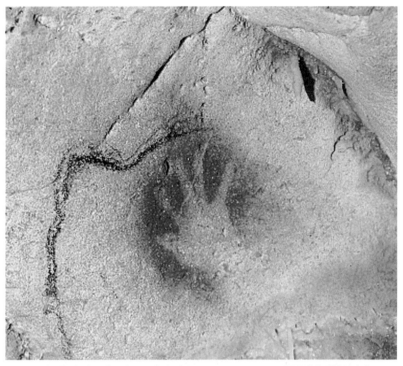

▲   약 3만 년 전 프랑스 남부 쇼베-퐁다르크(Chauvet-Pont-d'Arc) 동굴 벽에 찍힌 인간의 손도장. 누군가 "내가 여기 있었노라"고 말하고 싶었던 모양이다.

어난 인지혁명은 역사의 시작을 알렸다. 약 12,000년 전 발생한 농업혁명은 역사의 진전 속도를 빠르게 했다. 과학혁명이 시작한 것은 불과 5백 년 전이다. 이 혁명은 역사의 종말을 불러올지도 모르고 뭔가 완전히 다른 것을 새로이 시작하게 할지도 모른다. 이들 세 혁명은 인간과 그 이웃 생명체에게 어떤 영향을 끼쳤을까? 그것이 이 책의 주제다.

인류는 역사가 시작하기 오래전부터 존재했다. 현대 인류와 아주 비슷한 동물은 약 250만 년 전 출현했지만, 수없이 많은 세대 동안 그들은 같은 지역에 서식하는 다른 수많은 동물들보다 딱히 두드러지지 않았다.

우리가 2백만 년 전의 동부 아프리카에서 하이킹을 한다고 상상해보자. 우리가 마주칠 인간 군상의 모습은 오늘날과 그리 다르지 않을 것이다. 걱정스런 표정으로 아기를 안고 있는 여인, 진흙탕에서 즐겁게 노는 어린이들, 사회의 규범에 반항하는 흥분한 젊은이들, 그저 평화롭게 지내기만을 원하는 무기력한 노인들, 동네 미인들에게 좋은 인상을 남기고 싶어 주먹으로 가슴을 두드리는 총각들, 오래전부터 이런 광경들을 보아온 현명하고 나이 든 우두머리 여성.

이들 원시인류는 서로 사랑하고 놀면서 친밀한 관계를 형성하기도 하고, 지위와 권력을 위해 경쟁하기도 했다. 하지만 이것은 침팬지, 개코원숭이, 코끼리도 마찬가지였다. 인간이라고 해서 특별한 점은 없었다.

당시에 아무도 짐작하지 못한 사실이 있다. 당시에는 아무도 이들 원시인류의 후손이 언젠가 달 위를 걷고 원자를 쪼개고 유전자 코드를 해독하며 역사책을 쓰리라는 사실을 상상조차 하지 못했다. 선사시대 인류에 대해 우리가 알아야 할 가장 중요한 점은, 그들이 그다지 중요치 않은 동물, 주변환경에 별 영향을 미치지 못하는 종이었다는 점이다. 그들은 고릴라, 반딧불이, 해파리보다 딱히 더 두드러지지 않았다.

생물학자들은 생물을 종으로 분류한다. 동물을 같은 종으로 구분하는 기준은 간단하다. 서로 교배를 하는 경향이 있고 그래서 번식 가능한 후손을 낳으면 된다. 말과 당나귀는 최근에 같은 조상에서 갈라졌고 신체적 특질에 공통점이 많지만, 이들은 서로에게 성적 관심을 보이지 않는다. 굳이 교배를 하게 유도할 수는 있으나 그 후손인 노새는 불임이다. 그러므로 당나귀의 DNA에 생긴 돌연변이는 말에게 전달될 수 없고 그 반대도 마찬가지다. 그 결과 두 동물은 각기 다른 종으로 분류되며 각자 다른 진화의 길을 걷는다. 이와 대조되는 경우는 불도그와 스패니얼이다. 둘은 매우 달라 보이지만 같은 종이다. 동일한 DNA 정보를 공유한다는 뜻이다. 이들은 교배를 하고, 그들이 낳은 강아지는 자라서 다른 개와 짝을 지으며 많은 새끼를 낳는다.

같은 조상에게서 진화한 각기 다른 종들을 묶어서 '속屬, genus'이라 부른다. 사자와 호랑이, 표범과 재규어는 '표범 속Panthera'에 속하는 각기 다른 종이다.

생물학자들은 두 개의 라틴어로 생물의 학명을 붙인다. 속이 먼저 나오고, 종은 그 뒤에 쓴다. 예컨대 사자의 학명은 'Panthera leo'로, Panthera 속에 속하는 leo 종이라는 뜻이다. 속의 상위에 있는 것이 '과科, family'다. 고양이과(사자, 치타, 집고양이), 개과(늑대, 여우, 자칼), 코끼리과(코끼리, 매머드, 마스토돈) 등이 그런 예다. 같은 과에 속하는 모든 동물은 동일한 선조의 후손이다. 예컨대 모든 고양이과 동물은 약 2,500만 년 전에 살았던 조상을 공유하고 있다. 가장 작은 집고양이에서 무서운 사자에 이르기까지 모두 마찬가지다.

호모 사피엔스도 마찬가지로 하나의 과에 속한다. 이 엄연한 사실은 역사에서 가장 은밀히 숨겨진 비밀이었다. 오랫동안 호모 사피엔스는 스스로를 다른 동물과 동떨어진 존재로, 속한 과科가 없는 동물인 것처럼, 형제자매도 사촌도 없고 가장 중요하게는 부모도 없는 동물인 것처럼 보려고 했다. 하지만 이것은 사실이 아니다. 좋든 싫든, 우리는 거대 영장류라는 크고 유달리 시끄러운 과의 한 일원이다. 현생종들 중 우리와 가까운 친척으로는 침팬지, 고릴라, 오랑우탄이 있고, 가장 가까운 것은 침팬지. 불과 6백만 년 전 단 한 마리의 암컷 유인원(꼬리 없는 원숭이)이 딸 둘을 낳았다. 이 중 한 마리는 모든 침팬지의 조상이, 다른 한 마리는 우리 종의 할머니가 되었다.

인류가 스스로

숨겨온 비밀

　　　　호모 사피엔스는 이보다 훨씬 더 불편한 사실을 계속 비밀로 해왔다. 오늘날 우리에게 문명화되지 않은 사촌들이 많을 뿐 아니라 과거에는 형제자매도 적지 않았다는 사실이다. 지난 1만 년간 우리 종은 지구상의 유일한 인간 종이었기 때문에, 우리는 스스로를 유일한 인류라고 생각하는 데 익숙해 있다. 하지만 '인간human'이란 말의 진정한 의미는 '호모 속에 속하는 동물'이고, 호모 속에는 사피엔스 외에도 여타의 종이 많이 존재했다.

　더구나 그리 멀지 않은 미래에 우리는 사피엔스가 아닌 인류와 다시 한 번 경쟁해야 할지도 모른다. 이는 책의 마지막 장에서 살펴볼 주제다. 이런 논점을 명확하게 하기 위해, 나는 호모 사피엔스 종의 일원들을 지칭하는 표현으로 '사피엔스'라는 용어를 주로 사용하겠고, '인류human'란 표현은 '호모 속에 속하는 현존하는 모든 종'을 지칭하는 의미로 쓰겠다.

인류는 약 250만 년 전 동부 아프리카의 오스트랄로피테쿠스에서 진화했다. 오스트랄로피테쿠스는 우리보다 더 오래된 유인원의 한 속으로서 '남쪽의 유인원'이란 뜻이다. 약 2백만 년 전 이들 원시의 남성과 여성은 고향을 떠나 여행을 시작해 북아프리카, 유럽, 아시아의 넓은 지역에 정착했다. 인류 집단은 지역에 따라 각기 다른 방향으로 진화했다. 북유럽의 눈 덮인 숲에서 살아남기에 좋은 특질과 인도네시아의 찌는 듯한 정글에서 살아남는 데 필요한 특질이 서로 다르기 때문이다.

그 결과 서로 다른 여러 종들이 생겨났고, 과학자들은 여기에 거창한 라틴어 이름을 붙였다. 유럽과 서부 아시아의 인류는 '호모 네안데르탈렌시스(네안데르 골짜기에서 온 사람)', 흔히 말하는 네안데르탈인으로 진화했다. 이들은 우리 사피엔스보다 덩치가 크고 근육이 발달한 덕분에 유라시아 서부에서 빙하기의 추운 기후에 잘 적응했다. 아시아의 좀 더 동쪽 지역에는 호모 에렉투스가 살았다. 이들 '똑바로 선 사람'은 그 지역에서 2백만 년 가까이 살아남아, 가장 오래 지속된 인간 종이 되었다. 우리 사피엔스가 이 기록을 깰 가능성은 희박해 보인다. 호모 사피엔스가 지금부터 1천 년 후에 존재할지 여부도 의심스러운 마당에 2백만 년은 우리와는 동떨어진 시간이다.

인도네시아의 자바 섬에는 호모 솔로엔시스가 살았는데, '솔로 계곡에서 온 사람'이란 뜻이다. 이들은 열대지방의 삶에 잘 적응했다. 한편 인도네시아의 또 다른 섬 플로레스에서는 고인류가 왜소화의 과정을 겪었다. 인류가 플로레스 섬에 도착한 것은 해수면이 이례적으로 낮아져서 본토에서 건너가기가 쉬운 때였다. 그러다 해수면이 다시 높아지자 일부 사람들이 자원이 부족한 그 섬에 갇히게 되었다. 식량을 많이 먹어야 하는 덩치 큰 사람들이 먼저 죽었고, 아무래도 작은 사람들이 살아남기가 수월했다.

세대를 거듭하면서 플로레스 섬 사람들은 점점 난쟁이가 되었다. 과학자들이 '플로레스인(호모 플로레시엔시스)'이라 이름 붙인 이 사람들은 최대 신장이 1미터에 체중은 25킬로그램 이하였다(2003년 발견된 이들 화석인류는 12,000년~9만 년 전에 생존했던 것으로 추정된다─옮긴이). 하지만 이들은 석기를 만들 능력이 있었으며, 가끔 섬의 코끼리를 어찌어찌 사냥하기도 했다. 사실은 그 코끼리들도 왜소화된 종이었지만 말이다.

2010년에 우리의 잃어버린 사촌 중 또 하나가 발견되었다. 시베리아의 데니소바 동굴을 발굴하던 과학자들이 손가락뼈 화석 하나를 찾아냈는데, 유전자 분석 결과 이 손가락의 주인은 이제껏 알려지지 않은 인류에 속하는 것으로 드러났다. 연구자들은 '데니소바인(호모 데니소바)'이라고 이름을 붙였다.

또 다른 동굴이나 섬에서 발굴을 기다리는 우리의 잃어버린 사촌이 얼마나 많을지는 아무도 모른다. 이들 인류가 유럽과 아시아에서 진화하는 동안, 동아프리카의 진화도 계속되었다. 인류의 요람

▲　　상상을 통해 복원해본 우리 사촌들의 얼굴. 왼쪽부터 호모 루돌펜시스(동아프리카), 호모 에렉투스(동아시아), 호모 네안데르탈렌시스(유럽과 서아시아). 모두가 인간에 속한다.

은 다양한 종을 길러냈다. '호모 루돌펜시스(루돌프 호수에서 온 사람)' '호모 에르가스터(일하는 사람)' 그리고 우리 종이다.

인 지 혁 명

우리는 뻔뻔스럽게도 스스로에게 '호모 사피엔스(슬기로운 사람)' 란 이름을 붙였다. 이들 종은 덩치가 크기도 했고 작기도 했다. 일부는 무서운 사냥꾼이었고 일부는 온순한 식물 채집인이었다. 하나의 섬에만 사는 종도 있었지만 대륙을 방랑한 종이 많았다. 하지만 모두가 호모 속에 속해 있었다. 모두가 인간이었다.

사람들이 흔히 범하는 오류 중 하나는 이들 종을 단일 계보라고 생각하는 것이다. 예컨대 에르가스터가 에렉투스를 낳고 에렉투스가 네안데르탈인을 낳고 네안데르탈인이 진화해 우리 종이 되었다는 식이다. 이런 직선 모델은 오해를 일으킨다. 어느 시기를 보든 당시 지구에 살고 있던 인류는 한 종밖에 없었으며, 모든 오래된 종들은 우리의 오래된 선조들이라는 오해 말이다.

사실은 이렇다. 2백만 년 전부터 약 1만 년 전까지 지구에는 다양한 인간 종이 동시에 살았다. 왜 안 그랬겠는가? 오늘날에도 불곰, 흑곰, 북극곰 등 수많은 종류의 곰들이 살고 있지 않은가. 한때 지구에는 적어도 여섯 종의 인간이 살고 있었다. 여기에서 이상한 점은 옛날에 여러 종이 살았다는 사실이 아니라 오히려 지금 딱 한 종만 있다는 사실이다. 더구나 이 사실은 우리 종의 범죄를 암시하는 것일지 모른다. 곧 살펴보겠지만, 우리 사피엔스 종에게는 사촌들에 관한 기억을 억압할 이유가 있다.

생각의 비용

인간의 여러 종은 차이도 많지만 공통점도 많다. 우선 인간은 다른 동물에 비해 뇌가 예외적으로 크다. 무게가 60킬로그램인 포유동물의 뇌는 보통 2백 세제곱센티미터인 데 비해, 250만 년 전 살았던 가장 초기의 인류는 뇌 용적이 6백 세제곱센티미터였고, 현대의 사피엔스는 평균 1,200~1,400세제곱센티미터에 달한다. 네안데르탈인의 뇌는 이보다 더 컸다.

우리는 진화과정에서 큰 뇌가 선호되는 것을 구태여 뇌를 굴려볼 필요도 없을 만큼 당연한 일로 여긴다. 우리는 자신의 높은 지능에 현혹된 나머지 "지적인 능력은 크면 클수록 좋다"고 가정한다. 하지만 만일 그렇다면 지금쯤 고양이과에서도 미적분을 할 수 있는 개체가 출현했을 것이고, 개구리는 지금쯤 나름의 우주계획을 출범시켰어야 하지 않겠는가.

실상을 말하자면 커다란 뇌는 자원을 고갈시키는 밑 빠진 독이다. 무엇보다 갖고 다니기 어렵다. 커다란 두개골 안에 들어 있으면 더 그렇다. 심지어 연료도 많이 소모한다. 호모 사피엔스의 뇌는 몸무게의 2~3퍼센트를 차지할 뿐이지만, 뇌가 소모하는 에너지는 신체가 휴식 상태일 때 전체의 25퍼센트나 된다. 반면에 다른 유인원의 뇌가 소모하는 에너지는 신체가 휴식 상태일 때 전체의 8퍼센트에 불과하다.

고인류는 뇌가 커지면서 두 가지 대가를 지불했다. 첫째, 식량을 찾아다니는 데 더 많은 시간을 썼다. 둘째, 근육이 퇴화했다. 국방예산을 교육 부문으로 전용하는 정부처럼 인류는 근육에 쓸 에너지를 뉴런에 투입했다. 이것이 아프리카의 대초원에서 살아남기 좋은 전략이었다고 성급히 결론을 내려버릴 수는 없다. 침팬지는 호모 사피엔스와 논쟁을 벌여 이길 수는 없지만 인간을 헝겊 인형처럼 찢어버릴 완력을 가지고 있지 않은가.

오늘날 우리의 큰 뇌는 좋은 성과를 올리고 있고, 덕분에 우리는 자동차와 총을 만들 수 있다. 자동차 덕분에 우리는 침팬지보다 훨씬 빨리 이동할 수 있고, 레슬링을 하는 대신 총으로 안전한 거리에서 침팬지를 쏠 수 있다. 하지만 차와 총은 최근 등장한 산물이다. 인간의 신경망은 2백만 년이 넘는 기간 동안 성장을 거듭해왔으나, 몇몇 돌칼과 날카로운 막대기를 제외한다면 그것이 이룬 성과는 극히 미미했다. 그렇다면 과연 무엇이 지난 2백만 년간 인간의 엄청난 뇌 용량 증가를 일으켰을까? 솔직히 우리는 모른다.

인간의 또 다른 이례적 특징은 직립보행이다. 대초원에서 똑바로 서면 사냥감이나 적을 찾기가 쉬워진다. 그리고 이동에 쓰이지 않게 된 팔은 다른 용도, 예컨대 돌을 던지거나 신호를 보내는 데 사용할 수 있다. 팔이 할 수 있는 일이 늘어날수록 그 주인이 성공할 가능성이 커지므로, 진화의 압력에 따라 우리는 손바닥과 손가락에 신경이 집중되고 섬세한 근육이 자리 잡게끔 진화하였다. 그 결과 인간은 손으로 매우 복잡한 업무를 수행할 능력을 갖추었다. 특히 복잡한 도구를 만들고 쓸 수 있게 되었다.

인간이 도구를 만들었다는 첫 증거가 나타나는 시기는 약 250만 년 전으로 거슬러 올라간다. 도구의 제작과 사용은 고고학자들이 고인류를 인정하는 기준이다. 하지만 직립보행은 단점이 있다. 지난 수백만 년간 우리 영장류 선조들은 머리가 상대적으로 작고 네 발로 기는 몸을 지탱하는 골격을 진화시켜왔다. 그러다가 직립 자세에 적응하는 것은 상당한 도전이었다. 특히 유달리 커다란 두개골을 골격이 비계처럼 지탱해야 했기에 더 그랬다. 인간은 높은 시야와 부지런한 손을 얻은 대가로 오늘날 허리가 아프고 목이 뻣뻣해졌다.

여성은 더 큰 비용을 치렀다. 똑바로 서서 걸으려면 엉덩이가 좁아야 하므로 아기가 나오는 산도(질)도 좁아지는데, 하필이면 아기의 머리가 점점 커져가는 기간에 이런 일이 일어났다. 분만 중 사망은 인간 여성에게 주요한 위험이 되었다. 아기의 뇌와 머리가 상대적으로 작고 유연할 때 일찍 출산하는 여성이 더 살아남기 쉬웠고, 더 많은 아기를 낳을 수 있었다.

그 결과 자연선택은 이른 출산을 선호했다. 사실 다른 동물과 비교할 때 인간은 생명유지에 필요한 많은 시스템이 덜 발달된 미숙한 상태로 태어난다. 갓 태어난 망아지는 곧 걸을 줄 알고, 고양이는 생후 몇 주만 지나면 어미 품을 떠나 혼자 힘으로 사냥에 나선다. 그에 비해 인간의 아기는 무력하여, 여러 해 동안 어른들이 부양하고 지키고 가르쳐주어야 한다.

인간의 사회적 능력이 뛰어난 것도 이 덕이요, 특유의 사회적 문제를 안게 된 것도 이 탓이다. 혼자 사는 엄마는 줄줄이 딸린 자녀와 자신을 위한 식량을 충분히 조달하기가 어렵다. 애를 키우려면 가족의 다른 구성원 및 이웃의 지속적인 도움이 필요하다. 인간을 키우려면 부족이 필요했고 따라서 진화에서 선호된 것은 강한 사회적 결속을 이룰 능력이 있는 존재였다. 게다가 인간은 미숙한 상태로 태어나기 때문에 교육을 받고 사회화할 수 있는 기간이 다른 어떤 동물보다 길다.

대부분의 포유동물은 자궁에서 나올 때, 말하자면 유약 발라 구운 도자기 같은 상태로 나오기 때문에 그것을 어떻게든 재성형하려면 긁히거나 깨질 수밖에 없다. 이와 달리 인간은 용광로에서 막 꺼낸 녹은 유리덩어리 같은 상태로 자궁에서 나온다. 놀라울 정도로 다양하게 가공이 가능하다는 말이다. 우리가 아이를 교육시켜 기독교인이나 불교도로도, 자본주의자나 사회주의자로도, 호전적 인물이나 평화를 사랑하는 인물로도 만들 수 있는 것은 이 때문이다.

우리는 이렇게 가정한다. '뇌가 크고 도구를 사용하며 학습능력이 뛰어나고 복잡한 사회적 구조를 갖추면 크게 유리할 것이다.' 인간은 분명 이런 특징 덕분에 지구에서 가장 강력한 동물이 된 것으로 보인다. 하지만 인간은 2백만 년 동안 이런 특징을 지녔음에도 계속 연약한 주변부 존재일 뿐이었다. 1백만 년 전 인간은 뇌가 크고 날카로운 돌도구가 있었음에도 불구하고 포식자를 끊임없이 두려워하며 살았고, 큰 사냥감을 잡는 일은 드물었다. 주로 식물을 채취하고 벌레를 주워 담고 작은 동물에게 몰래 접근하며, 다른 힘센 육식동물이 남긴 썩은 고기를 먹었다. 초기 석기의 가장 흔한 용도는 뼈를 쪼개 골수를 빼내는 일이었다. 인간의 원래 생태적 지위가 그것이었다고 믿는 연구자들도 일부 있다. 딱따구리가 나무 속에서 벌레를 꺼내는 데 특화했듯이 최초의 인류는 뼈에서 골수를 꺼내는 데 특화했다는 것이다.

왜 하필 골수였을까? 예컨대 한 무리의 사자가 기린을 쓰러뜨린 뒤 뜯어먹고 있는 것을 당신이 보았다고 하자. 당신은 이들의 식사가 끝날 때까지 끈기 있게 기다린다. 하지만 차례는 아직 멀었다. 사자가 남긴 것은 하이에나와 자칼의 몫이다. 당신은 감히 거기 끼어들지 못한다. 당신과 당신의 무리는 이들의 식사가 끝난 다음에야 좌우를 조심스럽게 살피며 다가가서 남아 있는 잔해 중에 먹을 수 있는 조직을 찾아 열심히 먹기 시작하는 것이다.

이것은 우리의 역사와 심리를 이해하는 열쇠다. 먹이사슬에서 호모 속이 차지하는 위치는 극히 최근까지도 확고하게 중간이었다. 수백만 년 동안 인간은 자기보다 작은 동물을 사냥하고 식물을 채취해왔으며 지속적으로 대형 포식자에게 사냥을 당해왔다. 인간의 몇몇 종들이 대형 사냥감을 정기적으로 사냥하기 시작한 것은 불과 40만 년 전부터였고, 인간이 먹이사슬의 정점으로 뛰어오른 것은 불과 10만 년 전 호모 사피엔스가 출현하면서부터였다.

중간에서 꼭대기로 단숨에 도약한 것은 엄청난 결과를 낳았다.

피라미드의 꼭대기에 있던 다른 동물, 예컨대 사자나 상어는 수백만 년에 걸쳐 서서히 그 지위에 올랐다. 그래서 생태계는 사자나 상어가 지나친 파괴를 일으키지 않도록 견제와 균형을 발달시킬 수 있었다. 사자의 포식 능력이 커지자 가젤은 더 빨리 달리는 쪽으로 진화했고, 하이에나는 협동을 더 잘하도록 진화했으며, 코뿔소는 더욱 사나워지도록 진화했다.

이에 비해 인간은 너무나 빨리 정점에 올랐기 때문에, 생태계가 그에 맞춰 적응할 시간이 없었다. 게다가 인간 자신도 적응에 실패했다. 지구의 최상위 포식자는 대부분 당당한 존재들이다. 수백만 년간 지배해온 결과 자신감으로 가득해진 것이다. 반면에 사피엔스는 중남미 후진국의 독재자에 가깝다. 인간은 최근까지도 사바나의 패배자로 지냈기 때문에, 자신의 지위에 대한 공포와 걱정으로 가득 차 있고 그 때문에 두 배로 잔인하고 위험해졌다. 치명적인 전쟁에서 생태계 파괴에 이르기까지 역사적 참사 중 많은 수가 이처럼 너무 빠른 도약에서 유래했다.

익혀 먹는
종족

먹이사슬의 최정점으로 올라서는 핵심단계는 불을 길들인 것이었다. 이르면 80만 년 전쯤에 일부 인간 종은 가끔 불을 사용했을지도 모른다. 약 30만 년 전이 되면 호모 에렉투스, 네안데르탈인, 호모 사피엔스의 조상들은 불을 일상적으로 사용했다. 이제 인간은 빛과 온기의 믿을 만한 원천이자 배회하는 사자에 대항할 수 있는 치명적인 무기를 가졌다.

심지어 이후 얼마 뒤부터 인간은 자기 주변에 일부러 불을 놓았을지도 모른다. 불을 조심스럽게 잘 지르면 통행이 불가능하던 잡목 숲을 사냥감이 우글거리는 최고의 초원으로 바꿀 수 있다. 게다가 일단 불이 꺼지면 석기시대 사업가는 그 잔해 속으로 걸어 들어가 불탄 동물과 견과류, 덩이줄기 등을 얻을 수 있었다.

하지만 무엇보다도 불이 하는 최고의 역할은 음식을 익히는 일이다. 조리 덕분에, 인간이 자연 상태 그대로는 소화할 수 없는 밀, 쌀, 감자 등이 인간의 주식이 되었다. 불은 식품의 화학적 조성뿐 아니라 그 생물학적 영향도 바꿔놓았다. 불에 익히면 음식을 오염시키는 세균과 기생충이 죽는다. 인간이 원래 좋아하던 과일, 견과류, 벌레, 죽은 고기도 불에 익히면 씹고 소화하기가 훨씬 더 쉬워졌다. 침팬지는 날것을 씹어 먹느라 하루 다섯 시간을 소모하지만 사람은 익힌 음식을 먹는 데 한 시간이면 족하다.

익히는 요리법 덕분에 인간은 더욱 다양한 종류의 음식을 먹을 수 있게 되었고, 식사 시간도 줄일 수 있었다. 더 작은 치아와 더 짧은 창자를 가지고도 그럭저럭 때울 수 있었다.

일부 학자는 익혀 먹는 화식火食의 등장, 인간의 창자가 짧아진 것, 뇌가 커진 것 사이에 직접적인 연관이 있다고 생각한다. 기다란 창자와 커다란 뇌를 함께 유지하기는 어렵다. 둘 다 에너지를 무척 많이 소모하기 때문이다. 화식은 창자를 짧게 만들어서 에너지 소비를 줄일 수 있게 해주었고, 의도치 않은 이런 변화 덕분에 네안데르탈인과 사피엔스는 커다란 뇌를 가질 수 있었다.[1]

또한 불은 인간과 다른 동물 사이에 처음으로 현격한 차이를 만들어냈다. 동물의 힘은 대개 신체에서 나온다. 근육의 힘, 이빨의 크기, 날개의 폭…… 동물이 바람이나 파도를 이용할 수 있을지는 몰라도 자연의 힘을 통제할 수는 없고, 늘 스스로의 신체에 따른 제약을 받는다. 독수리는 지상에서 올라오는 따뜻한 상승기류를 알아채고 커다란 날개를 활짝 펴서 그 기류를 타고 높이 떠오를 수 있지만, 상승기류의 발생 장소를 통제할 수는 없으며 오직 제 날개 길이만큼만 기류의 덕을 볼 수 있다.

인간은 불을 길들임으로써 무한한 잠재력을 통제할 수 있게 되었다. 독수리와 달리 인간은 불을 일으키는 장소와 시기를 선택할 수 있었으며, 수많은 용도로 불을 이용할 수 있었다. 가장 중요한 점은 불의 힘이 신체의 형태나 구조, 힘의 한계를 뛰어넘는다는 것이었다. 부싯돌이나 불붙은 막대기를 가진 여자 한 명이 몇 시간 만에 숲 전체를 태울 수도 있었다. 불을 길들이는 것은 앞으로 올 일에 대한 신호였다.

호모 사피엔스
-형제 살해범

불의 혜택에도 불구하고, 15만 년 전 인간은 변방의 존재였다. 이제는 겁을 주어 사자를 쫓아낼 수 있고, 추운 밤에 몸을 데울 수 있으며, 가끔씩 숲을 태울 수도 있었다. 하지만 모든 종을 통틀어 보더라도 인간은 인도네시아 군도와 이베리아 반도 사이에 겨우 1백만 명쯤 살았을 것이므로, 생태계를 레이더로 훑는다고

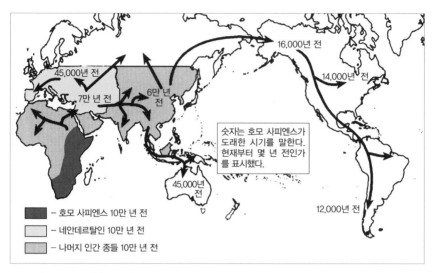

지도 내 텍스트:
16,000년 전
45,000년 전
7만 년 전
6만 년 전
14,000년 전
숫자는 호모 사피엔스가 도래한 시기를 말한다. 현재부터 몇 년 전인가를 표시했다.
45,000년 전
12,000년 전
■ - 호모 사피엔스 10만 년 전
▨ - 네안데르탈인 10만 년 전
▨ - 나머지 인간 종들 10만 년 전

지도 1. 호모 사피엔스, 지구를 정복하다

할 때 겨우 삑 하는 소리를 한 번 낼 만한 정도였다.

우리 호모 사피엔스는 세계 무대에 이미 등장하였지만, 당시까지는 아프리카의 한구석에서 자기 앞가림을 해나가고 있을 뿐이었다. 호모 사피엔스라고 불리는 동물이 언제 어디서 처음 진화했는지 정확히 알 순 없지만, 대부분의 과학자들이 동의하는 사실은 15만 년 전 동부 아프리카에 우리와 똑같이 생긴 사피엔스가 살고 있었다는 것이다. 만일 그중 한 명이 오늘날의 시체안치소에 시체로 등장하더라도 그곳 병리학자는 특이한 점을 전혀 눈치채지 못할 것이다.

그들은 불이 있었기 때문에 이전 선조들에 비해 치아와 턱이 작았고 뇌의 크기는 이미 현대인과 비슷한 수준이었다. 오늘날 과학자들이 동의하는 또 하나의 사실은, 약 7만 년 전 동아프리카의 사피엔스가 아라비아 반도로 퍼져나갔고 거기서부터 유라시아 땅덩어리 전체로 급속히 퍼져나가 번성했다는 것이다.

호모 사피엔스가 아라비아 반도에 상륙했을 당시 대부분의 유라시아 지역에는 다른 종류의 인간들이 이미 정착해 있었다. 이들에게 무슨 일이 일어났을까? 두 가지 상충하는 이론이 존재한다. '교배이론'은 그들이 서로 끌려 성관계를 하고 뒤섞였다는 설이다. 아프리카 출신 이주민이 여기저기로

▲　네안데르탈인 어린이의 상상도. 유전자 분석에 따르면 적어도 일부 네안데르탈인은 하얀 피부에 금발이었을 가능성이 있다.

퍼져나가면서 다른 인간 집단들과 교배했고 오늘날의 인류는 그 이종교배의 후손이라는 것이다. 예를 들면, 사피엔스는 중동과 유럽에 도착해서 네안데르탈인을 만났다. 네안데르탈인은 사피엔스보다 근육이 발달했고 뇌가 더 컸으며 추운 기후에 더 잘 적응했다. 이들은 도구와 불을 사용했고 훌륭한 사냥꾼이었으며 병자와 약자를 돌본 것으로 보인다(고고학자들이 발견한 네안데르탈인의 유골이 그 증거다. 일부는 심각한 신체적 장애를 지니고도 오래 생존한 것으로 판명되었는데, 이것은 친척이 돌보았다는 증거다). 만화에서 묘사하는 네안데르탈인은 야만적이고 멍청한 '혈거인'의 상징인 경우가 흔하지만, 최근 발견되는 증거들은 그런 이미지를 바꾸었다.

교배이론에 따르면, 사피엔스는 네안데르탈인의 땅에 퍼져나가면서 서로 교배했고 결국 두 집단은 하나가 되었다. 이것이 사실이

라면, 오늘날의 유라시아인은 순수한 사피엔스가 아니라 사피엔스와 네안데르탈인의 혼합이다. 마찬가지로 사피엔스는 동아시아로 퍼져나가서도 현지의 호모 에렉투스와 교배했다. 그렇다면 중국인과 한국인은 사피엔스와 에렉투스의 혼합이다.

이와 대립되는 견해는 '교체이론'이다. 교체이론은 전혀 다른 설명을 들려준다. 그들이 서로 화합하지 못하고 반감을 보였으며 심지어 인종학살이 일어났다는 이야기다. 이 이론에 따르면, 사피엔스와 다른 인간 종들은 해부학적으로 달랐으며 짝짓기 습관이나 체취까지도 차이가 났을 가능성이 매우 커서, 서로에게 성적인 관심을 거의 느끼지 못했다.

설령 네안데르탈인 로미오와 사피엔스 줄리엣이 사랑에 빠졌다고 하더라도, 이들이 낳은 아이는 불임이었을 것이다. 두 집단의 유전적 격차가 너무 커서 이미 메울 수 없는 지경이었기 때문이다. 이들 집단은 서로 완전히 분리된 상태로 존재했으며, 네안데르탈인들이 죽거나 살해되자 그 유전자도 사라졌다. 만일 이 이론이 사실이라면, 모든 현대 인류의 조상은 하나같이 7만 년 전 동아프리카에 기원을 두고 있다. 우리는 모두 '순수한 사피엔스'다.

이 논쟁에는 많은 것이 걸려 있다. 진화의 관점에서 볼 때 7만 년이란 상대적으로 짧은 기간이다. 만일 '교체이론'이 맞다면, 현재 살아 있는 모든 인간은 대체로 같은 유전자들을 지니고 있으며 이들 사이의 유전적 차이는 무시해도 좋은 정도다. 하지만 '교배이론'이 맞다면, 아프리카인, 유럽인, 아시아인 사이에는 수십만 년의 연원을 둔 유전적 차이가 있을 수도 있다. 이 문제는 정치적 화약고로서, 폭발력을 지닌 인종이론의 재료가 될 수 있다.

최근 몇십 년은 교체이론이 이 분야의 상식이었다. 이에 대한 고고학적 증거가 상대적으로 더 확고하며 정치적으로도 더 올바른 것이었다(현대 인구집단들에게 유의미한 유전적 다양성이 있다고 말하면 인종주의라는 판도라의 상자가 열릴 수 있다. 과학자들은 이를 원하지 않았다). 하지만 이런 상황은 2010년에 끝이 났다. 4년간의 연구 끝에 네안데르탈인의 게놈 지도가 발표된 것이다. 유전학자들은 화석에서 충분한 양의 온전한 네안데르탈인 DNA를 얻어서 그것과 현대인의 DNA를 폭넓게 대조해볼 수 있었다.

그 결과는 과학자 사회를 경악하게 만들었다. 오늘날 중동과 유럽에 거주하는 인구집단이 지닌 인간 고유의 DNA 중 1~4퍼센트가 네안데르탈인 DNA로 밝혀졌던 것이다. 이것은 비록 많은 양은 아니지만 중대한 의미가 있다. 그로부터 몇 개월 뒤 두 번째 충격적인 사건이 있었다. 과학자들이 2008년 시베리아 알타이 산맥의 데니소바 동굴에서 발견한 손가락뼈에서 추출한 DNA로 유전자 지도를 만들었는데, 그 결과 현대 멜라네시아인과 호주 원주민의 인간 고유 DNA 중 최대 6퍼센트가 데니소바인의 DNA인 것으로 나타났다.

이런 결과가 유효하다면―이런 결론을 강화하거나 수정할 가능성이 있는 추가 연구가 진행 중이라는 사실을 염두에 두는 것이 중요하다―최소한 교배이론에 뭔가 근거가 있다는 뜻이 된다. 하지만 그렇다고 교체이론이 완전히 틀린 것은 아니다. 네안데르탈인과 데니소바인은 오늘날 우리의 게놈에 아주 작은 양만 기여했기 때문에, 사피엔스와 다른 인간 종의 합병을 이야기하기는 불가능하다. 이들 간의 차이가 번식 가능한 성관계를 완전히 차단할 정도로 크지는 않았다고 해도, 그런 접촉을 매우 드물게 만들 정도이기는 했다.

그러면 우리는 사피엔스, 네안데르탈인, 데니소바인의 생물학적 연관성을 어떻게 이해해야 할까? 이들이 말과 당나귀처럼 완전히 다른 종이 아닌 것은 분명하다. 하지만 불도그와 스패니얼처럼 동일 종의 각기 다른 집단에 불과한 것은 아니다. 생물학적 실체는 흑과 백이 아니다. 회색 지대들도 중요하다. 예컨대 말과 당나귀처럼 하나의 공통 조상에서 진화한 두 종이라면 다들 어느 시기에는 불도그와 스패니얼처럼 같은 종의 두 집단이었다. 그러다가 두 집단이 이미 확연히 달라진 시점, 그러면서도 드물게 서로 성관계를 해서 번식 가능한 후손을 낳을 수 있는 시점이 있었을 것이다. 그후 또 다른 돌연변이가 일어나서 최후의 연결선은 끊어졌고, 집단들은 각기 다른 진화적 경로를 밟게 되었다.

사피엔스와 네안데르탈인, 데니소바인은 약 5만 년 전 이런 경계선에 섰던 것 같다. 그들은 완전히 다른 종은 아니지만 대체로 별개의 종이었다. 다음 장에서 살펴보듯 사피엔스와 네안데르탈인, 데니소바인은 유전부호나 신체 특징만 달랐던 것이 아니라 인지능력, 사회적 능력에서도 차이가 났다. 하지만 사피엔스와 네안데르탈인이 번식 가능한 후손을 낳는 일이 드물게나마 여전히 가능했던 것으로 보인다. 따라서 이들 집단이 합병한 것은 아니고 일부 운 좋은 네안데르탈인의 유전자가 사피엔스 특급에 편승한 것이었다. 우리 사피엔스가 과거 언젠가 다른 종의 동물과 성관계를 하고 아이를 낳을 수 있었다는 생각은 심란하다. 그러나 한편 짜릿하기도 하다.

네안데르탈인과 데니소바인이 사피엔스에 합병된 것이 아니라면 이들이 사라진 이유는 무엇일까? 하나의 가능성은 사피엔스가 이들을 멸종으로 이끌었다는 것이다. 상상해보자. 사피엔스의 한 무리가 발칸 반도의 어느 계곡에 도착했는데, 네안데르탈인이 이곳에서 수십만 년 전부터 살고 있었다. 새로 도착한 사피엔스들은 사슴을 사냥하고 견과류와 장과류를 채취하기 시작했는데, 이것은 네안데르탈인의 주식이기도 했다.

사피엔스는 기술과 사회적 기능이 우수한 덕분에 사냥과 채취에 더 능숙했다. 이들은 번식하고 퍼져나갔다. 이들보다 재주가 떨어지는 네안데르탈인은 먹고살기가 점점 힘들어졌다. 집단의 크기는 줄어들고 서서히 모두 죽어갔다. 이웃의 사피엔스 집단에 합류한 한두 명의 예외를 제외하면 말이다.

또 다른 가능성도 있다. 자원을 둘러싼 경쟁이 폭력과 대량학살을 유발했다는 것이다. 관용은 사피엔스의 특징이 아니다. 현대의 경우를 보아도 사피엔스 집단은 피부색이나 언어, 종교의 작은 차이만으로도 곧잘 다른 집단을 몰살하지 않는가.

원시의 사피엔스라고 해서 자신들과 전혀 다른 인간 종에게 이보다 더 관용적이었을까? 사피엔스가 네안데르탈인과 마주친 결과는 틀림없이 역사상 최초이자 가장 심각한 인종청소였을 것이다.

둘 중 어느 쪽이 사실이었든, 네안데르탈인(그리고 여타의 인간 종들)은 역사상 가장 중대한 '만일'의 소재다. 상상해보자. 만일 네안데르탈인이나 데니소바인이 호모 사피엔스와 나란히 살아남았더라면 어떤 결과가 나왔을까? 여러 인간 종들이 공존하는 세계에서는 어떤 문화적, 사회적, 정치적 구조가 출현했을까? 성경의 창세기는 네안데르탈인이 아담과 이브의 후손이라고 적었을까? 예수는 데니소바인의 죄 때문에 죽었다고 기술했을까? 코란은 모든 고결한 인간은 종에 관계없이 천국에 자리가 예비되어 있다고 설파했을까? 네안데르탈인은 로마 군단의 병사나 중국 왕조의 관료가 될 수 있었을까? 미국 독립선언문에는 호모 속의 모든 구성원은 평등하게 창조되었다는 사실이 자명한 진리라고 적혀 있었을까? 카를 마르크스는 "모든 종의 노동자는 단결하라"고 촉구했을까?

지난 1만 년간 호모 사피엔스는 유일한 인간 종이었다. 우리는 이 사실에 너무 익숙해진 나머지 다른 가능성을 그려보기가 어렵다. 우리는 형제자매가 없는 탓에 스스로가 창조의 최고 샘플이며, 우리와 나머지 동물계 사이에는 깊은 간극이 있다고 상상하기 쉽다.

그래서 찰스 다윈이 호모 사피엔스는 동물의 한 종류에 불과하다고 암시하자 사람들은 격분했다. 심지어 오늘날에도 받아들이지 않는 사람이 많다. 만일 네안데르탈인이 살아남았다면, 그래도 우리는 스스로를 다른 종과 동떨어진 존재라고 인식할까? 어쩌면 우리 조상들이 네안데르탈인을 전멸시킨 이유가 바로 이것인지 모른다. 그들이 우리가 무시하기에는 너무 친숙하고 관용하기에는 너무 달랐다는 것.

사피엔스의 탓이든 아니든, 사피엔스가 새로운 지역에 도착하자

마자 그곳의 토착 인류가 멸종했다는 것은 사실이다. 호모 솔로엔시스의 마지막 흔적은 약 5만 년 전으로 거슬러 올라간다. 호모 데니소바는 그 직후 사라졌다. 네안데르탈인은 약 3만 년 전 증발했다. 플로레스 제도의 난쟁이 비슷한 인류는 약 12,000년 전 사라졌다. 그들은 약간의 뼈와 석기 그리고 우리 DNA에 약간의 유전자를 남겼다. 그리고 해결되지 않은 문제를 수없이 남겼다. 그들은 또한 우리를, 최후의 인간 종인 호모 사피엔스를 뒤에 남겼다.

사피엔스의 성공비결은 무엇이었을까? 우리는 어떻게 생태적으로 전혀 다른 오지의 서식지에 그처럼 빠르게 정착할 수 있었을까? 우리는 어떤 방법으로 다른 인간 종들을 망각 속으로 밀어넣었을까? 튼튼하고 머리가 좋으며 추위에 잘 견뎠던 네안데르탈인은 어째서 우리의 맹공격을 버텨내지 못했을까? 논쟁은 뜨겁게 계속되고 있다. 그리고 가장 그럴싸한 해답은 바로 이런 논쟁을 가능하게 하는 것, 즉 언어다. 호모 사피엔스가 세상을 정복한 것은 다른 무엇보다도 우리에게만 있는 고유한 언어 덕분이었다.

2

지식의 나무

앞 장에서 보았듯이 사피엔스는 15만 년 전부터 동아프리카에 살았지만 이들이 지구의 다른 지역으로 급속히 퍼지면서 다른 인간 종들을 멸종시키기 시작한 것은 불과 7만 년 전의 일이었다. 그 사이의 기간 동안 원시 사피엔스의 모습은 우리와 거의 같았고 뇌의 크기도 거의 같았지만, 다른 인간 종들보다 딱히 더 나은 점은 없었고 특별히 복잡한 도구를 만든다거나 다른 특별한 업적을 달성하지도 못했다.

남아 있는 기록을 보면, 사피엔스와 네안데르탈인이 최초로 마주쳤을 때 승리한 것은 네안데르탈인 쪽이었다. 약 10만 년 전 일부 사피엔스 집단은 네안데르탈인의 영토인 북부의 레반트(지중해 동해안) 지방으로 이주했지만, 그곳에 굳건히 뿌리를 내리는 데는 실패했다. 이유는 적대적인 원주민 탓일 수도 있고 혹독한 기후 탓일 수도 있다. 어쩌면 낯선 토착 기생충 탓일 수도 있다. 이유가 무엇이었든 사피엔스는 결국 후퇴했고, 네안데르탈인은 지중해의 주인으로 남았다.

이렇듯 과거 사피엔스의 성과가 신통찮았던 것을 근거로 일부 학자들은 그들 사피엔스의 뇌 구조가 우리와 달랐던 것이 아닐까, 하고 추측하게 되었다. 외모는 우리와 비슷했지만 학습, 기억, 의사소통을 하는 인지능력은 훨씬 뒤떨어진 게 아니었을까, 한 것이다. 그런 원시 사피엔스에게 영어를 가르친다거나 기독교 교리가 진리임을 설파한다거나 진화이론을 이해하게 만드는 것은 아마도 지극히 가망 없는 시도였을 것이다. 거꾸로 우리도 그들의 의사소통체계나 사고방식을 배우는 데 아주 애를 먹었을 것이다.

하지만 약 7만 년 전, 호모 사피엔스는 매우 특별한 일을 하기 시작했다. 무리를 지어 두 번째로 아프리카를 벗어난 것이다. 이번에 이들은 네안데르탈인을 비롯한 인간 종들을 중동에서만이 아니라 지구 전체에서 몰아냈다. 그리고 놀랍도록 짧은 시간 만에 유럽과 동아시아에 이르렀다. 약 45,000년 전 이들은 어떻게 해서인지는 몰라도 대양을 건너 그때까지 인간의 발길이 닿은 적 없는 호주에 상륙했다.

그들은 약 7만 년 전부터 3만 년 전까지 배, 기름 등잔, 활과 화살, 바늘(따뜻한 옷을 짓는 데 필수도구)을 발명했다. 예술품이나 장신구라고 분명하게 이름 붙일 만한 최초의 물건들도 이 시기를 출발점으로 하고 있다(57쪽의 '사자-남자'를 보라). 종교와 상업, 사회의 계층화가 일어났다는 최초의 명백한 증거 역시 이 시기의 것이다.

대부분의 연구자들은 이런 전례 없는 업적이 사피엔스의 인지능력에 혁명이 일어난 결과라고 믿는다. 네안데르탈인을 멸종시키고 호주에 정착하며 슈타델의 사자인간을 조각한 사람들은 우리 못지 않은 지능과 창의력, 감수성을 갖추었다는 것이다. 만일 우리가 슈타델 동굴의 예술가를 만난다면, 우리는 그들의 언어를, 그들은 우리의 언어를 배울 수 있을 것이다. 우리는 우리가 알고 있는 모든 것을, 〈이상한 나라의 앨리스〉부터 양자역학의 역설에 이르기까지 모두 그들에게 설명할 수 있는 것이고, 그들도 자신이 세계를 어떻게 보고 있는지 우리에게 가르쳐줄 수 있을 것이다.

인지혁명이란 약 7만 년 전부터 3만 년 전 사이에 출현한 새로운 사고방식과 의사소통 방식을 말한다. 무엇이 이것을 촉발했을까? 우리는 잘 모른다. 가장 많은 사람들이 믿는 이론은 우연히 일어난 유전자 돌연변이가 사피엔스의 뇌의 내부 배선을 바꿨다는 것이다. 그 덕분에 전에 없던 방식으로 생각할 수 있게 되었으며 완전히 새로운 유형의 언어를 사용해서 의사소통을 할 수 있게 되었다는 것이다.

우리는 이것을 '지식의 나무(창세기에 금단의 열매 즉 선악과가 열리는 에덴동산의 나무—옮긴이) 돌연변이'라고 부를 수 있다. 왜 하필 그 돌연변이가 네안데르탈인이 아니라 사피엔스의 DNA에 등장했을까? 우리가 아는 한 그것은 순수한 우연의 산물이었다. 하지만 지식의 나무 돌연변이를 일으킨 원인보다는 그 결과를 이해하는 것이 더욱 중요하다. 새로운 사피엔스의 언어에 어떤 특별한 점이 있었기에 사피엔스는 세계를 정복할 수 있었을까?*

---

* 여기서 말하는 사피엔스의 언어란 우리 종의 기본적 언어 능력을 말하는 것이지 특정한 방언을 지칭하는 것이 아니다. 앞으로 계속 마찬가지다. 영어, 힌디어, 중국어는 모두 사피엔스 언어가 변형된 것이다. 심지어 인지혁명이 일어나는 시기에도 개별 사피엔스 집단은 각기 다른 방언을 사용한 것이 명백해 보인다.

그것은 최초의 의사소통체계는 아니었다. 모든 동물은 의사소통을 한다. 벌이나 개미 같은 곤충도 먹을 것이 있는 위치를 서로에게 알려준다. 그것은 목소리를 이용한 최초의 의사소통체계도 아니었다. 유인원과 원숭이의 모든 종을 비롯한 수많은 영장류는 음성 신호를 사용한다. 예컨대 녹색원숭이는 여러 종류의 울음소리로 다른 동료들에게 위험을 경고한다. 동물학자들은 그중 한 울음소리의 뜻이 "조심해! 독수리야!"라는 것을 밝혀냈다. 조금 다른 경고 소리는 "조심해! 사자야!"라는 뜻이었다. 과학자들이 원숭이들에게 처음의 소리를 녹음해 들려주었더니 모두 하던 일을 멈추고 공포에 질려 하늘을 올려다보았고, 두 번째 소리를 들려주었더니 다들 급히 나무 위로 피신했다.

▶   독일 슈타델 동굴에서 나온 32,000년 전의 상아 공예품. 사자-남자(혹은 사자-여자). 몸통은 인간, 머리는 사자 모양이다. 종교와 관련된 것으로 보이는 이 작품은 논란의 여지가 없는 최초의 예술품이다. 인간이 실제로 존재하지 않는 것을 상상할 능력을 갖추었다는 증거이기도 하다.

사피엔스는 녹색원숭이보다 훨씬 더 다양하고 서로 구별되는 소리를 낼 수 있지만, 그 점에서는 고래와 코끼리도 우리 못지않은 능력을 지니고 있다. 앵무새는 알베르트 아인슈타인이 하는 모든 말을 할 수 있을 뿐 아니라 벨소리, 문이 쾅 닫히는 소리, 사이렌 울리는 소리도 흉내 낼 수 있다. 아인슈타인이 앵무새보다 나은 점이 있더라도 그것은 목소리와는 관련이 없다. 그렇다면 대체 우리의 언어는 무엇이 특별할까?

가장 보편적인 대답은 우리의 언어가 놀라울 정도로 유연하다는 것이다. 우리는 제한된 개수의 소리와 기호를 연결해 각기 다른 의미를 지닌 무한한 개수의 문장을 만들 수 있다. 이를 통해 우리 주위 세계에 대한 막대한 양의 정보를 받아들이고 저장하며 소통할 수 있다. 녹색원숭이도 동료들에게 "조심해! 사자야!"라고 외칠 수 있지만, 현대 여성은 친구에게 이렇게 말할 수 있다. "오늘 아침 강이 굽어지는 곳 부근에서 한 무리의 들소를 쫓는 사자 한 마리를 보았어." 이어서 그녀는 정확한 위치와 그곳까지 가는 여러 길들까지 묘사할 수 있다. 이 정보를 두고 그녀의 무리는 강에 접근해서 사자를 쫓아버리고 들소를 사냥할 것인지에 대해 머리를 맞대고 논의할 수도 있다.

두 번째 이론 또한 우리의 언어가 진화한 것은 세상에 대한 정보를 공유하는 수단으로서였다는 데 동의한다. 하지만 여기서는 전달할 가장 중요한 정보가 사자나 들소에 대한 것이 아니라 사람에 대한 것이다. 인간의 언어가 진화한 것은 소문을 이야기하고 수다를 떨기 위해서라는 것이다. 이 이론에 따르면, 호모 사피엔스는 무엇보다 사회적 동물이다. 사회적 협력은 우리의 생존과 번식에 핵심적 역할을 한다. 개별 남성이나 여성이 사자와 들소의 위치를 아는 것만으로는 충분치 않다. 그보다는 무리 내의 누가 누구를 미워하는지, 누가 누구와 잠자리를 같이하는지, 누가 정직하고 누가 속이는지를 아는 것이 훨씬 더 중요하다.

40~50명 정도의 사람들 사이에서 수시로 변해가는 관계를 저장하고 추적하는 데 필요한 정보의 양은 어마어마하다(50명으로 구성된 무리에는 1,225개의 일대일 관계가 있으며 이보다 복잡한 사회적 조합이 무수히 많이 존재한다). 모든 유인원은 이런 사회적 정보에 예리한 관심을 나타내지만, 이들에게는 효율적으로 소문을 공유할 수단이 부족하다. 네안데르탈인과 원시 호모 사피엔스 역시 소문을 공유하는 데 어려움을 겪었을 것이다.

뒷담화는 악의적인 능력이지만, 많은 숫자가 모여 협동을 하려면 사실상 반드시 필요하다. 현대 사피엔스가 약 7만 년 전 획득한 능력은 이들로 하여금 몇 시간이고 계속해서 수다를 떨 수 있게 해주었다. 누가 신뢰할 만한 사람인지에 대한 믿을 만한 정보가 있으면 작은 무리는 더 큰 무리로 확대될 수 있다. 이는 사피엔스가 더욱 긴밀하고 복잡한 협력 관계를 발달시킬 수 있다는 뜻이기도 하다.[1]

뒷담화이론은 농담처럼 들릴지 모르지만, 이를 뒷받침하는 연구 결과가 무수히 많다. 심지어 오늘날에도 의사소통의 대다수가 남 얘기다. 이메일이든 전화든 신문 칼럼이든 마찬가지다. 이것은 매우 자연스러운 현상이라, 우리의 언어가 바로 이런 목적으로 진화한 것처럼 보일 지경이다.

역사학 교수들이 함께 점심을 먹을 때 제1차 세계대전의 원인에 대해 대화할 것 같은가? 핵물리학자들이 휴식시간에 쿼크에 대한 과학적 대화를 나눌 것 같은가? 물론 그럴 때도 있겠지만, 대개는 자기 남편이 바람피우는 것을 적발한 교수, 학과장과 학장 사이의 불화, 동료 중 하나가 연구기금으로 렉서스 자동차를 샀다는 루머 등을 소재로 한 뒷담화를 떠든다. 소문은 주로 나쁜 행동에 초점을 맞춘다. 언론인은 원래 소문을 퍼뜨리는 사람이었고, 언론인들은 누가 사기꾼이고 누가 무임승차자인지를 사회에 알려서 사회를 이들로부터 보호한다.

아마도 뒷담화이론과 '강변에 사자가 있다' 이론은 둘 다 유효할 것이다. 하지만 우리 언어의 진정한 특이성은 사람이나 사자에 대한 정보를 전달하는 능력에 있는 것이 아니다. 그보다는 전혀 존재하지 않는 것에 대한 정보를 전달하는 능력에 있다. 지금까지 우리가 아는 한, 직접 보거나 만지거나 냄새 맡지 못한 것에 대해 마음껏 이야기할 수 있는 존재는 사피엔스뿐이다.

전설, 신화, 신, 종교는 인지혁명과 함께 처음 등장했다. 이전의 많은 동물과 인간 종이 "조심해! 사자야!"라고 말할 수 있었다면, 인지혁명 덕분에 호모 사피엔스는 이렇게 말할 수 있게 되었다. "사자는 우리 종족의 수호령이다." 허구를 말할 수 있는 능력이야말로 사피엔스가 사용하는 언어의 가장 독특한 측면이다.

오직 호모 사피엔스만이 실제로 존재하지 않는 것에 대해 말할 수 있고, 아침을 먹기도 전에 불가능한 일을 여섯 가지나 믿어버릴 수 있다는 데는 누구나 쉽게 동의할 것이다. 원숭이를 설득하여 지금 우리에게 바나나 한 개를 준다면 죽은 뒤 원숭이 천국에서 무한히 많은 바나나를 갖게 될 거라고 믿게끔 만드는 일은 불가능하다.

하지만 그게 왜 중요한가? 허구는 위험한 오해를 부르거나 주의를 흩뜨릴 가능성이 있지 않은가. 요정이나 유니콘을 찾아 숲 속으로 들어간 사람은 버섯이나 사슴을 찾으러 들어간 사람보다 생존 가능성이 낮을 것이다. 만일 당신이 존재하지도 않는 수호정령에게 몇 시간씩 기도를 한다면 시간을 낭비하는 것 아닐까? 그럴 시간에 먹을 것을 찾아다니거나 싸우거나 간통을 하는 게 낫지 않을까?

하지만 허구 덕분에 우리는 단순한 상상을 넘어서 집단적으로 상상할 수 있게 되었다. 우리는 성경의 창세기, 호주 원주민의 드림타임(시공간을 초월해 과거·현재·미래가 하나로 존재하는 장소—옮긴이) 신화, 현대 국가의 민족주의 신화와 같은 공통의 신화들을 짜낼 수 있다. 그런 신화들 덕분에 사피엔스는 많은 숫자가 모여 유연하게 협력하는 유례없는 능력을 가질 수 있었다.

개미나 벌도 많은 숫자가 모여 함께 일하는 능력이 있지만, 이들의 일하는 방식은 경직되어 있으며 그것도 가까운 친척들하고만 함께한다. 늑대와 침팬지의 협력은 개미보다는 훨씬 더 유연하지만, 협동 상대는 친밀하게 지내는 소수의 개체들뿐이다. 사피엔스는 수없이 많은 이방인들과 매우 유연하게 협력할 수 있다. 개미는 우리가 남긴 것이나 먹고 침팬지는 동물원이나 실험실에 갇혀 있는 데 비해 사피엔스가 세상을 지배하는 이유는 바로 이것이다.

푸조라는
신화

우리의 사촌인 침팬지는 수십 마리가 한 무리를 이뤄서 사는 것이 보통이다. 서로 가까운 관계가 되어 사냥을 같이하며 함께 어깨를 걸고 개코원숭이, 치타, 다른 침팬지 들과 싸운다. 이들의 사회구조는 계층을 이루는 경향이 있다. 무리를 지배하는 개체는 거의 항상 수컷인데 '알파 수컷'이라 불린다. 다른 수컷과 암컷은 알파 수컷 앞에서 끙끙거리고 고개를 숙이면서 복종을 드러내는데, 왕 앞에서 머리를 조아리는 신하와 그리 다르지 않다.

알파 수컷은 자기 무리 내의 사회적 조화를 유지하려 애쓴다. 두 개체가 싸우면 개입해서 폭력을 중단시킨다. 덜 자애로운 측면도 있는데, 인기 있는 먹을거리를 독점하거나 서열이 낮은 수컷이 암컷들과 짝짓기를 할 수 없도록 막는다. 수컷 두 마리가 알파의 지위를 놓고 경쟁할 때는 각기 지지자들과 동맹을 맺고 싸운다. 그 지지자는 같은 무리 내의 암컷들과 수컷들이다.

동맹 구성원 간의 결속은 매일 이뤄지는 친밀한 접촉에 기반을 둔다. 껴안고 만지고 키스하고 털을 다듬어주고 서로 호의를 베푸는 행위 말이다. 선거에 출마한 정치인이 돌아다니면서 악수를 하고 아기에게 입을 맞추듯이, 최고의 지위를 원하는 침팬지들은 다른 침팬지를 껴안고 등을 두드리고 아기침팬지에게 입을 맞추느라 많은 시간을 보낸다. 알파 수컷이 그 위치를 차지하는 것은 보통 육체적으로 더 강하기 때문이 아니라 더 크고 안정된 동맹을 이끌기 때문이다.

제 1 부

동맹은 알파 수컷의 지위를 향한 투쟁에서만 중요한 역할을 하는 것이 아니다. 거의 모든 일상 활동에서도 마찬가지다. 동맹의 구성원은 많은 시간을 함께 보내고 먹을거리를 나눌 뿐 아니라 어려운 시기에는 서로를 돕는다. 하지만 이런 방식으로 결성하고 유지할 수 있는 집단의 크기는 명백한 한계가 있다. 이런 집단이 가능하려면 모든 구성원이 서로를 잘 알고 있어야 한다. 서로 만난 적도, 싸운 일도, 상대의 털을 골라준 적도 없는 두 침팬지는 상대가 믿을 수 있는 존재인지, 서로 도울 가치가 있는지, 둘 중 누구의 서열이 높은지 알지 못할 것이다.

자연상태에서 전형적인 침팬지 무리의 개체수는 20~50마리다. 집단 내 개체수가 늘어나면 사회적 질서가 불안정해지고 결국에는 불화가 생겨서 일부가 새로운 집단을 형성한다. 동물학자들의 관찰에 따르면, 1백 마리가 넘는 집단은 손가락으로 꼽을 정도였다. 서로 다른 무리들은 거의 협력하지 않으며, 영토와 먹을거리를 두고 경쟁하는 경향이 있다. 무리들 사이에서 지속적인 전쟁을 벌이는 경우도 학계에 보고되어 있다. 이 중에는 종족학살 사례도 하나 있는데, 한 무리가 이웃 무리의 거의 모든 구성원을 체계적으로 살해한 것이다.[2]

아마도 이와 유사한 패턴이 원시 호모 사피엔스를 포함하는 초기 인류의 사회적 삶을 지배했을 것이다. 인간은 침팬지와 마찬가지로 사회적 본능 덕분에 친분을 맺고 위계질서를 형성하며 사냥이나 싸움을 함께할 수 있었다. 하지만 침팬지와 마찬가지로 이들 원시인류의 사회성은 서로 친밀한 소규모 집단에만 적용되었다. 집단

인 지 혁 명

63

의 규모가 너무 커지면, 사회적 질서가 불안정해지고 무리가 쪼개졌다. 설령 특별히 비옥한 유역에 정착하여 원시 사피엔스 5백 명을 먹여 살릴 수 있다 하더라도, 낯선 사람들끼리 이렇게 많이 함께 살 수 있는 방법이 없었다. 누가 지도자가 되고 누가 어디서 사냥을 하고 누가 누구와 짝을 지어야 하는지에 대해 어떻게 합의를 이끌어낼 수 있었겠는가?

인지혁명에 뒤이어 뒷담화이론이 등장한 덕분에 호모 사피엔스는 더 크고 안정된 무리를 형성할 수 있었다. 하지만 뒷담화에도 한계가 있었다. 과학적 연구 결과 뒷담화로 결속할 수 있는 집단의 '자연적' 규모는 약 150명이라는 것이 밝혀졌다. 150명이 넘는 사람들과 친밀하게 알고 지내며 효과적으로 뒷담화를 나눌 수 있는 보통 사람은 거의 없다.

심지어 오늘날에도 인간으로 이뤄진 조직의 결정적 임계치는 이 마법의 숫자 근처 어딘가에 있다. 이 임계치 아래에서는 공동체, 사업체, 사회적 네트워크, 군대 등 모든 조직이 친밀한 관계와 소문 퍼뜨리기를 주된 기반으로 삼아서 유지될 수 있다. 질서를 유지하기 위한 공식 서열, 직함, 법전이 필요하지 않은 것이다.[3] 병사 30명을 거느린 소대, 심지어 1백 명을 거느린 중대도 공식적인 규율은 최소화한 채 친밀한 관계를 기반으로 잘 기능할 수 있다. 존경을 많이 받는 상사는 '중대의 왕'이 될 수 있으며, 임명된 장교보다도 더 큰 권위를 행사할 수 있다. 작은 가족기업은 이사회나 CEO, 회계 부서 없이도 살아남고 번영할 수 있다. 하지만 150명이라는 임계치를 넘는 순간, 이런 방식으로는 일이 되지 않는다. 수천 명을 거느린 사단을 소대와 같은 방식으로 운영하는 것은 불가능하다. 성공한 가족기업도 규모가 커지고 사람을 더 많이 고용하면 위기를 맞는다. 새롭게 탈바꿈하지 않으면 망한다.

호모 사피엔스는 어떻게 해서 이 결정적 임계치를 넘어 마침내 수십만 명이 거주하는 도시, 수억 명을 지배하는 제국을 건설할 수 있었을까? 그 비결은 아마도 허구의 등장에 있었을 것이다. 서로 모르는 수많은 사람이 공통의 신화를 믿으면 성공적 협력이 가능하다. 인간의 대규모 협력은 모두가 공통의 신화에 뿌리를 두고 있는데 그 신화는 사람들의 집단적 상상 속에서만 존재한다. 현대 국가, 중세 교회, 고대 도시, 원시부족 모두 그렇다. 교회는 공통의 종교적 신화에 뿌리를 두고 있다. 서로 만난 일 없는 가톨릭 신자 두 명은 함께 십자군 전쟁에 참여하거나 병원을 설립하기 위한 기금을 함께 모을 수 있다. 둘 다 신이 인간의 몸으로 태어나 우리의 죄를 사하기 위해 스스로 십자가에 못 박히셨다고 믿기 때문이다.

국가는 공통의 국가적 신화에 기반을 두고 있다. 서로 만난 적도 없는 세르비아인 두 사람은 상대를 구하기 위해 목숨을 걸 수 있다. 세르비아 민족, 세르비아 고향, 세르비아 국기의 존재를 함께 믿기 때문이다. 사법체계는 공통의 법적 신화에 뿌리를 두고 있다. 서로 본 적도 없는 변호사 두 사람은 일면식도 없는 다른 사람을 변호하기 위해 서로 힘을 합칠 수 있다. 두 사람 모두 법과 정의와 인권의 존재를 믿고, 수임료와 경비로 지급되는 돈을 믿기 때문이다. 하지만 이 중 어느 것도 사람들이 지어내어 서로 들려주는 이야기의 바깥에서는 존재할 수 없다. 인류가 공유하는 상상 밖에서는 우주의 신도, 국가도, 돈도, 인권도, 법도, 정의도 존재하지 않는다.

우리는 '원시 부족'들이 유령과 정령을 믿음으로써, 그리고 보름달이 뜰 때마다 불 주위에 모여 함께 춤을 춤으로써 사회적 질서를 강화했다는 것을 쉽게 인정한다. 우리가 잘 깨닫지 못하는 것은 현대의 사회제도들이 정확히 그런 기반 위에서 작동한다는 사실이다. 기업들의 세계를 예로 들어보자. 현대의 사업가와 법률가들은 사실상 강력한 마법사들이다. 이들과 원시 샤먼 간에 주된 차이는 현대 법률가들이 하는 이야기가 훨씬 더 이상하다는 점뿐이다. 푸조의 신화가 좋은 사례다.

오늘날 파리에서 시드니에 이르는 도시의 자동차, 트럭, 오토바이에는 슈타델의 사자-남자 비슷한 아이콘이 붙어 있다. 유럽에서 가장 크고 오래된 자동차 회사인 푸조에서 만든, 차들의 후드에 붙어 있는 장식품이다. 푸조는 슈타델에서 320킬로미터밖에 떨어지지 않은 발렌티니 마을의 조그만 가족기업으로 시작했다. 오늘날 이 기업은 세계 곳곳에서 20만 명을 고용하고 있으며, 이들은 대부분 서로 전혀 모른다. 그런데 그 낯선 사람들끼리 효율적으로 협력한 덕분에 2008년 푸조는 150만 대가 넘는 자동차를 생산해 550억 유로의 수입을 올렸다.

'푸조 SA(이 회사의 공식 명칭)'가 존재한다고 말할 때, 이것은 무슨 뜻일까? 푸조 차들이 많이 있지만 그것이 곧 회사는 아니다. 설사 세계에 있는 모든 푸조 차들이 폐차로 버려져서 고철로 팔린다 해도 푸조 SA는 사라지지 않을 것이다. 여전히 새로운 차를 생산하고 연례 실적 보고서를 발표할 것이다. 이 회사는 공장과 설비, 전시장을 소유하고 있고 정비공, 회계사, 비서를 고용하고 있지만, 이 모두를 합친다고 해서 곧 푸조가 되는 것도 아니다.

혹 재앙이 닥쳐서 푸조의 임직원 전원이 사망하고 조립 라인과 중역 사무실이 모두 파괴될 수 있겠지만,

▲ 푸조 자동차의 사자 문양 상표.

그럴 때에도 회사는 돈을 빌리고 새 직원을 고용하고 공장을 새로 짓고 기계설비를 새로 구입할 수 있다. 푸조에는 경영자와 주주가 있지만, 이들이 곧 회사인 것도 아니다. 경영자가 모두 해고되고 주식이 모두 팔릴지라도 회사 자체는 그대로 있을 것이다.

이것은 푸조 SA가 불사신이라거나 불멸이라는 의미가 아니다. 만일 판사가 해산판결을 내린다면, 공장도 그대로 서 있고 노동자와 회계사, 경영자와 주주는 계속 살아 있더라도 푸조 SA는 순식간에 사라질 것이다. 한마디로 푸조 SA는 물질세계와 본질적인 관련이 없는 것으로 보인다. 이게 정말로 존재하는 것일까?

푸조는 우리의 집단적 상상력이 만들어낸 환상이다. 변호사들은 이를 '법적인 허구'라 부른다. 이것은 손으로 가리킬 수 없다. 물리적 실체가 아니기 때문이다. 하지만 법적 실체로서는 존재한다. 당신이나 나와 마찬가지로 이 회사는 그것이 운영되는 국가의 법에 제약된다. 은행계좌를 열고 자산을 소유할 수 있다. 세금을 내고, 소

송의 대상이 되며, 심지어 회사를 소유하거나 거기서 일하는 사람과 별개로 기소당할 수도 있다. 푸조는 '유한(책임)회사'라는 특별한 법적 허구의 산물이다. 이런 회사의 이면에는 인류의 가장 독창적인 발명으로 꼽히는 개념이 존재한다.

호모 사피엔스는 막대한 세월을 그런 개념 없이 살았다. 역사시대 거의 내내 피와 살을 지닌 사람만이, 두 다리로 서며 큰 뇌를 가진 존재만이 자산을 소유할 수 있었다. 만일 13세기 프랑스에서 장이라는 사람이 마차를 만드는 작업장을 열었다면, 그 자신이 바로 그 사업이었다. 그가 만든 마차가 일주일 만에 부서진다면, 불만스러운 구매자는 장 개인에게 소송을 걸었을 것이다. 그가 작업장을 세우기 위해서 금화 1천 개를 빌렸는데 사업이 망했다면 어떻게 되었을까. 그는 개인 자산인 집과 가축과 땅을 팔아서 대출을 갚아야 했을 것이다. 심지어 자기 아이들을 노예로 팔아야 할지도 모른다.

빚을 갚지 못하면, 국가가 그를 감옥에 집어넣거나 채권자들이 그를 노예로 만들 수 있었다. 그는 자신의 작업장에서 비롯한 모든 의무에 대해 1백 퍼센트 책임을 져야 했다. 만일 당신이 그 시대에 살았다면, 이런 이야기를 듣고는 개인사업을 시작하기 전에 다시 한 번 생각해보았으리라. 실제로 이런 법적 상황 탓에 기업가 정신이 위축되었다. 사람들은 새로운 사업을 시작해서 경제적 위험을 떠안는 데 겁을 냈다. 집안이 완전히 거덜 날 위험을 감수할 만한 가치가 있어 보이는 사업은 드물었다. 사람들이 '유한회사'를 집단적으로 상상한 이유가 여기에 있었다. 이런 회사는 회사를 설립하거나 돈을 투자하거나 경영을 맡은 사람과 법적으로 독립되어 있다. 지난 수세기 동안 이런 회사들이 경제계의 주된 행위자였고, 우리는 그 존재에 너무나 익숙해진 나머지 이들이 상상 속에서만 존재한다는 사실을 곧잘 잊는다. 미국에서 유한회사를 일컫는 기술적 용어는 'corporation(법인, 기업)'인데, 이는 아이러니다. 그 어원인 라틴어 'corpus'는 '몸'이라는 뜻인데 법인에 딱 하나 없는 것이 바로 몸이기 때문이다. 실제 몸을 가지고 있지 않음에도 불구하고, 미국법은 이들 기업을 마치 뼈와 살을 가진 인간처럼 법인으로 취급한다.

1896년 아르망 푸조가 자동차 사업에 뛰어들기로 결심했을 때 프랑스의 사법제도도 그랬다. 부모에게 스프링, 톱, 자전거를 만드는 금속 가공 작업장을 물려받은 아르망 푸조는 자동차 사업을 시작하면서 유한회사를 설립했다. 회사명은 그의 이름을 땄지만, 그에게서 독립되어 있었다. 소비자는 차가 고장 나면 푸조 사에게는 소송을 걸 수 있었지만 아르망 푸조에게는 아니었다.

회사가 수백만 프랑을 빌린 뒤 파산한다 해도 아르망 푸조는 채권자에게 한 푼도 갚을 필요가 없었다. 어쨌든 대출은 호모 사피엔스 아르망 푸조가 아니라 푸조 사가 받은 것이었다. 아르망 푸조는 1915년 사망했지만, 푸조 사는 아직도 잘만 살아 있다.

인간 아르망 푸조는 정확히 어떻게 회사 푸조를 창조했을까?

그 방식은 역사를 통틀어 사제와 마술사가 신과 악마를 창조해낸 방식과 매우 비슷했다. 오늘날 수천 명의 프랑스 신부들이 일요일마다 교구 성당에서 여전히 성체(예수의 몸, 축성된 빵의 형상을 띤다—옮긴이)를 창조해내는 것과도 대단히 유사하다. 그 모두가 사람들에게 이야기를 들려주는 것 그리고 그 이야기를 믿게 만드는 것을 중심으로 돌아가는 활동들이다. 프랑스 신부의 경우에는 가톨릭 교회에서 말하는 그리스도의 삶과 죽음에 대한 이야기가 핵심이다. 신성한 복장을 한 가톨릭 신부가 적절한 순간에 엄숙하게 말을 하면, 평범한 빵과 포도주가 신의 살과 피로 바뀐다. 신부가 라틴어로 "Hoc est corpus meum(이것은 내 몸이다)"이라고 야릇한 주문을 외우면, 빵은 그리스도의 살로 전환된다. 신부가 모든 절차를 정성스럽게 준수하는 것을 본 프랑스의 경건한 가톨릭 신자 수백만 명은 축성을 받은 빵과 포도주에 정말 하느님이 임한 것처럼 행동한다.

푸조 SA의 경우에는, 프랑스 의회가 제정한 프랑스 법조문이 핵심적인 이야기이다. 프랑스 의원들에 따르면, 자격 있는 변호사가 적절한 전례와 성찬식을 모두 따른 뒤 모든 필수 주문과 맹세를 멋지게 장식된 종이에 써 넣고 문서의 맨 아래에 멋지게 서명을 날인하면, 그러고서 야릇한 주문을 외우면, 짠! 새로운 회사가 하나 탄생한다. 1896년에 아르망 푸조는 회사를 세우고 싶었기에 변호사에게 비용을 지불하고 이 모든 성스러운 절차를 따르도록 했다. 일단 변호사가 올바른 의식을 모두 행하고 필요한 주문과 맹세를 마쳤다고 선언하면, 수백만 명의 강직한 프랑스 시민은 마치 푸조 사가 정말 존재하는 것처럼 행동했다.

효과적인 이야기를 하는 것은 물론 쉽지 않다. 이야기를 하는 게 어려운 게 아니라 남들이 그 이야기를 믿게 만드는 게 어렵다. 역사의 많은 부분은 이 질문을 둘러싸고 전개된다. 어떻게 한 사람이 수백만 명에게 신이나 국가에 대한 특정한 이야기, 혹은 유한회사를 믿게 만드는가? 그러나 일단 성공하면, 사피엔스는 막강한 힘을 갖게 된다. 서로 모르는 사람 수백 명이 힘을 모아 한 가지 목표를 향해 매진할 수 있게 되기 때문이다. 우리가 강이나 나무, 사자처럼 실제로 존재하는 것에 대해서만 말할 수 있다고 치자. 그랬다면 국가나 교회, 법체계를 만드는 것이 얼마나 어려웠겠는가?

세월이 흐르면서 사람들은 믿을 수 없을 만큼 복잡한 이야기의 네트워크를 만들었다. 푸조 같은 허구는 이 네트워크 내에서 존재할 뿐 아니라 막강한 힘을 축적한다. 이런 이야기의 네트워크를 통해 사람들이 창조한 것을 학계에서는 '픽션' '사회적 구성물' '가상의 실재'라고 부른다.

가상의 실재란 거짓말을 뜻하는 것이 아니다. 거짓말이란 거기 사자가 없다는 사실을 분명히 알면서도 강가에 사자가 있다고 말하는 것이다. 거짓말에는 전혀 특별한 점이 없다. 녹색원숭이와 침팬지도 거짓말을 할 줄 안다. 예컨대 사자가 근처에 없는데도 녹색원숭이가 "주의해! 사자야!"라고 외치는 것을 관찰한 일이 있다. 거짓말쟁이는 이런 경보를 통해 방금 바나나를 발견한 동료 원숭이를 쫓아내고 대신 과일을 가로챈다.

거짓말과 달리 가상의 실재는 모든 사람이 믿는 것을 말한다. 이런 공통의 믿음이 지속되는 한, 가상의 실재는 현실세계에서 힘을 발휘한다. 슈타델 동굴의 조각가는 사자-남자 수호령의 존재를 진지하게 믿었을지 모른다. 마법사 중 일부는 사기꾼이지만, 대다수는 여러 신과 악마의 존재를 진지하게 믿었다. 대부분의 백만장자는 돈과 유한회사의 존재를 신봉한다.

대부분의 인권 운동가들은 인권이 존재한다고 진지하게 믿는다. 2011년 유엔이 리비아 정부에 시민의 인권을 존중하라고 요구했을 때 거짓말을 한 사람은 아무도 없었다. 설령 유엔도 리비아도 인권도 우리의 풍부한 상상력이 만들어낸 허구일지라도 말이다. 인지혁명 이후, 사피엔스는 이중의 실재 속에서 살게 되었다. 한쪽에는 강, 나무, 사자라는 객관적 실재가 있다. 다른 한쪽에는 신, 국가, 법인이라는 가상의 실재가 존재한다. 시간이 흐르면서 가상의 실재는 점점 더 강력해졌고, 오늘날에 이르러서는 강과 나무와 사자의 생존이 미국이나 구글 같은 가상의 실재들의 자비에 좌우될 지경이다.

게놈

우회하기

단어를 통해 가상의 실재를 창조하는 능력은 서로 모르는 수많은 사람들이 효과적으로 협력하는 것을 가능하게 했다. 그리고 그 이상의 일도 했다. 인간의 대규모 협력은 신화에 기반을 두기 때문에, 다른 이야기로 신화를 바꾸면 인간의 협력방식도 바뀔 수 있다. 상황이 맞아떨어지면 신화는 급속하게 바뀐다. 1789년 프랑스인들은 왕권의 신성함이라는 신화를 믿다가 거의 하룻밤 새 국민의 주권이라는 신화로 돌아섰다. 그 결과 인지혁명 이후 호모 사피엔스는 필요의 변화에 발맞춰 행동을 신속하게 바꿀 수 있었다. 이것은 유전적 혁명이라는 교통체증을 우회하는 고속도로, 즉 문화혁명의 길을 열었다. 이 고속도로를 빠른 속도로 주행하면서, 호모 사피엔스는 협력하는 능력이라는 측면에서 다른 인간 및 동물

종을 크게 앞질렀다.

　다른 사회적 동물들의 행태는 주로 유전자에 의해 결정된다. 물론 DNA는 독재자가 아니다. 동물의 행태는 환경요인과 개별적 우연에 의해서도 영향을 받는다. 그렇지만 같은 환경이 주어졌을 때 같은 종에 속하는 동물은 비슷하게 행동하는 경향을 보이게 마련이다. 사회적 행태의 심각한 변화는 일반적으로 유전적 돌연변이 없이는 일어날 수 없다. 예컨대 보통의 침팬지가 지닌 유전적 경향은 알파 수컷이 이끄는 집단 내에서 위계질서를 지키며 사는 것이다. 하지만 침팬지와 대단히 가까운 종인 보노보는 보통 암컷 동맹이 지배하는 보다 평등한 집단을 이루며 사는 것이 보통이다. 암컷 침팬지가 보노보 친척에게 한 수 배워서 페미니스트 혁명을 일으킬 수는 없다. 수컷 침팬지들이 모여 제헌의회를 만들고 알파 수컷이라는 자리를 없애버린 다음 이제부터 모든 침팬지는 동등한 대우를 받는다고 선언할 수도 없다. 이런 극적인 변화는 침팬지의 DNA가 어떻게든 변해야만 가능할 것이다.

　비슷한 이유에서, 원시인류는 어떤 혁명도 시도하지 않았다. 우리가 아는 한, 사회 패턴의 변화, 새로운 기술의 발명, 새로운 주거지에의 정착은 문화가 개시한 일이라기보다는 유전자 돌연변이와 환경의 압력에 따른 결과였다. 인류가 이런 단계를 거치는 데 수십만 년이 걸린 이유가 여기에 있다. 2백만 년 전, 유전자 돌연변이가 일어나 호모 에렉투스라는 새로운 인간 종이 등장했다. 이들의 등장과 함께 요즘 이 종의 대표적인 특징으로 꼽히는 새로운 석기 제작 기술이 발달했다. 호모 에렉투스에게 또 다른 유전자 돌연변이가 일어나지 않는 동안, 이들의 석기도 거의 동일한 수준으로 유지되었다. 거의 2백만 년 동안이나!

　대조적으로, 사피엔스는 인지혁명 이래 행태를 신속하게 바꾸고 새로운 행태를 유전자나 환경의 변화가 없이도 미래 세대에 전달할 수 있었다. 가장 대표적인 예는 가톨릭 신부, 불교의 승려, 중국의 환관처럼 아이를 갖지 않는 엘리트가 계속 등장했던 것이다. 이런 엘리트의 존재는 자연선택의 가장 근본적인 원리에 모순된다. 사회를 지배하는 계층이 아이 낳기를 기꺼이 포기했으니까 말이다. 침팬지 알파 수컷은 권력을 이용해 가능한 많은 암컷들과 성관계를 맺고 그 결과 무리의 어리고 젊은 층 가운데 많은 수가 알파 수컷의 자식인 데 비해, 가톨릭의 알파 수컷은 성관계를 전혀 하지 않고 가정을 꾸리지도 않는다. 이런 금욕의 원인은 먹을거리가 크게 부족하다든가 잠재적인 짝짓기 상대가 부족하다든가 하는 특수한 환경적 조건이 아니다. 무언가 특이한 유전자 돌연변이의 결과도 아니다. 가톨릭 교회가 10여 세기 동안 살아남은 것은 교황에서 교황으로 '독신주의 유전자'를 물려주었기 때문이 아니라 신약과 가톨릭 교회법의 이야기들을 물려주었기 때문이다.

　다시 말해서, 원시인류의 행동 패턴이 수십만 년간 고정되어 있던 데 비해 사피엔스는 불과 10년 내지 20년 만에도 사회구조, 인간관계의 속성, 경제활동을 비롯한 수많은 행태들을 바꿀 수 있었다. 1900년 베를린에서 태어난 사람이 1백 세까지 장수했다고 생각해보자. 그녀는 어린시절을 빌헬름 2세의 호엔촐레른 제국에서 보냈고, 성년기에는 바이마르 공화국, 나치 제3제국 그리고 공산주의 동독에서 살았고, 죽을 때는 재통일된 민주주의 독일의 시민이었다. 그녀는 매우 다른 다섯 가지 사회 정치 체제의 일원이 될 수 있었다. 그녀의 DNA는 계속 똑같았는 데도 말이다.

이것이 사피엔스가 성공할 수 있었던 핵심요인이다. 일대일 결투라면 네안데르탈인이 사피엔스를 이겼을 수도 있다. 하지만 수백 명이 맞붙는다면 네안데르탈인에게 기회가 없었을 것이다. 네안데르탈인은 사자가 어디 있는지에 대한 정보는 공유할 수 있었지만, 픽션을 창작할 능력이 없어 대규모의 협력을 효과적으로 이룰 수 없었다. 급속하게 바뀌는 외부의 도전에 맞게 자신들의 사회적 행태를 바꿔 적응할 수도 없었다. 우리는 네안데르탈인의 마음속에 들어가 그들이 어떻게 생각했는지 알아볼 수 없지만, 사피엔스와 비교했을 때 그들의 인지능력에 한계가 있었음을 보여주는 간접 증거를 가지고 있다. 유럽 대륙의 중심부에서 3만 년 전의 사피엔스 유적지를 발굴하는 고고학자들은 가끔씩 지중해나 대서양 연안에서 온 조개껍데기를 발견한다. 이런 조개껍데기들은 여러 사피엔스 무리들 간의 장거리 교역을 통해 대륙의 내부까지 들어왔다고 볼 수밖에 없다. 네안데르탈인의 유적지에서는 그런 교역의 증거를 발견할 수 없다. 네안데르탈인 무리는 각자 현지에 있는 재료로 자신들이 쓸 도구를 만들었다.[4]

남태평양에도 또 다른 사례가 있다. 뉴기니와 북부 뉴아일랜드 섬에 살던 사피엔스 무리들은 특별히 단단하고 날카로운 도구를 만들 때 흑요석을 사용했다. 하지만 뉴아일랜드에는 흑요석의 천연 산지가 없다. 실험실에서 분석한 결과, 이들이 사용한 흑요석은 4백 킬로미터 떨어진 뉴브리튼에 있는 광산에서 가져온 것으로 밝혀졌다. 이들 섬의 주민들 중 일부는 섬에서 섬으로 장거리 여행을 하며 무역을 하는 숙련된 항해자들이었음이 분명하다.[5]

교역은 매우 실용적인 활동, 허구적 근거를 전혀 필요로 하지 않는 활동으로 보일지 모른다. 하지만 사실 사피엔스 외에는 교역을 하는 동물이 없고, 사피엔스의 교역망은 모두 픽션에 근거를 둔다. 교역은 신뢰 없이 존재할 수 없는데, 모르는 사람을 믿기는 매우 어렵다. 오늘날 전 지구적 교역망은 화폐, 은행, 기업과 같은 허구의 실체들에 대한 신뢰를 기반으로 하고 있다. 현대 화폐의 도안에는 통상 종교적 이미지, 존경받는 조상, 공동의 토템이 담겨 있다.

부족사회에서 두 낯선 사람이 서로 교역을 하고 싶다면, 공통의 신, 공통의 신화적 조상이나 토템 동물에게 호소함으로써 신뢰를 구축할 것이다. 만일 그런 픽션들을 믿는 원시 사피엔스가 조개껍데기와 흑요석을 교역했다면, 이들은 정보를 주고받는 교역도 했다고 생각하는 것이 합리적이다. 그럼으로써 네안데르탈인을 비롯한 여타 원시인류가 활용했던 것보다 훨씬 더 밀도 있고 폭넓은 지식망을 창조할 수 있었을 것이다.

이런 차이를 보여주는 또 다른 사례는 사냥기술이다. 네안데르탈인은 보통 혼자 아니면 작은 집단으로 사냥했다. 이와 달리 사피엔스는 수십 명이 협력하는 사냥기술을 개발했다. 심지어 각기 다른 무리가 연합해서 사냥하기도 했을 것이다. 특별히 효과적인 사냥기술 가운데 하나는 야생마 같은 동물 떼 전체를 에워싸고 좁은 협곡으로 추적해서 몰아넣는 것이다. 이렇게 몰아넣으면 대량으로 죽이기가 쉽다.

모든 것이 계획대로 된다면, 이들 무리는 어느 오후에 한나절 협력을 통해 몇 톤에 이르는 고기와 지방과 동물 가죽을 얻을 수 있었을 것이다. 이렇게 해서 만들어진 부는 대대적인 선물잔치로 소비해버릴 수도 있었고, 말리고 연기에 그슬고 극지방의 경우 얼려서 나중에 쓸 수도 있었다. 고고학자들은 이런 방식으로 해마다 동물 무리 전체가 도살된 유적지를 여러 곳 발견했다. 울타리와 장애물을 설치해서 인공적인 함정과 도살장을 만든 유적지도 있었다.

네안데르탈인의 입장에서는 전통적 사냥터가 사피엔스가 통제하는 도살장으로 변하는 것이 보기 불편했을지도 모른다. 하지만 이들 두 종 간에 폭력이 발생하면, 네안데르탈인은 야생마보다 형편이 썩 더 낫지 않았다. 전통적이고 정적인 패턴으로 협력하는 50명의 네안데르탈인은 융통성이 많고 창의적인 사피엔스 5백 명의 상대가 되지 않았다. 그리고 설사 사피엔스가 1회전에서 패했다 하더라도, 그들은 다음번에는 이길 수 있는 전략을 재빨리 찾아냈다.

인지혁명으로 무슨 일이 일어났나?

새로운 능력	폭넓은 결과
호모 사피엔스를 둘러싼 세계에 대해 더 많은 정보를 전달하는 능력.	사자를 피하고 들소를 사냥하는 등의 복잡한 행동을 계획하고 수행한다.
사피엔스의 사회적 관계에 대해 더 많은 정보를 전달하는 능력.	규모가 더 크고 응집력이 더 강한 집단. 최대 150명.
부족정신, 국가, 유한회사, 인권 등 실제로 존재하지 않는 것들에 대한 정보를 전달하는 능력.	A: 대단히 많은 숫자의 낯선 사람들끼리 협력. B: 사회적 행태의 급속한 혁신.

역사와
생물학

　　사피엔스가 발명한 가상의 실재의 엄청난 다양성 그리고 그것이 유발하는 행동 패턴의 다양성은 우리가 '문화'라고 부르는 것의 주된 요소가 되었다. 일단 등장한 문화는 끊임없이 변화, 발전했으며, 그 멈출 수 없는 변화를 우리는 '역사'라고 부른다. 그러므로 인지혁명이란 역사가 생물학에서 독립을 선언한 지점이었다. 인지혁명 이전에 모든 인간 종의 행위는 생물학의 영역에 속했다. 혹은, 꼭 그렇게 부르고 싶다면, 선사시대에 속했다(나는 '선사시대'란 표현을 피하려 하는데, 인지혁명 이전에도 인류가 하나의 동일한 범주에 속했다는 오해를 암시하기 때문이다).

　　인지혁명 이후에는 생물학 이론이 아니라 역사적 서사가 호모 사피엔스의 발달을 설명하는 일차적 수단이 되었다. 기독교나 프랑스혁명의 부상을 이해하려면 유전자와 호르몬과 생물의 상호작용을 이해하는 것으로는 충분치 않다. 개념과 이미지와 환상이 벌이는 상호작용 역시 고려해야 한다.

　　이것은 호모 사피엔스와 인류문화가 생물학의 법칙을 벗어났다는 의미가 아니다. 우리는 여전히 동물이며 우리의 신체적, 정서적, 인지적 능력은 여전히 DNA에 의해 결정된다. 우리 사회를 구성하는 요소들은 네안데르탈인이나 침팬지 사회와 같으며, 감각, 정서, 가족 간 유대 같은 요소들을 더 자세히 들여다보면 볼수록 우리와 다른 유인원 간에 차이가 적다는 것을 느끼게 된다.

　　하지만 개인과 가족 차원에서 차이를 찾으려 하는 것은 실수다.

일대일, 십대십으로 보면 우리는 당황스러울 정도로 침팬지와 비슷하다. 심각한 차이가 나타나는 것은 개체수 150명이라는 임계치를 초과할 때부터다. 숫자가 1천~2천 명이 되면, 차이는 엄청나게 벌어진다. 만일 수천 마리의 침팬지를 톈안먼 광장이나 월스트리트, 바티칸, 국회의사당에 몰아넣으려 한다면 그 결과는 아수라장일 것이다. 그러나 인간은 그런 장소에 정기적으로 수천 명씩 모인다. 인간은 교역망이나 대중적 축하행사, 정치제도 등의 질서 있는 패턴을 함께 창조한다. 혼자서는 결코 만들 수 없었던 것들을 말이다. 우리와 침팬지의 진정한 차이는 수많은 개인과 가족과 집단을 결속하는 가공의 접착제에 있다. 이 접착제는 인간을 창조의 대가(大家)로 만들었다.

물론 우리에게는 도구를 제작하고 사용하는 능력 같은 다른 기술도 필요했다. 하지만 수많은 사람들과 협력하는 능력이 함께하지 않는다면 도구 제작 그 자체는 그다지 중요하지 않다. 3만 년 전만 해도 막대기와 돌로 된 창밖에 없었던 우리가 오늘날 어떻게 핵탄두를 지닌 대륙 간 미사일을 만들었을까? 생리학적으로 지난 3만 년 사이에 우리의 도구 제작 능력이 크게 개선된 것은 아니다. 알베르트 아인슈타인은 고대 수렵채취인에 비해 손재주가 훨씬 뒤떨어졌다. 하지만 많은 수의 낯선 사람들과 협력하는 우리의 능력은 극적으로 개선되었다.

고대의 창촉은 고대인 한 명이 친한 친구 몇 명에게서 조언과 도움을 얻어 몇 분 내지 몇십 분만에 만들어낸 것이었다. 오늘날 핵탄두를 제조하려면, 전 세계의 서로 모르는 수백 명의 사람들이 협력해야 한다. 지구 깊숙한 곳에서 우라늄 광석을 채취하는 광부에서 부터 아원자 입자의 상호작용을 기술하는 기다란 수학 공식을 쓰는 이론물리학자에 이르기까지 말이다.

인지혁명 이후 생물학과 역사의 관계를 요약하면 다음과 같다.

1. 생물학은 호모 사피엔스의 행동과 능력의 기본 한계를 결정 한다. 모든 역사는 이런 생물학적 영역의 구속 내에서 일어 난다.

2. 하지만 이 영역은 극도로 넓기 때문에, 사피엔스는 엄청나게 다양한 종류의 게임을 할 수 있다. 사피엔스는 픽션을 창조 하는 능력 덕분에 점점 더 복잡한 게임을 만들었고, 이 게임 은 세대를 거듭하면서 더더욱 발전하고 정교해진다.

3. 결과적으로, 사피엔스의 행동을 이해하려면 우리는 이들의 행동이 역사적으로 진화해온 경로를 서술해야 한다. 우리가 생물학적 속박만을 이야기한다면, 그것은 월드컵 경기를 중 계하면서 선수들이 무엇을 하고 있는지를 설명하기보다는 운동장의 상태를 자세히 설명하는 라디오 아나운서와 다를 바 없다.

우리 석기시대 조상들은 역사의 무대에서 어떤 게임을 했을까? 우리가 아는 한, 3만 년 전쯤 슈타델의 사자-남자를 조각한 사람들 은 오늘날 우리와 동일한 육체적·감정적·지적 능력을 가지고 있 었다. 그들은 아침에 일어나면 무엇을 했을까? 아침으로는 무얼 먹었을까? 점심으로는? 그들의 사회는 어떤 모습이었을까? 일부일처제를 맺고 핵가족을 유지했을까? 전쟁은 치렀을까? 다음 장에서 우리는 세월의 장막을 살짝 들추어, 인지혁명 이후 농업혁명이 일어날 때까지 수천수만 년 동안 사람들의 삶이 어떠했는지 살펴볼 것이다.

인 지 혁 명

3

아담과 이브가 보낸 어느 날

인간의 본성과 역사와 심리를 이해하려면 수렵채집인 조상들의 머릿속으로 들어가는 수밖에 없다. 우리 종은 존속 기간의 거의 대부분을 수렵채집인으로 살았다. 물론 지난 2백 년간 도시 노동자나 사무직 직원으로서 일용할 양식을 얻은 사피엔스의 숫자는 지속적으로 늘어났고, 이에 앞선 1만 년 동안 대부분의 사피엔스는 농부와 목축인으로 살았다. 하지만 이 기간은 우리 조상들이 수렵과 채취를 한 수만 년에 비하면 눈 깜짝할 새에 지나지 않는다.

오늘날 번성하는 진화심리학에 따르면, 현대인의 사회적·심리적 특성 중 많은 부분이 이처럼 농경을 시작하기 전의 기나긴 시대에 형성되었다. 심지어 오늘날에도 우리의 뇌와 마음은 수렵채집 생활에 적응해 있다고 이 분야 학자들은 주장한다. 식습관, 분쟁, 성적 특질 모두, 우리의 수렵채집 마인드가 후기 산업사회의 환경과 거대 도시, 여객기, 전화, 컴퓨터와 상호작용한 결과다. 이런 환경 덕분에 우리는 이전의 어떤 세대와 비교하더라도 물적 자원이 풍부해지고 수명도 길어졌지만, 이 환경은 또한 우리로 하여금 소외되고 우울하고 압박받는다고 느끼게 만들었다. 진화심리학자들은 그 이유를 알려면 우리를 형성했던 수렵채집 세계를 깊이 파고들어야 한다고, 우리는 무의식적으로는 아직도 그 속에 살고 있다고 주장한다.

가령, 우리는 왜 몸에 좋을 것 없는 고칼로리 음식을 게걸스럽게 먹는 것일까? 오늘날의 풍요사회는 비만이라는 악성 전염병으로 신음하고 있으며, 이 병은 개발도상국으로도 빠르게 번져나가는 중이다. 어째서 우리가 가장 달콤하고 기름기 많은 음식을 이렇게 탐하는 것일까, 하는 문제는 우리의 수렵채집인 조상이 지녔던 식습관을 알기 전에는 혼란스럽게만 느껴진다. 조상들이 살던 초원과 숲에는 칼로리가 높은 달콤한 음식이 매우 드물었다. 전반적으로 먹을 것이 부족했던 시대이기도 했다.

3만 년 전 전형적인 수렵채집인이 손에 넣을 수 있는 달콤한 식품은 오직 하나, 잘 익은 과일뿐이었다. 무화과가 잔뜩 열린 나무를 발견한 석기시대 여성을 떠올려보자. 그녀가 할 수 있는 가장 타당한 행동은 그 자리에서 최대한 먹어치우는 것이다. 그 지역에 사는 개코원숭이 무리가 모두 따 먹기 전에 말이다. 고칼로리 식품을 탐하는 본능은 우리의 유전자에 새겨져 있다. 오늘날 우리는 고층아파트에 살며 냉장고에 먹을 것이 가득하지만, 우리의 DNA는 여전히 아프리카 초원 위를 누빈다. 그래서 냉장고에서 아이스크림 통을 발견하면 한 숟가락 푸욱 떠서 먹고 점보 콜라로 입가심까지 하는 것이다.

이 '게걸스러운 유전자' 이론은 널리 받아들여지고 있다. 다른 이론들은 이보다 훨씬 더 논쟁적이다. 예컨대 일부 진화심리학자들은 고대의 수렵채집인 무리는 일부일처제 부부를 중심으로 한 핵가족이 아니었다고 주장한다. 이들의 공동체는 사유재산이나 일부일처 관계, 심지어 아버지라는 개념도 없이 살았다는 것이다. 무리의 여성은 동시에 여러 명의 남자(그리고 여자)와 성관계를 하고 밀접한 유대를 맺을 수 있었을 것이다. 또한 무리의 성인들은 모두 힘을 합쳐 아이들을 키웠을 것이다. 누가 자신의 친자식인지 확실히 아는 사람은 아무도 없었기 때문에 남자들은 모든 아이에게 공평하게 관심을 나타냈다.

이런 사회 구조는 몽상적 유토피아만은 아니다. 기록을 보면 동물들, 그중에서도 우리의 가장 가까운 친척인 침팬지와 보노보 들이 이렇게 살고 있다는 사실을 알 수 있다. 심지어 오늘날에도 남미의 원주민 바리족처럼 집단적 부권이 받아들여지는 문화가 적지 않다. 이런 사회에서 사람들은 아기가 생기는 것은 여성의 자궁에 한 남자의 정자가 아니라 여러 남자의 정자가 축적되기 때문이라고 믿는다. 좋은 엄마라면 반드시 여러 남자들과 성관계를 하도록 애를 쓰게 마련이고, 임신 중에는 특히 더하다. 자신의 아기가 최고의 사냥꾼뿐 아니라 최고의 이야기꾼, 최강의 전사 그리고 가장 사려 깊은 연인의 자질(그리고 아버지의 보살핌)을 받을 수 있도록 말이다. 이런 이야기가 한심하게 들린다면, 현대 발생학이 발달하기 전에는 사람들이 한 명의 남자에 의해 아기가 생기는지 많은 남자에 의해 생기는지를 판별할 확실한 증거가 없었다는 사실을 염두에 두자.

오늘날 결혼 생활을 특징짓는 잦은 불륜, 높은 이혼율, 나아가 아이들과 어른들이 모두 겪는 갖가지 심리적 콤플렉스들은 어디에 연원을 두고 있을까. '고대 공동체' 이론의 지지자들은 사람들에게 인간의 생물학적 소프트웨어와 맞지 않는 핵가족과 일부일처제로 살도록 강제한 탓이라고 주장한다.[1]

그러나 많은 학자가 이 이론을 강하게 거부하며, 일부일처제와 핵가족의 형성은 인간 행태의 핵심이라고 주장한다. 고대의 수렵채집 사회가 현대사회보다 좀 더 공유 공동체적이고 평등한 경향을 지니기는 했지만, 그럼에도 이들 사회는 수많은 개별 단위로 구성되었으며 각 단위는 질투심 강한 커플과 그들이 함께 키우는 아이들로 구성되어 있었다는 것이다. 오늘날 대다수 문화에서 일부일처 관계와 핵가족이 표준인 것은 이 때문이고, 남녀가 자기 파트너에 대해 강한 소유욕을 느끼며 자신의 아이에게 집착하는 것도 그 때문이며, 현대국가인 북한과 시리아에서 정치권력이 아버지에서 아들로 전해지는 것 또한 그 때문이다.

이런 논쟁을 해결하고 우리의 성적 특징, 사회, 정치를 이해하려면, 조상들의 생활여건에 대해 알 필요가 있다. 7만 년 전 인지혁명과 12,000년 전 농업혁명 사이에 사피엔스가 어떻게 살았는지 말이다.

불운하게도 우리에게는 수렵채집인 선조들이 어떻게 살았는지에 대한 확실한 지식이 거의 없다. '고대 공유 공동체'와 '영원한 일부일처제' 학파 간의 논쟁은 빈약한 증거를 토대로 한다. 수렵채집 시절의 문자 기록은 당연히 없거니와 고고학적 증거라고 해봐야 주로 화석화된 뼈와 석기 따위다. 나무나 대나무, 가죽처럼 좀 더 썩기 쉬운 재료로 만든 인공물은 특정한 조건하에서만 살아남았다. 우리가 농경시대 이전의 사람들이 석기시대에 살았다고 생각하는 것은 이런 고고학적 편향 탓에 생긴 오해다. 석기시대는 목기시대로 부르는 것이 좀 더 정확하다. 고대 수렵채집인들이 쓰던 도구는 대부분 나무로 만들어졌기 때문이다.

지금까지 살아남은 인공물로 고대 수렵채집인의 삶을 재구성하는 일에는 문제가 많다. 고대인들과 그 후손인 농경시대, 산업화시대 사람들 사이의 확연한 차이 중 하나는 고대 수렵채집인들에게는 인공물이 극히 드물었고, 인공물이 고대 수렵채집인의 삶에 미치는 영향은 상대적으로 대단치 않았다는 점이다. 풍요로운 현대사회의 전형적인 구성원은 평생 살면서 수백만 개의 인공물을 갖게 된다. 자동차, 집, 일회용 기저귀, 종이로 된 우유팩…… 우리의 활동, 신념, 심지어 감정은 거의 모두 우리가 직접 만든 물건들의 영향을 받는다. 가령 우리의 식습관은 숟가락과 잔에서 유전공학 연구실과 거대한 대양선까지, 넓이 나갈 만큼 다양한 물건들의 영향을 받는다. 놀이를 할 때는 플라스틱 카드에서 10만 석짜리 경기장까지 엄청나게 많은 종류의 장난감을 이용한다. 낭만적이고 성적인 관계에는 반지, 침대, 좋은 옷, 섹시한 속옷, 콘돔, 고급 레스토랑, 싸구려 모텔, 공항 라운지, 결혼식장, 출장 외식업체 등이 따른다. 종교는 고딕 성당, 무슬림의 모스크, 힌두교의 아시람(수행하며 거주하는 곳―옮긴이), 토라 두루마리, 티베트의 전경기(기도·명상 할 때 돌리는 바퀴 모양의 경전―옮긴이), 성직자들의 검은색 옷, 양초, 향료, 크리스마스트리, 유대인의 경단, 묘비, 황금 성상聖像 등을 통해서 우리 삶에 신성함을 안긴다.

우리는 이사 갈 때가 되어야 비로소 여기저기 우리 물건이 얼마나 많은지를 알게 된다. 수렵채집인들은 매달 매주, 심지어 매일 집을 옮겼다. 가진 것을 모두 등에 짊어지고 말이다. 이삿짐센터도 짐마차도 짐을 운반할 가축도 없었다. 따라서 가장 중요한 몇 가지만 가지고 견뎌내는 수밖에 없었다. 그렇다면 이들의 정신적, 종교적, 감정적 삶의 태반은 인공물의 도움을 받지 않고 이뤄졌다고 가정하는 것이 이치에 맞다. 지금부터 10만 년 후의 고고학자는 모스크의 잔해에서 발굴한 수많은 물건을 토대로 무슬림의 신앙과 관습을 나타내는 타당한 그림을 끼워 맞출 수 있을 것이다. 하지만 우리가 고대 수렵채집인의 신앙과 의식을 이해하려면 난처하기만 하다. 이것은 미래의 역사학자가 21세기 미국 십대의 사회적 행태를 재래식 우편물만 가지고 그려야 할 때 처할 딜레마와 거의 비슷하다. 그때는 전화 통화 내용, 이메일, 블로그, 텍스트 메시지는 전혀 남아 있지 않을 테니까 말이다.

따라서 우리는 인공물에 의존하면 고대 수렵채집인의 삶을 왜곡하게 된다. 이 문제를 시정하는 방법 중 하나는 현대의 수렵채집 사회를 살펴보는 것이다. 이들 사회는 인류학적 방법으로 직접 연구가 가능하다. 하지만 현대 수렵채집 사회로 고대 수렵채집 사회를 추론할 때는 반드시 주의할 몇 가지 사항이 있다.

첫째, 현대까지 살아남은 모든 수렵채집 사회는 이웃한 농경 및 산업사회의 영향을 받았다. 따라서 이들 사회에서 벌어지는 일이 수십만 년 전에도 그러했으리라고 가정하는 것은 위험하다.

둘째, 오늘날 수렵채집 사회가 살아남은 지역은 주로 기후가 거칠고 땅이 황량하며 농사에 적당치 않은 곳이다. 남아프리카 칼라하리 사막의 극단적 환경에 적응한 사회를 보고 양쯔강 유역처럼 비옥한 지역에 자리 잡았던 고대사회를 이해하는 것은 잘못될 여지가 매우 크다. 특히 칼라하리 사막 같은 곳의 인구밀도는 양쯔강 유역보다 훨씬 더 낮다. 이것은 인간 무리의 규모와 구조 그리고 무리들 간의 관계에 대한 핵심질문에 지대한 영향을 끼친다.

셋째, 수렵채집 사회들의 가장 두드러진 특징은 이들 사회가 서로 크게 다르다는 점이다. 지역별로 차이가 나는 것은 물론이요, 같은 지역 내에서도 차이가 크다. 호주에 정착한 최초의 유럽인이 목격했던 원주민 사회의 엄청난 다양성이 좋은 예다. 영국인이 정복하기 직전, 이 대륙에는 2백~6백 개 부족에 속한 30만~70만 명이 살았는데 각 부족은 또한 여러 개의 세부 집단으로 나뉘어 있었다.[2] 개별 부족은 고유한 언어, 종교, 규범, 관습을 가지고 있었다. 오늘날 호주 남부의 애들레이드에 해당하는 지역 주변에 살던 여러 일족들은 자신들이 부계로 계승된다고 여겼다. 이들 일족은 엄격히 영토만을 근거로 삼아서 더 큰 부족으로 뭉쳤다. 이와 대조적으로 호주 북부에 살던 일부 부족은 모계 쪽의 계보를 더욱 중시했고, 한 사람이 어느 부족에 속하는지는 영토가 아니라 토템에 의해 결정되었다.

고대 수렵채집인들 사이의 인종적, 문화적 다양성도 이와 마찬가지로 상당했다고 생각하는 것이 이치에 맞다. 농업혁명 전에 지구에 살고 있던 5백만~8백만 명의 수렵채집인은 수천 개의 각기 다른 언어와 문화를 지닌 수천 개의 개별 부족으로 나뉘어 있었다고 생각하는 것이 이치에 맞다.[3] 그리고 이것은 인지혁명의 주된 유산이라고 할 수 있었다. 픽션이 등장한 덕분에 동일한 유전자를 가지고 동일한 생태적 조건하에서 살았던 사람들도 매우 다른 상상의 실체를 만들어낼 수 있었으니까 말이다. 그 서로 다른 상상의 실체들은 서로 다른 규범과 가치로 모습을 드러냈다.

예를 들어, 오늘날 옥스퍼드 대학교가 있는 지역에 3만 년 전 살고 있던 수렵채집인 무리는 케임브리지에 살고 있던 무리와 다른 언어를 사용했을 것이라고 생각할 이유가 충분하다. 한 무리는 호전적이고 다른 무리는 평화적이었을 수도 있다. 케임브리지에 살던 무리는 공유 공동체적이고 옥스퍼드에 살던 무리는 핵가족을 기반으로 했을지 모른다. 케임브리지에 살던 무리는 자기네 수호정령의 모습을 담은 목상을 제작하는 데 많은 시간을 보냈을지 모른다. 이에 비해 옥스퍼드에 살던 무리는 춤을 통해 예배를 드렸을 수도 있다. 전자는 환생을 믿는 반면, 후자는 이것을 난센스로 생각했을 수도 있다. 한 집단에선 동성애가 용인되는 반면, 다른 집단에서는 금기였을 수도 있다.

요컨대, 현대 수렵채집인에 대한 인류학적 관찰을 통해서 우리는 고대 수렵채집인들에게 어떤 가능성들이 있었을지 이해할 수 있지만, 고대엔 그 가능성의 지평이 훨씬 더 넓었고 그 대부분은 우리 시야에서 가려져 있다.* 호모 사피엔스의 '자연스러운 삶의 방식'을

---

* '가능성의 지평'이란 특정 사회에게 열려 있는 신념과 관행, 경험의 스펙트럼 전체를 말한다. 이는 나름의 생태적, 기술적, 문화적 한계를 전제로 한다. 하나의 사회나 개인이 각자의 가능성의 지평 안에서 실제로 탐색하는 범위는 매우 좁게 마련이다.

둘러싼 뜨거운 논쟁은 주된 쟁점을 놓치고 있다. 인지혁명 이래 사피엔스에게는 단 하나의 자연스러운 삶의 방식이란 존재하지 않았다는 점이다. 당황스러울 정도로 많은 가능성 가운데 어떤 것을 문화적으로 선택하느냐라는 문제가 있었을 뿐이다.

최초의

풍요사회

　　　그럼에도 불구하고 농경시대 이전 세상의 삶에 대해 일반화할 수 있는 내용이 있을까? 대부분의 사람들은 수십 명, 기껏해야 수백 명으로 구성된 작은 무리에 속해 살았으며 무리 속의 개체 모두가 인간이었다고 보아도 무리가 없을 듯하다. 마지막 대목을 굳이 적은 것은 이것이 당연한 이야기가 아니기 때문이다. 농경 및 산업사회의 구성원은 대부분이 가축화된 동물이다. 물론 이들은 주인과 평등하지는 않지만 그럼에도 구성원임은 분명하다. 오늘날 뉴질랜드 사회는 450만 명의 사피엔스와 5천만 마리의 양으로 구성되어 있다.

　이런 일반 원칙의 유일한 예외가 개이다. 개는 인간이 길들인 최초의 동물로, 그 시기는 농업혁명 이전이었다. 정확한 시기에 대한 전문가들의 평가는 엇갈리지만, 약 15,000년 전에 이미 가축화된 개가 존재했다는 명백한 증거가 있다. 개가 인간 무리에 합류한 시기는 이보다 수천 년 전일 가능성이 있다.

　개는 사냥과 싸움에 이용되었으며, 야생동물이나 인간의 침입을 알리는 경고 시스템으로도 활용되었다. 세대를 거듭하면서 이들 두

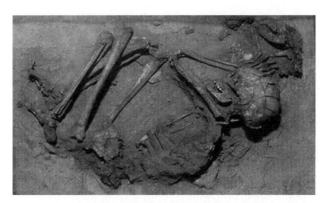

▲　　　최초의 애완견일까? 북부 이스라엘에서 발견된 12,000년 전의 무덤(키부츠 마얀 바루크 박물관 소장). 무덤 속에는 50세 정도의 여자와 강아지의 뼈가 들어 있었다(오른쪽 위 구석). 강아지는 여자의 머리 가까이에 묻혔다. 그녀의 왼손은 개 위에 놓여 있었는데, 이는 감정적 유대관계를 시사한 것으로 해석된다. 물론 다른 해석도 가능한데, 예컨대 이 강아지는 사후세계 수문장에게 주는 선물일지도 모른다.

종은 서로 의사소통이 잘되도록 진화했다. 동료인 인간의 필요와 감정을 잘 경청하는 개는 추가적인 보살핌과 먹을거리를 얻었으며 살아남을 가능성이 더 커졌다. 이와 동시에 개는 자신의 필요에 맞게 인간을 조종하는 법을 배웠다. 역사가 15,000년에 이르는 유대 관계를 통해서 인간과 개는 인간과 다른 동물의 관계와는 비교할 수 없을 정도로 서로 깊이 이해하고 사랑하게 되었다.[4] 개가 죽으면 사람처럼 예식에 따라 매장하는 경우도 있다.

같은 무리의 구성원들은 서로를 매우 잘 알았으며, 평생을 친구와 친척에게 둘러싸인 채 살아갔다. 고독과 프라이버시는 없었다. 이웃 무리들은 자원을 놓고 경쟁했을 테고 싸우기도 했을 것이다.

하지만 우호적인 접촉도 있었다. 서로 구성원을 교환하고, 함께 사냥하며, 희귀한 사치품을 매매하고, 종교적 축제를 벌였으며, 외부의 적에 대항하기 위해 서로 힘을 합치기도 했다. 이런 협력은 호모 사피엔스의 중요한 트레이드 마크였고, 다른 인간 종들에 비해서 결정적 우위를 누리게 해주었다. 어떤 때는 이웃 무리와의 관계가 워낙 가까워서 이들이 하나의 부족을 구성하고 동일한 언어와 신화와 규범과 가치를 공유하기도 했다.

하지만 이런 외부 관계의 긴밀성을 과대평가해서는 안 된다. 위기가 닥쳐 부족들이 공동으로 행동하고, 심지어 사냥이나 싸움, 축제를 함께하기 위해 주기적으로 모였다 하더라도, 대부분의 사람들은 여전히 대부분의 시간을 소규모 집단에서 보냈다. 교역은 대체로 조가비나 호박, 염료 같은 귀중품만으로 한정되었다. 과일이나 고기 같은 주식을 교역했다든지, 다른 무리에게서 사들이는 것에 의존해서 살아간 무리가 있었다든지 하는 증거는 없다. 사회정치적 관계도 드문드문 일어났다. 부족은 영속적인 정치적 틀로 기능하지 못했다. 또한 계절마다 회합하는 장소를 보유하고 있다 하더라도 영구적인 도시나 시설은 없었다. 평균적인 개인은 몇 달 동안 자기 집단 외의 사람을 보지도 듣지도 못하며 살았을 것이고, 평생 만나는 사람도 불과 몇천 명을 넘지 않았다. 사피엔스 집단은 넓은 지역에 희박하게 퍼져 있었다. 농업혁명 이전 지구 전체의 인구수는 오늘날 카이로보다 적었다.

대부분의 사피엔스 무리는 먹을거리를 찾아 여기저기 떠돌며 길 위의 삶을 살았다. 이들의 이동에 영향을 주는 것은 계절의 변화, 동물들의 연례 이동, 식물의 성장주기였다. 이들은 같은 터전 내에서 왔다 갔다 이동하면서 살았는데, 그 전체 영역은 수십~수백 제곱킬로미터였다.

가끔은 자기 세력권을 벗어나 새로운 땅을 헤매는 무리들이 있었다. 원인은 자연재해, 폭력적 분쟁, 인구 증가에 의한 압박, 카리스마 있는 지도자의 결단 등이었다. 이런 방랑은 인간이 외부 세계로 팽창한 결정적인 요인이었다. 수렵채집인 한 무리가 40년마다 한 번씩 둘로 나뉘며, 갈라져 나온 집단이 원래 있던 곳보다 1백 킬로미터 동쪽에 있는 새로운 영토로 이주한다고 가정하자. 그러면 동부 아프리카에서 중국까지 1만 년이면 갈 수 있었을 것이다.

식량이 특별히 풍부한 예외적인 경우, 무리들은 한 철을 같은 지역에서 보내기도 하고 심지어 한 지역에 영구적인 캠프를 차리기도 했다. 식량을 말리고 훈제하고 냉동하는 기술 덕분에 좀 더 오래 한 곳에 머무는 것이 가능해졌다. 가장 중요한 점은, 해산물과 물새가 풍부한 바닷가와 강변을 따라 영구적으로 어촌이 형성되었다는 것이다. 그것은 농업혁명보다 훨씬 앞선 역사상 최초의 영구 정착지였다. 이르면 45,000년 전부터 어촌은 인도네시아 제도의 연안에 출현했을 가능성이 있다. 이들 마을은 호모 사피엔스가 최초의 대양 횡단사업—호주 침략—을 시작하는 기지였을지 모른다.

대부분의 거주지에서 사피엔스 무리는 융통성 있게 그때그때 되는대로 먹고살았다. 흰개미를 찾아서 모으고, 장과류를 채취했으며, 구근을 캐고, 토끼를 쫓고, 들소와 매머드를 사냥했다. '사냥꾼

인간'이라는 흔한 이미지와는 달리, 사피엔스의 주된 활동은 채집이었다. 대부분의 칼로리를 여기서 공급받았을 뿐만 아니라 부싯돌, 나무, 대나무 같은 원재료도 채집으로 구했다.

사피엔스는 식량과 원재료만 찾아다니지 않았다. 지식도 찾아다녔다. 이들이 살아남으려면 자신의 영토에 대한 상세한 마음속 지도가 필요했다. 매일매일 식량을 찾는 일의 효율성을 극대화하려면, 개별 식물의 성장 패턴과 개별 동물의 습성에 대한 정보가 필요했다. 어느 식품이 영양가가 많고 어느 것을 먹으면 탈이 나고 어떤 것이 치료제가 될 수 있는지를 알아야 했다. 계절이 어떻게 흐르는지, 폭풍우나 건기가 오기 전에 어떤 징후가 나타나는지를 알 필요가 있었다. 이들은 주변에 있는 모든 개울과 호두나무와 곰 동굴과 부싯돌 매장지를 공부했다. 모든 개인들이 돌칼 만드는 법, 찢어진 망토를 고치는 법, 토끼덫을 놓는 법, 눈사태에 대처하는 법, 뱀에게 물리거나 배고픈 사자를 만났을 때 대처하는 법을 알아야 했다. 이런 수많은 기술 중 하나라도 숙달하려면 오랜 도제기간과 실습이 필요했다.

평범한 고대 수렵채집인은 몇 분이면 부싯돌 하나로 창촉을 만들 수 있었다. 우리가 따라해보면 보통 실패로 끝날 뿐이다. 우리에게는 부싯돌이나 현무암의 겉면이 어떻게 깎이는지에 대한 전문 지식이 없으며 이런 정교한 작업을 할 수 있는 운동기능이 없다.

다시 말해 평범한 수렵채집인은 현대인 후손 대부분에 비해 주변 환경에 대해 좀 더 넓고 깊고 다양한 지식을 지니고 있었다. 오늘날 산업사회에 사는 대부분의 사람들은 살아남기 위해 자연세계에 대해 많은 것을 알 필요는 없다. 컴퓨터 엔지니어, 보험 중개인, 역사교사, 공장 노동자로 살아가기 위해서 알아야 할 지식은 무엇일까? 당신의 아주 좁은 전문영역에 대해서는 많은 지식이 있어야 할 테지만, 삶을 영위하는 데 필요한 다른 방대한 영역에서는 다른 전문가들의 도움에 맹목적으로 의존한다. 이들 전문가 역시 그들의 영역에 지식이 한정되어 있다. 인간 공동체의 지식은 고대 인간 무리의 그것보다 훨씬 더 크지만, 개인 수준에서 보자면, 고대 수렵채집인은 역사상 가장 아는 것이 많고 기술이 뛰어난 사람들이었다.

사피엔스의 평균 뇌 용적은 수렵채집 시대 이래 오히려 줄어들었다는 증거가 일부 존재한다.[5] 그 시대에 생존하려면 누구나 뛰어난 지적 능력을 지녀야 했다. 하지만 농업과 산업이 발달하자 사람들은 생존을 위해 다른 사람들의 기술에 더 많이 의존할 수 있게 되었고, '바보들을 위한 생태적 지위'가 새롭게 생겨났다. 별 볼 일 없는 유전자를 가진 사람이라도 살아남을 수 있으며, 물품을 배달하거나 조립라인에서 단순노동을 하면서 그 유전자를 후손에게 물려줄 수 있게 되었다.

수렵채집인들은 주변의 동물, 식물, 물건뿐 아니라 자기 신체와 감각이라는 내부세계에 대해서도 완벽히 터득했다. 이들은 뱀이 숨어 있는지를 알아내기 위해서 풀밭에서 나는 아주 미세한 소리까지도 귀 기울여 들었다. 또 과일과 벌집, 새둥지를 발견하기 위해서 나뭇잎들을 주의 깊게 관찰했다. 이들은 최소한의 노력으로 소리를 내지 않고 이동했으며 가장 기민한 방식으로 앉고 걷고 달릴 수 있었다. 신체를 다양한 방식으로 계속 사용한 덕분에 마라톤 주자처럼 건강했다. 그들의 신체적 기민성은 요즘 사람들이 요가나 태극권을 수십 년간 수련해도 따라갈 수 없는 수준이었다.

수렵채집인이 삶을 영위하는 방식은 지역마다 계절마다 크게 달랐지만, 대체로 이들은 그 후손인 농부, 양치기, 노동자, 사무원 대부분에 비해서 훨씬 더 안락하고 보람 있는 생활을 영위한 것으로 보인다. 오늘날 풍요의 사회에 사는 사람들은 일주일에 평균 40~45시간 일하며 개발도상국에선 평균 60시간, 심지어 80시간씩 일한다. 이에 비해, 지구상의 가장 척박한 곳에서 살아가는 수렵채집인, 예컨대 칼라하리 사막 사람들은 주 평균 35~45시간밖에 일하지 않는다. 이들은 사흘에 한 번밖에 사냥에 나서지 않으며 채집하는 데 걸리는 시간은 하루 3~6시간에 불과하다. 평상시에는 이 정도 일해도 무리 전체를 먹여 살릴 수 있다. 칼라하리보다 더욱 풍요로운 지역에 살았던 고대 수렵채집인들은 식량과 원자재를 획득하는 데 이보다 더 적은 시간을 썼을 것이다. 이에 더해 이들에게는 가사노동의 부담이 적었다. 접시를 씻고 진공청소기로 카펫을 밀고 마루를 닦고 기저귀를 갈고 청구서를 납부해야 할 필요가 없었다.

수렵채집 경제는 농업이나 산업 시대보다 사람들에게 더욱 흥미로운 삶을 제공했다. 오늘날 중국의 직공은 아침 7시경에 집에서 나와 오염된 거리를 지나 노동착취 공장에 도착한다. 그가 똑같은 기계를 똑같은 방식으로 장장 열 시간 동안 멍하게 돌리고 나서 집에 돌아오면 저녁 7시다. 이때부터 접시를 닦고 빨래를 해야 한다.

3만 년 전 중국의 수렵채집인은 가령 아침 8시에 동료들과 함께 캠프를 나섰다. 이들은 인근의 숲이나 초원을 오가며 버섯을 따고 먹을 수 있는 뿌리를 캐고 개구리를 잡았다. 가끔은 호랑이를 피해서 도망쳤다. 오후에는 캠프로 돌아와 점심 준비를 했다. 덕분에 남는 시간에 이들은 가십을 나누고, 아이들과 놀아주기도 하고, 지어낸 이야기를 하면서 한가롭게 보낼 수 있었다. 물론 호랑이에게 물려 가거나 뱀에게 물리는 일도 가끔 일어났지만, 자동차 사고나 산업공해에 대처할 필요는 없었다.

모든 시기 대부분의 장소에서 수렵채집은 가장 이상적인 영양소를 제공했다. 놀라운 일이 아니다. 인간은 이런 식단을 수십만 년 동안 먹어왔고, 신체 역시 여기에 잘 적응했다. 고대 수렵채집인은 후손인 농부들보다 굶어 죽거나 영양실조에 걸리는 일이 적었으며, 화석 뼈에 나타난 증거가 시사하는 바에 따르면 키가 더 크고 신체도 건강했을 가능성이 많다. 다만 평균 기대수명은 30~40년에 불과했다. 그러나 그것은 주로 어린이 사망률이 높은 탓이었다. 출생 1년 이내의 영아 사망률이 가장 높았으며, 이 시기를 지난 아이는 60세까지 살 가능성이 높았고 일부는 80세까지 살았다. 현대 수렵채집인의 경우 45세인 여성은 향후 20년 더 살 것으로 기대되며 구성원의 5~8퍼센트는 60세 이상이다.[6]

수렵채집인은 굶어 죽거나 영양실조에 걸리지 않았다. 이들의 성공비결은 다양한 식단에 있었다. 농부는 매우 제한된 종류의 식품을 먹으며 불균형인 식사를 한다. 특히 현대 이전에 농업인구를 먹여 살린 칼로리의 대부분은 밀이나 감자, 쌀 등 단일작물에서 왔다. 여기에는 일부 비타민, 미네랄을 비롯해 인간이 필요로 하는 여타 영양소가 부족하다. 중국 전통사회의 전형적 농부는 아침, 점심, 저녁에 쌀밥을 먹었다. 운이 좋으면 다음 날도 그렇게 먹을 수 있었다. 이에 비해 고대의 수렵채집인은 수십 가지의 다양한 식품을 규칙적으로 먹었다. 농부의 조상인 수렵채집인은 아침에 각종 베리와 버섯, 점심에 과일 및 달팽이와 거북, 저녁에는 토끼 스테이크에 야생 양파를 곁들여 먹었을 것이다. 다음 날에는 전혀 다른 음식을 먹었을지 모른다. 이처럼 다양한 식품은 고대 수렵채집인이 필요로 하는 영양소를 확실히 섭취하게 해주었다.

게다가 단 한 가지 식량에만 의존하지 않았기 때문에 해당 식량의 공급이 끊어져도 문제가 덜했다. 농경사회는 가뭄이나 화재, 지진 때문에 쌀이나 감자 농사를 망치면 기근에 휩싸인다. 수렵채집 사회도 자연재해를 당하고 결핍과 굶주림의 시기를 겪었지만, 대체로 이런 재앙을 좀 더 쉽게 극복할 수 있었다. 주식이 되는 일부 먹을거리를 구하지 못하면 다른 것을 사냥하거나 채집할 수 있었고, 영향을 덜 받은 다른 지역으로 이동할 수도 있었다.

고대 수렵채집인은 전염병의 영향도 덜 받았다. 농경 및 산업사회를 휩쓴 대부분의 전염병(천연두, 홍역, 결핵)은 가축이 된 동물에 기원을 두고 있으며, 이것이 사람에게 전파된 것은 농업혁명 이후부터다. 고대 수렵채집인이 기르는 가축은 개밖에 없었으므로 그들에게는 이런 괴로움이 없었다. 게다가 농업 및 산업 사회 사람들은 인구가 밀집한 비위생적인 거주지에 영구적으로 살았는데, 이는 질병이 퍼지기 이상적인 온상이었다. 수렵채집인들은 떠돌며 생활했는데, 무리도 소규모여서 전염병이 널리 퍼질 수 없었다.

건강에 유익한 음식을 다양하게 먹고, 주당 일하는 시간도 상대적으로 짧으며, 전염병도 드물었으니, 이를 두고 많은 전문가는 농경 이전 수렵채집 사회를 '최초의 풍요사회'라고 불렀다. 하지만 그렇다고 고대인의 삶을 이상적인 것으로 그리면 실수일 수도 있다. 이들이 농업 및 산업 사회 사람 대다수보다 더 나은 삶을 영위하기는 했지만, 그럼에도 삶은 거칠고 힘든 것이었다. 고난과 결핍의 시기가 종종 닥쳤고, 어린이 사망률이 높았으며, 오늘날 같으면 사소했을 사고가 쉽게 사망선고로 이어질 수 있었다. 아마도 대부분의 사람들은 떠돌이 무리 내에서 두터운 교분을 향유했겠지만, 무리 내에서 적개심이나 비웃음을 받는 사람들은 끔찍한 고통을 겪었을 것이다.

현대의 수렵채집인들은 가끔 무리를 따라오지 못하는 노인이나 장애인을 버리거나 심지어 죽이는 일이 있다. 원치 않았던 아기나 어린이는 살해될 수 있으며 심지어 종교적인 인신공양 사례도 존재한다. 1960년대까지 파라과이에 살았던 아체족은 수렵채집의 어두운 면을 조금 보여준다. 그곳에서는 무리에서 높은 인물이 사망하면 어린 소녀를 죽여서 함께 묻는 것이 관행이었다.

아체족을 취재한 인류학자들의 녹음 자료에 따르면, 이들은 병에 걸린 중년 남자가 무리를 따라오지 못하자 그를 유기했다. 남자는 나무 아래에 버려졌고, 나무에는 성찬을 기대하는 독수리들이 앉아 있었다. 하지만 남자는 기력을 회복했고 빠른 속도로 걸어서 어찌어찌 무리에 합류하는 데 성공했다. 그의 신체는 새똥으로 뒤덮여 있었고, 그래서 그의 별명은 '독수리 똥'이 되었다.

한번은 늙은 아체 여성이 무리에 부담이 되자, 젊은 남자가 그녀의 뒤로 몰래 다가가 도끼로 머리를 쳐서 살해했다. 어느 아체족 남자가 시시콜콜 캐묻는 인류학자에게 정글에서 보낸 최고의 시절을 설명하는 것을 들어보자.

"나는 나이 든 여자를 상습적으로 죽였다. 나는 숙모들을 죽이곤 했다…… 여자들은 나를 두려워했다…… 이제 백인들이 이곳에 오고 나니 나는 약해졌다."

몸에 털이 없이 태어난 아이는 미숙아로 간주되어 즉각 살해당했다. 어떤 여자는 옛날에 자신의 첫딸이 살해되었는데 그 이유는 무리의 남자들이 여자아이를 원치 않기 때문이었다고 했다. 어느 남자는 어린 남자애를 살해했는데 이유는 "기분이 나쁜데 애가 울고 있었기 때문"이었다. 또 다른 어린아이는 산 채로 파묻혔는데 이유가 "보기에 재미있는 데다 다른 아이들이 그걸 보고 즐거워했기 때문"이었다.[7]

하지만 우리는 아체족을 섣불리 판단해서는 안 된다. 이들과 여러 해 이상 함께 살았던 인류학자들은 성인 간의 폭력은 극히 드물었다고 보고했다. 남녀 모두 뜻에 따라 자신의 파트너를 바꿀 수 있었다. 이들은 지배계급이 없었고, 항상 미소를 띠었으며, 남을 지배하려 드는 사람을 대체로 기피했다. 얼마 되지 않는 소유물에 대해 극도로 관대했으며, 성공이나 부에 집착하지 않았다. 삶에서 가장 중요하게 여긴 것은 좋은 사회적 상호관계와 높은 수준의 우정이었다.[8] 이들은 어린이나 병자, 노인을 살해하는 행위를 오늘날 많은 사람들이 낙태나 안락사를 보는 시각에서 바라보았다.

이 부족이 파라과이 농부들에 의해 무자비하게 사냥, 살해당했다는 사실도 지적되어야 한다. 아체족이 무리에 부담이 될 수 있는 사람이면 누구에게나 예외적으로 가혹한 태도를 취한 이유는 적을 피해야 할 필요가 있었기 때문일 가능성이 크다. 요는 아체 사회가 다른 모든 인간사회와 마찬가지로 매우 복잡했다는 것이다. 우리는 피상적인 지식만으로 그들을 부정하거나 이상화하지 않도록 조심해야 한다. 아체족은 천사나 악마가 아니라 사람이었다. 고대 수렵채집인도 마찬가지였다.

정령과의
소통

인지혁명

고대 수렵채집인의 정신적·영적 삶에 대해서 무엇을 말할 수 있을까? 우리는 계량 가능하고 객관적인 요인들에 기반하여 수렵채집 경제의 기본적인 측면을 어느 정도 신빙성 있게 재구성할 수 있다. 예컨대 한 사람이 살아남으려면 하루에 몇 칼로리가 필요한지, 호두 1킬로그램에서 몇 칼로리를 얻을 수 있는지, 숲 1제곱킬로미터에서 채취할 수 있는 호두가 얼마나 되는지를 계산할 수 있다. 그리고 이 자료를 바탕으로 이들의 식단에서 호두가 상대적으로 어떤 비중을 차지하는지를 어느 정도 추측할 수 있다.

하지만 이들은 호두를 진미로 여겼을까 아니면 평범한 주식으로 보았을까? 호두나무에 정령들이 살고 있다고 믿었을까? 호두나무 잎이 예쁘다고 보았을까? 수렵채집 소년이 소녀를 낭만적인 장소로 데려가고 싶어할 때 호두나무 그늘이면 충분했을까? 생각과 믿음과 느낌의 세계는 훨씬 더 파악하기 어려운 법이다.

고대 수렵채집인 사이에서 애니미즘 신앙이 일반적이었다는 데 대부분의 학자들은 동의한다. 애니미즘(영혼이나 정신을 뜻하는 라틴어 'anima'에 기원을 두고 있다)이란 모든 장소, 동물, 식물, 자연현상이 의식과 감정을 지니고 있으며 인간과 직접 소통할 수 있다는 믿음이다. 그러므로 애니미스트는 언덕 꼭대기의 큰 바위가 욕망과 필요를 지니고 있다고 믿을 수 있다. 이 바위는 사람들의 어떤 행위에 화를 낼 수도 있고 또 다른 행동에 기뻐할 수도 있을 것이다. 사람들에게 충고하거나 도움을 요청할 수도 있을 것이다. 인간은 바위를 상대로 말을 걸거나 위로하거나 위협을 가할 수 있다. 바위뿐 아니라 언덕 제일 아래쪽에 자리 잡은 떡갈나무에도 정령이 깃들어 있고, 언덕 아래로 흐르는 시냇물, 숲속 공터에 있는 샘, 그 주위에 자라는 덤불, 공터에 이르는 길, 샘에서 물을 먹는 들쥐, 늑대, 까마귀도 모두 그렇다. 애니미즘의 세계에서는 사물과 생물만 정령이 있는 것이 아니다. 무형의 실체도 존재한다. 죽은 사람의 영혼, 오늘날 우리가 악마, 요정, 천사라고 부르는 사악하거나 우호적인 존재가 모두 그런 예다.

애니미스트는 인간과 다른 존재 사이를 가로막는 장애물이 없다고 믿는다. 그들은 말이나 노래, 춤이나 의식을 통해 이들 모두와 직접 소통할 수 있다. 사냥꾼은 한 무리의 사슴에게 말을 걸어 그중 한 마리에게 스스로 희생해달라고 요청할 수 있다. 사냥에 성공하면 사냥꾼은 죽은 동물에게 용서를 구할 수 있다. 누군가 병에 걸리면, 샤먼이 병을 일으킨 정령과 접촉해 달래거나 겁을 줘서 쫓아버릴 수 있다. 샤먼은 필요하다면 다른 정령의 도움을 요청할 수도 있다. 이 모든 소통행위의 특징은 말을 거는 대상이 국지적 존재라는 점이다. 우주적인 신들이 아니라 특정한 사슴, 나무, 시냇물, 유령이다.

인간과 다른 존재 사이에 장애물이 없는 것과 마찬가지로, 이들 사이에도 엄격한 위계질서가 존재하지 않는다. 인간이 아닌 존재는 단순히 인간이 필요로 하는 것을 제공하기 위해 있는 것도 아니고, 이들이 세계를 마음대로 움직이는 전지전능한 신도 아니다. 세계는 인간을 중심으로 돌아가지도 않고, 다른 특정한 부류의 존재를 둘러싸고 돌아가지도 않는다.

애니미즘은 특정한 종교가 아니다. 수천 종이 넘는 종교와 사교와 신앙의 포괄적 이름이다. 이들 모두를 '애니미스트'라고 부르는 것은 세계에 대한 접근법과 인간이 차지하는 위치에 대해 공통된 인식을 갖고 있기 때문이다. 고대 수렵채집인들이 아마도 애니미스트였을 것이라고 말하는 것은 현대 이전의 농업종사자들이 대부분 유신론자였다고 말하는 것과 같다.

유신론(Theism, 신을 의미하는 그리스어 'theos'에서 유래했다)이란 우주의 질서가 인간과 신(소수의 천상의 존재로 구성된 집단) 사이의 위계질서를 기반으로 하고 있다는 견해다. 현대 이전의 농업종사자들이 대체로 유신론자였다는 말은 분명 사실이지만, 이 말만으로는 개개의 상세한 특징을 알 수는 없다. '유신론자'라는 표제에는 18세기 폴란드의 유대교 랍비도 들어 있고, 마녀를 화형하는 17세기 매사추세츠의 청교도도 포함되며, 15세기 멕시코의 아즈텍 사제, 12세기 이란의 수피 신비주의자, 10세기의 바이킹 전사, 2세기의 로마 병사, 1세기의 중국인 관료도 들어 있다. 이들 각각은 다른 이들의 신앙과 관습을 기괴한 이단으로 보았다. '애니미즘적' 수렵채집인들의 신앙과 관습 역시 이와 비슷하게 서로 꽤 달랐을 것이다. 이들의 종교적 경험은 논쟁과 개혁과 혁명으로 가득 찬 격동적인 것이었을지도 모른다.

하지만 이런 조심스러운 일반화가 우리가 할 수 있는 최대치다. 고대 영성의 상세한 특성을 서술하려는 시도는 어느 것이나 매우 사변적이게 마련이다. 길잡이로 삼을 증거가 거의 없는 데다 조금 있는 증거(손으로 꼽을 수 있는 숫자의 인공물과 동굴벽화)는 무수히 다양한 방식으로 해석될 수 있기 때문이다. 수렵채집인들의 감정에 대해 안다고 자처하는 학자들의 이론은 석기시대 종교보다 그 주창자의 편견에 대해서 더 많은 것을 알려준다.

우리는 무덤의 유물, 동굴벽화, 뼈로 만든 조각상의 의미를 침소봉대하기보다, 고대 수렵채집인의 종교에 대해 아는 것이 거의 없다는 사실을 솔직하게 인정해야 한다. 우리는 그들이 애니미스트였을 것으로 가정하지만, 이것이 알려주는 정보는 많지 않다. 그들이 어느 정령에게 기도했는지, 어떤 축제를 기념했는지, 어떤 금기를 지켰는지 우리는 모른다. 무엇보다 중요한 것은 그들이 어떤 이야기를 지어냈는지를 모른다는 사실이다. 이것은 인류 역사에 대한 우리의 이해에 난 가장 큰 구멍 중 하나다.

거의 아무것도 밝혀지지 않은 또 하나의 영역은 수렵채집인의 사회정치적 세계다. 이미 설명한 대로, 학자들은 기본적인 것에 대해

▲　　　15,000~2만 년 전 라스코 동굴의 벽화. 우리가 보고 있는 것이 정확히 무엇이며, 그림은 무엇을 의미하는가? 일부 주장에 따르면 이것은 새의 머리를 하고 성기를 발기시킨 남자가 들소에게 죽임을 당하는 장면이다. 이 남자의 아래에 있는 또 한 마리의 새는 그가 죽는 순간 육체에서 빠져나오는 영혼을 상징한다. 이것이 사실이라면, 이 그림은 평범한 사냥 사고를 묘사한 것이 아니라 이 세상에서 다음 세상으로의 통행을 묘사한 것이다. 하지만 이런 추론의 어느 한 부분이라도 맞는지 여부를 확인할 방법이 전혀 없다. 이것은 고대 수렵채집인에 대해서는 거의 알려주지 않고 현대 학자들의 선입견에 대해 많은 것을 알려주는 로르샤흐 심리테스트 같다.

서조차 합의하지 못하고 있다. 사유재산이 존재했는지, 핵가족이었는지, 일부일처제를 유지했는지에 대해서도 말이다.

　　일부 집단은 가장 못된 침팬지 집단처럼 위계질서가 엄격하고 긴장되어 있고 폭력적이었을지 모른다. 이에 비해 다른 집단들은 보노보 무리처럼 느긋하고 문란했을지도 모른다.

　　1955년, 고고학자들은 러시아의 숭기르 유적에서 3만 년 전 매머

▲　　　수렵채집인들이 약 9천 년 전 아르헨티나의 '손 동굴'에 이렇게 손도장을 찍었다. 마치 오래전에 사망한 이가 바위 속에서 우리를 향해 손을 뻗고 있는 것처럼 보인다. 이것은 고대 수렵채집 사회의 유물 중 우리의 마음을 가장 크게 움직이게 하는 것이지만, 실제로 무엇을 의미하는지는 아무도 모른다.

드를 사냥한 문화권의 매장터를 발견했다. 한 무덤에서는 50세 남자의 유골이 나왔는데, 매머드 상아로 만든 구슬 3천 개를 꿰어 만든 목걸이 같은 것으로 덮여 있었다. 머리맡에는 여우 이빨로 장식한 모자가 놓여 있었으며 손목에는 상아 팔찌 스물다섯 개가 놓여 있었다. 이 매장지의 다른 묘지에는 부장품이 이보다 훨씬 더 적었다. 학자들은 이를 토대로 숭기르의 매머드 사냥꾼들이 계급사회에 살았으며 문제의 남자는 무리의 지도자이거나 여러 무리로 구성된 부족 전체의 지도자였을 것이라고 추론했다. 몇십 명에 불과한 일개

무리에서 그렇게 많은 부장품을 손수 만들었을 가능성은 희박하다.

그다음 고고학자들은 더욱 흥미로운 무덤을 발견했다. 무덤 속에는 얼굴을 마주 보는 두 구의 유골이 있었는데, 하나는 12~13세 소년의 뼈였고 다른 하나는 9~10세 소녀의 뼈였다. 소년은 5천 개의 상아 구슬로 뒤덮여 있었고, 여우 이빨로 장식한 모자를 쓰고 있었으며, 그런 이빨 250개가 들어간 허리띠를 하고 있었다(250개는 적어도 60마리의 여우를 잡아서 이빨을 뽑아야 가능한 숫자다). 소녀를 장식한 상아 구슬은 5,250개였다. 두 어린이는 작은 조각상을 비롯해 다양한 상아 물건으로 둘러싸여 있었다.

숙련된 장인이 상아 구슬 한 개를 만드는 데는 아마도 45분쯤 걸렸을 것이다. 두 어린이를 덮은 상아 구슬 1만 개를 만드는 데만 7,500시간에 이르는 정교한 작업이 필요했다는 뜻이다. 숙련된 장인이 3년 훨씬 넘게 작업해야 할 양이다. 이렇게 어린아이들이 지도자였거나 매머드 사냥꾼이었을 가능성은 희박하므로, 문화적 신념만이 그처럼 사치스러운 매장의 이유를 설명해줄 수 있다. 하나의 가설은 이들의 계급이 부모에게서 기인했다는 것이다. 아마도 그들은 가족의 권위를 신봉하거나 엄격한 상속 원칙을 믿는 문화에 속하는 지도자의 자녀였을지 모른다. 두 번째 가설은 이들 어린이들은 태어날 때부터 오래전에 죽은 사람의 환생으로 여겨졌다는 것이다. 세 번째 가설은 아이들을 매장한 방식은 살았을 때의 지위가 아니라 죽는 방식을 반영한다는 것이다. 즉 이들이 종교의식에서 희생되었으며—아마도 지도자의 장례식의 한 부분으로서—그러고 나서 부장품을 갖춘 화려한 무덤에 묻혔다는 가설이다.[9]

정확한 답이 무엇이든 간에, 숭기르의 아이들은 3만 년 전의 사피엔스가 우리의 DNA뿐만 아니라 여타 인간이나 동물 종의 행동 패턴을 훌쩍 넘어서는 높은 수준의 사회정치적 코드를 발명할 능력을 갖추고 있었음을 말해주는 가장 훌륭한 증거다.

전쟁이냐
평화냐

마지막으로 아주 까다로운 질문이 남는다. 수렵채집 사회에서 전쟁은 어떤 역할을 했을까? 일부 학자들은 고대 수렵채집 사회는 평화로운 천국이었으며 전쟁과 폭력이 시작된 것은 사람들이 사유재산을 축적하기 시작한 농업혁명 이후의 일이라고 주장한다. 또 다른 학자들은 고대 수렵채집 사회가 특히 잔인하고 폭력적이었다고 주장한다. 두 주장은 모두 공중에 지은 누각에 지나지 않고, 이들을 지상과 연결하는 줄은 가늘다. 빈약한 고고학적 증거와 오늘날의 수렵채집 사회에 대한 인류학적 관찰만 있을 뿐이다.

인류학적 증거는 흥미롭지만 문제가 너무 많다. 오늘날의 수렵채집인은 북극이나 칼라하리 사막처럼 고립되고 황량한 지역에 주로 살고 있다. 인구밀도가 매우 낮으며 다른 사람들과 싸울 기회가 거의 없는 곳이다. 게다가 최근 여러 세대에 걸쳐 그들이 현대 국가의 권력에 복종하는 경향이 점점 커졌는데, 현대 국가는 대규모 분쟁이 발발하는 것을 막는다. 연구자들이 규모가 크고 인구밀도가 상대적으로 조밀한 독립 수렵채집인을 관찰할 수 있었던 기회는 단 두 차례뿐으로, 19세기 북미 북서부와 19~20세기 초반 호주 북부에서였다. 미국과 호주 원주민 문화는 둘 다 무력충돌을 자주 겪었다. 하지만 이런 무력충돌이 '영원히' 지속된 상황이었는지 유럽 제국주의의 여파인지 여부는 논란의 대상이다.

한편 고고학 유물은 드물고 불분명하다. 수만 년 전에 발생했던 전쟁에 대해 말해주는 단서가 남아 있을 수 있을까? 그 당시에는 요새와 성벽은 물론 포탄 껍데기도 없었다. 칼이나 방패도 없던 시절이다. 원시적인 창날은 전쟁에 사용되었을 수도 있지만 사냥에 사용되었을 수도 있다. 인간의 유골 화석이라고 해서 해석하기가 더 쉬운 것은 아니다. 부러진 뼈는 전쟁에서 다친 것일 수도 있고 그냥 사고를 당한 탓일 수도 있다. 또한 오래된 뼈에 부러지거나 잘린 흔적이 없다고 해서 그 뼈의 주인이 폭력에 희생된 게 아니라는 결정적 증거는 될 수 없다. 죽음의 원인은 연조직에 외상을 입은 탓인지혁명일 수 있는데 그러면 뼈에는 아무 흔적도 남지 않는다.

이보다 더 중요한 사실은, 산업혁명 이전의 전쟁에서 사망자의 90퍼센트 이상은 무기가 아니라 굶주림과 추위와 질병 때문에 죽었다는 점이다. 3만 년 전 어느 수렵채집 부족이 인근 부족과 영역 싸움에서 패배해 본거지에서 쫓겨났다고 상상해보자. 문제의 결정적 전투에서 열 명이 사망했고 이듬해 해당 부족원 중 1백 명이 굶주림과 추위, 질병으로 죽었다. 이 110개의 유골과 마주한 고고학자들은 대부분이 모종의 자연재해로 사망했다고 아주 쉽게 결론내릴지 모른다. 이들 모두가 무자비한 전쟁의 희생자였다는 사실을 우리가 어떻게 파악할 수 있겠는가?

주의사항을 충분히 설명했으니, 이제 고고학적 발견의 내용을 알아보자. 포르투갈에서 농업혁명 직전의 유골 4백 구를 조사한 결과를 보면 폭력의 흔적이 뚜렷한 것은 두 구뿐이었다. 이스라엘에서 나온 같은 시기의 유골 4백 구를 대상으로 비슷한 조사를 한 결과는 인간의 폭력 탓으로 추정할 수 있는 흔적이라고는 하나의 두개골에 하나의 금이 가 있는 것뿐이었다. 다뉴브 강 유역의 농업혁명 이전 시기 유적지 여러 곳에서 4백 구의 유골을 조사한 결과는 좀 달랐다. 열여덟 개 유골에서 폭력의 흔적이 나타났다. 4백 명 중 열여덟 명이라면 많지 않은 것으로 보이지만 실은 높은 비율이다. 열여덟 명이 정말로 폭력으로 사망한 것이라면, 고대 다뉴브 강 유역의 사망자 중 4.5퍼센트가 인간의 폭력으로 죽었다는 말이다. 오늘날 전쟁 및 범죄에 의한 사망률은 세계 평균 1.5퍼센트에 불과하다.

20세기 사망자 중 인간의 폭력에 의한 희생자는 5퍼센트에 불과했는데, 더구나 이 시기는 두 차례의 세계대전과 역사상 가장 대규모 인종학살을 겪은 시기였다. 그러니 위의 유골에서 나타난 증거가 전형적인 것이라면, 고대 다뉴브 강 유역은 20세기와 비슷한 정도로 폭력적이었다고 할 수 있다.*

다뉴브 강 이외의 다른 지역에서도 이처럼 우울한 결론이 도출되었다. 수단의 자블 사하바에서는 쉰아홉 구의 유골이 매장된 12,000년 전 공동묘지가 발견되었다. 그런데 화살촉이나 창끝이 박

---

* 유골에서 폭력 흔적이 발견된 다뉴브 강 유역 사람 열여덟 명이 모두 문제의 폭력에 의해 사망한 것은 아니라는 주장이 있을 수 있다. 일부는 부상만 당했을 수도 있다. 하지만 흔적이 남지 않는 사망을 감안하면 이 점은 상쇄할 수 있다. 연조직에 외상을 입은 경우와 전쟁에 따른 눈에 보이지 않는 손실로 사망한 경우가 그렇다.

혀 있거나 바로 옆에서 발견된 유골이 스물네 구로 전체의 40퍼센트였다. 한 여성의 유골에는 열두 곳의 부상 흔적이 있었다. 독일 바이에른 주의 오프넷 동굴에서는 고고학자들이 수렵채집인 서른여덟 명의 유골을 발견했다. 대부분은 여성과 어린이였고, 두 군데 구멍에 던져져 매장되어 있었다. 이 중 어린이와 아기를 포함한 절반의 뼈에는 곤봉이나 칼처럼 인간의 무기에 의해 손상을 입은 흔적이 역력했다. 성인 남성의 뼈는 몇 되지 않았는데, 이 뼈에는 최악의 폭력이 자행된 흔적이 남아 있었다. 전체적으로 보아 한 무리의 수렵채집인 전원이 그곳에서 대량학살된 것일 개연성이 아주 높다.

다음 중 어느 쪽이 고대 수렵채집인의 세계를 더 잘 대변할까? 이스라엘과 포르투갈의 평화로운 유골, 아니면 자블 사하바와 오프넷의 도살장? 어느 쪽도 아니다. 수렵채집인들의 종교와 사회구조가 매우 다양했던 것과 마찬가지로, 이들의 폭력 사용률 역시 매우 다양하게 분포했을 가능성이 크다. 특정 시기, 특정 지역의 사람들은 평화와 고요를 즐긴 반면 다른 무리들은 격렬한 폭력으로 고통을 당했을지 모른다.[10]

침묵의
커튼

고대 수렵채집인들의 생활이 어떠했는지를 전체적으로 재구성하는 것이 어려운 수준이라면, 특정한 사건을 복원하는 것은 불가능한 수준이다. 사피엔스의 한 무리가 네안데르탈인이 이미 살고 있는 계곡에 처음 도착했다고 치자. 그때부터 여러 해에 걸쳐 숨

막히는 역사의 드라마가 펼쳐졌을 것이다. 하지만 그런 접촉의 흔적이 지금까지 남아 있는 것은 거의 없다. 기껏해야 몇 안 되는 뼈 화석과 한 움큼의 석기만 남아, 학자들의 면밀한 심문에도 침묵만 지킬 뿐이다.

뼈 화석과 석기에서 끌어낼 가능성이 있는 것도 있다. 인체의 해부학적 구조, 기술, 먹은 음식, 심지어 사회구조도 도출할 수 있다. 하지만 뼈나 석기가 결코 말해주지 않는 정보도 있다. 인접한 사피엔스 무리 간의 동맹이라든가, 그런 동맹을 축복하는 망자의 정령이라든가, 정령들의 축복을 얻기 위해 마을의 주술사에게 은밀히 건네는 상아 구슬이 그렇다. 이런 침묵의 커튼은 수만 년에 걸친 역사를 감추고 있다. 그 오랜 세월 동안 전쟁과 혁명, 열광적인 종교운동, 심원한 철학이론, 빼어난 예술작품이 있었을 가능성이 크다.

어쩌면 수렵채집인들에게는 온 세상을 정복한 그들만의 나폴레옹이 있어서 룩셈부르크 절반 크기의 제국을 통치했을지 모른다. 교향악단은 없지만 대나무 피리 소리로 청중을 눈물 흘리게 만들었던 재능 있는 베토벤이 있었을지도 모른다. 우주를 창조한 신의 이야기 대신 동네 떡갈나무가 하는 이야기를 전했던 카리스마 넘치는 예언자가 있었을지도 모른다. 하지만 이 모든 것은 추측에 불과하다. 침묵의 커튼은 너무 두꺼워서, 이런 사건을 상세하게 묘사하는 것은 고사하고 이런 일이 실제로 일어났는지조차 확신할 수 없다.

학자들은 합리적인 답을 얻을 수 있을 것이라고 예상 가능한 질문만 하는 경향이 있다. 전에 없던 새로운 조사도구가 발견되지 않는 한, 아마도 우리는 고대 수렵채집인들이 무엇을 믿었는지 어떤 정치적 드라마를 겪었는지를 결코 알아낼 수 없을 것이다.

하지만 답을 얻을 수 없는 질문을 하는 것은 매우 중요하다. 그러지 않으면 우리는 인류 역사의 6만~7만 년을 "그 시기에 살았던 인류는 중요한 일이라고는 전혀 하지 않았다"는 평계로 일축하고 싶어질 수 있다. 하지만 사실 그들은 중요한 일을 많이 행했다. 특히 그들은 대부분의 사람들이 인식하는 것보다 주변 세계를 크게 바꿔놓았다.

시베리아 툰드라나 호주 중부, 아마존 열대우림을 찾는 도보 여행자들은 자신이 인간의 손이 전혀 닿지 않은 천연 그대로의 풍경에 들어섰다고 생각하겠지만, 이것은 환상이다. 그곳에는 우리에 앞서서 수렵채집인들이 살았으며, 이들은 가장 빽빽한 밀림부터 가장 척박한 황무지에 이르기까지 극적인 변화를 초래했다. 다음 장에서 우리는 최초의 농촌마을이 생기기 훨씬 전에 수렵채집인이 우리 행성의 생태계를 얼마나 철저히 바꿔놓았는지를 살펴볼 것이다. 이야기를 지어내 말할 줄 아는 사피엔스의 방랑하는 무리들은 동물계가 이제껏 만들어낸 것 중 가장 중요하고 가장 파괴적인 힘을 가지고 있었다.

4

대홍수

인지혁명 이전의 인간 종은 모두가 아프로아시아 육괴(아프리카와 아시아가 합쳐진 고대륙—옮긴이)에서 살았다. 물론 가까운 거리의 섬 몇 곳은 헤엄을 치거나 급조한 뗏목을 타고 건너가서 정착하기도 했다. 예컨대 인도네시아 소순다 열도의 플로레스 섬은 85만 년 전에 이미 거주지로 개척되었다. 하지만 이들은 큰 바다로 나가는 모험을 감행할 용기가 없었으며, 아무도 아메리카, 호주 혹은 더욱 먼 곳인 마다가스카르, 뉴질랜드, 하와이에는 가지 못했다.

　바다라는 장벽은 인간만 가로막은 것이 아니다. 아프로아시아 육괴에 살던 동식물 중 많은 종이 '외부세계'로 나아가지 못했고, 그 결과 호주나 마다가스카르 같은 먼 곳의 생물들은 고립된 상태로 수백만 년에 걸쳐 진화하여 형태나 성질이 멀리 아프로아시아 친척들과는 아주 달라지게 되었다. 지구라는 행성은 각기 구별되는 여러 생태계로 나뉘어 있었고, 구역마다 각자 독특한 동식물이 살고 있었다. 바야흐로 호모 사피엔스는 이 같은 생물학적 풍요로움에 종말을 가져올 참이었다.

인지혁명의 결과 사피엔스는 기술과 조직의 방법을 터득하게 되었으며, 그 덕분에 아프로아시아를 벗어나 외부세계에 정착하는 데 필요한 전망까지도 품을 수 있었을 것이다. 최초의 업적은 약 45,000년 전에 호주에 정착한 것이었다. 학자들은 이 위업을 설명하는 데 애를 먹고 있다. 호주에 도달하려면 수많은 해협을 건너야 하는데, 일부는 폭이 1백 킬로미터를 넘는다. 그리고 그들은 호주에 도착하자마자 거의 하룻밤 만에 완전히 새로운 생태계에 적응해야 했다.

가장 합리적인 이론에 따르면, 약 45,000년 전에 인도네시아 제도(아시아 대륙과 좁은 해협으로 분리된 섬들로 섬 사이의 거리도 좁다)에서 살던 사피엔스가 최초의 항해사회를 발전시켰다. 이들은 대양을 항해하는 배를 건조하고 움직이는 법을 습득해서 장거리 어부, 교역자, 탐험가가 되었다. 이는 인류의 능력과 생활방식에 전대미문의 변화를 초래했을 것이다. 바다로 나간 다른 포유동물, 즉 바다표범, 바다소, 돌고래 등은 전문화된 장기와 유체역학적 신체를 얻기 위해 엄청나게 오랜 기간 진화해야 했다. 하지만 아프리카 초원에 살던 유인원의 후손인 사피엔스는 물갈퀴를 길러내거나 고래처럼 코가 머리 꼭대기로 올라올 때까지 기다리지 않고도 태평양의 해상여행자가 되었다. 그 대신 그들은 배를 건조하고 조종하는 법을 배웠다. 이런 기술 덕분에 호주까지 가서 정착할 수 있었다.

사실 고고학자들은 연대가 45,000년 전으로 거슬러 올라가는 어촌이나 뗏목이나 노를 아직 발굴하지 못했다(발견하기 어려울 것이다. 해수면이 상승한 탓에 고대 인도네시아 해변은 1백 미터 물속에 잠겼으니까).

그럼에도 이 이론을 뒷받침하는 강력한 정황증거가 있다. 호주에 정착한 지 수천 년 만에 사피엔스가 그 북쪽에 있는 고립된 작은 섬들을 수없이 식민화했다는 점이다. 부카나 마누스 같은 일부 섬과 가장 가까운 육지 사이에는 193킬로미터나 되는 대양이 가로막고 있다. 정교한 선박과 항해술 없이 누군가가 그곳에 도착해 정착촌을 건설할 수 있었다고 믿기는 어렵다. 앞서 언급했듯이 뉴아일랜드나 뉴브리튼 같은 일부 섬들 간에 정기적인 해상교역이 존재했다는 확실한 증거도 있다.[1]

최초의 인류가 호주까지 여행을 한 것은 역사상 가장 중요한 사건 중 하나로, 콜럼버스가 아메리카에 도착하거나 아폴로 11호 탐험대가 달에 착륙한 것 못지않다. 이것은 인류가 어떻게 해서든 아프로아시아 생태계를 떠나는 데 성공한 최초의 사례다. 사실 대형 육상동물이 어찌어찌해서 아프로아시아에서 호주로 건너간 첫 사례이기도 하다.

그러나 이보다 더 중요한 것은 인간 선구자들이 그 신세계에서 저지른 짓이다. 최초의 수렵채집인이 호주 해안에 발을 들인 순간은 호모 사피엔스가 먹이사슬의 최상층부로 올라가고 이후 40억 년 동안의 지구 생명의 역사에서 가장 치명적인 종이 된 순간이었다.

이전에도 인간은 획기적인 적응과 행태를 조금 보여주었지만, 그것이 환경에 끼친 영향은 무시할 만했다. 다양한 서식지에 침투해 성공적으로 적응하는 모습을 보여주기는 했지만, 서식지를 극적으로 바꿔놓지는 않았다. 반면에 호주 정착민들, 보다 정확하게는 정복자들은 현지 생태계에 적응만 한 것이 아니다. 그 생태계를 알아볼 수 없을 정도로 바꿔버렸다.

　호주 해안 모래밭에 찍힌 인간의 첫 발자국은 곧바로 파도에 씻겨버렸다. 하지만 침입자들은 내륙으로 진격하면서 결코 지울 수 없는 발자국을 남겼다. 그리고 그 과정에서 이들은 몸무게 2백 킬로그램에 키 2미터인 캥거루, 대륙에서 몸집이 가장 큰 포식자였던 호랑이만 한 유대류(캥거루처럼 주머니가 있다) 사자 등 생전 처음 보는 존재들로 가득한 이상한 세상을 만났다. 몸집이 너무 커서 귀엽거나 깜찍한 것과는 거리가 먼 코알라들이 나무 위에서 바스락거렸고, 타조 두 배 크기의 날지 못하는 새들이 초원을 달리고 있었다. 용 같은 도마뱀과 5미터 길이의 뱀들이 덤불 속에서 미끄러지듯 움직였다. 무게 2.5톤에 이르는 웜뱃(작은 곰같이 생긴 호주 동물. 캥거루처럼 새끼를 주머니에 넣어서 기른다—옮긴이)인 디프로토돈이 숲속을 어슬렁거리고 있었다. 새와 파충류를 제외한 모든 동물이 유대류였다. 이들은 캥거루처럼, 아주 작고 무력한 태아 같은 새끼를 낳은 뒤 배에 있는 주머니에 넣어 모유를 먹여 키웠다. 유대류의 포유동물은 아프리카와 아시아에는 거의 알려지지 않았지만, 호주에서는 이미 이들이 패권을 장악하고 있었다.

　이로부터 몇천 년 지나지 않아, 대형동물은 사실상 모두 사라졌다. 몸무게 50킬로그램이 넘는 호주의 동물 24종 중 23종이 멸종했다.[2] 이보다 작은 종도 대량으로 사라졌다. 호주 전체 생태계의 먹이사슬이 붕괴되고 재조정되었다. 이것은 지난 수백만 년 이래 호주 생태계에 일어난 가장 큰 변화였다. 이 모든 것이 호모 사피엔스의 탓이었을까?

기소 내용대로

유죄

　　　　　일부 학자들은 우리 종에 면죄부를 주고 싶어 한다. 이런 경우 전형적인 희생양인 기후변화에 책임을 돌리는 것이다. 하지만 호모 사피엔스가 완전히 결백하다고 믿기는 어렵다. 기후변화의 누명을 약화시키고 우리 조상들을 호주의 대형동물 멸종과 연루시키는 세 가지 증거가 있다.

　첫째, 45,000년 전쯤 호주의 기후가 변화한 것은 사실이지만 눈에 띌 만큼 급격한 변화는 아니었다. 새로운 기후 패턴이라는 단독 요인이 어떻게 그런 대량 멸종을 유발했는지를 알기도 쉽지 않다. 오늘날 무슨 일이든 기후변화 탓으로 설명하는 것이 일반화되기는 했지만, 진실을 말하자면 지구의 기후는 결코 가만히 있는 법이 없다. 기후는 끊임없이 변화한다. 역사상 모든 사건은 모종의 기후변화를 배경으로 일어났다.

　특히 우리 행성은 수많은 온난화와 한랭화의 주기를 겪었다. 지난 1백만 년 동안 평균 10만 년마다 빙하기가 있었다. 최후의 빙하기는 75,000년~15,000년 전이었다. 빙하기치고 특별히 혹독한 것은 아니었지만 그 기간 중 두 차례의 절정기가 있었는데, 처음은 약 7만 년 전이었고 그다음은 2만 년 전쯤이었다. 대형 디프로토돈은 150만 년도 더 전에 호주에 등장해 열 차례가 넘는 빙하기에도 살아남았다. 그런데 왜 45,000년 전에 사라졌을까? 물론 디프로토돈이 이 시기에 사라진 유일한 대형동물이었다면 이는 우연이었을 것이다. 하지만 디프로토돈과 함께 호주 대형동물군의 90퍼센트 이상이 사라졌다. 증거는 정황에 불과하지만, 사피엔스가 마침 이들 동물이 추위로 죽어가고 있던 시기에 호주에 도착한 것뿐이라고 믿기는 어렵다.[3]

둘째, 기후변화가 대량멸종을 초래할 경우 해양 생명체는 육지 생명체 못지않게 타격을 받는다. 하지만 45,000년 전 해양 동물의 개체수가 유의미하게 줄었다는 증거는 없다. 그러나 인간의 개입이 원인이라고 하면 멸종의 물결이 왜 육상의 대형동물군을 쓸어버리면서도 인근 바다의 동물상은 내버려두었는지에 대해서 쉽게 설명할 수 있다. 항해술이 일취월장했음에도 불구하고 호모 사피엔스는 주로 육상의 위협이었으니까.

셋째, 호주에서 일어난 것과 유사한 대량멸종이 그다음 수천 년간 인류가 외부세계의 또 다른 지역에 정착할 때마다 거듭거듭 벌어졌다. 이런 경우들에서는 사피엔스가 유죄라는 것을 반박하기가 불가능하다. 예컨대 약 45,000년 전의 소위 '기후변화'에 조금의 타격도 입지 않았던 뉴질랜드의 대형동물군은 인류가 그곳에 발을 들이자마자 치명적인 피해를 입었다. 뉴질랜드의 첫 사피엔스 정착자인 마오리족이 그 섬에 도달한 것은 약 8백 년 전이었다. 그로부터 2백 년도 채 지나지 않아 그곳의 대형동물 대부분이 멸종했고 모든 조류 종의 60퍼센트도 멸종했다.

북극해 랭겔 섬(시베리아 연안에서 2백 킬로미터 북쪽)의 매머드도 이와 유사한 운명을 맞았다. 매머드는 지난 수백만 년간 북반구 대부분 지역에서 번성했지만, 호모 사피엔스가 처음에는 유라시아로 다음에는 북미로 퍼져나가자 매머드들은 계속 후퇴했다. 1만 년 전이 되자 랭겔 섬을 비롯한 북극해의 외딴 섬 몇 곳을 제외하고는 지구 상에서 매머드를 단 한 마리도 찾을 수 없게 되었다. 랭겔 섬의 매 머드는 몇천 년간 더 번성하다가 약 4천 년 전 갑자기 사라졌다. 인 간이 섬에 처음 도착한 바로 그 시기에 말이다.

만일 호주의 멸종이 고립된 사건이었다면, 우리는 인류에게 의문 의 여지라는 기회를 줄 수 있었을 것이다. 하지만 역사적 기록은 인 류를 생태계의 연쇄살인범으로 보이게끔 만든다.

호주 정착민들이 마음대로 휘두를 수 있었던 것은 석기시대 기 술뿐이었다. 그런데 어떻게 생태계의 재앙을 불러일으킬 수 있었을 까? 이에 대해서는 아귀가 잘 맞는 세 가지 설명이 있다.

호주 멸종의 첫 희생자인 대형동물은 번식 속도가 느리다. 임신 기간은 길고 한 배당 새끼 수는 적으며 임신과 임신 사이의 휴지기 가 길다. 그 결과 인간들이 몇 개월마다 디프로토돈 한 마리만 잡는 다고 하더라도 사망률이 출생률을 앞지르게 된다. 불과 몇천 년 되 지 않는 사이에 최후로 남은 디프로토돈은 사라져버릴 것이고 그와 함께 종 전체도 같은 운명을 맞을 것이다.[4]

사실 디프로토돈을 비롯한 호주의 대형동물들은 덩치는 크지만 사냥하기가 그리 어렵지 않았을 것이다. 두 다리로 걷는 공격자들 의 공격은 그들에게 전혀 뜻밖의 일이었을 것이기 때문이다. 아프 로아시아에는 다양한 인간 종들이 돌아다니며 2백만 년에 걸쳐 진 화해왔다. 이들은 사냥기술을 서서히 가다듬어 약 40만 년 전부터 는 대형동물을 사냥하기 시작했다. 아프리카와 아시아의 대형동물들은 인간을 피해야 한다는 것을 학습했고, 그래서 새로운 초강력 포식자인 호모 사피엔스가 아프로아시아에 등장했을 때 저렇게 생긴 동물로부터는 거리를 두어야 한다는 사실을 이미 알고 있었다. 하지만 호주의 대형동물들에게는 도망쳐야 한다는 사실을 학습할 시간이 없었다. 인간이 특별히 위험해 보이지도 않았다. 이빨이 길고 날카롭지도 않고, 근육이 많고 유연하지도 않으니까. 그러므로 역사상 지구를 거닐었던 최대의 유대류 동물이었던 디프로토돈은 연약해 보이는 유인원을 처음 보았을 때 당연히 힐끗 보고 무시했을 것이다. 먹고 있던 잎을 마저 씹는 일에 열중했을 것이다. 이들 동물은 인간에 대한 두려움을 진화시켜야 했지만 그러지 못한 채 사라졌다.

두 번째 설명은 사피엔스가 호주에 도착했을 때 이들이 이미 불을 질러 농경지를 만드는 화전법에 통달한 상태였다고 주장한다. 생소하고 위협적인 환경에 직면한 이들은 지나다닐 수 없을 만큼 무성한 덤불숲을 차근차근 불태워서 탁 트인 초원으로 만들었고, 그런 초원은 사냥감을 좀 더 쉽게 끌어들이는 터라 이들의 필요에 잘 맞았다. 이런 방법으로 이들은 불과 몇천 년 지나지 않아 호주 대부분의 생태계를 완전히 변화시켰다.

이런 견해를 뒷받침하는 한 증거는 식물 화석이다. 45,000년 전 호주에는 유칼립투스 나무가 드물었다. 하지만 호모 사피엔스가 도착하면서 이 종의 황금기가 도래했다. 이 나무는 화마가 휩쓸고 지나가도 금세 다시 살아나기 때문에 다른 나무들이 사라지는 동안 멀리까지 퍼져나갈 수 있었다. 이런 식생의 변화는 식물을 먹는 동물뿐 아니라 그 동물들을 잡아먹는 육식동물에게도 영향을 끼쳤다. 오직 유칼립투스 잎만 먹는 코알라는 행복하게 잎을 씹으며 새로운 서식지로 퍼져나갔다. 다른 대부분의 동물들은 큰 고통을 겪었다. 호주의 수많은 먹이사슬이 붕괴했고, 약한 사슬은 멸종의 길을 걸었다.[5]

세 번째 설명은 사냥과 화전 농업이 멸종에 중요한 역할을 했다는 사실을 인정하긴 하지만 기후의 영향을 완전히 무시할 수는 없다고 말한다. 45,000년 전 호주에 닥친 기후변화는 생태계를 뒤흔들어 극히 취약하게 만들었다. 정상적인 상황이라면 생태계는 과거에도 여러 차례 그랬던 것처럼 회복되었을 것이다. 하지만 이 결정적 국면에 인간이 등장함으로써 가뜩이나 연약한 생태계를 심연으로 밀어넣었다. 기후변화와 인간의 조합은 대형동물에게 특히 파괴적이었다. 각기 다른 각도에서 공격을 가했기 때문이다. 여러 위협에 두루 적용될 훌륭한 생존전략을 찾기는 어려운 법이다.

추가 증거가 없는 한, 세 가지 시나리오 중 어느 하나가 맞다고 결정할 수는 없다. 하지만 만일 호모 사피엔스가 호주나 뉴질랜드로 내려가지 않았다면 그곳에 아직도 유대류의 사자, 디프로토돈, 대형 캥거루가 살고 있었으리라고 믿을 이유는 충분하다.

땅늘보의
종말

호주 대형동물군의 멸종은 아마도 호모 사피엔스가 우리 행성에 남긴 최초의 굵직한 표식이었을 것이다. 이후 이보다 더욱 큰 생태 재앙이 이어졌는데, 이번 무대는 아메리카였다. 호모 사피엔스는 서반구 대륙에 최초로 도착한 인간 종이며 유일한 종이기도 했다. 시기는 약 16,000년 전, 즉 기원전 14,000년경이었다.

최초의 아메리카인은 걸어서 그곳에 도착했다. 당시 해수면은 걸어서 건너기 충분할 만큼 낮아서 시베리아 북동부와 알래스카 북서부가 육로로 연결되어 있었다. 물론 도달하기가 쉬웠다는 말은 아니다. 여행은 힘들었고 아마도 호주로 배를 타고 가는 여정보다 더욱 고단했을 것이다. 횡단을 하기 위해 사피엔스는 시베리아 북부 북극권의 가혹한 날씨를 견뎌야 했다. 이 지방에서는 겨울에 해가 전혀 뜨지 않으며 기온이 영하 50도씨로 떨어질 때도 있다.

이전의 인간 종들은 북부 시베리아 같은 지역을 통과한 일이 없었다. 추운 날씨에 적응한 네안데르탈인들도 이보다 상대적으로 따뜻한 훨씬 더 남쪽 지역에만 머물렀다. 하지만 눈과 얼음의 땅이 아니라 아프리카의 초원에 적응한 호모 사피엔스는 이후 독창적인 해법을 고안해냈다. 추운 지방으로 이주한 사피엔스 무리들은 눈신발(눈에 빠지지 않도록 테니스 라켓 같은 것을 밑에 넓적하게 댄 신발—옮긴이), 그리고 바늘을 이용해 여러 겹의 모피를 단단히 꿰맨 효과적인 보온복을 만들었다. 이들은 새로운 무기와 세련된 사냥기술을 개발해 먼 북쪽에 있는 매머드를 비롯한 대형 사냥감을 추적해 죽일 수 있었다. 보온복과 사냥기술이 개선되자 사피엔스는 얼어붙은 지역에 더욱 깊숙이 들어가는 모험을 감행했다. 그리고 이들이 북쪽으로 이동함에 따라 의복, 사냥기술을 비롯한 생존기술은 계속해서 발전했다.

그런데 왜 이런 수고를 무릅썼을까? 도대체 왜 스스로 시베리아로 유배를 갔을까? 일부 무리는 전쟁, 인구 증가의 압박, 자연재해 때문에 북쪽으로 내몰렸을 수도 있다. 그런가 하면 예컨대 동물성 단백질 같은 긍정적인 이유로 북쪽으로 이끌린 집단도 있었을지 모른다. 북극 땅은 순록이나 매머드처럼 군침이 도는 대형동물이 풍부했다. 매머드는 한 마리만 잡아도 엄청난 양의 고기(기온이 낮기 때문에 얼렸다 나중에 먹을 수도 있었다)와 맛있는 지방, 따뜻한 모피, 귀중한 상아를 제공하였다. 숭기르의 유적이 증언하듯, 매머드 사냥꾼들은 북쪽 동토에서 단지 살아남은 것이 아니라 번성했다. 시간이 흐르면서 이들 무리는 매머드와 마스토돈, 코뿔소, 순록을 쫓아 더 멀리 퍼져나갔다. 기원전 14000년쯤 이 중 일부가 사냥감을 쫓아 시베리아 북동부에서 알래스카까지 가게 되었다. 물론 이들은 자신들이 신세계를 발견했다는 사실을 몰랐다.

매머드에게나 인류에게나 알래스카는 시베리아의 연장에 지나지 않았다. 처음에는 빙하 때문에 알래스카에서 아메리카의 다른 지역으로 가는 길이 막혀 있었다. 더 남쪽을 탐사할 수 있었던 것은 소수의 고립된 개척자들뿐이었을 것이다. 기원전 12000년쯤 지구 온난화로 얼음이 녹고 좀 더 쉬운 통로가 열렸다. 새로 열린 육로를 이용해서 인류는 떼를 지어 남쪽으로 이동했고, 대륙 전체로 퍼져나갔다. 원래는 대형동물을 사냥하는 데 적응했던 터였지만 이들은 곧 극히 다양한 기후와 생태계에 적응했다.

시베리아인의 후예들은 미국 동부의 울창한 숲, 미시시피 삼각주의 늪지대, 멕시코의 사막, 중미의 찌는 듯한 밀림에 정착했다. 아마존 강 유역의 세계에 둥지를 틀었는가 하면 안데스 산맥의 골짜기나 아르헨티나의 대초원에 뿌리를 내리기도 했다. 이 모든 일이 단 1천 년이나 2천 년 만에 일어났다. 기원전 10000년이 되자 인류는 미 대륙 최남단의 티에라델푸에고 제도에까지 정착했다.

인류의 이런 진격전은 호모 사피엔스의 뛰어난 창의력과 적응력을 증언한다. 다른 동물은 이토록 극단적으로 다양한 서식지들에 사실상 똑같은 유전자를 가진 상태로 그토록 빨리 이주한 예가 전혀 없다.[6]

사피엔스의 미 대륙 정착 과정은 평화롭지 않았다. 사피엔스가 지나간 자리에는 희생자들의 흔적이 길게 남았다. 14,000년 전 미 대륙의 동물군은 지금보다 훨씬 더 풍요로웠다. 최초의 아메리카인들이 알래스카에서 캐나다의 초원과 미국 서부로 남하했을 때 마주친 동물들 중에는 매머드, 마스토돈, 곰 크기의 설치류, 말과 낙타 떼, 대형 사자, 오늘날엔 전혀 알려지지 않은 대형동물 수십 종이 있었다. 그중에는 무시무시한 검치고양이(긴 칼 같은 이빨을 지녔다), 무게가 8톤이고 키가 6미터에 이르는 거대한 땅늘보도 있었다. 남미에는 이보다 더욱 이국적이고 기묘한 대형 포유류, 파충류, 조류가 살고 있었다. 미 대륙은 진화의 거대한 실험실로서 아프리카와 아시아에는 알려지지 않은 동식물이 진화하고 번성한 곳이었다.

하지만 이제는 아니다. 사피엔스가 도착한 지 2천 년이 지나지 않아 이들 유일무이한 종 대부분이 사라졌다. 오늘날의 추정에 따르면, 그 짧은 기간 동안 북미에서 대형동물 47속 중 34속이 사라졌다. 남미에선 60속 중 50속이 사라졌다. 3천만 년 넘게 번성하던 검치고양이도 멸종했고, 대형 땅늘보, 대형 사자, 미국 토종의 말과 낙타, 대형 설치류와 매머드도 같은 운명을 맞았다. 이보다 작은 포유동물, 파충류, 조류 수천 종을 포함해 곤충과 기생충까지도 멸종했다. 매머드가 사라지면서 매머드에게 기생하던 모든 진드기 종도 함께 없어졌던 것이다.

고생물학자와 동물고고학자들―동물의 유해와 유적을 조사 연구하는 사람들―은 수십 년에 걸쳐 미 대륙의 초원과 산악을 샅샅이 훑으며 고대 낙타 뼈 화석과 대형 땅늘보의 석화된 변을 찾아보았다. 찾던 것을 발견하면, 조심스럽게 포장해서 실험실로 보냈다. 실험실 연구원들은 모든 뼈와 분석(糞石, 코프롤라이트, 화석화된 변을 지칭하는 기술용어―옮긴이)을 주의 깊게 연구하고 시기를 측정한다. 이런 분석의 결과는 언제나 같다. 가장 신선한 변과 가장 가까운 시기의 낙타 뼈는 인류가 미 대륙에 밀려오던 시기, 다시 말해 대략 기원전 12000~9000년 사이의 것으로 드러났다. 이보다 가까운 시기의 변이 발견된 지역은 카리브해 제도의 섬, 특히 쿠바와 히스파니올라밖에 없다. 이곳에서 발견된 땅늘보의 석화된 변은 기원전 5000년쯤의 것이었다. 인간이 어찌어찌 카리브해를 건너서 문제의 대형 섬 두 곳에 처음 정착한 바로 그 시기다.

이번에도 일부 학자들은 호모 사피엔스에게 면죄부를 주고 기후 변화 탓을 하려 든다(이런 주장을 하려면 이들은 서반구의 나머지 지역은 7천 년 동안 온난해졌지만 같은 시기 카리브해 제도의 기후는 어떤 신비한 이유로 인해 안정을 유지했다는 가정을 전제해야 한다). 하지만 미 대륙의 똥 덩어리 문제는 회피할 수 없다. 우리가 범인이다. 진실을 외면할 방

법은 없다. 설사 기후변화가 우리를 부추겼다 할지라도, 결정적 책임은 인류에게 있다.[7]

노아의
방주

호주와 미 대륙의 대량멸종, 호모 사피엔스가 아프로아시아에 퍼져나가면서 일어났던 그보다 소규모의 멸종들, 가령 다른 모든 인간 종들의 멸종 그리고 고대 수렵채집인이 쿠바 같은 외딴 섬에 정착했을 때 일어난 멸종들을 다 합하면, 사피엔스의 첫번째 이주의 물결은 동물계에 닥친 가장 크고 신속한 생태적 재앙이었다는 결론을 도저히 피할 수 없다.

가장 심한 타격을 받은 것은 털복숭이 대형동물들이었다. 인지혁명이 일어날 즈음 지구에는 몸무게 45킬로그램이 넘는 대형동물 약 2백 속이 살고 있었다. 농업혁명이 일어날 즈음 이들 중 남은 것은 약 1백 속에 지나지 않았다. 호모 사피엔스는 바퀴, 문자, 금속도구를 발명하기 한참 전부터 지구 대형동물의 절반가량을 멸종으로 몰아갔다.

이런 생태적 재앙은 농업혁명 이후에도 규모만 작아졌을 뿐 수없이 재연되었다. 우리가 조사해본 섬마다 고고학적 기록은 늘 똑같은 슬픈 이야기를 전한다. 비극은 풍부하고 다양한 대형동물 집단들을 보여주면서 막을 연다. 인간의 흔적은 전혀 없다. 2장에서는 사피엔스가 등장한다. 인간의 뼈, 창촉, 도자기 파편 같은 것이 증거다. 3장이 서둘러 이어진다. 인간 남녀가 무대 중앙을 차지하고 대부분의 대형동물은 좀 더 작은 수많은 동물과 함께 무대에서 사라진다.

아프리카 본토에서 동쪽으로 약 4백 킬로미터 떨어진 큰 섬 마다가스카르가 대표적 사례다. 수백만 년간 고립되어 있던 이 섬에서는 독특한 동물들이 진화했다. 가령 코끼리새는 날지 못하는 새로서 키 3미터, 몸무게 5백 킬로그램으로 세상에서 가장 큰 새였다. 자이언트여우원숭이는 지상에서 가장 큰 영장류였다. 이 코끼리새와 자이언트여우원숭이는 마다가스카르의 다른 대형동물 대부분과 함께 약 1,500년 전 갑자기 사라졌다. 이 섬에 인간이 발을 디딘 것과 정확히 같은 시기였다.

태평양에서 멸종의 물결은 폴리네시아의 농부들이 솔로몬 제도, 피지, 뉴칼레도니아 섬에 정착했던 기원전 1500년경 시작되었다. 이들은 수백 종의 새와 벌레, 달팽이를 비롯한 토종 동물들을 직간접적으로 대량학살했다. 멸종의 물결은 여기서부터 동쪽으로, 남쪽과 북쪽으로, 태평양 중심부를 향해 점차 이동하면서 그 과정에서 사모아와 통가(기원전 1200년), 마르키스 제도(기원후 1년), 이스터 섬, 쿡 제도, 하와이(500년), 마지막으로 뉴질랜드(1200년)의 독특한 생물군을 말살해버렸다.

대서양, 인도양, 북극해, 지중해에 흩뿌려진 수천 개의 섬 거의 모두에서 이와 유사한 생태적 재앙이 발생했다. 고고학자들은 가장 작은 섬들에서도 수없이 많은 세대에 걸쳐 그곳에 살고 있던 새, 곤충, 달팽이 들이 인간 농부가 첫발을 들이면서 멸종해버렸다는 증거를 발견했다. 극히 멀리 떨어진 섬 몇 개만이 현대에 이르기까지 인간의 주목을 피할 수 있었고, 그런 섬들의 동물군은 제 모습을 고스란히 지켰다. 유명한 사례를 들자면 19세기까지 인간이 살지 않았던 갈라파고스 제도가 있다. 이 섬들의 독특한 동물군 중에는 땅거북이 있는데, 고대의 디프로토돈처럼 인간을 전혀 두려워하지 않는다.

수렵채집인의 확산과 함께 벌어졌던 멸종의 제1의 물결 다음에는 농부들의 확산과 함께 벌어졌던 멸종의 제2의 물결이 왔고, 이 사실은 오늘날 산업활동이 일으키고 있는 멸종의 제3의 물결에 대한 중요한 관점을 제공한다. 우리 조상들이 자연과 더불어 조화롭게 살았다는 급진적 환경보호운동가의 말은 믿지 마라. 산업혁명 훨씬 이전부터 호모 사피엔스는 모든 생물들을 아울러 가장 많은 동물과 식물을 멸종으로 몰아넣은 기록을 보유하고 있었다. 우리는 생물학의 연대기에서 단연코 가장 치명적인 종이라는 불명예를 갖고 있다. 만일 좀 더 많은 사람이 멸종의 제1의 물결과 제2의 물결에 대해 안다면, 스스로가 책임이 있는 제3의 물결에 대해서 덜 초연한 태도를 보일 것이다. 만일 우리가 이미 얼마나 많은 종을 절멸시켰는지를 안다면, 아직 살아남은 종들을 보호하려는 의욕이 좀 더 생길 것이다.

이것은 특히 바다의 대형동물들에게 유효한 문제다. 바다의 대형동물들은 육지의 대형동물들에 비해 인지혁명과 농업혁명의 피해를 상대적으로 덜 받았다. 하지만 오늘날 많은 종이 산업공해와 인간의 해양자원 남용 탓에 멸종의 기로에 서 있다. 사태가 현재와 같은 속도로 진행된다면, 고래, 상어, 참치, 돌고래는 디프로토돈, 땅늘보, 매머드의 선례를 따라 망각 속으로 사라질 것이다. 세상의 대형동물 중 인간이 초래한 대홍수에서 살아남는 것은 오직 인간 자신과 노아의 방주에서 노예선의 노잡이들로 노동하는 가축들뿐일 것이다.

제 1 부

농업혁명

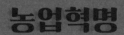

제 2 부

5

역사상 최대의 사기

인간이 250만 년간 먹고살기 위해 사냥했던 동물과 채집했던 식물은 스스로 자라고 번식한 것들이었다. 거기에 인간의 개입은 없었다. 호모 에렉투스, 호모 에르가스터, 네안데르탈인은 야생 무화과를 따고 야생 양을 사냥했다. 무화과나무가 어디에 뿌리를 내려야 할지, 양 떼가 어느 목초지에서 풀을 뜯어야 할지, 어느 숫염소가 어느 암염소를 임신시켜야 할지에 대해서 인류는 아무것도 결정하지 않았다. 호모 사피엔스는 동아프리카에서 중동으로 유럽과 아시아로, 마지막으로 호주와 미 대륙으로 퍼져나갔다. 하지만 이들은 가는 곳마다 야생식물을 채취하고 야생동물을 사냥하면서 사는 방식은 유지했다. 현재의 방식으로 잘 먹고살 수 있으며 풍성한 사회 구조, 종교적 믿음, 정치적 역학의 세계를 잘 지탱할 수 있는데 굳이 왜 다른 것을 시도하겠는가?

이 모든 상황은 대략 1만 년 전 달라졌다. 이때부터 사피엔스는 거의 모든 시간과 노력을 몇몇 동물과 식물 종의 삶을 조작하는 데 바치기 시작했다. 인간은 해 뜰 때부터 해 질 때까지 씨를 뿌리고

▲   이집트 무덤에서 발견된 3,500년 전의 벽화. 전형적인 농사 현장을 담고 있다.

작물에 물을 대고 잡초를 뽑고 좋은 목초지로 양을 끌고 갔다. 이런
작업을 하면 더 많은 과일과 곡물과 고기를 얻게 되리라고 생각했
던 것이다. 인간이 생활하는 방식의 혁명, 즉 농업혁명이었다.

인류가 농업으로 이행한 것은 기원전 9500~8500년경 터키 남
동부, 서부 이란, 에게 해 동부 지방에서였다. 시작은 느렸고 지리
적으로 제한된 지역만을 대상으로 했다. 밀을 재배하고 염소를 가
축화한 것은 기원전 9000년경이었다. 완두콩과 렌즈콩은 기원전
8000년경, 올리브나무는 기원전 5000년, 포도는 기원전 3500년 재
배가 시작되었고, 말은 기원전 4000년부터 기르기 시작했다. 낙타
와 캐슈넛 같은 일부 동식물은 더 나중에 가축과 재배작물이 되었

다. 하지만 기원전 3500년이 되자 가축화와 재배작물화의 주된 파도는 지나갔다. 온갖 기술이 발달한 오늘날에도 인류를 먹여 살리는 칼로리의 90퍼센트 이상이 밀, 쌀, 옥수수, 감자, 수수, 보리처럼 우리 선조들이 기원전 9500년에서 3500년 사이에 작물화했던 한 줌의 식물들에서 온다. 지난 2천 년 동안 주목할 만한 식물을 작물화하거나 동물을 가축화한 사례가 없었다. 오늘날 우리의 마음이 수렵채집인 시대의 것이라면, 우리의 부엌은 고대 농부의 그것과 다르지 않다.

한때 학자들은 중동의 어느 특정 지점에서 농업이 시작되어 사방으로 퍼져나갔다고 믿었다. 그러나 오늘날 학자들은 중동 농부들이 자신들의 혁명을 수출한 게 아니라 농업은 세계 여러 지역에서 완전히 독자적으로 생겨났다는 생각에 합의하고 있다. 중미 사람들은 중동에서 밀과 완두콩을 재배한다는 사실을 전혀 모른 채 옥수수와 콩을 작물화했다. 남미 사람들은 멕시코나 지중해 지방에서 어떤 일이 일어나는지 모르는 채 감자를 재배하고 라마를 키우는 법을 익혔다. 중국의 초기 혁명가들은 쌀과 수수를 작물화하고 돼지를 가축화했다. 북미의 첫 정원사는 먹을 수 있는 호리병박을 찾아 땅속을 살살이 뒤지는 데 진력이 나서 호박을 재배하기로 결심하였다. 뉴기니 사람들은 사탕수수와 바나나를 길렀고, 그동안 서부 아프리카 최초의 농부들은 아프리카 수수, 아프리카 쌀, 수수와 밀을 자신들의 필요에 맞도록 작물화했다. 이들 지역에서 농업은 널리 퍼져나갔다. 기원후 1세기쯤이 되자 세계 대부분의 지역 사람들 대다수가 농민이 되었다.

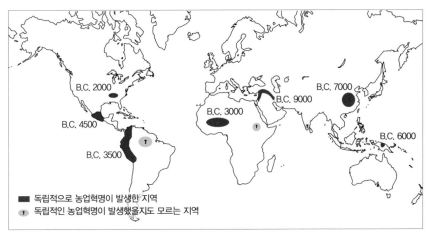

지도 2. 농업혁명이 일어난 장소와 시기. 이 자료는 논란이 많으며, 계속해서 지도를 새로 그리고 있다. 가장 최근의 고고학적 발견을 반영하기 위해서다.[1]

농 업 혁 명

　중동, 중국, 중미에서 일어난 농업혁명이 호주, 알래스카, 남아프리카에서 일어나지 않은 이유는 무엇일까? 이유는 단순하다. 대부분의 식물과 동물 종은 작물화나 가축화에 맞지 않기 때문이다. 사피엔스는 맛 좋은 송로버섯을 캐거나 털이 부숭부숭한 매머드를 사냥할 수는 있었지만, 이를 재배하거나 가축화한다는 것은 불가능한 일이었다. 버섯의 곰팡이는 형체가 너무 불분명했고 야수는 너무 사나웠다. 우리 조상들이 잡거나 채취했던 수천 종의 동물과 식물 중에 농업과 목축업에 맞는 후보는 몇 되지 않았다. 이들 종은 특정 장소에 살았고, 그 장소들이 바로 농업혁명이 일어난 지역이다.

　한때 학자들은 농업혁명이 인간성을 향한 위대한 도약이라고 생각했다. 이들은 두뇌의 힘을 연료로 하는 진보의 이야기를 지어냈다. 진화는 점점 더 지능이 뛰어난 사람들을 만들어냈고, 결국 사람들은 너무나 똑똑해져서 자연의 비밀을 파악하고 양을 길들이며 밀을 재배할 수 있게 되었으며, 그게 가능해지자마자 지겹고 위험하고 종종 스파르타처럼 가혹했던 수렵채집인의 삶을 기꺼이 포기하고 농부의 즐겁고 만족스러운 삶을 즐기기 위해 정착했다는 것이다.

이 이야기는 환상이다. 시간이 흘러 사람들이 더욱 총명해졌다는 증거는 없다. 수렵채집인들은 농업혁명 훨씬 이전부터 자연의 비밀을 알고 있었다. 사냥하는 동물과 채집하는 식물을 잘 알고 있어야 생존할 수 있었기 때문이다. 농업혁명은 안락한 새 시대를 열지 못했다. 그러기는커녕, 농부들은 대체로 수렵채집인들보다 더욱 힘들고 불만스럽게 살았다. 수렵채집인들은 그보다 더 활기차고 다양한 방식으로 시간을 보냈고 기아와 질병의 위험이 적었다. 농업혁명 덕분에 인류가 사용할 수 있는 식량의 총량이 확대된 것은 분명한 사실이지만, 여분의 식량이 곧 더 나은 식사나 더 많은 여유시간을 의미하지는 않았다. 오히려 인구폭발과 방자한 엘리트를 낳았다. 평균적인 농부는 평균적인 수렵채집인보다 더 열심히 일했으며 그 대가로 더 열악한 식사를 했다. 농업혁명은 역사상 최대의 사기였다.[2]

그것은 누구의 책임이었을까? 왕이나 사제, 상인은 아니었다. 범인은 한 줌의 식물 종, 밀과 쌀과 감자였다. 이들 식물이 호모 사피엔스를 길들였지, 호모 사피엔스가 이들을 길들인 게 아니었다.

잠시 농업혁명을 밀의 관점에서 생각해보자. 1만 년 전 밀은 수많은 잡초 중 하나일 뿐으로서 중동의 일부 지역에만 살고 있었다.

그러다가 갑자기, 불과 몇천 년 지나지 않아 세계 모든 곳에서 자라게 되었다. 생존과 번식이라는 진화의 기본적 기준에 따르면 밀은 지구 역사상 가장 성공한 식물이 되었다. 북미의 대초원 지역 같은 곳에는 1만 년 전 밀이 한 포기도 없었지만 지금은 수백 킬로미터를 걷고 또 걸어도 밀 이외의 다른 식물을 볼 수가 없다. 세계적으로 밀이 경작되는 지역은 225만 제곱킬로미터쯤 되는데 이는 브리튼 섬(잉글랜드, 스코틀랜드, 웨일스 포함)의 열 배에 이른다.

어떻게 이 잡초는 그저그런 식물에서 출발해 어디서나 자라는 존재가 되었을까? 밀은 호모 사피엔스를 자신의 이익에 맞게 조작함으로써 그렇게 해낼 수 있었다. 약 1만 년 전까지 이 유인원은 사냥과 채집을 하면서 상당히 편안하게 살고 있었으나, 이후 밀을 재배하는 데 점점 더 많은 시간을 투자하기 시작했다. 2천 년도 채 지나지 않아 전 세계 많은 지역의 인간은 동이 틀 때부터 해가 질 때까지 밀을 돌보는 것 외에는 거의 아무 일도 하지 않게 되었다.

밀을 키우는 일은 쉽지 않았다. 많은 노동력을 요구하기 때문이다. 밀은 바위와 자갈을 좋아하지 않기 때문에, 사피엔스는 밭을 고르느라 등골이 휘었다. 밀은 다른 식물과 공간, 물, 영양분을 나누는 것을 좋아하지 않기 때문에, 인간은 타는 듯한 태양 아래 온종일 잡초를 뽑는 노동을 했다. 밀은 병이 들기 때문에, 사피엔스는 해충과 마름병을 조심해야 했다. 밀은 자신을 즐겨 먹는 토끼와 메뚜기 떼에 대한 방어책이 없었기 때문에, 농부들이 이를 막아야 했다. 밀은 목이 말랐기 때문에, 인간들은 샘과 개울에서 물을 끌어다 댔다. 밀은 배가 고팠기 때문에, 사피엔스는 밀이 자라는 땅에 영양을 공급하기 위해 동물의 변을 모아야 했다.

사피엔스의 신체는 이런 과업에 맞게 진화하지 않았다. 사과나무에 기어오르고 가젤을 뛰어서 뒤쫓는 데 적응했지, 바위를 제거하고 물이 든 양동이를 운반하는 데 적합한 몸이 아니었다. 인간의 척추와 무릎, 목과 발바닥의 장심(발바닥의 오목한 부분—옮긴이)이 대가를 치렀다. 고대 유골을 조사한 바에 따르면, 농업으로 이행하면서 디스크 탈출증, 관절염, 탈장 등 수많은 병이 생겨났다. 새로운 농업노동은 너무나 많은 시간을 필요로 했다. 사람들은 밀밭 옆에 영구히 정착해야만 했다. 이로써 이들의 삶은 영구히 바뀌었다. 우리가 밀을 길들인 것이 아니다. 밀이 우리를 길들였다. '길들이다, 가축화하다'라는 뜻의 단어 'domesticate'는 '집'이라는 뜻의 라틴어 'domus'가 어원이다. 집에서 사는 존재는 누구인가? 밀이 아니다. 호모 사피엔스다.

밀은 어떻게 호모 사피엔스로 하여금 어느 정도 만족할 만한 삶을 더 비참한 생활과 교환하도록 설득했을까? 무엇을 보상으로 제시했을까? 더 나은 식사를 제공한 것은 아니었다. 명심하자, 인류는 아주 다양한 음식을 먹고 사는 잡식성 유인원이다. 농업혁명 이전 식사에서 곡물이 차지하는 비중은 아주 적었다. 곡류를 중심으로 하는 식단은 미네랄과 비타민이 부족하고 소화시키기 어려우며 치주조직에 해롭다. 밀은 사람들에게 경제적 안정을 제공하지도 않았다. 농부의 삶은 수렵채집인의 삶보다 불안정했다. 수렵채집인은 수십 종의 먹을거리에 의지해 생존했기 때문에 설령 저장해둔 식량이 없더라도 어려운 시절을 몇 해라도 견뎌나갈 수 있었다. 특정한 종을 손에 넣기가 힘들어지면 다른 종들을 사냥하고 채집할 수 있었으니까.

농경사회는 극히 최근까지도 대부분의 칼로리를 극소수의 작물을 통해 섭취했다. 오랜 세월 이들 사회는 밀이나 감자, 쌀 등 단 하나의 주식에 의존했다. 비가 내리지 않거나, 메뚜기 떼가 덮치거나, 곰팡이가 주식인 작물을 감염시키면, 농부들은 수천 수백만 명씩 죽어나갔다. 밀은 인간 사이의 폭력에 대한 안전망을 제공하지도 않았다. 초기 농부들은 수렵채집인 조상보다 더하진 않았을지언정 그 못지않게 폭력적이었다. 농부들은 재산이 더 많았으며 경작할 토지를 필요로 했다. 이웃의 습격으로 목초지를 잃는 것은 생사가 걸린 문제였기에, 타협의 여지가 매우 적었다. 수렵채집인 무리는 강력한 라이벌에게 몰리면 보통 다른 장소로 옮길 수 있었다. 힘들고 위험하지만 실행할 수는 있었다.

농촌 마을이 강력한 적의 위협을 당할 경우, 후퇴는 곧 목초지와 집, 곡물창고를 포기해야 한다는 뜻이었다. 많은 경우 이런 피난민들은 굶어 죽었다. 그러므로 농부들은 그 자리에서 버티면서 최후까지 싸우는 경향이 있었다. 많은 인류학적, 고고학적 연구는 마을이나 종족을 넘어서는 정치적 틀이 없는 단순 농경사회에서 사망의 15퍼센트가 인간의 폭력 탓임을 시사한다. 남성의 경우에는 폭력적 사망이 25퍼센트에 이른다. 오늘날 뉴기니를 보면, 농경 부족사회인 다니족에서 남성 사망의 30퍼센트가 폭력 때문이고, 엥가족에서는 35퍼센트가 폭력 때문이다. 에콰도르의 경우 와오란족 성인의 약 50퍼센트가 다른 인간의 폭력으로 죽는다.[3]

시간이 흐르고 도시, 왕국, 국가 등 보다 큰 사회적 틀이 발전하면서 인간의 폭력은 통제받게 되었다. 하지만 이렇게 크고 효율적인 정치체제를 구축하는 데는 수천 년이 걸렸다. 최초의 농부들은 마을에 사는 생활양식 덕분에 야생동물이나 비, 추위로부터 보호받는 등 어느 정도 직접적인 혜택을 누렸다. 하지만 평범한 개인의 입장에서 보면 이익보다 손해가 더 컸을 것이다. 오늘날 번영사회에 사는 사람들로서는 이해하기 어려운 이야기이다. 요즘 우리는 풍요와 안전을 누리고 있고 그 풍요와 안전은 농업혁명이 놓은 기초 위에 세워진 것이기 때문에 우리는 농업혁명이 놀라운 개선이라고 가정한다. 하지만 수천 년의 역사를 오늘날의 관점에서 판단하는 것은 잘못이다.

이보다 훨씬 더 대표성이 있는 관점은 1세기 무렵 중국에서 아버지가 농사에 실패해 영양실조로 죽어가는 세 살짜리 딸의 관점이다. 아이는 과연 "나는 영양실조로 죽어가지만, 앞으로 2천 년 내에 사람들은 먹을거리가 풍부한 세상에서 에어컨이 딸린 큰 집에서 살게 될 테니 나의 고통은 가치 있는 희생이다"라고 말할까?

그렇다면 밀은 영양실조에 걸린 중국 소녀를 비롯한 농업종사자들에게 무엇을 주었을까? 사람들 개개인에게 준 것은 아무것도 없다. 하지만 호모 사피엔스 종에게는 무언가를 주었다. 밀 경작은 단위 토지당 식량생산을 크게 늘렸고, 그 덕분에 호모 사피엔스는 기하급수적으로 늘어날 수 있었다.

기원전 13000년경, 사람들이 야생식물을 채취하고 야생동물을 사냥하면서 먹고살던 시기에 팔레스타인의 여리고Jericho 오아시스 주변 지역이 지탱할 수 있는 인구는 기껏해야 1백 명 정도의 건강하고 영양 상태가 비교적 좋은 방랑자들이었을 것이다. 기원전 8500년 야생식물이 밀에게 자리를 내어준 뒤, 이 오아시스에는 1천 명이 사는 마을이 생겼다. 마을은 크지만 집은 다닥다닥 붙어 있었고 과거보다 많은 사람이 질병과 영양실조로 허덕였다.

어느 종이 성공적으로 진화했느냐의 여부는 굶주림이나 고통의 정도가 아니라 DNA 이중나선 복사본의 개수로 결정된다. 한 회사의 경제적 성공은 직원들의 행복이 아니라 오직 은행잔고의 액수로만 측정된다. 마찬가지로 한 종의 진화적 성공은 그 DNA의 복사본 개수로 측정된다. 만일 더 이상의 DNA 복사본이 남아 있지 않다면 그 종은 멸종한 것이다. 돈이 없는 회사가 파산한 것과 마찬가지다. 만일 한 종이 많은 DNA 복사본을 뽑낸다면 그것은 성공이며 그 종

은 번성하고 있는 것이다. 이런 관점에서 볼 때 1천 벌의 복사본은 언제나 1백 벌보다 좋다.

농업혁명의 핵심이 이것이다. 더욱 많은 사람들을 더욱 열악한 환경에서 살아 있게 만드는 능력. 하지만 이런 진화적 계산법에 왜 개인이 신경을 써야 하는가? 제정신인 사람이라면 호모 사피엔스 DNA 복사본의 개수를 늘리기 위해 삶의 질을 포기할 사람이 있겠는가? 그런 거래에 동의한 사람은 아무도 없었다. 농업혁명은 덫이었다.

사치라는
덫

        농업은 수백 수천 년에 걸쳐 서서히 발생했다. 버섯과 견과류를 채취하고 사슴과 토끼를 사냥하던 호모 사피엔스의 한 무리가 어느 날 갑자기 마을에 영구히 정착해서 밭을 갈고 밀씨를 뿌리고 강에서 물을 끌어오게 된 것이 아니다. 변화는 단계별로 일어났고 각 단계는 일상생활의 조그만 변화를 포함했다.

  호모 사피엔스는 약 7만 년 전 중동에 도착했다. 그후 5만 년 동안 우리 조상들은 농업 없이 번성했다. 그 지역의 자연자원은 인구를 지탱하기에 충분했다. 사람들은 풍요로운 시절에는 아이를 좀 더 많이 낳았고 궁핍한 시절에는 약간 덜 낳았다. 인간은 다른 많은 포유동물과 마찬가지로 번식을 조절하는 호르몬과 유전자 메커니즘을 지니고 있다. 풍족한 시절에 여자아이는 사춘기가 일찍 오고 임신 가능성이 조금 높아진다. 어려운 시절에는 사춘기가 늦게 오고 번식력이 떨어진다.

  이런 자연적 인구조절에 문화적 메커니즘이 추가된다. 아기와 어린이는 동작이 굼뜨고 손이 많이 가기 때문에 방랑하는 수렵채집인들에게 부담이었다. 사람들은 3~4년 터울로 애를 가지려고 노력했다. 여성들은 24시간 내내, 늦은 나이까지 아이에게 젖을 먹임으로써 터울을 두었다(24시간 수유는 임신 가능성을 크게 낮춘다). 다른 방법으로는 완전하거나 부분적인 금욕(아마도 문화적 터부의 뒷받침을 받는), 낙태, 때로는 유아 살해 등이 있었다.[4]

  이렇게 이어진 수천수만 년 동안 사람들은 가끔 밀알을 먹었지만,

이것이 식사에서 차지하는 비중은 극히 낮았다. 약 18,000년 전 마지막 빙하기가 물러가고 온난화 시기가 도래했다. 기온이 높아지면서 비가 많이 내렸다. 새로운 기후는 중동의 밀을 비롯한 곡물에 이상적이었고, 이들은 증식하고 퍼져나갔다. 사람들은 밀을 더 많이 먹기 시작했고 그 과정에서 무심코 밀이 퍼지는 데 기여했다. 야생 곡식은 키질을 하고 껍질을 까고 익혀야 먹을 수 있기 때문에 사람들은 곡류를 임시 야영지로 가져와서 처리해야 했다. 밀 낟알은 작고 숫자가 아주 많기 때문에, 야영지로 오는 동안 일부는 떨어트리고 잃어버리게 마련이었다. 시간이 지나면서 사람들이 자주 다니는 오솔길과 야영장 주위에 점점 더 많은 밀이 자라게 되었다.

사람들이 숲과 덤불을 불태우는 것은 밀에게 도움이 되었다. 불은 크고 작은 나무들을 제거해서 밀과 여타 풀들이 햇빛과 물, 영양소를 독점할 수 있게 해주었다. 사람들은 차츰 방랑하는 생활방식을 포기하고 정착했다. 밀이 특히 풍부하고 사냥감과 여타 식량 자원이 풍부한 곳에 계절별로 혹은 아예 영구히 캠프를 차린 것이다.

처음에는 수확기에만 4주간 캠프를 차렸을지 모른다. 한 세대가 지나자, 밀이 번식하고 퍼져나감에 따라 수확 캠프는 5주로, 다시 6주로 늘다가 마지막에는 정착 마을이 되었다. 그런 정착촌의 증거는 중동 전역에서 발견되고 있다. 특히 레반트 지역이 대표적인데 기원전 12500~9500년에 이곳에서 나투프 문화가 번성했다. 나투프인들은 수렵채집인으로서 수십 종의 야생 동식물을 먹이로 삼았지만 영구 정착촌에 살면서 야생곡물을 집약적으로 채취하고 가공하는 데 많은 시간을 보냈다. 이들은 돌집과 곡물 저장고를 짓고, 어려운 시기에 대비해 곡물을 저장했다. 또한 야생 밀을 수확하기 위한 돌 낫, 밀을 빻는 돌 막자와 돌 막자사발 등의 새로운 도구를 발명했다.

기원전 9500년 이후 나투프인의 후예들은 계속해서 곡물을 채취하고 가공하는 한편, 이것들을 좀 더 정성들여 재배하기 시작했다. 야생곡물을 채취해서 일부를 따로 보관했다가 다음 계절에 씨를 뿌렸다. 씨를 되는대로 표면에 뿌리는 것보다 땅속 깊이 심는 것이 더 좋은 결과를 가져온다는 사실도 알게 되었다. 괭이질과 쟁기질도 하기 시작했다. 밭에서 잡초를 뽑고 기생충을 막아주고 물을 대고 비옥하게 만들기 시작했다. 곡물 경작에 더 많은 노력이 집중되면서 야생 동식물을 사냥하고 채집할 시간은 줄어들었다. 수렵채집인은 농부가 되었다.

야생 밀을 채집하던 여자가 단번에 재배용 밀을 경작하는 여자로 변신한 것은 아니다. 따라서 농업으로 결정적 이행이 이뤄진 시기가 정확히 언제라고 단정하기는 어렵다. 하지만 기원전 8500년이 되자 중동에는 여리고 같은 영구 정착촌이 여럿 나타났다. 이곳의 거주민은 재배용 작물을 경작하는 데 대부분의 시간을 보냈다.

영구 정착촌에 살면서 식량공급이 증가하자 인구가 늘기 시작했다. 방랑하는 삶을 포기하자 여성은 매년 아기를 가질 수 있게 되었다. 아기는 젖을 일찍 뗐다. 죽 같은 이유식을 먹을 수 있었기 때문이다. 밭에는 추가 일손이 절실히 필요했다. 그러나 먹을 입이 늘면서 여분의 식량은 재빠르게 고갈되었고, 따라서 경작지를 더욱 늘릴 필요가 있었다. 질병이 들끓는 정착지에 살기 시작하면서, 아이들이 모유를 덜 먹고 곡물을 더 많이 먹게 되면서, 아이들이 죽을 더 먹으려 형제자매들과 경쟁하게 되면서, 어린이 사망률은 급격히 치솟았다. 대부분의 농경사회에서 최소한 어린이 세 명 중 한 명이 20세가 되기 전에 사망했다.[5] 하지만 출생률 증가가 사망률 증가를 앞질렀다. 사람들은 계속 이전보다 아이를 더 많이 낳았다.

시간이 흐르자 '밀 거래'의 부담은 점점 더 커졌다. 아이들은 떼 죽음을 당했고 어른들은 땀에 젖은 빵을 먹었다. 기원전 8500년 여리고의 평범한 사람은 기원전 9500년이나 기원전 13000년의 사람에 비해 더욱 힘들게 살았다. 하지만 무슨 일이 일어나고 있는지 알아차린 사람은 아무도 없었다. 모든 세대는 전 세대와 마찬가지 방식으로 살았고 일을 처리하는 방식에서 여기저기 작은 개선이 일어났을 뿐이었다. 역설적이게도 일련의 '개선'이 합쳐져서 농부들의 어깨에 더 무거운 짐으로 얹혔다. 각각의 개선은 삶을 좀 더 나은 것으로 만들기 위한 것이었는데 말이다.

사람들은 왜 이렇게 치명적인 계산오류를 범했을까? 역사를 통틀어 사람들이 오류를 범하는 이유와 동일한 이유에서였다. 사람들은 자신의 결정이 가져올 결과를 전체적으로 파악하는 능력을 갖고 있지 않았다. 추가로 노동을 더 하려고 결정할 때, 가령 씨를 표면에 뿌리기보다 괭이로 땅을 파기로 결정할 때, 사람들은 이렇게 생각했다. '이러면 일을 더 해야 하는 건 사실이지만, 수확량이 많이 늘어날 거야. 흉년 걱정을 할 필요가 더 이상 없을 거야. 아이들이 배가 고픈 채로 잠자리에 드는 일도 없을 거야.' 그것은 이치에 닿았다. '일을 더 열심히 하면 삶이 더 나아지겠지.' 계획은 그랬다.

계획의 첫 단계는 원활하게 진행되었다. 사람들은 더욱 열심히 일했다. 하지만 그들은 아이들의 숫자가 늘어날 것이라는 사실을 내다보지 못했다. 추가로 생산된 밀은 숫자가 늘어난 아이들에게 돌아가야 했다.

초기 농부들이 예측하지 못한 것이 또 있었다. 아이들에게 모유를 덜 먹이고 죽을 더 많이 먹이면 면역력이 약해져 영구 정착촌이 전염병의 온상이 되리란 사실이었다. 그들은 또한 단일 식량원에 대한 의존도가 높아지면 가뭄에 더욱 취약해진다는 사실을 내다보지 못했다. 또한 풍년에 넘쳐나는 창고는 도둑과 적을 유혹할 것이며 이를 방비하려면 성벽을 쌓고 보초를 서는 수밖에 없다는 사실을 예견하지 못했다.

그렇다면 왜 계획이 빗나갔을 때 농경을 포기하지 않았을까? 작은 변화가 축적되어 사회를 바꾸는 데는 여러 세대가 걸리고 그때쯤이면 자신들이 과거에 다른 방식으로 살았다는 것을 아무도 기억하지 못하기 때문이다. 인구 증가 때문에 돌아갈 다리가 불타버렸다는 것도 한 이유였다. 쟁기질을 도입함으로써 마을의 인구가 1백 명에서 110명으로 늘었다고 가정해보자. 이중 자신들이 자발적으로 굶어 죽는 것을 선택함으로써 나머지 사람들이 과거의 좋았던 시절로 돌아갈 수 있도록 할 열 명이 있었겠는가? 돌아갈 길은 없었다. 덫에 딱 걸리고 말았다.

좀 더 쉬운 삶을 추구한 결과 더 어렵게 되어버린 셈이었고, 이것이 마지막도 아니었다. 오늘날 우리에게도 똑같은 일이 벌어지고 있다. 대학을 졸업한 젊은이 중 상당수는 돈을 많이 벌어 35세에 은

퇴해서 진짜 자신이 원하는 것을 하겠다고 다짐하면서 유수 회사들에 들어가 힘들게 일한다. 하지만 막상 그 나이가 되면 거액의 주택 융자, 학교에 다니는 자녀, 적어도 두 대의 차가 있어야 하는 교외의 집, 정말 좋은 와인과 멋진 해외 휴가가 없다면 삶은 살 만한 가치가 없다는 느낌을 갖게 된다. 이들이 뭘 어떻게 할까? 뿌리채소나 캐는 삶으로 돌아갈까? 이들은 노력을 배가해서 노예 같은 노동을 계속한다.

역사의 몇 안 되는 철칙 가운데 하나는 사치품은 필수품이 되고 새로운 의무를 낳는 경향이 있다는 것이다. 일단 사치에 길들여진 사람들은 이를 당연한 것으로 받아들인다. 그다음에는 의존하기 시작한다. 마침내는 그것 없이 살 수 없는 지경이 된다. 우리 시대의 친숙한 예를 또 하나 들어보자. 지난 몇십 년간 우리는 시간을 절약하는 기계를 무수히 발명했다. 세탁기, 진공청소기, 식기세척기, 전화, 휴대전화, 컴퓨터, 이메일…… 이들 기계는 삶을 더 여유 있게 만들어줄 것이라고 예상되었다. 과거엔 편지를 쓰고 주소를 적고 봉투에 우표를 붙이고 우편함에 가져가는 데 몇 날 몇 주가 걸렸다. 답장을 받는 데는 며칠, 몇 주, 심지어 몇 개월이 걸렸다. 요즘 나는 이메일을 휘갈겨 쓰고 지구 반대편으로 전송한 다음 몇 분 후에 답장을 받을 수 있다. 과거의 모든 수고와 시간을 절약했다. 하지만 내가 좀 더 느긋한 삶을 살고 있는가?

슬프게도 그렇지 못하다. 종이 우편물 시대에 편지를 쓸 때는 대개 뭔가 중요한 일이 있을 때뿐이었다. 머릿속에 처음 생각나는 것을 그대로 적는 것이 아니라 하고 싶은 말이 무엇인지, 어떻게 표현해야 하는지에 대해서 심사숙고했다. 그리고 역시 그렇게 심사숙고한 답장을 받을 것으로 기대했다. 대부분의 사람은 주고받는 편지가 한 달에 몇 통 되지 않았으며 당장 답장을 해야 한다는 강요를 받지도 않았다. 오늘날 나는 매일 열 통이 넘는 메일을 받고, 상대방은 모두 즉각적인 답을 기대하고 있다. 우리는 시간을 절약한다고 생각했지만, 실은 인생이 돌아가는 속도를 과거보다 열 배 빠르게 만들었다. 그래서 우리의 일상에는 불안과 걱정이 넘쳐난다.

이메일 계정 만들기를 거부하는 신기술 반대론자도 드문드문 있기는 하다. 마치 수천 년 전 농경을 받아들이기 거부하고 사치품 함정을 비켜갔던 일부 인간들처럼 말이다. 하지만 농업혁명은 해당 지역의 모든 무리의 동참을 필요로 하지 않는다. 중동이나 중미 어느 지역에서든 일단 한 무리가 정착해서 경작을 시작하면 농업은 저항할 수 없는 것이 된다. 농경이 급속한 인구성장의 조건을 만들어준 덕분에, 농부들은 순수한 머릿수의 힘만으로 언제나 수렵채집인들을 압도할 수 있었다. 수렵채집인은 자신들의 사냥터를 들판과 목초지로 내주고 도망치거나 스스로 쟁기를 잡거나 둘 중 하나를 택할 수 있을 따름이었다. 어느 쪽이든 과거의 삶의 방식은 끝난 것이었다.

사치품의 함정 이야기에는 중요한 교훈이 들어 있다. 인류가 좀 더 편한 생활을 추구한 결과 막강한 변화의 힘이 생겼고 이것이 아무도 예상하거나 희망하지 않았던 방향으로 세상을 변화시켰다는 점이다. 일부러 농업혁명을 구상하거나 인간을 곡물 재배에 의존하게 만들려던 사람은 아무도 없었다. 그저 배를 좀 채우고 약간의 안전을 얻는 것을 주된 목표로 삼은 일련의 사소한 결정이 거듭해서 쌓여, 고대 수렵채집인들이 타는 듯한 태양 아래 물이 든 양동이를 운반하는 삶을 살도록 하는 결과를 가져왔다.

신성한 개입

위의 설명에 따르면 농업혁명은 오산이다. 이것은 매우 그럴듯한 이야기다. 역사는 이것보다 훨씬 더 바보 같은 오산으로 가득 차 있다. 하지만 또 다른 가능성도 있다. 어쩌면 편안한 삶을 추구하다 보니 전환이 일어난 것이 아니라, 사피엔스에게 다른 열망이 있었고 그것을 달성하기 위해 의식적으로 삶을 힘들게 만들었을지도 모른다는 것이다.

학자들은 보통 역사적 발전의 원인을 차가운 경제적, 인구학적 요인에 돌리려 한다. 이것은 그들의 이성적이고 수학적인 방식과도 잘 맞는다. 현대사의 경우, 학자들은 이데올로기나 문화 같은 비물질적 요인을 고려하지 않을 수 없다. 기록된 증거가 있으니 그러지 않을 수 없다. 우리에게는 제2차 세계대전이 식량부족이나 인구의 증가 때문에 일어나지 않았음을 증명할 충분한 문서와 편지와 비망록이 있다. 하지만 나투프 문화가 남긴 문서는 없기 때문에, 고대를 다룰 때는 물질주의학파가 주도권을 장악하기 마련이다. 문자 발생 이전에 살았던 사람들의 동기가 경제적 필요가 아니라 신앙이었음을 증명하기는 어려운 일이다.

그러나 드문 경우 진상을 보여주는 단서를 찾아내는 행운을 누리기도 한다. 1995년 고고학자들은 터키 남동부의 괴베클리 테페 지

농 업 혁 명

▲   괴베클리 테페에서 발견된 기념비 유적지.

역 유적지를 파내기 시작했다. 가장 오래된 지층에서는 정착지, 주거, 일상 활동의 징후가 발견되지 않았다. 하지만 멋진 조각이 새겨진 기둥을 갖춘 기념물이 발견되었다. 개별 돌기둥의 무게는 최대 7톤이었고 높이는 5미터에 달했다. 그 인근의 채석장에서 학자들은 끌로 반쯤 깎다가 만 무게 50톤의 기둥을 발견했다. 모두 합쳐서 열 개 이상의 기념비 구조물이 드러났는데, 가장 큰 것의 폭은 30미터에 육박했다.

　고고학자들은 세계 도처에 있는 이런 기념비적 구조물과 친숙하다. 대표적인 것이 영국의 스톤헨지다. 하지만 이들은 괴베클리 테페를 조사하면서 놀라운 사실을 발견했다. 스톤헨지는 기원전

2500년의 발달된 농경사회 사람들이 건설한 것이다. 이에 비해 괴베클리 테페의 구조물들은 연대가 기원전 9500년으로 거슬러 올라간다. 그리고 모든 증거가 가리키는 바, 이 구조물은 수렵채집인들이 세운 것이었다. 고고학자들은 처음에 이 발견을 신뢰하지 못했지만, 조사를 거듭할수록 이 구조물의 오랜 연대와 이를 세운 시기가 농경사회 이전이었다는 사실을 거듭 확인했다. 고대 수렵채집인의 능력과 문화적 복잡성은 우리가 이전에 추측했던 것보다 훨씬 더 뛰어났던 것 같다.

수렵채집 사회 사람들은 왜 이런 구조물을 세웠을까? 뚜렷한 실용적 목적은 전혀 보이지 않았다. 그곳은 매머드 도살장도 아니고 비를 긋거나 사자를 피해서 숨는 장소도 아니었다. 뭔가 미스터리한 문화적 이유에서 세워졌다고 볼 수밖에 없다. 고고학자들은 그게 무

▶　괴베클리 테페의 유적 중 돌기둥.
높이가 약 5미터이다.

엇인지 파악하느라 골머리를 앓고 있다. 그러나 이유가 무엇이었든 간에, 수렵채집인들은 거기에 막대한 노력과 시간을 투입할 가치가 있다고 생각했다. 괴베클리 테페를 건설하는 유일한 방법은 여러 무리와 부족에 속한 수천 명의 수렵채집인을 오랫동안 협력하게 만드는 것뿐이었다. 그런 노력을 유지할 수 있는 것은 세련된 종교나 이데올로기 시스템밖에 없다.

괴베클리 테페는 또 하나의 놀라운 비밀을 지니고 있다. 유전학자들은 작물화한 밀의 기원을 오랫동안 추적하고 있었는데, 최근의 발견이 시사하는 바에 따르면, 작물화된 밀의 변종 중 하나인 외알밀(작은 이삭에 밀이 한 알씩 달린다—옮긴이)은 괴베클리 테페에서 30킬로미터 떨어진 카라사다그 언덕이 발상지다.[6]

이것은 우연이 아닐 것이다. 괴베클리 테페라는 문화적 중심지는 인류에 의한 밀의 작물화, 밀에 의한 인간 길들이기와 어떻게든 연관되어 있었을 가능성이 높다. 이 기념물을 건설하고 이용한 사람들을 먹여 살리기 위해서는 많은 식량이 필요했다. 어쩌면 수렵채집인들이 야생 밀 채취에서 집약적인 밀 경작으로 전환한 목적은 정상적인 식량공급을 늘리기 위해서가 아니라 사원의 건설과 운영에 필요한 식량을 공급하기 위해서였는지도 모른다. 기존에 우리는 개척자들이 처음에 마을을 세우고 이것이 번영하면 그 중앙에 사원을 건설했을 것이라고 보았지만, 괴베클리 테페가 시사하는 바는 그 반대다. 먼저 사원이 세워지고 나중에 그 주위에 마을이 형성되었다.

혁명의

희생자들

인간과 곡물 간의 파우스트적 거래가 우리 종의 유일한 거래는 아니었다. 양, 염소, 돼지, 닭과 관련해 또 하나의 타협이 이루어졌다. 야생 양을 뒤쫓아 유랑하던 무리는 자신들이 잡아먹는 양 집단의 구성을 점차 변화시켰다. 이 과정은 아마도 선별적 사냥으로 시작되었을 것이다. 이들은 다 큰 양이나 늙고 병든 양만을 사냥하는 것이 유리하다는 점을 배우게 되었다. 그 지역의 양 떼가 장기적인 활력을 유지하도록 임신 가능한 암컷과 어린 것들은 잡지 않았다. 다음 단계는 사자와 늑대, 라이벌 인간 무리를 내쫓아 양 떼를 적극적으로 보호하는 것이었을 테고, 그다음 단계는 통제와 보호가 쉽도록 양 떼를 좁은 골짜기에 몰아넣고 울타리를 치는 것이었으리라.

마지막으로, 사람들은 자신들의 필요에 꼭 맞는 양을 만들기 위해서 좀 더 주의 깊게 선택하기 시작했다. 가장 공격적인 양, 인간의 통제에 가장 크게 반항하는 양을 먼저 도살했다. 비쩍 마르고 호기심이 많은 암컷도 마찬가지였다(호기심이 많아서 무리에서 멀리 떨어진 양을 양치기들은 좋아하지 않는다). 세대를 거듭할수록 양들은 더 살찌고 순하고 호기심이 줄어들었다. 그랬더니 짜잔! 메리에게는 어린 양 한 마리가 있었는데 메리가 가는 곳은 어디든 따라다녔다.(미국 동요인 '메리에게는 어린 양이 있었네[Mary had a little lamb]'에서 따온 표현이다—옮긴이)

그게 아니라면, 사냥꾼들이 양을 잡아 '입양해서' 키웠을 수도 있다. 먹을 것이 풍부한 시기에 살을 찌워서 궁핍한 시기에 잡아먹는 식으로 말이다. 어느 시기에 유달리 그렇게 키우는 양의 수가 많아졌다. 그중 일부는 성숙기에 이르러 새끼를 배기 시작했다. 사람들은 가장 공격적이고 통제가 어려운 양을 제일 먼저 도축했다. 가장 순종적이고 마음에 드는 양은 오래오래 살면서 번식하도록 허락했다. 그 결과 가축화되고 순종적인 한 떼의 양이 생겼다.

이렇게 가축화된 양, 닭, 당나귀 등은 식량(고기, 우유, 달걀), 원자재(가죽, 양모), 근력을 공급했다. 이제껏 인간의 힘으로 해오던 수송, 쟁기질, 곡식 빻기 등을 동물에게 넘기는 경우가 점점 많아졌다. 대부분의 농경사회에서 사람들은 식물 재배에 주력했고, 동물을 키우는 것은 2차적 활동이었다. 하지만 어떤 지역에서는 동물 착취에 기반한 새로운 종류의 사회가 등장했다. 바로 목축민 부족이었다.

인류가 세상에 퍼지면서, 이들이 가축화한 동물도 함께 퍼졌다. 1만 년 전에는 몇백만 마리 되지 않는 양, 소, 염소, 돼지, 닭이 아프로아시아의 몇 되지 않는 좁은 지역에 살고 있었다. 반면 오늘날 세계에는 10억 마리의 양, 10억 마리의 돼지, 10억 마리 이상의 소, 250억 마리 이상의 닭이 존재한다. 그리고 이들은 도처에 퍼져 있다. 가축화된 닭은 역사상 가장 널리 퍼진 가금류다. 지구에 가장 널리 퍼져 있는 대형 포유류를 순서대로 꼽으면 사람이 첫째이고 2, 3, 4위가 가축화된 소, 돼지, 양이다.

불행하게도 진화적 관점은 성공의 척도로서는 불완전하다. 그것은 모든 것을 생존과 번식이라는 기준으로 판단할 뿐, 개체의 고통이나 행복은 아랑곳하지 않는다. 가축이 된 닭이나 소는 아마도 진화적 성공의 사례이겠지만, 역사상 가장 비참한 동물인 것도 사실이다. 동물의 가축화는 일련의 야만적 관행을 기반으로 이뤄졌고, 관행은 수백 수천 년이 흐르면서 더욱 잔인해졌다. 야생 닭의 자연 수명은 7~12년이고 소는 20~25년이다. 대부분의 야생 닭과 소는 그 이전에 죽었지만, 상당히 오래 살 가능성도 있었다. 이와 대조적으로 가축화된 닭과 소는 몇 주 내지 몇 개월 만에 도살당한다. 그것이 경제적 관점에서 가장 적절한 도살 연령이기 때문이다(생후 3개월이면 몸무게가 최대가 되는 수탉을 3년씩 먹여 살릴 필요가 어디 있겠는가).

산란용 닭, 젖소, 짐을 끄는 동물은 오래 살도록 놔두는 경우가 가끔 있다. 하지만 그 대가로 동물은 자신의 욕망 및 충동과는 전혀 맞지 않는 생활방식에 복종해야 한다. 가령 황소는 채찍을 휘두르는 유인원이 메어준 멍에를 쓰고 수레나 쟁기를 끄는 것보다는 널따란 초원에서 다른 황소 및 암소와 어슬렁거리면서 세월을 보내는 것을 더 좋아할 것이다. 황소와 말, 당나귀와 낙타를 순종적인 짐끌이 동물로 바꾸려면, 이들의 자연적 본능과 사회적 유대를 파괴하고 공격성과 성적 특질을 억누르고 행동의 자유를 빼앗아야 했다. 농부들은 동물을 울타리 안에 가두고, 마구와 굴레를 채우고, 채찍과 소몰이막대로 훈련시키고, 신체 일부를 자르는 기술을 발달시켰다. 길들이는 과정에는 거의 대부분 수컷의 거세가 포함된다. 그러면 수컷의 공격성이 억제되고, 인간이 해당 동물 무리의 번식을 선별적으로 조절하기 좋다.

뉴기니의 수많은 부족사회에서 부를 가늠하는 전통적 기준은 보유한 돼지의 숫자였다. 북부 뉴기니 사람들은 돼지가 도망치지 못

▲　　　기원전 1200년경 이집트 무덤의 벽화. 황소 두 마리가 밭을 갈고 있다. 야생 소는 복잡한 사회구조를 갖춘 무리를 이루어 자기들 마음대로 돌아다닌다. 가축화되고 거세된 수소는 채찍질을 당하거나 좁은 우리에 갇혀서 삶을 낭비한다. 소는 자신의 신체에도, 사회적, 감정적 필요에도 맞지 않는 방식으로 외롭게 노동한다. 두 마리가 함께해도 사정은 달라지지 않는다. 황소가 더 이상 쟁기를 끌지 못하면 도살되었다(이집트 농부의 허리가 굽은 데 주목하라. 그도 황소와 마찬가지로 자신의 육체와 마음, 사회적 관계를 압박하는 고된 노동을 하며 평생을 보냈다).

하도록 돼지 코에서 큼지막한 살덩이를 잘라낸다. 그러면 돼지는 쿵쿵거리며 냄새를 맡을 때마다 심각한 통증을 느낀다. 돼지는 냄새를 맡지 못하면 먹을거리를 찾지 못할 뿐 아니라 길조차 찾지 못하므로, 그렇게 절단된 녀석들은 인간 주인에게 완전히 의존하는 수밖에 없다. 뉴기니의 다른 지역에서는 돼지의 눈을 파내어 자신이 어디로 가는지조차 파악할 수 없게 만드는 것이 관행이다.[7]

　낙농산업은 동물을 자기들 뜻대로 휘두르기 위한 수단들을 보유하고 있다. 암소, 염소, 양은 새끼를 낳은 다음에야, 그리고 새끼가 젖을 빠는 동안만 젖을 생산한다. 그러니 동물 젖을 계속 얻으려면 젖을 빨 새끼가 있어야 하고, 이들 새끼가 젖을 독점하지 못하도록 해야 한다. 역사상 가장 널리 쓰인 방법은 출생 직후 새끼를 도살하고 어미의 젖을 가능한 한 오래 짜낸 뒤 다시 임신시키는 것이었다. 이 방법은 지금도 널리 쓰이고 있다. 오늘날의 수많은 낙농 농가에서 젖소는 약 5년을 산 뒤 도살되는 것이 일반적이다. 그 5년 동안 젖소는 거의 항상 임신 중이며, 출산한 지 60~120일 내에 또다시 수태한다. 우유의 최대 생산량을 유지하기 위해서다. 송아지는 출생 후 얼마 지나지 않아 어미에게서 떼어내진다. 암송아지라면 다음 세대의 젖소로 길러지고, 수송아지는 육류 산업에 넘겨진다.[8]

또 다른 방법은 새끼들을 어미 가까운 곳에 두면서 젖을 너무 많이 빨지 못하게 막는 것이다. 여기에는 다양한 책략이 사용된다. 가장 단순한 방법은 새끼가 젖을 빨게 두었다가 젖이 나오기 시작하면 어미에게서 떼어내는 것이다. 이 방법은 어미와 새끼 양쪽의 저항을 부른다. 일부 양치기 부족은 새끼를 도살하고 살코기를 먹은 다음 새끼의 가죽에 속을 채워 박제하는 관습이 있었다. 박제된 새끼를 어미에게 들이밀어 우유 생산을 촉진하는 것이다.

수단의 누에르족(수단 남부 나일강변에서 목축을 주로 하는 부족—옮긴이)은 친숙하고 생생한 냄새가 나도록 어미의 소변을 박제 송아지에게 묻히기까지 했다. 이 부족의 또 다른 기법은 송아지의 입가에 가시로 만든 띠를 두르는 것인데, 가시에 찔린 어미는 새끼가 젖을 빠는 것을 막게 된다.[9] 사하라 사막에서 낙타를 키우는 투아레그족

▲ 　산업적 육류 농장의 송아지. 출생 직후 어미와 분리되어 자기 몸보다 그리 크지 않은 우리에 가둬진다. 송아지는 여기서 일생을 보낸다. 평균 약 4개월이다. 결코 우리 밖으로 나가지 못하며 다른 송아지와 놀지도 못하고 심지어 걸을 수조차 없다. 이 모두가 근육이 강해지는 것을 막기 위한 조치다. 근육이 약해야 부드럽고 즙이 많은 스테이크가 된다. 이 송아지가 처음으로 걷고 근육을 뻗으며 다른 송아지들과 접촉할 수 있는 것은 도살장으로 가는 길에서다. 진화적 관점에서 보면 소는 역사상 가장 성공한 종 가운데 하나다. 이와 동시에 지구상에서 가장 비참한 동물 가운데 하나다.

은 새끼의 코에 구멍을 내거나 코 일부를 잘라내는 방법을 썼다. 그러면 새끼는 코가 아파서 젖을 많이 먹지 못하게 된다.[10]

　모든 농경사회가 이처럼 키우는 가축에게 잔인했던 것은 아니었다. 가축이 된 일부 동물의 삶은 매우 안락하였다. 털을 얻기 위한 양, 애완용 개와 고양이, 군마, 경주마는 편안한 삶을 누리는 일이 많았다. 로마의 칼리굴라 황제는 총애하던 말 인키타투스에게 집정

관직을 내리려고 했다고도 전한다. 역사를 통틀어 양치기와 농부는 자신의 동물에게 애정을 보였으며 매우 잘 돌보았다. 마치 많은 노예 소유주가 자신의 노예에게 애정과 관심을 가졌던 것처럼. 많은 왕과 예언자가 스스로를 목자라고 부르며 자신이나 신이 백성을 돌보는 것을 양치기가 자신의 양 떼를 돌보는 것에 비유했던 것은 우연이 아니었다.

하지만 양치기가 아닌 양 떼의 입장에서 보자면, 대다수의 가축화된 동물에게 농업혁명은 끔찍한 재앙이었다는 인상을 지우기 어렵다. 이들의 진화적 '성공'은 무의미하다. 아마도 좁은 상자 안에 갇혀서 살을 찌우다가 육즙이 흐르는 스테이크가 되어 짧은 삶을 마감하는 송아지보다는 멸종 위기에 처한 희귀한 야생 코뿔소가 더 만족해할 것이다. 만족한 코뿔소는 자신이 자기 종족의 마지막 개체라는 데 아무 불만이 없다. 송아지의 종이 수적으로 성공한 것은 개별 개체들이 겪는 고통에 그다지 위안이 되지 못한다.

진화적 성공과 개체의 고통 간의 이런 괴리는 우리가 농업혁명에서 얻을 수 있는 가장 중요한 교훈일 것이다. 우리가 밀이나 옥수수 같은 식물의 이야기를 조사할 때는 순수한 진화적 관점이 타당할지 모른다. 하지만 소나 양, 사피엔스처럼 각자 복잡한 기분과 감정을 지닌 동물의 경우, 진화적 성공이란 것이 개체의 경험에 어떤 식으로 작용하는지를 고려할 필요가 있다. 앞으로도 우리는 우리 종이 집단적으로 힘을 키우고 외견상 성공을 구가한 것이 개개인의 큰 고통과 나란히 진행되었다는 사실을 거듭 확인하게 될 것이다.

6

피라미드 건설하기

농업혁명은 역사상 가장 논란이 많은 사건 중 하나다. 일부에서는 그 덕분에 인류가 번영과 진보의 길에 들어섰다고 주장한다. 또 다른 사람들은 그것이 파멸을 불러왔다고 주장한다. 사피엔스가 자연과의 긴밀한 공생을 내던지고 탐욕과 소외를 향해 달려간 일대 전환점이었다는 것이다. 이 길이 어느 방향으로 이끌었든 간에, 돌아갈 길은 없었다. 농경 덕분에 인구가 너무나 급격하고 빠르게 늘었기 때문에, 수렵과 채집으로 돌아가서 스스로를 유지할 수 있는 농경사회는 하나도 없었다. 농업으로의 이행이 일어나기 전인 기원전 10000년경 지구에는 5백만~8백만 명의 방랑하는 수렵채집인이 살고 있었다. 기원후 1세기가 되자 수렵채집인은 1백만~2백만 명밖에 남지 않았으나(주로 호주, 미 대륙, 아프리카에 있었다), 같은 시기 농부들의 숫자는 2억 5천만 명으로 수렵채집인을 압도했다.[1]

농부 대다수는 영구 정착지에 살고 있었고, 방랑하는 양치기 부족은 얼마 되지 않았다. 한곳에 정착을 하면서 사람들의 세력권은 대부분 극적으로 좁아졌다. 고대 수렵채집인들은 수십, 수백 제곱

제 2 부

킬로미터에 이르는 영토에서 사는 것이 보통이었다. 그들에게 '본 거지'란 언덕과 시내, 숲과 열린 하늘을 포함하는 땅 전체를 말했다. 하지만 농부는 종일 작은 밭이나 과수원에서 일했고, 가정생활은 나무나 돌, 진흙으로 지어져 면적이 몇십 제곱미터에 불과한 비좁은 구조물, 즉 집에서 이뤄졌다. 전형적인 농부는 이 구조물에 매우 강한 애착을 느꼈다. 이것은 건축학뿐 아니라 심리에도 큰 영향을 미칠 커다란 혁명이었다. 이리하여 '내 집'에 대한 집착과 이웃으로부터의 분리는 이전보다 훨씬 더 자기중심적이 된 존재의 심리적 특징이 되었다.

새로운 농업 영토는 고대 수렵채집인의 것보다 훨씬 더 좁았을 뿐 아니라 훨씬 더 인공적이었다. 수렵채집인들은 불을 사용한 것을 제외하면 자신들이 떠도는 땅에 의도적인 변화를 가져온 것은 거의 없었다. 이와 달리 농부들은 자신들이 주변 자연환경에서 힘들여 떼어낸 인공적인 섬에 살았다. 이들은 숲의 나무를 베어내고 물길을 파고 들판에서 돌을 제거하고 집을 짓고 밭고랑을 갈고 유실수를 줄지어 심었다. 그렇게 만들어진 인공적 거주지는 오로지 인간과 '그들의' 식물과 동물만을 위한 것이었고, 성벽과 산울타리로 방어벽을 친 경우가 흔했다. 농부의 가족들은 골치 아픈 잡초와 야생동물이 들어오지 못하도록 모든 조치를 취했고, 그런 것들이 침입하면 퇴치했다. 만일 그런 것들이 계속 살아남으면, 그것들을 적대시하는 인간들은 박멸방법을 모색했다. 집 주위로는 특히 강력한 요새를 구축했다. 농업혁명의 여명기부터 오늘날에 이르기까지 수십억 명의 인간이 나뭇가지와 파리채, 신발과 독성 스프레이로

161

무장하고 인간이 사는 곳으로 끊임없이 침투하는 부지런한 개미, 은밀한 바퀴벌레, 대담한 거미, 잘못 들어온 딱정벌레 등과 가차 없는 전쟁을 벌여왔다.

역사상 대부분의 기간 동안 인간이 만든 고립된 영토는 이처럼 매우 좁았고, 그 주위는 길들여지지 않은 광활한 자연이 둘러싸고 있었다. 지구 표면은 약 5억 1천만 제곱킬로미터인데 이 중 1억 5,500만 제곱킬로미터가 육지다. 비교적 최근에 해당하는 기원후 1400년까지만 해도 압도적 다수의 농부들은 본인들이 기르는 동식물과 함께 모두 1,100만 제곱킬로미터, 즉 지표면의 2퍼센트에 불과한 좁은 지역에 몰려 살았다.[2] 다른 지역은 모두 너무 춥거나 덥거나 건조하거나 습하거나 해서 경작에 맞지 않았다. 지표면의 2퍼센트에 지나지 않는 좁디좁은 지역이 이후 역사가 펼쳐지는 무대 역할을 했던 것이다.

사람들은 인공 섬을 떠나기가 어려웠다. 심각한 손실의 위험을 무릅쓰지 않고는 집과 목초지와 곡창지대를 포기할 수 없었다. 게다가 세월이 흐르면서 점점 더 많은 것들이 축적되었다. 쉽게 옮길 수 없는 그런 것들 때문에 사람들은 한 장소에 매였다. 우리 눈에 고대 농부는 찢어지게 가난한 것으로 비칠지 모르지만, 그의 가족이 소유한 인공물은 수렵채집인의 한 부족 전체가 지닌 것보다 많은 것이 보통이었다.

미래의 도래

농경시대에는 공간이 축소되는 동안 시간은 확장되었다. 수렵채집인은 다음 주나 다음 달에 대해 생각하느라 시간을 낭비하지 않았다. 농부들은 미래의 몇 해나 몇십 년이라는 세월 속으로 상상의 항해를 떠났다.

수렵채집인들은 미래를 중요하게 생각하지 않았는데, 왜냐하면 그들은 하루 벌어 하루 먹는 데다 먹을거리나 소유물을 저장하기가 어려웠기 때문이다. 물론 이들도 모종의 사전 계획을 도모한 것은 분명하다. 쇼베, 라스코, 알타미라 동굴의 예술품을 만든 사람들은 작품이 수십 수백 세대 이어지도록 의도한 것이 확실해 보인다. 사회적 동맹과 정치적 라이벌 관계는 장기적인 성격을 띤다. 은혜를 갚거나 복수를 하는 데는 흔히 여러 해가 걸린다. 그럼에도 수렵채집인의 생업경제에서 장기 계획을 세우는 데는 한계가 있었다. 역설적이게도 수렵채집인들은 그 덕분에 많은 걱정을 덜 수 있었다. 자기 힘으로 어쩌지 못하는 일을 걱정해봐야 무의미했다.

농업혁명 덕에 미래는 어느 때보다 중요해졌다. 농부들은 언제나 미래를 의식하고 그에 맞춰서 일해야 했다. 농업경제의 생산 사이클은 계절을 기반으로 했다. 몇 개월에 걸쳐 경작을 하고 나면 짧고 뚜렷한 수확기가 뒤따랐다. 풍성한 수확을 모두 끝마친 날 밤 농부들은 마음껏 축하를 할 수 있었지만, 그로부터 한두 주일 이내에 다시 새벽에 일어나 들판에서 온종일 일하는 일상으로 돌아갔다. 식량은 오늘, 다음 주, 다음 달 먹을 것까지 충분했지만 이들은 다음 해와 그다음 해 먹을거리까지 걱정해야 했다.

미래에 대한 걱정은 생산의 계절적 사이클뿐 아니라 농업 자체의 근본적 불확실성에도 뿌리를 두고 있었다. 대부분의 마을은 아주 제한된 종류의 재배작물과 가축을 기르며 살았기 때문에 가뭄, 홍수, 병충해에 취약했다. 농부들은 소비하는 것보다 더 많이 생산해야 비축분을 만들 수 있었다. 저장고에 곡물이, 지하실에 올리브오일 통이, 식료품 저장실에 치즈가, 서까래에 소시지가 매달려 있지 않으면 흉년에 굶어 죽을 위험이 있었다. 그리고 흉년이나 흉작은 늦든 이르든 오게 마련이었다. 나쁜 시절이 오지 않을 것이란 전제하에 사는 농부는 오래 살지 못했다.

그 결과 농업의 도래와 함께 비로소 인간의 마음속 극장에서 미래에 대한 걱정은 주연배우가 되었다. 비가 내려야만 논밭에 물을 댈 수 있는 지역에서 우기의 시작은 걱정의 시작을 의미했다. 매일 아침 농부는 지평선을 바라보며 바람의 냄새를 맡고 눈을 가늘게 떴다. 저게 구름 맞나? 비가 제때 올까? 충분히 내릴까? 폭풍우가 몰아쳐서 파종한 씨앗들을 씻어가거나 묘목을 쓰러트리지는 않을까? 그동안 유프라테스, 인더스, 황하 유역의 농부들은 강물의 수위를 점검했다. 이들의 두려움도 다른 이들에 못지않았다. 이들에게는 강물이 불어나야 할 필요가 있었다. 그래야 고지대에서 씻겨 내려온 비옥한 흙이 퍼질 수 있고 광대한 관개 시스템에 물을 댈 수 있었다. 하지만 홍수가 너무 심하거나 시기가 잘못되면 가뭄만큼이나 들판을 모두 망칠 수 있었다.

농부들이 미래를 걱정한 것은 단순히 걱정할 이유가 더 많았을 뿐 아니라 미래에 대해 뭔가 할 수 있는 일이 있었기 때문이다. 그들은 더 많은 밭을 일구고 관개용 수로를 더 파고 더 많은 씨를 뿌릴 수 있었다. 근심하는 농부는 여름철 수확개미만큼이나 정신없이 바쁘게 일했다. 자녀들과 손주들이 그 열매에서 기름을 짤 수 있도록 땀 흘려 올리브나무를 심었고, 오늘 간절히 먹고 싶은 식량을 겨울이나 내년을 위해 참고 비축해두었다.

농사 스트레스는 막대한 영향을 미쳤다. 그것은 대규모 정치사회 체제의 토대였다. 슬프게도 부지런한 농부들은 그렇게 힘들여 일했음에도 불구하고 대부분 그토록 원하던 경제적으로 안정된 미래를 얻지 못했다. 모든 곳에서 지배자와 엘리트가 출현했다. 이들은 농부가 생산한 잉여식량으로 먹고살면서 농부에게는 겨우 연명할 것밖에 남겨주지 않았다.

농 업 혁 명

이렇게 빼앗은 잉여식량은 정치, 전쟁, 예술, 철학의 원동력이 되었다. 그들은 왕궁과 성채, 기념물과 사원을 지었다. 근대 후기에 이르기까지 인류의 90퍼센트는 아침마다 일어나 구슬 같은 땀을 흘리며 땅을 가는 농부였다. 그들의 잉여 생산이 소수의 엘리트를 먹여 살렸다. 왕, 정부 관료, 병사, 사제, 예술가, 사색가…… 역사책에 기록된 것은 이들 엘리트의 이야기다. 역사란 다른 모든 사람이 땅을 갈고 물을 운반하는 동안 극소수의 사람이 해온 무엇이다.

상상 속의

질서

농부들이 생산한 잉여식량이 새로운 수송 기술과 합쳐지자 더욱더 많은 사람들이 모여 더 큰 마을을 이룰 수 있었고,

그 마을은 읍이 되었고, 드디어 도시가 되었으며, 새로운 왕국과 상업망이 이 모두를 하나로 묶었다. 하지만 이런 새로운 기회를 활용하기 위해서는 잉여식량과 개선된 수송 수단만으로는 충분치 않았다. 설사 한 사람이 같은 마을 사람 1천 명이나 같은 왕국 사람 1백만 명을 먹여 살릴 수 있다고 해도 마찬가지다. 사람들이 어떻게 토지와 물을 나눌지, 불화와 분쟁을 조정할지, 가뭄이나 전쟁에서 어떻게 행동할지에 대해 합의가 이뤄지리라는 보장은 없다. 합의가 이루어지지 못하면 분쟁이 번지게 마련이다. 창고가 가득 차 있다고 해도 마찬가지다. 역사상의 전쟁과 혁명 대부분은 식량부족 때문에 일어난 것이 아니었다. 프랑스 혁명의 선봉에 선 것은 굶주린 농부가 아니라 부유한 법률가들이었다.

고대 로마 공화국은 기원전 1세기에 국력이 최고조에 달했다. 이때는 귀중품을 가득 실은 지중해 전역의 선단들이 그 전 선조들은 상상도 못했을 정도로 로마인들을 부유하게 만들어주던 시기였다. 하지만 로마의 정치질서가 붕괴해서 일련의 치명적 내란이 일어난 것 또한 부가 절정에 이르렀던 바로 이 시점이었다. 1991년 유고슬라비아는 국민 모두를 먹여 살리고도 남을 만한 능력이 있었지만 국가는 해체되고 끔찍한 유혈극이 벌어졌다.

이런 재난들의 근원에 깔린 문제점은 인류가 지난 수백만 년 동안 불과 수십 명으로 구성된 작은 무리에서 진화해왔다는 사실이다. 농업혁명이 일어난 뒤 도시와 왕국과 제국이 출현하는 데는 불과 몇천 년밖에 걸리지 않았다. 대규모로 협력하는 본능이 진화하기에는 너무나 짧은 시간이었다.

생물학적 협력본능이 부족함에도 수렵채집기에 수백 명의 사람들이 협력할 수 있었던 것은 공통의 신화 덕분이었다. 하지만 당시의 협력은 느슨하고 제한적이었다. 각각의 사피엔스 무리는 모두가 독립적인 삶을 영위했고, 필요의 대부분을 스스로 충족하는 행태를 계속 유지했다. 만일 2만 년 전에 사회학자가 있었다면, 농업혁명 이후에 일어날 일들에 대한 지식이 전혀 없는 그로서는 신화의 영향력이 상당히 제한적이라는 결론을 내리는 게 당연했을 것이다. 고대의 정령과 부족 토템에 대한 이야기들은 5백 명의 사람들이 서로 조가비를 교역하고 이상한 축제를 거행하고 네안데르탈인 무리를 쓸어내기 위해 힘을 합치게 만들 만큼 강했지만, 그 이상은 아니었다. 고대의 사회학자는 신화에는 수백만 명의 서로 모르는 사람들을 매일 협력하게 만들 수 있는 힘은 없다고 생각했을 것이다.

하지만 알고 보니 그것은 틀린 생각이었다. 신화는 상상할 수 없을 만큼 강력한 힘을 지니고 있었다. 농업혁명 덕분에 밀집된 도시와 강력한 제국이 형성될 가능성이 열리자, 사람들은 위대한 신들, 조상의 땅, 주식회사 등등의 이야기를 지어냈다. 꼭 필요한 사회적 결속을 제공하기 위해서였다. 인간의 본능이 늘 그렇듯 달팽이처럼 서서히 진화하고 있는 동안, 인간의 상상력은 지구상에서 유례없이 거대한 협력의 네트워크를 만들어나갔다.

기원전 8500년경 지구상에서 가장 큰 정착지는 여리고 같은 마을로, 주민은 수백 명에 불과했다. 기원전 7000년 소아시아의 읍邑인 차탈휘유크의 주민은 5천~1만 명이었다. 당시로서는 세계에서 가장 큰 도시였을지 모른다. 기원전 5000~4000년 사이에 나일 강 유역 초승달 지역에는 인구 수만 명의 도시들이 생기기 시작했다. 이들 도시는 모두 그 주변의 수많은 촌락들을 지배했다. 기원전 3100년에는 하부 나일강 유역 전체가 통합되면서 최초의 이집트 왕국이 생겼고, 그 파라오들은 수천 제곱킬로미터에 사는 수십만 명의 백성을 다스렸다. 기원전 2250년경 사르곤 대제는 최초의 제국인 아카드를 건설했는데, 1백만 명이 넘는 신민과 5,400명의 상비군을 지닌 제국이었다. 기원전 1000년에서 500년 사이 중동에서 최초의 거대 제국들이 등장했다. 아시리아, 바빌론, 페르시아······ 이들은 수백만 명의 신민을 다스렸고 수만 명의 군대를 거느렸다.

기원전 221년 진秦 제국이 중국을 통일했고, 얼마 지나지 않아 기원후 1년 로마는 지중해 분지를 통일했다. 진이 4천만 명의 백성에게서 걷은 세금은 수십만 명의 상비군과 10만 명이 넘는 관료를 유지하는 데 쓰였다. 로마 제국의 최전성기에는 최대 1억 명의 백성에게서 세금을 걷었다. 그 수입으로 25만~50만 명의 상비군, 1,500년이 지난 지금도 쓰이는 도로망, 오늘날까지도 대형 행사가 열리는 극장과 원형극장을 만들고 유지했다.

이것은 물론 인상적인 일이지만, 우리는 이집트의 파라오 제국이나 중국의 진 제국에서 운영했던 '대량 협력망'에 대해 장밋빛 환상을 품어서는 안 된다. '협력'이란 말은 매우 이타적으로 들리지만 항상 자발적인 것은 아니었으며 평등주의적인 경우는 드물었다. 인간의 협력망은 대부분 압제와 착취에 적합하도록 맞춰져 있었다.

급성장하는 협력망에 돈을 댄 것은 농부들의 소중한 잉여식량이었다. 세금징수자가 황제의 펜을 한번 휘두르면 이들은 한 해 땀 흘린 농사의 소출 전체를 빼앗기고 절망해야 했다. 명성 높은 로마의 원형극장들은 노예들이 건설한 경우가 많았다. 원형극장은 부유하고 게으른 로마인들이 노예 검투사들의 싸움을 즐길 수 있도록 세워졌다. 감옥이나 강제수용소조차도 협력망인데, 이것이 기능할 수 있는 것은 수천 명의 서로 모르는 사람들이 어떻게 해서든 자신들의 행동을 조율하기 때문이다.

고대 메소포타미아에서 진 제국과 로마 제국에 이르는 모든 협력망은 '상상 속의 질서'였다. 이들을 지탱해주는 사회적 규범은 타고난 본능이나 개인적 친분이 아니라 공통의 신화에 대한 믿음에 바탕을 두고 있었다.

농 업 혁 명

신화는 어떻게 해서 제국 전체를 지탱할 수 있었을까? 우리는 이미 그런 사례를 하나 검토했다. 푸조 사 말이다. 그렇다면 이제 역사상 가장 유명한 신화 두 개를 살펴보자. 하나는 기원전 1776년경의 함무라비 법전이다. 이는 고대 바빌로니아인 수십만 명의 협력 매뉴얼 역할을 했다. 또 하나는 1776년의 미국 독립선언문이다. 이는 오늘날까지도 현대 미국인 수억 명의 협력 매뉴얼로 기능하고 있다.

기원전 1776년 바빌론은 세계 최대 규모의 도시였다. 1백만 명이 넘는 국민을 거느린 바빌로니아 제국은 당시 세계 최대 규모였을 것이다. 바빌론은 메소포타미아의 대부분을 다스렸는데 오늘날 이라크의 대부분과 시리아, 이란의 일부가 포함된다. 오늘날 가장 유명한 바빌론의 왕은 함무라비다. 그의 명성은 그의 이름을 딴 함무

▲　함무라비 법전을 새긴 석주. 기원전 1776년경.

라비 법전에서 기인한다. 이것은 법조문과 판례 모음집으로서, 그 목표는 함무라비를 정의로운 왕의 역할모델로 제시하는 데 있었다. 또한 바빌로니아 제국 내에 좀 더 통일된 법체계를 확립하는 토대 역할을 하며, 후손들에게 정의란 무엇이며 정의로운 왕은 어떻게 행동하는가를 가르치는 것이었다.

후손들은 그 가르침에 귀기울였다. 고대 메소포타미아의 지식 엘리트와 관료 엘리트는 그 경전을 추앙했고, 심지어 함무라비가 죽고 그의 제국이 영락한 지 오랜 세월이 흐른 다음에도 견습 필경사들은 계속해서 이것을 베껴 썼다. 그러므로 함무라비 법전은 고대 메소포타미아인들이 이상적으로 여기는 사회질서를 이해하는 좋은 자료다.[3]

이 문서의 첫머리는 메소포타미아의 만신전 중에서도 주신인 아누, 엔릴, 마르두크 신이 함무라비에게 "정의가 지상에서 널리 퍼지고, 사악하고 나쁜 것을 폐지하며, 강자가 약자를 억압하는 것을 방지하는" 임무를 주었다고 기술하고 있다.[4] 그다음에는 "이러이러한 일이 일어나는 경우 그 판결은 이러이러하다"는 상투적 문구와 함께 약 3백 건의 판결 목록을 나열하고 있다. 판결 196~199번과 209~214번은 다음과 같다.

196. 만일 귀족 남자가 다른 귀족 남자의 눈을 멀게 한다면 그의 눈도 멀게 만들라.

197. 만일 귀족 남자가 다른 귀족 남자의 뼈를 부러뜨린다면 그의 뼈도 부러뜨려야 한다.

198. 만일 그가 평민의 눈을 멀게 하거나 뼈를 부러뜨린다면

그는 은 60세겔을 저울에 달아 피해자에게 주어야 한다.

199. 그가 만일 귀족 소유 노예의 눈을 멀게 하거나 뼈를 부러뜨린다면 노예의 가치의 절반을 은으로 저울에 달아 지불해야 한다.[5]

209. 만일 귀족 남자가 귀족 여성을 때려서 그녀의 아기가 유산되었다면 태아에 대한 보상으로 은 10세겔을 저울에 달아 지불해야 한다.

210. 만일 맞은 여성이 사망한다면 그 남자의 딸을 죽여야 한다.

211. 만일 그가 임신 중인 평민 여성을 때려서 유산시킨다면 은 5세겔을 달아 주어야 한다.

212. 만일 그 여성이 사망한다면 그는 은 30세겔을 저울에 달아 주어야 한다.

213. 만일 그가 귀족의 여성 노예를 때려서 그 태아를 유산시킨다면 그는 은 2세겔을 저울에 달아 주어야 한다.[6]

214. 만일 그 여성 노예가 죽는다면 그는 은 20세겔을 저울에 달아 주어야 한다.

제 2 부

판결을 열거한 뒤 함무라비는 다시 한 번 선언한다.

"이것이 유능한 왕 함무라비가 내린 공정한 판결이다. 함무라비는 여기에 따라서 자신의 영토를 진리의 길에 따라 올바른 삶의 방식으로 인도했다…… 나는 함무라비, 고귀한 왕이다. 나는 엔릴 신이 내게 보살피라고 맡긴 백성, 마르두크 신이 내게 이끌

책임을 맡긴 백성을 부주의하거나 소홀히하지 않았노라."[7]

함무라비 법전은 바빌론의 사회적 질서는 보편적이고 영원한 정의의 원칙에 뿌리를 두고 있으며 이 원칙은 신들이 읊어준 것이라고 단언한다. 계급제도의 중요성은 엄청나다. 법에 따르면 인간은 두 개의 성별과 세 개의 계급 귀족, 평민, 노예로 나뉜다. 사람은 성별과 계급에 따라 각기 다른 가치를 지닌다. 평민 여성의 목숨 값은 은 30세겔이고, 노예 여성은 20세겔이다. 이에 비해 평민 남성의 눈은 은 60세겔의 가치가 있다.

이 법전은 또한 가족 내의 엄격한 위계질서를 규정한다. 이에 따르면 어린이는 독립된 개인이 아니라 부모의 재산이다. 그러므로 어떤 귀족이 다른 귀족의 딸을 죽이면 그 벌로 살해자의 딸이 처형당한다. 우리에게는 살인자는 무사한데 죄 없는 그의 딸이 죽어야 한다는 것이 이상해 보일 수 있다. 하지만 함무라비와 바빌론 사람들에게는 이것이 절대적으로 정당해 보였다.

이 법전은 만일 왕의 신민 모두가 위계질서상의 자기 자리를 받아들이고 그에 맞게 행동하면 제국에 사는 수백만 명 모두가 효과적으로 협력할 수 있을 것이라는 전제를 깔고 있다. 그러면 사회는 구성원을 먹이기에 충분한 식량을 생산해서 이를 효과적으로 배분하고 스스로를 적으로부터 보호하며 더 많은 부와 더 나은 안전을 얻을 수 있도록 영토를 확장할 수 있을 것이었다.

함무라비가 사망한 지 약 3,500년 후 북미에 있는 영국 식민지 열세 곳의 주민들은 영국 왕이 자신들을 불공정하게 대한다고 느꼈다. 이들의 대표는 필라델피아 시에 모여, 1776년 7월 4일 자신들은 더 이상 영국 왕의 신민이 아니라고 선언했다. 이들의 독립선언은 보편적이고 영원한 정의의 원칙을 선언했는데, 이 원칙은 함무라비의 것과 마찬가지로 신이 영감을 내려주신 것이라고 했다. 하지만 미국 신이 불러준 가장 중요한 정의는 바빌론의 신들이 불러준 내용과는 상당히 달랐다. 미국 독립선언문은 이렇게 단언한다.

"우리는 다음의 진리가 자명하다고 믿는다. 모든 사람은 평등하게 창조되었으며, 이들은 창조주에게 생명, 자유, 행복의 추구를 포함하는 양도 불가능한 권리를 부여받았다."

함무라비 법전과 마찬가지로 미국 독립선언문은 사람들이 그 문서의 신성한 원칙을 따라 행동한다면 수백만 명이 효과적으로 협동할 수 있을 것이며 공정하고 번영한 사회에서 안전하고 평화롭게 살 수 있을 것이라고 약속한다. 미국 독립선언문은 함무라비 법전과 마찬가지로 그 당시 그 시대의 문서만이 아니었고, 후손들에 의해서도 받아들여졌다. 미국의 학생들은 2백 년이 넘는 기간 동안 그것을 베끼고 암송해왔다.

이 두 문서는 우리에게 명백한 딜레마를 제시한다. 둘 다 스스로 보편적이고 영원한 정의의 원리를 약속한다고 주장하지만, 미국인들에 따르면 모든 사람이 평등한 반면 바빌론인들에 따르면 사람은 결코 평등하지 않다. 물론 미국인들은 자신들이 옳고 바빌론 사람들이 틀렸다고 말할 것이다. 함무라비는 당연히 자신이 옳고 미국인들이 틀렸다고 받아칠 것이다. 사실은 모두가 틀렸다. 함무라비나 미국 건국의 아버지들은 모두 평등이나 위계질서 같은 보편적이고 변치않는 정의의 원리가 지배하는 현실을 상상했지만, 그런 보편적 원리가 존재하는 장소는 오직 한 곳, 사피엔스의 풍부한 상상력과 그들이 지어내어 서로 들려주는 신화 속뿐이다. 이런 원리들에 객관적 타당성은 없다.

우리는 사람을 '귀족'과 '평민'으로 구분하는 것이 상상의 산물이라는 말을 쉽게 받아들일 수 있다. 하지만 모든 사람이 평등하다는 사상 또한 신화다. 어떤 의미에서 모든 인간이 서로 평등하다는 것인가? 인간의 상상력을 벗어난 어딘가에 우리가 진정으로 평등한 객관적으로 실재하는 세계가 있단 말인가? 모든 인간은 생물학적으로 평등한가? 미국 독립선언문의 가장 유명한 구절을 생물학 용어로 한번 번역해보자.

"우리는 다음의 진리가 자명하다고 믿는다. 모든 사람은 평등하게 창조되었으며, 이들은 창조주에게 생명, 자유, 행복의 추구를 포함하는 양도 불가능한 권리를 부여받았다."

생물학에 따르면 인간은 '창조'되지 않았다. 진화했다. 또한 '평등'하게 진화하지 않은 것이 분명하다. 평등사상은 창조사상과 뗄 수 없게 얽혀 있다. 미국인들은 평등사상을 기독교 신앙에서 얻었다. 모든 사람의 영혼은 신이 창조했으며 신 앞에 모두가 평등하다고 주장하는 신앙 말이다. 하지만 만일 우리가 신과 창조와 영혼에

175

관한 기독교 신화를 믿지 않는다면, 모든 사람이 '평등'하다는 말은 무엇을 의미하는가?

진화는 평등이 아니라 차이에 기반을 둔다. 모든 사람은 얼마간 차이 나는 유전부호를 가지고 있으며, 날 때부터 각기 다른 환경의 영향에 노출된다. 그래서 각기 다른 특질을 발달시키게 되며, 그에 따라 생존 가능성에 차이가 난다. 따라서 '평등한 창조'란 말은 '각기 다르도록 진화했다'는 표현으로 번역되어야 할 것이다.

또한 생물학에 따르면, 사람은 창조되지 않았을 뿐 아니라 사람에게 무언가를 '부여'하는 '창조주' 같은 것도 없다. 존재하는 것은 오직 맹목적인 진화과정뿐이며, 개인은 어떤 목적도 없는 그 과정에서 탄생한다. '창조주에게 부여받았다'는 단순히 '태어났다'고 번역되어야 할 것이다.

이와 유사하게, 생물학에 권리 같은 것은 없다. 오로지 기관과 능력과 특질이 존재할 뿐이다. 새가 나는 것은 날 권리가 있어서가 아니라 날개를 가지고 있기 때문이다. 이들 기관과 능력과 특질이 '양도 불가능'하다는 것은 사실이 아니다(미국 독립선언문의 'unalienable'은 '양도 불가능한'으로 해석하는 것이 보통이다. 하지만 여기서는 '빼앗을 수 없는'이라는 의미로 보아야 문맥이 통한다—옮긴이). 이 중 많은 것이 끊임없는 변이를 겪고 있으며, 세월이 흐르면 완전히 사라지는 것도 얼마든지 자연스럽다. 타조는 나는 능력을 잃어버린 새다. 그러므로 '양도 불가능한 권리'란 표현은 '변이가 일어날 수 있는 특질'이라고 번역되어야 한다.

그렇다면 인간에게서 진화한 특질은 무엇인가? '생명?' 당연하다. 하지만 '자유?' 생물학에 그런 것은 없다. 평등이나 권리, 유한 회사와 마찬가지로 자유란 생물학적 현상이라기보다는 정치적 이상이다. 순수한 생물학적 관점에서 민주 국가의 시민과 왕정 국가의 신민 사이에는 별다른 차이가 없다. '행복'은 또 어떤가? 생물학 연구에서는 지금껏 행복을 명확히 정의하거나 객관적으로 측정하는 방법을 찾지 못했다. 대부분의 생물학 연구는 쾌락이 존재한다는 것만을 인정한다. 쾌락은 좀 더 쉽게 정의하고 측정할 수 있다. 그러므로 '생명, 자유, 행복의 추구'는 '생명과 쾌락의 추구'로 번역되어야 한다.

따라서 미국 독립선언문의 해당 구절을 생물학 용어로 번역하면 이렇게 된다.

"우리는 다음의 진리가 자명하다고 본다. 모든 사람은 각기 다르게 진화했으며, 이들은 변이가 가능한 모종의 특질을 지니고 태어났고 여기에는 생명과 쾌락의 추구가 포함된다."

평등과 인권을 옹호하는 사람은 이런 추론에 격분할지 모른다. 이들은 이렇게 반응할 것이다. "사람이 생물학적으로 평등하지 않다는 사실은 이미 안다고! 하지만 그 본질만큼은 우리가 모두 평등하다고 믿는다면, 우리는 안정되고 번영한 사회를 창조할 수 있을 거라고."

여기에 반론을 펼 생각은 없다. 이것이 정확히 내가 '상상의 질서'라고 말한 바로 그것이니까. 우리가 특정한 질서를 신뢰하는 것은 그것이 객관적으로 진리이기 때문이 아니라, 그것을 믿으면 더 효과적으로 협력하고 더 나은 사회를 만들어낼 수 있기 때문이다. 상상의 질서란 사악한 음모도 무의미한 환상도 아니다. 그보다는 아주 많은 사람들이 효과적으로 협력할 수 있는 유일한 방법이다. 그렇지만 함무라비도 자신의 위계질서 원리를 동일한 논리로 옹호할 수 있었을 것이라는 점만큼은 기억해두자. 가령 이렇게 말이다. "나는 귀족, 평민, 노예가 날 때부터 다른 사람이 아니라는 사실을 알고 있다. 하지만 만일 그들이 다르다고 믿으면, 우리는 더 안정되고 번영한 사회를 창조할 수 있을 것이다."

진정한
신자들

아마도 적잖은 수의 독자는 앞선 문단들을 읽으며 의자에서 몸을 비비 꼬았을 것이다. 오늘날 우리는 대부분 그렇게 반응하도록 교육받았다. 함무라비 법전이 신화였다는 것을 받아들이기는 쉽지만, 인권도 신화에 불과하다는 이야기는 듣고 싶지 않다. 만일 인권이 오직 상상 속에만 존재한다는 사실을 사람들이 알아차리면, 사회가 붕괴할 위험이 있지 않은가?

볼테르는 신에 대해 이렇게 말했다. "신은 존재하지 않는다. 하지만 내 하인에게 그 이야기를 하지는 마라. 그가 밤에 날 죽일지 모르니까." 함무라비는 자신의 위계질서 원리에 대해 똑같은 말을 했을 것이고, 토머스 제퍼슨 역시 인권에 대해 같은 말을 했을 것이다. 호모 사피엔스에게는 하늘이 부여한 권리가 없다. 거미나 하이에나나 침팬지에게 그런 권리가 없듯이. 하지만 이런 이야기를 하인에게 하지는 마라. 그가 밤에 우리를 죽일지 모르니까.

이런 두려움은 타당하다. 자연의 질서는 안정된 질서다. 설령 사람들이 중력을 믿지 않는다 해도 내일부터 중력이 작용하지 않을 가능성은 없다. 이와 반대로 상상의 질서는 언제나 붕괴의 위험을 안고 있다. 왜냐하면 그것은 신화에 기반하고 있고, 신화는 사람들이 신봉하지 않으면 사라지기 때문이다. 상상의 질서를 보호하려면 지속적이고 활발한 노력이 필수적이다. 이런 노력 중 일부는 폭력과 강요의 형태를 띤다. 군대, 경찰, 법원, 감옥은 사람들이 상상의 질서에 맞춰 행동하도록 강제하면서 쉴 새 없이 돌아가고 있다. 어떤 바빌론 사람이 이웃의 눈을 멀게 했다면 그에게 '눈에는 눈' 법을 강제하기 위해서는 언제나 모종의 폭력이 필요하다. 1860년 미국인 대다수가 아프리카인 노예 또한 사람이며 자유권을 누려야 한다는 결론을 내렸을 때, 남부 주들이 이를 지키게 하기 위해서 피비린내 나는 내란을 치러야만 했다.

하지만 상상의 질서는 폭력만으로는 유지될 수 없다. 진정으로 믿는 사람이 일부 있어야 한다. 프랑스의 정치가 탈레랑은 루이 16세 치하에서 카멜레온 같은 경력을 쌓은 인물이었다. 그는 혁명정부와 나폴레옹 체제에 봉사했으며, 때맞춰 충성의 대상을 바꿔서 말년에는 복권된 군주제를 위해서 일했다. 그는 정부에서 수십 년간 일했던 경험을 이렇게 요약했다. "당신은 총검으로 많은 일을 할 수 있지만, 그것을 깔고 앉는 것은 상당히 불편한 일이다." 종종 단 한 명의 사제가 군인 1백 명 몫을 하곤 한다. 훨씬 더 싸고 효과적으로. 더구나 총검이 아무리 효과적일지라도 누군가는 그것을 휘둘러야 한다. 병사와 간수와 판사와 경찰이 스스로 신봉하지 않는 상상의 질서를 유지할 까닭이 어디 있단 말인가? 인간의 모든 집단행동 중에서 가장 조직하기 어려운 것 중 하나가 폭력이다. 어떤 사회의 질서가 군사력에 의해 지탱된다고 말하는 순간, "군대의 질서는 무엇이 유지하는가?" 하는 의문이 당장 떠오른다. 오로지 강요에 의해서만 군대를 조직하는 것은 불가능하다. 최소한 일부 지휘관과 병사는 신이든 명예든 조국이든 남성다움이든 돈이든 뭔가를 진심으로 신봉해야만 한다.

이보다 더욱 흥미로운 질문은 사회 피라미드의 꼭대기에 서 있는 자들에 관한 문제이다. 그들 스스로가 상상의 질서를 신봉하지 않는다면 남에게 그걸 강요하고 싶어 할 이유가 있을까? 냉소적인 탐욕 때문이라는 주장이 일반적으로 통용되지만, 아무것도 신봉하지 않는 냉소주의자는 탐욕스러울 가능성이 적다. 호모 사피엔스의 객관적인 생물학적 필요를 충족하는 데는 그다지 많은 것이 필요하지 않다. 그런 욕구들을 충족한 뒤에는 더 많은 돈을 들여 피라미드를 건설하거나, 세계 여기저기서 휴가를 보내거나, 선거운동에 자금을 대거나, 자신이 좋아하는 테러 단체에 자금을 지원하거나, 주식시장에 투자해 더 많은 돈을 벌 수도 있겠으나, 진정한 냉소주의자에게는 이 모든 일이 완전히 무의미하게 느껴질 것이다.

냉소주의학파(견유학파)를 창시한 그리스 철학자 디오게네스는 통 속에서 살았다. 한번은 그가 햇볕을 쬐며 쉬고 있는데 알렉산드로스 대왕이 찾아왔다. 대왕은 뭔가 자신이 해줄 수 있는 일이 없겠느냐고 물었다. 냉소주의자는 막강한 정복자에게 이렇게 대답했다. "나를 위해 해줄 수 있는 일이 있소. 조금만 옆으로 비켜서 주시오. 당신이 햇볕을 막고 있어요." 냉소주의자들이 제국을 세우지 않는 이유가 여기에 있다. 또한 상상의 질서가 오로지 많은 사람이—특히 엘리트와 보안대가—진정으로 이것을 신봉할 때에만 유지될 수 있는 이유도 같다. 만일 그 주창자 대다수가 인仁과 예禮와 효孝를 신봉하지 않았다면, 유교는 2천 년 넘게 이어질 수 없었을 것이다. 역대 대통령과 의원 대다수가 인권을 신봉하지 않았다면, 미국 민주주의는 250년간 지속되지 않았을 것이다. 만일 투자자와 은행가 대다수가 자본주의를 신봉하지 않는다면, 현대 경제 시스템은 단 하루도 유지되지 못할 것이다.

교도소의
담장

사람들로 하여금 기독교나 민주주의, 자본주의 같은 상상의 질서를 믿게 만드는 방법은 무엇일까? 첫째, 그 질서가 상상의 산물이라는 것을 결코 인정하지 않아야 한다. 사회를 지탱하는 질서는 위대한 신이나 자연법에 의해 창조된 객관적 실재라고 늘 주장해야 한다. 사람이 평등하지 않은 것은 함무라비가 그렇다고 해서가 아니라 엔릴과 마르두크가 그렇게 명했기 때문이다. 사람이 평등한 것은 토머스 제퍼슨이 그렇게 말해서가 아니라 신이 그렇게 창조했기 때문이다. 자유시장이 최선의 경제체제인 것은 애덤 스미스가 그렇다고 말했기 때문이 아니라 그것이 불변의 자연법칙이기 때문이다.

또한 사람들을 철저히 교육시켜야 한다. 그들이 태어나자마자 세상 만물에 스며들어 있는 상상의 질서 원리들을 끊임없이 주지시켜야 한다. 그 원리는 요정 이야기, 드라마, 회화, 노래, 예절, 정치 선전, 건축, 요리법, 패션에도 스며들어 있다. 예를 들어, 요즘 사람들은 평등을 믿기 때문에 한때 노동계급의 복장이었던 청바지를 부잣집 아이들도 유행 삼아 입는다. 중세 유럽 사람들은 계급 차이를 신봉했기 때문에 젊은 귀족이 농부의 작업복을 입는 경우는 없었다. 당시 '경'을 뜻하는 'Sir'이나 '마님'을 뜻하는 'Madam'이란 명칭은 귀족에게만 국한된 특권이었다. 종종 피를 대가로 흘리고야 얻을 수 있는 것이었다. 그러나 오늘날 공손한 편지는 상대의 신분과 관계없이 '친애하는 귀하께'의 뜻으로 'Dear Sir or Madam'으로 시작한다.

인문학과 사회과학은 상상의 질서가 정확히 어떻게 삶이라는 직물 속에 짜 넣어졌는지를 설명하는 데 많은 에너지를 쏟는다. 그러나 지면의 제약 때문에 우리는 겉핥기만으로 만족해야 하겠다. 사람들로 하여금 자신의 삶을 조직화하는 질서가 자신들의 상상 속에서만 존재한다는 사실을 알아차리지 못하도록 만드는 주된 요인은 세 가지이다.

1. 상상의 질서는 물질세계에 단단히 뿌리내리고 있다. 상상의 질서는 우리 마음속에만 존재하지만, 우리 주변의 물질적인 실재 세계 속에 짜 넣어질 수 있다. 심지어 돌로 구현될 수도 있다. 오

늘날 대부분의 서구인은 개인주의를 신봉한다. 모든 인간은 개인이며, 그 가치는 다른 사람이 그를 어떻게 생각하느냐에 좌우되지 않는다는 것을 믿는다. 개개인의 내부에 존재하는 눈부신 빛이 우리 삶에 가치와 의미를 부여한다고 믿는다. 오늘날 선생과 부모는 아이들에게 같은 반 학생들이 놀리면 무시해야 한다고 가르친다. 자신의 진정한 가치는 타인이 아니라 자기 자신만이 아는 것이니까.

이런 신화는 상상 속에서 뛰쳐나와 현대 건축에서 돌과 회반죽으로 구현된다. 현대의 이상적인 집은 여러 개의 작은 방들로 나뉘어 있다. 어린이들도 남의 눈에 띄지 않는 사적인 공간을 가져 최대한의 자율권을 지니도록 한다. 이런 사적인 방에는 거의 대부분 문이 달려 있다. 또한 어린이가 문을 닫고 잠그는 것을 관행으로 받아들이는 집이 많다. 심지어 부모도 노크를 하고 허락을 얻기 전에는 방에 들어갈 수 없다. 방은 아이의 취향대로 꾸며진다. 벽에는 록스타의 포스터가 붙어 있고 바닥에는 더러운 양말이 놓여 있다. 이런 공간에서 자라는 사람은 스스로를 '하나의 개인'이라고 생각하지 않을 수 없다. 자신의 진정한 가치는 밖에서가 아니라 내면에서 퍼져 나온다고 말이다.

중세 귀족은 개인주의를 믿지 않았다. 사람의 가치는 사회적 위계질서 속에서 어떤 위치를 차지하느냐에 따라, 다른 사람들이 그 사람에 대해 뭐라고 말하느냐에 따라 결정되었다. 비웃음을 당한다는 것은 끔찍한 모욕이었다. 귀족들은 자녀들에게 그들의 훌륭한 이름은 어떤 대가를 치르고서라도 보호해야 한다고 다짐해두었다. 중세의 가치체계는 현대 개인주의가 그러하듯이 상상의 자리를 떠나 중세 성의 돌에 섞여 들어가 스스로를 구현했다. 성에는 어린이(혹은 다른 누구라도)를 위한 개인 방이 거의 없었다. 중세 남작의 십대 아들에게는 성 2층에 자기 방이 있지 않았다. 사자왕 리처드나 아서 왕의 포스터를 벽에 붙이고 부모가 열 수 없는 잠금장치가 달린 문을 갖춘 방이 없었다. 아이는 큰 홀에서 다른 많은 젊은이들과 나란히 누워서 잤다. 그는 언제나 노출되어 있었고, 다른 사람들이 뭐라고 평할지를 항상 염두에 둬야 했다. 그런 환경에서 자란 사람은 자연스럽게 사람의 진정한 가치는 사회적 위계질서 속에서 어떤 위치에 속하느냐, 그리고 다른 사람들이 그에 대해서 뭐라고 말하느냐에 따라 결정된다는 결론을 내렸다.[8]

2. 상상의 질서는 우리 욕망의 형태를 결정한다. 사람들은 대부분 자신들의 삶을 규율하는 질서가 상상 속에만 존재한다는 사실을 받아들이고 싶어 하지 않는다. 하지만 실상 모든 사람은 기존의 상상의 질서 속에서 태어났으며, 태어날 때부터 지배적인 신화에 의해 욕망의 형태가 결정되었다. 그 때문에 우리 개인의 욕망은 상상의 질서의 가장 중요한 방어물이다.

예컨대 오늘날 서구인들이 가장 소중히 여기는 욕망은 여러 세기에 걸쳐 존재해온 낭만주의, 민족주의, 자본주의, 인본주의 신화에 의해 형성되었다. 친구 사이에 충고할 때 흔히 "마음heart 내키는 대로 하라"고 말하지만, 사실 마음은 이중간첩으로서 당대의 지배적인 신화의 지시에 따르는 경우가 흔하다. 그리고 '마음내키는 대로 하라'는 권유 자체가 우리 마음에 새겨진 것은 19세기 낭만주의 신화와 20세기 소비자주의 신화의 결합을 통해서였다. 이를테면 코카콜라 사는 전 세계에서 다이어트 코크를 광고하면서 "다이어트 코크, 기분 좋은 일을 하라"는 문구를 내세웠다.

사람들이 가장 개인적 욕망이라고 여기는 것들조차 상상의 질서에 의해 프로그램된 것이다. 예컨대 해외에서 휴가를 보내고 싶다는 흔한 욕망을 보자. 이런 욕망은 전혀 자연스럽지도, 당연하지도 않다. 침팬지 알파 수컷은 권력을 이용해 이웃 침팬지 무리의 영토로 휴가를 갈 생각 따위는 하지 않을 것이다. 고대 이집트의 엘리트들은 피라미드를 짓고 자신의 시신을 미라로 만드는 데 재산을 썼지만, 누구도 바빌론에 쇼핑하러 간다거나 페니키아에서 스키 휴가를 보낼 생각은 하지 않았다. 오늘날 사람들이 휴가에 많은 돈을 쓰는 이유는 그들이 낭만주의적 소비지상주의를 진정으로 신봉하기 때문이다.

낭만주의는 우리에게 인간으로서 잠재력을 최대한 활용하려면 최대한 다양한 경험을 해야 한다고 속삭인다. 다양한 감정의 스펙트럼을 향해 스스로를 활짝 열어야 하고, 다양한 관계들을 두루 맛보아야 하며, 평소와 다른 요리를 시식해봐야 하고, 다른 종류의 음악을 감상하는 법을 배우라고 말이다. 이 모두를 실행하는 가장 좋은 방법 중 하나는 반복되는 일상과 친숙한 환경에서 벗어나 먼 지방으로 여행을 떠나는 것이다. 다른 사람들의 문화와 냄새와 취향과 규범을 '경험'해볼 수 있는 곳으로 말이다. 우리는 "새로운 경험이 어떻게 나의 시야를 넓히고 내 인생을 바꾸었는가." 하는 낭만주의적 신화를 되풀이해서 듣는다.

소비지상주의는 우리에게 행복해지려면 가능한 한 많은 재화와 용역을 소비해야 한다고 말한다. 뭔가 부족하다거나 올바르지 않다고 느낀다면 상품(자동차, 새 옷, 유기농 식품)이나 서비스(집안일, 관계 요법, 요가 수업)를 구매해야 한다고 말한다. TV의 모든 광고는 어떤 물품이나 서비스를 소비하면 우리 삶이 어떻게 나아진다고 말하는 또 하나의 작은 신화다.

다양성을 권하는 낭만주의는 소비지상주의와 꼭 들어맞는다. 양자의 결합은 현대 여행산업이 기반으로 하고 있는 무한한 '경험의 시장'을 탄생시켰다. 여행산업은 비행기표나 호텔 객실을 판매하는 게 아니라 경험을 판다. 파리는 도시가 아니고, 인도는 나라가 아니다. 그것은 경험이다. 그것을 소비하면 우리의 시야가 넓어지고, 인간으로서 잠재력이 실현되고, 더 행복해지는 경험을 할 수 있다. 따라서 억만장자는 결혼생활이 곤경에 빠지면 아내를 데리고 파리로 값비싼 여행을 떠난다. 이 여행은 어떤 독립된 욕망을 반영한 것이라기보다 낭만주의적 소비지상주의에 대한 열렬한 믿음을 반영한 것이다. 고대 이집트의 부자는 관계의 위기를 해결하기 위해 아내와 함께 바빌론으로 여행을 간다는 생각은 꿈에도 하지 않았을 것이다. 그 대신 아내가 항상 원하던 호화로운 무덤을 건설했을 것이다.

고대 이집트의 엘리트처럼, 대부분의 문화에 속하는 대부분의 사람들은 나름대로의 피라미드 건설에 삶을 바쳤다. 문화에 따라 피라미드의 이름과 형태와 크기가 달라질 뿐이다. 피라미드는 수

영장과 늘 푸른 잔디밭이 딸린 교외의 작은 집일 수도 있고, 전망이 끝내주는 고급 맨션 꼭대기층일 수도 있다. 애초에 우리로 하여금 그 피라미드를 욕망하도록 만든 신화 자체를 의심하는 사람은 드물다.

3. 상상의 질서는 상호 주관적이다. 설령 내가 초인적인 노력으로 스스로의 개인적 욕망을 상상의 질서의 속박에서 풀려나게 하는 데 성공하더라도, 나는 한 개인에 불과하다. 상상의 질서를 변화시키려면, 수백만 명의 낯선 사람에게 나와 협력하도록 설득해야 한다. 상상의 질서는 내 상상력 속에만 존재하는 주관적 질서가 아니라 수억 명의 사람들이 공유하는 상상 속에 존재하는 상호 주관적 질서이기 때문이다. 이를 이해하려면 '객관' '주관' '상호 주관'이란 용어의 차이를 알 필요가 있다.

객관적 현상은 인간의 의식이나 믿음과는 독립적으로 존재한다. 가령 방사능은 신화가 아니다. 방사능은 사람들이 그것을 발견하기 오래전부터 방출되고 있었고 사람들이 그 위험성을 믿지 않았을 때도 위험했다. 방사능의 발견자 중 한 사람인 마리 퀴리는 방사성 물질을 오랫동안 연구했지만, 이것이 그녀의 신체에 해를 끼칠 수 있다는 사실을 몰랐다. 그녀는 방사능이 자신을 죽일 수 있다는 것을 믿지 않았지만, 결국 재생불량성 빈혈로 사망했다. 방사성 물질에 과다 노출되어서 발생하는 치명적 질병이다.

주관이란 한 개인의 의식과 신념에 따라 존재하는 무엇이다. 해당 개인이 그의 신념을 바꾸면 주관은 사라지거나 변화한다. 많은 어린이가 다른 사람의 눈에는 보이지도 들리지도 않는 상상 속 친구가 존재한다고 믿는다. 가상의 친구는 그 어린이의 주관적 의식 내에서만 존재한다. 어린이가 어른이 되고 그 친구의 존재를 더 이상 믿지 않으면, 가상의 친구는 점차 사라진다.

상호 주관이란 많은 개인의 주관적 의식을 연결하는 의사소통망 내에 존재하는 무엇이다. 단 한 명의 개인이 신념을 바꾸거나 죽는다 해도 그에 따른 영향은 없지만, 그물망 속에 있는 대부분의 사람들이 죽거나 신념을 바꾼다면 상호 주관적 현상은 변형되거나 사라진다. 상호 주관적 현상이란 악의적인 사기나 하찮은 가식이 아니다. 방사능 같은 물리적 현상과는 다른 방식으로 존재하지만, 세상에 미치는 영향은 지대할 수 있다. 역사를 움직이는 중요한 동인 중 다수가 상호 주관적이다. 법, 돈, 신, 국가가 모두 그런 예다.

푸조는 그 회사 CEO의 상상 속 친구가 아니다. 수백만 명이 공유하는 상상 속에 존재하는 회사다. 그 CEO가 그 회사의 존재를 믿는 것은 임원들, 회사의 법률가들, 근처 사무실의 비서들, 은행의 출납계원들, 주식거래소의 중개인들, 프랑스에서 호주까지 전 세계에서 근무하는 자동차 딜러들 역시 그 존재를 믿기 때문이다. 만일 CEO 혼자서 믿음을 갑자기 버린다면, 그는 신속하게 가장 가까운 정신병원에 수용되고 누군가 다른 사람이 그의 자리를 차지할 것이다.

달러화, 인권, 미국은 이와 유사한 방식으로 수십억 명이 공유하는 상상 속에 존재한다. 한 개인은 누구라도 그 존재를 위협할 수 없다. 만일 나 혼자 달러나 인권, 미국의 존재를 믿지 않는 다 해도 그건 전혀 중요하지 않다. 이런 상상의 질서는 상호 주관 적이며, 이를 변화시키려면 수십억 명의 의식을 동시에 변화시켜 야 한다. 이것은 쉬운 일이 아니다. 그런 대규모 변화가 일어나려 면 정당이나 이념운동, 혹은 종교적 광신집단 같은 복잡한 기구의 도움이 있어야 하는데, 그런 복잡한 기구를 만들자면 서로 모르는 많은 사람을 협력하게 만들어야 하고, 그런 일은 오로지 그들이 뭔가 신화를 공유하고 있을 때만 일어난다. 그러니 현존하는 가상 의 질서를 변화시키려면 그 대안이 되는 가상의 질서를 먼저 믿어 야 하는 것이다. 가령 우리가 푸조를 해체하려면 프랑스 법률체계 처럼 그보다 더 강력한 뭔가를 상상해야 하고, 프랑스 법률체계를 해체하려면 그보다 더 강력한 무엇, 예컨대 프랑스라는 국가를 상 상해야 한다. 국가마저 해체하려고 한다면, 그보다 더 강력한 무언 가를 상상해야 할 것이다.

상상의 질서를 빠져나갈 방법은 없다. 우리가 감옥 벽을 부수 고 자유를 향해 달려간다 해도, 실상은 더 큰 감옥의 더 넓은 운동 장을 향해 달려나가는 것일 뿐이다.

7

메모리 과부하

진화는 인간에게 축구할 능력을 부여하지 않았다. 물론 킥을 할 다리와 파울을 할 팔, 욕설을 내뱉을 입을 만든 것은 사실이지만, 우리가 그것으로 할 수 있는 것은 아마도 혼자 페널티킥을 연습하는 것뿐일 것이다. 우리가 어느 날 운동장에서 만난 낯선 사람들과 경기를 하려면 필요한 것이 있다. 상대팀의 열한 명이 우리와 동일한 규칙을 따르며 경기를 한다는 것을 믿어야 하는 것이다. 열 명의 팀원 (이들은 전에 만난 적이 없는 사람일 수도 있다)들과 호흡을 맞춰 뛰는 것만으론 부족하다.

다른 동물들은 낯선 개체를 만나 의례화된 공격성을 드러낼 때 대체로 본능에 따른다. 세계 모든 곳의 강아지들이 벌이는 개싸움의 규칙은 그들의 유전자에 각인되어 있다. 하지만 인간의 십대에게는 축구 유전자가 없다. 그럼에도 이들은 완전히 낯선 사람들과 게임을 할 수 있는데, 왜냐하면 이들이 축구에 대해 배운 일련의 개념들이 서로 완전히 같기 때문이다. 그 개념들은 완전한 상상의 산물이지만, 모든 사람이 그것을 공유한다면 모두가 축구를 할 수 있다.

이보다 규모가 큰 왕국, 교회, 무역망에도 똑같은 원리가 적용되지만, 큰 차이가 하나 있다. 축구의 규칙은 상대적으로 단순하고 간결하다. 작은 수렵채집 무리나 소규모 마을에서 협동할 때 필요한 규칙과 상당히 비슷하다. 각각의 행위자는 규칙을 머릿속에 저장하고도 노래, 이미지, 쇼핑 리스트를 담을 공간을 남길 수 있다. 하지만 스물두 명이 아니라 수천 명, 심지어 수백만 명이 연관되는 대규모 협력 시스템에서는 도저히 한 인간의 뇌에 담아두고 처리할 수 없는 막대한 양의 정보를 관리하고 저장해야 한다.

개미나 꿀벌 같은 일부 동물 종의 대규모 사회는 안정되었으며 회복성이 있다. 해당 사회를 유지하는 데 필요한 정보의 대부분이 유전자에 부호화되어 있기 때문이다. 가령 꿀벌의 애벌레 암컷은 무엇을 먹느냐에 따라 여왕벌이나 일벌로 자라나는데, 그 역할을 수행하는 데 필요한 행태는 DNA에 프로그램되어 있다. 여왕의 에티켓이 되었든 프롤레타리아의 근면성이 되었든 말이다. 벌집은 이를테면 수확자, 보모, 청소부처럼 매우 다양한 종류의 일꾼들을 포함하는 매우 복잡한 사회구조를 지닐 수 있지만, 지금까지 법률가 벌이 발견된 예는 없다. 벌들에게는 법률가가 필요 없다. 벌들은 벌집의 헌법을 잊을 위험도, 위반할 위험도 없기 때문이다. 여왕벌이 청소부벌들에게 먹이를 제대로 주지 않아도 이들이 임금 인상을 요구하며 파업을 벌일 일은 없다.

하지만 인간은 으레 그런 짓을 한다. 인간은 단순히 자기 DNA를 복사하고 이를 후손에 전해주는 것만으로는 사회운영에 필요한 핵심정보를 보존할 수 없다. 사피엔스의 사회질서는 가상의 것이기 때문이다. 법과 관습, 절차와 예절을 지탱하려면 의식적인 노력이 있어야 한다. 그렇지 않으면 사회질서는 빠르게 무너질 것이다. 예컨대 함무라비 왕은 사람이 귀족, 평민, 노예로 나뉜다고 포고했는데, 이것은 벌집과는 달리 자연적인 구분이 아니다. 인간의 유전자에는 그런 것의 흔적조차 없다. 만일 바빌론 사람들이 그 '진실'을 마음에 새겨둘 수 없었다면, 사회의 기능은 마비되었을 것이다. 마찬가지로 함무라비가 후손에게 물려준 DNA 속에는 평민 여성을 살해한 귀족 남성은 은 30세겔을 지불해야 한다는 판결 같은 건 포함되어 있지 않았다. 함무라비는 아들들에게 제국의 법을 열심히 가르쳐야 했고, 그 아들과 손자들도 똑같이 해야 했다.

제국이 생산하는 정보의 양은 엄청나다. 법률뿐 아니라 거래와 세금, 군수품과 상선의 목록, 축제와 승전기념일을 넣은 달력 등을 기록해야 한다. 수백만 년 동안 인간이 정보를 저장해온 장소는 단 하나, 자신의 뇌였다. 불행히도 인간의 뇌는 제국 규모의 데이터베이스를 저장하는 장치로서는 훌륭하지 않은데, 주된 이유는 세 가지다.

첫째, 용량이 부족하다. 물론 기억력이 엄청난 사람도 일부 있고, 고대에는 모든 지방의 지형 전체와 나라 전체의 법조문을 머리에 담아둘 수 있는 기억 전문가들도 있었다. 그럼에도 기억술의 대가도 넘어설 수 없는 한계가 있다. 한 법률가가 매사추세츠 주의 법조문 모두를 암기할 수는 있겠지만, 세일럼의 마녀재판(1692년 미국 매사추세츠 주 세일럼 빌리지에서 일어난 마녀재판으로, 185명을 체포해 19명을 처형하는 등 총 25명이 목숨을 잃었다—옮긴이) 이후 오늘날까지 일어났던 법적 소송의 모든 절차를 상세한 부분에 이르기까지 죄다 기억할 수는 없다.

둘째, 인간이 죽으면 뇌도 같이 죽는다. 뇌에 축적된 모든 정보는 한 세기도 지나지 않아 지워지게 마련이다. 물론 한 사람의 뇌에서 다른 사람의 뇌로 기억을 전수하는 것은 가능하지만, 몇 차례 전수가 이어지고 나면 혼동과 착각이 일어나는 경향이 있다.

셋째, 이것이 가장 중요한 점인데, 인간의 뇌는 특정한 유형의 정보만을 저장하고 처리하도록 적응했다. 고대 수렵채집인이 살아남으려면 수천 종의 식물과 동물의 형태와 속성, 행동 패턴을 기억해야만 했다. 어느 느릅나무 밑에서 가을에 자라는 주름진 노란 버섯은 독이 있을 가능성이 매우 크지만 겨울에 떡갈나무 아래에서 자라는 비슷하게 생긴 버섯은 복통에 좋은 치료제가 된다는 것을 기억해야 했다. 또한 수렵채집인들은 무리의 구성원 수십 명의 의견과 그들 사이의 관계를 기억해야 했다. 루시가 자신을 괴롭히는 존의 행동을 중단시키기 위해서 무리 구성원 한 명의 도움이 필요하다면 지난주 존과 메리의 사이가 나빠졌다는 사실을 기억하고 있는 것이 중요하다. 메리는 열렬한 동지가 될 가능성이 크기 때문이다. 이런 진화의 압력에 적응한 결과, 인간의 뇌는 막대한 양의 식물학, 동물학, 지형학, 사회학의 정보를 저장할 줄 알게 되었다.

하지만 농업혁명에 뒤이어 유달리 복잡한 사회가 등장하면서, 완전히 새로운 종류의 정보가 중요해졌다. 바로 숫자다. 수렵채집인은 많은 양의 수학적 자료를 다뤄야 할 일이 없었다. 숲 속에 있는 나무에 달린 과일의 개수 따위를 외워야 할 필요는 전혀 없었다. 따라서 인간의 뇌는 숫자를 저장하고 처리하는 데 적응하지 않았다. 하지만 커다란 왕국을 유지하려면 수학적 데이터가 핵심적이었다. 법을 제정하고 수호신에 대해 지어낸 이야기를 하는 것만으로는 충분하지 않았다. 세금도 걷어야 했다. 그런데 수십만 명에게 세금을 매기려면, 사람들의 수입과 재산에 대한 데이터, 지불된 급여에 대한 데이터, 체납액과 빚과 벌금에 대한 데이터, 할인과 공제에 대한 데이터를 수집해야 했다. 모두 합쳐 수백만 데이터 비트에 달하는 정보를 저장하고 처리해야 했다. 그런 능력이 없으면 국가는 자신이 어떤 자원을 보유하고 있으며 앞으로 세금을 받아낼 구석이 또 어디 있는지를 알 수 없었을 것이다. 그런 숫자들을 외우고 인출하고 다뤄야 할 상황에 처하면, 대부분의 인간의 뇌는 멍해지거나 잠이 들어버렸다.

이 정신적 한계는 인간 집단의 크기와 복잡성도 심각하게 제한했다. 특정 사회의 구성원과 재산의 양이 특정한 임계치를 넘어서면, 대량의 수학적 데이터를 저장하고 처리할 필요가 생겼다. 인간의 뇌는 그 일을 할 수 없었기 때문에, 시스템은 무너졌다. 농업혁명 이래 수천 년간 인간의 사회적 네트워크는 상대적으로 작고 단순한 상태로 머물러 있었다.

문제를 처음 극복한 것은 메소포타미아 남부에 살던 고대 수메르인이었다. 타는 듯한 햇볕이 내리쬐는 그곳의 진흙 평야는 소출이 풍부했고 도회지를 번영시켰다. 주민 수가 늘어나면서 이들 사이의 업무를 조율하는 데 필요한 정보의 양도 늘었다. 기원전 3500~3000년 어느 시기에, 익명의 수메르 천재들이 뇌 바깥에 정보를 저장하고 처리하는 시스템을 발명했다. 대량의 수학 데이터를 처리하기 위한 맞춤 시스템이었다. 덕분에 수메르인들은 인간의 뇌에서 비롯되는 사회질서의 제약에서 벗어나 도시, 왕국, 제국의 출현에 이르는 길을 열었다. 수메르인이 발명한 데이터 처리 시스템은 '쓰기'라는 이름으로 불렸다.

쿠심이

서명했다

　　쓰기는 유형의 기호를 통해 정보를 저장하는 방법이다. 수메르의 쓰기 체계는 점토판에 눌러 쓴 두 종류의 기호를 이용했다. 기호의 한 유형은 숫자를 나타냈다. 각각 1, 10, 60, 600, 3,600, 36,000을 나타내는 기호가 있었다(수메르 사람들은 6진법과 10진법을 섞어서 썼다. 6진법은 오늘날 우리에게 중요한 유산을 남겼다. 하루를 24시간으로 나눈다거나 원을 360도로 분할하는 것이 그런 예다). 또 다른 유형의 기호는 사람, 동물, 사유품, 토지, 날짜 등을 나타냈다. 두 유형의 기호를 결합함으로써 수메르인들은 많은 데이터를 보존할 수 있었다. 어떤 한 인간의 뇌가 기억할 수 있는 것보다, 어떤 한 DNA 사슬이 부호화할 수 있는 것보다 훨씬 더 많은 양이었다.

　　초기 단계의 쓰기는 사실과 숫자에 한정되었다. 만일 위대한 수메르 소설이 존재했더라도, 점토판에 쓰이지는 않았다. 쓰기는 시간이 걸리는 일이었고, 기호를 읽을 줄 아는 사람은 몇 되지 않았다. 그래서 장부 기록 이외의 일에 활용할 이유가 없었다. 만일 우리가 5천 년 전의 선조들이 남긴 지혜의 말을 찾으려 한다면 크게

농 업 혁 명

실망할 수밖에 없을 것이다. 조상들이 남긴 가장 초기의 메시지는 가령 이랬기 때문이다. '보리 29,086자루 37개월, 쿠심.' 이 문장의 의미는 아마도 '37개월에 걸쳐 보리 29,086자루를 받았다. 서명자 쿠심'일 것이다. 아, 슬프다, 역사상 최초의 문서에 담긴 것이 철학적 통찰도, 시도, 전설도, 심지어 왕의 승리도 아니었다니. 세금 지불액과 쌓이는 빚의 액수와 재산의 소유권을 기록한 평이한 경제 문서였다니.

수메르 시대부터 지금까지 살아남은 문서로서 이것과 유형이 다른 것은 딱 하나뿐인데, 그 내용은 더더욱 흥미롭지 않다. 그것은 필경자 견습공이 교육을 받으면서 반복해서 쓰고 또 썼던 단어의 목록이다. 지루해진 학생이 매매증서가 아니라 직접 지은 시를 쓰고 싶었다 할지라도 그는 그렇게 하지 못했을 것이다. 수메르 초기의 문자는 완전한 문자체계(스크립트)가 되지 못한 부분적인 것이었다. 완전한 문자체계란 구어를 어느 정도 완벽하게 표현하는 기호체계를 말한다. 시를 포함해 사람들이 말할 수 있는 것은 무엇이든 표현할 수 있는 체계 말이다. 불완전한 문자체계는 인간 행동의 제한된 영역에 속하는 특정 유형의 정보만을 표현할 수 있는 기호체계를 말한다. 라틴어, 고대 이집트 상형문자, 브라유 점자는 완전한 문자체계다. 우리는 이것들을 이용해 세금을 기록하고, 연애 시나 역사책을 쓰고, 음식 요리법이나 상법을 쓸 수 있다. 이와 대조적으로 수메르인의 최초 문자체계는 현대의 수학이나 음악 기호처럼 불완전했다. 수학 스크립트로 계산을 할 수는 있지만 연애 시를 쓸 수는 없다.

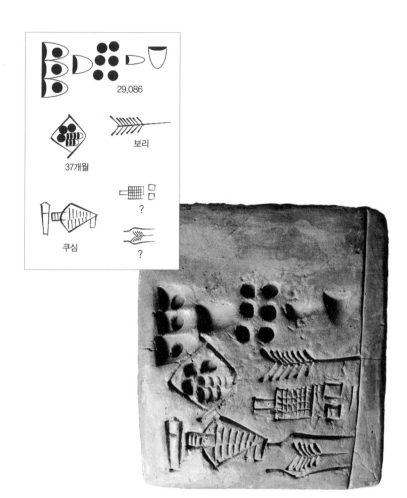

농 업 혁 명

▲   기원전 3400～3000년경 우루크 시의 행정문서가 적혀 있는 점토판. 이 판에는 29,086
자루의 보리를 37개월에 걸쳐 쿠심이 받았다는 내용이 명백히 기록되어 있다. '쿠심'이란 관직명일
수도 있고 특정 개인의 이름일 수도 있다. 만일 개인의 이름이라면, 쿠심은 우리에게 이름이 알려진
역사상 최초의 인물일지 모른다. 이보다 이른 인간의 역사에 사용된 명칭은 ― 네안데르탈인, 나투
프인, 소베 동굴, 괴베클리 테페 ― 모두 현대에 발명된 것이다. 괴베클리 테페를 세운 사람들이 실
제로 그 장소를 무어라고 불렀는지 우리는 전혀 모른다. 쓰기가 출현하면서 우리는 역사를 그 주역
의 귀를 통해 듣기 시작했다. 쿠심의 이웃들이 그를 큰 소리로 부를 때, 실제로 "쿠심!" 하고 외쳤을
지 모른다. 역사에 기록된 최초의 이름이 예언자나 시인, 위대한 정복자가 아니라 회계사의 것이라
는 점은 시사하는 바가 크다.[1]

수메르인들은 자신들의 문자가 시를 쓰는 데 부적합하다는 것에 불편함을 느끼지 않았다. 그들이 문자를 발명한 이유는 구어를 복사하기 위해서가 아니라 구어가 하지 못하는 일을 하기 위해서였다. 콜럼버스가 미 대륙을 발견하기 이전 안데스 산맥의 문화와 같은 일부 문화들은 역사 내내 불완전한 문자체계를 사용했지만 그 한계에 불편을 느끼지 않았으며 완전한 문자체계의 필요성도 느끼지 않았다. 안데스 산맥의 문자체계는 수메르의 그것과는 사뭇 달랐다. 사실 너무 달라서 문자체계가 아니라고 주장하는 사람들도 많았다. 그것은 점토판이나 종이 위에 쓰인 것이 아니었다. 그 대신 키푸(잉카 제국의 결승문자—옮긴이)라고 불리는 색색의 끈을 매듭짓는 방법으로 표현되었다. 키푸는 양모나 면으로 만들어졌으며 색색의 끈으로 구성되었다. 하나의 키푸가 수백 개의 줄과 수천 개의 매듭으로 구성될 수도 있었다. 각기 다른 색을 지닌 각기 다른 줄에 각기 다른 매듭을 지음으로써, 그들은 예컨대 세금 징수나 재산 소유권과 관련된 대량의 수학적 데이터를 기록할 수 있었다.[2]

키푸는 수백 년, 아마도 수천 년 동안 도시와 왕국과 제국의 상업에 핵심적 역할을 했다.[3] 그 기능은 잉카 제국에서 최고조에 이르렀는데, 오늘날 페루, 에콰도르, 볼리비아 그리고 칠레, 아르헨티나, 콜롬비아의 상당 부분을 지배하며 1천만~1,200만 명의 백성을 다스렸다. 잉카인들은 키푸 덕분에 대량의 데이터를 저장, 처리할 수 있었다. 이것이 없었더라면 그처럼 거대한 제국에 필요한 복잡한 행정기구를 유지할 수 없었을 것이다.

사실 키푸는 매우 효과적이고 정확하여, 스페인인들은 남미를 정

198

복했던 초기에 자신들의 새 제국을 다스리는 데 키푸를 활용했다. 다만 스페인 사람들은 키푸를 쓸 줄도 읽을 줄도 몰라서 현지 전문가들에 의존해야만 했다. 대륙의 새 지배자들은 이 때문에 자신들의 지위가 약해진다는 사실을 알아차렸다. 현지인 키푸 전문가들이 주인을 오도하거나 속이기가 쉬웠기 때문이다. 그래서 스페인의 지배가 좀 더 굳건하게 정착되자 키푸는 단계적으로 폐지되었으며, 새 제국의 기록은 순전히 라틴 문자와 숫자로만 쓰였다. 스페인 점령기를 거치고서 살아남은 키푸는 극소수뿐이고 남아 있는 것도 대부분 판독이 불가능하다. 해독 기술이 사라져버렸기 때문이다.

관료주의의

불가사의

　　　　　　　마침내 메소포타미아 사람들은 단조로운 수학 데이터 이외의 것을 쓰고 싶어졌다. 기원전 3000년에서 2500년 사이 수메르 문자체계에 점점 더 많은 기호가 추가되어, 오늘날 쐐기문자라고 불리는 완전한 문자체계로 점차 바뀌었다. 기원전 2500년이 되자 왕이 포고령을 내릴 때, 사제들이 신탁을 기록할 때, 이보다 신분이 낮은 시민들이 편지를 쓸 때도 이 문자가 사용되었다. 대략 이와 비슷한 시기에 이집트인들은 상형문자라 불리는 별개의 완전한 문자체계를 개발했다. 또 다른 완전한 문자체계는 기원전 1200년경 중국에서, 기원전 1000년~500년경 중미에서 발달했다.

　이들 문자체계는 발원지에서 널리 퍼져나가 다양하고 새로운 형태와 새로운 임무를 띠게 되었다. 사람들은 시와 역사책, 로맨스, 예

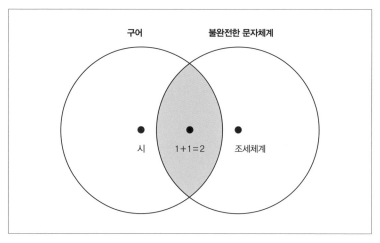

불완전한 문자체계는 구어의 모든 영역을 표현할 수 없지만 구어 영역 밖에 있는 것을 표현할 수 있다. 수메르 문자나 수학 기호로 시를 쓸 수는 없지만 세금 장부는 매우 효과적으로 기재할 수 있다.

언, 요리책을 썼다. 그래도 쓰기의 가장 중요한 임무는 여전히 대량의 수학적 데이터를 저장하는 데 있었고, 이 임무는 불완전한 문자체계의 면면한 특권이었다. 히브리 성경, 그리스의 일리아스, 힌두교의 마하바라타, 불교의 팔리어 경전은 모두 구전 작품으로 시작했다. 이들 작품은 입에서 입으로 수많은 세대를 거치며 전수되었으며, 설사 문자가 발명되지 않았다 하더라도 살아남았을 것이다. 하지만 세금 장부와 복잡한 관료제도는 불완전한 문자체계와 함께 태어났고, 이 둘은 오늘날까지도 삼쌍둥이처럼 확고하게 연결되어 있다. 컴퓨터화된 데이터베이스와 스프레드시트에 기입된 암호 같은 항목들을 생각해보라.

  사람들이 점점 더 많은 것을 기록하게 됨에 따라, 특히 행정부의 기록보관소가 엄청난 덩치로 커지면서, 새로운 문제들이 등장했다. 개인의 뇌에 저장된 정보는 불러오기 쉽다. 내 뇌에는 수십억 비트의 데이터가 저장되어 있지만, 나는 이탈리아의 수도 이름을 곧바로 떠올릴 수 있으며 그 직후에는 2001년 9월 11일에 내가 무엇을 하고 있었는지 회상할 수 있다. 그리고 예루살렘의 내 집에서 히브리 대학교에 이르는 길을 재구성할 수 있다. 뇌가 정확히 어떻게 이런 일을 하는지는 미스터리지만, 뇌의 검색 시스템이 자동차 열쇠를 어디 놓았는지 생각해내려 애쓸 때를 제외한다면 놀라울 정도로 효과적이란 사실은 모두가 알고 있다.

그렇지만 키푸 매듭이나 점토판에 저장된 정보는 어떻게 찾고 불러올 수 있을까? 점토판이 열 개나 1백 개라면 문제가 되지 않는다. 하지만 수천 개가 쌓여 있다면 어찌할까? 함무라비와 같은 시대에 살았던 마리(유프라테스 강 중류에 있는 메소포타미아의 고대 유적—옮긴이)의 짐리림 왕의 처지처럼 말이다.

지금이 기원전 1776년이라고 상상해보자. 마리 지역 사람 두 명이 밀밭의 소유권을 두고 다투고 있다. 야곱은 이 밭을 30년 전 에서에게서 샀다고 주장한다. 에서는 이 밭을 야곱에게 30년 기한으로 빌려주었다고 주장하며 이제 기한이 찼으니 돌려달라고 한다. 이들은 고함을 지르고 목청을 높이다가 서로 밀치기 시작한다. 그러다 이들은 왕국문서보관소에 가면 문제를 해결할 수 있다는 사실을 깨닫는다. 그곳은 왕국의 모든 부동산에 대한 소유권 증서와 매매 증서들이 보관된 곳이다. 보관소에 도착한 이들은 이 관료 저 관료 사이를 오간다. 차를 마시는 휴식시간이 여러 차례 지나갈 동안

기다린 다음, 이들은 다음 날 오라는 말을 듣는다. 그리고 결국에는 투덜거리는 서기에게서 관련 점토판을 찾아보라는 말을 듣는다. 서기가 문을 열자 거대한 방이 나오는데, 그곳에는 바닥에서 천장까지 수천 장의 점토판이 차곡차곡 쌓여 있다. 서기가 얼굴을 찌푸리고 있는 것도 무리가 아니다. 30년 전에 쓰인 문제의 밀밭 관련 증서가 어디 있는지 어떻게 찾아낸단 말인가? 찾는다 해도 30년 전의 문서가 문제의 밭과 관련된 가장 최신 문서라는 사실을 어떻게 확인할 수 있단 말인가? 찾을 수 없다면 이것은 에서가 이 밭을 팔거나 빌려준 일이 없다는 것을 증명하는 것인가? 혹은 해당 문서가 분실되었거나 혹은 빗물이 흘러들어 점토판이 곤죽으로 변해버린 것일까?

분명한 사실은, 문서를 점토에 새기는 것만으로는 효율적이고 정확하며 편리한 데이터 처리를 보장하기에 충분하지 않다는 점이다. 이를 위해서는 목록 같은 조직화 방법, 복사기 같은 복제수단, 컴퓨터 알고리즘 같은 빠르고 정확한 검색법 그리고 이런 도구들의 사용법을 아는 박식한 체하는(하지만 바라건대 명랑한) 사서가 필요하다.

이런 방법들을 발명하는 것은 문자를 발명하는 것보다 훨씬 더 힘든 일로 드러났다. 많은 쓰기 체계가 시간과 공간상으로 서로 멀리 떨어진 문화에서 독자적으로 발달했고, 고고학자들은 잊혔던 문자체계를 10년마다 몇 건씩 발견하고 있다. 그중 일부는 심지어 수메르 점토판보다 더욱 오래된 것으로 밝혀질지도 모른다. 하지만 이들 대부분은 호기심의 대상으로 남아 있을 뿐인데, 왜냐하면 이런 문자를 발명한 사람들이 데이터를 효과적으로 목록화하고 인출하는 방법을 발명하는 데 실패했기 때문이다.

수메르와 파라오의 이집트, 고대 중국, 잉카 제국이 달랐던 점은 이런 문화들이 문자기록을 보관하고 목록을 만들고 검색하는 뛰어난 기술을 개발했다는 점이다. 이들은 또한 필경사와 서기, 사서와 회계원을 양성하는 학교에도 투자했다. 현대 고고학자들이 발견한 고대 메소포타미아 학교에서의 글쓰기 연습 기록은 4천 년 전 학생들의 생활을 엿보게 한다.

나는 학교에 가서 자리에 앉았다. 선생이 내 점토판을 읽고 "빠뜨린 게 있잖아"라고 말했다. 그는 나를 회초리로 때렸다. 책임자 중 한 명이 말했다. "어째서 내 허락도 없이 입을 벌렸느냐?" 그는 나를 회초리로 때렸다. 규율을 담당한 선생이 말했다. "왜 내 허락도 없이 일어섰느냐?" 그는 나를 회초리로 때렸다. 문지기가 말했다. "내 허락도 없이 어딜 나가느냐?" 그는 나를 회초리로 때렸다. 맥주 항아리 관리자가 말했다. "어째서 내 허락도 없이 마셨지?" 그는 나를 회초리로 때렸다. 수메르어 선생이 말했다. "어째서 아카드 말*(바빌로니아·아시리아 지방을 포함하는 동부 지방의 셈어─옮긴이)을 썼지?" 그는 나를 회초리로 때렸다. 담임선생이 말했다. "너는 글씨가 악필이야!" 그는 나를 회초리로 때렸다.[4]

● 아카드어가 구어가 된 다음에도 수메르어는 행정언어, 즉 문자로 남았다. 그래서 필경사가 되려는 학생은 수메르어를 해야 했다.

고대 필경사들은 읽기와 쓰기만이 아니라 목록, 사전, 달력, 서식과 표를 사용하는 법도 배웠다. 이들은 뇌가 사용하는 기법과 아주 다른 방식으로 목록을 만들고 검색하고 정보를 처리하는 기법을 공부해서 자기 것으로 익혔다.

뇌에서는 모든 데이터가 자유롭게 연결되어 있다. 나는 아내와 함께 새 집의 담보대출에 서명하러 가면서 우리가 함께 살았던 첫 집을 떠올린다. 이 기억은 뉴올리언스 신혼여행을 연상시키고, 여행은 악어를, 악어는 용을, 용은 〈니벨룽겐의 반지〉를 연상시킨다. 어느덧 나는 이 악극에 나오는 지크프리트 곡조를 무의식적으로 흥얼거리고는 은행원이 당황한 표정을 짓고 있음을 알아차린다.

관료제에서는 모든 것이 분리되어 있어야 한다. 주택담보대출을 위한 서랍이 하나, 결혼증서를 위한 서랍이 하나, 세금 기록용 서랍이 하나, 소송용 서랍이 하나, 이런 식이다. 그렇지 않다면 어떻게 뭔가를 찾을 수 있겠는가?

하나 이상의 서랍에 속하는 것, 예컨대 바그너의 악극(이것을 '음악' 또는 '연극'이란 범주로 분류할까. 아니면 완전히 새로운 범주를 만들어야 할까?) 같은 것은 골칫거리다. 그래서 사람들은 서랍을 추가하고 지우고 재배열하는 일을 영원히 계속한다. 그런 서랍 시스템을 운영하는 사람이 제대로 기능하려면, 그는 사람으로서 생각하기를 중단하고 서기나 회계사로서 사고체계를 다시 장착해야 한다. 고대에서 현대에 이르는 모든 사람이 알고 있듯이, 서기와 회계사는 인간이 아닌 방식으로 생각한다. 그들은 캐비닛에 파일을 분류하듯이 사고한다. 이것은 그들의 잘못이 아니다. 그런 식으로 사고하지 않으면 그들의 서랍은 뒤죽박죽이 될 테고, 자신이 속한 정부나 회사, 조직이 요구하는 서비스를 제공할 수 없을 것이다. 문자체계가 인간의 역사에 가한 가장 중요한 충격은 정확히 이것, 즉 인간이 세계를 생각하는 방식과 세계를 보는 방식이 점차 바뀌었다는 점이었다. 자유 연상과 전체론적 사고는 칸막이와 관료제에 자리를 내주었다.

숫자라는
언어

여러 세기가 흐르면서 자료를 처리하는 관료주의적 방식은 인간의 자연스러운 사고에서 더욱더 멀어졌고, 더욱더 중요해졌다. 결정적인 단계는 9세기 이전의 어느 시점에 왔다. 수학적 데이터를 전에 없이 정확하고 효율적으로 처리할 수 있는 불완전한 문자체계 하나가 새로 발명된 것이다. 그것은 바로 0에서 9에 이르는 열 개의 기호로 이뤄진 체계였다. 인도인이 처음 발명했음에도 아라비아 숫자로 알려져 혼란을 부르는 그 숫자들이다(더욱 혼란스러운 점은 오늘날 아랍인들은 서구와 사뭇 달라 보이는 숫자체계를 사용한다는 점이다). 하지만 아랍인의 공로도 있는 것이, 그들이 인도를 침공해 이 체계를 보았을 때 그 쓸모를 알아차렸고, 그것을 더 다듬어서 중동으로, 나중에는 유럽에까지 퍼뜨렸기 때문이다. 나중에 이 아라비아 숫자에 더하기, 빼기, 곱하기 등의 부호가 추가되면서 현대 수학적 표기법의 기반이 출현하게 되었다.

이 쓰기 체계는 여전히 불완전한 문자체계이지만, 세계의 지배 언어가 되었다. 거의 모든 국가와 회사, 기구와 조직은—아라비아

$$\ddot{r}_i = \sum_{j \neq i} \frac{\mu_j(r_j - r_i)}{r_{ij}^3} \left\{ 1 - \frac{2(\beta - \gamma)}{c^2} \sum_{l \neq i} \frac{\mu_l}{r_{il}} - \frac{2\beta - 1}{c^2} \sum_{k \neq j} \frac{\mu_k}{r_{jk}} + \gamma \left(\frac{s_i}{c} \right)^2 \right.$$

$$+ (1 - \gamma) \left(\frac{s_j}{c} \right)^2 - \frac{2(1 + \gamma)}{c^2} \dot{r}_i \cdot \dot{r}_j - \frac{3}{2c^2} \left[\frac{(r_i - r_j) \cdot r_j}{r_{ij}} \right]^2$$

$$\left. + \frac{1}{2c^2} (r_j - r_i) \cdot \ddot{r}_j \right\}$$

$$+ \frac{1}{c^2} \sum_{j \neq i} \frac{\mu_i}{r_{ij}^3} \{ [r_i - r_j] \cdot [(2 + 2\gamma)\dot{r}_i - (1 + 2\gamma)\dot{r}_j] \} (\dot{r}_i - \dot{r}_j)$$

$$+ \frac{3 + 4\gamma}{2c^2} \sum_{j \neq i} \frac{\mu_j \ddot{r}_j}{r_{ij}}$$

▲ 　상대성이론에서 중력의 영향을 받는 질량 i의 가속도를 계산하는 방정식. 보통 사람이 이런 방정식을 보게 되면 공황상태에 빠져서 얼어붙게 마련이다. 마치 달려오는 차량의 헤드라이트를 보고 얼어붙은 사슴처럼. 이런 반응은 매우 자연스러운 것이며, 지능이나 호기심의 부족을 드러내는 것이 아니다. 인간의 뇌는 상대성이나 양자역학 같은 개념을 제대로 생각할 능력을 갖추고 있지 않으며, 예외는 드물다. 그럼에도 물리학자는 어떻게든 이런 일을 해낸다. 전통적인 인간적 사고방식을 밀쳐놓고 외부의 자료 처리 시스템의 도움을 받아 처음부터 새로 생각하는 법을 배우기 때문이다. 이들이 생각하는 과정의 핵심적 부분이 일어나는 장소는 머릿속이거나 컴퓨터 속이거나 강의실의 칠판이다.

어, 힌두어, 영어, 노르웨이어 할 것 없이 ― 데이터를 기록하고 처리하기 위해서 수학적 문자체계를 사용한다. 수학적 문자체계로 번역할 수 있는 모든 정보는 엄청난 속도와 효율로 저장되고 펼쳐지고 처리된다.

　정부나 기구, 회사의 결정에 영향을 미치고 싶은 사람은 숫자로 말하는 법을 배워야만 한다. 전문가들은 심지어 '빈곤' '행복' '정직' 같은 개념도 숫자로 번역하려고 최선을 다하고 있다('빈곤선' '주관적 웰빙 수준' '신용등급'). 물리학이나 공학의 경우 해당 지식 분야

전체가 인간의 말과의 접촉을 거의 잃어버리고 오로지 수학적 문자 체계에 의해서만 유지되고 있다.

최근에 수학적 문자체계는 더더욱 혁명적인 쓰기 체계를 출현시 켰는데, 이 컴퓨터화된 2진법 문자체계는 오로지 0과 1로만 구성되 어 있다. 내가 자판에 치고 있는 단어들은 컴퓨터 속에서는 0과 1을 다양한 방식으로 조합해 쓰이고 있다.

쓰기는 인간의 의식을 돕는 하인으로 탄생했지만, 점점 더 우리 의 주인이 되어가고 있다. 컴퓨터는 호모 사피엔스가 어떻게 말하 고 느끼고 꿈꾸는지를 이해하는 데 어려움을 겪는다. 그래서 우리 는 호모 사피엔스에게 컴퓨터가 이해할 수 있는 숫자 언어로 말하 고 느끼고 꿈꾸라고 가르치고 있다. 결국, 컴퓨터는 지능과 의사소 통이라는 분야에서 인간을 능가할 수 있을지도 모른다. 호모 사피 엔스를 세계의 지배자로 만들어 준 분야에서 말이다.

5천 년 전, 유프라테스 계곡에서 괴짜 수메르인들이 데이터 처리 과정을 인간의 두뇌에서 점토판으로 옮겼을 때 시작된 일들이 이제 실리콘밸리에서 태블릿의 승리로 마무리되려 하고 있다. 그런 일이 일어난다면 인류는 존재하기는 하지만 더 이상 세상을 이해할 수는 없을 것이다. 세상의 새로운 통치자는 0과 1로 길게 늘어선 이진수 들이 될 것이다.

8

역사에 정의는 없다

농업혁명 이후 수천 년에 이르는 인간의 역사를 이해하려는 시도는 단 하나의 질문으로 귀결된다. 인류는 어떻게 자신들을 대규모 협력망으로 엮었는가? 그런 망을 지탱할 생물학적 본능이 결핍된 상태에서 말이다. 간단하게 답한다면, 그것은 인간이 상상의 질서를 창조하고 문자체계를 고안해냈기 때문이다. 우리는 이 두 가지 발명품을 통해서 생물학적으로 물려받은 것에 의해 생겨난 틈을 메웠다. 하지만 이런 협력망들의 출현은 많은 사람에게 의심스럽고 불안한 축복이었다. 그 그물을 지탱하는 상상의 질서는 중립적이지도 공정하지도 않았다. 그 망은 사람들을 서열로 구분된 가상의 집단으로 나눴다. 상류층이 특권과 권력을 향유하는 동안, 하류층은 차별과 압제로 고통을 받았다. 가령 함무라비 법전은 귀족, 평민, 노예 사이의 서열을 확립했다. 귀족은 좋은 것을 모두 가졌고, 평민은 그리고 남은 것을 가졌으며, 노예들은 불평을 하면 채찍질을 당했다.

1776년 미국인들이 수립한 가상의 질서는 모든 사람이 평등하다고 선언했지만, 한편으로는 또 다른 위계질서를 확립했다. 이 선언서는 위계질서로 혜택을 받는 남자와 위계질서에 힘을 빼앗긴 여자 사이의 위계질서를 창조했다. 또 자유를 향유하는 백인과 평등한 인권을 누리지 못하는 흑인 및 아메리카 원주민 사이의 위계질서를 창조했다. 후자는 열등한 인종으로 간주되었기 때문이다. 독립선언서에 서명한 사람 중 많은 이가 노예 소유주였다. 이들은 서명과 동시에 노예를 해방하지 않았으며, 스스로를 위선자로 여기지도 않았다. 이들의 견해에 따르면 '인간'의 권리는 깜둥이와는 아무 관련이 없었다.

미국의 질서는 또한 부자와 가난뱅이는 계층이 다르다고 선언했다. 당시 대부분의 미국인은 부자 부모가 돈과 사업을 자녀에게 물려주는 데 따른 불평등에 대해서 전혀 문제의식을 느끼지 못했다. 이들이 보기에 평등이란 단순히 부자나 가난한 자 모두에게 동일한 법이 적용되는 것을 의미했다. 평등은 실업수당이나 통합교육, 건강보험과는 아무런 관련이 없었다.

자유란 단어 역시 오늘날과는 그 함의가 크게 달랐다. 1776년에 이 단어는 권력을 박탈당한 사람들(흑인이나 원주민은 해당되지 않았으며 여성은 더욱 아니었다)이 권력을 얻고 행사할 수 있다는 의미가 아니었다. 단지 국가는 특별한 상황을 제외하면 시민의 사유재산을 압수하거나 그 재산으로 어떤 일을 하라고 시민에게 요구할 수 없다는 의미일 뿐이었다. 그렇다 보니 미국의 질서는 부의 위계질서를 옹호했다. 일부는 이 위계질서를 신이 부여한 것이라고 생각했고, 일부는 불변의 자연법이 구현된 것이라고 보았다. 자연은 인간의 장점을 부로써 보상하고 나태함을 처벌한다는 것이었다.

위에서 열거한 모든 차별─자유민과 노예, 백인과 흑인, 부자와 가난한 자 사이의 차별은 허구에 뿌리를 내리고 있다(남성과 여성 사이의 위계질서는 나중에 논의할 것이다). 하지만 모든 상상의 질서는 스스로가 허구에 근원을 두고 있다는 점을 부인하고 자연적이고 필연적이라고 주장한다는 것이 역사의 철칙이다. 가령 많은 사람들이 자유인과 노예 사이의 위계질서가 자연스럽고 올바르다고 보았는데, 이들은 노예제가 인간의 창조물이 아니라고 주장했다. 함무라비는 그것을 신이 정해놓은 것으로 보았다. 아리스토텔레스는 노예에게는 '맹종하는 본성'이 있고 자유민에게는 '자유로운 본성'이 있다고 주장했다. 이들의 사회적 지위는 단순히 이들의 본성을 반영한 것일 뿐이라는 생각이었다.

백인 우월주의자들에게 인종적 위계질서에 대해서 물어보면, 인종 간의 생물학적 차이에 관한 사이비 과학강의를 듣게 될 것이다. 백인의 혈액이나 유전자에는 백인을 더욱 지적이고 도덕적이며 근면하게 만드는 뭔가가 있다는 말을 듣게 될 것이다. 완고한 자본주의자에게 부의 위계질서에 대해 물어보면, 그것은 객관적 능력 차이가 빚어내는 필연적 결과라는 말을 듣게 될 것이다. 이런 견해에 따르면, 부자가 더 많은 돈을 가진 것은 더욱 능력 있고 근면하기 때문이다. 그렇다면 부자가 더 나은 의료혜택과 교육, 영양공급을 받는 데 대해 아무도 신경 쓸 필요가 없다. 부자에게는 그들이 향유하는 모든 특권을 누릴 자격이 넘친다.

카스트 제도에 집착하는 힌두교 신자들은 우주의 힘이 한 카스트를 다른 카스트보다 우월하게 만들었다고 믿는다. 힌두교의 유명한 창조신화에 따르면, 힌두교 신들은 원시 인간인 푸루샤의 몸을 써서 이 세상을 만들었다. 해는 푸루샤의 눈으로, 달은 뇌로, 브라만(사제)은 입으로, 크샤트리아(전사)는 팔로, 바이샤(농부와 상인)는 넓적다리로, 수드라(노예)는 다리로 만들었다. 이런 차이를 받아들이면, 브라만과 수드라의 정치사회적 차이는 해와 달의 차이처럼 자연스럽고 영원한 것이 된다.[1] 고대 중국인들은 여와女媧 여신이 흙으로 인간을 만들었다고 믿었는데, 누런 흙으로는 관료들을 빚었고 갈색 진흙으로는 평민을 빚었다고 했다.[2]

하지만 우리가 아는 한, 이런 위계질서는 모두 상상의 산물이다. 정말로 브라만과 수드라가 원시적 존재의 각기 다른 신체부위로 만들어진 것은 아니다. 두 계급 사이의 차별은 약 3천 년 전 인도 북부에서 인간이 발명한 법과 규범에 의해 창조된 것이다. 아리스토텔레스의 견해와 달리, 노예와 자유민 사이에 생물학적 본성의 차이가 밝혀진 바는 없다. 인간의 법과 규범이 어떤 사람은 노예로 어떤 사람은 주인으로 변화시킨 것이다. 흑인과 백인 간에는 피부색이나 머리카락 타입 같은 생물학적 차이가 객관적으로 존재하지만, 이런 차이가 지능이나 도덕성에 영향을 미친다는 증거는 없다.

대부분의 사람들은 자신들의 사회적 위계질서는 자연스럽고 정당한 데 비해 다른 사회의 그것은 잘못되고 우스꽝스러운 기준을 근거로 삼는다고 주장한다. 현대 서구인은 인종 간에 위계질서가 있다는 생각을 비웃으라고 교육 받는다. 이들은 흑인이 백인 동네에서 살거나 백인 학교에서 공부하거나 백인 병원에서 치료받는 것을 금지하는 흑인차별법에 충격을 받는다. 하지만 많은 미국인과 유럽인은 부자와 가난한 사람 사이의 위계질서는 합리적인 것으로 받아들인다. 부자는 따로 떨어져 있는 부자동네에 살고, 따로 떨어져 있는 일류 학교에 다니며, 병원치료도 시설 좋은 외딴 곳에서 받도록 만드는 위계질서다. 하지만 대부분의 부자가 부유한 이유는 그저 부잣집에서 태어났기 때문이고 대부분의 가난한 사람이 평생 가난하게 사는 것은 그저 가난한 집에서 태어났기 때문이라는 것은 이미 증명된 사실이다.

불행하게도 복잡한 인간사회에는 상상의 위계질서와 불공정한 차별이 필요한 것으로 보인다. 물론 모든 위계질서의 도덕성이 같은 것은 아니고, 일부 사회는 다른 사회보다 더욱 심한 차별로 고통받는 것이 사실이다. 하지만 학자들이 알기로 대규모 사회치고 차별을 전부 없앤 곳은 이제까지 없었다. 사람들은 자기 사회의 구성원들을 가상의 범주에 따라 분류하여 사회에 질서를 창조하는 일을 되풀이했다. 범주는 예컨대 귀족과 평민과 노예, 백인과 흑인, 고대 로마의 귀족과 평민, 부자와 가난한 자 등이었다. 이런 범주는 어떤 사람을 법적이나 정치적으로, 혹은 사회적으로 다른 사람보다 더 우월하게 만듦으로써 수백만 명의 사람들 사이의 관계를 조율했다. 위계질서는 중요한 기능을 하나 수행한다. 완전히 모르는 사람들끼리 개인적으로 아는 사이가 되느라 시간과 에너지를 낭비하지 않고도 서로를 어떻게 대해야 하는지 알 수 있게 해준다는 점이다.

자동차 딜러는 매일 대리점에 들어오는 수십 명의 손님들 중 차를 살 사람과 구경만 하고 갈 사람을 즉시 구분할 필요가 있다. 딜러는 개개인의 성격이나 경제적 사정에 대해서는 알 수 없다. 하지만 손님이 입고 있는 옷 스타일, 연령대, 피부나 머리 색 등의 사회적 단서는 활용할 수 있다. 그것이 바로 딜러들이 값비싼 고급 승용차를 살 것 같아 보이는 부유한 변호사와 그저 한 번 둘러보고 입맛만 다시는 말단 사무원을 즉시 구분하는 방법이다.

물론 사회적 차별이 형성되는 데는 타고난 능력의 차이도 한몫하지만, 능력과 성격의 다양성은 보통 상상의 질서의 영향을 받기 마련이다. 첫째이자 가장 중요한 점은, 대부분의 재능에는 육성과 개발이 필요하다는 것이다. 누군가가 재능을 타고났더라도 그것을 키우고 갈고 닦고 훈련할 환경이 되지 않으면 재능은 잠드는 것이 일반적이다. 모든 사람이 능력을 배양하고 가다듬을 기회를 동등하게 누리는 것은 아니다. 그런 기회를 갖느냐 갖지 못하느냐는 그가 자신이 속한 사회의 상상의 위계질서에서 차지하는 위치에 달려 있다.

1700년에 중국에서 일란성 쌍둥이가 태어났다고 생각해 보자. 이 중 한 명은 베이징의 부유한 상인의 가정에서 자랐고, 학교나 시장, 상류층 사교 모임에서 시간을 보내며 성장했다. 그러나 다른 한 명은 외딴 마을에 사는 가난한 문맹 농민의 가정에서 자라 진흙으로 된 논밭에서 하루를 지냈다. 이들은 동일한 유전자를 가지고 태어났지만, 성인이 되면 사업을 하는 능력이나 쌀을 재배하는 능력에서 차이를 보이게 될 것이다.

둘째, 다른 계층에 속한 사람들이 정확히 같은 능력을 개발했더라도 이들이 똑같이 성공할 가능성은 적다. 게임에 적용되는 규칙이 각기 차이가 날 것이기 때문이다. 문맹 농민의 가정에서 자란 쌍둥이 중 한 명이 각고의 노력 끝에 부유한 쌍둥이 형제와 똑같은 상업적 통찰력을 개발했다고 하자. 그렇더라도 이들이 부자가 될 확률은 각기 다를 수밖에 없다. 경제라는 게임은 법적인 제약과 비공식적인 유리천장으로 조작되게 마련이다. 소작농 형제가 찢어진 옷, 거친 행동, 이해할 수 없는 시골 사투리를 고치지 않은 채 베이징의 사업계로 진출한다면, 곧 비즈니스에서 행동 양식과 인맥이 유전자보다 더 큰 역할을 한다는 걸 알게 될 것이다.

악순환

　　　　　모든 사회는 상상의 위계질서를 기반으로 한다. 하지만 그 위계질서가 반드시 동일해야 할 필요는 없다. 그 차이는 어디에서 올까?

왜 인도의 전통 사회는 카스트에 따라, 오토만 사회는 종교에 따라, 미국 사회는 인종에 따라 사람의 등급을 나눌까? 대부분의 경우 각각의 위계질서는 일련의 우연한 역사적 상황에서 비롯되었고, 이후 여러 세대에 걸쳐 여러 집단들이 저마다 이해관계를 갖게 됨에 따라 영속성을 얻고 세련되어졌다.

예컨대 많은 학자의 추측에 따르면, 힌두교의 카스트 제도가 형성된 것은 약 3천 년 전 인도아리아 사람들이 인도 아대륙을 침략해 현지인들을 복속시켰을 때였다. 침략자들은 계층화된 사회를 건설하여, 자신들이 윗자리(사제와 전사)를 차지하고 현지인은 하인과 노예로 삼았다.

수가 적었던 침략자들은 특권적 지위와 고유의 정체성을 잃을까 봐 두려웠다. 그런 위험을 미연에 방지하기 위해서 그들은 사람들을 카스트로 구분했고, 각 카스트는 특정한 직업을 갖거나 사회에서 특정한 역할을 하게 되었다. 카스트마다 법적 지위, 특권, 임무가 각각 달랐다. 카스트를 뒤섞는 사회적 상호작용이나 결혼, 심지어 식사를 함께하는 행위는 금지되었다. 이런 구별은 단순히 법적인 것이 아니라 종교적 신화와 관습의 고유한 일부분이 되었다. 지배자들은 카스트 제도가 우연한 역사적 발전이 아니라 영원한 우주적 실재를 반영한 것이라고 주장했다. 청결과 불결의 개념은 힌두교의 핵심요소로서, 사회적 피라미드를 지탱하는 데 이용되었다. 경건한 힌두교도는 다른 카스트 사람들과 접촉하면 개인적으로 오염될 수 있을 뿐 아니라 사회 전체가 그렇게 될 수 있으므로 그런 행위는 혐오해야 한다고 배웠다.

이런 아이디어는 힌두교에 특유한 방식이 아니다. 역사를 통틀어 거의 모든 사회에서 오염과 청결 개념은 사회 정치적 구분을 강제하는 데 주된 역할을 했으며, 수많은 지배계급이 특권을 유지하는 데 이를 활용했다. 그런데 오염에 대한 두려움은 사제와 대공들이 짜 맞춘 완전한 사기는 아니었다. 그것은 생물학적 생존 메커니즘에 기원을 두고 있을 가능성이 있다. 인간은 병자나 시체처럼 질병을 옮길 가능성이 있는 존재를 본능적으로 혐오한다. 따라서 어떤 집단이든 격리하고 싶다면 그들이 오염의 원천이라고 모든 사람에게 믿게 만드는 것이 최선의 방법이다. 여성, 유대인, 집시, 게이, 흑인 등 어떤 집단이든 말이다.

힌두교의 계급제도와 여기에 수반되는 청결의 법칙은 인도 문화에 깊이 새겨졌다. 인도아리아인의 침략이 잊힌 지 오랜 뒤에도 인도 사람들은 카스트 제도를 계속 믿었고, 카스트를 뒤섞는 데서 오는 오염을 혐오했다. 카스트라고 해서 변화를 겪지 않은 것은 아니다. 시간이 흐르면서 큰 카스트는 그보다 하위의 카스트로 분화했다. 원래 네 개였던 카스트는 마침내 자티(문자 그대로 '출생')라 불리는 3천 개의 각기 다른 집단이 되었다. 하지만 이런 확산으로 시스템의 근본원리가 바뀐 것은 없다. 모든 사람은 특정 계급으로 태어나고, 그에 따른 규칙을 조금이라도 위반하면 해당 개인과 사회 전체를 오염시킨다. 한 사람의 자티는 그의 직업, 먹을 수 있는 음식, 사는 곳, 결혼할 수 있는 상대를 결정한다. 결혼은 자신과 같은 카스트 사람하고만 할 수 있는 게 보통이고, 그들이 낳은 아이는 부모의 지위를 상속받는다.

새로운 직업이 출현하거나 새로운 집단이 대두되면, 반드시 어떤 종류의 카스트로 인식되어야만 힌두교 사회에서 정당한 지위를 얻을 수 있었다. 하나의 카스트로 인정받는 데 실패한 집단들은 말 그대로 버림받았다. 극도로 계층화된 사회에서 이들은 가장 낮은 지위조차 가지지 못했다. 불가촉천민이라고 불린 이들은 다른 모든 사람들과 격리되어 살아야 했으며, 쓰레기 더미를 뒤져서 찌꺼기를 걸러내는 등 굴욕적이고 구역질 나는 방식으로 근근이 먹고살아야 했다. 심지어 최하위 카스트의 사람들도 이들과 섞이거나 식사를 함께하거나 몸이 닿는 것을 피했다. 결혼은 말할 것도 없다. 현대 인도에서도 결혼과 직업은 카스트 제도의 영향을 크게 받고 있다. 인도의 민주정부가 그런 차별을 철폐하려고 온갖 노력을 다하며 카스트를 섞어도 오염되는 것은 아무것도 없다고 힌두교도들을 설득해왔지만 모두 허사였다.[3]

미국의
인종 분리

이와 비슷한 악순환이 현대 미국의 인종차별을 영속화했다. 16세기에서 18세기에 걸쳐 유럽 정복자들은 수백만 명의 아프리카인 노예를 미국으로 수입해 광산과 대규모 농장에서 일하게 했다. 수입원은 유럽이나 동아시아가 아니라 아프리카였는데, 거기에는 세 가지 상황적 요인이 있었다. 첫째, 아프리카가 더 가까웠으므로 세네갈에서 노예를 수입하는 것이 베트남에서 수입하는 것보다 비용이 덜 들었다.

둘째, 아프리카에는 이미 잘 확립된 노예무역이 존재했던(주로 중동으로 노예를 수출했다) 데 비해 유럽에서는 노예 소유가 극히 드물었다. 이미 존재하는 시장에서 노예를 사는 것이 무에서 새로운 시장을 만드는 것보다 훨씬 쉬웠다.

셋째이자 가장 중요한 이유는 질병이었다. 버지니아, 아이티, 브라질 같은 곳에 있는 미국의 농장들은 아프리카가 발상지인 말라리아와 황열병에 시달렸다. 아프리카인들은 세대를 거듭하는 동안 이런 질병에 부분적으로 면역이 생겼지만, 유럽인들은 완전히 무방비여서 떼죽음을 당했다. 농장 주인으로서는 아프리카인 노예에 돈을 투자하는 것이 유럽인 노예나 계약 노동자에게 투자하는 것보다 현명한 선택이었다. 역설적이게도 유전적 우월성(면역의 관점에서)이 사회적 열등성으로 번역되었다. 아프리카인들은 유럽인들보다 열대 기후에 더 잘 적응한다는 이유 때문에 유럽인 주인의 노예가 되는 운명을 맞았다.

이런 상황 탓에, 미국에서 급성장하기 시작한 새로운 사회들은 유럽계 백인이라는 지배 카스트와 아프리카계 흑인이라는 종속 카스트로 나뉠 운명이었다. 하지만 사람들은 자신이 특정 인종이나 출신을 노예로 쓰는 이유가 오로지 경제적으로 유리하기 때문이라고 말하고 싶어 하지 않는다. 인도를 정복한 아리아 사람들이나 미 대륙의 유럽계 백인들이나 마찬가지였다. 이들은 스스로를 경제적으로 성공한 사람일 뿐 아니라 신앙심이 깊고 정의로우며 객관적인 사람으로 보이고 싶어 했다.

그래서 그런 분리를 정당화하기 위해 종교적, 과학적 신화가 동원되었다. 신학자들은 아프리카인들이 노아의 아들인 햄의 자손이라고 주장했다. 햄은 그 아버지로부터 "네 자손들은 노예가 되리라"는 저주를 받았다. 생물학자들은 흑인들은 불결한 상태로 살며 병을 퍼뜨린다고, 다시 말해 오염의 원인이라고 주장했다. 이런 신화들은 미국 문화와 서구 문화 전반에 잘 공명했다. 그래서 노예제를 만들어낸 조건들이 사라진 지 오래 뒤에도 계속해서 영향력을 발휘했다. 19세기 초 대영제국은 노예제를 불법화하고 대서양의 노예무역을 중단했으며, 이후 몇십 년에 걸쳐 노예제는 미 대륙에서도 점차 불법화되었다. 이것은 노예를 소유한 사회가 자발적으로 노예제를 추방한 역사상 최초이자 유일한 사례이다.

하지만 노예가 해방된 다음에도, 노예제를 정당화했던 인종차별적 신화는 계속 유지되었다. 인종분리는 인종차별적 입법과 사회적 관습에 의해 지속되었고, 그 결과 원인과 결과가 서로를 강화하는 악순환이 되풀이되었다. 예를 들어 남북전쟁 직후 미국 남부 주들을 떠올려보자. 노예제는 1865년 미국 헌법의 제13차 개정으로 이미 불법이 되었고, 제14차 개정에서는 인종을 근거로 시민권과 법에 의한 동등한 보호를 부인할 수 없다고 규정했다. 하지만 2백 년간 지속된 노예제의 결과, 대부분의 흑인 가정은 대부분의 백인 가정에 비해 훨씬 더 가난하고 교육수준이 낮았다. 따라서 1865년 앨라배마에서 태어난 흑인은 이웃의 백인에 비해 좋은 교육을 받고 월급을 많이 받는 직업을 가질 기회가 훨씬 적었다. 1880년대와 1890년대 태어난 그 자녀들도 아버지와 똑같은 불리함을 안고 삶을 시작했다. 이들 역시 교육을 받지 못한 가난한 집안의 자손이었기 때문이다.

하지만 경제적 불이익이 이야기의 전부는 아니었다. 앨라배마는 잘사는 백인들이 누리던 기회를 갖지 못한 수많은 백인 가난뱅이들의 고향이기도 했다. 게다가 산업혁명과 이민의 물결은 미국을 극도로 유동적인 사회, 가난뱅이가 부자가 될 수도 있는 사회로 만들었다. 만일 문제가 되는 것이 오직 돈뿐이었다면 인종 간의 첨예한 분리는 빠르게 흐려졌을 것이고, 거기에는 인종간 결혼이 적잖은 기여를 했을 것이다.

하지만 그런 일은 일어나지 않았다. 1865년이 되자 백인들뿐 아니라 많은 흑인들도 흑인에 대한 편견을 사실이라고 믿기 시작했다. 흑인은 백인에 비해 객관적으로 지능이 낮고 폭력성이 높고 성적으로 문란하고 게으르며 개인적 청결에 관심이 적다고 말이다. 따라서 흑인은 폭력, 절도, 강간, 질병—다시 말해 오염—의 원인이었다. 만일 1895년 앨라배마의 어느 흑인이 좋은 교육을 받는 데 기적적으로 성공해 은행원 같은 어엿한 직업을 가지려고 지원서를 냈다고 하자. 그가 채용될 가능성은 그와 동등한 자격을 지닌 백인 후보에 비해 훨씬 더 적었다. 흑인에게 찍힌 낙인—천성적으로 신뢰할 수 없으며 게으르고 지능이 떨어진다는—이 악영향을 미친 탓이었다.

어쩌면 여러분은 시간이 흐르면 자연히 사람들도 이런 낙인은 신화이지 사실이 아니며, 흑인들도 백인 못지않게 경쟁력 있고 법을 준수하며 청결하다는 것을 스스로 증명할 수 있다는 것을 이해하게 되었으리라 예상할지도 모른다. 그런데 실제로는 그 반대의 일이 일어났다. 편견은 시간이 흐르면서 점점 더 굳어졌다. 좋은 직업은 모조리 백인들이 차지하고 있었기 때문에, 흑인들이 실제로 열등하다고 믿기가 더 쉬워졌다. 평균적인 백인 시민은 이렇게 말한다. "보라고. 흑인이 해방된 지도 여러 세대가 지났어. 하지만 교수나 법률가나 의사가 된 흑인이 얼마나 되냐고. 심지어 은행 출납계원이 된 사람도 드물어. 이건 그들이 지능이 떨어지고 일을 열심히 하지 않는다는 명백한 증거 아닐까?" 흑인들은 악순환에 빠졌다.

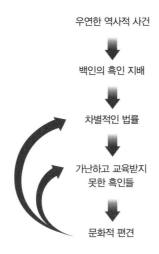

우연한 역사적 사건

⬇

백인의 흑인 지배

⬇

차별적인 법률

⬇

가난하고 교육받지
못한 흑인들

⬇

문화적 편견

▲　　악순환 : 우연한 역사적 사건은 견고한 사회구조로 변했다.

그들은 지능이 떨어진다고 여겨졌기 때문에 이미 백인들이 차지해 버린 직업을 구할 수 없었는데, 그들이 열등하다는 증거는 백인들이 차지한 직업을 가진 흑인이 드물다는 바로 그 점이었다.

　악순환은 여기서 멈추지 않았다. 흑인에 대한 낙인 찍기가 심해지면서 이것은 인종을 차별하는 '짐 크로 법(1876~1965년 시행되었던 미국의 인종분리법—옮긴이)'과 규범으로 제도화되었다. 흑인은 선거에 참가할 수도, 백인 학교에서 공부할 수도, 백인 가게에서 물건을 살 수도, 백인 식당에서 음식을 먹을 수도, 백인 호텔에서 잠을 잘 수도 없었다. 이 모든 차별을 정당화하는 근거는 명백했다. 흑인은 천하고 게으르고 악하기 때문에 이들로부터 백인을 보호할 필요가 있다는 것이었다. 백인들은 흑인과 같은 호텔에서 자거나 같은 식당에서 먹고 싶어 하지 않았다. 병에 걸릴까 봐 두려워서였다. 백인은 자녀를 흑인이 다니는 학교에 보내고 싶어 하지 않았다. 흑인의 야만성이 두려웠고 악영향을 받을까 봐 걱정되었기 때문이다. 그들은 흑인이 선거에서 투표하는 것도 원하지 않았다. 흑인은 무지하고 부도덕하기 때문이었다. 이러한 두려움은 소위 과학적 연구에 의해 정당화되었는데, 학자들은 흑인이 실제로 교육 수준이 낮으며 다양한 질병에 걸리는 일이 많고 범죄율이 훨씬 더 높다는 사실을 '증명'했다(이런 연구가 간과한 점은 이런 '사실'들이 흑인에 대한 차별의 결과라는 점이었다).

20세기 중반에 과거 남부연합에 속했던 주들에서 자행되었던 인종차별은 19세기 말보다 더욱 심했을 것으로 추정된다. 1958년 미시시피 대학교에 지원한 흑인 학생 클레넌 킹은 정신병원에 강제 수용되었는데, 판사가 미시시피 대학교에 들어갈 수 있다고 생각한 흑인은 제정신이 아니라고 판결했기 때문이었다.

미국의 남부인(그리고 많은 북부인)들이 가장 혐오하는 일은 흑인 남성이 백인 여성과 성관계를 하고 결혼하는 것이었다. 흑백 간의 성관계는 가장 큰 금기가 되었고, 그 금기를 어겼거나 어긴 것으로 짐작되면 린치라는 형태로 즉결처분을 받아 마땅한 범죄로 여겨졌다. 백인 우월주의 비밀결사대인 큐 클럭스 클랜KKK단은 그런 살인을 수없이 자행했다. 힌두교의 최상층을 이루는 브라만들에게 청결의 법칙에 관해서 한두 수 가르쳐줄 만한 정도였다.

시간이 흐르면서 인종차별은 점점 더 많은 문화영역으로 퍼졌다. 미국의 미학 문화는 미에 대한 백인의 기준을 중심으로 세워졌다.

백인종의 신체 특징인 흰 피부와 금발 직모, 약간의 들창코가 아름다운 것으로 인식되었고, 흑인의 전형적인 모습인 검은 피부, 검고 텁수룩한 머리, 납작한 코는 추한 것으로 취급되었다. 이런 선입견은 인간의 의식에서 훨씬 더 깊은 수준에 있는 상상의 위계질서를 각인시켰다.

이런 악순환은 수세기 수천 년 지속되면서 역사적으로 우연히 발생한 질서에 불과한 상상의 위계질서를 지속시킬 수 있다. 부당한 차별은 시간이 흐르면서 개선되는 것이 아니라 더욱 심해질 수 있다. 돈은 돈 있는 자에게 들어오고, 가난은 가난뱅이를 방문하는 법이다. 교육은 교육받은 자에게, 무지는 무지한 자에게 돌아가게 마련이다. 역사에서 한번 희생자가 된 이들은 또다시 희생자가 될 가능성이 크다. 역사의 특권을 누린 계층은 또다시 특권을 누릴 가능성이 크다.

농 업 혁 명

대부분의 사회정치적 차별에는 논리적, 생물학적 근거가 없으며, 우연한 사건이 신화의 뒷받침을 받아 영속화한 것에 불과하다. 우리가 역사를 공부해야 하는 훌륭한 이유 중 하나가 이것이다. 만일 흑인과 백인의 구분, 브라만과 수드라의 구분이 생물학적 실체에 근거를 두었다면 어떨까? 만일 브라만이 정말로 수드라보다 더 나은 뇌를 가지고 있다면? 그렇다면 인간사회를 이해하는 데는 생물학으로 충분할 것이다. 하지만 호모 사피엔스의 각기 다른 집단이 지니는 생물학적 차이는 사실상 무시할 만한 수준이므로, 생물학으로는 인도 사회의 곡절이나 미국 인종차별의 역사를 설명할 수 없다. 우리는 상상의 산물을 잔인하고 매우 현실적인 사회구조로 바꿰놓은 사건들, 조건들, 권력관계들을 연구해야만 비로소 그런 현상들을 이해할 수 있다.

그와 그녀

각기 다른 사회가 채택한 상상의 질서는 서로 다르다. 인종은 현대 미국인에게 매우 중요하지만 중세 무슬림에게는 상대적으로 중요치 않았다. 중세 인도에서 카스트는 생과 사의 문제였지만 현대 유럽에서 계급제도는 실질적으로 존재하지 않는다. 하지만 알려진 모든 인간사회에서 최고로 중요한 위계질서가 하나 존재한다. 바로 성별이다. 사람들은 어느 곳에서나 스스로를 남자와 여자로 구분했다. 그리고 거의 모든 곳에서 남자가 더 좋은 몫을 차지했다. 적어도 농업혁명 이후로는 그랬다.

중국에서 가장 오래된 문자 기록 중 일부는 기원전 1200년경의 것으로 미래를 점치는 데 쓰인 갑골문이었다. 그중 하나에 다음과 같은 내용이 적혀 있다. "하오 왕비(은나라 중흥군주 무정[武丁, 기원전 1250~1192년 재위]의 두 번째 왕비─옮긴이)가 아이를 낳으려 합니다. 아들일까요?" 답은 이렇게 쓰여 있다. "만일 정丁일에 낳으면 길吉하니 아들일 것이다. 만일 그 아이가 경庚의 날에 태어난다면 매우 길하다." 그러나 하오 왕비는 갑인甲寅일에 아기를 낳았다. 갑골문은 시무룩한 기록으로 맺는다. "3주일과 하루가 지난 후인 갑인일에 아기를 낳았다. 길하지 않았다. 딸이었다."[4] 그로부터 3천여 년 후 중국 공산당 정부는 '한 자녀' 정책을 시행했는데, 이즈음에도 많은 가정들은 여자아이의 탄생을 불길하다고 보는 시각을 유지하고 있었다. 때때로 부모들은 갓 태어난 여자아이를 유기하거나 살해했다. 아들을 낳을 기회를 갖기 위해서였다.

많은 사회에서 여성은 남성의 소유물에 불과했다. 주인은 아버지인 경우가 가장 많았고 남편이나 남자 형제일 때도 있었다. 많은 법체계는 강간을 재산권 침해로 다루었는데, 달리 말해 강간의 피해자는 강간당한 여성이 아니라 그 여성을 소유한 남성이란 뜻이었다. 사정이 이렇다 보니 법적 제재의 내용은 소유권 이전이었다. 강간범은 피해자의 아버지나 남자 형제에게 신부 값을 지불하라는 요구를 받았고, 지불과 동시에 여자는 강간범의 소유물이 되었다. 성경의 규정은 이렇다. "만일 남자가 약혼하지 않은 처녀를 만나 그녀를 붙잡아서 동침한 사실이 밝혀지면 그 남자는 그 젊은 여성의 아버지에게 은 50세겔을 지불해야 한다. 그러면 그 여자는 그의 아내가 되어야 한다."(신명기 22:28~29) 고대 히브리인들은 이것이 타당한 해결책이라고 보았다.

어느 남자에게도 속하지 않은 여성을 강간하는 것은 전혀 범죄로 취급되지 않았다. 복잡한 거리에서 누군가 잃어버린 동전 하나를 줍는 것은 도둑질로 취급받지 않는 것처럼 말이다. 남편이 아내를 강간했다면 범죄가 아니었다. 사실 남편이 아내를 강간할 수 있다는 생각 자체가 모순이었다. 남편이 된다는 것은 아내의 성을 완전히 마음대로 할 권리를 가진다는 뜻이었다. 남편이 아내를 '강간했다'는 말은 누군가가 본인의 지갑을 훔쳤다는 말처럼 비논리적인 것이었다. 이런 사고방식은 고대 중동에서만 통용되던 것이 아니었고, 2006년 기준으로 53개국에서 아내는 남편을 강간죄로 기소할 수 없었다. 심지어 독일에서도 1997년에 이르러서야 강간법이 개정되어 부부간 강간이라는 법적 범주가 만들어졌다.[5]

남녀의 구분은 인도의 카스트 제도나 미국의 인종차별 시스템처럼 상상의 산물일까? 아니면 생물학적 뿌리가 깊은 자연스러운 구분일까? 정말 자연스러운 구분이라면 여자보다 남자를 선호하는 것에 대한 생물학적 설명도 존재할까?

남녀 간의 문화적, 법적, 정치적 차이 중 일부는 성별에 따른 명백한 생물학적 차이를 반영한 것이다. 출산은 언제나 여성의 일이었다. 남자는 자궁이 없기 때문이다. 하지만 모든 사회는 이런 보편적인 핵심 사실 주변에 생물학과 거의 관련 없는 문화적 개념과 규범을 층층이 쌓아올렸다.

많은 사회가 일련의 속성을 남성성과 여성성에 결부시키지만, 대체로 생물학적으로 분명한 근거는 없다. 예컨대 기원전 5세기 아테네의 민주사회에서 자궁을 가진 개인은 독립적인 법적 지위를 가지지 못했으며 평의회 의원이나 판사가 되는 것을 금지당했다. 좋은 교육을 받을 수 없었고, 사업을 하거나 철학적 논의에 참여할 수도 없었다. 아테네의 정치 지도자, 위대한 철학자, 웅변가, 예술가, 상인 중에 자궁을 지닌 사람은 아무도 없었다. 자궁이 있으면 생물학적으로 이런 직업에 맞지 않는 걸까? 고대 아테네 사람들은 그렇게 생각했다.

현대 아테네 사람들은 그렇지 않다. 오늘날 아테네에서 여성은 투표에 참가하고, 공직에 선출되며, 연설을 하고, 보석부터 빌딩, 소프트웨어에 이르는 모든 것을 디자인하며, 대학에 다닌다. 자궁 때문에 남자보다 성공적으로 수행하지 못할 일은 없다. 사실 정치와 상업 분야에서는 여전히 여성 대표자가 부족한 상태다. 그리스 의회에 여성 의원은 12퍼센트밖에 안 된다. 하지만 정치 참여에 법적 제한은 없으며, 대부분의 그리스 사람들은 여성이 공직에 근무하는 것을 매우 정상적이라고 생각한다.

대부분의 그리스 사람들은 또한 남성성의 필수요소는 여성에게만 성적으로 끌리고 성관계도 여성하고만 하는 것이라고 생각한다. 그들은 이것을 문화적 편견이 아니라 생물학적 진실로 간주한다. 성별이 다른 두 사람의 관계는 자연스럽지만 성별이 같은 두 사람의 관계는 부자연스럽다는 것이다. 하지만 사실을 말하자면, 대자연은 남자끼리 서로 성적으로 끌리는 것에 전혀 개의치 않는다. 아들이 옆집 소년과 성관계를 맺고 있다고 해서 소동을 일으키는 것은 오로지 특정 문화에 깊이 물든 인간 엄마뿐이다. 사실 엄마의 분노도 생물학적 필연은 아니다. 적잖은 인간 문화들이 동성애가 합법적일 뿐 아니라 사회적으로 건설적이라고 보았고, 그 가장 두드러진 사례가 바로 고대 그리스였다. 《일리아스》에는 아킬레스가 파트로클로스와 동성애 관계를 맺는 데 대해 엄마인 테티스가 반대했다는 언급이 전혀 없다. 마케도니아의 올림피아스 여왕은 고대 세계에서 가장 개성이 강하고 단호한 여성의 하나로 꼽힌다. 남편인 필리포스의 암살을 사주했을 정도다. 하지만 그녀는 아들인 알렉산드로스 대왕이 저녁을 같이하려고 연인인 헤파이스티온을 집에 데려왔을 때 발작을 일으키지 않았다.

우리는 생물학적으로 결정되어 있는 것과 단지 사람들이 생물학적 신화를 통해 정당화하려고 노력하는 것을 어떻게 구별할 수 있을까? 양자를 구분하기 좋은 경험법칙이 있는데, '자연은 가능하게 하고 문화는 금지한다'는 기준이다. 생물학은 매우 폭넓은 가능성을 기꺼이 받아들인다. 사람들에게 어떤 가능성을 실현하도록 강제하고 다른 가능성을 금지하는 장본인은 바로 문화다. 생물학은 여성들에게 아이를 낳는 능력을 주었고, 일부 문화는 여성들에게 그 가능성을 실현하는 것을 의무로 지웠다. 생물학은 남자들끼리 성관계를 즐길 수 있게 했고, 일부 문화는 그런 가능성을 실현하는 것을 금지했다.

문화는 자신이 오로지 부자연스러운 것만 금지한다고 주장하는 경향이 있지만, 생물학적 관점에서 보자면 사실 부자연스러운 것이란 없다. 가능한 것이라면 그게 무엇이든 처음부터 자연스러운 것이다. 정말로 부자연스러운 행동, 자연법칙에 위배되는 행동은 아예 존재 자체가 불가능하므로 금지할 필요가 없다. 수고롭게시리 남자에게 광합성을 금지하거나, 여자에게 빛보다 빨리 달리지 못하게 하거나, 음전하를 띤 전자가 서로에게 끌리지 못하도록 금지한 문화는 하나도 없었다.

진실을 말하자면, '자연스러움'과 '부자연스러움'이라는 우리의 관념은 생물학이 아니라 기독교 신학에서 온 것이다. '자연스러움'이란 말의 신학적 의미는 '자연을 창조한 신의 뜻에 맞는다'는 뜻이다. 기독교 신학에서는 신이 인간의 몸을 창조할 때 사지와 장기가 특정 목적을 수행하게 하려는 의도를 가졌다고 주장한다. 우리가 사지와 장기를 신이 마음에 그렸던 목적에 맞게 사용한다면 그것은 자연스러운 활동이고, 신의 의도와 다르게 사용한다면 부자연스러운 것이다. 하지만 진화에는 목적이 없다. 장기는 어떤 목적을 가지고 진화한 것이 아니며, 그 사용방식은 끊임없이 변화한다. 인체의 장기 중에 그것이 원형 상태로 수억 년 전 처음 등장했을 때 했던 일만을 하고 있는 것은 단 하나도 없다. 장기는 특정기능을 수행하기 위해 진화하지만, 일단 존재하게 되면 다른 용도로 사용되는 방향으로도 적응할 수 있다. 가령 입이 등장한 것은 가장 초기의 다세포 생명체가 영양소를 몸 안으로 섭취할 필요가 있었기 때문이고, 우리는 지금도 그런 용도로 입을 사용하지만, 동시에 키스하고 말하는 데도 사용한다. 람보라면 수류탄 핀을 뽑을 때도 써먹는다. 이런 용도 중 어느 하나라도 부자연스러운 것이 있을까? 벌레 비슷하게 생겼던 6억 년 전의 우리 선조가 입으로 하지 않던 일이라는 이유만으로?

마찬가지로 날개도 처음부터 모든 공기역학적 장점들을 갖추고 갑자기 나타난 것이 아니다. 원래 다른 목적으로 쓰였던 기관에서 발달했다. 한 이론에 따르면, 곤충의 날개는 날지 못하는 벌레의 신체에서 돌출한 부위로부터 수백만 년 전 진화했다. 튀어나온 혹이 있는 벌레는 신체 표면적이 더 넓었고, 덕분에 햇빛을 더 많이 흡수해서 체온을 따스하게 유지할 수 있다. 진화가 서서히 진행되면서 태양광 히터는 점점 더 커졌다. 햇빛을 최대로 흡수할 수 있는 구조—표면적이 넓고 무게가 덜 나가는 구조—는 우연히 다른 능력도 주었다. 달리고 점프할 때 약간 떠오르는 능력이었다. 돌출부위가 더 큰 벌레는 더 멀리 뛰고 점프할 수 있었다. 어떤 곤충들은 이 부위를 이용해서 활강하기 시작했고, 여기서 약간의 단계만 더 거치면 실제로 공기를 헤치고 날게 해주는 날개가 된다. 다음번에 모기가 당신 귀 근처에서 앵앵거린다면 모기에게 그것은 부자연스러운 행위라고 비난해보라. 만일 그 모기가 하느님이 자신에게 준 것에 만족하는 착한 모기라면 날개는 태양광 집열기로만 쓸 테니까.

인간의 성기와 성행위에도 똑같은 멀티태스킹이 적용된다. 성관계는 당초 출산을 위해 진화했고, 구애행위는 잠재적 짝의 적응도를 측정하는 방법의 하나로서 진화했다. 하지만 오늘날 많은 동물이 이 두 가지를 다양한 사회적 목적들에 이용한다. 자신의 작은 복사본을 만드는 것과는 거의 관련이 없는 목적들이다. 예컨대 침팬지는 정치적 유대를 강화하고 친밀한 관계를 만들고 긴장을 완화하는 데 성관계를 이용한다. 이것이 부자연스러운 것인가?

생물학적 성과
사회적 성

　　　　여성의 자연스러운 기능은 애를 낳는 것이라는 주장, 동성애는 부자연스럽다는 주장에는 그다지 타당성이 없다. 남성성과 여성성을 규정하는 법과 규범, 권리와 의무는 대부분 생물학적 실체보다 인간의 상상력을 더 많이 반영하고 있기 때문이다.

생물학적으로 인간은 남성male과 여성female으로 나뉜다. 호모 사피엔스 남성은 X염색체와 Y염색체를 가진 존재이고, 여성은 X염색체 두 개를 가진 존재이다. 하지만 '남자man'와 '여자woman'는 생물학적 범주가 아니라 사회적 범주를 지정한다. 물론 대부분의 인간사회에서 대다수의 경우에는 남자는 남성이고 여자는 여성이지만, 남자와 여자라는 사회적 용어는 많은 것을 담고 있으며 이것은 생물학적 용어와는 관련이 희박하다.

남자는 단지 XY염색체와 고환 같은 특정한 생물학적 속성을 지닌 사피엔스를 일컫는 것만이 아니다. 그보다는 그가 속한 사회가 상상하는 인간의 질서 상에서 특정한 자리에 딱 맞는 존재를 일컫는다. 그가 속한 문화의 신화들은 그에게 특정한 사내다운 역할(예컨대 정치 참여), 권리(예컨대 투표권), 의무(예컨대 군복무)를 부과한다. 여자도 마찬가지다. 여자란 두 개의 X염색체와 하나의 자궁, 많은 에스트로겐 호르몬을 지닌 사피엔스를 말하는 게 아니라 어떤 상상의 인간 질서에 속하는 여성 구성원을 말한다. 그녀가 속한 사회의 신화들은 그녀에게 독특한 여성다운 역할(아기를 키운다), 권리(폭력으로부터 보호), 의무(남편에게 복종)를 부과한다.

생물학이 아니라 신화가 남녀의 역할, 권리, 의무를 규정하기 때문에, '남성성'과 '여성성'의 의미는 사회에 따라 크게 달랐다. 혼동을 줄이기 위해 학자들은 보통 생물학적 범주인 성性과 문화적 범주인 젠더를 구분한다. 성은 남성과 여성으로 나뉘고, 이 구분의 속성은 객관적이기 때문에 역사를 통틀어 변함없이 지속되어왔다. 젠더는 남자와 여자로 구분되고(일부 문화에서는 다른 범주로 구분한다), 소위 '남자다운' 속성과 '여자다운' 속성의 내용은 상호 주관적이며 끊임없이 변화한다. 가령 현대 아테네와 고대 아테네에서 여성에게 기대하는 속성은 행동과 욕망, 의상, 심지어 자세까지 큰 차이가 있다.[6]

여성 = 생물학적 범주		여자 = 문화적 범주	
고대 아테네	현대 아테네	고대 아테네	현대 아테네
XX염색체	XX염색체	투표 불가능	투표 가능
자궁	자궁	판사가 될 수 없음	판사가 될 수 있음
난소	난소	공직 취임 불가	공직 취임 가능
적은 테스토스테론	적은 테스토스테론	결혼상대자 스스로 결정 못함	결혼상대자 스스로 결정
많은 에스트로겐	많은 에스트로겐	일반적으로 문맹	일반적으로 문해 가능
모유 생산	모유 생산	법적으로 아버지나 남편의 소유	법적으로 독립
완전히 같다		**크게 다르다**	

성은 애들 장난이지만, 젠더는 심각한 비즈니스다. 남성의 일원이 되는 것은 세상에서 가장 간단한 일 중 하나다. X, Y염색체를 가지고 태어나기만 하면 된다. 여성이 되는 것도 마찬가지로 쉽다. X염색체 한 쌍이면 된다. 이와 대조적으로 남자나 여자가 되는 것은 매우 복잡하고 요구사항이 많은 프로젝트다. 남성적 특질이나 여성적 특질은 대부분 생물학적인 것이 아니라 문화적인 것이기 때문에, 어떤 사회도 남성이라고 해서 자동으로 남자로 쳐주지 않고 여성이라고 해서 자동으로 여자로 쳐주지도 않는다. 게다가 이런 자격은 한 번 얻었다고 해서 계속 안주할 수 있는 월계관도 아니다. 남성은 자신의 남성성을 요람에서 무덤까지 평생 끊임없는 의례와 퍼포먼스를 통해서 증명해야 한다. 여성의 일도 끝나는 법이 없다.

▲   18세기의 남성성 : 프랑스 왕 루이 14세의 공식 초상화. 긴 가발, 스타킹, 하이힐, 댄서 같은 자세 그리고 커다란 칼을 주목하라. 현대 유럽에서 이 모든 것(칼을 제외하면)은 사내답지 못함의 표시로 여겨질 것이다. 하지만 그의 시대 유럽에서 루이는 남자다움의 전형이었다.

◀ 21세기의 남성성. 집무실에 있는 버락 오바마 대통령. 가발과 스타킹, 하이힐, 칼은 어디로 간 것일까? 지배적인 남성이 오늘날처럼 둔하고 따분하게 보이는 시절은 또 없었다. 역사상 대부분의 기간 동안 지배적인 남자의 모습은 화려하고 현란했다. 깃털 머리장식을 한 아메리카 원주민 추장이나 비단과 다이아몬드로 치장한 힌두교의 옛 군주들이 그랬던 것처럼 말이다. 동물의 왕국에서는 언제나 수컷이 암컷보다 더욱 화려하고 액세서리를 많이 착용하는 경향이 있다. 공작의 꼬리나 사자의 갈기를 생각해보라.

여성은 평생 스스로와 타인들에게 자신이 충분히 여성적이라는 사실을 확신시켜야 한다.

그게 꼭 성공한다는 보장은 없다. 특히 남성은 자신의 남성성을 잃을까 봐 끊임없이 두려워하며 살아간다. 역사를 통틀어 남성들은 오로지 남들에게서 "그는 진짜 남자야"란 말을 듣기 위해서 기꺼이 생명의 위험을 무릅쓰거나 심지어 목숨을 바쳐왔다.

남자가

뭐가 그렇게 좋을까?

적어도 농업혁명 이후부터 대부분의 인간사회는 남자를 여자보다 더 높게 평가하는 부계사회였다. 한 사회가 남자와 여자를 무어라고 규정하든, 남자가 되는 편이 언제나 더 나았다. 부계사회는 남자에게 남성적으로 생각하고 행동하라고 가르치고 여자에게는 여성적으로 생각하고 행동하라고 가르친다. 감히 남녀를 구분 짓는 경계를 넘는 사람은 예외 없이 처벌하지만, 가르침을 따르는 사람에게 동등하게 보상하지는 않는다. 남성적이라고 평가받는 속성들은 여성적이라고 평가받는 속성에 비해 더 높은 가치를 부여받고, 여자다움의 이상을 구현한 구성원은 남자다움의 이상을 구현한 구성원에 비해 얻는 것이 더 적다. 여성의 건강에 투자되는 자원은 더 적고, 여성은 경제적 기회도 정치권력도 이동의 자유도 더 적게 지닌다. 젠더는 이상한 경주와 같아서, 어떤 주자들은 아무리 경쟁해봐야 겨우 동메달만 딸 수 있다.

물론 알파의 지위까지 올라간 여성이 한 줌 있기는 했다. 이집트의 클레오파트라, 중국의 측천무후(기원후 700년), 영국의 엘리자베스 1세…… 하지만 이들은 규칙의 존재를 증명하는 예외에 해당한다. 엘리자베스 여왕의 치세였던 45년 내내 모든 의원들은 남자였고, 육군과 해군의 모든 장교는 남자였고, 모든 판사와 변호사, 주교와 대주교, 신학자와 사제는 남자였으며, 모든 의사와 외과의사, 모든 대학과 칼리지의 학생과 교수도 남자였고, 모든 시장과 주 장관, 거의 모든 작가, 건축가, 시인, 철학자, 화가, 음악가, 과학자도 남자였다.

가부장제는 거의 모든 농경 및 산업 사회에서 표준이었다. 가부장제는 정치적 격변에도, 사회적 혁명, 경제적 대변화에도 끈기 있게 버텨냈다. 예컨대 이집트는 수십 세기에 걸쳐 수없이 많이 정복당하여 아시리아, 페르시아, 마케도니아, 로마, 아랍, 맘루크, 터키, 영국에게 점령당했지만, 이집트 사회는 늘 가부장제를 유지했다. 이집트는 파라오의 법, 그리스 법, 로마 법, 무슬림 법, 오토만 제국법, 영국 법의 통치를 받았지만, 이 모든 법은 '진정한 남자'가 아닌 다른 모든 사람을 차별했다.

가부장제는 너무나 보편적이기 때문에, 우연한 사건에 의해 촉발된 모종의 악순환의 결과일 수가 없다. 심지어 1492년 콜럼버스의 미 대륙 상륙 이전에도 미 대륙과 아프로아시아의 대부분이 가부장제 사회였다. 이전 수천 년간 두 대륙이 전혀 접촉하지 않았는데도 말이다. 만일 아프로아시아의 가부장제가 우연히 발생한 것이라면, 아즈텍과 잉카는 왜 가부장제란 말인가? '남자'와 '여자'의 정확한 정의가 문화마다 다를지라도, 거의 모든 문화가 여성성보다 남성성을 가치 있게 여기는 데는 모종의 보편적인 생물학적 이유가 존재할 가능성이 매우 크다. 그 이유가 무엇인지 우리는 모른다. 수많은 이론이 있지만, 설득력이 있는 것은 없다.

근력

가장 흔한 이론은 남자가 여자보다 더 힘이 세기 때문에 더 큰 완력을 사용해서 여자를 강제로 굴복시켰다고 말한다. 같은 주장을 좀 더 교묘하게 펼치는 버전에서는 남자는 힘이 세기 때문에 밭갈기나 추수처럼 힘든 노동이 필요한 업무를 독점할 수 있었다고 말한다. 남자는 덕분에 식량생산을 통제할 수 있었고, 이것이 정치적 영향력으로 나타났다는 것이다.

이처럼 근력을 강조하는 데는 두 가지 문제가 있다. 첫째, '남자가 여자보다 강하다'는 진술은 평균적으로만, 그리고 특정한 종류의 힘에 대해서만 옳다. 일반적으로 여자는 굶주림, 질병, 피로에 대한 저항력이 남자보다 크다. 또한 많은 남자보다 더 빨리 달리고 더 무거운 것을 들 수 있는 여자도 많다. 게다가 이 이론의 가장 큰 문제는 역사를 통틀어 여자는 육체적 노력이 거의 필요 없는 직업(사제, 법률가, 정치인)에서 대체로 배제되어 왔으면서도 들일이나 수공예, 가사노동처럼 힘든 육체노동에 종사했다는 점이다. 만일 사회적 권력의 분할에 육체적 힘이나 지구력이 직접 관련되었다면 여자는 실제보다 훨씬 더 많은 것을 얻었을 것이다.

이보다 더욱 중요한 사실은, 인간의 경우 육체적 힘과 사회적 권력 사이에 직접적인 관련이 없다는 점이다. 이십대의 청년들이 연장자들보다 훨씬 힘이 센 데도 불구하고, 육십대의 사람들이 이십대들에게 권력을 행사하는 것이 보통이다. 19세기 중반 앨라배마의 목화 농장주는 자신의 노예 가운데 누구와 레슬링을 벌였어도 즉시 땅바닥에 깔렸을 것이다. 이집트 파라오나 가톨릭 교황이 권투시합으로 선출된 일은 없다. 수렵채집 사회에서 정치적 지배력을 지닌 사람은 보통 근육 조직이 아니라 사회성이 가장 뛰어난 사람이었다. 조직범죄단의 두목을 반드시 가장 강한 사람이 맡는 것은 아니다. 두목은 몸소 주먹을 쓰는 일은 극히 드문 연장자로서 더 젊고 건장한 이들로 하여금 자기 대신 더러운 일을 하게 만들 때가 많다. 두목을 두들겨 패서 범죄조직을 장악할 수 있다고 생각한 사람은 자신의 실수로부터 뭔가 배울 만큼 오래 살지 못할 가능성이 많다. 심지어 침팬지 사회에서도 알파 수컷은 다른 수컷 및 암컷과 안정적인 동맹을 맺음으로써 그 자리를 차지하지, 아무 생각 없는 폭력을 통해서가 아니다.

사실 역사를 보면 신체적 기량과 사회적 권력 사이에 반비례 관계가 성립하는 경우가 흔히 있다. 대부분의 사회에서 육체노동은 하층계급이 맡는다. 이것은 어쩌면 먹이사슬에서 호모 사피엔스가 차지하는 지위를 반영한 현상일지도 모른다. 만일 적나라한 신체적 능력만 중요했다면, 사피엔스는 먹이 사다리의 중간쯤에 존재했을 것이다. 우리가 최상위 자리를 차지할 수 있었던 것은 정신적, 사회적 기
량 덕분이다. 따라서 우리 종 내의 권력 사다리도 폭력이 아니라 정신적, 사회적 능력에 따라 결정되는 것이 자연스럽다. 그러므로 남자가 신체적 힘으로 여자를 강제할 수 있다는 사실이 역사상 가장 영향력 있고 안정적인 사회적 위계질서의 토대라고 믿기는 어렵다.

사회의
쓰레기

또 다른 이론은 남성의 지배가 힘이 아니라 공격성의 결과라고 설명한다. 수백만 년에 걸친 진화 결과, 남자는 여자보다 폭력성을 훨씬 더 많이 갖게 되었다. 증오와 탐욕과 학대에 관해서라면 여자도 남자에 필적하지만, 다른 대안이 없을 때 순수한 물리적 폭력을 사용하려는 경향은 남자가 더 크다고 이 이론은 설명한다.

역사를 통틀어 전쟁이 남자의 특권이었던 것은 이 때문이다. 전시에 군대를 통제하는 것이 남자들이었기 때문에, 남자는 민간 사회에서도 주인이 되었다. 그리고 남자들은 민간 사회에 대한 통제권을 이용해서 더 많은 전쟁을 벌였고, 전쟁의 횟수가 늘어날수록 사회에 대한 남자의 통제력도 커졌다. 이런 되먹임 고리는 전쟁이 도처에 존재하고 가부장제가 도처에 존재하는 이유를 둘 다 설명해준다. 남녀의 호르몬 체계와 인지체계에 대한 최근의 연구결과도 남자가 실제로 더 공격적이고 폭력적인 성향을 지녔으며 따라서 평균적으로 볼 때 병사로 복무하기에 더 적합하다는 가정을 뒷받침한다.

하지만 병사가 모두 남자라고 해서 전쟁을 관리하고 그 결실을 차지하는 사람도 남자라야 한다는 법이 있을까? 이것은 말이 되지 않는다. 이것은 농장에서 목화를 재배하는 노예가 모두 흑인이라고 해서 농장주도 흑인일 것이라고 가정하는 것과 마찬가지다. 모두 백인인 경영자들이 모두 흑인인 노동자들을 통제하는 것처럼 여성이 모두 장악하거나 부분적으로 참여한 정부가 남성으로만 구성된 군대를 통제하는 일은 일어날 수 없었을까? 사실 역사를 통틀어 많은 사회에서 고위 장교는 병사 계급에서 승진해 올라간 사람이 아니었다. 귀족, 부유층, 교육받은 사람들이 자동으로 장교로 임명되었으며, 이들은 단 하루도 병사로 복무한 일이 없었다.

나폴레옹의 숙적 웰링턴 공작은 18세에 영국군에 들어갔을 때 즉각 장교로 임관되었다. 그는 자신의 지휘를 받는 평민들을 소중히 여기지 않았다. "우리는 지상의 쓰레기들을 징집해 병사로 쓰고 있다." 그는 프랑스와 전쟁하던 시기에 동료 귀족에게 쓴 편지에서 이렇게 말했다. 병사는 가장 가난한 사람들이나 소수민족(아일랜드계 가톨릭 신자 같은)에서 충원되었다. 이들이 군대에서 승진할 가능성은 거의 없었다. 높은 계급은 공작, 군주, 왕을 위한 자리였다. 하지만 어째서 공작부인이 아니라 공작이어야 한단 말인가?

아프리카에 프랑스 제국을 건설하고 방어한 것은 세네갈인, 알제리인, 프랑스 노동계층 남자의 땀과 피였다. 병사 중에서 명문가 출신의 프랑스인이 차지하는 비중은 극히 미미했다. 하지만 프랑스군을 이끌고 제국을 통치하며 그 결실을 누린 소규모 엘리트 내에서 이들이 차지하는 비중은 매우 높았다. 왜 프랑스 여자가 아닌 프랑스 남자들뿐이었을까?

중국에서는 군을 민간 관료의 지배하에 두는 것이 오랜 전통이었다. 칼이라고는 한 번도 휘둘러보지 못한 관리가 전쟁을 지휘하는 경우가 흔했다. "좋은 쇠로 못을 만드는 것은 낭비다." 중국의 속담인데, 정말 재능 있는 사람들은 민간 관료가 되지 군에 들어가지 않는다는 뜻이었다. 그렇다면 어째서 이들 관료는 모두가 남자였을까?

여자는 체력이 약하거나 테스토스테론 수치가 낮은 탓에 성공한 관료나 장군, 정치인이 될 수 없었다는 주장에는 타당성이 없다. 전쟁을 이끌려면 분명 지구력이 필요하지만 강인한 체력이나 큰 공격성이 필요한 것은 아니다. 전쟁은 술집에서 벌이는 주먹다짐이 아니다. 고도의 조직과 협동, 유화정책을 필요로 하는 매우 복잡한 프로젝트다.

보통 승리의 열쇠는 본국에서 평화를 유지하고, 해외에서 동맹국을 구하고, 다른 사람들(특히 적군들)의 마음을 읽는 능력이 일반적이다. 따라서 공격적인 야수는 전쟁 지휘관으로서 최악일 때가 많다. 그보다는 유화정책을 쓸 줄 알고, 사람들을 조작할 줄 알고, 사물을 다른 각도에서 볼 줄 아는 협동적인 인물이 훨씬 낫다. 제국을 건설한 사람들은 이런 특징들을 갖추고 있었다. 군사적으로 무능했던 로마의 아우구스투스는 안정적인 제국 체제를 건설하는 데 성공하여, 자신보다 훨씬 더 뛰어난 장군이었던 율리우스 카이사르나 알렉산드로스 대왕이 이루지 못한 것을 성취했다. 당대에 그를 칭송했던 사람들과 현대 역사가들은 공히 그가 그런 업적을 이룰 수 있었던 것은 그의 온화함과 관용이라는 미덕 덕분이었다고 해석하곤 한다.

흔한 고정관념에 따르면 여자는 남자보다 남을 조종하고 유화책을 쓰는 능력이 우월하다고 한다. 다른 사람의 시각에서 사물을 보는 능력도 뛰어나다고 한다. 이런 고정관념에 진실이 조금이라도 포함되어 있다면, 여자들은 뛰어난 정치가나 제국 건설자가 되었어야 한다. 전장에서의 더러운 일은 테스토스테론이 가득 찬 단순한 마초들에게 맡기고 말이다. 대중적인 신화에도 불구하고, 현실에서는 이런 일이 거의 벌어지지 않았다. 왜 그런지는 확실하지 않다.

가부장적
유전자

세 번째 유형의 생물학적 설명은 완력이나 폭력성은 덜 중요하게 보고, 대신 수백만 년에 걸친 진화를 통해 남녀가 각기 다른 생존 및 번식 전략을 발전시켰다고 설명한다. 남자들이 가임기 여성을 임신시킬 기회를 놓고 서로 경쟁할 때, 번식에 성공할 확률은 무엇보다도 다른 남자들을 넘어서서 이기는 능력에 달려 있었다. 세월이 흐르면서, 가장 야심 차고 공격적이며 경쟁적인 남자의 남성적인 유전자들이 후대에 물려지게 되었다.

반면에 여자들은 자신을 임신시킬 남자를 찾는 데 어려움이 전혀 없었다. 그러나 나중에 자신에게 손주들을 안겨줄 아이를 원한다면, 자궁 속에 9개월간 아기를 힘들게 품어야 했고 출산 후에는 오랫동안 양육해야 했다. 이 기간 동안에는 식량을 구할 기회가 평소보다 줄었기 때문에 많은 도움이 필요했다. 그녀는 남자가 필요했다. 자신과 자녀의 생존을 보장하려면, 남자가 내세운 조건은 뭐든 받아들이는 수밖에 선택의 여지가 없었다. 그래야 함께 지내면서 부담을 나눌 수 있었다. 세월이 흐르면서, 순종적이고 집안을 잘 돌보는 여자의 여성적 유전자가 후대에 전해지게 되었다. 권력을 쟁취하기 위해 싸우는 데 시간을 너무 많이 들인 여자는 자신의 강력한 유전자를 다음 세대에 남기지 못했다.

이론은 남녀의 생존전략이 이렇게 달랐던 탓에 남자는 야심 있고 경쟁적이며 정치와 상업에 뛰어나도록 프로그램된 데 비해, 여자는 그런 것을 피해 아이들을 키우는 데 헌신하는 경향을 지니게 되었다고 설명한다. 하지만 이런 접근법 역시 경험적 증거를 통해 거짓임이 드러났다. 특히 문제가 되는 것은 여자가 외부의 도움에 의존해야 하기 때문에 다른 여자들이 아니라 남자에게 의존하게 되었다는 가정, 그리고 남자의 경쟁성이 남성의 사회적 우세를 낳았다는 가정이다.

　동물의 세계에는 코끼리나 보노보처럼 의존적인 암컷들과 경쟁적인 수컷들 간의 역학관계의 결과로 모권 중심의 사회가 나타난 종이 많다. 암컷들은 외부의 도움이 필요하기 때문에 사회적 기술을 발달시켜야 했으며, 협력하고 설득하는 방법을 배워야 했다. 이들은 암컷들로만 구성된 사회적 네트워크를 건설해서 서로 도우며 새끼를 키우게 되었다. 한편 수컷들은 싸우고 경쟁하는 데 시간을 보냈다. 수컷들의 사회적 기술과 사회적 유대는 발달하지 못했다. 보노보와 코끼리 사회는 협력적인 암컷들로 구성된 강력한 네트워크가 통제하고, 자기중심적이고 비협력적인 수컷들은 변방으로 밀려났다. 평균적인 보노보 암컷은 수컷보다 힘이 약하지만, 수컷이 한계선을 넘어서면 종종 떼 지어 그 수컷을 괴롭히며 공격한다.

　보노보와 코끼리가 이럴 수 있다면 호모 사피엔스가 못할 이유가 무엇일까? 사피엔스는 상대적으로 힘이 약한 동물이고, 그 장점은 대규모로 협력하는 능력에 있다. 만일 그렇다면, 여자들이 비록 남자에게 의존한다 할지라도 협력이라는 우월한 사회적 기술을 이용해 공격적이고 자율적이며 자기중심적인 남자들의 허를 찌르고 조종하리라고 예상할 수 있다. 무엇보다도 협력 덕분에 성공한 종에서 협력성이 더 떨어진다는 개체(남자)들이 협력성이 더 뛰어나다는 개체(여자)들을 통제하는 일이 어떻게 벌어진 걸까?

　현재로서는 명확한 답이 없다. 어쩌면 일반적인 가정들이 틀린 것일지 모른다. 어쩌면 호모 사피엔스의 수컷들은 신체적 힘이나 공격성, 경쟁성이 특징이 아니라 사회적 기술이 우월하고 협력을 잘하는 것이 특징일지도 모른다. 알 수 없다. 다만 우리가 아는 것이 있다면, 지난 세기를 거치면서 젠더의 역할은 커다란 혁명을 겪었다는 사실이다. 오늘날 점점 더 많은 사회가 남녀에게 동등한 법적 지위와 정치적 권리, 경제적 기회를 부여하고 있다. 그뿐만 아니라 젠더와 성에 대한 가장 기본적인 개념들을 완전히 다시 생각하고 있다.

젠더의 격차는 아직도 상당하지만, 변화는 굉장한 속도로 진행되어왔다. 20세기 초만 해도 여성에게 투표권을 준다는 생각은 대부분의 미국인들에게 언어도단으로 받아들여졌다. 여성이 내각의 장관이 된다거나 연방대법원 판사로 임명될 수 있다는 생각은 그냥 웃긴 소리로 들렸다. 한편 동성애는 극도로 금기시되는 주제라 공개적으로 논하는 것조차 불가능했다. 21세기 초에 여성의 참정권은 당연한 것으로 받아들여진다. 여성 각료는 논평거리도 되지 않는다. 그리고 2013년에 미국 연방대법관 다섯 명은, 그중 셋은 여성이었는데, 동성 결혼 법제화를 선호하는 판결을 내렸다(남성 대법관 네 명의 반대를 다수결로 누른 결과였다).

바로 이런 극적인 변화들 때문에 젠더의 역사가 그토록 혼란스러운 것이다. 만일 오늘날 분명하게 밝혀지고 있듯이 가부장제가 생물학적 사실보다 근거 없는 신화들에 기반을 둔 것이라면, 이 제도가 이토록 보편적이고 안정된 이유는 대체 무엇일까?

인류의 통합

제
3
부

9
역사의 화살

농업혁명 이래 인간사회는 점점 더 규모가 크고 복잡해졌다. 그동안 그런 사회질서를 지탱하는 상상의 건축물 역시 더욱 정교해졌다. 신화와 허구는 사람들을 거의 출생 직후부터 길들여 특정한 방식으로 생각하고, 특정한 기준에 맞게 처신하며, 특정한 것을 원하고, 특정한 규칙을 준수하도록 만들었다. 그럼으로써 수백만 명이 효과적으로 협력할 수 있게 해주는 인공적 본능을 창조했다. 이런 인공적 본능의 네트워크가 바로 '문화'다.

20세기 전반의 학자들은 모든 문화가 완전하고 조화로우며 언제고 스스로를 규정하는 불변의 본질을 지니고 있다고 가르쳤다. 인간 집단들은 독자적인 세계관과 사회적, 법적, 정치적 처리방식의 체계를 지녔으며, 이것들은 태양 주위를 도는 행성처럼 순조롭게 운영된다고 했다. 이런 견해에 따르면, 외부의 간섭이 없는 상태로 남겨진 문화는 변화하지 않았다. 늘 같은 속도로 같은 방향으로 나아갈 뿐이었다. 변화는 외부에서 가해진 힘이 있을 때만 생겨날 수 있었다. 그래서 인류학자, 역사학자, 정치가 들은 마치 사모아나 태

▲　메카의 카바 신전 주위를 도는 순례자들.

즈메이니아 사람들이 태곳적부터 동일한 신념과 규범과 가치관을 지니고 살았던 것처럼 '사모아 문화'니 '태즈메이니아 문화'니 하는 식으로 언급했다.

오늘날 문화를 연구하는 대부분의 학자들은 진실은 그 반대라는 결론을 내렸다. 모든 문화는 나름의 전형적인 신념, 규범, 가치를 가지고 있지만, 이것들은 끊임없이 변화한다. 환경의 변화나 이웃 문화와의 접촉에 반응해 스스로 모습을 끊임없이 바꾼다. 스스로의 내부적 역동성으로 인해 변이를 겪기도 한다. 안정된 생태계에서 완전히 고립되어 존재하는 문화조차 변화를 피할 수 없다. 모순이 없는 물리법칙과 달리, 인간이 만든 모든 질서는 내적 모순을 지닌

247

다. 문화는 이런 모순을 중재하려고 끊임없이 노력하며, 이런 과정이 변화에 불을 지핀다.

예컨대 중세 유럽의 귀족들은 기독교와 기사도를 둘 다 믿었다. 전형적인 귀족은 아침에는 교회에 가서 성직자가 성인들의 삶에 대해 늘어놓는 이야기를 들었다. 성직자는 말했다. "헛되고 헛되니 모든 것이 헛되도다. 부와 육욕과 명예는 위험한 유혹이다. 너는 유혹에 굴하지 않고 그리스도의 발자국을 따라야 한다. 그분처럼 온유하며 폭력과 방종을 피하라. 만일 공격을 받으면 다른 쪽 뺨을 내밀어라."

온유하고 수심 어린 마음으로 집에 돌아온 귀족은 가장 좋은 비단 옷으로 갈아입고 영주의 성에서 열리는 연회에 참석하러 간다. 와인이 물처럼 흐르고, 음유시인은 원탁의 기사 랜슬롯과 그의 애인이자 아서 왕의 부인인 귀네비어의 이야기를 노래한다. 손님들은 추잡한 농담과 유혈이 낭자한 전쟁 이야기를 나눈다. 영주들은 선언한다. "수치스럽게 사느니 죽는 게 낫다. 너의 명예를 의심하는 자가 있다면 그 수치는 피로써만 씻을 수 있다. 너의 적이 네 앞에서 도망치고 그들의 아름다운 딸들이 네 발아래에서 떨고 있는 것보다 인생에서 더 좋은 것이 어디 있는가?"

모순은 결코 완전히 해소되지 않았다. 하지만 유럽의 귀족, 성직자, 평민이 그것을 붙잡고 씨름하는 동안, 문화는 변화했다. 십자군은 이 문제를 해결하기 위한 하나의 시도였다. 십자군 전쟁에서 기사들은 자신의 군사적 역량과 종교적 헌신을 단칼에 보여줄 수 있었다. 똑같은 모순이 성당기사단과 간호기사단을 낳았는데, 이들은 기독교와 기사도의 이상을 더욱더 단단하게 결합시키려 한 조직들이었다. 아서 왕 이야기나 성배 이야기 같은 중세 예술과 문학의 많은 부분도 이 문제와 관련되어 있었다. 카멜롯(아서 왕의 궁궐이 있었다는 전설의 마을—옮긴이) 이야기는 훌륭한 기사는 훌륭한 기독교인일 수 있으며 또 그래야 한다는 것, 또 반대로 훌륭한 기독교인은 훌륭한 기사일 수 있으며 또 그래야 한다는 것을 증명하려는 시도 이외에 무엇이란 말인가?

또 다른 예는 현대의 정치질서다. 프랑스 혁명 이래 세계 모든 곳의 사람들은 점차 평등과 개인의 자유를 근본적 가치라고 생각하게 되었다. 하지만 두 가치는 서로 모순된다. 평등을 보장하는 방법은 형편이 더 나은 사람의 자유를 제한하는 것 이외에 없다. 모든 개인이 자신이 원하는 바를 할 수 있도록 보장한다면 필연적으로 평등에 금이 간다. 1789년 이래 세계 정치사는 이 모순을 화해시키려는

일련의 시도로 볼 수 있다.

찰스 디킨스의 소설을 읽은 사람이라면 누구나 알고 있듯이, 19세기 유럽의 자유주의 정부들은 개인의 자유에 우선권을 주었다. 설령 그것이 파산한 빈민층 가족을 감옥에 집어넣고, 고아들에게는 소매치기 학교에 들어가는 것 이외의 선택지를 주지 않는다는 뜻이라도 말이다. 알렉산더 솔제니친의 소설을 읽은 사람이라면 공산주의의 평등주의 이상이 어떻게 일상생활의 모든 면을 통제하려는 야만적인 독재를 생산해냈는지를 알 것이다.

오늘날 미국 정치도 이 모순을 중심으로 돌고 있다. 민주당 지지자들은 좀 더 공평한 사회를 원한다. 설령 그것이 세금을 올려서 가난한 사람과 노약자를 돕는 프로그램에 자금을 대는 것을 의미할지

라도 말이다. 하지만 이것은 사람들이 자신의 돈을 마음대로 쓸 수 있는 자유를 침해한다. 어째서 정부는 내게 건강보험 가입을 강제하는 걸까, 나는 그 돈을 애들 대학 보내는 데 쓰고 싶은데? 반면에 공화당 지지자들은 개인적 자유의 극대화를 원한다. 설령 그것이 부자와 가난한 자의 소득격차가 더욱 벌어지며, 많은 미국인이 건강보험에 가입할 능력을 잃게 되는 것을 의미한다고 해도 말이다.

중세 문화가 기사도와 기독교를 어떻게든 조화시키는 데 실패했던 것과 마찬가지로, 오늘날 세계는 자유와 평등을 조화시키는 데 실패하고 있다. 그 모순은 모든 인간 문화에서 떼려야 뗄 수 없는 부분이다. 사실 이것은 문화 발전의 엔진으로서, 우리 종의 창의성과 활력의 근원이기도 하다. 우리의 생각과 아이디어와 가치의 불협화음은 우리로 하여금 생각하고, 재평가하고, 비판하게 만든다. 일관성은 따분한 사고의 놀이터다. 갈등을 다루지 않는 위대한 예술작품을 떠올려볼 수 있겠는가?

만일 긴장과 분쟁과 해결 불가능한 딜레마가 모든 문화의 향신료라면, 어떤 문화에 속한 인간이든 누구나 상반되는 신념을 지닐 것이며 서로 상충하는 가치에 의해 찢길 것이다. 이것은 모든 문화에 공통되는 핵심적 측면이기 때문에, 별도의 이름까지 있다. '인지 부조화'다. 인지 부조화는 흔히 인간 정신의 실패로 여겨진다. 하지만 사실 그것은 핵심자산이다. 만일 사람들에게 모순되는 신념과 가치를 품을 능력이 없었다면, 인간의 문화 자체를 건설하고 유지하기가 불가능했을 것이다.

예컨대 기독교인인 당신이 근처 모스크에 참배하러 가는 무슬림을 정말로 이해하고 싶다면, 모든 무슬림들이 소중하게 여기는 순수한 가치들이 무엇인지 찾아볼 필요가 없다. 그보다는 무슬림 문화에서 가장 극심한 딜레마의 현장을 찾아봐야 한다. 규칙이 서로 충돌하고 규범이 서로 난투를 벌이는 지점 말이다. 무슬림들이 두 가지 지상명제 사이에서 흔들리고 있는 지점이야말로 당신이 그들을 가장 잘 이해할 수 있는 지점이다.

정찰위성

인간의 문화는 끊임없이 변화한다. 이 변화는 완전히 무작위적일까, 아니면 뭔가 전체적인 패턴이 있을까? 다시 말해 역사에는 방향성이 있을까?

인류의 통합

대답은 '있다'이다. 수천수만 년에 걸쳐, 작고 단순한 문화들이 점차 뭉쳐서 더 크고 복잡한 문명으로 변했다. 그래서 세계의 메가 문화의 개수는 점점 적어지는 동시에 각각은 점점 더 크고 복잡해졌다. 물론 이것은 매우 단순한 일반화로, 거시적 수준에서만 맞는 이야기다. 미시 수준에서 보면 다르다. 서로 합쳐져서 하나의 메가 문화를 이루는 문화집단들이 있듯이, 조각조각 분열되는 메가 문화도 존재하게 마련이다. 몽골 제국은 한껏 팽창해서 아시아의 광활한 지역과 유럽의 일부분까지 지배했지만 결국 여러 조각으로 쪼개졌다. 기독교는 한꺼번에 수억 명씩 개종시켰지만 결국 수없이 많은 분파로 갈라졌다. 라틴어는 서부 및 중부 유럽에 퍼져 나간 뒤 지역별 방언으로 쪼개져, 각각이 결국 각국의 언어가 되었다.

하지만 통일을 지향하는 움직임은 불굴의 기세로 진행되는 데 비해 분열은 일시적인 반전에 지나지 않는다. 역사의 방향을 인식하는 일은 사실상 시점의 문제다. 역사를 조감도처럼 보면, 즉 역사 발전을 수십 년이나 수백 년이라는 단위로 검토하면, 역사가 통일의 방향으로 향하는지 다양성의 방향으로 향하는지 판정하기 어렵다. 장기적 과정을 이해하기에 조감도는 너무 근시안적이다. 그보다는 우주에 떠 있는 정찰위성의 시점을, 즉 수백 년이 아니라 수천 년이라는 단위를 스캔하는 시점을 취하는 게 낫다. 이 시각에서 보면 역사가 통일을 향해 끊임없이 움직이고 있다는 사실은 명약관화하다. 기독교의 분화와 몽골 제국의 붕괴는 역사라는 고속도로의 과속방지턱에 지나지 않았다.

역사의 전반적인 방향을 이해하는 가장 좋은 방법은 어떤 한 순간에 지구라는 행성 위에 각기 분리된 채 공존했던 인간 세상들의 개수를 세는 것이다. 오늘날 우리는 행성 전체를 하나의 통일체로 생각하는 데 익숙하지만, 사실 지구는 각기 격리된 수많은 인간 세상들로 구성된 은하와 같다. 역사의 대부분의 시기 동안 그랬다.

호주 남쪽에 있는 중간 크기의 섬 태즈메이니아를 떠올려보자. 이 섬은 기원전 10000년경 빙하기가 끝나면서 해수면이 상승했을 때 호주 본토에서 분리되었다. 섬에는 수렵채집인 몇천 명이 남았고, 이들은 19세기에 유럽인들이 도착할 때까지 다른 인류와는 아무 접촉도 하지 못한 채 살았다. 12,000년간 태즈메이니아 바깥의 사람들은 이 섬이 존재하는 줄 몰랐고, 이 섬 사람들은 바깥 세계에 누군가 살고 있는 줄 몰랐다. 이들에게는 나름의 전쟁, 정치 투쟁, 사회적 변동, 문화 발전이 있었다. 하지만 가령 중국의 황제나 메소포타미아의 통치자에게 태즈메이니아는 목성의 위성 중 한 곳에 있는 것이나 다름없었다. 태즈메이니아인들은 자신들만의 세상에서 살았다.

미국과 유럽 역시 역사의 대부분의 기간에 서로 고립된 세계였다. 기원후 378년 동로마 제국의 발렌스 황제는 아드리아노플 전투에서 고트족에게 패해 사망했다. 같은 해 마야 티칼의 착 톡 아이착 왕은 테오티우아칸 군대와의 전투에서 패해 사망했다(티칼은 마야의 중요한 도시국가였고, 테오티우아칸은 당시 아메리카 대륙에서 가장 큰 도시로서 거주민이 25만 명이 넘었다. 동시대 로마 인구와 같은 자릿수다). 로마의 패배와 테오티우아칸의 융성 사이에는 아무런 관련이 없었다. 로마는 화성에 있고 테오티우아칸은 금성에 있는 것이나 마찬가지였다.

지구에는 얼마나 많은 인간 세상들이 공존했을까? 기원전 10000년경 우리 행성에 이 숫자는 수천 개였다. 기원전 2000년이 되자 숫자는 수백 개, 많아야 2천~3천 개 정도로 줄었다. 기원후 1450년이 되자 그 숫자는 그보다 더 극적으로 줄었다. 유럽인의 세계 탐사 직전인 그 시기에 지구에는 태즈메이니아 같은 고립된 작은 세계가 상당히 많이 존재했지만, 90퍼센트에 가까운 인류는 아프로아시아 세상이라는 단 하나의 큰 세상에 살았다. 아시아와 유럽과 아프리카(사하라 사막 이남 지역의 상당 부분 포함)의 대부분은 문화적, 정치적, 경제적으로 이미 밀접하게 연결되어 있었다.

나머지 10분의 1에 해당하는 인류는 상당한 규모와 복잡성을 지닌 네 개의 세계로 분리되어 있었다.

1. 중미 대부분과 북미 일부를 아우르는 메소아메리카 세계.

2. 남미 서부의 대부분을 아우르는 안데스 세계.

3. 호주 대륙을 아우르는 호주 세계.

4. 하와이에서 뉴질랜드에 이르는 남서 태평양의 섬 대부분을 아우르는 대양 세계.

이후 3백 년간 아프로아시아 거인은 세계의 나머지 지역 전부를 집어삼켰다. 1521년에는 메소아메리카 세계를 먹어치웠다. 스페인인들이 아즈텍 제국을 정복한 것이다. 같은 시기에 아프로아시아는 대양 세계도 처음 뜯어먹었다. 페르디난드 마젤란이 세계 일주 항해를 하고 그 직후 정복을 마무리 지은 것이었다. 안데스 세계는 1532년에 붕괴했다. 스페인 정복자들이 잉카 제국을 짓밟은 것이었다. 유럽인이 처음 호주 대륙에 상륙한 것은 1606년이었고, 자연 그대로의 대륙이 끝장난 것은 영국이 본격적인 식민지화를 시작한 1788년이었다. 그 15년 뒤에 영국인들은 태즈메이니아에 첫 정착지를 건설함으로써 최후까지 남아 있던 독자적 인간 세계를 아프로아시아의 영향권에 편입시켰다. 아프로아시아가 삼킨 것들을 모두 소화하는 데는 이후 여러 세기가 걸렸지만, 그 과정은 돌이킬 수 없는 것이었다.

오늘날 거의 모든 인류는 동일한 지정학 체계(행성 전체가 국제적으로 승인된 국가들로 나뉘어 있다), 동일한 경제 체제(자본주의 시장의 힘은 지구의 가장 구석진 곳까지 미친다), 동일한 법 체계(인권과 국제법은 세계 모든 곳에서 적어도 이론상으로는 효력이 있다), 동일한 과학 체계(원자 구

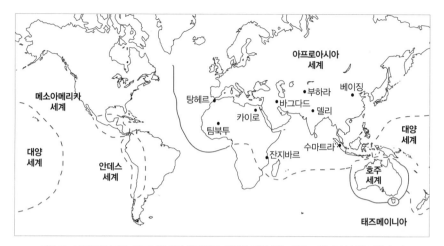

지도 3. 1450년의 지도. 아프로아시아 세계에서 이름이 적혀 있는 곳은 14세기 무슬림 여행가 이븐 바투타가 방문했던 곳이다. 모로코 탕헤르 출신인 그는 팀북투, 잔지바르, 남부 러시아, 중앙아시아, 인도, 중국, 인도네시아를 방문했다. 그의 여행은 근대 전야 아프로아시아의 통일성을 보여준다.

조나 결핵 치료법에 대해 이란, 이스라엘, 호주, 아르헨티나의 전문가들은 완전히 동일한 견해를 보인다)를 공유하고 있다.

전 지구 문화는 균일하지 않다. 하나의 유기체에 수많은 장기들과 세포들이 포함되어 있듯이, 우리의 전 지구 문화는 뉴욕의 증권 중개인에서 아프가니스탄의 양치기에 이르기까지 다양한 생활방식들과 사람들을 아우른다. 하지만 이들은 모두 밀접히 연결되어 있으며 서로에게 무수히 많은 방식으로 영향을 미친다. 이들은 여전히 서로 논쟁하고 싸우지만, 논쟁에 사용하는 개념은 동일하고 싸움에 사용하는 무기도 동일하다.

진정한 '문명의 충돌'은 청각 장애인들이 말로 나누는 대화와 같다. 누구도 상대방이 무슨 말을 하는지 파악하지 못하는 상황이다.

오늘날 이란과 미국이 상대를 향해 칼을 휘두르며 부딪치는 상황은 그것과는 전혀 다르다. 이들은 국민 국가, 자본주의 경제, 국제적 권리, 핵물리학이라는 동일한 언어를 사용한다.

우리는 여전히 '고유' 문화에 대해 많이 이야기하지만, 만일 그 '고유성'이란 것이 독자적으로 발달한 무엇, 외부의 영향을 받지 않은 고대의 지역전통으로 구성된 것을 뜻한다면, 오늘날 지구상에는 고유 문화가 하나도 없다. 지난 몇 세기 동안 모든 문화는 홍수처럼 범람한 지구적 영향들에 의해 거의 알아볼 수 없을 정도로 변했다.

이런 지구화의 가장 흥미로운 사례는 이른바 '민속' 요리다. 우리는 이탈리아 식당에서는 토마토소스를 넣은 스파게티를 예상하고, 폴란드와 아일랜드 식당에서는 많은 감자를, 아르헨티나 식당에선 수십 종의 스테이크 중 하나를 고를 것을, 인도 식당에선 거의 모든 음식에 매운 고추가 들어갈 것을, 모든 스위스 카페의 하이라이트는 크림을 잔뜩 넣은 뜨겁고 진한 코코아일 것을 예상한다. 하지만 이 중 어떤 음식도 이들 국가가 원산지는 아니다. 토마토, 고추, 코코아의 원산지는 멕시코다. 이것들은 스페인이 멕시코를 정복한 다음에야 유럽과 아시아에 들어왔다. 율리우스 카이사르와 단테 알리기에리는 토마토소스가 듬뿍 묻은 스파게티를 포크(포크는 당시 발명되지도 않았다)로 감아본 일이 없다. 윌리엄 텔은 초콜릿을 맛본 일이 없으며 부처는 음식에 고추를 넣어 먹은 일이 없다. 감자가 폴란드와 아일랜드에 들어온 지는 4백 년도 채 되지 않았다. 1492년 아르헨티나에서 얻을 수 있는 스테이크는 라마 고기로 만든 것뿐이었다.

할리우드 영화는 대초원의 아메리카 원주민들을 용감한 기수의 이미지로, 조상들의 관습을 보호하기 위해 유럽 개척자들의 마차를 용기 있게 습격하는 이미지로 줄곧 그려왔다. 하지만 북미 원주민 기수들은 어떤 고유한 고대 문화의 수호자가 아니었다. 17~18세기 북미 서부의 평원을 휩쓸었던 중대한 군사정치적 혁명의 산물이었다. 그즈음 유럽의 말이 도입되었던 것이다. 1492년 아메리카 대륙에는 말이라는 존재가 없었다. 19세기 수족과 아파치족의 문화에는 매력적인 측면이 많았지만, 그것은 '고유' 문화라기보다는 세계적 힘들이 빚어낸 결과인 근대 문화였다.

지구적 비전

실질적인 관점으로 볼 때 지구적 통일 과정에서 가장 중요한 단계는 제국들이 커지고 무역이 활발해진 지난 몇 세기 동안 진행되었다. 아프로아시아, 미국, 호주, 오세아니아 사람들 사이에 점점 더 견고해지는 유대가 형성되었다. 그래서 멕시코의 고추가 인도 음식에 들어가고 스페인의 소가 아르헨티나에서 풀을 뜯게 되었다. 하지만 이데올로기의 관점에서 보자면 이보다 더욱 중요한 발전이 기원전 첫 밀레니엄(기원전 1000년~기원전 1년) 동안 이루어졌는데, 바로 보편적 질서라는 개념이 뿌리를 내린 시점이었다. 그 이전 수천 년 동안에도 역사는 이미 지구적 통일의 방향으로 느리게 움직이고 있었지만, 대부분의 사람에게 세계 전체를 지배하는 보편적 질서라는 관념은 아직 낯설었다.

호모 사피엔스는 사람을 우리와 그들로 나눠서 생각하도록 진화했다. '우리'란 누구든 내 바로 주위에 있는 집단을 말했다. '그들'

이란 그 외의 모든 사람이었다. 사실 어떤 사회적 동물도 자신이 속한 종 전체의 이익에 이끌려 행동하지는 않는다. 침팬지 종의 이익에 관심을 갖는 침팬지는 한 마리도 없고, 지구적 달팽이 공동체를 위해 촉수 한 쪽이라도 까딱하는 수고를 들일 달팽이는 없으며, 알파 수컷 사자들 중에 모든 사자의 왕이 되고자 나서는 놈도 없고, 벌집 입구에 "만국의 일벌들이여, 단결하라"는 구호가 붙어 있는 경우도 없다.

하지만 인지혁명을 시발로, 호모 사피엔스는 이 점에서 점점 더 예외가 되어갔다. 사람들은 처음 보는 사람들과 정기적으로 협력하기 시작했다. 이들을 '형제'나 '친구'라고 상상하면서 말이다. 하지만 이런 형제애는 보편적이지 않았다. 건너편 골짜기 어딘가, 혹은 저 산 너머 어딘가에는 여전히 '그들'이 존재한다는 것을 느낄 수 있었다. 최초의 파라오 메네스가 기원전 3000년경 이집트를 통일했을 때 이집트인들이 분명히 알게 된 사실은 이집트에 국경이 있으며 그 너머에는 '야만인'들이 들끓고 있다는 것이었다. 야만인들은 낯설고 위협적이었으며, 오로지 이집트에 필요한 땅이나 천연자원을 이들이 가지고 있을 때만 흥미로운 존재였다. 흥미의 크기는 필요의 크기에 비례했다. 사람들이 창조한 모든 상상의 질서는 인류의 상당한 부분을 무시하는 경향이 있었다.

기원전 첫 밀레니엄 동안, 보편적 질서가 될 잠재력이 있는 후보 세 가지가 출현했다. 세 후보 중 하나를 믿는 사람들은 처음으로 세계 전체와 인류 전체를 하나의 법 체계로 통치되는 하나의 단위로 상상할 수 있었다. 적어도 잠재적으로는 모두가 '우리'였다. '그들'은 더 이상 존재하지 않았다. 최초로 등장한 보편적 질서는 경제적인 것, 즉 화폐 질서였다. 두 번째 보편적 질서는 정치적인 것, 즉 제국의 질서였다. 세 번째 보편적 질서는 종교적인 것, 즉 불교, 기독교, 이슬람교 같은 보편적 종교의 질서였다.

'우리 대 그들'이라는 이분법적 진화적 구분을 처음으로 어찌어찌 초월했고 인류의 잠재적 통일을 내다볼 수 있었던 사람들은 상인, 정복자, 예언자 들이었다. 상인들에게는 세계 전체가 단일시장이었으며 모든 인간은 잠재적 고객이었다. 이들은 어디에서나 누구에게나 적용되는 경제질서를 세우고 싶어 했다. 정복자들에게는 세계 전체가 단일 제국이었고 모든 인간은 잠재적 신민이었다. 예언자들에게는 온 세계에 진리는 하나뿐이었으며 모든 인간은 잠재적 신자였다. 이들 역시 어디에서나 누구에게나 적용되는 질서를 세우려고 노력했다.

인류의 통합 지난 3천 년간 사람들은 이런 지구적 비전을 실현하기 위해서 점점 더 야심 찬 시도를 했다. 이어지는 세 장에서는 화폐와 제국과 보편종교가 어떻게 퍼져나갔고 어떻게 오늘날의 통합된 세계의 기초를 닦았는가를 이야기할 것이다. 이야기의 시작은 역사상 최대의 정복자, 극도의 관용과 융통성을 지녔으며 사람들을 열렬한 사도로 만들었던 정복자에 대한 것이다.

이 정복자는 바로 돈이다. 같은 신을 믿거나 같은 왕에게 순종하지 않는 사람들도 기꺼이 같은 돈을 사용하려 한다. 오사마 빈 라덴은 미국의 문화, 미국의 종교, 미국의 정치를 그토록 증오했지만 미국 달러는 매우 좋아했다. 돈은 어떻게 신과 왕이 실패한 곳에서 성공할 수 있었을까?

10

돈의 향기

1519년 에르난 코르테스 일당은 당시까지 인간 세상에서 격리되어 있던 멕시코를 침략했다. 그곳에 살던 아즈텍인들은 후세에 알려진 대로 이방인들이 어떤 노란 금속에 극도의 관심을 나타낸다는 사실을 금방 알아차렸다. 이방인들은 정말 끊임없이 그 이야기만 하는 것처럼 보였다. 원주민들이라고 금을 모르지 않았다. 아름답고 가공하기 쉬워서 그것을 사용해 장신구와 조각상을 만들었으며 때로 금가루를 교환의 수단으로 이용했다. 하지만 아즈텍인은 뭔가를 사고 싶으면 보통은 코코아 콩이나 피륙을 지불했다. 그래서 스페인인들이 금에 집착하는 이유가 도무지 이해되지 않았다. 먹을 수도 마실 수도 없고 천을 짤 수도 없으며 너무 물러서 도구나 무기를 만들 수도 없는 금속이 왜 그렇게 중요할까? 스페인 사람들이 금에 열광하는 이유가 뭐냐고 원주민들이 묻자 코르테스는 이렇게 대답했다. "나와 내 동료들은 금으로만 나을 수 있는 마음의 병을 앓고 있기 때문이다."[1]

스페인 사람들이 떠나온 아프로아시아 세계에는 금에 대한 집착이 만연해 있었다. 서로 원수인 사람들도 이 쓸모 없는 누런 금속을 갈구하는 데는 한마음이었다. 멕시코를 정복하기 3세기 전, 코르테스의 조상들과 그 군대는 이베리아반도와 북아프리카에 있던 무슬림 왕국들과 피비린내 나는 종교전쟁을 벌였다. 그리스도의 신자들과 알라의 신자들은 상대방을 수천 명씩 죽이고, 들판과 과수원을 황폐하게 만들고, 번영한 도시를 연기 나는 폐허로 만들었다. 모두가 그리스도나 알라의 영광을 더 크게 만들기 위한 일이었다.

점차 우세를 차지한 기독교인들은 승리를 축하하기 위해 모스크를 부수고 교회를 지었을 뿐 아니라, 새로운 금화와 은화를 발행하여 십자가와 함께 이교도들과의 싸움을 하느님이 도와주셔서 감사한다는 내용을 새겼다. 하지만 승리자들은 새로운 화폐와 함께 또 다른 종류의 주화도 찍어냈는데, 밀라레스라는 이 주화에는 좀 다른 메시지가 담겨 있었다. 기독교인 정복자들이 찍어낸 사각형 주화에는 유려한 아라비아 문자로 다음과 같은 선언이 새겨져 있었다. "알라 외에 다른 신은 없으며 무함마드는 알라의 사자다." 가톨릭의 멜구에일 주교와 아그데 주교조차도 인기 있는 이 무슬림 주화를 충실히 복제해 발행했고, 신을 두려워하는 기독교인들은 이를 기쁘게 사용했다.[2]

관용은 언덕 너머에서도 넘쳐흘렀다. 북아프리카의 무슬림 상인들은 피렌체의 플로린 금화, 베네치아의 두카트 금화, 나폴리의 기글리아토 은화 같은 기독교 주화를 이용해 사업을 했다. 이교도인 기독교인들을 상대로 성전을 벌였던 무슬림 통치자들조차 경배의 표시로 예수와 성모 마리아를 새겨 넣은 주화로 세금을 받았다.[3]

가격이
얼마인가요?

        수렵채집인들에게는 돈이 필요없었다. 각각의 무리는 고기, 약품, 샌들에서 주술까지 필요한 모든 것을 직접 사냥하고 채집하고 만들었다. 무리의 구성원들이 각기 다른 업무에 전문화되었을 수도 있지만, 이들은 호의와 의무의 경제를 통해 재화와 용역을 나누었다. 공짜로 건네주는 고기 한 덩어리에는 호혜성이라는 전제, 이를테면 공짜 의료지원이 포함되어 있었다. 무리는 경제적으로 독립되어 있었다. 다만 현지에 없는 희귀 물품인 조가비, 염료, 흑요석 등은 이방인에게서 구해야 했다. 통상 이것은 "아름다운 조가비를 당신에게 줄 테니 우리에게 품질 좋은 부싯돌을 주시오."하는 단순한 물물교환으로 가능했다.

    농업혁명이 시작되었어도 이런 방식은 거의 달라지지 않았다. 대부분의 사람들은 작고 친밀한 공동체에서 계속 살았다. 각각의 마을은 수렵채집인 무리와 비슷하게 자급자족하는 경제단위였다. 주로 호혜와 의무로 유지되고 간혹 외부인과 물물교환을 하는 방식이었다. 어쩌면 한 주민은 신발을 만드는 재주가 뛰어났을 테고 다른 주민은 아픈 사람을 치료하는 재주가 있었을 테니, 마을 사람들은 신발이 없거나 병에 걸렸을 때 누구를 찾아가야 하는지 알고 있었다. 하지만 마을이 작고 경제도 제한적이었기 때문에 전업 제화공이나 전업 의사는 있을 수 없었다.

    도시와 왕국이 등장하고 수송 하부구조가 개선되자 전문화라는 새로운 기회가 생겼다. 인구밀도가 높은 도시는 제화공과 의사뿐 아니라 목수, 사제, 군인, 법률가를 풀타임으로 고용했다. 어떤 마을이 정말로 품질 좋은 와인, 올리브오일, 도자기를 만드는 것으로 명성을 얻었다면, 그 마을은 거의 전적으로 해당 상품만을 생산하고 필요한 다른 상품은 다른 정착지의 사람과 교역을 통해 얻는 것이 낫다는 사실을 알아차렸다. 이것은 아주 합당한 일이었다. 기후와 토양은 다 다른 법인데, 토양과 기후가 포도 재배에 훨씬 더 적합한 곳에서 만든 부드러운 와인을 다양하게 살 수 있다면 어째서 자신의 뒤뜰에서 만든 그저 그런 와인을 마셔야 한단 말인가. 만일 자기 집 뒤뜰의 진흙으로 좀 더 찰지고 예쁜 단지를 만들 수 있다면, 다른 것과 교환할 수 있다. 의사나 법률가는 물론이고 전업 포도주 양조업자나 옹기장이는 각자 자신의 전문성을 갈고 닦아 모두에게 이득을 줄 수 있다. 하지만 전문화는 문제를 하나 일으켰다. 전문가

사이의 물품 교환을 어떻게 관리할 것인가?

수많은 낯선 사람들이 협력하려 할 때는 호의와 의무의 경제가 제대로 기능하지 않는다. 여동생이나 이웃사람에게 무료로 도움을 주는 것과 내게 결코 답례하지 않을지도 모르는 낯선 사람을 돌봐주는 것은 전혀 다르다. 이때 물물교환에 의지할 수는 있다. 하지만 물물교환은 제한된 범위의 물품을 서로 교환할 때만 효과적이다. 복잡한 경제의 토대가 될 수는 없다.[4]

물물교환의 한계를 이해하기 위해, 당신에게 사과 과수원이 있다고 상상해보자. 언덕에 있는 그 과수원은 지방 전체에서 가장 아삭아삭하고 달콤한 사과를 생산한다. 당신은 이곳에서 신발이 닳도록 열심히 일한다. 그러다 이제 당신은 나귀에 수레를 매달고 장이 서

는 강변의 읍으로 향한다. 이웃사람에게 들은 바로는 읍의 남쪽 끝에 있는 제화공은 무려 다섯 계절이나 신을 수 있는 튼튼한 장화를 만든다고 했다. 당신은 제화공의 가게를 찾아가서 약간의 사과를 내놓고 당신이 필요로 하는 신발을 달라고 한다. 제화공은 망설인다. 사과를 얼마나 달라고 해야 할까? 그에게는 매일 수십 명의 고객이 찾아온다. 그중 몇몇은 사과 자루를 가져오고 몇몇은 밀, 염소, 피륙을 가져오는데 품질은 다 다르다. 또 다른 사람들은 왕에게 탄원서를 내는 전문성이나 요통을 고치는 전문성을 제공하겠다고 한다. 제화공이 마지막으로 사과와 신발을 교환한 것은 3개월 전이다. 그때는 사과 세 자루를 받았다. 아니, 네 자루였던가? 하지만 생각해보니 지난번 사과는 신맛이 나는 계곡산이었고 이번 것은 언덕에서 생산된 최고 품질이다. 한편 저번에 받은 사과는 작은 여성용 신발과 바꾸었는데 이 고객은 남성용 장화를 요구하고 있다. 게다가 최근 몇 주 동안 전염병이 돌아 읍 주변의 양 떼가 열 마리당 한 마리꼴로 죽었기 때문에 가죽이 귀해지기 시작했다. 무두장이들은 전과 같은 양의 가죽에 대해 예전보다 두 배의 구두를 요구하기 시작했다. 이런 점도 고려해야 하지 않을까?

물물교환 경제에서 제화공과 사과 과수원 주인은 수십 종 재화의 상대가격을 매일매일 새로 알아야 한다. 만일 1백 종의 각기 다른 상품이 시장에서 거래된다면, 구매자와 판매자는 4,950가지 서로 다른 교환율을 알아야 할 것이다. 만일 거래되는 상품이 1천 종이라면, 49만 9,500가지 서로 다른 교환율을 곡예하듯 다뤄야 할 것이다.[5] 그걸 어떻게 다 안단 말인가?

문제는 그뿐만이 아니다. 사과 몇 개가 구두 한 켤레와 맞먹는지를 어찌어찌 계산한다 해도, 물물교환이 늘 가능한 것은 아니다. 무엇보다 거래가 이루어지려면 쌍방이 상대가 원하는 것을 가지고 있어야 한다. 제화공이 사과를 좋아하지 않으면 어쩔 것인가? 그 순간에 그가 정말 원하는 것이 이혼이라면 어쩔 것인가? 물론 농부가 사과를 좋아하는 법률가를 찾아내서 삼각거래를 주선할 수는 있다. 하지만 만일 그 법률가가 사과에는 물렸으며 꼭 필요한 것은 이발이라고 한다면 어쩌겠는가?

일부 사회에서는 중앙집중적 물물교환 시스템을 만들어서 이 문제를 해결하고자 했다. 전문 재배자와 제작자에게서 물품을 다 받아둔 뒤 그것을 필요로 하는 사람들에게 분배하는 것이다. 이런 실험 중 가장 규모가 크고 유명한 것은 옛 소련에서 시행되었지만, 비참한 실패로 끝나고 말았다. 원래 "능력에 따라 일하고 필요에 따라 받는다"던 것이 현실에서는 "문제가 되지 않는 범위 내에서 최소한으로 일하고 가능한 한 최대로 받아낸다"로 바뀌었다. 이보다 온건하고 성공적인 실험이 이루어진 경우도 있었다. 예컨대 잉카 제국이 그랬다. 하지만 대부분의 사회는 많은 수의 전문가를 연결시키는 좀 더 쉬운 방법을 찾아냈다. 돈을 개발한 것이다.

조가비와
담배

화폐는 여러 곳에서 여러 차례 만들어졌다. 화폐가 발달하는 데는 기술적인 돌파구가 필요하지 않았다. 이것은 순수한 정신적 혁명이었다. 여기에 얽혀 있는 것은 사람들이 공유하는 상상 속에서만 존재하는 새로운 상호 주관적 실체였다.

화폐는 주화와 지폐가 아니다. 화폐는 재화와 용역의 가치를 체계적으로 표현할 수 있게끔 사람들이 기꺼이 사용하려고 하는 모든 것을 말한다. 그 목적은 재화와 용역을 교환하는 데 있다. 돈이 있으면 각기 다른 물품(사과, 신발, 이혼)의 가치를 쉽고 빠르게 비교할 수 있고, 하나를 다른 것과 쉽게 교환할 수 있으며, 부를 편리하게 쌓아둘 수 있다. 화폐의 유형은 매우 다양했다. 가장 친숙한 것이 주화, 즉 무언가가 새겨진 표준화된 금속 조각이다. 하지만 주화가 발명되기 훨씬 전부터 화폐는 사용되었다. 금속이 아닌 다른 물건을 사용해서 번영한 문화는 많았다. 조가비, 가축, 가죽, 소금, 곡식, 구슬, 천, 약속어음…… 별보배고둥 껍데기는 아프리카, 남아시아, 동아시아, 오세아니아 전역에서 약 4천 년간 화폐로 쓰였다. 20세기 초 영국령 우간다에서는 별보배고둥 껍데기로 세금을 납부하는 것도 가능했다.

현대의 교도소나 전쟁포로 수용소에서는 담배가 돈의 역할을 한 적이 종종 있었다. 심지어 담배를 피우지 않는 수인들도 담배를 지불수단으로 기꺼이 받아들였다. 다른 모든 재화와 용역의 가치를 담배로 계산하는 것에 대해서도 마찬가지였다. 아우슈비츠의 생존자 한 사람은 수용소에서 사용된 담배 화폐를 이렇게 묘사했다. "우리에게는 우리만의 화폐가 있었고 누구도 그 가치를 의심하지 않았다. 그것은 담배였다. 모든 물품의 가격은 담배로 제시되었다. '평상'시, 그러니까 가스실에 입장할 후보들이 정기적으로 계속 들어오는 기

▲　　고대 중국문자에서 별보배고둥 껍데기 기호(조개 패貝)는 돈을 나타낸다. '팔다' '상' 같은 단어에서 그렇게 쓰였다(위의 그림 중 괄호 안의 한자는 옮긴이가 추정한 후대의 한자이다. —옮긴이).

간에는 빵 한 덩이는 담배 열두 개비 값이었다. 3백 그램짜리 마가린 덩어리는 30개비, 시계는 80~2백 개비, 알코올 1리터는 4백 개비였다."[6]

심지어 오늘날에도 주화와 지폐(은행권)는 화폐의 유형으로서는 드문 것이다. 세계 전체의 화폐 총량은 약 60조 달러지만 주화와 지폐의 총액은 6조 달러 미만이다.[7] 돈의 90퍼센트 이상, 우리 계좌에 나타나는 50조 달러 이상의 액수는 컴퓨터 서버에만 존재한다. 그에 따라 대부분의 상거래는 하나의 컴퓨터 파일에 들어 있는 전자 데이터를 다른 파일로 옮기는 방식으로 이뤄지지, 실제로 돈을 주고받지는 않는다. 가령 집을 살 때 가방에 가득 찬 지폐로 지불하는 것은 범죄자밖에 없다. 사람들이 전자 데이터를 받는 대가로 재화와 용역을 기꺼이 거래하려 하는 한, 그것은 반짝이는 주화나 빳빳한 지폐보다 낫다. 더 가볍고 부피가 더 작고 기록하기도 더 쉽다.

복잡한 상업 체계가 제대로 기능하려면 모종의 화폐가 반드시 있어야 한다. 화폐 경제하의 제화공은 다양한 종류의 구두에 매겨지는 가격만 알면 족하지, 신발과 사과, 신발과 염소의 교환율을 암기할 필요가 없다. 사과 재배 전문가도 돈만 있으면 사과를 좋아하는 제화공을 찾을 필요가 없는데, 돈은 모든 사람이 원하기 때문이다. 이것은 아마도 돈의 가장 기본적 속성일 것이다. 사람들이 항상 돈을 원하는 것은 다른 사람들 역시 항상 돈을 원하기 때문이고, 그것은 곧 당신이 원하거나 필요로 하는 모든 것과 돈을 교환할 수 있다는 말이다. 제화공은 당신에게서 돈을 받으며 언제나 만족할 텐데, 그가 실제로 원하는 것이 사과든 염소든 이혼이든 무엇이든 돈을 주고 그것을 얻을 수 있기 때문이다.

그러므로 돈은 거의 모든 것을 다른 거의 모든 것으로 바꿀 수 있게 해주는 보편적인 교환수단이다. 전역군인이 자신의 군인수당으로 대학수업료를 낸다면 체력이 지력으로 바뀐 경우다. 공작이 자신의 신하들을 먹여 살리기 위해 재산을 판다면 땅이 충성심으로 바뀐 경우다. 의사가 진료비를 받아 변호사를 고용하거나 판사에게 뇌물을 준다면 건강이 재판으로 바뀐 경우다. 심지어 성관계를 구원으로 바꾸는 것도 가능하다. 15세기에 창녀들이 남자와 자는 대가로 받은 돈으로 가톨릭 교회의 면죄부를 사곤 했으니 말이다.

이상적인 형태의 돈은 사람들로 하여금 어떤 것을 다른 것으로 바꾸게 해줄 뿐 아니라 부를 축적할 수 있게도 해준다. 세상에는 저장이 되지 않는 귀중한 것이 많은데, 가령 시간이나 미모가 그렇다. 어떤 것은 짧은 시간만 저장이 가능하다. 딸기가 그렇다. 내구성이 더 좋은 것들도 있지만, 공간을 많이 차지하고 비싼 시설이 필요하며 손이 많이 간다. 예컨대 곡물은 몇 년씩 저장할 수 있지만 그러려면 커다란 창고를 지어야 하고 쥐와 곰팡이, 물, 불, 도둑을 막을 필요가 있다. 돈은 그것이 종이든, 컴퓨터 비트든, 혹은 별보배고둥 껍데기든, 이런 문제를 해결해준다. 별보배고둥 껍데기는 썩지 않고, 쥐의 입맛에 맞지도 않으며, 불에 타지 않고, 금고에 넣어둘 수 있을 정도로 작다.

부를 이용하려면 단순히 저장해두는 것만으로는 충분치 않다. 이 장소에서 저 장소로 이동시킬 필요가 있다. 어떤 형태의 부, 예컨대 부동산 같은 것들은 전혀 이동할 수 없다. 밀과 쌀 같은 재화는 어렵사리 운반이 가능하다. 화폐가 없는 세상의 부유한 농부가 먼 지방으로 이주한다고 상상해보자. 그의 부는 집과 논이 대부분을 차지한다. 농부는 이 중 어느 것도 가지고 갈 수가 없다. 이것을 많은 양의 쌀과 바꿀 수는 있을 것이다. 하지만 그 많은 쌀을 수송하기는 쉽지 않으며, 수송비도 비싸게 들 것이다. 돈은 이런 문제를 해결해준다. 농부는 재산을 팔고 별보배고둥 껍데기 한 자루를 받아서 어디든 쉽게 가지고 갈 수 있다. 돈은 부의 전환과 저장, 이동을 쉽고 값싸게 하도록 만들었기 때문에, 복잡한 상거래망과 역동적 시장이 출현하는 데 결정적으로 기여했다. 만일 돈이 없었더라면 상거래망과 시장의 규모와 복잡성, 역동성은 매우 제한될 수밖에 없었을 것이다.

돈은 어떻게
작동하는가?

별보배고둥 껍데기와 달러화의 가치는 우리의 공통된 상상 속에서만 존재한다. 그 가치는 조개껍데기나 종이의 화학적 구조, 색상, 형태 속에 있지 않다. 다시 말해 돈은 물질적 실체가 아니라 심리적 구조물이다. 그것은 물질을 마음으로 전환함으로써 작동한다. 하지만 왜 그것이 성공했을까? 비옥한 논을 쓸모없는 별보배고둥 껍데기 한 줌과 기꺼이 바꿀 사람이 대체 어디 있을까? 혹은 왜 우리는 겨우 색칠한 종이 몇 장을 받자고 기꺼이 햄버거를 뒤집고, 보험을 팔고, 못된 아이 세 명을 봐주는가?

사람들이 기꺼이 그런 일을 하려 드는 것은 자신들의 집단적 상상의 산물을 믿기 때문이다. 신뢰는 온갖 유형의 돈을 주조하는 데 쓰이는 원자재다. 앞의 부유한 농부가 재산을 팔고 별보배고둥 껍데기 한 자루를 받아서 다른 지방으로 여행을 갔다고 하자. 그는 그곳의 사람들이 별보배고둥 껍데기를 받고 기꺼이 쌀과 집과 밭을 팔 것이라고 믿고 있었다. 따라서 화폐란 상호신뢰 시스템의 일종이지만, 그저 그런 상호신뢰 시스템이 아니라 인간이 고안한 것 중에서 가장 보편적이고 효율적인 상호신뢰 시스템이다.

이런 신뢰를 창조한 것은 정치, 사회, 경제적 관계의 매우 복잡하고 장기적인 네트워크다. 나는 왜 별보배고둥 껍데기나 금화나 달러화를 신뢰할까? 내 이웃들이 그것을 신뢰하기 때문이다. 그리고 내 이웃들이 그것을 신뢰하는 이유는 내가 그것을 신뢰하기 때문이다. 우리 모두가 그것을 믿는 이유는 우리의 왕이 역시 그것을 믿고 그것을 세금으로 받기 때문이며, 우리의 사제가 역시 그것을 신뢰하며 십일조로 그것을 요구하기 때문이다. 달러 지폐 한 장을 꺼내 잘 살펴보라. 그것이 앞면에는 미국 재무성 장관의 서명이 있고, 뒷면에는 '우리는 하느님을 믿는다'는 구호가 쓰여 있는 알록달록한 종잇조각에 지나지 않음을 알 수 있다. 우리가 달러를 받는 이유는 우리가 하느님을 믿고 미국 재무성을 믿기 때문이다. 신뢰가 결정적 역할을 한다는 사실은 왜 금융 시스템이 우리의 정치, 사회, 이데올로기 시스템과 그토록 밀접한 관련이 있는지 설명해준다. 또한 금융 위기가 정치적 정세에 의해 촉발되는 일이 왜 그렇게 흔한지,

왜 주식시장은 거래인들이 어느 날 아침 어떤 기분이냐에 따라 오를 수도 내릴 수도 있는지를 설명해준다.

맨 처음에 화폐의 최초 버전이 만들어졌을 때는 사람들이 이런 신뢰를 가지고 있지 않았기 때문에, 그 자체가 내재적 가치를 지닌 물건을 '화폐'로 정의할 필요가 있었다. 역사상 최초의 화폐로 알려진 수메르인의 보리 화폐가 좋은 사례다. 이 화폐는 기원전 3000년 경 수메르에서 글쓰기가 등장한 것과 똑같은 시기와 장소에, 또한 똑같은 상황에서 출현했다. 글쓰기가 행정활동을 강화할 필요에 부응해서 발달했던 것처럼, 보리 화폐는 경제활동을 강화할 필요에 부응해 발달했다.

보리 화폐는 그냥 보리였다. 다른 모든 재화와 용역의 가치를 평

가하고 교환하는 데 정해진 양의 보리를 보편적 척도로서 사용했던 것이다. 가장 흔한 단위는 실라였는데 대략 1리터에 해당하는 양이 었었다. 한 실라를 담을 수 있는 표준화된 그릇이 대량생산되어 사람들은 물건을 사고 팔 때 필요한 양만큼의 보리를 쉽게 잴 수 있었다. 월급 역시 '보리 몇 실라'라는 식으로 결정되고 지불되었다. 남자 노동자는 한 달에 60실라를, 여자 노동자는 30실라를 벌었다. 건설현장의 감독은 1,200~5천 실라를 벌 수 있었다. 아무리 걸신들린 감독이라도 한 달에 보리 5천 리터를 먹을 수는 없었지만, 그는 먹지 않는 실라를 기름, 염소, 보리 외의 식량 등 온갖 생필품을 사는 데 이용했다.[8]

보리가 실질적 가치를 지닌다고 해도, 이것을 그냥 하나의 생필품이 아니라 돈으로 사용하도록 사람들에게 확신을 주는 것은 쉽지 않았다. 상상해보라. 만일 당신이 동네 쇼핑몰에 보리가 가득한 자루를 들고 가서 셔츠나 피자를 사려고 한다면 어떨까? 상인들은 아마도 경비를 부를 것이다. 그럼에도 불구하고 보리를 첫 번째 유형의 화폐로 받아들이고 신뢰하는 것은 어느 정도 쉬운 일이었는데, 왜냐하면 보리에는 내재된 생물학적 가치가 있기 때문이다. 즉 사람이 그것을 먹을 수 있기 때문이었다. 한편 보리는 저장하거나 운반하기는 어려웠다.

화폐의 역사에서 진정한 돌파구가 생긴 것은 그 자체로는 내재적 가치가 없는 돈, 그렇지만 저장과 운반이 쉬운 돈을 사람들이 신뢰하게 되었을 때다. 그런 화폐는 기원전 3000년에서 기원전 2000년의 중간쯤 고대 메소포타미아에서 출현했다. 은으로 된 세겔이었다.

세겔은 은화가 아니라 은 8.33그램을 말했다. 함무라비 법전은 귀족 남성이 노예 여성을 죽인 경우 그 소유자에게 은 20세겔을 지불해야 한다고 규정했는데, 은화 스무 개가 아니라 은 166그램을 지불해야 한다는 뜻이었다.《구약성경》에 나오는 화폐 관련 용어는 대부분 동전이 아니라 은과 관련된 것이다. 요셉의 형제들은 그를 이스마엘의 자손들에게 은 20세겔, 즉 은 166그램에 팔았다(노예 여성의 목숨값과 같다. 어쨌든 그는 젊은이였으니까).

보리 실라와 달리 은 세겔은 고유한 가치를 지니지 않았다. 은은 먹을 수도, 마실 수도, 옷을 해 입을 수도 없다. 유용한 도구를 만들기에는 너무 무르다. 은으로 만든 보습이나 칼은 알루미늄 호일로 만든 것처럼 금세 구겨져버릴 것이다. 금이나 은에 뭔가 쓸모가 있다면 그것은 장신구나 왕관을 비롯한 신분의 상징을 만드는 재료로 인류의 통합 서다. 특정 문화에 속한 사람들이 높은 사회적 지위와 동일시하는 사치품 말이다. 그 가치는 순전히 문화적이다.

정해진 무게의 귀금속은 결국 동전, 즉 주화를 탄생시켰다. 역사상 최초의 주화는 기원전 640년경 아나톨리아 서부에 있던 리디아의 왕 알뤼아테스가 만들었다. 이 주화는 표준화된 무게의 금이나 은으로 만들어졌고, 식별 표식이 새겨져 있었다. 표식은 두 가지를 증명했다. 첫째, 해당 주화에 귀금속의 양이 얼마나 들어 있는지 알려주었다. 둘째, 주화를 발행하고 그 내용물을 보증한 당국이 누군지를 확인해주었다. 오늘날 사용되는 거의 모든 주화는 리디아 주화의 후손들이다.

▲ 역사상 초기 동전 중 하나. 기원전 7세기경 소아시아의 고대국가인 리디아의 것이다.

주화는 표식이 없는 금속덩어리에 비해 두 가지 중요한 장점을 지녔다. 첫째, 금속덩어리는 거래할 때마다 무게를 재야만 했다. 둘째, 무게를 재는 것만으로는 충분치 않았다. 제화공이 신발의 대가로 주고 받은 은괴가 순수한 은으로 만든 것인지 납에 은을 도금한 것인지를 어떻게 안단 말인가? 주화는 이런 문제를 해결해준다. 각인된 표식이 정확한 가치를 증명하기 때문에, 제화공은 금전등록기 옆에 저울을 놔둘 필요가 없다. 더욱이 주화의 표식은 그 주화의 가치를 보장한 어느 정치 권력의 서명이었다.

표식의 형태와 크기는 역사를 통틀어 크게 달랐지만, 메시지는 늘 같았다. "나, 위대한 왕 누구누구는 이 금속 원반에 정확히 5그램의 금이 들어 있다는 점을 개인적으로 보증한다. 감히 이 주화를 위조하는 자가 있다면 그는 나의 서명을 위조하는 것이고 이는 내 명성에 오점이 될 것이다. 나는 그런 범죄를 최고로 엄중하게 처벌할 것이다." 돈을 위조하는 행위가 다른 종류의 사기에 비해 항상 훨씬 더 심각한 범죄로 취급되어온 이유가 여기에 있다. 위조는 단순한 사기가 아니다. 주권 침해이고, 왕의 힘과 특권과 왕 개인에 대한 반역 행위이다. 여기 해당하는 법률용어는 '왕권 침해'였으며, 그 처벌은 보통 고문과 죽음이었다. 사람들은 왕의 권력과 진실성을 신뢰하는 한 그의 주화도 신뢰했다. 완전한 이방인들도 로마의 데나리우스 주화의 가치에 쉽게 동의할 수 있었는데, 주화에 그 이름과 얼굴이 새겨진 로마 황제의 권력과 진실성을 믿었기 때문이다.

한편 그 황제의 권력은 또한 데나리우스에 기초를 두고 있었다. 주화가 없었다면 로마 제국을 유지하기가 얼마나 어려웠을지 생각해보라. 황제가 보리와 밀로 세금을 거두고 이것으로 월급을 지급했다면 어땠을까? 시리아에서 세금으로 보리를 걷어 로마의 중앙금고로 수송한 뒤 다시 브리튼 주둔 군단에 월급으로 지급하기 위해서 수송하기는 불가능했을 것이다. 만일 로마 주민들은 금화를 신뢰하지만 갈리아인, 그리스인, 이집트인, 시리아인은 그 신뢰를 거부하고 별보배고둥 껍데기나 상아 구슬, 피륙 천을 신뢰했다면, 그런 경우에도 역시 제국을 유지하기는 어려웠을 것이다.

금이라는
복음

로마 주화에 대한 신뢰는 매우 강력해서 국경 바깥에서조차 사람들은 데나리우스 주화를 받았다. 기원후 1세기 로마 주화는 인도 시장에서 교환수단으로 받아들여졌다. 가장 가까운 로마 땅이 수천 킬로미터나 떨어져 있는데도 말이다. 인도 사람들은 데나리우스와 거기 새겨진 황제의 얼굴을 너무나 신뢰하여, 현지 지배자들은 자신의 주화를 만들 때 데나리우스를 흡사하게 모방했다. 로마 황제의 얼굴 초상까지 말이다! '데나리우스'라는 이름은 주화를 포괄적으로 부르는 말이 되었다. 무슬림 칼리프들은 그 이름을 아랍어화해서 '디나르'를 발행했다. 디나르는 오늘날에도 요르단, 이라크, 세르비아, 마케도니아, 튀니지를 비롯한 여러 나라 화폐의 공식 명칭이다.

리디아 스타일의 주화 제조법이 지중해에서 인도양까지 퍼져나가고 있을 때, 중국은 이와 조금 다른 화폐 시스템을 개발했다. 청동 동전과 표식이 없는 은괴와 금괴를 기반으로 한 시스템이었다. 그렇지만 두 시스템은 공통점이 아주 많아서(특히 금과 은에 의존했다는 점에서), 중국과 리디아 사이에는 금전적, 상업적 관계가 밀접하게 구축되었다. 무슬림 상인과 유럽 상인 그리고 정복자들은 리디아 시스템과 금이라는 복음을 지구의 매우 구석진 곳에까지 퍼뜨렸다. 근대 말에 이르자 전 세계가 단일 화폐권역이 되었는데, 처음에는 금과 은을 기반으로, 나중에는 영국 파운드나 미국 달러처럼 신뢰받는 소수의 통화를 기반으로 하게 되었다.

국경과 문화를 초월하는 단일 화폐권역의 등장은 아프로아시아의 통일을 위한 기초, 결국에는 지구 전체를 단일 경제정치권역으로 통합하는 기초를 놓았다. 사람들은 예나 지금이나 서로 알아들을 수 없는 언어로 말했고, 각기 다른 통치자의 지배를 받았고, 각기 다른 신을 숭배했지만, 모두 금과 은, 금화와 은화를 신뢰했다. 이런 공통의 신념이 없었다면 세계 무역망은 사실상 존재할 수 없었을 것이다. 16세기 미 대륙에서 침략자들이 발견한 금과 은 덕분에 유럽 상인들은 동아시아에서 비단, 도자기, 향신료를 살 수 있었고, 이를 통해 유럽과 동아시아에서 경제성장의 바퀴를 돌릴 수 있었다. 멕시코와 안데스 산맥에서 채굴한 금과 은의 대부분은 유럽인의 손가락 사이로 빠져나가 중국의 비단과 도자기 제조업자의 지갑 속에 자리 잡았다. 만일 중국인들이 코르테스와 그 일당이 앓았다는 '마음병'에 똑같이 걸리지 않았다면, 그래서 금이나 은으로 하는 결제를 거부했다면 어떤 일이 일어났을까?

중국인, 인도인, 무슬림, 스페인인의 문화는 서로 크게 다르며 의견을 같이하는 부분이 적은데도 다들 금에 대한 믿음을 공유하는 것은 어째서일까? 스페인 사람들은 금을 믿고 무슬림들은 보리를, 인도 사람들은 별보배고둥을, 중국 사람들은 비단을 믿는 일이 일어나지 않은 이유는 무엇일까?

경제학자들에게는 대답이 미리 준비되어 있다. 두 지역이 일단 무역으로 연결되면, 운송가능한 물품의 가격은 수요와 공급의 힘에 의해 평준화되는 경향이 있다. 왜 그런지 이해하기 위해서 이런 가상의 상황을 떠올려보자. 인도와 지중해 지역 사이에 정기적인 무역이 시작되었을 때, 인도 사람은 금에 관심이 없었고 그래서 거의 가치를 부여하지 않았다고 하자. 하지만 지중해에서는 금이 선망하는 신분의 상징이어서 가치가 높았다. 다음에는 어떤 일이 일어났을까?

인도와 지중해 사이를 여행하는 상인은 금의 가치 차이에 주목했을 것이다. 인도에서 금을 싸게 사서 지중해에서 비싸게 팔아 이윤을 남겼을 것이다. 그 결과 인도에서 금의 수요와 그 가치는 급상승하게 된다. 동시에 지중해에서는 금이 유입되면서 그 가치가 하락

277

할 것이다. 머지않아 인도와 지중해에서 금의 가치는 매우 비슷해질 것이다. 그저 지중해 사람들이 금을 신봉한다는 사실 때문에 인도 사람들도 금을 믿기 시작한다는 뜻이다. 인도 사람에게 금을 사용할 실용적인 용도가 없더라도, 지중해 사람들이 이것을 원한다는 사실만으로도 인도 사람들은 그 가치를 높이 평가하게 된다.

마찬가지로 다른 사람들이 별보배고둥이나 달러, 혹은 전자 데이터를 믿는다는 사실은 우리 또한 그것들을 믿게 만들기 충분하다. 설령 다른 사람들을 우리가 미워하고, 경멸하고, 조롱하더라도 말이다. 서로의 신앙에 동의할 수 없는 기독교인과 무슬림은 돈에 대한 믿음에는 동의할 수 있었다. 종교는 우리에게 무언가를 믿으라고 요구하는 반면에, 돈은 다른 사람들이 뭔가를 믿는다는 사실을 믿으라고 요구하기 때문이다. 철학자와 사상가와 예언자는 수천 년에 걸쳐 돈을 홍보면서 돈이 모든 악의 근원이라고 매도했다. 물론 그렇기도 하지만, 한편 돈은 인류가 지닌 관용성의 정점이다. 돈은 언어나 국법, 문화코드, 종교 신앙, 사회적 관습보다 더욱 마음이 열려 있다. 인간이 창조한 신뢰 시스템 중 유일하게 거의 모든 문화적 간극을 메울 수 있다. 종교나 사회적 성별, 인종, 연령, 성적 지향을 근거로 사람을 차별하지 않는 유일한 신뢰 시스템이기도 하다. 돈 덕분에 서로 알지도 못하고 심지어 신뢰하지도 않는 사람들이 효율적으로 협력할 수 있다.

돈의 대가

돈은 두 가지 보편적 원리를 기반으로 하고 있다.

1. 보편적 전환성 : 돈이 있으면 당신은 마치 연금술사처럼 땅을 충성심으로, 사법을 건강으로, 폭력을 지식으로 변환할 수 있다.
2. 보편적 신뢰 : 돈을 매개로 삼으면 임의의 두 사람은 어떤 프로젝트에도 협력할 수 있다.

이런 원리 덕분에 수백만 명의 사람들이 무역과 산업에서 효과적으로 협력할 수 있었다. 하지만 해롭지 않아 보이는 이 원리에도 어두운 면이 존재한다. 모든 것이 변환 가능할 때, 그리고 신뢰의 기반이 익명의 동전과 별보배고둥일 때, 돈은 지역 전통, 친밀한 관계, 인간의 가치를 부식시키고 이를 수요와 공급의 냉정한 법칙으로 대체한다.

인간 공동체와 가족들은 늘 명예, 충성심, 도덕, 사랑처럼 '돈으로는 살 수 없는' 것들에 대한 믿음을 기초로 삼았다. 이런 것들은 시장 영역의 바깥에 있었으며, 돈으로 사거나 팔려서는 안 되는 것들이었다. 설령 시장이 값을 잘 쳐주겠다고 하더라도, 어떤 것은 그냥 해서는 안된다. 부모는 아이를 노예로 팔아서는 안 되고, 경건한 기독교인은 대죄를 범해선 안 되고, 충성스러운 기사는 영주를 배반해서는 안 되며, 조상 대대로 물려받은 부족의 땅을 낯선 사람에게 팔아서는 절대로 안 된다.

돈은 언제나 이런 장벽을 돌파하려고 댐의 틈새에 스며드는 물처럼 기를 써왔다. 부모는 자식 몇 명을 노예로 팔아 나머지 자식들에게 먹일 식량을 사야 하는 처지로 내몰렸다. 독실한 기독교인은 살인과 도둑질과 사기를 저질렀으며 그렇게 얻은 돈으로 교회에서 면죄부를 샀다. 야망에 찬 기사들은 자신의 충성심을 경매에 붙여 가장 높은 값을 부르는 사람에게 팔았으며 자신을 따르는 시종들의 충성심도 현금 지불로써 확보했다. 부족의 땅은 지구 반대편에서 온 낯선 사람에게 팔렸다. 글로벌 경제에 진입하는 티켓의 대가로서.

돈에는 이보다 더욱 어두운 면도 존재한다. 돈이 서로 모르는 사람들로 하여금 보편적인 신뢰를 쌓게 해주는 것은 사실이지만, 그런 신뢰는 인간이나 공동체, 혹은 신성한 가치가 아니라 돈 그 자체 그리고 돈을 뒷받침하는 비인간적 시스템에 투자된다. 우리는 이방인이나 이웃집 사람을 신뢰하는 게 아니라 그들이 지닌 주화를 신뢰할 뿐이다. 그들에게서 주화가 떨어지면 우리의 신뢰도 사라진다. 돈이 공동체, 신앙, 국가라는 댐을 무너뜨리면, 세상은 하나의 크고 비정한 시장이 될 위험이 있다.

그러므로 인간의 경제사는 미묘한 춤과 같다. 사람들은 이방인과의 수월한 협력을 위해서 돈에 의존하지만, 그것이 인간적 가치와 친밀한 관계를 손상시킬까 봐 두려워한다. 한편으로는 그토록 오랜 세월 동안 돈과 상업의 이동을 막아온 공동체라는 댐을 기꺼이 파괴하면서, 다른 한편으로는 사회와 종교와 환경이 시장의 노예가 되지 않도록 막아줄 댐을 건설한다.

요즘은 언제나 시장이 지배한다는 믿음, 왕과 사제와 공동체가 건설한 댐은 돈이라는 파도를 상대로 오래 버티지 못한다는 믿음이 널리 퍼져 있다. 사실 이것은 순진한 생각이다. 흉폭한 전사, 종교적 광신도, 걱정하는 시민들은 계산적인 상인을 거듭 물리치기도 했으며, 심지어 경제를 재편하기도 했다. 따라서 인류의 통합을 순수하게 경제적인 과정으로만 보아서는 결코 이해할 수 없다. 어떻게 수천 개의 고립된 문화가 세월이 가면서 점차 합쳐져서 오늘날의 지구촌을 형성했는지를 이해하려면, 물론 금과 은의 역할을 고려해야 하지만 강철도 이에 못지않게 중요한 역할을 했다는 사실을 간과해서는 안 된다.

11

제국의 비전

고대 로마인들은 많은 패배를 당했다. 역사의 다른 위대한 제국의 지배자들과 마찬가지로, 로마인들은 전투에서는 지고 또 지면서도 전쟁에선 이길 수 있었다. 타격을 입더라도 버티고 유지하는 능력을 갖추지 못했다면 제국이라 불릴 수 없다. 그런 로마인들도 기원전 2세기 중반 이베리아반도 북부에서 들려오는 소식을 참을 수 없었다. 반도의 원주민 켈트족이 사는 누만시아라는 시시한 산동네가 감히 로마의 굴레를 벗어던진 것이었다. 당시 로마는 지중해 분지에서 의문의 여지가 없는 패자覇者였다. 마케도니아 제국과 셀레우코스 제국을 무찌르고, 긍지 높은 그리스 도시국가를 복속시켰으며, 카르타고를 폐허로 만들었다. 누만시아 사람들이 가진 것이라곤 자유를 향한 깊은 사랑과 험한 지형밖에 없었다. 하지만 이들은 곳곳에서 로마에게 거듭 항복을 받아내거나 굴욕의 후퇴를 하게 만들었다.

마침내 기원전 134년 로마의 인내심은 바닥났다. 원로원은 스키피오 아이밀리아누스를 파견하기로 결정했다. 로마에서 제일가는 장군이자 카르타고를 폐허로 만든 인물을 보내 누만시아인들을 손봐주기로 한 것이다. 그는 3만 명이 넘는 대군을 이끌고 진격했다. 누만시아인들의 투지와 전쟁기술을 높이 평가한 그는 불필요한 전투를 벌여 병사들을 희생시키고 싶지 않았다. 대신 누만시아를 에워싸는 요새들을 건설해 외부세계와의 접촉을 차단했다. 굶주림은 그의 편이었다. 1년여가 지나자 누만시아의 식량이 바닥났다. 모든 희망이 사라졌다는 사실을 깨달은 그들은 스스로 마을을 불태웠다. 로마의 기록에 의하면 사람들 대부분은 로마인의 노예가 되지 않기 위해 자살했다.

누만시아는 나중에 스페인의 독립과 용기의 상징이 되었다. 《돈키호테》를 쓴 미겔 드 세르반테스는 〈누만시아〉라는 비극을 썼는데, 그 결말은 읍의 파괴지만 장래 스페인의 위대함에 관한 비전을 함께 담고 있다. 시인들은 강인한 방어자들을 칭송하는 찬가를 작곡했고, 화가들은 포위 작전을 장엄하게 묘사한 그림을 그렸다. 폐허 터는 1882년에 국가기념물로 지정되었으며 스페인 애국자들의 순례지가 되었다. 1950년대와 1960년대 스페인에서 가장 인기 있는 만화책은 슈퍼맨도 스파이더맨도 아니고 고대 이베리아반도에서 로마의 압제에 대항한 상상 속의 영웅 엘 자바토였다. 오늘날까지도 고대 누만시아인들은 스페인의 영웅적 행위와 애국심의 귀감이며, 젊은이들의 역할모델로 묘사된다.

하지만 이들이 누만시아 사람들을 찬양하는 언어는 스페인어다. 스키피오가 썼던 라틴어의 후손인 로망스어 중 하나다. 누만시아 사람들은 켈트어를 사용했지만, 이 언어는 오늘날 사어가 되어 잊혔다. 세르반테스는 〈누만시아〉의 대본을 라틴어로 썼으며, 이 극은 그리스와 로마의 예술 모델을 좇았다. 누만시아에는 극장이 없었다. 누만시아의 영웅적 행위를 칭송하는 스페인 애국자들은 또 대체로 로마 가톨릭 교회의 신실한 신도이기도 하다. 첫 단어인 '로마'에 주목하자. 이 교회의 수장은 여전히 로마에 앉아 있고, 그 신은 라틴어로 진행하는 예배를 선호한다. 이와 마찬가지로 현대 스페인의 법은 로마법에서 유래했다. 스페인 정치는 로마인들이 놓은 기초 위에 세워졌으며, 그 요리법과 건축은 이베리아반도의 켈트족보다는 로마의 유산에 훨씬 큰 몫을 빚지고 있다. 누만시아인들이 실제로 남긴 것은 폐허밖에 없다. 심지어 오늘날 그들의 이야기가 전해지는 것도 오로지 로마인 역사가들 덕분이다. 이야기는 자유를 사랑하는 야만인 소재를 즐기는 로마 청중의 입맛에 맞게 각색되었다. 로마는 누만시아를 상대로 너무나 완벽한 승리를 거둔 나머지, 패자들의 기억마저 자기들 것으로 만들었다.

　이런 것은 우리가 좋아하는 스토리가 아니다. 우리는 약자가 이기는 것을 보고 싶어 한다. 하지만 역사에 정의란 없다. 과거에 존재했던 문화 대부분은 늦든 이르든 어떤 무자비한 제국의 군대에 희생되었고, 제국은 이들 문화를 망각 속에 밀어 넣었다. 제국도 마침내 무너지지만, 대체로 풍성하고 지속적인 유산을 남긴다. 21세기를 사는 거의 모든 사람은 어디가 되었든 제국의 후예이다.

제국이란
무엇인가?

제국이란 정치질서는 두 가지 중요한 특징을 지닌다. 첫째, 그런 명칭으로 불리려면 서로 다른 문화적 정체성을 지니고 서로 떨어진 지역에 살고 있는 상당히 많은 숫자의 서로 다른 민족이나 국민을 지배해야 한다. 정확히 얼마나 많아야 할까? 둘이나 셋으로는 충분치 않다. 20이나 30이면 충분히 많다. 제국이라 불리기 위한 조건은 그 중간 어디쯤에 있다.

둘째, 제국의 특징은 탄력적인 국경과 잠재적으로 무한한 식욕이다. 제국은 자신의 기본구조와 정체성을 변화시키지 않은 채 갈수록 더 많은 국가와 영토를 집어삼키고 소화할 수 있다. 오늘날 영국은 국경이 분명하며, 스스로의 기본구조와 정체성을 훼손하지 않고는 인류의 통합 국경을 넘어설 수 없다(제국주의 국가가 아니라는 말이다—옮긴이). 1세기 전에는 지구상의 거의 어떤 지역이라도 대영제국의 일부가 될 수 있었다. 문화의 다양성과 영토의 탄력성은 제국의 독특한 특징일 뿐아니라 역사에서 중심적 역할을 하게 만드는 요소이기도 하다.

두 가지 특징 덕분에 제국은 다양한 소수민족과 생태적 지역들을 하나의 정치 체제하에 묶어낼 수 있었고, 그럼으로써 인류와 지구에서 점점 더 큰 부분을 하나로 융합했다. 강조할 점은, 제국이 그 기원이라든가 정부 형태, 영토의 범위, 인구의 크기에 의해서 정의되는 것이 아니라 오로지 문화적 다양성과 국경의 탄력성으로만 정의된다는 것이다. 제국이 반드시 군사적 정복으로 등장할 필요도 없다. 아테네 제국은 자발적 동맹으로 생명을 얻었으며, 합스부르크 제국은 혼인으로 탄생해 일련의 영리한 결혼동맹에 의해 꿰맞춰졌다. 제국은 또 반드시 독재적 황제가 통치해야 하는 것도 아니다. 역사상 최대 규모였던 대영제국의 통치체제는 민주주의였다. 다른 민주적(혹은 적어도 공화정인) 제국으로는 근현대의 네덜란드, 프랑스, 벨기에, 미국이 있다. 근대 이전의 노브고로드, 로마, 카르타고, 아테네도 여기에 속한다.

크기 역시 실제로는 문제가 되지 않는다. 제국은 왜소할 수도 있다. 아테네 제국은 최전성기에도 크기와 인구가 오늘날의 그리스보다 작았다. 아즈텍 제국은 오늘날의 멕시코보다 작았다. 두 국가는 그럼에도 불구하고 제국이었지만, 현대 그리스와 멕시코는 아니다. 왜냐하면 전자는 수십 수백 개의 서로 다른 통치조직을 점차 복속시킨 데 반해, 후자는 그러지 못했기 때문이다. 아테네는 원래 독립된 도시국가 1백여 곳을 지배했으며, 아즈텍 제국은 과세 기록이 사실이라면 371개의 부족과 해당 부족민을 다스렸다.[1]

그렇게 다양한 사람들을 어느 정도까지만 근대적이었던 국가의 영토 안에 구겨 넣는 일이 어떻게 가능했을까? 과거에는 민족과 부족의 수가 훨씬 더 많았기 때문이다. 이들은 오늘날의 전형적 민족에 비해 구성원의 수도 적었고 차지한 영토도 더 작았다. 오늘날 지중해와 요단강 사이의 땅에서 서로의 야망을 채우려 다투는 민족은 둘뿐이지만, 성경시대에 이 땅은 수십 개의 국가, 부족, 작은 왕국, 도시국가를 수용했다. 제국은 인류의 다양성을 급격히 축소시킨 주된 이유의 하나였다. 제국이라는 증기롤러는 수많은 민족의 독특한 특징을 지워버리고(예컨대 누만시아), 그로부터 훨씬 더 크고 새로운 집단들을 만들어냈다.

사악한 제국?

오늘날 '제국주의자'라는 말은 거의 최고의 정치적 욕설이다. 이보다 심한 말은 '파시스트'밖에 없다. 제국에 대한 현대의 비판은 대개 두 가지 형태를 취한다.

1. 제국은 제대로 작동하지 않는다. 수많은 피정복 민족을 효과적으로 다스리는 것은 결국 불가능하다.
2. 설사 그것이 가능하다 할지라도 실행해서는 안 된다. 왜냐하면 제국은 파괴와 착취의 사악한 엔진이기 때문이다. 모든 민족은 자결권이 있고 다른 민족의 지배를 받아서는 안 된다.

역사적 관점에서 볼 때 1번 서술은 난센스에 불과하고, 2번은 큰 문제가 있다.

실제 제국은 지난 2,500년간 세계에서 가장 일반적인 형태의 정치조직이었다. 이 시기에 살던 인류의 대부분은 제국에 속해 있었다. 제국은 매우 안정된 형태의 정부다. 대부분의 제국은 반란을 너무나 쉽게 진압했다. 제국을 무너뜨린 것은 대개 외부의 침공이나 내분에 따른 지배 엘리트의 분열밖에 없었다. 그래서, 정복당한 민족이 제국의 지배자로부터 스스로를 해방시킨 기록은 그리 눈에 띄지 않는다. 대부분은 수백 년에 걸쳐 복속 상태로 남아 있었다. 이들은 제국에 서서히 소화되어 고유의 문화가 흐지부지되는 게 보통이었다.

가령 기원후 476년 서로마 제국이 게르만족의 침공으로 마침내 무너졌을 때, 누만시아, 아르베르니, 헬베티아, 삼늄, 루시타니아, 움브리아, 에트루리아 종족(아르베르니는 프랑스 오베르뉴 지방에 살던 고대 종족을 말하고, 헬베티아는 스위스족, 삼늄은 고대 이탈리아, 루시타니아는 포르투갈, 움브리아는 고대 이탈리아 중북부, 에트루리아는 이탈리아 중부를 가리킨다—옮긴이)을 비롯해 수세기 전 로마에 정복당했던 민족들은 커다란 물고기 속에서 나온 성경 속 요나와는 달리 가리가리 찢긴 제국의 시체에서 살아나오지 못했다. 이들은 모두 사라졌다. 스스로 그런 국가의 국민이라고 믿었고 그 나라의 언어를 썼고 그 나라의 신을 섬겼고 그 나라의 신화와 전설을 읊었던 사람들의 생물학적 후손들은 이제 로마인처럼 생각하고 말하고 숭배했다.

많은 경우 하나의 제국이 무너진다고 해서 피지배 민족들이 독립하는 일은 드물었다. 옛 제국이 붕괴하거나 후퇴한 자리에 생긴 진공에는 새로운 제국이 발을 들여놓았다. 가장 명백한 예가 중동 지역이다. 국경이 어느 정도 안정된 많은 독립국들이 힘의 균형을 이루고 있는 현재 그 지역의 정치적 상황은 지난 수천 년간 거의 유례가 없는 일이었다. 중동에 마지막으로 이런 국면이 조성된 것은 기원전 8세기, 거의 3천 년 전의 일이었다! 기원전 8세기 네오 아시리아 제국이 발흥한 이래 20세기 중반 대영제국과 프랑스 제국이 붕괴할 때까지, 중동은 마치 이어달리기에서 다음 주자에게 넘겨지는 바통처럼 한 제국의 손에서 다른 제국의 손으로 넘어가는 일을 되풀이했다. 그리고 영국과 프랑스가 마침내 그 바통을 떨어뜨렸을 즈음에는 이미 아람, 아몬, 페니키아, 필리스티아, 모아브, 에돔을 비롯해 아시리아에 정복되었던 민족들은 사라진 지 오래였다.

오늘날 유대인, 아르메니아인, 조지아인 들이 고대 중동 민족들의 후예라고 주장하는 것은 어느 정도 타당성이 있다. 하지만 이것은 규칙을 증명하는 예외에 불과할 따름이며, 이런 주장조차 어느 정도 과장되어 있다. 예컨대 현대 유대인이 지닌 정치, 경제, 사회적 관습은 고대 유대 왕국에서 유래한 부분이 크지 않다. 그보다는 지난 2천 년간 자신들이 그 휘하에서 살았던 제국들에서 유래한 부분이 더 크다. 만일 다윗 왕이 오늘날 예루살렘의 초정통파 시나고그에 모습을 드러낸다면, 동유럽식 복장에 게르만 방언(이디시어)으로 말하며 바빌로니아 문서(탈무드)의 의미에 대해 끊임없이 논쟁을 벌이는 사람들을 보고 그는 크게 당황할 것이다. 고대 유대 왕국에는 시나고그, 탈무드 경전, 심지어 토라 율법 두루마리조차 존재하지 않았다.

제국을 건설하고 유지하려면 수많은 사람을 악랄하게 살해하고 나머지 사람들을 무자비하게 억압할 필요가 있었다. 전쟁, 노예화, 국외 추방, 대량학살은 제국의 일반적 수단으로 꼽힌다. 기원후 83년 로마가 스코틀랜드를 침략하여 현지 칼레도니아 종족의 격렬한 저항에 부딪혔을 때 로마의 대응은 이 지역을 초토화하는 것이었다. 로마의 평화 제의에 대해 칼가쿠스 족장은 로마인들을 '세상의 악당들'이라고 비난하면서 이렇게 말했다. "그들은 약탈과 학살과 강도질을 두고 제국이라는 허튼 이름을 붙이고, 사막을 만들어 놓은 뒤 이를 평화라고 부른다."[2]

그렇다고 해서 제국이 그 뒤에 가치 있는 것을 아무것도 남겨두지 않았다는 말은 아니다. 모든 제국을 검게 지워버리고 제국의 유산을 모두 거부한다는 것은 인류문화의 대부분을 거부하는 것이다. 제국의 엘리트들은 정복에 따른 이익을 군대와 성채에만 쓰지 않았다. 철학, 예술, 사법제도, 자선에도 썼다. 아직 남아 있는 인류의 문화적 성취 중 상당한 몫은 제국이 피정복민을 착취한 덕분에 생겨날 수 있었다. 로마 제국주의가 제공한 이익과 번영 덕분에 키케로와 세네카, 성 아우구스티누스는 사색과 집필을 할 여유를 누릴 수 있었다. 타지마할은 무굴 제국이 인도 신민을 착취해서 축적한 부가 없었다면 건설될 수 없었다. 합스부르크 제국은 슬라브어, 헝가리어, 루마니아어를 사용하는 지역을 지배하면서 얻은 이익으로 하이든에게 월급을 주고 모차르트에게 작곡을 의뢰했다. 후손을 위해 칼가쿠스의 연설을 적어둔 칼레도니아 작가는 아무도 없었다. 우리가 그에 대해 아는 것은 로마 역사가 타키투스 덕분이다. 사실 타키투스는 아마 이 이야기를 지어냈을 것이다. 오늘날 대부분의 역사가는 타키투스가 문제의 연설을 지어냈을 뿐 아니라 자신을 비롯한 로마 상류계층이 자신들의 국가에 대해 생각하는 바를 대변하도록 하기 위해서 칼레도니아의 족장인 칼가쿠스의 캐릭터까지 창조했을 것이라는 데 동의한다. 엘리트 문화와 고급 예술을 넘어서 보통 사람들의 세상에 초점을 맞추더라도, 대부분의 현대 문화들에서 우리는 제국의 유산을 찾아볼 수 있다. 오늘날 대부분의 사람들은 자기네 조상들이 칼로써 강요당했던 제국의 언어로 말하고 생각하고 꿈꾼다.

대부분의 동아시아 사람들은 한漢 나라의 언어로 말하고 꿈꾼다. 원래 기원이 무엇이었든, 알래스카 배로 반도에서 마젤란 해협에 이르는 두 아메리카 대륙의 거의 모든 거주자는 네 개의 제국언어―스페인어, 포르투갈어, 프랑스어, 영어―중 하나로 의사소통을 한다. 오늘날 이집트인은 아랍어로 말하고, 스스로를 아랍인이라고 생각하며, 아랍 제국과 자신을 동일시한다. 7세기에 이집트를 정복했으며 자신들에 대항하여 일어난 여러 차례의 반란을 철권으로 진압했던 제국을 말이다. 남아프리카에 있는 약 1천만 명의 줄루족은 19세기에 있었던 줄루족의 영광의 시대를 들먹이지만, 사실 그들 대부분은 줄루 제국에 대항해서 싸웠으며 유혈 군사작전을 통해서 강제로 제국에 편입된 종족들의 후예이다.

너를 위해서
하는 일이야

우리에게 분명한 정보가 남아 있는 최초의 제국은 사르곤 대제(기원전 2250년경)의 아카드 제국이다. 사르곤은 메소포타미아에 있는 작은 도시국가인 키쉬의 왕으로 첫발을 내딛었고, 이후 몇십 년 지나지 않아 메소포타미아의 모든 도시국가뿐 아니라 메소포타미아 중심 지역 바깥에 있는 넓은 영역까지 정복했다. 사르곤은 자신이 온 세상을 정복했다고 뽐냈다. 실상 그의 통치권은 페르시아 만에서 지중해 연안까지 미쳤으며 오늘날의 이라크와 시리아 대부분, 현대 이란과 터키의 일부를 포함했다.

아카드 제국은 창건자가 죽은 뒤 오래가지 못했지만, 사르곤이 남긴 제국을 물려받을 주인이라고 주장하는 자는 거의 끊임없이 나타났다. 그로부터 1,700년간 아시리아, 바빌로니아, 히타이트의 왕은 사르곤을 역할모델로 삼았고 자신 역시 전 세계를 정복했다고 자랑했다. 그러다가 기원전 550년경 페르시아의 키루스 대왕이 등장해 이보다 더욱 인상적인 자랑을 늘어놓았다.

이전까지 아시리아의 왕은 언제나 아시리아의 왕으로 남아 있었다. 온 세상을 정복했다고 주장하는 경우에도 그것은 아시리아의 더 큰 영광을 위한 것이 명백했으며 그에 대해 변명을 늘어놓지는 않았다. 그런데 키루스는 전 세계를 지배한다고 주장했을 뿐 아니라 이것은 모든 사람을 위해서라고 주장했다. 페르시아인들은 "우리가 너희를 정복하는 것은 너희를 위해서다"라고 말했다. 키루스는 복속당한 사람들이 자신을 사랑하기를 바랐으며, 페르시아의 신민이 된 것이 행운이라고 생각하기를 원했다. 가장 유명한 사례는 자기 제국의 통치하에 있던 한 민족의 찬양을 받기 위해서 기울인 창의적 노력이다. 바빌로니아에 유배되어 살고 있던 유대 민족에게 고대 유대의 고향으로 돌아가 자신들의 사원을 다시 세우도록 허용한 것이다. 그는 심지어 이들에게 자금까지 지원했다. 키루스는 스스로를 유대인을 지배하는 페르시아 왕으로 여기지 않았다. 그는 또한 유대인의 왕이었으며, 따라서 그들의 복지에 책임이 있었다.

온 세상을 그들을 위해 지배한다는 생각은 놀라울 정도로 주제넘는 것이었다. 진화 덕분에 호모 사피엔스는 다른 사회적 포유동물들과 마찬가지로 이민족 공포증을 지닌 존재가 되었다.

사피엔스는 인간을 본능적으로 '우리'와 '그들'의 두 부류로 나눈다. 우리란 너와 나, 언어와 종교와 관습이 같은 사람들을 말한다.

우리는 서로에 대해 책임을 지지만 그들에 대해서는 그렇지 않다. 우리는 언제나 그들과 전혀 다르며, 그들에게 빚진 것은 전혀 없다. 우리는 그들 중 한 명이라도 우리 영토에 들어오는 것을 원치 않으며, 그들의 영토 내에서 무슨 일이 일어나든 눈썹 하나 까딱하지 않는다. 그들은 심지어 사람이라고 하기도 어렵다. 수단의 딩카족(수단의 유목 부족) 언어에서 '딩카'는 그냥 '사람들'이란 뜻이다. 딩카가 아닌 사람은 사람이 아니다. 딩카의 숙적은 누에르족이다. 누에르족 언어에서 누에르는 무슨 뜻일까? '원래의 사람들'이란 뜻이다. 수단 사막으로부터 수천 킬로미터 떨어진 알래스카의 동토와 시베리아 북동부에는 유픽족이 살고 있다. 유픽어로 '유픽'이란 단어는 무슨 뜻일까? '진정한 사람들'이란 뜻이다.[3]

인류의 통합

이런 인종적 배타성과 대조적으로, 키루스 이래 제국의 이데올로기는 모든 것을 아우르는 경향이 있었다. 물론 지배자와 피지배자 사이의 인종적 문화적 차이를 강조하는 일이 흔히 있었지만, 그렇다 해도 제국은 온 세상이 기본적으로 하나라는 것, 모든 장소와 시대에 적용되는 일군의 원칙들이 있다는 것, 모든 인간은 서로에게 책임이 있다는 것을 늘 인식하고 있었다. 인류는 하나의 대가족으로 인식되었고, 부모의 특권은 자녀의 복지에 대한 책임과 함께 존재하는 것이었다.

키루스와 페르시아에서 시작된 새로운 제국관은 알렉산드로스 대왕에게로, 그에게서 다시 고대 그리스의 왕, 로마의 황제, 무슬림 칼리프, 인도의 세습군주, 그리고 마침내 심지어 소련의 지도자와 미국 대통령에게로 이어졌다. 이처럼 자애로운 제국관은 제국의 존재를 정당화하고 피지배 민족들의 반란 시도를 무효화했으며 독립된 민족들이 제국의 팽창에 대항하려는 시도까지 무효화했다.

페르시아 모델과는 독립적으로, 그것과 비슷한 제국관이 세계 곳곳에서 개발되었다. 중앙아메리카, 안데스 산맥 영역, 중국이 대표적이다. 중국의 전통적 정치이론에 따르면, 하늘은 지상에 있는 모든 정통성 있는 권력의 원천이다. 하늘은 가장 가치 있는 사람이나 가문을 선택해서 그들에게 천명天命을 내린다. 해당 인물이나 가문은 그 아래 모든 백성을 위해 천하를 다스린다. 그러므로 정통성을 지닌 권력은 정의상 보편적 권력이다. 지배자에게 천명이 없으면 그는 하나의 도시를 다스릴 정당성조차 없지만, 지도자가 천명을 받으면 그는 온 세상에 정의와 조화를 퍼뜨릴 의무를 지게 된다. 천명은 여러 후보에게 동시에 주어질 수 없으며, 따라서 둘 이상의 독립국가의 존재를 정당화할 수 없다.

중국을 통일한 최초의 황제인 진시황은 이렇게 자랑했다. "우주의 여섯 방위를 통틀어 만물이 황제에게 속한다. 인간의 발길이 닿는 곳에는 그곳이 어디일지라도 (황제의) 신민이 되지 않은 이가 없다…… 짐의 덕은 심지어 말과 소에게까지 미친다. 짐의 은혜를 입지 않은 사람은 하나도 없다. 모든 사람은 짐의 지붕 아래에서 안전을 누린다."[4] 그러므로 중국의 정치사상에서나 역사기록에서나 황제의 시기는 질서와 정의를 갖춘 황금시대로 평가된다. 현대의 서구적 시각에서 공정한 세계는 서로 독립된 국민국가들로 구성되어야 하지만, 중국에서 정치적 분열의 시대는 혼란과 불공정으로 얼룩진 암흑시대로 비쳤다. 이런 인식은 중국 역사에 깊은 영향을 남겼다. 하나의 제국이 붕괴하면, 지배적인 정치이론은 언제나 권력자들에게 하찮은 독립군주에 안주하지 말고 중국의 재통일을 시도해야 한다고 들들 볶았다. 그리고 그런 시도는 이르든 늦든 늘 성공했다.

'그들'이
'우리'가 될 때

제국은 수많은 작은 문화를 융합해 몇 개의 큰 문화로 만드는 데 결정적 역할을 했다. 제국 내에서는 아이디어와 사람, 재화와 기술이 정치적으로 분열된 지역에서보다 더욱 쉽게 퍼져나갔다. 제국 자체가 의도적으로 아이디어와 제도, 관습과 규범을 퍼뜨린 일도 빈번했다. 하나의 이유는 그들 스스로가 편하기 위해서였다. 하나의 제국 내에 있는 작은 관할 구역들이 저마다 별개의 법과 서식과 언어와 화폐를 지니고 있으면 지배하기가 힘들다. 표준화는 황제에게 대단히 유용했다.

제국이 공통의 문화를 적극적으로 전파한 이유로 첫 번째 못지않게 중요한 두 번째 이유는 정통성을 얻기 위해서였다. 최소한 키루스와 진시황의 시대 이래 제국은 스스로의 행동이—도로 건설이 되었든 유혈사태가 되었든—우월한 문화를 전파하기 위해서 꼭 필요하다고 정당화했다. 자기네 문화는 정복자보다 피정복자에게 더 큰 이익이 된다고 주장했다.

가끔은 그 이득이 현저했다. 법의 집행, 도시 계획, 도량형의 표준화가 그랬다. 그러나 가끔은 의문스러웠다. 세금, 징집, 황제 숭배가 그랬다. 하지만 제국의 엘리트 대부분은 자신이 제국 모든 주민의 일반적 복지를 위해 일한다고 진지하게 믿었다. 중국의 지배층은 이웃 나라와 그 신민들을 제국이 문화의 혜택을 가져다주어야 하는 비참한 야만인으로 취급했다. 황제에게 천명이 부여된 것은 세상을 착취하라는 것이 아니라 인간성을 가르치라는 의도에서였다.

로마인들도 유사한 주장을 폈다. 자신들이 야만인들에게 평화와 정의와 교양을 전해주고 있다는 내용이었다. 미개한 게르만족과 얼굴에 물감을 칠한 갈리아족은 천하고 무지하게 살다가 로마인 덕을 보게 되었다고 했다. 로마인들이 그들을 법으로 길들이고 공공 욕장에서 깨끗이 씻게 하고 철학을 통해 나아지게 해주었다고 했다.

기원전 3세기의 마우리아 제국은 몽매한 세계에 부처의 가르침을 퍼뜨리는 것을 사명으로 삼았다. 무슬림 칼리프들은 예언자 마호메트의 계시를 퍼뜨리라는 신의 명령을 받았다. 가능하면 평화롭게, 필요하면 무력을 써서라도. 스페인과 포르투갈 제국은 자신들이 인도 제도와 아메리카 대륙에서 부를 추구하는 게 아니라 주민들을 진정한 신앙으로 개종시키려는 것이라고 주장했다.

자유주의와 자유무역이라는 쌍둥이 복음을 퍼뜨리겠다는 영국의 사명에는 해가 지는 일이 없었다. 소련은 자본주의에 대항하여 프롤레타리아의 유토피아적 독재로 향하는 불굴의 역사적 행진을 촉진해야 한다는 의무에 스스로 매여 있었다. 오늘날 많은 미국인들은 자신들의 정부에게는 제3세계에 민주주의와 인권의 혜택을 가져다줄 도덕적 의무가 있다고 주장한다. 그런 좋은 것들을 순항 미사일과 F16 전투기로 배달해야 하더라도.

제국이 퍼뜨리는 문화적 아이디어를 지배 엘리트가 독자적으로 창조한 경우는 많지 않다. 제국관은 보편적이고 포괄적인 경향이 있기 때문에, 제국의 엘리트들은 하나의 편협한 전통에 광적으로 매달리는 대신 어디서 발견한 것이든 좋은 아이디어, 규범, 전통을 쉽게 채택할 수 있었다. 일부 황제가 자신들의 문화를 정화하고 스스로 뿌리라고 생각한 것으로 되돌아가려고 한 일도 있었지만, 대체로 제국은 자신들이 복속시킨 민족에게서 많은 것을 흡수하여 혼성 문명이 되었다. 로마 제국의 문화는 로마적인 만큼이나 그리스적이었다. 제국주의 아바스 왕조(750~1258의 칼리프—옮긴이)의 문화에는 페르시아, 그리스, 아랍 문화가 모두 섞여 있었다. 제국주의 몽골 문화는 중국의 모방이었다. 제국주의 미국에서 케냐 혈통의 대통령은 좋아하는 영화 〈아라비아의 로렌스〉를 보면서 이탈리아 피자를 먹을 수 있다. 터키에 대항하는 아랍인의 반란에 관한 영국인의 이야기를 담은 영화를 보면서 말이다.

이런 문화의 용광로가 패자의 문화적 동화 과정을 쉽게 만든 것은 아니었다. 제국주의 문명이 다양한 피정복민들로부터 수없이 많은 것을 흡수할지언정, 그런 혼성의 결과는 대다수의 사람들에게 여전히 낯설었다. 동화의 과정은 고통스럽고 큰 정신적 충격을 동반하는 일이 많았다. 새로운 문화를 이해하고 채택하는 것이 힘들고 스트레스인 것처럼, 자신이 사랑하고 친숙한 지역 전통을 포기하는 것도 어려운 일이다. 피지배 민족이 제국의 문화를 수용한다 해도 심각한 문제가 남는다. 제국의 엘리트가 이들을 '우리'의 일부로 받아들이는 데 수백 년은 아니더라도 수십 년은 걸린다는 점이다. 정복과 수용 사이에 끼인 세대는 소외되고 배제되었다. 이들은 스스로 사랑했던 지역문화를 이미 잃었지만, 제국주의 세계에 동등하게 참여할 자격은 받지 못했다. 그들이 수용한 문화는 그들을 여전히 야만인으로 보았다.

누만시아 함락 1세기 후의 혈통 좋은 이베리아인을 상상해보자. 그는 부모와 같은 켈트어 방언을 사용한다. 하지만 라틴어도 배워서, 악센트가 약간 이상한 것 외에는 흠잡을 데 없이 구사할 수 있다. 사업을 하고 당국을 상대하는 데 필요하기 때문이다. 그의 아내는 정교하게 장식된 싸구려 장신구를 좋아하고 그는 그런 기호를 허용하지만, 아내가 이 지방의 다른 여자들과 마찬가지로 켈트족 취향을 고수하는 게 약간 마음이 불편하다. 로마 총독의 아내가 달고 있는 장신구처럼 깔끔하고 단순한 취향으로 바꾸었으면 좋겠는데 말이다. 그는 로마식 튜닉을 입는다. 그리고 복잡한 로마 상법에 정통한 것에 적잖이 힘입어 가축 상인으로 성공한 덕분에, 로마풍 빌라도 지을 수 있었다. 하지만 그가 베르길리우스의 〈게오르기카〉 제3권을 암송할 수 있는데도 로마인들은 그를 여전히 반쯤 야만인으로 취급한다. 그는 자신이 결코 관직을 얻거나 원형극장에서 제일 좋은 자리를 차지할 수 없다는 사실을 깨닫고 좌절감을 느낀다.

19세기 말 교육수준이 높은 많은 인도인들도 주인인 영국인들에게 똑같은 교훈을 배웠다. 야심 많은 어느 인도인에 대한 유명한 일화가 있다. 그는 복잡한 영어에 통달했고, 서구식 춤을 배웠으며, 나이프와 포크로 식사하는 데까지 익숙해졌다. 새로 익힌 몸가짐을 갖춘 그는 영국으로 유학을 가서 유니버시티 칼리지 런던에서 법학을 공부한 뒤, 법정 변호사 자격을 획득했다. 하지만 양복과 넥타이를 차려입은 이 법조인은 영국령 남아프리카의 기차에서 끌어내려졌다. 자신과 같은 유색인종이 타는 삼등칸이 아니라 일등칸에 타겠다고 고집한 대가였다. 그의 이름은 모한다스 카람찬드 간디였다.

몇몇 경우에는 문화적 동화와 동질화 과정에서 신참과 옛 엘리트 사이의 벽이 마침내 무너지기도 한다. 피정복민은 제국을 더 이상 낯선 점령 시스템으로 보지 않고, 정복자도 그들의 신민을 자신과 동등하게 보게 된다. 통치자와 피통치자 공히 '그들'을 '우리'로 보게 된 것이다. 로마의 모든 백성은 몇 세기에 걸친 제국의 통치 후에는 로마 시민권을 부여받았다. 로마 출신이 아닌 사람도 로마 군단 장교단의 최상위 계급으로 승진해서 원로원 의원에 임명되었다.

기원후 48년 클라우디우스 황제는 골족의 저명인사 여러 명을 원로원에 받아들이면서 그들은 "관습과 문화와 결혼에 의해 우리와 섞였다"고 연설했다. 속물적인 원로원 의원들은 과거의 적들을 로마 정치체제의 심장부에 받아들이는 데 항의했으나, 클라우디우스는 그들에게 불편한 진실을 상기시켜주었다. 상원의원 대부분이 한때 로마와 싸웠던 이탈리아 부족 출신으로 나중에 로마 시민권을 얻은 가문 사람들이라는 사실을. 황제는 자신의 가문도 사비니(고대 이탈리아 중부에 있었다—옮긴이)계라고 일깨워주었다.[5]

기원후 2세기 로마는 이베리아 출신의 황제들이 연이어 통치했는데, 이들의 혈관에는 아마도 최소한 몇 방울이나마 이베리아 지방 피가 흘렀을 것이다. 이베리아 출신 황제—트라야누스부터 마르쿠스 아우렐리우스까지(5현제로 불린다—옮긴이)—의 치세는 제국

299

의 황금시대로 꼽힌다. 이후 인종적 댐은 모두 무너져 내렸다. 셉티미우스 세베루스(193~211) 황제는 리비아의 카르타고 가문 후손이었고, 알게발루스(218~222)는 시리아인이었다. 필리푸스 황제(244~249)는 세간에서는 '아랍인 필립'으로 불렸다. 제국의 새 시민들은 로마 문화를 열광적으로 받아들인 나머지, 제국이 붕괴된 지 수백 수천 년이 지나도록 제국의 언어를 계속 사용했고, 제국의 법을 그대로 따랐으며, 제국의 레반트 지방에서 들여온 기독교의 신을 그대로 믿었다.

이와 유사한 과정이 아랍 제국에서도 일어났다. 기원후 7세기 중반에 처음 건설되었을 때 아랍 제국은 지배층인 아랍 무슬림과 그에 복속된 이집트인, 시리아인, 이란인, 베르베르인으로 구성되었다. 이들은 아랍인도 무슬림도 아니었다. 제국의 많은 백성은 점차 무슬림 신앙과 아랍어, 제국의 혼성 문화를 받아들였다. 구시대적인 아랍 엘리트는 큰 적대감을 가지고 이런 벼락 출세자들을 멸시했다. 자신들의 고유한 신분과 독자성을 잃을까 걱정했던 것이다.

낙심한 개종자들은 제국과 이슬람 세계에서 동등한 몫을 요구하며 떠들어댔고, 결국 이들은 원하던 것을 얻었다. 이집트인, 시리아인, 메소포타미아인은 점차 아랍인 취급을 받게 되었다. 한편 그 아랍인들은 아라비아 출신의 진짜 아랍인이든 이집트나 시리아 출신의 신종 아랍인이든 모두가 점차 아랍인이 아닌 무슬림, 특히 이란인, 터키인, 베르베르인의 지배를 받게 되었다. 아랍의 제국 프로젝트는 대성공을 거두었다. 스스로 창조한 제국의 문화가 수많은 비아랍인에게 진심으로 받아들여진 것이다. 이들은 그 문화를 계속 유지하고 발전시키고 퍼뜨렸다. 심지어 원래의 제국이 무너지고 인종집단으로서 아랍인이 통치권을 잃어버린 다음에도.

중국에서 제국 프로젝트는 더욱 철저히 성공했다. 처음에는 야만인이라고 불렸던 엄청나게 많은 민족 및 문화 집단이 2천 년에 걸쳐 중국의 제국 문화에 성공적으로 통합되어 한족(기원전 206년~기원후 220년에 중국을 통치한 한 나라의 이름을 땄다)이 되었다. 중국 제국의 궁극적 업적은 그것이 아직도 원기왕성하게 살아 있다는 데 있다. 하지만 티베트나 신장 같은 외딴 지역에서 보지 않는 한, 이를 제국이라고 인식하기는 힘들다. 중국 인구의 90퍼센트 이상은 스스로를 한족이라고 여기며 외부에서도 그렇게 생각한다.

지난 몇십 년간 진행된 식민지 해방과정도 이와 비슷하게 이해할 수 있다. 근대 유럽인들은 지구의 많은 지역을 정복하면서 우월한 서구 문화를 전파한다는 것을 구실로 삼았다. 이들은 워낙 성공했기에, 수십억 명의 사람들이 그 문화의 상당 부분을 점차 받아들였다. 인도, 아프리카, 아랍, 중국, 마오리족 사람들이 프랑스어, 영어, 스페인어를 배웠다. 이들은 인권, 민족자결의 원칙을 신봉하기 시작했으며, 서방의 자유주의, 자본주의, 공산주의, 페미니즘, 민족주의 같은 이데올로기를 받아들였다.

20세기에 서구의 가치를 받아들인 지역의 집단들은 바로 이런 가치의 이름 아래 유럽 정복자들과 동등한 대우를 요구했다. 수많은 반식민지 투쟁이 민족자결, 사회주의, 인권의 기치 아래 벌어졌다. 이런 가치들은 서구의 유산이다. 오늘날 인도, 아프리카, 중국 사람들은 예전에 자신들을 지배했던 서구 군주의 제국 문화에서 많

제국의 주기

단계	로마	이슬람	유럽 제국주의
작은 집단이 큰 제국을 건설한다.	로마인들이 로마 제국을 건설한다.	아랍인들이 칼리프가 다스리는 제국을 건설한다.	유럽인들이 유럽 제국을 건설한다.
제국 문화가 구축된다.	그리스 로마 문화.	아랍 무슬림 문화.	서구 문화.
제국 문화가 피지배 민족에게 받아들여진다.	피지배 민족이 라틴어, 로마법, 로마의 정치사상 등을 받아들인다.	피지배 민족이 아랍어, 이슬람교 등을 받아들인다.	피지배 민족이 영어, 프랑스어, 사회주의, 민족주의, 인권 등을 받아들인다.
피지배 민족이 공통의 제국적 가치의 이름으로 동일한 지위를 요구한다.	일리리아, 갈리아, 카르타고 사람들이 로마적 가치의 이름으로 로마인과 동등한 지위를 요구한다.	이집트, 이란, 베르베르 사람들이 무슬림 가치의 이름으로 아랍인과 동등한 대우를 요구한다.	인도, 중국, 아프리카 사람들이 민족주의, 사회주의, 인권 등 서구적 가치의 이름 아래 유럽인과 동등한 지위를 요구한다.
제국을 설립한 자들이 지배력을 잃는다.	로마인은 특유의 인종 집단으로 더 이상 존재하지 않게 된다. 제국의 통제권은 새로운 다인종 엘리트로 넘어간다.	아랍인들이 무슬림 세계의 통제권을 잃는다. 통제권은 다인종 무슬림 엘리트에게 넘어간다.	유럽인들이 지구촌의 통제권을 잃는다. 통제권은 서구적 가치와 사고방식에 대체로 충실한 다인종 엘리트에게 넘어간다.
제국의 문화는 계속 꽃피고 발전한다.	일리리아, 갈리아, 카르타고 사람들은 스스로 채택한 로마 문화를 계속 발전시킨다.	이집트, 이란, 베르베르 사람들은 스스로 채택한 무슬림 문화를 계속 발전시킨다.	인도, 중국, 아프리카 사람들은 스스로 받아들인 서구 문화를 계속 발전시킨다.

은 것을 받아들이고 이를 자신의 필요와 전통에 맞춰 변형시키려 노력해왔다. 과거 이집트, 이란, 터키 사람들이 원래의 아랍 정복자들에게서 계승한 제국 문화를 받아들여 상황에 맞게 변형시킨 것과 마찬가지다.

역사상의
선인과 악당

       역사를 좋은 편과 나쁜 편으로 깔끔하게 나누고 모든 제국은 나쁜 편에 속한다고 분류하고픈 유혹이 들기는 한다. 어쨌든 거의 모든 제국은 유혈사태 위에 세워졌고 압제와 전쟁으로 권력을 유지한 것이 아닌가. 하지만 오늘날의 문화 대부분은 제국의 유산을 기초로 하고 있다. 제국이 정의상 나쁜 것이라면 우리는 어떻게 되는가?

  세상에는 인간의 문화에서 제국주의를 제거하고 죄에 더럽혀지지 않은 소위 순수하고 진정한 문명만을 남기자는 취지의 학파와 정치운동이 있다. 이런 이데올로기들은 잘해봐야 순진할 따름이고, 나쁜 경우에는 노골적인 민족주의와 편견을 가리려는 표리부동한 눈속임으로 기능한다. 어쩌면 역사의 여명에 출현했던 무수히 많은 문화들 중 일부 문화는 순수하고 죄에 물들지 않았으며 다른 사회에 의해 오염되지 않았다고 주장할 수야 있을 것이다. 하지만 그 여명기 이후에는 어떤 문화도 그런 주장을 합리적으로 펼칠 수 없었으며, 오늘날 존재하는 문화 중에도 없는 것이 분명하다. 인류의 모든 문화는 적어도 부분적으로는 제국과 제국주의 문명의 유산이며, 어떤 학술적, 정치적 외과수술을 한다 해도 환자를 죽이지 않고 제국의 유산만을 도려낼 수는 없다.

  예컨대 오늘날 독립한 인도 공화국과 영국령 인도 제국 사이에 존재하는 애증관계를 생각해보라. 영국은 인도를 정복하고 점령하는 과정에서 인도인 수백만 명의 목숨을 희생시켰다. 식민 정부는 수억 명 이상의 인도인을 지속적으로 모욕하고 착취한 책임이 있다. 하지만 많은 인도인은 개종의 기쁨을 누리면서, 민족자결이나 인권 같은 서구의 개념들을 받아들였다. 그리고 그들은 영국이 스스로 천명한 가치에 부합하도록 인도인들에게 영국인과 동등한 권리나 독립을 인정하지 않는 데 대해 실망했다.

그럼에도 인도라는 현대 국가는 대영제국의 자식이다. 영국인들은 인도 아대륙의 거주자들을 살해하고 부상을 입히고 처형했지만, 왕국과 공국과 부족들이 서로 전쟁을 벌이며 혼란스럽게 뒤섞였던 것을 하나로 통일하여 공통의 민족의식을 가지고 어느 정도 하나의 정치 단위로 기능하는 국가를 창조해냈다. 영국인들은 인도 사법제도의 초석을 놓았으며, 행정부 구조를 창건했고, 경제적 통합에 극히 중요한 철도망을 건설했다. 독립 인도는 영국에서 구현된 형태의 서구식 민주주의를 정부 형태로 받아들였다. 영어는 아직도 공용어로 쓰여, 힌디어, 타밀어, 말라얄람어를 쓰는 사람들이 서로 의사소통을 하는 중립적 언어로서 쓰인다. 인도인들은 크리켓 경기를 매우 좋아하고 차를 열심히 마시는데, 둘 다 모두 영국의 유산이다. 상업적 차 재배는 19세기 중반까지 인도에 존재하지 않다가 영국 동인도회사에 의해 처음 도입되었다. 인도 전체에 차를 마시는 문화를 퍼뜨린 것은 젠체하는 영국인 사입(sahib, 과거 인도인이 신분 있는 유럽인을 불렀던 호칭—옮긴이)들이었다.

오늘날 인도인 중에서 민주주의, 영어, 철도망, 사법제도, 크리켓, 차가 제국주의의 유산이라며 여기서 벗어나자고 국민투표를 요구할 사람이 몇이나 되겠는가? 설령 그런 일이 벌어진다고 해도, 이

▲　　　인도 뭄바이의 차트라파티 쉬바지 기차역. 처음 지을 때는 봄베이의 빅토리아 역이었다. 영국인들은 이 건물을 19세기 영국에서 유행하던 네오고딕 스타일로 지었다. 인도 민족주의 정부는 시와 역의 이름을 모두 바꾸었지만 이렇게 장엄한 건물을 무너뜨리려는 과욕을 부리지는 않았다. 설사 그것이 외국인 압제자에 의해 건설되었다 하더라도 말이다.

슈를 해결하기 위해서 국민투표를 요구하는 행위 자체가 그들이 옛 지배자들에게 빚을 지고 있다는 사실에 대한 증명 아닐까?

　설령 우리가 더 이전에 존재했던 진정한 문화를 재건하고 지키려는 희망에서 잔인한 제국의 유산을 모조리 거부하더라도, 보나마나 그때 우리가 지키는 것은 그보다 더 오래되고 덜 야만적인 제국의 유산에 불과할 것이다. 영국의 식민지배로 인해 인도 문화가 불구가 되었다고 분개하는 사람들은 자신도 모르는 사이에 무굴 제국의 유산과 그들의 델리 점령을 신성시하는 것이다. 그리고 그런 외래 무슬림 제국의 영향에서 '진정한 인도 문화'를 구하려고 시도하는 사람은 누구나 굽타 제국, 쿠샨 제국, 마우리아 제국의 유산을 신성시하는 셈이다. 만일 어떤 극단적 힌두 민족주의자가 있어서 뭄바이 기차역을 비롯해 영국 정복자가 남긴 모든 건물을 파괴한다면,

▲   타지마할은 '진정한' 인도 문화의 예인가, 아니면 무슬림 제국주의가 만든 이방인의 창조
물인가?

인도의 무슬림 정복자들이 남긴 타지마할 같은 구조물은 어떻게 할
것인가?

　문화적 유산이라는 까다로운 문제를 해결하는 방법을 정말 알고
있는 사람은 아무도 없다. 어떤 길을 택하든 그 첫걸음은 이 딜레마
가 복잡하다는 것을 받아들이고, 과거를 극단적으로 단순화해서 선
인과 악당으로 나누는 것은 아무 소용없다는 것을 인정하는 일이
다. 물론 우리가 보통 악당들의 뒤를 따른다는 사실을 기꺼이 인정
하려는 것이라면 이야기가 좀 다르겠지만.

새로운
지구제국

기원전 200년경 이래로 인간은 대부분 제국에 속해 살았다. 미래에도 대부분 하나의 제국 안에서 살게 될 가능성이 크다. 이 제국이 반드시 단일 국가나 단일 민족에 의해 통치되어야 하는 건 아니다. 후기 로마 제국이나 중국 제국처럼 공동의 이익과 공동의 문화에 따라 함께 모인 다민족 엘리트 집단에 의해 통치될 수도 있다.

세계는 21세기 초에도 여전히 200개가량의 독립 국가로 나뉘어져 있다. 그러나 이들 중 어떤 국가도 진정한 의미에서 독립적이지 않다. 서로에게 의존하기 때문이다. 세계 경제는 엄청난 자본과 노동과 정보의 흐름에 의해 형성된 단 하나의 글로벌 무역과 금융 네트워크로 연결되어 있다. 중국의 경제위기나 미국에서 개발된 신기술은 지구 반대편 국가의 경제 상황에 즉각 영향을 미칠 수 있다.

문화적 트렌드도 마찬가지로 매우 빠르게 퍼진다. 거의 모든 국가에서 인도 카레를 먹고, 할리우드 영화를 보며, 영국식 축구를 하고, 최신 K팝 히트 송을 들을 수 있다. 개별 국가를 넘어서는 다민족 글로벌 세계가 형성되고 있는 것이다. 세계의 기업가, 엔지니어, 은행원, 학자들은 동일한 언어를 사용하고 유사한 의견과 주제를 공유한다.

가장 중요한 것은 이러한 200개가량의 국가들이 점차로 동일한 글로벌 문제를 공유해가고 있다는 점이다. 예컨대 대륙간 탄도미사일과 원자폭탄은 국경과 상관없어졌으며, 어떤 국가도 혼자만의 힘으로 핵전쟁을 완전히 예방하기란 불가능하다. 기후변화 역시 전 인류의 번영과 생존을 위협하고 있으며, 어떠한 개별 정부도 지구 온난화를 혼자 힘으로 막을 수 없다.

생명공학, 인공지능과 같은 신기술은 더 큰 도전으로 다가온다. 마지막 장에서 언급하겠지만, 이러한 신기술들은 무기나 차량뿐 아니라 인간의 신체와 정신까지 개량할 수 있다. 실제로 이러한 기술들은 완전히 새로운 유형의 생명체를 만들거나 미래 진화의 과정에 개입하는 데에 사용될 수 있는 수준이다. 이러한 신성한 창조 능력으로 무엇을 할 것인지를 누가 결정해야 하는가?

글로벌 협력 없이 인류는 이러한 도전 과제에 제대로 대응할 수 없어 보인다. 협력을 어떻게 해나갈지는 아직은 지켜봐야 한다. 폭력적인 충돌과 새로운 정복 제국의 강요를 통해서 이루어질 수도 있고, 아니면 보다 평화로운 방법을 찾아낼 수도 있다. 키루스 시대 이후 2,500년 동안 수많은 제국은 인류의 이익에 도움이 되는 보편적인 정치 질서를 구축하겠다고 약속해 왔다. 그러나 전부 거짓말로 끝났고, 실패했다. 진실로 보편적이었던 제국, 모든 인류에게 유익했던 제국은 단 하나도 없었다. 앞으로의 제국은 잘 해낼 수 있을까?

종교의 법칙

중세 중앙아시아의 오아시스에 세워진 도시 사마르칸트의 시장은 어떤 모습이었을까. 시리아 상인들은 섬세한 중국 비단 위에 손을 올리고, 대초원 지대의 난폭한 부족민들은 먼 서쪽에서 최근 잡아 온 밀짚 빛 머리칼을 지닌 노예 무리를 전시했으며, 소매상인들은 생소한 왕의 옆얼굴과 문구가 새겨진 반짝이는 금화를 주머니에 집어넣었다. 중세 동양과 서양, 남쪽과 북쪽의 주요 교차로인 이곳에서 인류의 통일은 일상적이었다.

1281년 쿠빌라이 칸이 일본을 침략하기 위해서 군대를 소집했을 때도 똑같은 과정이 작동함을 목격할 수 있었다. 모피를 두른 몽골 기병은 대나무 삿갓을 쓴 중국 보병들과 같이 어울렸으며, 술 취한 고려인 외인부대원들은 문신을 한 남중국해 출신 선원들과 싸움을 벌였고, 중앙아시아의 엔지니어들은 유럽 모험가들이 늘어놓는 거짓말 같은 이야기에 입을 딱 벌렸고, 이들 모두가 한 명의 황제의 명을 받들었다.

한편 메카의 신성한 카바 신전 주변에서는 다른 방법으로 인류의 통일이 진행되고 있었다. 만일 당신이 메카의 순례자로서 기원 후 1300년에 이슬람 최대의 성지 주변을 돌고 있었다면, 메소포 타미아에서 온 사람들과 한 무리가 되었을지도 모른다. 그들의 옷 은 바람에 펄럭이고, 눈은 황홀경에 불타는 듯하고, 입으로는 신의 99개 이름을 하나하나 되풀이해 읊조린다. 당신 바로 앞에는 중앙 아시아 초원에서 온 터키인 족장이 수염을 쓰다듬으며 생각에 잠겨 있다. 햇빛으로 거칠어진 피부의 그는 절룩거리며 지팡이를 짚고 있다. 왼편에 있는 칠흑 같은 피부에 금 장신구를 번쩍이는 무리는 아프리카의 말리 제국에서 왔을지도 모른다. 정향, 심황, 소두구 같 은 향료와 바다 소금의 내음은 인도에서 온 형제들이 있다는 신호 일 수 있고, 더욱 동쪽의 신비한 향신료 제도(몰루카 제도—옮긴이)에 서 온 사람들이 있다는 의미일 수도 있다.

오늘날 종교는 흔히 차별과 의견충돌과 분열의 근원으로 여겨진 다. 하지만 실상 종교는 돈과 제국 다음으로 강력하게 인류를 통일 시키는 매개체다. 모든 사회 질서와 위계는 상상의 산물이기 때문 에 모두 취약하게 마련이다. 사회가 크면 클수록 더욱 그렇다. 종교 가 역사에서 맡은 핵심적 역할은 늘 이처럼 취약한 구조에 초월적 정당성을 부여하는 데 있었다. 종교는 우리의 법은 인간의 변덕의 결과가 아니라 절대적인 최고 권위자가 정해놓은 것이라고 단언한 다. 이러면 최소한 몇몇 근본적인 법만큼은 도전받지 않을 수 있었 으므로, 사회의 안정을 확보하는 데 도움이 되었다. 따라서 종교는 '초인적 질서에 대한 믿음을 기반으로 하는 인간의 규범과 가치체 계'라고 정의할 수 있을 것이다.

여기에는 두 가지 서로 다른 기준이 있다.

1. 종교는 고립된 관습이나 신념이 아니라 규범과 가치의 체계다. 행운을 얻겠다고 나무토막을 두드리는 건 종교가 아니다. 환생에 대한 믿음까지도 특정한 행동 기준을 세우지 못한다면 종교라고 할 수 없다.

2. 종교라고 인정되려면 해당 종교의 규범과 가치체계가 인간의 결정이 아니라 초인간적 법칙에 기반을 두고 있다고 주장해야한다. 프로 축구는 종교가 아니다. 수많은 규칙과 의식과 이따금기묘한 의례가 있지만, 모두가 잘 알듯이 축구는 인간이 발명한것이다. 국제축구연맹은 언제라도 골문의 크기를 늘리거나 오프사이드 규칙을 폐기할 수 있다.

종교는 광범위한 사회정치적 질서를 정당화할 능력이 있지만, 모든 종교가 그 잠재력을 작동시킨 것은 아니었다. 서로 다른 인간 집단들이 사는 광대한 영역을 자신의 가호 아래 묶어두려면, 종교에는 두 가지 추가적인 속성이 필요하다. 첫째, 언제 어디서나 진리인보편적이고 초인적인 질서를 설파해야 한다. 둘째, 이 믿음을 모든사람에게 전파하라고 강력히 요구해야 한다. 달리 말해, 종교는 보편적이면서 선교적이어야 한다.

이슬람교나 불교처럼 역사상 가장 잘 알려진 종교는 보편적이고선교적이다. 그래서 사람들은 모든 종교가 그렇다고 믿는 경향이 있다. 실상 대부분의 고대 종교는 지역적이고 배타적이었다. 신자들은

311

국지적 신과 영혼을 믿었으며, 인류 전체를 개종시키는 데 아무런 관심이 없었다. 우리가 아는 한 보편적이고 선교적인 종교는 기원전 1000년에 와서야 비로소 등장하기 시작했다. 이들의 출현은 역사상 가장 중요한 혁명의 하나였고, 보편적 제국과 보편적 화폐의 등장과 매우 비슷하게 인류의 통일에 크게 기여했다.

양들을

침묵시키기

애니미즘이 지배적인 신념체계일 때, 인간의 규범과 가치는 동물, 식물, 요정, 유령 등 다양한 존재들의 관점과 이익을 고려해야 했다. 예컨대 갠지스강 유역의 수렵채집인 무리는 유달리 큰 무화과나무 한 그루를 베지 못하게 하는 규칙을 세웠을지도 모른다. 나무의 정령이 노해서 복수하지 않게 하기 위한 조치다. 인더스강 유역에 살았던 또 다른 수렵채집인 무리는 흰꼬리여우의 사냥을 금지했을지 모른다. 언젠가 흰꼬리여우가 부족의 현명한 노파에게 귀중한 흑요석이 어디에 있는지를 가르쳐주었기 때문이다.

이런 종교는 세계관이 매우 국지적이었고, 특정 장소나 기후현상이 지닌 독특한 측면을 강조하는 경향이 있었다. 대부분의 수렵채집인은 면적 1천 제곱킬로미터도 안 되는 지역에서 평생을 보냈다. 살아남기 위해서, 특정 계곡에 사는 사람들은 그 계곡을 지배하는 초인적 질서를 이해하고 그에 맞춰 행동할 필요가 있었다. 먼 곳의 다른 계곡에 사는 사람들에게 똑같은 규칙을 따르라고 설득하는 것은 무의미한 일이었다. 인더스강 유역에 사는 사람들이 갠지스강 유역에 선교단을 보내 흰꼬리여우를 사냥하지 말라고 설득하는 수고를 하진 않았을 것이다.

농업혁명은 종교혁명을 동반한 것으로 보인다. 수렵채집인들이 채집한 식물과 사냥한 동물은 호모 사피엔스와 동등한 지위를 지닌 것으로 볼 수 있었다. 호랑이가 인간을 사냥한다고 해서 인간이 호랑이보다 열등하다고 볼 수 없듯이, 인간이 양을 사냥한다고 해서 양이 인간보다 열등하다고 볼 수는 없었다. 세상에 존재하는 것들은 서로 직접 의사소통을 했고, 자신들이 더불어 사는 거주지를 다스리는 질서에 대해 협의했다. 농부들은 달랐다. 이들은 동식물을 소유하고 조작했다. 자신의 소유물들과 협의함으로써 스스로를 격하시킬 수는 없었다. 그러므로 농업혁명이 미친 최초의 종교적 효과는 동식물을 영혼의 원탁에 앉은 동등한 존재에서 소유물로 끌어내린 것이다.

하지만 이것은 큰 문제를 낳았다. 농부들은 자신의 양 떼를 완벽하게 통제하고 싶었겠지만, 스스로의 통제력이 제한되어 있다는 사실을 알았다. 울타리에 양 떼를 가두고 숫양을 거세하고 암양을 선택적으로 교배시킬 수는 있었지만, 암양이 반드시 임신해서 건강한 새끼를 낳게 만들 수는 없었고 치명적 전염병이 발생하는 것을 막을 수도 없었다. 그러면 어떻게 양 떼의 다산을 보호할 수 있을까?

신의 기원에 대한 지배적 이론은 신이 이 문제에 해답을 제공했기 때문에 중요해졌다고 설명한다. 동식물이 말하는 능력을 잃자, 풍요의 여신, 하늘의 신, 의약의 신 같은 신들이 무대의 중앙에 등장했다. 이들의 주된 역할은 사람과 이제 벙어리가 된 동식물 사이를 중재하는 것이었다. 고대 신화의 많은 부분은 실상 인간이 동식물을 지배하는 대가로 신들에게 영원히 헌신하겠다는 약속을 담은 법적인 계약이었다. 창세기의 첫 몇 장이 대표적 예다. 농업혁명 이래 수천 년간 종교의 예배는 주로 인간이 신에게 양과 포도주, 케이크를 바치고 그 대가로 풍성한 수확과 가축의 다산을 약속받는 것이었다.

농업혁명이 처음에 바위나 샘, 유령, 데몬 같은 애니미즘계의 다른 구성원들에게 미친 충격은 이보다 훨씬 더 작았다. 하지만 이들도 점차 새로운 신들에 밀려 그 지위를 잃어갔다. 사람들이 평생 수백 제곱킬로미터의 좁은 지역에서 보내는 한, 지역의 정령만으로도 자신들의 필요를 충분히 만족시킬 수 있었다. 하지만 일단 왕국과 교역망이 확대되자, 왕국 전체나 교역 지대 전체를 아우르는 권력과 권위를 지닌 존재들이 필요해졌다.

이런 수요에 부응하고자 하는 시도는 다신교의 출현으로 이어졌다. 이런 종교는 세상이 풍요의 여신, 비의 신, 전쟁의 신을 비롯한 한 무리의 강력한 신들에게 통제되는 것으로 이해했다. 인간은 신들에게 탄원할 수 있었고, 신들은 예배와 제물을 받는다면 황송하게도 비, 승리, 건강을 내려주실 수 있었다.

다신교의 출현과 함께 애니미즘이 완전히 사라진 것은 아니었다. 악마, 요정, 유령, 신성한 바위, 신성한 샘, 신성한 나무는 거의 모든 다신교를 이루는 핵심요소로 남아 있었다. 이들 정령의 중요성은 위대한 신들에 비해 크게 떨어졌지만, 수많은 보통 사람의 평범한 필요를 충족시키기에는 충분했다. 수도에 있는 왕이 위대한 전쟁의 신에게 수십 마리의 살찐 양을 제물로 바치며 야만인과의 전쟁에서 승리하게 해달라고 기도하는 동안, 오두막에 있는 농부는 촛불을 켜고 무화과나무의 요정에게 병든 아들을 낫게 해달라고 빌었다.

하지만 위대한 신들의 등장으로 가장 큰 영향을 받은 것은 양이나 악마가 아니라 호모 사피엔스의 지위였다. 애니미즘은 인간을 세상에 살고 있는 수많은 존재 중 하나에 불과하다고 보았다. 한편 다신교는 세상이 신들과 인간의 관계를 반영한다는 시각을 점점 더 키워가기 시작했다. 우리의 기도와 희생과 죄업과 선행이 생태계 전체의 운명을 결정했다. 멍청한 사피엔스 몇 명이 신들을 노하게 하였다는 이유만으로 끔찍한 홍수가 닥쳐와 수십억 마리의 개미와 메뚜기, 거북, 영양, 기린, 코끼리를 쓸어버릴 수 있었다. 그 때문에 다신교는 신들의 지위뿐 아니라 인간의 지위도 격상시켰다. 옛 애니미즘 체계에 속하던 다른 불운한 존재들은 지위를 잃고, 인간과 신의 관계라는 위대한 드라마에서 엑스트라나 말없는 장식물로 전락했다.

우상숭배의
이점

서구인들은 2천 년 동안 일신교의 세뇌를 받은 탓에 다신교를 무지하고 유치한 우상숭배로 보게 되었다. 이것은 부당한 고정관념이다. 다신교의 내부 논리를 이해하려면, 수많은 신이 존재한다는 믿음을 지탱하는 중심 사상을 파악할 필요가 있다.

다신교가 우주 전체를 관장하는 단일한 힘이나 법칙의 존재를 반박하기만 하는 것은 아니다. 사실 대부분의 다신교, 심지어 애니미

315

즘 종교는 모든 다른 신들이나 악마, 신성한 바위의 배후에 있는 최고권력을 인정했다. 고전 그리스 다신교에서 제우스, 헤라, 아폴론과 그 동료들은 모든 것을 다스리는 전능한 힘, 즉 운명의 여신(모이라, 아낭케)에게 복종했다. 북유럽의 신들 역시 라그나뢰크의 격변(신들의 황혼)으로 사라질 운명에 얽매여 있었다. 서아프리카 요루바족의 다신교에서 모든 신은 최고신 올로두마레에게서 태어났으며 그의 신하로 남아 있다. 힌두 다신교에서는 아트만이라는 단 하나의 원리가 무수한 신들과 정령, 인간, 생물학적 세상과 물리적 세상 모두를 통제한다. 아트만은 전 우주의 영원한 정수이자 영혼이면서 모든 개인과 모든 현상의 정수이기도 하다.

일신교와 구별되는 다신교의 근본적 통찰에 따르면, 세상을 지배하는 최고 권력은 관심이나 편견을 지니고 있지 않다. 그러므로 인간의 평범한 욕망이나 근심 걱정에 개의치 않는다. 이 권력에게 전쟁의 승리나 건강, 비를 요청하는 것은 무의미하다. 모든 것을 아우르는 위치에서 보면, 특정 왕국의 승리나 패배, 특정 도시의 번영이나 쇠퇴, 특정인의 회복이나 사망은 아무런 차이가 없는 일이기 때문이다. 그리스인들은 운명의 여신에게 제물을 바치지 않았고, 힌두교도들도 아트만을 위한 사원을 짓지 않았다.

우주 최고 권력에게 다가가는 유일한 이유는 모든 욕망을 버리고 좋은 일과 나쁜 일을 다 끌어안고 패배나 가난, 질병, 죽음까지도 끌어안기 위해서일 것이다. 그러므로 힌두교에서 성자나 고행자로 알려진 일부 신자는 자신의 삶을 아트만과의 합일을 위해 바치며 이를 통해 깨달음을 얻으려 한다. 이들은 그런 근본원리의 관점에서 세상을 보려고 애쓰며, 영원한 관점에서 볼 때 평범한 모든 욕망과 두려움은 무의미하며 덧없는 현상임을 인식하려 애쓴다.

하지만 대부분의 힌두교 신자는 성자가 아니다. 이들은 세속의 관심사에 깊이 빠져 있으며, 아트만은 여기에 별 도움이 되지 않는다. 그런 문제에 도움을 받기 위해서, 힌두교도들은 부분적 권력을 가진 신들에게 접근한다. 가네샤, 락슈미, 사라스바티 같은 신은 모든 것을 아우르는 힘이 아니라 부분적 힘만을 갖고 있다는 바로 그 이유에서 관심과 편견을 지니고 있다(가네샤는 지혜와 학문의 신, 락슈미는 행운의 여신, 사라스바티는 지식과 예술의 여신이다―옮긴이). 그러므로 인간은 이들 부분적 힘들과 거래를 할 수 있으며, 전쟁에서 이기고 질병을 낫기 위해 그들의 도움에 의지할 수 있다. 이런 작은 힘들은 많을 수밖에 없었다. 왜냐하면 일단 모든 것을 아우르는 최고의 힘을 쪼개기 시작하면 하나 이상의 신성을 갖게 될 수밖에 없기 때문이다. 그러니 당연히 신들도 여러 명이 되었다.

다신교의 통찰은 폭넓은 종교적 관용을 낳기 쉽다. 다신교도들은 한편으로는 하나의 최고 권력, 완벽하게 무심한 권력을 믿고 다른 한편으로는 편견을 지닌 수많은 권력을 믿기 때문에, 하나의 신에 헌신하는 사람이라도 다른 신들의 존재와 효험을 받아들이는 데 어려움이 없다. 다신교는 본질적으로 마음이 열려 있으며 '이단'이나 '이교도'를 처형하는 일이 드물다.

다신교도는 심지어 거대한 제국을 정복했을 때도 피정복민을 개종시키려는 노력을 하지 않았다. 이집트인, 로마인, 아즈텍인은 오시리스, 유피테르, 우이칠로포치틀리(아즈텍의 최고 신)에 대한 신앙

317

을 전파하려 선교사를 외국에 파견하지 않았고, 이를 목적으로 군대를 파견하지도 않았다. 제국 내의 모든 피정복 민족은 제국의 신과 의례를 존중할 것으로 기대되었다. 이들 신과 의례가 제국을 보호하고 정당화하기 때문이었다. 하지만 자신의 지역 신과 의례를 포기하라는 요구를 받진 않았다. 아즈텍 제국에서 피정복민들은 우이칠로포치틀리 신전을 지어야 했지만, 기존의 지역 신전을 대신해서가 아니라 그 옆에 세웠다. 많은 경우 제국의 엘리트 자체가 피정복민의 종교와 의례를 받아들였다. 로마인들은 아시아의 키벨레 여신을, 이집트인들은 이시스를 그들의 만신전에 기꺼이 추가했다(키벨레는 소아시아 고대국가 프리기아의 대지의 여신, 이시스는 풍요의 여신이다―옮긴이).

　로마인들이 오랫동안 관용을 거부했던 유일한 신은 일신교적이고 개종을 요구하는 기독교의 신이었다. 로마 제국은 기독교인들에게 신앙과 의례를 포기하라고 요구하지 않았다. 하지만 제국의 수호신과 황제의 신성에 경의를 표할 것을 기대했다. 이는 정치적 충성심의 선언으로 여겨졌다. 기독교인들이 이를 격렬하게 거부하고 화해를 위한 모든 시도를 거절하는 데까지 나아가자, 로마인들은 정치적 전복을 꾀하는 세력이라고 보아 박해로 대응했다. 이런 박해조차 주저주저하는 식이었다. 예수가 십자가에 매달린 지 3백 년만에 콘스탄티누스 대제가 개종할 때까지, 다신교를 믿는 로마 황제가 기독교인을 박해한 사건은 네 차례를 넘지 않았다. 지역의 행정관과 총독이 자기들 나름으로 반기독교적 폭력을 일부 일으켰을 뿐이다. 3세기에 걸친 모든 박해의 희생자를 다 합친다 해도, 다신

교를 믿는 로마인들이 살해한 기독교인은 몇천 명을 넘지 않았다.[1]
이와 대조적으로 이후 1,500년간 기독교인은 사랑과 관용의 종교
에 대한 조금 다른 해석을 지키기 위해서 다른 기독교인 수백만 명
을 학살했다.

　16~17세기 유럽을 휩쓸었던 가톨릭과 개신교 사이의 종교전쟁
은 특히 악명 높다. 관련자 모두가 예수의 신성 그리고 관용과 사랑
이라는 그의 복음을 믿었지만, 그 사랑의 성격에 대해서는 의견을
달리했다. 신교도들은 하느님의 사랑이 워낙 크기에 성육신成肉身하
여 세상에 화신해 기꺼이 고문과 십자가형을 받았으며 그로써 그
분을 믿는 모든 사람을 원죄로부터 구원하고 천국의 문을 열어주었
다고 믿었다. 가톨릭은 신앙이 필수이기는 하지만 그것만으로는 부
족하다고 보았다. 천국에 입장하려면 신자들이 교회의 의례에 참석
하고 선행을 해야만 했다. 개신교도들은 보상으로 주어지는 천국행
은 하느님의 위대함과 사랑을 경시하는 것이라고 주장하며, 가톨릭
의 의견을 받아들이기를 거부했다. 천국행이 스스로의 선행에 달려
있다고 생각하는 사람은 자신의 중요성을 과장하는 것이고, 예수의
십자가 고난과 인류에 대한 신의 사랑만으로는 충분치 않다고 암시
하는 것이라고 주장했다.

　이런 신학논쟁은 16~17세기에 매우 격렬해져서 가톨릭교도와
개신교도는 수십만 명이나 서로 살해했다. 1572년 8월 24일, 선행
을 강조하는 프랑스 가톨릭교도들은 하느님의 인간 사랑을 강조하
는 프랑스 개신교 공동체를 공격했다. 성 바르톨로메오 축일의 대
학살로 불리는 이 공격에서 5천~1만 명의 개신교도가 살해되는 데

는 채 하루가 걸리지 않았다. 로마 교황은 프랑스에서 전해진 소식을 듣자 몹시 기뻐하며, 이 사건을 기념하기 위한 축하 기도회를 조직하고 조르조 바사리에게 명해 바티칸의 방 하나를 대학살에 대한 프레스코로 장식하게 했다(이 방은 현재 방문객 출입이 금지되어 있다).[2] 이 하루 동안 기독교인이 살해한 기독교인은 다신교를 믿는 로마 제국이 제국의 존속 기간을 통틀어 살해한 기독교인의 숫자보다 많았다.

신은 하나다

시간이 흐르면서 다신교의 신을 믿는 신자 가운데 일부는 자신의 수호신을 몹시 좋아한 나머지 다신교의 기본 통찰에서 멀어졌다. 그들은 자신의 신이 유일신이며, 그분이 우주의 최고 권력이라고 믿기 시작했다. 하지만 이와 동시에 그분이 여전히 사심과 편견을 지닌 것으로 보았고, 우리가 그분과 거래할 수 있다고 믿었다. 이렇게 해서 일신교가 태어났다. 그 신도들은 병에서 회복되도록, 복권이 당첨되도록, 전쟁에서 승리하도록 해달라고 우주의 최고 권력에게 간청했다.

우리에게 알려진 최초의 일신교는 기원전 1350년경 이집트에서 나타났다. 파라오 아케나텐은 이전까지 이집트 만신전에서 그저 그런 위치를 차지하던 아텐신이 사실은 우주를 지배하는 최고 권력이라고 선언했다. 아케나텐은 아텐 숭배를 국교로 삼았고 다른 모든 신에 대한 숭배를 저지하려고 했지만, 그의 종교혁명은 성공하지 못했다. 그의 사후 아텐 숭배는 사라지고 옛 만신전이 돌아왔다.

다신교는 여기저기서 다양한 일신교를 잉태했으나, 이런 종교들은 주변부에 남아 있었다. 스스로의 보편적 메시지를 소화하지 못한 탓이 적지 않았다. 가령 유대교는 우주의 최고 권력은 사심과 편견을 지니는데, 그분의 주된 관심은 조그만 유대국가와 이스라엘이라는 이름 모를 땅에 있다고 주장했다. 유대교는 다른 나라에게는 이 믿음을 권하지 않았고, 그 존속기간 대부분 동안 선교를 하지도 않았다. 이 단계를 우리는 '지역적 일신론' 단계라고 부를 수 있을 것이다.

비약적 돌파구는 기독교와 함께 왔다. 기독교 신앙은 나자렛 예수가 그들이 오래 기다리던 구세주라는 것을 유대인에게 확신시키려 했던 비전秘傳의 유대교 분파에서 시작되었다. 하지만 이 분파의 첫 리더 중 하나였던 타르수스의 바울은 만일 우주의 최고 권력이 관심과 편견을 지니고 있으며 수고롭게도 피와 살을 가진 존재로 화신하셔서 인류를 구원하려고 십자가에서 돌아가셨다면 이것은 유대인에게뿐 아니라 만민에게 전파되어야 할 이야기이므로, 예수에 대한 좋은 말씀—복음—을 전 세계로 전파할 필요가 있다고 추론했다.

바울의 주장은 비옥한 땅에 씨를 뿌렸다. 기독교인들은 모든 인류를 겨냥해 광범위한 선교활동을 조직하기 시작했다. 이 비의적 유대교 분파가 강력한 로마 제국을 접수한 것은 역사상 가장 이상한 사태 전개로 꼽힌다.

기독교의 성공은 7세기 아라비아 반도에서 출현한 또 다른 일신교의 모델이 되었다. 이슬람도 기독교와 마찬가지로 세상의 구석진 곳의 작은 분파로 시작했지만, 기독교보다 더 이상하고도 놀라운 업적을 이룩했다. 아라비아 사막을 벗어나 대서양에서 인도에 이르는 어마어마한 제국을 정복하기에 이른 것이다. 이 시기를 기점으로 일신교 사상은 세계사에서 중심적 역할을 하게 되었다.

일신론자들은 다신론자들에 비해 훨씬 더 광신적이었고, 전도에 헌신하는 경향이 있다. 어떤 종교가 다른 신앙의 정당성을 인정한다면 그것은 그 신이 우주의 최고 권력이 아니든지, 그들이 신으로부터 우주의 진리를 부분적으로만 전수받았든지 둘 중 하나였다. 일신론자들은 자신들이 단 한 분밖에 없는 신의 모든 메시지를 갖고 있다고 믿었기 때문에, 다른 모든 종교를 도저히 인정할 수 없었다. 지난 2천 년간 일신론자들은 모든 경쟁상대를 폭력으로 말살시킴으로써 자신들의 힘을 강화하려는 노력을 되풀이했다.

그것은 효과가 있었다. 기원후 1세기 초반, 세상에는 일신론자가 전혀 없다시피 했다. 기원후 500년경이 되자 세계 최대의 제국 중 하나인 로마 제국이 기독교 국가가 되었으며, 선교사들은 유럽의 다른 지역과 아시아, 아프리카에 기독교를 전파하느라 바빴다. 기원후 첫 1천 년이 마무리될 무렵에는 유럽, 서아시아, 북아프리카 사람의 대부분이 일신론자였고, 대서양에서 히말라야에 이르는 여러 제국들이 자신들은 위대한 유일신에게 자격을 인정받았다고 주장했다. 16세기 초에 이르자 일신교는 아프로아시아에서 동아시아와 아프리카 남부를 제외한 대부분의 지역을 지배했으며, 남아프리카, 아메리카, 오세아니아를 향해 긴 촉수를 뻗기 시작했다. 오늘날 동아시아를 제외한 다른 지역 사람들은 대부분 이런저런 유일신을

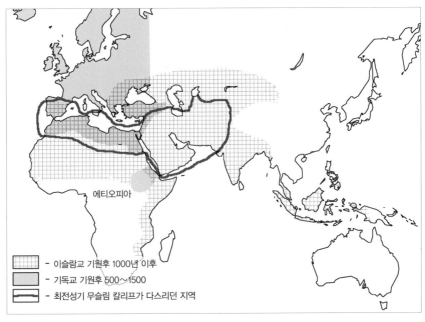

에티오피아

– 이슬람교 기원후 1000년 이후

– 기독교 기원후 500~1500

– 최전성기 무슬림 칼리프가 다스리던 지역

지도 4. 기독교와 이슬람교의 전파

충실히 믿고 있으며, 세계 정치질서 또한 유일신적 기초 위에 세워져 있다.

하지만 다신교 내에서 애니미즘이 계속 살아남았던 것과 마찬가지로, 일신교 내에서 다신교 역시 살아남았다. 이론상으로는 우주의 최고 권력이 사심과 편견을 지닌다고 일단 믿는다면, 부분적 권력을 숭배해봐야 아무 소용없을 것이다. 대통령 집무실의 문이 열려 있는데 하위관료를 찾아가고 싶은 사람이 있을까? 사실 일신론 신학은 최고신 이외의 모든 신의 존재를 부정하며, 감히 그런 잡신들을 믿는 자에게는 지옥불과 유황을 퍼붓는 경향이 있다. 하지만 신학 이론과 역사적 실재 사이에는 늘 틈이 있기 마련이었다.

　대부분의 사람들은 일신교 사상을 완전히 이해하기가 어려웠다. 이들은 계속해서 세상을 '우리'와 '그들'로 나누었고, 우주의 최고 권력이 자신들의 세속적 욕구에 비해 너무 멀고 낯설다는 시각을 견지했다. 일신교들은 요란한 팡파르를 울리면서 대문으로 잡신들을 내쫓고서는 창문을 통해 이들을 다시 끌어들였다. 예를 들어 기독교는 성자들로 구성된 나름의 만신전을 발달시켰는데, 이것은 다신교의 만신전과 거의 다를 바가 없었다.

　유피테르 신이 로마를 수호하고 우이칠로포치틀리 신이 아즈텍 제국을 지켰듯이, 모든 기독교 왕국에는 수호성인이 있어서 고난을 극복하고 전쟁에서 승리하도록 도와주었다. 영국은 성 조지의 수호를, 스코틀랜드는 성 안드레의 비호를 받았다. 헝가리는 성 이슈트반, 프랑스는 성 마르탱이 수호했다. 도시와 읍, 전문직, 심지어 질병에도 자신만의 성인이 있었다. 밀라노는 성 앙브루아즈의, 베네치아는 성 마가의 보살핌을 받았다. 성 엘모는 굴뚝 청소부들을 보호했고, 성 마태오는 괴로워하는 세금 징수관들에게 도움을 주었다. 두통이 있다면 성 아가티우스에게 기도해야 하지만, 치통을 앓는다면 성 아폴로니아가 훨씬 더 잘 맞는 기도 대상이었다.

　기독교 성인들은 옛 다신교의 신과 단순히 닮기만 한 게 아니었다. 바로 그 신들이 변장한 경우도 흔했다. 가령 기독교 전래 이전 켈트 섬의 최고 여신은 브리지드였다. 이 섬이 기독교화하자 브리지드도 세례를 받았다. 이제 성 브리지드가 된 그녀는 가톨릭을 믿는 아일랜드에서 오늘날까지도 가장 큰 추앙을 받는 성인이 되었다.

선과 악의
싸움

　　　　다신교는 일신교만 낳은 것이 아니라 이신교도 낳았다. 이신교는 서로 반대되는 두 힘의 존재를, 즉 선과 악을 믿는다. 일신교와 달리 이신교에서 악은 독립적인 힘이다. 선한 신에 의해 창조된 것도 그 신에 종속된 것도 아니다. 이신교는 온 세상을 이들 두 힘의 전쟁터로 본다. 세상에서 일어나는 모든 일은 그 싸움의 일부라는 것이다.

　이신교는 이른바 악의 문제에 간명한 해답을 주기 때문에 매우 매력적인 세계관이다. 이 유명한 문제는 인간의 사상에서 가장 근본적 관심사 중 하나다. "세상에는 왜 악이 존재할까? 왜 고통이 존재할까? 왜 착한 사람에게 나쁜 일이 일어날까?" 일신론자들은 이런 물음에 대답하려면 지적인 곡예를 부려야만 했다. 전지전능하며 완벽하게 선한 하느님이 세상에 그토록 많은 고통을 허락하시는 이유가 대체 무엇이란 말인가. 널리 알려진 하나의 설명에 따르면, 이것은 인간에게 자유의지를 허락하는 신의 방식이라고 했다. 악이 없다면 인간은 선과 악 사이에서 선택할 필요가 없으므로 자유의지도 없다는 것이다. 하지만 이것은 직관에 반하는 답으로서, 즉각 수많은 새로운 의문을 낳는다. 자유의지는 인간에게 악을 선택하도록 허락한다. 많은 사람이 실제로 악을 택하며, 일신교의 정통적 설명에 따르면 이런 선택은 반드시 신의 벌을 부른다. 그러나 만일 그 인물이 자유의지로써 악을 선택하고 그 결과로 지옥에서 영원한 고통을 받게 된다는 것을 신이 미리 알았다면, 신은 왜 그를 창조했을까?

신학자들은 이런 질문에 답하기 위해 수없이 많은 책을 썼다. 이런 답이 믿을 만하다고 생각한 사람도 있었고 그렇지 않다고 보는 사람도 있었다. 아무튼 부인할 수 없는 사실은 일신론자들이 악의 문제에 쩔쩔매고 있다는 것이다.

이신론자들에게는 악을 설명하기가 쉽다. 착한 사람들에게 나쁜 일이 일어나는 것은 세상이 전지전능하고 완벽하게 선한 신에 의해서만 통치되고 있지 않기 때문이다. 세상에는 독립된 악의 힘이 돌아다니고, 악의 힘은 나쁜 일을 저지른다.

이신론자의 견해에는 나름의 단점이 있다. 악의 문제를 풀어주기는 하지만, 질서의 문제 앞에서 당황하게 된다. 만일 세상을 유일신이 창조했다면, 세상이 이토록 질서가 잘 잡히고 모든 것이 동일한 법칙을 따르는 현실이 분명하게 설명이 된다. 그러나 만일 세상에 두 대립되는 힘인 선과 악이 있다면, 둘 사이의 싸움을 관장하는 법칙을 정한 존재는 누구인가? 두 나라가 싸울 수 있는 것은 둘 다 똑같은 물리법칙의 지배를 받기 때문이다. 파키스탄에서 발사된 미사일이 인도의 목표물에 명중할 수 있는 것은 양국에서 동일한 물리법칙이 적용되기 때문이다. 만일 선과 악이 싸운다면, 이들이 따르는 공통의 법칙은 무엇이며 그 법칙은 누가 정했는가?

요약하면, 일신론은 질서를 설명하지만 악 앞에서 쩔쩔맨다. 이신론은 악을 설명하지만 질서 앞에서 당황한다. 이 수수께끼를 해결하는 논리적 방법이 하나 있다. 온 우주를 창조한 전능한 유일신이 있는데 그 신이 악한 신이라고 주장하는 것이다. 하지만 그런 신앙을 가질 배짱이 있는 사람은 역사상 아무도 없었다.

이신교는 1천 년 이상 번성했다. 기원전 1500년에서 기원전 1000년 사이의 어느 시기에 조로아스터(자라투스트라)란 이름의 예언자가 중앙아시아의 어느 지역에서 활동했다. 그의 교리는 세대에서 세대로 전해져 마침내 가장 중요한 이신교인 조로아스터교가 되었다. 그 신봉자들은 세상을 선신인 아후라 마즈다와 악신인 앙라 마이뉴 사이의 우주적 싸움터로 보았다. 인간은 이 전쟁에서 선신을 도와야만 했다. 조로아스터교는 고대 페르시아 아케메네스 제국(기원전 550~350)에서 중요한 종교였고, 나중에는 사산 제국(기원후 224~651)의 공식 종교가 되었다. 이후 중동과 중앙아시아에서 발흥한 거의 모든 종교에 중요한 영향을 미쳤으며, 그노시스파와 마니교 등 여러 이신교에 영감을 불어넣었다.

마니교는 기원후 3~4세기 동안 중국에서 북아프리카로 퍼졌으며, 잠시나마 로마 제국에서 기독교를 누르고 지배적인 종교가 될 것으로 예상된 적도 있었다. 하지만 마니교도들은 로마의 영혼을 기독교도들에게 빼앗겼고, 조로아스터교를 신봉한 사산 제국은 일신교를 믿는 무슬림들에게 무너졌다. 이렇게 해서 이신교의 파도는 잦아들었다. 오늘날 이신론을 믿는 공동체는 인도와 중동에 한 줌 정도 있을 뿐이다.

그렇지만 일신교의 물결이 정말로 이신교를 싹 쓸어낸 것은 아니었다. 일신교인 유대교, 기독교, 이슬람교는 이신교에서 수많은 신앙과 관례를 흡수했으며, 오늘날 우리가 '일신교'라고 부르는 것의 가장 기본적 사상 일부는 사실 그 기원이나 정신이 이신교적이다. 수없이 많은 기독교인, 무슬림, 유대교인이 강력한 악의 힘이 존재한다고 믿는다. 기독교인이 악마로 부르는 것이 그런 존재다. 이 존재는 선한 신에 대항해 독자적으로 싸울 수 있고, 신의 허락 없이 파괴를 불러올 수 있다.

일신론자가 어떻게 그런 이신론적 신념을 품을 수 있을까(말이 나왔으니 말인데 이것은 구약에서는 어디서도 찾아볼 수 없는 내용이다)? 논리적으로는 불가능하다. 전지전능한 유일신을 믿거나 둘 다 전능하지는 않은 서로 대립되는 힘을 믿거나 할 수 있을 뿐이다. 하지만 인간에게는 모순을 믿는 놀라운 능력이 있다. 그러므로 수백만 명의 경건한 기독교인, 무슬림, 유대교인이 전능한 신과 독립적인 악마를 둘 다 동시에 믿는다고 해서 놀랄 필요는 없다. 수없이 많은 기독교인, 무슬림, 유대교인은 심지어 선한 신이 악과 싸울 때 우리의 도움이 필요하다고 상상하는 데까지 나아갔다. 이런 상상은 여러 가지를 고취시켰는데 이 중에는 지하드와 십자군을 일으켜야 한다는 요구도 포함된다.

또 다른 이신교인 그노시스파와 마니교의 핵심 개념은 육체와 영혼, 물질과 정신을 정확하게 구분한다. 이들 종교에 따르면 선신은 정신과 영혼을, 악신은 물질과 육체를 창조했고, 인간은 선한 영혼과 악한 육체의 전쟁터 역할을 한다. 일신교적 시각에서 보면 이것은 이치에 맞지 않다. 육체와 영혼, 물질과 정신을 그렇게 정확히 구분해야 할 이유가 어디 있는가? 육체와 물질이 악하다고 주장하는 이유는 무엇인가? 어쨌든 만물은 동일한 선한 신이 창조한 것이 아닌가? 하지만 일신론자들은 악의 문제를 다루는 데 도움이 된다는 이유에서 이신론자들의 이분법에 매혹될 수밖에 없었다. 그러므로 이 (선과 악의) 대립은 결국 기독교와 무슬림 사상의 초석이 되었다. 천국(선신의 영역)과 지옥(악신의 영역)에 대한 믿음 역시 그 기원은 이신론에 있었다. 구약에는 이런 믿음의 흔적조차 없다. 사람들의 영혼이 육체가 죽은 다음에도 계속 산다는 주장 또한 전혀 나오지 않는다.

사실 일신론은 역사에서 나타났듯이 일신론과 이신론, 다신론, 애니미즘 유산이 하나의 신성한 우산 밑에 뒤섞여 있는 만화경이다. 보통 기독교인은 일신론의 하느님만이 아니라 이신론적 악마, 다신론적 성자, 애니미즘적 유령을 모두 믿는다. 종교학자들은 이처럼 서로 다르고 심지어 상충하는 사상을 동시에 인정하는 행위와 각기 다른 원천에서 가져온 의례와 관례를 혼합하는 행위에 대한 명칭으로, '제설諸說혼합주의'를 썼다. 실제로 제설혼합주의야말로

단 하나의 위대한 세계 종교일지 모른다.

자연의 법칙

지금껏 우리가 논의한 모든 종교는 하나의 공통된 특징이 있다. 모두가 신을 비롯한 초자연적 실체에 대한 믿음에 초점을 맞춘다는 점이다. 주로 일신교와 다신교에 익숙한 서구인에게는 매우 당연해 보일지 모른다. 하지만 사실은 세계 종교사가 신들의 역사로만 요약되는 것은 아니다. 기원전 1000년부터 완전히 새로운 종류의 종교가 아프로아시아로 퍼져나가기 시작했다.

인도의 자이나교와 불교, 중국의 도교와 유교, 지중해 분지의 스토아철학, 견유철학, 에피쿠로스주의와 같은 신생 종교들의 특징은

신을 섬기지 않는다는 점이다. 이들의 신조에 따르면 세상을 지배하는 초인적 질서는 신의 의지와 변덕이 아니라 자연법칙의 소산이다. 이런 자연법칙 종교들 중 일부는 여전히 신의 존재를 믿었지만, 그 신들도 인간이나 동식물 못지않게 자연법칙의 지배를 받는 존재라고 보았다. 신들은 코끼리나 호저처럼 생태적 지위를 차지했으며, 신들도 코끼리와 다름없이 자연법칙을 멋대로 바꿀 수 없었다. 대표적 사례가 고대 자연법칙 종교에서 가장 중요한 불교다. 불교는 지금도 주요 종교로 남아 있다.

불교의 중심인물은 신이 아니라 인간, 고타마 싯다르타다. 불교 전통에 의하면 고타마는 기원전 500년경 히말라야에 있던 작은 왕국의 후계자였다. 이 젊은 왕자는 주변에서 볼 수 있는 모든 고통에 깊은 영향을 받았다. 남자와 여자, 어린이와 노인 모두가 전쟁이나 전염병 같은 우연한 재난뿐 아니라 고민, 좌절, 불만으로 고통을 겪고 있었는데, 그 모두가 인간 조건의 필수적인 부분처럼 보였다. 사람들은 부와 권력을 추구하고, 지식과 소유물을 얻으며, 아들딸을 낳고, 집과 왕궁을 짓는다. 하지만 무엇을 이룩해도 결코 만족할 수 없다. 가난하게 사는 사람은 부자를 꿈꾼다. 1백만을 가진 사람은 2백만을 원한다. 2백만을 가진 사람은 1천만을 원한다. 심지어 부와 명성을 가진 사람도 만족하는 일이 드물다. 이들 역시 끝없는 괴로움과 걱정에 사로잡혀 살다가 결국 늙고 병들어 죽는 비참한 최후를 맞는다. 그 사람이 쌓은 모든 것은 연기처럼 사라진다. 삶은 극심하고 무의미한 생존경쟁이다. 어떻게 여기서 벗어날 수 있을까?

고타마는 29세에 가족과 재산을 뒤로하고 한밤중에 왕궁을 빠져

지도 5. 불교의 전파

나왔다. 그는 고통에서 벗어나는 길을 찾으며 집 없는 방랑자로 인도 북부를 구석구석 떠돌았다. 그는 아시람(힌두교 수행처—옮긴이)들을 방문해 구루들의 발치에 앉았지만, 아무것도 그를 완전히 해방시켜주지 못했다. 모종의 불만이 항상 남아 있었다. 그는 좌절하지 않았다. 완전한 해방의 길을 찾을 때까지 스스로의 힘으로 번뇌를 연구하기로 결심했다. 그는 6년에 걸쳐 인간 번뇌의 핵심과 원인과 치유법에 대해 명상을 했고, 마침내 그 번뇌의 원인은 불운이나 사회적 불공정, 신의 변덕에 있는 것이 아님을 깨달았다. 번뇌는 사람의 마음이 행동하는 패턴에서 일어나는 것이었다.

고타마는 다음과 같이 통찰했다. 마음은 무엇을 경험하든 대개 집착으로 반응하고 집착은 항상 불만을 낳는다. 마음은 뭔가 불쾌한 것을 겪으면 그것을 제거하려고 집착하고, 뭔가 즐거운 것을 경험하면 그 즐거움을 지속하고 배가하려고 집착한다. 그러므로 마음은 늘 불만스럽고 평안에 들지 못한다. 이 사실은 우리가 고통 같은 불쾌한 경험을 할 때 매우 분명해진다. 고통이 지속되는 한 우리는 불만스럽고, 고통을 피하기 위해 할 수 있는 일은 무엇이든 한다. 하지만 우리는 즐거운 일을 경험해도 결코 만족하지 못하고, 즐거움이 사라질까 봐 두려워하거나 더 커지기를 희망한다. 사람들은 사랑하는 사람을 찾기를 몇 년씩 꿈꾸지만, 실제로 찾았을 때 만족하는 일은 거의 없다. 상대가 떠날까 봐 전전긍긍하는가 하면 좀 더 나은 사람을 찾을 수 있었는데 너무 값싸게 안주했다고 느낀다. 심지어 용케 둘 다를 하는 사람도 있다는 것을 누구나 알리라.

위대한 신들은 우리에게 비를 보낼 수 있고, 사회제도는 정의와 좋은 의료를 제공할 수 있으며, 우연한 행운은 우리를 백만장자로 만들어줄 수 있다. 하지만 이 가운데 어느 것도 우리의 기본적 정신 패턴을 바꾸지는 못한다. 가장 위대한 왕이라 할지라도 슬픔과 번민으로부터 끊임없이 달아나며 더 영원히 큰 즐거움을 뒤쫓는 번뇌 속에 살 운명이다.

고타마는 이런 악순환에서 벗어나는 방법이 있다는 사실을 발견했다. 만일 즐거운 일이나 불쾌한 일을 경험했을 때 마음이 사물을 있는 그대로 이해할 수 있다면, 거기에는 고통이 없다. 당신이 슬픔을 경험하되 그것이 사라지기를 원하는 집착을 품지 않는다면, 당신은 계속 슬픔을 느끼겠지만 그로부터 고통을 당하지는 않는다. 실제로 슬픔 속에 풍요로움이 있을 수 있다. 당신이 기쁨을 느끼되 그것이 계속 유지되며 더 커지기를 집착하지 않는다면, 당신은 마음의 평화를 잃지 않고 계속 기쁨을 느낄 수 있다.

하지만 어떻게 하면 모든 것을 집착 없이 있는 그대로 받아들일 수 있을까? 고타마는 집착 없이 실체를 있는 그대로 느끼게끔 훈련하는 일련의 명상기법을 개발했다. 이 방법은 우리 마음이 "지금과 다른 어떤 경험을 하고 싶은가?"보다 "지금 나는 무엇을 경험하고 있는가"라는 질문에 온 관심을 쏟도록 훈련시킨다. 이 같은 마음의 상태에 도달하는 것은 쉽지 않지만 불가능한 일도 아니다.

고타마는 이런 명상기법을 일련의 윤리적 규칙들 위에 구축했는데, 그 규칙들은 우리가 집착이나 환상에 빠지지 않으면서 실제 경험에 초점을 맞추기 쉽도록 하는 데 목적이 있었다. 그는 추종자들에게 살생, 음행, 도둑질을 피하라고 했는데, 이런 행동은 반드시 집착(권력과 감각적 기쁨, 그리고 부에 대한)의 불을 지피기 때문이었다. 불이 완전히 꺼지면 집착은 완벽한 만족과 평온의 상태와 자리를 바꾸게 되는데, 이것이 바로 열반이다(열반은 문자 그대로 '불 끄기'란 뜻이다). 열반에 이른 사람은 모든 고통에서 해방된다. 이들은 실재를 극도로 분명하게 경험하며, 환상이나 망상에서 자유롭다. 이들도 분명 불쾌함이나 고통에 맞닥뜨릴 테지만, 그런 경험은 이제 아무런 정신적 고통을 일으키지 않는다. 집착이 없는 사람은 고통받지 않는다.

불교 전통에 따르면 고타마는 그 자신이 열반에 들었으며 고통으로부터 완전한 자유를 얻었다. 그는 '부처'로 알려졌다. '깨달은 자'라는 뜻이다. 부처는 모든 사람이 고통에서 벗어날 수 있게 하기 위해서 여생을 다른 사람들에게 자신의 발견을 전하는 데 바쳤다. 그는 자신의 가르침을 한 가지 법칙으로 요약했다. 번뇌는 집착에서 일어난다는 것, 번뇌에서 완전히 벗어나는 유일한 방법은 집착에서 완전히 벗어나는 데 있다는 것, 집착에서 완전히 벗어나는 유일한 방법은 실재를 있는 그대로 경험하도록 마음을 훈련시키는 데 있다는 것이었다.

법(Dharma, 다르마)으로 알려진 이 법칙은 불교도에게 보편적 자연법칙으로 이해되고 있다. '고통은 집착에서 생긴다'는 것은 언제 어디서나 진리다. 현대 물리학에서 E가 늘 mc^2과 같은 것과 마찬가지다. 불교도는 이 법칙을 믿고 모든 행동의 지주로 삼는 사람들이다. 한편 신에 대한 믿음은 이들에게 그리 중요치 않다. 일신론적 종교의 제일 원리는 "신은 존재한다. 그분은 나에게 무엇을 원하시는가?"인 반면 불교의 제일 원리는 "번뇌는 존재한다. 나는 거기서 어떻게 벗어날 수 있는가?"이다.

불교는 신들의 존재를 부인하지 않는다. 신들을 비와 승리를 가져다줄 수 있는 강력한 존재로 묘사한다. 하지만 이 신들은 집착에서 고통이 일어난다는 법칙에 아무 영향도 주지 못한다. 만일 어떤 사람이 모든 집착에서 해방되었다면, 어떤 신도 그를 불행하게 만들지 못한다. 반대로 일단 어떤 사람의 마음에서 집착이 일어나면, 우주의 어떤 신도 그를 번뇌에서 구해주지 못한다.

하지만 일신교적 종교와 아주 비슷하게, 불교 같은 근대 이전의 자연법칙 종교 역시 신에 대한 숭배를 완전히 없애지는 못했다. 불교는 사람들에게 경제적 풍요나 정치권력 따위가 아니라 번뇌로부터의 완전한 해방이라는 궁극의 목표를 지향해야 한다고 가르쳤지만, 불교도의 99퍼센트는 열반에 도달하지 못했고, 설령 언젠가 내세에서 열반을 이루기를 원했다 할지라도 현세의 삶 대부분은 세속적 성취를 추구하는 데 바쳤다. 그래서 이들은 인도의 힌두신, 티베트의 본교本敎의 신, 일본의 신도神道의 신을 비롯한 다양한 신들을 계속 섬겼다.

게다가 시간이 흐르면서 여러 불교 분파들이 부처들과 보살들로 구성된 만신전을 발전시켰다. 이들은 해탈할 능력을 지닌 인간(보살)과 비인간적 존재(부처)이지만 연민 때문에 해방을 포기했다고 했다. 아직도 불행의 덫에 빠져 있는 무수한 존재들을 돕기 위해서 말이다. 신을 숭배하는 대신에 많은 불교도들은 이런 깨달은 자들을 숭배하기 시작했다. 이들에게 열반에 이르도록 도와달라고 요청할 뿐 아니라 세속의 문제를 해결해달라고 빌었다. 그래서 우리는 동아시아 곳곳에서 수많은 부처와 보살이 비를 부르고, 전염병을 막고, 심지어 피비린내 나는 전쟁을 이기는 데 시간을 쓰는 것을 볼 수 있다. 기도와 색색의 꽃과 향과 쌀과 사탕을 받는 대가로 말이다.

인간숭배

지난 3백 년은 흔히 인류의 역사에서 종교가 점차 중요성을 잃어가며 세속화가 진행된 시기로 묘사된다. 유신론적 종교에 대해서라면 대체로 옳은 말이다. 하지만 자연법칙 종교를 고려한다면 사정이 전혀 다르다. 근대는 강력한 종교적 열정의 시대, 전대미문의 포교 노력과 역사상 가장 피비린내 나는 종교전쟁의 시대였다. 수많은 자연법칙 종교가 근대에 새로이 등장했다. 자유주의, 공산주의, 자본주의, 민족주의, 국가사회주의가 그런 예다. 이들은 종교라고 불리는 것을 좋아하지 않으며 스스로를 이데올로기라고 칭한다. 하지만 이는 단순히 용어상의 문제일 뿐이다. 만일 종교를 초인적 질서에 대한 믿음을 기초로 한 인간의 규범과 가치 시스템이라고 정의한다면, 공산주의는 이슬람교에 비교해도 조금도 손색이 없는 종교다.

이슬람교는 물론 공산주의와 다르다. 세상을 지배하는 초인적 질서는 전능한 창조주 신의 명령이라고 보기 때문이다. 그에 비해 공산주의는 신을 믿지 않았다. 불교 역시 신을 가차 없이 다루지만, 그럼에도 보통 종교로 분류된다. 불교도와 마찬가지로, 공산주의자들은 인간의 행동을 인도해야 할 초인적 질서와 불변의 법칙을 믿었다. 불교도들은 자연법칙이 고타마 싯다르타에 의해 발견되었다고 믿는 데 비해, 공산주의자들은 자연법칙이 카를 마르크스, 프리드리히 엥겔스, 블라디미르 일리치 레닌에 의해 발견되었다고 믿었다.

유사성은 여기서 그치지 않는다. 다른 종교와 마찬가지로 공산주의에는 경전과 예언서가 있다. 프롤레타리아의 궁극적 승리와 함께 역사는 곧 종말을 맞을 것이라고 예언한 마르크스의 《자본론》 같은 책이다. 공산주의는 나름의 기념일과 축제가 있었는데, 5월 1일

노동절과 10월 혁명 기념일이 그런 예다. 마르크스주의 변증법에 능통한 신학자들이 있었으며, 소련 적군의 모든 부대에는 인민위원 이라 불리는 지도 신부가 있어서 병사들과 장교들의 신심을 모니터 링했다. 순교자와 성전이 있었고, 트로츠키주의와 같은 이단이 있었다. 소련 공산주의는 광적이고 포교에 열심인 종교였다. 독실한 공산주의자는 기독교도나 불교도가 될 수 없었으며, 생명을 바쳐서 라도 마르크스와 레닌의 복음을 전파하였다.

이런 식의 추론에 마음이 매우 불편한 사람도 있을 것이다. 꼭 그 래야만 기분이 나아진다면 공산주의를 종교가 아니라 이데올로기 라고 계속 불러도 좋지만, 그렇다고 해서 달라지는 것은 없다. 우리 는 세상의 신념들을 신 중심의 종교와 자연법칙을 기반으로 한다고 주장하는 신 없는 이데올로기의 두 종류로 나눌 수 있다. 하지만 이 때 일관성이 있으려면, 적어도 불교, 도교, 스토아철학의 일부 분파 는 종교가 아니라 이데올로기의 목록에 올려야 한다. 그리고 거꾸 로 많은 근대 이데올로기 속에 신에 대한 믿음이 계속 존재하며 그 중 일부, 대표적으로 자유주의는 그런 믿음이 없다면 거의 의미가 없다는 사실을 주목해야 한다.

근대의 모든 신념들의 역사를 조사하기는 불가능하다. 이들 사이 에 분명한 경계가 없기 때문에 특히 그렇다. 이들은 일신교나 대중 불교 못지않게 혼합적이다. 불교도가 힌두교의 신들을 숭배할 수 있는 것처럼, 그리고 일신교도들이 악마의 존재를 믿을 수 있는 것 처럼, 오늘날 전형적인 미국인은 동시에 국수주의자(역사에서 특별한

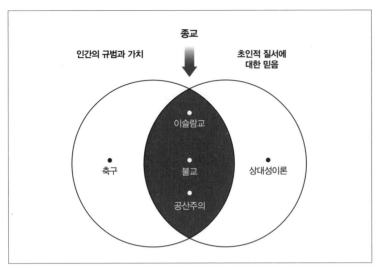

인간의 규범과 가치   종교   초인적 질서에
대한 믿음

이슬람교

축구   불교   상대성이론

공산주의

▲   종교는 초인적 질서에 대한 믿음을 기반으로 한 인간의 규범과 가치의 체계이다. 상대성이론이 종교가 아닌 것은(적어도 아직까지는) 이것을 기초로 한 인간의 가치와 규범이 없기 때문이다. 축구가 종교가 아닌 것은 그 규칙이 초인적인 칙령을 반영한다고 주장하는 사람이 없기 때문이다. 이슬람교, 불교, 공산주의는 모두 종교다. 모두가 초인적 신성에 대한 믿음을 기반으로 한 인간의 규범과 가치의 체계이기 때문이다(초인적인 것과 초자연적인 것 사이의 차이에 주목하라. 불교의 자연법칙과 마르크시즘의 역사법칙은 초인적이다. 인간에 의해 제정되지 않았기 때문이다. 하지만 초자연적인 것은 아니다).

제 3 부

사명을 지닌 미국이란 국가가 존재한다고 믿는다)면서, 자유시장 자본주의자(자유 경쟁과 사익 추구가 번영하는 사회를 만드는 최선의 방법이라고 믿는다)면서, 자유주의적 인본주의자(인간이 그 창조주로부터 양도 불가능한 권리들을 부여받았다고 믿는다)일 수 있다.

이중 국수주의는 18장 〈끝없는 혁명〉에서 이야기할 것이고, 자본주의는 현대 종교들 중 가장 성공적인 존재이니 16장 〈자본주의의 교리〉 전체를 할애할 것이다. 그때 그 주요 신앙과 의례를 상세히 설명할 예정이다. 그러니 이 장의 나머지에서는 인본주의적 종교에 대해 살펴보자.

유신론적 종교는 신을 숭배한다. 인본주의적 종교는 인간, 좀 더 정확하게는 호모 사피엔스를 신성시한다. 인본주의는 호모 사피엔스에게 특유의 신성한 성질이 있고 이 성질은 다른 모든 동물이나 다른 모든 현상의 성질과 근본적으로 다르다는 믿음이다. 인본주의자는 호모 사피엔스 고유의 성질이 세상에서 가장 중요하다고 믿고, 그것이 우주에서 일어나는 모든 일의 의미를 결정한다고 믿는다. 최고의 선은 호모 사피엔스의 선이다. 나머지 세상 전부와 여타의 모든 존재는 오로지 이 종을 위하여 존재한다.

모든 인본주의자는 인간성을 신성시하지만 그에 대한 정의는 각기 다르다. 기독교의 경쟁 분파들이 신의 정확한 정의를 두고 다투는 것처럼, 인본주의는 '인간성humanity'의 정확한 정의를 두고 다투는 세 개의 경쟁 분파로 나뉘었다. 오늘날 가장 중요한 인본주의 분파는 자유주의적 인본주의다. 이 사상은 '인간성'은 개별 인간의 속성이며 개인의 자유는 더할 나위 없이 신성하다고 믿는다. 자유주의자에 따르면, 인간성의 신성한 성질은 모든 개별 사피엔스의 내면에 갖춰져 있다. 개개인의 내면은 세상에 의미를 부여하며, 모든 윤리적, 정치적 권위의 원천이 된다. 만일 우리가 윤리적, 정치적 딜레마와 마주친다면, 우리는 자신의 내면을 돌아보고 내면에서 울리는 목소리―인간성의 목소리―를 들어야 한다. 자유주의적 인본주의의 주된 계명들은 이런 내면의 목소리가 지닌 자유를 침입이나 손상으로부터 보호하기 위한 것이다. 이런 계명들을 통칭하여 '인권'이라고 부른다.

가령 자유주의자들이 고문과 사형에 반대하는 이유가 여기에 있다. 근대 초기 유럽에서 살인자는 세상의 질서를 침해하고 불안정하게 만드는 존재로 여겨졌다. 세상의 균형을 되찾기 위해서는 범인을 고문하고 공개 처형할 필요가 있었다. 모든 사람이 질서가 회복되었다는 것을 알 수 있게 하기 위해서였다. 셰익스피어와 몰리에르의 시대 런던이나 파리 주민들에게 끔찍한 처형을 참관하는 것은 인기 있는 오락이었다. 한편 오늘날 유럽에서 살인은 인간성이라는 신성한 본성에 대한 침해로 여겨진다. 요즘 유럽인들은 질서를 회복하기 위해 고문하고 처형하지 않는다. 그 대신 범죄자들을 최대한 '인도적'이라고 생각하는 방식으로 처벌함으로써, 인간으로서 그의 존엄을 지키고 심지어 회복시킨다. 살인범의 인간성을 존중함으로써 모든 사람은 인간의 존엄성을 다시 되새기고, 질서는 회복된다. 우리는 살인범을 보호함으로써 그의 잘못을 바로잡는다.

자유주의적 인본주의는 인간을 신성시하지만 신의 존재를 부정하는 것은 아니며, 사실 일신론적 신앙에 근거를 두고 있다. 개인의 자유롭고 신성한 본성에 대한 믿음은 자유롭고 영원한 개인의 영혼을 믿었던 전통 기독교에서 직접 물려받은 유산이다. 그런데 영원한 영혼과 창조주 하느님에 의지하지 않을 경우, 자유주의자로서 사피엔스 개개인이 뭐 그리 특별한지를 설명하기가 당황스러울 정도로 어려워진다.

또 다른 중요한 분파는 사회주의적 인본주의다. 사회주의자들은 '인간성'이 개인주의적인 것이 아니라 집단적인 것이라고 믿는다. 이들이 신성하게 보는 것은 개별 인간의 내면의 목소리가 아니라 전체 호모 사피엔스 종이다. 자유주의적 인본주의가 개개인의 최대한의 자유를 추구하는 데 반해, 사회주의적 인본주의는 모든 인간의 평등을 추구한다. 사회주의자에 따르면 불평등은 인간의 존엄성에 대한 최악의 모독이다. 인간의 보편적 본질이 아니라 주변적 속성에 특권을 부여하는 일이기 때문이다. 가령 부자가 가난한 자에 비해 특권을 누린다는 것은 우리가 부자에게나 가난한 자에게나 똑같이 적용되는 모든 인간의 보편적 본질보다 돈을 더 중시한다는 의미가 된다. 사회주의적 인본주의는 자유주의적 인본주의와 마찬가지로 일신론의 토대 위에 건설되었다. 모든 인간이 평등하다는 사상은 모든 영혼이 하느님 앞에 평등하다는 일신론적 확신의 개정판이다.

　전통적 일신론의 속박에서 벗어난 유일한 인본주의는 진화론적 인본주의로, 가장 유명한 예는 국가사회주의, 즉 나치다. 나치가 다른 인본주의 분파와 구별되는 점은 '인간성'에 대해 진화론에 깊이 감화된 좀 색다른 정의를 갖고 있었다는 점이다. 나치는 다른 인본주의자들과 달리 인류를 보편적이고 영원한 무엇이 아니라 진화하거나 퇴화할 수 있는, 변하기 쉬운 종으로 보았다. 인간은 초인으로 진화할 수도, 인간 이하로 퇴화할 수도 있었다.

　나치의 주된 야망은 인류의 퇴화를 막고 진보적 진화를 부추기는 것이었다. 나치가 인류의 가장 발전된 형태인 아리아인을 보호육성해야 하고 유대인, 집시, 동성애자, 정신병자 같은 호모 사피엔스의 퇴화된 종류들은 격리하거나 심지어 근절해야 한다고 말한 이유가 바로 여기에 있었다.

나치는 호모 사피엔스의 등장 자체가, 네안데르탈인 같은 '하등한' 집단은 멸종한 데 반해 고대 인류 중 한 '우월한' 집단은 진화하면서 일어난 일이라고 주장했다. 이들 집단은 애초에 서로 다른 종족에 불과했지만, 각자의 진화 경로를 따라 독립적으로 발전하게 되었다. 그리고 이런 일은 또다시 일어날 수 있다고 했다. 나치에 따르면, 호모 사피엔스는 이미 각기 고유한 자질을 지닌 여러 개의 다른 종족으로 나뉘었다. 그중 하나인 아리아인은 최상의 자질을 자랑했다. 이성적이고, 아름답고, 고결하고, 근면했다. 따라서 아리아인은 인류를 초인류로 바꿀 잠재력이 있었다. 다른 종족, 예컨대 유대인이나 흑인은 열등한 자질을 지닌 오늘날의 네안데르탈인이었다. 이들이 번식하게 놓아둔다면, 특히 아리아인과 결혼하게 방치한다면, 모든 인간 집단의 품질을 떨어뜨리고 호모 사피엔스의 멸종을 가져오리라고 했다.

이후 생물학자들은 나치 인종이론의 정체를 폭로해왔다. 특히 1945년 이후 시행된 유전학 연구에서, 다양한 인간 혈통 사이의 차이는 나치가 제시했던 것보다 훨씬 더 적다는 사실이 드러났다. 하지만 이런 결론은 상대적으로 새로운 것이다. 1933년의 과학 지식 수준을 고려하면, 나치의 믿음이 한계를 넘었다고 보기 힘들었다. 각기 다른 인종이 존재한다는 것, 백인이 우월하다는 것, 이 우월한 인종을 보호 육성할 필요가 있다는 것은 서구 엘리트 대부분이 갖고 있던 믿음이었다.

서구의 가장 유수한 대학에 있던 학자들은 당시 가장 정통적인 과학적 방법을 사용해 백인이 아프리카인이나 아메리카 원주민에

자유주의적 인본주의	사회주의적 인본주의	진화론적 인본주의
호모 사피엔스는 다른 모든 존재나 현상과는 근본적으로 구별되는 유일무이하고 신성한 성질을 지니고 있다.		
'인간성'은 개인주의적이며 개별 호모 사피엔스 내에 존재한다.	'인간성'은 집단적이며 전체 호모 사피엔스 종 내에 존재한다.	'인간(성)'은 변화 가능한 종이다. 인간은 인간 이하로 퇴화할 수도, 초인으로 진화할 수도 있다.
최고의 계명은 개별 호모 사피엔스 내면의 핵심과 자유를 보호하는 것이다.	최고의 계명은 호모 사피엔스 종 내부의 평등을 보호하는 것이다.	최고의 계명은 인간이 인간 이하로 퇴화하는 것을 막고 초인으로 진화하도록 고무하는 것이다.

비해 더욱 지능이 높고 윤리적이며 기술이 뛰어나다는 사실을 이른바 증명해냈다. 워싱턴과 런던, 캔버라의 정치인들은 백인종에 불순물이 섞이거나 퇴화되는 것을 막는 것이 자신들의 의무라고 생각했고, 그래서 가령 중국인이나 심지어 이탈리아인이 미국이나 호주 같은 '아리안' 국가로 이민해오는 것을 제한하는 방법을 떠올렸다.

인류의 통합

이런 입장은 단지 새로운 과학적 연구결과가 출판되었기 때문에 바뀐 게 아니었다. 정치사회적 발전이 이보다 훨씬 강력한 변화의 엔진이었다. 이런 의미에서 히틀러는 자신의 무덤뿐 아니라 인종차별주의 전반의 무덤을 팠다. 그는 제2차 세계대전을 일으켰을 때 적들로 하여금 '우리'와 '그들'을 분명히 구분 짓도록 강요했다. 그 나치 이데올로기는 너무나 인종차별적이었기 때문에, 인종차별주의는 이후 서구에서 신뢰받지 못했다. 하지만 변화가 일어나는 데는 시간이 걸렸다. 백인 우월주의는 적어도 1960년대까지 미국 정치의 주류 이데올로기로 남아 있었다. 유색인종의 호주 이민을 제한하는 백호주의白濠主義는 1966년까지 유지되었다. 호주 원주민은 1960년대까지 동등한 정치권을 인정받지 못했으며 대부분은 선거에서 투표권조차 없었다. 시민 구실을 하기에 부적합하다고 여겨졌기 때문이다.

나치는 인간을 혐오하지 않았다. 나치가 자유주의적 인본주의, 인권, 공산주의와 싸운 것은 그들이 오히려 인간을 찬양하며 인류의 위대한 잠재력을 믿었기 때문이다. 하지만 그들은 다윈의 진화론에 따라 자연선택이 작동하게 내버려두어서 능력 없는 자들을 도태시키고 가장 우수한 자들만 생존하고 번식하게 해야 한다고 주장했다. 자유주의와 공산주의는 약자를 원조함으로써 적응하지 못한 개인의 생존을 허용할 뿐 아니라 번식할 기회를 주어 자연선택을 약화시켰다는 것이다. 그러면 세상에서 가장 우수한 인간은 적응하지 못한 퇴화자들의 바다에서 필연적으로 익사할 것이며, 세대를 거듭할수록 인류의 적응력은 점점 떨어져 멸종에 이를지도 모른다고 그들은 주장했다.

1942년 독일 생물학 교과서의 '자연과 인간의 법칙' 장에서는 모든 존재는 무자비한 생존 투쟁을 결코 벗어날 수 없으며 이것이 자연의 최고 법칙이라고 설명했다. 교과서는 식물이 어떻게 땅을 두고 싸우고 딱정벌레가 짝을 찾기 위해 어떤 투쟁을 하는지 설명한 다음 이런 결론을 내린다.

  "생존을 위한 투쟁은 힘들고 가차 없지만, 그것은 생명을 유지

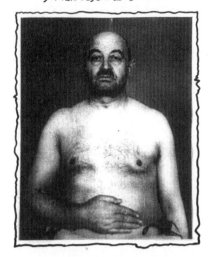

Mischvolk (혼혈)

Raffe (순수)

▲　　나치의 선전 포스터. 왼쪽은 혼혈인. 오른쪽은 인종적으로 순수한 아리아인. 나치가 인간의 몸을 찬양했다는 사실 그리고 열등한 종족이 오염시켜 인류의 퇴화를 일으킬지 모른다고 두려워했다는 사실이 명백히 드러나 있다.

하는 유일한 수단이다. 이 투쟁은 살기에 적합하지 않은 것을 모두 제거하고 생존능력이 있는 것을 선택한다. […] 이 자연법칙은 논의의 여지 없이 명백하다. 살아 있는 존재가 자신의 생존을 통해 이 법칙을 보여준다. 이 법칙은 용서가 없다. 여기 대항하는 자들은 싹쓸이를 당할 것이다. 생물학은 우리에게 동식물에 대해 알려줄 뿐 아니라 우리가 살면서 따라야 할 법칙도 보여준다. 이 법칙에 따라 살고 투쟁해야겠다는 우리의 의지를 굳건하게 만들어준다. 삶의 의미는 투쟁이다. 이 법칙을 어기는 죄를 짓는 자에게는 화가 있을진저!"

그다음에는 히틀러의 《나의 투쟁》에서 인용된 문구가 나온다.

"자연의 강철 논리와 싸우려는 사람은 자신에게 인간으로서 생명을 부여한 바로 그 원리와 싸우는 것이다. 자연과 싸우는 것은 스스로를 파괴하는 행위다."[3]

세 번째 밀레니엄의 여명기인 지금, 진화적 인본주의의 미래는 불확실하다. 히틀러와의 전쟁이 끝난 후 60년간, 인본주의를 진화와 연관시키는 것은 금기였다. 생물학적 방법에 의한 호모 사피엔스의 '업그레이드'를 옹호하는 것도 마찬가지였다. 하지만 요즘은 이런 프로젝트가 다시 유행하고 있다. 하급 인종이나 열등한 집단을 멸절시키자고 말하는 사람은 없지만, 많은 사람이 인간 생물학에 대한 우리의 해박한 지식을 이용해 초인간을 만드는 문제를 심사숙고하고 있다.

이와 함께, 자유주의적 인본주의 신조와 생명과학의 최근 발견 사이에 엄청난 간극이 벌어지고 있다. 우리는 이 간극을 그다지 오래 무시하고 있을 순 없을 것이다. 우리의 자유주의적 정치·사법 제도는 모든 개인이 신성한 내적 본성을 지니고 있으며, 더 나누거나 바꿀 수 없는 이 본성이 세상에 의미를 부여하고 모든 윤리적, 정치적 권위의 근원이 된다는 믿음에 기반하고 있다. 이것은 모든 개인의 내면에 자유롭고 영원한 영혼이 거한다는 전통 기독교 신앙의 환생이다. 하지만 지난 2백 년에 걸쳐 생명과학은 이런 믿음을

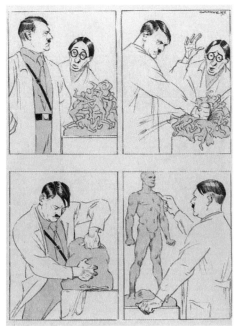

인류의 통합

철저히 약화시켰다. 인간이라는 유기체의 내적 작동방식을 연구하는 과학자들은 거기서 아무런 영혼도 발견하지 못했다. 인간의 행동은 자유의지가 아니라 호르몬, 유전자, 시냅스에 의해 결정된다는 주장을 펴는 과학자들이 점점 늘고 있다. 침팬지, 늑대, 개미의 행동을 결정하는 바로 그 힘 말이다. 우리의 사법 정치체계는 그런 불편한 발견을 대체로 카펫 밑에 쓸어 넣어 숨겨두려 노력하고 있다. 하지만 솔직하게 말해서, 우리는 생물학을 법학과 정치학으로부터 구분하는 벽을 과연 언제까지 유지할 수 있을까?

13

성공의 비결

상업, 제국 그리고 보편 종교는 모든 대륙의 사실상 모든 사피엔스를 오늘날 우리가 사는 지구촌 세상으로 끌어들였다. 이런 팽창과 통일 과정이 단선적이었다거나 중단된 적이 없었다는 것은 아니지만, 큰 그림을 보면 다수의 작은 문화에서 몇 개의 큰 문화로, 마지막에는 하나의 전 지구적 사회로 이행하는 것은 아마도 인간사 역학에 따른 필연적 결과일 것이다.

하지만 지구촌 사회가 필연적이었다고 해서 최종 결과가 지금 우리가 사는 특정한 종류의 지구촌 사회처럼 되어야 한다는 법은 없다. 우리는 분명 다른 결과도 상상할 수 있다. 왜 덴마크어가 아닌 영어가 이렇게 널리 퍼졌을까? 세계에 기독교 신자는 약 20억 명, 무슬림은 12억 5천만 명, 조로아스터교인은 15만 명, 마니교 신자는 0명인 이유는 무엇일까?

만일 1만 년 전으로 시간을 거슬러 올라가 이 과정을 다시 진행한다면, 그래도 매번 일신교가 등장하고 이신교가 쇠퇴하는 것을 보게 될까? 그런 실험을 할 수 없기 때문에, 우리는 진짜 답을 알 수 없다. 하지만 역사의 핵심적 특징 두 가지를 연구함으로써 단서를 찾아볼 수는 있다.

사후 깨달음의
오류

　　　　역사상 모든 지점은 교차로다. 우리가 과거에서 현재로 밟아온 길은 하나의 갈래였지만, 여기에서부터 미래로는 무수히 많은 갈래의 길이 나 있다. 이 중 일부는 더 넓고 평탄하며 이정표도 잘 되어 있기 때문에 선택될 가능성도 더 크지만, 때때로 역사는―또는 역사를 만드는 사람들은―예상을 벗어나서 움직인다.

　4세기가 시작할 무렵 로마 제국 앞에는 다양한 종교적 선택의 가능성이 펼쳐져 있었다. 제국은 전통적인 다채로운 다신교를 고수할 수도 있었다. 하지만 콘스탄티누스 대제는 내란으로 갈기갈기 찢겼던 지난 세기를 돌아보면서 분명한 교리를 지닌 단일 종교를 믿으면 다양한 인종으로 구성된 제국을 통합하는 데 도움이 되지 않을까, 하고 생각했던 것 같다. 그렇다면 그는 당대에 있었던 수많은 종교 중 하나를 국교로 삼을 수 있었다. 마니교, 미트라교, 이시스교나 키벨레교, 조로아스터교, 유대교, 심지어 불교도 선택할 수 있었다.

　그런데 왜 그는 예수를 선택했을까? 기독교 신학에 뭔가 개인적으로 끌리는 부분이 있어서였을까, 아니면 자신의 목적에 부합한다고 생각한 어떤 신앙적 측면이 있었던 것일까? 그가 어떤 종교적 경험을 했던 걸까, 아니면 기독교가 빠르게 신도를 늘리고 있으니 거기 편승하는 게 최선이라는 조언을 들었던 것일까? 역사학자들은 추측은 할 수 있지만 확정적 답을 내놓지는 못한다. 기독교가 어떻게 로마 제국을 접수했는지 서술할 수 있지만, 어째서 이 특정한 가능성이 현실화한 것인지는 설명할 수 없다.

'어떻게'를 서술하는 것과 '왜'를 설명하는 것은 뭐가 다를까? '왜'를 설명한다는 것은 왜 다른 사건이 아니라 하필 이 사건이 일어났는지를 설명할 수 있는 인과관계를 찾는다는 것을 의미한다.

일부 학자들은 실제로 기독교의 발흥 같은 사건에 결정론적 설명을 제시한다. 이들은 인간사를 생물학적, 생태학적 혹은 경제적 힘의 작용으로 설명하려 한다. 이들은 로마가 지배했던 지중해 연안의 지리적, 유전적, 경제적인 뭔가가 필연적으로 일신론의 발흥을 가져왔다고 주장한다. 하지만 대부분의 역사학자들은 이런 결정론적 이론에 회의적이다. 학문 분과로서의 역사학이 지닌 가장 뚜렷한 특징 중 하나는, 특정한 역사 시대에 대해 많이 알면 알수록 왜 하필 일이 그런 식으로 전개되었으며 다른 식으로는 전개되지 않았는지를 설명하기가 점점 더 어려워진다는 점이다. 특정 시대에 대해 피상적인 지식만 있는 사람들은 실제로 실현된 가능성에만 초점을 맞추는 경향이 있다. 이들은 사후의 깨달음을 근거로, 어째서 그런 결과가 필연적으로 일어날 수밖에 없었는지를 증명도 반증도 불가능한 이론으로 설명한다. 반면에 해당 시대에 대해 더 깊이 알고 있는 사람들은 실제로 진행되지 않은 경과를 훨씬 많이 인식하고 있다.

사실 그 시대를 가장 잘 아는 사람들, 다시 말해 그 시대에 살았던 사람들이야말로 그 시대를 가장 모르는 사람들이다. 사후의 깨달음에 의해 필연적인 것처럼 보이는 것이 정작 그 시대에는 전혀 명백하지 않은 일이었다. 이 역사의 철칙은 오늘날에도 그대로 적용된다. 우리는 글로벌 경제위기에서 벗어난 것인가, 아니면 최악의 위기가 곧 닥쳐올 예정인가? 중국이 성장을 계속해서 선도적 초강대국이 될까? 미국은 헤게모니를 잃을까? 일신론적 근본주의가 급증하는 것은 미래의 파도일까 아니면 장기적 중요성은 별로 없는 국지적 소용돌이일까? 우리는 환경적 재앙으로 향하고 있는가, 아니면 기술적 파라다이스로 향하고 있는가? 어느 쪽이든 이를 뒷받침하는 훌륭한 주장이 존재하지만, 확실히 알 방법은 없다. 그러나 불과 몇십 년 지나지 않아 사람들은 과거를 돌아보면서 이 모든 질문에 대한 해답은 명백하다고 생각할 것이다.

특히 동시대 사람들에게는 아주 희박해 보였던 가능성이 종종 실현되곤 한다는 사실을 강조할 필요가 있다. 306년 콘스탄티누스 대제가 제위에 올랐을 때, 기독교는 비밀스러운 동방의 분파에 지나지 않았다. 당시에 이 종교가 곧 로마의 국교가 될 참이라고 누가 말했다면, 사람들은 웃다 못해 방 밖으로 뛰쳐나갔을 것이다. 오늘날 당신이 2050년이 되면 힌두교의 하레 크리슈나 교단이 미국의 국교가 될 것이라고 말할 경우 당할 일과 마찬가지로 말이다. 1913년 10월 볼셰비키는 러시아의 작은 급진주의 파벌에 지나지 않았다. 이성이 있는 사람이라면 이 파벌이 불과 4년 내에 이 나라를 접수하리라고는 예측하지 않았을 것이다. 기원후 600년에는 사막에 살던 한 무리의 아랍인이 머지않아 대서양에서 인도에 이르는 광대한 지역을 정복할 것이라는 생각이 더더욱 터무니없었을 것이다. 실제로 만일 비잔틴 제국의 군대가 이슬람의 첫 맹공을 격퇴할 수 있었다면, 이슬람교는 오늘날 한 줌의 전문가들만이 아는 무명의 종교로 남아 있었을 것이다. 만일 그랬다면 학자들은 메카의 중년 상인에게 내려진 계시를 기반으로 한 신앙이 어째서 널리 퍼질 수 없었는지를 매우 쉽게 설명할 수 있었을 것이다.

모든 일이 가능하다는 말은 아니다. 지리적, 생물학적, 경제적 힘은 제약을 만들어낸다. 하지만 그 제약 속에도 어떤 결정론적 법칙에도 매이지 않은 것처럼 보이는 놀라운 일이 전개될 여지는 매우 많다.

이런 결론은 역사가 결정론적이기를 바라는 많은 사람들을 실망시킨다. 결정론은 호소력이 있다. 우리가 사는 세상과 우리의 믿음은, 우리가 국민국가에 살며 자본주의 원리에 따라 경제를 조직하고 인권을 열렬하게 신봉하는 것은 역사의 자연스럽고 필연적인 결과라는 것을 시사하기 때문이다. 역사가 결정론적이지 않다고 인정하는 것은 오늘날 대부분의 사람들이 믿는 민족주의, 자본주의, 인권이 우연에 불과하다고 인정하는 것이나 마찬가지다.

역사는 결정론으로 설명될 수도 예측될 수도 없다. 역사는 카오스적이기 때문이다. 너무나 많은 힘이 작용하고 있으며, 이들 간의 상호작용은 너무 복잡하므로, 힘의 크기나 상호작용 방식이 극히 조금만 달라져도 결과에는 막대한 차이가 생긴다. 그뿐만이 아니다. 역사는 이른바 '2단계level two' 카오스계다. 카오스계에는 두 종류가 있다. 1단계 카오스는 자신에 대한 예언에 반응을 하지 않는 카오스다. 가령 날씨는 1단계 카오스계다. 날씨는 무수히 많은 요인의 영향을 받지만, 우리는 점점 더 많은 요인을 고려하는 컴퓨터 모델을 만들어 점점 더 정확하게 예보할 수 있다.

2단계 카오스는 스스로에 대한 예측에 반응하는 카오스다. 그러므로 정확한 예측이 불가능하다. 시장이 그런 예다. 만일 우리가 내일의 석유 가격을 1백 퍼센트 정확히 예측하는 컴퓨터 프로그램을 개발하면 어떤 일이 일어날까? 석유 가격은 예측에 즉각 반응할 것이고, 해당 예측은 실현되지 않을 것이다. 현재 가격이 배럴당 90달러인데 내일은 1백 달러가 될 것이라고 절대적으로 옳은 컴퓨터 프로그램이 예측한다면 어떻게 될까? 거래인들은 그 예측에 따른 이익을 보기 위해 급히 매입 주문을 낼 것이고, 그 결과 가격은 내일이 아니라 오늘 배럴당 1백 달러로 치솟을 것이다. 그러면 내일은 어떤 일이 일어날까? 아무도 모른다.

정치도 2단계 카오스계다. 소련 연구가들은 1989년 혁명을 예측하지 못했고, 중동 전문가들은 2011년 '아랍의 봄' 혁명을 예측하지 못했다. 이를 두고 비난하고 혹평하는 사람이 많지만, 이런 비난은 공정하지 못하다. 혁명은 그 정의상 예측이 불가능하다. 예상 가능한 혁명은 결코 발생하지 않는다.

왜일까? 지금이 2010년이라고 가정하고 다음과 같은 일을 상상해보자. 천재적인 일부 정치학자들이 컴퓨터 천재들과 손잡고 결코 틀릴 수 없는 컴퓨터 알고리즘을 개발한다. 이 알고리즘을 매력적인 인터페이스와 결합하면 혁명 예측장치로 시장에 내놓을 수 있다. 이들은 많은 선금을 받고 이집트의 호스니 무바라크 대통령에게 이 서비스를 제공한다. 그리고 자신들의 예측에 의하면 이듬해에 틀림없이 이집트에서 혁명이 일어날 것이라고 말해준다. 그러면 무바라크는 어떻게 반응할까? 가장 가능성이 큰 행동은 즉시 세금을 낮추고, 시민들에게 수십억 달러의 지원금을 풀고, 만일에 대비해 비밀경찰을 보강하는 것이다.

이런 선제 조치는 효과를 낸다. 해가 바뀌고 시간이 흘렀지만, 놀랍게도 혁명은 일어나지 않았다. 무바라크는 환불을 요구한다. "당신네 알고리즘은 쓸모가 없어!" 그는 정치학자들에게 소리친다. "그 돈을 뿌리지 않았다면 궁을 하나 더 지을 수 있었어!" 정치학자는 반론을 편다. "하지만 혁명이 일어나지 않은 이유는 우리가 그것을 예측했기 때문입니다." 무바라크는 경호원들에게 그들을 체포하라고 손짓하면서 말한다. "일어나지 않는 일을 예언하는 예언가라고? 그런 놈이라면 카이로 시장에 가서 거의 공짜나 가까운 값에 열몇 명이나 고용할 수 있었겠지."

그러면 왜 역사를 연구하는가? 물리학이나 경제학과 달리, 역사는 정확한 예측을 하는 수단이 아니다. 역사를 연구하는 것은 미래를 알기 위해서가 아니라 우리의 지평을 넓히기 위해서다. 우리의 현재 상황이 자연스러운 것도 필연적인 것도 아니라는 사실을 이해하기 위해서다. 그 결과 우리 앞에는 우리가 상상하는 것보다 더 많은 가능성이 있다는 것을 이해하기 위해서다. 가령 유럽인이 어떻게 아프리카인을 지배하게 되었을까를 연구하면, 인종의 계층은 자연스러운 것도 필연적인 것도 아니며 세계는 달리 배열될 수도 있었다는 사실을 깨달을 수 있다.

역사의 여신은
장님

　　　　우리는 역사가 하는 선택을 설명할 수 없지만 그 선택에 대해 매우 중요한 발견을 할 수는 있다. 역사의 선택은 인류를 위해 이루어지는 것이 아니라는 사실이다. 역사가 펼쳐짐에 따라 인류의 복지가 필연적으로 개선된다는 증거는 전혀 없다. 인류에게 이로운 문화가 반드시 성공하고 퍼진다든가 덜 이로운 문화는 사라진다든가 하는 증거도 없다. 기독교가 마니교보다 더 나은 선택이었다든가 아랍 제국이 페르시아의 사산 왕조보다 더 도움이 되었다는 증거도 마찬가지로 없다.

　　역사가 인류에게 이익이 되는 방향으로 작동한다는 증거는 없다. 왜냐하면 우리에게는 그런 이익을 측정할 객관적 척도가 없기 때문이다. 문화에 따라 무엇이 선인지에 대한 정의가 달라지는데, 어느 쪽이 옳은지를 판단할 객관적인 척도는 우리에게 없다. 물론 늘 승자는 자기네 정의가 옳다고 주장할 것이다. 하지만 우리가 왜 승자의 말을 믿어야 하는가? 기독교인들은 기독교가 마니교에게 승리한 것이 인류에게 유익했다고 믿는다. 하지만 우리가 기독교 세계관을 받아들이지 않는다면, 그들과 의견을 같이할 이유가 없다. 무슬림들은 사산 왕조 제국이 무슬림의 손에 무너진 것이 인류에게 이익이 되었다고 믿는다. 하지만 이런 이익이 명백한 것은 우리가 무슬림 세계관을 받아들였을 때뿐이다. 어쩌면 기독교나 이슬람교가 사라지고 패배했더라면 우리는 더욱 잘 살았을지도 모른다.

　　점점 더 많은 학자들이 문화를 일종의 정신적 감염이나 기생충

인류의 통합

처럼 보고 있다. 인간은 자신도 모르는 새 숙주 역할을 하고 있다는 말이다. 바이러스 같은 기생체는 숙주의 몸속에서 산다. 이들은 스스로를 복제하며 숙주에서 숙주로 퍼져나가고, 숙주를 먹고 살면서 약하게 만들고 심지어 죽게 할 때도 있다. 숙주가 기생체를 퍼뜨릴 만큼 오래 살기만 하면, 기생체는 숙주의 상태에 거의 신경을 쓰지 않는다. 바로 이와 같은 방식으로 문화적 아이디어는 인간의 마음속에 산다. 증식해서 숙주에서 숙주로 퍼져나가며, 가끔 숙주를 약하게 하고 심지어 죽이기도 한다. 기독교의 천상의 천국이나 공산주의자의 지상낙원에 대한 믿음 같은 문화적 아이디어는 인간으로 하여금 그것의 전파를 위해서라면 목숨까지 걸고서 헌신하게 만든다. 해당 인간은 죽지만, 아이디어는 퍼져나간다.

이런 접근법에 따르면, 문화는 다른 사람을 이용하기 위해 일부 사람들이 꾸며낸 음모(마르크스주의자들이 이렇게 생각하는 경향이 있다)가 아니다. 그렇다기보다는 우연히 출현해서 자신이 감염시킨 모든 사람을 이용하는 정신의 기생충에 더 가깝다. 이런 접근법은 때로 문화 구성요소학, 혹은 밈 연구라고 불린다. 유기체의 진화가 '유전자gene'라 불리는 유기체 정보 단위의 복제에 기반을 둔 것과 마찬가지로, 문화적 진화는 '밈meme'이라 불리는 문화적 정보 단위의 복제에 기반을 두고 있다.[1] 성공적인 문화란 그 숙주가 되는 인간의 희생이나 혜택과 무관하게 스스로의 밈을 증식시키는 데 뛰어난 문화다.

대부분의 인문학자들은 밈 연구를 멸시한다. 문화적 과정을 조악한 생물학적 유추를 통해 설명하려는 아마추어적 시도로 보는 것이다. 하지만 그런 학자 중 많은 이가 밈 연구의 쌍둥이 자매 격인 포스트모더니즘을 고수한다. 포스트모더니즘 사상가는 문화를 건축하는 벽돌로서 밈이 아니라 '담론discourse'를 들먹이지만 이들 역시 문화는 인간의 이익과 무관하게 스스로 퍼져나가는 존재라고 생각한다. 이들은 가령 민족주의를 19세기와 20세기에 퍼져서 전쟁, 압제, 증오, 인종청소를 일으킨 치명적 전염병으로 묘사한다. 한 나라의 사람들이 거기 감염되는 순간, 이웃 나라의 사람들도 그 바이러스에 감염될 가능성이 컸다. 민족주의 바이러스는 스스로가 인간에게 혜택이 된다고 포장했지만, 실제로는 주로 자기 자신에게만 이익이 되었다.

사회과학에서도 게임이론의 비호 아래 비슷한 주장이 흔히 이야기된다. 게임이론은 다수가 참여하는 게임에서 어떻게 모두에게 해가 되는 시각과 행동 패턴이 뿌리를 내리고 퍼져나가는지를 설명해준다. 유명한 예가 군비 경쟁이다. 군비 경쟁은 참여하는 모든 당사국들을 파산시키는 경우가 많다. 그렇다고 군사력의 균형을 실제로 바꾸지도 못하면서 말이다. 파키스탄이 첨단 항공기를 구입하면, 인도가 동일한 조치로 대응한다. 인도가 핵폭탄을 개발하면, 파키스탄도 그대로 따라한다. 파키스탄이 해군력을 확장하면, 인도가 그에 대응한다. 이 과정의 끝에 다다르면, 힘의 균형은 과거와 크게 달라지지 않는다. 그동안 교육과 의료에 투자할 수 있었을 수십억 달러가 무기의 구입과 개발에 사용되었을 뿐이다.

하지만 군비 경쟁의 역학은 저항하기 힘들다. '군비 경쟁'은 하나의 행동 패턴으로서, 이 나라에서 저 나라로 바이러스처럼 퍼져나가며 모두에게 해를 끼친다. 하지만 스스로에게는 이롭다. 생존과 번식이라는 진화적 기준에서 보면 그렇다(군비 경쟁은 유전자와 마찬 가지로 자각이 없다는 점을 기억해두라. 그것이 의식적으로 생존과 번식을 추구하는 것은 아니다. 강력한 역학의 의도치 않은 결과로 그것이 전파되는 것뿐 이다).

그것을 무엇이라고 이름 붙이든—게임이론, 포스트모더니즘, 밈 연구—역사의 역학은 인간의 복지를 향상시키는 방향을 향하고 있 는 것은 아니다. 역사상 가장 성공한 문화가 반드시 호모 사피엔스 에게 가장 좋은 문화라는 생각은 근거가 없다. 진화와 마찬가지로 역사는 개별 유기체의 행복에 무관심하다. 그리고 개별 인간은 너 무나 무지하고 약해서, 대개는 역사가 자신에게 유리한 방향으로 전개되도록 영향을 미치지 못한다.

역사는 교차로에서 교차로로, 뭔가 알 수 없는 이유 때문에 처음 에는 이 경로를 택했다가 다음에는 저 경로로 진입했다가 하면서 나아간다. 1500년경 역사는 가장 중대한 선택을 했다. 인류의 운명 뿐 아니라 아마 지구에 있는 모든 생명의 운명까지도 바꿀 선택이었 다. 우리는 이것을 과학혁명이라고 부른다. 그 혁명은 서유럽에서, 아프로아시아의 서쪽 끝에 있는 커다란 반도에서 시작되었다. 그때 까지 역사에서 중요한 역할을 전혀 하지 못하던 지역에서 말이다.

왜 과학혁명은 하고많은 곳을 놔두고 하필 그곳에서 일어났을 까? 어째서 중국이나 인도에서 일어나지 않았을까? 어째서 실제보 다 2세기 앞나 3세기 뒤가 아니라 두 번째 천년의 한중간에 일어났을까? 우리는 모른다. 학자들은 열몇 가지 이론을 내놓았지만, 특별히 그럴싸한 이론은 없다.

역사는 무수히 많은 가능성들이 있는 드넓은 지평을 갖고 있으며, 그중 많은 가능성들은 영영 실현되지 않는다. 세대에서 세대를 거듭하면서 역사가 진행되지만 과학혁명을 비켜가는 흐름도 얼마든지 상상 가능하다. 기독교나 로마 제국, 금화가 없는 역사를 상상하는 게 이상할 것이 없는 것과 마찬가지로 말이다.

인류의 통합

과학혁명

제 4 부

14

무지의 발견

기원후 1000년 어느 스페인 농부가 잠이 들어 5백 년 후에 깨어난다고 하자. 그는 콜럼버스가 이끄는 니냐 호, 핀타 호, 산타마리아 호의 선원들이 내는 시끄러운 소리 때문에 깼다. 그렇지만 그가 깨어난 세상은 매우 친숙해 보일 것이다. 기술과 풍습과 정치적 경계선은 많이 달라졌겠지만, 중세의 이 '립 밴 윙클'(미국의 작가 워싱턴 어빙이 지은 소설 속 주인공 이름. '세상의 변화에 놀라는 사람'이란 뜻으로 쓴다─옮긴이)은 편안하게 느낄 것이다. 하지만 만일 콜럼버스의 선원 중 한 명이 같은 식으로 잠에 빠졌다가 21세기 아이폰 벨소리에 잠을 깬다면, 자신이 도저히 이해할 수 없는 이상한 세상에 와 있다는 것을 알고 이렇게 자문할 것이다. "여기는 천국인가, 아니면 지옥인가?"

제 4 부

지난 5백 년간 인간의 힘은 경이적으로, 유례없이 커졌다. 1500년에 지구 전체에 살고 있던 호모 사피엔스의 수는 5억 명이었다. 오늘날에는 70억 명이 산다.[1] 1500년 인류가 생산한 재화와 용역의 총 가치는 오늘날의 화폐로 치면 약 2,500억 달러였다.[2] 오늘날 인

▲ 1945년 7월 16일 오전 5시 29분 53초 최초의 원자폭탄이 앨러머고도에 터진 지 8초 후의 모습. 핵물리학자 로버트 오펜하이머는 이 폭발을 목격한 뒤 힌두 서사시 《바가바드기타》의 한 구절을 인용했다. "이제 나는 죽음이 되었다. 세상을 파괴하는 자가 되었다."

류의 연간 총생산량은 60조 달러에 가깝다.[3] 1500년 인류가 하루에 소비한 에너지는 약 13조 칼로리였다. 오늘날 우리는 하루 1,500조 칼로리를 소비한다[4](숫자들을 다시 한 번 들여다보라. 인구는 열네 배로 늘었는데 생산은 240배, 에너지 소비는 115배 늘었다).

현대의 전함 한 대가 콜럼버스 시대로 옮겨졌다고 상상해보자. 이 배는 니냐, 핀타, 산타마리아 호를 몇 초 만에 널빤지 조각으로 만들 수 있을 것이고, 당시 열강들의 모든 군함을 격침시키면서도 자기는 긁힌 자국 하나 없을 것이다. 현대 화물선 다섯 척이 있었다면 당시 세계의 모든 상단이 실어 나른 모든 짐을 실을 수 있었을 것이다.[5] 현대의 컴퓨터 한 대면 중세의 모든 도서관에 있는 모든 사본과 두루마리에 있는 모든 단어와 숫자를 쉽사리 저장하고도 공간이 넉넉하게 남았을 것이다. 오늘날의 대형 은행 어느 한 곳이 보유한 돈은 중세의 모든 왕국이 가지고 있던 돈을 합친 것보다 더 많을 것이다.[6]

1500년에 10만 명 이상 거주하던 도시는 드물었다. 대부분의 건물은 진흙과 나무와 짚으로 지어졌다. 3층이면 초고층이었다. 도로는 바퀴자국이 나 있는 비포장 흙길로, 여름에는 먼지가 날리고 겨울에는 진창으로 변했으며, 보행자, 말, 염소, 닭, 마차 몇 대가 오갔다. 도시에서 가장 흔히 들리는 소음은 인간의 목소리와 동물의 울음소리였으며, 가끔 망치질과 톱질하는 소리도 들렸다. 해가 지면 도시의 경관은 캄캄해졌고, 어둠 속에서 가끔 촛불이나 횃불이 보일 뿐이었다. 그런 도시의 주민이 현대의 도쿄, 뉴욕, 뭄바이를 본다면 어떤 생각이 들까?

16세기 이전에는 지구를 일주한 인간이 아무도 없었다. 상황은 1522년에 바뀌었다. 마젤란의 배가 72,000킬로미터를 항행한 끝에 스페인으로 돌아온 것이다. 항해에는 3년이 걸렸으며, 탐험대의 거의 전원이 희생되었다. 심지어 마젤란 본인까지. 1873년에 쥘 베른은 필리어스 포그라는 부유한 영국인 모험가가 세계를 80일 만에 일주할 수 있을지도 모른다고 상상한 이야기를 썼다. 오늘날에는 중산층 정도의 수입이 있는 사람이라면 단 48시간 만에 쉽고 편안하게 지구를 일주할 수 있다.

1500년에 인류는 지표면에 묶여 있었다. 탑을 세우고 산에 올라갈 수는 있었지만 하늘은 새와 천사와 신의 영역이었다. 1969년 7월 20일 인류는 달에 착륙했다. 이것은 역사적 위업 정도가 아니라 진화적, 심지어 우주적 업적이었다. 지난 40억 년의 진화 기간 동안 지구의 대기권을 벗어난 생물조차 없었으며, 달에 발자국이나 촉수 자국을 남긴 생물도 없었을 것이 확실하다.

역사의 대부분 기간 동안, 인간은 지구상에 있는 생명체 중 약 99.99퍼센트에 대해 아무것도 몰랐다. 미생물 말이다. 우리와 상관이 없어서 몰랐던 것은 아니다. 우리 몸속에는 수십조 마리의 단세포 생명체가 살고 있다. 이들은 무임승차자만은 아니다. 우리의 최고의 친구이자 가장 치명적인 적이기도 하다. 그중 일부는 우리 몸속에서 음식을 소화시켜주고 장을 청소해주지만, 다른 일부는 병과 전염병을 일으킨다. 하지만 인간의 눈이 미생물을 처음 본 것은 1674년이 되어서였다. 안톤 판 레이우엔훅이 집에서 만든 현미경으로 엿본 세계는 놀라웠다. 한 방울의 물속에 미세한 존재들이 돌아다니는 세계가 있었던 것이다. 그후 3백 년간 인류는 현미경으로만 보이는 엄청난 숫자의 생물 종을 알게 되었다. 이들이 일으키는 가장 치명적이고 전염성이 강한 질병의 대부분을 퇴치하는 데 어찌어찌 성공했으며, 미생물을 의료와 산업에 이용할 수 있게 되었다. 오늘날 우리는 박테리아를 조작해 약품을 만들고, 바이오 연료를 생산하며, 기생충을 죽인다.

하지만 지난 5백 년간 가장 눈에 띄는 단 하나의 결정적 순간은 1945년 7월 16일 오전 5시 29분 45초였다. 정확히 그때, 미국 과학자들은 앨러머고도 사막에 첫 원자폭탄을 터뜨렸다. 그 순간 이후

인류는 역사의 진로를 변화시킬 능력뿐 아니라 역사를 끝장낼 능력
도 가지게 되었다.

우리를 앨러머고도로, 그리고 달로 이끈 역사적 과정이 과학혁명
이다. 이 혁명 기간 동안 인류는 과학연구에 자원을 투자함으로써
막대한 새 힘을 얻었다. 왜 그것이 혁명이었는가 하면, 약 1500년
이전까지 전 세계 인류는 자신에게 새로운 의학적, 군사적, 경제적
힘을 얻을 능력이 있는지를 의심했기 때문이다. 당시 정부와 부유
한 후원자들이 교육과 학문에 자금을 제공하기는 했지만, 그 목적
은 새로운 능력을 획득하기 위해서가 아니라 이미 존재하는 능력을
얻기 위함이었다. 근세 이전의 전형적인 지배자는 사제와 철학자,
시인에게 돈을 주면서 이들이 자신의 지배를 정당화하고 사회질서
를 유지하기를 기대했지, 이들에게 새 의약품을 발견하거나 신무기
를 발명하거나 경제성장을 촉진하라고 주문하지 않았다.

지난 5세기 동안, 인류는 과학연구에 투자하면 스스로의 능력을
증가시킬 수 있을 것이라고 점차 믿게 되었다. 이것은 맹목적인 믿
음은 아니었다. 경험적으로 반복해서 증명된 사실이었다. 증거가
쌓일수록, 부자와 정부는 과학에 더 많은 자원을 기꺼이 투입하였
다. 그런 투자가 없었다면 우리는 결코 달 위를 걷거나 미생물을 조
작하거나 원자를 쪼갤 수 없었을 것이다. 가령 미국 정부는 지난 몇
십 년간 핵물리학 연구에 수십억 달러를 배정했다. 그 연구에서 만
들어진 지식은 원자력 발전소를 건설할 수 있게 해주었고, 발전소
는 미국 산업들에게 싼값으로 전력을 공급했으며, 그 산업들은 미

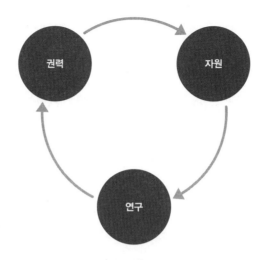

▲　　　과학혁명은 되먹임 고리다. 과학이 진보하려면 연구 이상의 것이 필요하다. 그것은 과학과 정치와 경제의 상호 강화에 의존한다. 자원을 제공하는 정치 경제적 제도가 없으면 과학연구는 거의 불가능하다. 그 대신 과학연구는 새로운 힘을 제공하는데, 이 힘은 새로운 자원을 획득하는 데도 쓰인다. 새 자원의 일부는 연구에 재투자된다.

국 정부에 세금을 냈고, 미국 정부는 이 세금 중 일부를 핵물리학을 더욱 깊이 연구할 자금으로 댔다.

　왜 현대 인류는 자신에게 연구를 통해 새로운 힘을 획득할 능력이 있다고 믿게 되었을까? 무엇이 과학과 정치와 경제의 연대를 구축했을까? 이 장에서는 현대 과학의 독특한 속성을 살펴봄으로써 그 답의 일부를 제공할 것이다. 이후 두 장에서는 과학과 유럽 제국들과 자본주의 경제가 어떻게 동맹을 형성했는지를 살펴볼 것이다.

우리는
모른다

　　적어도 인지혁명이 일어난 이후부터 인류는 우주를 이해하려 애썼다. 우리 선조들은 자연세계를 지배하는 규칙을 발견하기 위해 수많은 시간과 노력을 기울였다. 하지만 현대 과학은 과거의 모든 전통 지식과 다음 세 가지 점에서 결정적으로 다르다.

1. **무지를 기꺼이 인정하기.** 현대 과학은 라틴어로 표현하면 '이그노라무스ignoramus – 우리는 모른다'에 기반을 두고 있다. 우리가 모든 것을 알지는 못한다고 가정하는 것이다. 더욱 중요한 점은 우리가 안다고 생각하는 것이 우리가 더 많은 지식을 갖게 되면 틀린 것으로 드러날 수도 있음을 받아들이는 것이다. 어떤 개념이나 아이디어, 이론도 신성하지 않으며 도전을 벗어난 대상이 아니다.

2. **관찰과 수학이 중심적 위치 차지.** 무지를 인정한 현대 과학은 새로운 지식의 획득을 목표로 삼는다. 그 수단은 관찰을 수집한 뒤, 수학적 도구로 그 관찰들을 연결해 포괄적인 이론을 만들어내는 것이다.

3. **새 힘의 획득.** 현대 과학은 이론을 창조하는 것에 만족하지 않는다. 이론을 사용해서 새 힘을 획득하고자 하며, 특히 새로운 기술을 개발하고자 한다.

과학혁명은 지식혁명이 아니었다. 무엇보다 무지의 혁명이었다.

과학혁명을 출범시킨 위대한 발견은 인류는 가장 중요한 질문들에 대한 해답을 모른다는 발견이었다. 근대 이전의 전통 지식이었던 이슬람, 기독교, 불교, 유교는 세상에 대해 알아야 할 중요한 모든 것은 이미 알려져 있다고 단언했다. 위대한 신들, 혹은 전능한 유일신, 혹은 과거의 현자들은 모든 것을 아우르는 지혜가 있었고, 그것을 문자와 구전 전통으로 우리에게 알려주었다. 평범한 사람들은 그런 고대의 문헌과 전통을 파고들어 적절하게 이해함으로써 지식을 얻었다. 성경이나 코란, 베다에 우주의 핵심 비밀이 빠져 있다고는 상상할 수조차 없었다. 피와 살을 가진 피조물들이 앞으로 발견할지도 모르는 비밀이 말이다.

고대의 전통 지식은 오로지 두 종류의 무지만을 인정했다.

첫째, 한 개인이 뭔가 중요한 것에 대해 무지할 수는 있었다. 그가 필요한 지식을 얻으려면, 자신보다 현명한 누군가에게 묻기만 하면 되었다. 아무도 모르는 무언가를 새로 발견해야 할 필요는 없었다. 예컨대 13세기 영국 요크셔 지방 마을에 사는 농부가 인류의 기원에 대해 알고 싶었다면, 그는 기독교 전통 속에 명확한 답이 있다고 가정했다. 그가 할 일은 동네 사제에게 물어보는 게 전부였다.

둘째, 하나의 전통 전체가 뭔가 중요치 않은 것에 대해 무지할 수는 있었다. 위대한 신들이나 과거의 현자들이 우리에게 애써 말해주지 않은 것은 그게 무엇이든 정의상 중요치 않은 것이었다. 가령 아까 그 요크셔 농부가 거미가 어떻게 거미줄을 치는지 알고 싶었다면, 사제에게 물어보는 것은 무의미했다. 기독교 문헌 어디에도 이에 대한 답은 없었기 때문이다. 하지만 그것이 기독교가 불완전하다는 것을 뜻하진 않았다. 오히려 거미가 어떻게 집을 짓는지는 중요하지 않다는 것을 의미했다. 어쨌든 하느님은 거미가 어떻게 집을 짓는지 너무나 잘 알고 계셨다. 만일 이 정보가 인간의 번영과 구원에 핵심이 되는 것이었다면, 하느님은 당연히 성경에 상세히 설명해놓으셨을 것이다.

기독교 신앙은 사람들에게 거미 연구를 금지하지 않는다. 하지만 거미학자는—중세에 그런 사람이 있었다면 말이지만—사회에서 자신의 역할이 부수적이라는 점과 자신의 연구결과가 기독교의 영원한 진리와 관련이 없다는 것을 받아들여야만 했다. 학자가 거미나 나비나 갈라파고스핀치에 대해 무엇을 발견하든 그 지식은 하찮은 것에 불과했고, 사회나 정치, 경제의 근본적 진리와 무관했다.

사실 일이 그렇게 단순한 것은 아니었다. 어느 시대에나, 심지어 가장 경건하고 보수적인 시대에도 자신들의 전통 전체가 전혀 알지 못하는 뭔가 중요한 것이 있다고 주장하는 사람들은 존재했다. 하지만 그런 사람들은 하찮은 존재로 취급받거나 박해를 받았다. 혹은 그들은 새로운 전통을 세우고, 이제 자신들이 세상에서 알아야 할 모든 것들을 안다고 주장하기 시작했다. 일례로 예언자 마호메트는 다른 아랍인들이 신의 진리에 무지하다고 비난하는 것으로 종교 경력을 시작했다. 그러나 마호메트는 아주 금방 자신이 모든 진리를 안다고 주장하기 시작했으며, 추종자들은 그를 '예언자들의 봉인The Seal of the Prophets'이라고 부르기 시작했다. 따라서 이제는 마호메트에게 주어진 계시를 넘어서는 다른 계시는 필요하지 않았다.

오늘날의 과학은 지식의 전통으로서는 독특하다. 가장 중요한 질문들에 대한 집단적 무지를 공개적으로 인정한다는 점이 그렇다. 다윈은 스스로 '생물학자의 대표'를 자처하거나 생명의 수수께끼를 최종적으로 해결했다고 주장하지 않았다. 몇 세기에 걸친 광범위한 연구를 한 뒤에도 생물학자들은 뇌가 어떻게 의식을 만들어내는지에 대해 좋은 설명을 전혀 얻지 못했다고 인정하고 있다. 물리학자들도 무엇이 빅뱅을 일으켰는지, 양자역학과 상대성이론을 어떻게 조화시킬 것인지 모른다고 인정한다.

또 다른 경우에는 끊임없이 나타나는 새로운 증거를 기반으로 서로 경쟁하는 과학이론들이 큰 소리로 논쟁을 벌이고 있다. 대표적인 예가 경제를 운영하는 최선의 방법이 무엇이냐는 것이다. 개별 경제학자들은 자신의 방법이 최선이라고 주장할지 모르지만, 금융위기가 오거나 주식시장 버블이 터질 때마다 정설이 바뀌고 있다. 그리고 경제학의 결정판은 아직 나오지 않았다는 것이 널리 받아들여지는 견해다.

그리고 또 다른 경우에는 이용 가능한 증거들이 특정 이론을 너무나 일관성 있게 지지하는 나머지 다른 대안들이 이미 오래전에 다 밀려났다. 그런 이론들은 진리라고 받아들여지지만, 모두가 동의하는 바 만일 그 이론에 반대되는 새로운 증거가 등장한다면 해당 이론은 수정되거나 폐기되어야 한다. 좋은 예가 지구 판구조론과 진화론이다.

현대 과학은 무지를 기꺼이 받아들인 덕분에 기존의 어떤 전통 지식보다 더 역동적이고 유연하며 탐구적이다. 덕분에 우리는 세계가 어떻게 작동하는지 이해하는 능력과 새로운 기술을 발명할 역량이 크게 확대되었다. 하지만 이것은 우리의 선조 대부분이 대처할 필요가 없었던 심각한 문제를 하나 제기하기도 했다. 우리가 모든 것을 알지는 못하며 지금의 지식도 잠정적인 것이라는 가정은 우리가 공유하는 신화에까지, 즉 수백만 명의 서로 모르는 사람들이 효과적으로 협력하게 만들어주는 신화에까지 적용된다. 만일 이 신화들 중 많은 것이 의심스럽다는 사실이 드러나면, 우리는 어떻게 사회를 유지할 수 있을까? 우리의 공동체, 국가, 국제 시스템은 어떻게 기능할 수 있을까?

정치사회적 질서를 안정시키려는 현대의 모든 노력은 다음의 두 가지 비과학적 방법에 의지하는 수밖에 없었다.

1. 하나의 과학이론을 택해서 통상의 과학적 관례와는 반대로 그것이 궁극적인 절대진리라고 선포하는 것. 이것은 나치당원과 공산주의자들이 사용한 방법이었다. 나치당원들은 자기네 인종정책이 생물학적 사실들의 필연적인 귀결이라고 주장했다. 공산주의자는 마르크스와 레닌의 경제적 진리는 절대적이고 신성한 것이며 여기에는 결코 반박이 불가능하다고 주장했다.

2. 과학은 내버려두고 과학과 무관한 절대진리에 따라 사는 것. 이것은 자유주의적 인본주의 전략이었다. 자유주의적 인본주의는 인간의 고유한 가치와 권리에 대한 도그마적인 신조를 토대로 건설된 이념인데, 그 신조는 호모 사피엔스에 대한 과학적 연구결과와는 당황스러울 정도로 공통점이 없다.

하지만 놀랄 것은 없다. 과학 자체도 스스로의 연구를 정당화하고 자금을 공급받으려면 종교적이고 이데올로기적인 신념에 의지해야 하는 마당이니까.

그럼에도 현대 문화는 이전 어떤 문화보다 더욱 폭넓게 기꺼이 무지를 받아들여 왔다. 현대의 사회질서를 지탱해준 요인 중 하나는 기술과 과학적 연구방법에 대한 거의 종교적인 믿음의 확산이었다. 이것은 절대진리에 대한 믿음을 어느 정도 대체했다.

과학의
도그마

현대 과학에는 도그마가 없다. 하지만 연구기법에는 공통적인 핵심이 있는데, 늘 경험적 관찰들을 모은 뒤 수학적 도구의 도움을 받아 그것들을 하나로 결합하는 것이다. 여기서 관찰이란 적어도 우리의 감각기관 중 하나로 관찰할 수 있는 것을 의미한다.

역사를 통틀어 사람들은 경험적 관찰들을 모았지만, 이 관찰의 중요성은 보통 제한적이었다. 우리에게 필요한 모든 답이 수중에 있는데 또다시 새로운 관찰을 얻으려고 귀중한 자원을 낭비할 필요가 어디 있겠는가? 하지만 현대인은 자신들이 매우 중요한 몇몇 질문에 대한 답을 모른다는 사실을 인정하게 되었으므로, 완전히 새로운 지식을 찾아볼 필요가 있다는 사실을 깨달았다. 그 결과, 현대의 지배적인 연구기법은 오래된 지식이 충분하지 않다는 사실을 당연한 것으로 받아들인다.

오늘날 무게중심은 옛 전통을 연구하기보다는 새로운 관찰과 실험을 하는 쪽으로 옮겨갔다. 현대의 관찰이 과거의 전통과 배치되는 경우, 우리는 관찰에 우선권을 부여한다. 물론 먼 은하의 스펙트럼을 분석하는 물리학자, 청동기 시대의 도시 유물을 분석하는 고고학자, 자본주의의 출현을 연구하는 정치학자는 전통을 무시하지 않는다. 이들은 과거의 현자들이 말하고 쓴 것을 공부하는 데서 시작한다. 하지만 물리학자, 고고학자, 정치학자가 되려는 사람들은 대학 1학년 때부터 자신의 임무는 아인슈타인, 하인리히 슐리만, 막스 베버가 알았던 것을 뛰어넘는 데 있다고 배운다.

하지만 더 많은 관찰이 곧 더 많은 지식은 아니다. 우주를 이해하려면, 관찰들을 연결하여 포괄적인 이론을 만들 필요가 있다. 과거의 전통에서는 보통 이야기를 써서 이론을 꾸며냈지만, 현대 과학에서는 수학을 사용한다.

성경이나 코란, 베다, 유교의 경전에는 방정식, 그래프, 계산이 거의 없다. 전통적 신화와 서적이 보편 법칙을 서술할 때는 수식이 아니라 이야기의 형태로 제시했다. 따라서 마니교의 근본 원리는 세상이 선과 악의 전쟁터라고 이야기했다. 악의 힘이 물질을 만들었고, 선의 힘이 정신을 창조했으며, 인간은 두 가지 힘 사이에 붙잡혀 있으니 악을 넘어 선을 선택해야 한다고 했다. 하지만 예언자 마니는 두 힘을 계량함으로써 인간의 선택을 예측하는 데 쓸 수 있는 수학공식을 만들려는 시도는 전혀 하지 않았다. "사람에게 작용하는 힘은 그의 정신의 가속도를 신체 질량으로 나눈 값과 같다"는 식의 계산은 전혀 하지 않았다.

그리고 바로 이것이 과학자들이 달성하고자 하는 것이다. 1687년 아이작 뉴턴은 현대 역사에서 가장 중요한 책이 틀림없을 《자연철학의 수학적 원리》를 출간했다. 뉴턴은 운동과 변화의 일반이론을 제시했다. 뉴턴 이론의 위대한 점은 세 개의 매우 단순한 수학 법칙으로 떨어지는 사과에서부터 별똥별에 이르기까지 우주의 모든 물체의 운동을 설명할 수 있다는 것이다.

1. $\sum \vec{F} = 0$
2. $\sum \vec{F} = m\vec{a}$
3. $\vec{F}_{1,2} = -\vec{F}_{2,1}$

이때부터, 대포알이나 행성의 운동을 이해하고 예측하고 싶은 사람은 해당 물체의 질량, 방향과 가속도, 거기에 작용하는 힘을 측정하기만 하면 되었다. 숫자들을 뉴턴의 방정식에 집어넣으면, 그 물체의 미래의 위치를 예측할 수 있었다. 이것은 마술처럼 작동했다. 과학자들이 뉴턴의 법칙에 잘 들어맞지 않는 소수의 관찰 결과와 마주친 것은 19세기 말이 되어서였고, 그런 관찰은 물리학의 새로운 혁명으로 이어졌다. 상대성이론과 양자역학이었다.

뉴턴은 자연이라는 책이 수학의 언어로 쓰여 있음을 보여주었다. 일부 챕터(예컨대 물리학)는 결국 깔끔한 방정식들로 귀결된다. 하지만 생물학, 경제학, 심리학을 깔끔한 뉴턴 방정식으로 환원하려고 시도했던 학자들은 실패했다. 이런 분야는 그런 야망을 덧없는 것으로 만드는 복잡성을 내포하고 있다. 그렇다고 해서 그들이 수학을 포기했다는 말은 아니다. 지난 2백 년 사이에 실재의 보다 복잡한 측면을 다루기 위한 새로운 수학 분과가 개발되었다.

1744년 스코틀랜드의 장로교 목사인 알렉산더 웹스터와 로버트 월리스는 생명보험기금을 만들어 사망한 목사의 배우자와 고아에게 연금을 지급하기로 했다. 그들은 자기네 교회의 목사들에게 각자 자신의 수입 중 일부를 떼어 기금에 넣으라고 제안했고, 그들이 그 돈으로 투자를 하겠다고 했다. 만일 어느 목사가 죽으면, 배우자는 기금의 수익에서 배당을 받을 것이다. 그러면 그녀는 평생 안락하게 살 수 있을 것이다. 하지만 목사들이 얼마를 내야 기금에 돈이 충분히 모여서 약속한 의무를 다할 수 있는지 알려면, 웹스터와 월리스는 매년 얼마나 많은 목사가 죽을 것이며 얼마나 많은 배우자와 고아가 남을 것이며 배우자는 남편보다 얼마나 오래 살 것인지 예측할 수 있어야 했다.

먼저 두 성직자가 하지 않은 일에 주목하자. 이들은 답을 알려달라고 하느님에게 기도하지 않았다. 성경이나 고대 신학자의 작품 속에서 답을 찾지도 않았다. 추상적인 철학논쟁을 시작하지도 않았다. 스코틀랜드인답게 이들은 실용적이었다. 그래서 에든버러 대학의 수학 교수인 콜린 매클로린과 만났다. 세 사람은 사람들의 사망 연령에 대한 자료를 수집하고, 그것을 이용해 어떤 해에 얼마나 많은 목사가 사망할지를 계산했다. 이들의 작업은 통계와 확률 분야에서 얼마전에 등장한 여러 발전들에 토대를 두었다. 그중 하나가 야코프 베르누이의 '큰 수의 법칙'이었다. 베르누이는 특정인의 사망 같은 단일사건의 발생 확률을 정확히 예측하기는 힘들지만 수많은 비슷한 사건들의 평균 결과는 매우 정확하게 예측할 수 있다는 원칙을 명문화했다.

요컨대 매클로린은 웹스터와 월리스가 내년에 사망할지 여부를 수학을 이용해서 예측할 수 없지만, 충분한 자료가 주어진다면 웹스터와 월리스에게 내년에 스코틀랜드에서 얼마나 많은 장로교 목사가 사망할지를 거의 정확하게 말해줄 수 있었다. 운 좋게도 그들에게는 즉각 사용할 수 있는, 이미 만들어진 자료가 있었다. 특히 50년 전에 에드먼드 핼리가 출간한 생명표가 유용했다. 핼리는 독일 브레슬라우 시에서 얻은 1,238건의 출생기록과 1,174건의 사망기록을 분석해두었다. 핼리의 표가 있으면, 예컨대 그 해에 20세인 사람이 사망할 확률은 1백 분의 1이지만 50세인 사람의 사망확률은 39분의 1이란 것을 알 수 있었다.

이 수치를 가공하여, 웹스터와 월리스는 어느 시점에서든 살아 있는 스코틀랜드 장로교 목사는 930명이고, 연평균 27명의 목사가 사망할 것이고, 그 배우자는 18명일 것이라고 결론 내렸다. 배우자를 남기지 않은 사람 중 다섯 명은 고아를 남길 것이고, 배우자를 남긴 사람 중 두 명에게는 아직 16세에 이르지 않은 전처소생의 자식이 있을 것이었다.

이들은 그 배우자가 죽거나 재혼하는 데(두 경우 모두 연금 지불은 중단된다) 몇 해가 걸릴 것인가까지도 계산했다. 이 수치를 통해 웹스터와 월리스는 기금에 가입한 목사들이 얼마를 내야 아내나 자식들의 생활비를 보장할 수 있을지 결정할 수 있었다. 한 해에 2파운드 12실링 2펜스를 내는 목사는 죽은 뒤 아내가 매년 적어도 10파운드(당시로서는 큰돈이었다)를 수령할 것을 보장받을 수 있었다. 이 돈이 적다고 생각하면 매년 6파운드 11실링 3펜스를 내기로 선택할 수 있었다. 그러면 아내가 매년 25파운드를 받게 해줄 수 있었다.

이들의 계산에 따르면, 1765년에는 '사망한 스코틀랜드 교회 목사들의 배우자와 자녀를 위한 대비 기금'의 자본은 총 58,348파운드가 될 것이었다. 이 계산은 놀랄 만큼 정확하였다. 실제로 그해가 되었을 때 기금의 자본은 예측보다 단 1파운드 적은 액수 58,347파운드였다! 하박국(구약에 나오는 기원전 7세기의 소 선지자―옮긴이), 예레미야(기원전 6~7세기의 대 예언자―옮긴이), 사도 요한의 예언보다 훨씬 더 정확한 예측이었다. 오늘날 웹스터와 월리스의 기금은 간단히 '스코티시 위도스Scottish Widows'란 이름으로 알려져 있는데, 세계 최대의 연금 및 보험회사로 꼽힌다. 자산 가치 1천억 파운드가 넘는 이 회사는 사망한 스코틀랜드 교회 목사들의 배우자뿐 아니라 보험증권을 사려는 누구에게나 연금 지불을 보장해준다.[7]

스코틀랜드의 두 목사가 사용했던 것과 같은 확률 계산은 연금과 보험산업의 핵심이 되는 보험통계학뿐 아니라 인구통계학(역시 성직자였던 영국성공회의 로버트 맬서스가 기초를 쌓았다)의 기초가 되었다. 그리고 인구통계학은 결국 찰스 다윈(영국 성공회 목사가 거의 될 뻔했다)이 세운 진화론의 초석이 되었다. 특정한 조건들 아래서 어떤 종류의 생명체가 진화할 것인지를 예측하는 방정식은 없지만, 유전학자들은 확률 계산을 통해 주어진 개체군 내에서 특정 돌연변이가 퍼져나갈 가능성을 계산한다. 이와 유사한 확률 모델은 경제학, 사회학, 심리학, 정치학을 비롯한 다른 사회과학과 자연과학의 핵심이 되었다. 심지어 물리학도 결국 뉴턴의 고전 방정식을 양자역학의 확률 구름으로 보충했다.

이런 과정이 우리를 얼마나 멀리까지 데려왔는지 실감하려면, 교육의 역사를 들여다보기만 하면 된다. 대부분의 역사 내내 수학은 난해한 분야였고, 교양 있는 사람들도 이를 진지하게 공부한 예가 드물었다. 중세 유럽에서 논리학, 문법, 수사학이 교육의 핵심을 이룬 반면, 수학 교습은 단순한 산술과 기하를 넘어서는 경우가 없었다. 통계학은 아무도 공부하지 않았다. 모든 학문 분야 왕자는 신학이었고 여기에는 논란의 여지가 없었다. 오늘날 수사학을 공부하는 사람은 찾기 어렵다. 논리학은 철학의 한 분과로만 존재한다. 신학은 신학교에서만 배운다. 하지만 점점 더 많은 학생들이 수학을 배우려 하거나 배우도록 강요받는다. 정밀과학을 향하는 흐름은 거역할 수 없는 대세이고, '정밀'하다는 말의 정의는 수학적 도구를 사용한다는 뜻이다. 전통적으로 인문학의 분야였던 인간 언어의 연구(언어학)나 인간 심리의 연구(심리학)조차 점점 더 수학에 의존하며 스스로를 정밀과학이라고 소개하려 한다. 이제 통계학은 물리학이나 생물학만이 아니라 심리학, 사회학, 경제학, 정치학의 기초 필수 과목이 되었다.

내가 몸담은 대학교의 심리학과 강좌 목록을 보면, 커리큘럼에서 가장 먼저 수강해야 하는 과목은 '심리학 연구의 통계학과 방법론 입문'이다. 심리학과 2학년 학생은 '심리학 연구의 통계적 방법'을 반드시 수강해야 한다. 만일 우리가 공자, 부처, 예수, 마호메트에게 인간의 마음을 이해하고 그 병을 치료하려면 통계학을 먼저 공부해야 한다고 말해주었다면, 그들은 아주 어리둥절했을 것이다.

아는 것이
힘이다

대부분의 사람은 현대 과학을 소화하기 힘들어한다. 사용하는 수학 언어가 우리의 머리로는 파악하기 어렵고, 그 연구 결과가 상식과 배치되는 경우가 흔하기 때문이다. 세계 인구 70억 명 중에서 양자역학이나 세포생물학, 미시경제학을 이해하는 사람이 몇 명이나 되겠는가? 그럼에도 과학은 막대한 특권을 누린다. 그것이 우리에게 새로운 힘을 주기 때문이다. 대통령과 장군들은 핵물리학은 이해하지 못할지 몰라도 원자폭탄이 무엇을 할 수 있는지는 잘 안다.

1620년 프랜시스 베이컨은 《신기관The New Instrument》이라는 과학 선언문을 출간했다. 이 책에서 그는 '아는 것이 힘'이라고 주장했다. '지식'의 진정한 시금석은 그것이 진리인가 아닌가가 아니라, 그것이 우리에게 힘을 주느냐의 여부다. 일반적으로 과학자들은 1백 퍼센트 정확한 이론은 없다는 것을 당연하게 여긴다. 그 결과, 진리인가의 여부는 지식인가 아닌가를 판별하는 검사법으로서는 부족한 것이 되었다. 진정한 시금석은 유용성이다. 우리에게 새로운 일을 할 수 있는 능력을 주는 이론이 지식이다.

여러 세기에 걸쳐 과학은 우리에게 새로운 도구를 많이 제공했다. 일부는 사망률과 경제성장률을 예측하는 데 쓰인 것 같은 정신적 도구였다. 이보다 더 중요한 것이 기술적 도구다. 과학과 기술 사이에 구축된 연결관계는 매우 강력해서 오늘날 사람들은 양자를 혼동하는 경향이 있다. 우리는 과학 연구 없이 신기술을 개발하는 것은 불가능하다고 생각하는 경향이 있다. 만일 신기술을 낳지 않는다면 연구에 무슨 의미가 있느냐고 생각하는 경향도 있다.

실제로는 과학과 기술이 관련을 맺은 것은 매우 최근에 일어난 현상이다. 1500년 이전에 과학과 기술은 완전히 별개의 분야였다. 17세기 초반 베이컨이 양자를 연결시킨 것은 혁명적인 아이디어였다. 17~18세기 동안 둘의 연결은 강화되었지만, 매듭이 지어진 것은 19세기에 들어와서였다. 1800년에도 강한 군대를 원하는 지배자나 성공적인 사업을 원하는 사업계 거물의 대부분은 물리학, 생물학, 경제학에 자금을 대는 수고를 하지 않았다.

이 규칙에 예외가 전혀 없다고 주장하려는 것은 아니다. 훌륭한 역사학자는 거의 모든 것에 대해 선례를 찾아낼 수 있다. 하지만 이보다 더 훌륭한 역사학자는 그런 선례가 큰 그림을 파악하지 못하게 방해하는 진기한 사례에 지나지 않는다는 것을 안다. 일반적으로 근대 이전 대부분의 지배자와 사업가는 새로운 기술을 개발하려는 목적으로 우주의 속성에 대한 연구에 자금을 대지 않았으며, 대부분의 사상가들은 자신이 발견한 내용을 기술적 장치로 해석하려고 시도하지 않았다. 지배자들은 교육기관에 자금을 댔지만, 그런 기관의 의무는 기존 질서를 유지하려는 목적하에 전통적 지식을 확산시키는 데 있었다.

사람들은 여기저기서 새로운 기술을 개발했지만, 그 기술들은 보통 교육을 받지 못한 장인들이 시행착오를 통해 만들어낸 것이었지 체계적이고 과학적인 연구를 추구하는 학자들에 의해 개발된 것이 아니었다. 마차 제조업자는 늘 같은 재료를 가지고 늘 같은 마차를 만들었다. 새로운 마차를 연구 개발하기 위해서 연간 순익의 1퍼센트를 따로 떼어놓는 일은 하지 않았다. 마차의 설계는 가끔 개선되었지만, 이는 대학에 발을 들여놓은 일도 없으며 글을 읽을 줄조차 모르는 어느 지방 목수가 천재성을 발휘한 덕분이었다.

민간 부문뿐 아니라 공공영역에서도 마찬가지였다. 현대 국가들은 에너지에서 공중보건, 쓰레기 처리에 이르는 국가 정책의 거의 모든 영역에 걸친 문제를 해결해달라고 과학자들을 부른다. 이와 달리 고대 왕국은 이런 일을 한 예가 거의 없었다. 당시와 지금의 대비는 무기에서 가장 뚜렷하게 드러난다.

드와이트 아이젠하워는 1961년에 대통령에서 물러나면서 군산복합체의 권력이 커지는 것을 경고했지만, 방정식의 한 부분을 빼먹었다. 그는 군사 - 산업 - 과학 복합체에 대해 경고했어야 했다. 오늘날의 전쟁은 과학의 산물이기 때문이다. 세계의 군대는 인류의 과학연구와 기술개발의 대부분을 선도하고, 자금을 대고, 방향을 조종한다.

제1차 세계대전이 끝없는 참호전이라는 진창에 빠졌을 때, 양측 모두 교착상태를 깨뜨리고 나라를 구하기 위해서 과학자들을 불렀다. 부름에 응한 과학자들의 연구실에서는 놀라운 무기가 끊임없이 만들어져 나왔다. 전투기, 독가스, 탱크, 잠수함을 비롯해 성능이 개선된 기관총과 대포, 소총과 폭탄이 속속 개발되었다.

과학은 제2차 세계대전에서 더욱 큰 역할을 했다. 1944년 후반 독일은 전쟁에 지고 있었고 패색이 역력했다. 한 해 전 독일의 동맹인 이탈리아 국민은 무솔리니를 권좌에서 끌어내리고 연합국에 항복했지만, 독일은 계속 싸웠다. 영국과 미국과 소련의 군대가 공격을 위해 접근하고 있는 상황이었다. 그때 독일의 군인들과 민간인들이 완전히 가망 없다고 생각하지 않았던 이유 중 하나는 자국 과학자들에 대한 기대였다. 이들이 V2 로켓이나 제트기 같은 소위 기적의 무기를 만들어 대세를 바꿀 시점이 임박했다고 믿었던 것이다.

독일인들이 로켓과 제트기에 공을 들이고 있는 동안, 미국의 맨해튼 프로젝트는 원자폭탄 개발에 성공했다. 이 폭탄이 준비된 1945년 8월 초 독일은 이미 항복했지만, 일본은 싸우고 있었다. 미군은 일본 본토를 침공할 준비를 했다. 일본인들은 결사항전을 맹세했으며, 그것이 말뿐인 협박이 아니라고 믿을 이유는 차고 넘쳤다. 미국 장군들은 해리 트루먼 대통령에게 일본을 침공하면 미군 1백만 명이 희생되고 전쟁은 1946년까지 줄곧 이어질 것이라고 말했다. 트루먼은 새 폭탄을 사용하기로 결정했다. 2주가 지나고 원자폭탄 두 개가 터진 뒤, 일본은 무조건 항복을 외쳤고 전쟁은 끝났다.

하지만 과학은 공격 무기만이 아니라 방어에도 주요한 역할을 맡고 있다. 오늘날 많은 미국인은 테러리즘의 해결책이 정치가 아니라 기술에 있다고 믿는다. 나노기술 산업에 수백만 달러를 더 투자하기만 하면 미국이 생체공학적인 스파이 파리들을 아프간의 모든 동굴과 예멘의 보루와 북아프리카의 야영지에 보낼 수 있을 것이라고 말이다. 일단 그게 가능하다면, 오사마 빈 라덴의 후계자들이 커피 한 잔을 끓여도 CIA의 스파이 파리가 그 중대 정보를 랭글리의 본부에 전송할 것이다. 뇌 연구에 수백만 달러를 더 할애한다면, 모든 공항에 최고로 세련된 fMRI 스캐너가 설치되어 사람들의 뇌에서 분노와 증오에 찬 생각을 즉각 찾아낼 수 있을 것이다.

정말 그게 가능할까? 아무도 모른다. 생체공학적 파리와 생각을 읽는 스캐너를 개발하는 게 현명한 선택일까? 꼭 그렇지는 않을 것이다. 그럼에도 여러분이 이 글을 읽는 동안 미 국방부는 위의 예를 비롯해 이와 비슷한 아이디어들을 연구하기 위해서 나노기술 연구소와 뇌 연구소에 수백만 달러씩을 송금하고 있다.

탱크에서 원자폭탄, 스파이 파리까지 군사기술에 대한 집착은 놀라울 정도로 최근에 일어난 현상이다. 19세기까지만 해도 군사 분야의 혁명은 기술적 변화가 아니라 조직적 변화의 산물이었다. 물론 서로 모르던 문명들이 처음 접할 때 기술적 격차가 중요한 역할을 하는 경우도 종종 있었다. 하지만 그런 경우에도 그 격차를 일부러 만들고 확대할 생각을 한 사람은 드물었다. 대부분의 제국이 부상한 것은 기술 분야의 마법적 재능 덕분이 아니었으며, 그 지배자들도 기술 개선에 많은 신경을 쓰지 않았다. 아랍인들이 사산 제국을 무너뜨린 것은 우월한 활이나 칼 덕분이 아니었고, 셀주크 사람들이 비잔틴 사람들에게 기술적 우위를 지니진 않았으며, 몽골이 중국을 정복한 것도 뭔가 독창적인 신무기의 도움을 받은 덕분은 아니었다. 사실 이 모든 경우에서 군사기술과 민간기술이 우월한 것은 오히려 패배자 쪽이었다.

로마군이 특히 좋은 예다. 로마군은 당시 최강의 군대였지만 기술적으로는 카르타고나 마케도니아, 셀레우코스 제국보다 나을 게 없었다. 로마군의 강점은 효율적인 조직, 강철 같은 규율, 막대한 예비 인력에 있었다. 로마군은 연구개발 부서를 만든 일이 없었으며, 이들의 무기는 몇 세기 동안 거의 똑같았다. 만일 기원전 2세기에 카르타고를 초토화시키고 누만시아인들을 패퇴시킨 스키피오 아이밀리아누스 장군의 군대가 5백 년 후 콘스탄티누스 대제 시대에 갑자기 출현했다면 스키피오는 대제를 상대로도 승리를 거둘 가능성이 컸을 것이다. 그렇다면 이제 지금으로부터 몇 세기 전의 장군, 가령 나폴레옹이 군대를 이끌고 현대의 무장한 여단과 맞선다고 상상해보자. 나폴레옹은 탁월한 전략가였고 그의 부하들은 정예의 전문가들이었지만, 현대의 무기 앞에서 그들의 기술은 쓸모없었을 것이다.

고대 중국도 로마와 마찬가지였다. 장군과 철학자 대부분은 신무기 개발을 자신의 임무로 생각하지 않았다. 중국 역사에서 가장 중요한 군사적 발명은 화약이었다. 하지만 우리가 아는 한 화약은 생명의 영약을 찾는 도교 연금술사에 의해 우연히 발명된 것이었다.

화약의 이후 경력은 더 시사하는 바가 크다. 그 도교 연금술사 덕분에 중국이 세계의 주인이 되었을 것이라고 짐작하는 사람이 있을지 모르겠지만, 사실 중국인들은 새로 만들어진 화합물을 주로 폭죽에 썼다. 송 제국이 몽골의 침입에 무너질 때도, 중세의 맨해튼 프로젝트를 조직함으로써 엄청난 무기를 발명해 제국을 구하겠다고 생각한 황제는 아무도 없었다. 아프로아시아의 전쟁터에서 대포가 결정적인 요인이 된 것은 화약이 발명된 지 약 6백 년이 지난

15세기에 이르러서였다.

이 물질의 치명적인 잠재력이 군사 목적에 이용될 때까지 시간이 이렇게 오래 걸린 이유는 무엇이었을까? 왕이나 학자, 상인 들이 새 군사기술이 자신들을 구하거나 부유하게 만들 수 있으리라고 생각하지 않았던 때에 출현했기 때문이다. 15~16세기에 이르러 상황이 변하기 시작했지만, 대부분의 통치자가 신무기의 연구개발에 자금을 대는 데 흥미를 보인 것은 그로부터 2백 년이 더 흐른 뒤였다. 그때까지는 기술보다 병참이나 전략이 전쟁의 승패에 훨씬 더큰 영향을 미치는 상황이 계속되었다. 체코의 아우스터리츠에서 유럽 연합군을 무찌른(1805년) 나폴레옹의 군대가 갖춘 무기는 루이 16세가 사용하던 것과 거의 동일했다. 나폴레옹은 포병이었음에도 신무기에 관심이 거의 없었다. 과학자들과 발명가들이 비행기계, 잠수함, 로켓을 개발할 자금을 지원해달라고 그를 설득했지만 먹히지 않았다.

과학과 산업과 군사기술은 자본주의 체제와 산업혁명이 등장하면서 비로소 서로 얽히기 시작했고, 일단 그 관계가 정립되자 세상은 급속히 변했다.

진보라는
이상

과학혁명이 일어나기 전까지 대부분의 인류문화는 진보를 믿지 않았다. 황금시대는 과거에 있었고, 세상은 퇴화하지는 않더라도 정체되어 있다고 생각했다. 오래된 지혜를 엄격히 추

종한다면 좋았던 옛 시절이 다시 돌아올지도 모르고 인간의 창의
성으로 일상생활의 이런저런 측면을 개선할 수도 있겠지만, 인간의
지식으로 세상의 근본 문제를 극복하기는 불가능하다는 인식이 지
배적이었다.

마호메트나 예수, 부처와 공자는 세상의 중요한 일은 뭐든지 알
고 있는 존재였다. 만일 이들조차 기근과 질병, 가난과 전쟁을 세상
에서 몰아낼 수 없다면, 어떻게 우리가 그런 일을 할 수 있으리라고
기대하겠는가? 언젠가 구세주가 나타나서 세상의 전쟁과 기근과
심지어 죽음을 끝내리라고 믿는 신앙은 많았지만, 인류가 새로운
지식을 발견하고 새 도구를 발명함으로써 그런 일을 할 수 있으리
란 생각은 터무니없었다. 그것은 오만이었다. 바벨탑, 이카루스, 골
렘 이야기를 비롯해 수많은 신화는 인간의 한계를 넘어서려는 모든
시도는 반드시 실망과 좌절을 부른다고 가르쳤다.

상황이 바뀐 것은 근대에 들어서였다. 근대 문화는 우리가 아직
도 모르는 중요한 것들이 많다고 인정했다. 그런 무지의 인정이, 과
학적 발견이 우리에게 새로운 힘을 줄 수 있다는 생각과 결합하자,
사람들은 결국 진정한 진보가 가능할지도 모른다고 짐작하기 시작
했다. 그리고 과학이 풀기 힘들었던 문제를 하나하나 풀기 시작하
자, 인류는 우리가 새로운 지식을 얻고 적용함으로써 어떤 문제든
다 극복할 수 있을 거라고 확신하게 되었다. 가난, 질병, 노화, 죽음
은 인류의 피치못할 운명이 아니었다. 그저 우리의 무지가 낳은 결
과였다.

가장 유명한 사례는 번개다. 많은 문화권에서 번개는 분노한 신

이 죄인을 처벌하기 위해서 때리는 망치로 여겨졌다. 18세기 중반, 과학 역사상 가장 유명한 실험 하나가 시행되었다. 벤저민 프랭클린이 번개는 단지 전류에 불과하다는 가설을 실험하기 위해서 번개를 동반한 폭풍 속에서 연을 띄운 것이다. 프랭클린은 경험적 관찰과 전기 에너지의 속성에 대한 지식을 결합하여 피뢰침을 발명하고 신들을 무장해제시킬 수 있었다.

가난도 또 하나의 적절한 사례다. 많은 문화권은 가난이 이 불완전한 세상의 피할 수 없는 일부라고 보았다. 신약에 따르면, 예수가 십자가형을 당하기 직전에 한 여인이 은화 3백 데나리우스 값어치의 비싼 향료를 예수에게 부어 예수를 축성했다. 예수의 사도들은 가난한 사람에게 나눠주지 않고 그렇게 엄청난 돈을 낭비했다고 여인을 비난했다. 하지만 예수는 그녀를 옹호하며 말했다. "가난한 자들은 항상 너희와 함께 있으니 아무 때라도 원하는 대로 도울 수 있거니와 나는 너희와 항상 함께 있지 아니하리라."(마가복음 14:7)

오늘날 이 문제에 있어 예수에 동의하는 사람은 점점 더 적어지고 있고, 기독교인 중에서도 마찬가지다. 가난은 개입을 통해 처리할 수 있는 기술적인 문제라고 보는 사람이 점점 더 많아지고 있다. 작물학, 경제학, 의학, 사회학의 최신 발견을 기초로 한 정책을 펴면 가난을 없앨 수 있다는 것은 상식이 되었다. 그리고 사실 이미 세상에는 최악의 헐벗음에서 벗어난 지역이 많다.

역사를 통틀어 사회를 고통스럽게 했던 가난은 두 종류였다. 남들은 이용할 수 있는 기회를 나는 이용하지 못하도록 만드는 사회적 가난 그리고 식량과 집이 없어서 개인의 삶을 위험에 빠뜨리는

▲　신들의 무장을 해제하는 벤저민 프랭클린(연에 열쇠를 매달아 날리는 실험을 통해 번개는 신의 분노가 아니라 전기의 일종에 불과하다는 것을 알렸다 — 옮긴이).

생물학적 가난이었다. 사회적 가난은 아마도 결코 근절되지 못할 것이다. 하지만 세계의 많은 국가에서 생물학적 가난은 옛말이 되었다. 최근까지만 해도 대부분의 사람들은 생물학적 빈곤선 부근을 떠돌았다. 그 선 이하로 내려가면 목숨을 오래 부지하는 데 필요한 영양이 부족하다는 뜻이다. 약간의 계산 착오나 불운만 생겨도 사람들은 쉽게 그 선 이하, 즉 아사 상태로 빠질 수 있었다. 자연재해와 인간이 만든 재난은 가끔 국민 전체를 나락으로 떨어뜨려 수백만 명의 죽음을 불렀다. 오늘날 세계 대부분의 사람들 발밑에는 안전망이 쳐져 있다. 보험, 국가가 후원하는 사회보장, 아주 많은 지역적, 국제적 NGO들이 사람들을 개인적 불행으로부터 보호하고 있다. 한 지역 전체에 재난이 닥치면 범세계적인 구호 노력이 이어지고, 덕분에 최악의 사태를 피하게 되었다. 사람들은 여전히 수모와 모욕, 가난으로 인한 질병에 시달리지만, 대부분의 국가에선 굶어 죽지는 않는다.

길가메시
프로젝트

해결이 불가능해 보이는 인류의 모든 문제 중에서도 가장 성가시고 흥미롭고 중요한 것은 늘 죽음의 문제였다. 죽음은 우리의 피할 수 없는 숙명이다. 근대 후기 이전까지 대부분의 종교와 이데올로기는 이를 당연시했다. 게다가 대부분의 신앙은 죽음을 삶에 의미를 주는 원천으로 바꿔놓았다. 죽음이 없는 세상의 이슬람, 기독교, 고대 이집트 종교를 상상해보라. 이들 종교는 사람들에게 죽음을 받아들이는 법을 배워야 하며 내세에 희망을 두어야 한다고 가르쳤지, 죽음을 극복하고 이곳 지상에서 영원히 사는 것을 추구하라고 가르치지 않았다. 선지자들은 죽음에서 도망치는 것이 아니라 죽음에 의미를 부여하기에 바빴다.

우리에게 전해진 가장 오래된 고대 신화, 즉 고대 수메르의 길가메시 신화가 다루는 주제도 이것이다. 그 주인공인 우루크의 왕 길가메시는 세상에서 가장 힘세고 유능한 남자로, 전투에 나서면 누구에게든 승리를 거두었다. 어느 날 가장 친한 친구 엔키두가 죽었다. 길가메시는 친구의 시신 옆에 앉아서 오래오래 관찰했고, 마침내 친구의 콧구멍에서 벌레 한 마리가 떨어지는 것을 보았다. 그 순간 길가메시는 끔찍한 공포에 사로잡혔고, 자신은 결코 죽지 않겠다고 결심했다. 죽음을 물리칠 방법을 어떻게든 찾아내어야 했다.

그는 우주의 끝을 향해 여행을 떠났다. 사자를 죽이고 전갈사람과 싸우며 저승을 향해 나아갔다. 그곳에서 그는 죽음의 강 뱃사공인 우르샤나비의 배를 움직이는 신비한 '돌로 된 것들'을 부숴버린 뒤, 최초의 홍수에서 살아남은 최후의 생존자 우트나피시팀을 발견했다. 하지만 길가메시의 원정은 실패로 끝났다. 그는 죽음을 받아들여야 하는 존재로서 빈손으로 고향에 돌아왔다. 하지만 새로운 지혜의 한 토막이 그와 함께했다. 그는 깨달았다. 신들은 인간을 창조할 때 죽음을 필연적 숙명으로 정했으며 인간은 그 숙명과 함께 사는 법을 배워야 한다는 것을.

진보의 사도들은 이런 패배주의적 태도에 동의하지 않는다. 과학자에게 죽음은 피할 수 없는 숙명이 아니라 기술적 문제에 불과하다. 사람이 죽는 것은 신이 그렇게 정해놓았기 때문이 아니라 심근경색이나 암, 감염 같은 다양한 기술적 실패 때문이다. 그리고 모든 기술적 문제에는 기술적 해답이 있게 마련이다. 심장이 정상적으로 뛰지 않으면 심박조절기로 자극을 주거나 새 심장으로 교체하면 된다. 암이 날뛰면 약이나 방사선으로 죽이면 된다. 박테리아가 증식하면 항생제로 제압할 수 있다.

인정하건대, 현재 우리가 모든 기술적 문제를 해결할 수 없는 것은 사실이다. 하지만 우리는 해결을 위해 애쓰고 있다. 우리 중에서 가장 뛰어난 사람들은 죽음에 의미를 부여하느라 시간을 낭비하지 않는다. 대신 질병과 노화의 원인이 되는 생리적, 호르몬적, 유전적 시스템을 연구하느라 바쁘다. 그들은 신약, 혁명적 치료법, 인공장기를 개발 중이며 언젠가는 죽음의 신을 무찌를 수 있을 것이다.

최근까지만 해도 과학자든 누구든 그렇게 직설적으로 말하는 사람은 없었다. "죽음을 정복해? 무슨 헛소리야! 우리는 그저 암, 결핵, 알츠하이머병을 치료하려고 애쓰고 있을 뿐이야"라고 우겼다. 사람들은 죽음이라는 이슈를 피했다. 목표 달성이 지나치게 힘들어 보였기 때문이다. 불합리한 기대를 조장할 필요가 어디 있겠는가? 하지만 지금 우리는 이 문제에 대해 솔직할 수 있는 지점에 와 있다. 과학혁명의 선도적 프로젝트는 인류에게 영원한 생명을 주는 것이다. 설령 죽음의 정복이 먼 목표로 보인다 할지라도, 우리는 불과 몇 세기 전까지 상상조차 할 수 없는 일을 이미 달성했다.

1199년 사자왕 리처드는 왼쪽 어깨에 화살 한 대를 맞았다. 오늘날이었다면 경미한 부상이었을 것이다. 하지만 항생제나 효과적인 소독법이 없던 시절에 이 사소한 상처는 감염되었고, 괴저가 일어났다. 12세기 유럽에서 괴저의 확산을 막는 유일한 방법은 감염된 사지를 절단하는 것이었지만, 감염이 어깨에 있으면 그런 조치가 불가능했다. 괴저는 사자왕의 몸 전체로 퍼졌고, 아무도 왕을 도울 수 없었다. 2주일 후 그는 커다란 고통 속에서 죽었다.

19세기까지만 해도 최고의 의사들조차 어떻게 하면 감염을 방지하고 조직의 부패를 막는지를 알지 못했다. 야전병원 의사들은 병사들이 사지에 사소한 부상을 입었을 때조차 괴저가 두려워서 손과 다리를 늘상 절단했다. 절단은 다른 모든 의학적 처치(이빨 뽑기 등)와 마찬가지로 마취제 없이 이루어졌다. 최초의 마취제—에테르,

클로로포름, 모르핀—가 서구 의학에서 통상적으로 사용된 것은 19세기 중반에 이르러서였다. 클로로포름이 등장하기 전에는 의사가 부상자의 팔다리를 톱으로 자르는 동안 네 명의 병사가 환자를 잡고 있어야 했다.

워털루 전투(1815년)가 끝난 다음 날 아침 야전병원 근처에선 톱질로 잘려 나간 팔다리가 무더기로 쌓여 있는 것을 볼 수 있었다. 그 시절 군에 징집된 목수와 백정은 흔히 의무대로 보내졌다. 수술에는 칼과 톱을 다루는 기술 외에 더 필요한 것이 별로 없었기 때문이다. 그러나 워털루 전투 이후 2세기 동안 상황은 상상할 수 없을 정도로 바뀌었다. 알약, 주사, 복잡한 수술이 수많은 질병과 부상에서 우리를 구했다. 우리는 한때는 피할 수 없던 사망선고에서 해방되었다.

또한 우리는 근대 이전의 사람들이 그저 삶의 일부로 받아들이던 수많은 일상의 통증과 가벼운 병으로부터 보호받게 되었다. 전 세계에서 40세가 채 안 되던 평균 기대 수명은 약 67세로 성큼 뛰었고, 선진국에선 약 80세가 되었다.[8] 어린이와 유아 사망률이 특히 낮아졌다. 20세기가 되기 전에는 농경사회 어린이 중 3분의 1이나 4분의 1이 성인이 되기 전에 사망했는데, 대부분 디프테리아, 홍역, 천연두에 희생되었다. 17세기 영국의 경우 신생아 1천 명당 평균 150명이 출생 첫해에 죽었고, 모든 어린이의 3분의 1이 15세가 되기 전에 사망했다.[9]

오늘날 영국에서 출생 첫해에 사망하는 아기는 1천 명당 다섯 명, 15세가 되기 전에 죽는 아이는 1천 명당 일곱 명에 불과하다.[10]

이런 수치가 주는 충격적 의미를 제대로 이해하려면, 숫자를 가리고 이야기하는 편이 낫다. 영국 왕 에드워드 1세(1237~1307)와 그의 왕비 엘리노어(1241~1290)가 좋은 사례였다. 그들의 자녀는 중세 유럽에서 제공받을 수 있는 최고의 환경과 양육 여건을 누렸다. 왕궁에 살면서 음식을 마음껏 먹었고, 따스한 옷을 입었다. 좋은 벽난로와 가장 깨끗한 물, 수많은 시종, 최고의 의사가 있었다. 엘리노어 왕비가 낳은 열여섯 명의 아이에 대해 기록은 이렇게 전하고 있다.

1. 1255년에 태어난 이름 없는 딸은 출생 시 사망했다.

2. 딸 캐서린은 한 살 혹은 세 살에 사망했다.

3. 딸 조앤은 생후 6개월에 사망했다.

4. 아들 존은 5세에 사망했다.

5. 아들 헨리는 6세에 사망했다.

6. 딸 엘리노어는 29세에 사망했다.

7. 이름 없는 딸은 생후 5개월에 사망했다.

8. 딸 조앤은 35세에 사망했다.

9. 아들 알폰소는 10세에 사망했다.

10. 딸 마거릿은 58세에 사망했다.

11. 딸 베렌게리아는 2세에 사망했다.

12. 이름 없는 딸은 출생 직후 사망했다.

13. 딸 메리는 53세에 사망했다.

14. 이름 없는 아들은 출생 직후 사망했다.

15. 딸 엘리자베스는 34세에 사망했다.

16. 아들 에드워드.

가장 어린 에드워드는 어린시절이라는 위험한 시기를 지나 살아 남은 첫 아들이었다. 그는 아버지 에드워드 1세가 죽은 뒤 에드워드 2세로서 왕좌를 물려받았다. 다시 말해 엘리노어 왕비는 영국 왕비 의 가장 근본적 임무―남편에게 남성 계승자를 안기는 것―를 수 행하기 위해 열여섯 차례 임신을 시도해야 했다는 말이다. 에드워 드 2세의 어머니는 예외적인 인내와 불굴의 용기를 지닌 여성이었 음이 틀림없다. 에드워드 자신이 아내로 맞은 프랑스의 이자벨라는 그렇지 못했다. 그녀는 남편이 43세에 암살당하게 만들었다.[11]

우리가 아는 한 엘리노어와 에드워드 1세는 건강한 부부로, 자식 들에게 치명적인 유전병을 물려주지 않았다. 그럼에도 열여섯 명 중 열 명―62퍼센트―이 어린시절에 죽었다. 가까스로 11세가 넘 도록 살아남은 아이는 여섯 명뿐이었고, 40세가 넘도록 산 것은 세 명―18퍼센트―뿐이었다. 출산에 더해 엘리노어는 유산으로 끝난 임신도 여러 차례 했을 가능성이 많다. 에드워드와 엘리노어는 평 균 3년에 한 명꼴로, 열 명의 아이를 차례차례 잃었다. 오늘날의 부 모라면 그런 상실을 상상조차 할 수 없다.

불멸을 추구하는 길가메시 프로젝트가 달성되려면 시간이 얼마 나 소요될까? 5백 년? 1천 년? 1900년에 우리가 인체에 대해 아는 것이 얼마나 적었던지 그리고 한 세기 만에 우리가 얼마나 많은 지 식을 축적했는지 돌이켜보면 낙관할 만하다. 최근 유전공학자들은 예쁜꼬마선충 *Caenorhabditis elegans*의 평균 수명을 두 배로 늘리는 데 성공했다.[12] 그들은 호모 사피엔스에 대해서도 동일한 일을 할 수 있을까? 나노공학자들은 수백만 개의 나노 로봇으로 구성된 생체공학적 면역계를 개발 중이다. 그 로봇들은 우리 몸속에 살면서 막힌 혈관을 뚫고, 바이러스와 세균과 싸우고, 암세포를 제거하며, 심지어 노화과정을 되돌릴 것이다.[13] 몇몇 진지한 학자들은 2050년이 되면 일부 인류는 죽지 않을 것이라고(불멸은 아니다. 사고를 당하면 죽을 수도 있다. 하지만 치명적인 외상을 당하지 않는 한 생명이 무한히 연장될 수 있다) 전망한다.

길가메시 프로젝트가 성공하든 그렇지 않든, 역사적 관점에서 볼 때 근대 후기의 종교와 이데올로기 대부분이 죽음과 사후세계를 방정식 바깥으로 이미 제쳐놓았다는 점은 대단히 흥미롭다. 18세기 이전까지만 해도 종교는 죽음과 사후의 일이 삶에서 가장 중요하다고 여겼다. 18세기가 되면서 종교와 자유주의, 사회주의, 페미니즘 등의 이데올로기들은 사후세계에 대한 흥미를 잃었다. 공산주의자가 죽은 뒤에 그 사람에게는 정확히 무슨 일이 일어날까? 페미니스트에게는? 마르크스, 애덤 스미스, 시몬 드 보부아르의 저작에서 그 답을 찾으려는 것은 무의미한 행동이다. 죽음에 여전히 핵심적 역할을 부여하는 유일한 근대 이데올로기는 민족주의다. 가장 시적이고 필사적인 순간에 민족주의는 민족을 위해 죽는 사람은 누구나 민족의 집단 기억 속에서 영원히 살 것이라고 약속한다. 하지만 이 약속은 너무나 모호하기 때문에, 대부분의 민족주의자들도 그 말을 어떻게 이해해야 하는지를 잘 모른다.

우리는 기술 시대를 살고 있다. 많은 사람들이 과학과 기술 속에 우리의 모든 문제에 대한 답이 있다고 믿는다. 과학자들과 기술자들이 자신들의 일을 하도록 내버려두면 그들이 지상에 천국을 건설할 것이라는 것이다. 하지만 과학은 여타 인간활동보다 상위에 있는 고도의 도덕적, 정신적 차원에서 벌어지는 사업이 아니다. 우리 문화의 다른 모든 면과 마찬가지로, 과학은 경제적, 정치적, 종교적 이해관계에 의해 형성된다.

과학에는 돈이 매우 많이 든다. 인간의 면역계를 이해하려고 연구하는 생물학자에게는 실험실, 시험관, 화학물질, 전자현미경이 필요하다. 실험실 조수, 전기기술자, 배관공, 청소부는 말할 것도 없다. 신용대출 시장의 모델을 수립하려 연구하는 경제학자는 컴퓨터를 구입하고, 거대한 데이터뱅크를 마련하고, 복잡한 데이터 처리 프로그램을 개발해야 한다. 고대 수렵채집인의 행태를 연구하는 고고학자는 먼 곳으로 여행을 가서, 고대 유적지를 발굴하고, 화석화된 뼈와 인공물의 연대를 추정해야 한다. 이 모든 일에는 돈이 든다.

지난 5백 년간 현대 과학이 놀라운 업적을 성취한 것은 주로 정부와 기업, 재단, 민간 기부자들이 과학 연구에 기꺼이 수십억 달러를 투자한 덕분이었다. 그 수십억 달러는 우주를 기록하고, 우리 행성의 지도를 만들고, 동물들의 목록을 만드는 데 있어서 갈릴레오 갈릴레이, 크리스토퍼 콜럼버스, 찰스 다윈보다 더욱 크게 기여했다. 만일 이 천재들이 태어나지 않았더라도 이들의 통찰은 누군가 다른 사람의 머릿속에 떠올랐겠지만, 적절한 자금지원이 이루어지지 않으면 아무리 뛰어난 지성으로도 그것을 보충할 수 없다. 만일 다윈이 태어나지 않았다면, 진화론을 발견한 공은 자연선택에 의한 진화라는 아이디어를 다윈과 별개로 불과 몇 년 늦게 생각해낸 앨프리드 러셀 월리스에게 돌아갔을 것이다. 하지만 만일 유럽의 열강들이 세계 도처를 누비는 지리학적, 동물학적, 식물학적 연구의 자금을 대지 않았더라면, 다윈도 월리스도 진화론을 뒷받침할 실증적 자료를 손에 넣지 못했을 것이다. 그런 시도조차 하지 않았을 가능성이 크다.

정부와 기업의 금고에서 수십억 달러가 실험실과 대학으로 흘러들어가기 시작한 이유는 무엇이었을까? 학계에는 순수과학을 신봉할 정도로 순진한 사람이 많다. 이들은 정부와 기업이 무엇이 되었든 매력적으로 보이는 프로젝트에 이타적으로 자금을 댄다고 믿는다. 그러나 그것은 과학 연구자금의 실제를 몰라서 하는 생각이다.

대부분의 과학연구에 자금이 지원되는 이유는 그 연구가 모종의 정치적, 경제적, 종교적 목적을 달성하는 데 도움이 되리라고 누군가 믿기 때문이다. 예컨대 16세기의 왕과 은행가 들은 세계를 누비는 지리적 탐험대에 막대한 자원을 투입했지만, 아동심리학 연구에는 한 푼도 대지 않았다. 새로운 지리적 지식이 자신들로 하여금 새로운 땅을 정복하고 무역 제국을 건설할 수 있게 해주리라고 짐작한 데 비해 아동심리는 이해해보았자 아무런 이익이 생기지 않는다고 보았기 때문이다.

1940년대 미국과 소련 정부가 수중고고학이 아니라 핵물리학 연구에 막대한 자원을 투입한 것은 핵물리학을 연구하면 원자폭탄을 만들 수 있지만 수중고고학은 전쟁에서 승리하는 데 도움이 될 것 같지 않아서였다. 과학자들 자신이 돈의 흐름을 통제하는 정치적, 경제적, 종교적 이해관계를 항상 의식하고 있는 것은 아니다. 많은 과학자가 실제로 순수한 지적 호기심에서 행동한다. 하지만 과학적 의제가 과학자들에 의해 좌지우지되는 경우는 극히 드물다.

설사 우리가 정치, 경제, 종교적 이해관계와 무관한 순수과학연구를 지원하고 싶다 해도 아마 불가능할 것이다. 우리의 자원은 제한되어 있기 때문이다. 기초연구를 위해 국립과학재단에 1백 만 달러만 추가로 배당해달라고 하원의원에게 요청한다면, 의원은 그 돈을 교사 교육에 쓰거나 형편이 어려운 자기 지역구 공장에 세금우대 조치를 주는 데 사용하는 게 더 좋지 않겠느냐고 반문할 것이다. 이치에 맞는 말이다. 제한된 자원을 끌어오려면 우리는 "무엇이 더 중요한가?" "무엇이 좋은가?" 같은 질문에 대답해야만 한다. 그리고 이런 것은 과학적 질문이 아니다. 과학은 세상에 무엇이 존재하는지, 사물이 어떻게 작동하는지, 미래에 무엇이 존재할지를 설명할 수 있다. 하지만 정의상 과학은 미래에 무엇이 존재해야 마땅한지를 안다고 허세를 부릴 수는 없다. 그런 질문에 대한 답을 추구하는 것은 종교와 이데올로기뿐이다.

다음과 같은 딜레마를 생각해보자. 똑같은 전문성을 가진 같은 부서의 생물학자 두 명이 연구 프로젝트를 위해 1백만 달러의 보조금을 신청했다. 슬러그혼 교수는 우유 생산량을 10퍼센트 감소시키는 암소의 유선乳腺 감염질환을 연구하고 싶어 한다. 스프라우트 교수는 암소가 송아지와 떨어지게 되었을 때 정신적 고통을 받는지를 연구하고 싶어 한다. 돈의 액수는 제한되어 있으며 두 연구 모두에 보조금을 지원할 수는 없다고 가정할 때, 어느 쪽이 지원을 받아야 할까?

이 문제에 과학적 해답은 없다. 오로지 정치적, 경제적, 종교적 해답이 있을 뿐이다. 오늘날의 세계에서는 슬러그혼이 돈을 받을 가능성이 더 크다. 유선병이 소의 정신상태보다 과학적으로 더 중요해서가 아니다. 그저 그 연구에서 이익을 취하려는 낙농업계의 영향력이 동물권리운동보다 더 강하기 때문이다. 암소가 신성시되는 엄격한 힌두 사회나 동물권 보호에 전념하는 사회였다면 아마도 스프라우트 교수에게 기회가 주어졌겠지만 그가 살고 있는 사회는 우유의 상업적 잠재력을 중시하며 암소의 기분보다 인간 시민의 건강을 더 중하게 여긴다. 이런 상황에서는 이런 전제에 맞게 연구제안서를 작성하는 것이 그에게는 최선이다. 이를테면 이렇게 쓰는 것이다. "우울증은 우유 생산의 감소로 이어진다. 젖소의 정신세계를 이해한다면 우리는 소의 기분을 좋게 만드는 향정신성 약물을 개발할 수 있다. 이런 약은 우유 생산을 10퍼센트까지 늘릴 수 있다. 필자의 추정에 따르면, 소의 향정신성 약물에 대한 전 세계 시장의 수요는 매년 2억 5천만 달러에 이른다."

과학은 자신의 우선순위를 스스로 정할 수 없다. 자신이 발견한 것으로 무엇을 할 것인지 결정할 능력도 없다. 순수한 과학적 견지에서 본다면, 가령 늘어난 유전학 지식을 가지고 우리가 무엇을 해야 하는지 분명치 않다. 그 지식을 암 치료에 이용해야 할까, 유전자 조작 슈퍼맨을 만드는 데 써야 할까, 아니면 슈퍼 사이즈 젖통이 달린 유전자 조작 젖소를 만드는 데 써야 할까? 자유주의 정부, 공산 정부, 나치 정부, 자본주의 기업은 동일한 과학적 발견을 완전히 다른 용도로 이용할 것이 분명하다. 그리고 어떤 용도를 다른 용도보다 선호할 과학적 이유는 존재하지 않는다.

한마디로, 과학연구는 모종의 종교나 이데올로기와 제휴했을 때만 번성할 수 있다. 이데올로기는 연구비를 정당화한다. 그 대신 이데올로기는 과학적 의제에 영향을 미치고, 과학의 발견을 어떻게 사용할지를 결정한다. 그러므로 인류가 어떻게 해서 앨러머고도와 달—수많은 다른 목적지가 아니라—에 도달했는지를 이해하려면, 심리학자, 생물학자, 사회학자의 업적을 조사하는 것만으로는 충분치 않다. 물리학과 생물학과 사회학을 형성했고 다른 방향들을 무시하면서 특정 방향으로만 밀어붙인 이데올로기적, 정치적, 경제적 힘을 고려해야 한다.

특히 두 가지 힘이 우리의 관심을 끌 만하다. 제국주의와 자본주의다. 과학과 제국과 자본 사이의 되먹임 고리는 논쟁의 여지는 있을지언정 아마 지난 5백 년간 역사의 가장 주요한 엔진이었을 것이다. 이어지는 장들에서는 그것이 어떻게 작용했는지를 살펴보자. 먼저 우리는 과학과 제국이라는 쌍둥이 터빈이 어떻게 서로 맞물렸는지를 알아보고, 그다음에는 이 두 가지가 어떻게 자본주의의 돈 퍼내는 펌프에 장착되었는지를 알아볼 것이다.

15

과학과 제국의 결혼

지구에서 태양까지의 거리는 얼마나 될까? 이것은 근대 초기의 많은 천문학자가 강한 흥미를 느꼈던 문제다. 코페르니쿠스가 지구가 아니라 태양이 우주의 중심에 자리 잡고 있다고 주장한 이후에 특히 그랬다. 다수의 천문학자와 수학자가 계산을 시도했지만 이들이 사용한 방법은 서로 크게 다른 결과를 낳았다. 신뢰할 만한 측정방법이 제시된 것은 18세기 중반이었다.

금성은 여러 해에 한 번씩 지구와 태양 사이를 직접 가로지른다 (실제로는 1백여 년의 터울을 두고 약 8년 간격으로 두 차례씩이다. 이를 '금성의 태양면 통과'라고 한다―옮긴이). 이때 태양의 일부가 금성에 가려지는 '금성의 식蝕' 현상이 생긴다. '식'의 지속 시간은 지구 표면의 어느 지점에서 관측하느냐에 따라 차이가 난다. 관측자가 금성을 바라보는 각도에 미세한 차이가 있기 때문이다.

동일한 '식'을 각기 다른 대륙에서 관찰하면, 단순한 삼각측량법을 이용해 태양까지의 정확한 거리를 계산할 수 있다. 유럽의 천문학자들은 다음 번 금성의 식이 1761년과 1769년에 일어날 것이라

402

고 예측했고, 가능한 한 서로 먼 거리에서 식을 관찰하기 위해서 탐험대를 세계의 구석 네 지점으로 파견했다. 1761년 과학자들은 시베리아, 북미, 마다가스카르, 남아프리카에서 식을 관찰했다. 그리고 1769년의 식이 다가오자, 유럽의 과학공동체는 막대한 노력을 기울여 멀리 북구 캐나다와 캘리포니아(당시는 황무지였다)에까지 과학자들을 파견했다.

'자연지식의 개선을 위한 런던 왕립협회'는 이것으로는 충분치 않다는 결론을 내렸다. 가장 정확한 답을 얻으려면 머나먼 남서 태평양까지 천문학자를 한 명 보내는 것이 필수였다. 왕립협회는 저명한 천문학자인 찰스 그린을 타히티로 보내기로 결정했고, 돈도 노력도 아끼지 않았다. 하지만 이처럼 막대한 비용이 드는 탐사 기회를 단 한 차례의 천문 관측에만 이용한다는 것은 비효율적이었다. 따라서 그린에게는 일곱 개의 각기 다른 분야를 전공하는 과학자 여덟 명으로 구성된 팀이 동행했으며, 식물학자 조지프 뱅크스와 대니얼 솔랜더가 팀을 이끌었다. 과학자들이 마주칠 것이 분명한 신천지, 동식물, 사람을 스케치하는 임무를 띤 화가 한 사람도 포함되었다.

뱅크스와 왕립협회는 구입할 수 있는 최신의 과학장비를 갖췄고, 탐험대는 경험 많은 뱃사람인 동시에 뛰어난 지리학자이자 민족지誌학자인 제임스 쿡 선장의 지휘를 받게 되었다. 탐험대는 1768년 영국을 출발해 이듬해 타히티에서 금성의 식을 관측하고 태평양의 여러 섬을 답사한 뒤, 호주와 뉴질랜드에 들렀다 1771년 영국으로 돌아왔다. 그들은 막대한 양의 천문학, 지리학, 기상학, 식물학, 동물학, 인류학 자료를 싣고 귀국했다.

탐험대가 찾아낸 것들은 많은 학문분과에 크게 기여했으며, 남태평양의 놀라운 이야기에 대한 유럽인들의 상상력에 불을 지피고 다음 세대의 박물학자와 천문학자에게 영감을 주었다. 쿡의 탐험에 혜택을 받은 분야 중 하나는 의학이었다. 당시 먼 곳의 해안을 향해 돛을 올리는 선박들은 선원의 절반 이상이 항해에서 죽을 것이라는 사실을 알고 있었다. 죽음의 신은 분노한 원주민이나 적의 전함이나 향수병이 아니었다. 괴혈병이라 불리는 의문의 질병이었다. 이 병에 걸린 사람은 피로하고, 우울하며, 잇몸을 비롯한 연약 조직에서 피를 흘렸다. 병이 진행되면 치아가 빠지고, 아물지 않는 상처가 나타난다. 환자는 열이 나고, 황달이 생기며, 사지를 움직일 수 없게 된다. 16세기에서 18세기 사이에 괴혈병으로 사망한 선원은 약 2백만 명으로 추정된다. 그 원인이 무엇인지 아무도 몰랐으며 어떤 치료법도 소용이 없어, 선원들이 무더기로 죽어나갔다.

1747년 전환점이 마련되었다. 영국 의사 제임스 린드가 이 병에 걸린 환자들에게 대조 실험을 시행한 것이다. 그는 이들을 여러 집단으로 나누고 각기 다른 방법으로 치료했다. 한 집단에는 괴혈병에 흔히 쓰이는 민간요법인 감귤류를 먹으라는 지시를 내렸는데, 그러자 이 집단에 속한 환자들이 급속히 회복되었다. 린드는 감귤에 선원들의 몸에 부족한 무엇이 들어 있는지 몰랐지만, 오늘날 우리는 그것이 비타민 C라는 것을 알고 있다. 당시 배에서 먹던 식품에는 이 영양소가 특히 부족했다. 장거리 항해를 하는 선원들은 비스킷과 말린 쇠고기로 연명했으며 과일이나 채소는 거의 먹지 않았다.

영국 해군은 린드의 실험 결과를 믿지 않았지만, 제임스 쿡은 믿었다. 그는 이 의사가 옳다는 것을 증명하기로 결심했다. 그는 자기 배에 소금에 절인 양배추를 대량으로 실었으며, 탐험대가 육지에 상륙할 때마다 선원들에게 신선한 과일과 채소를 많이 먹으라고 지시했다. 쿡은 괴혈병으로 한 명의 선원도 잃지 않았다. 그다음 몇십 년간 세계의 모든 해군은 쿡의 해양 식단을 따랐으며, 수없이 많은 선원과 승객이 이 덕분에 목숨을 건졌다.[1]

하지만 쿡의 탐사는 그보다 훨씬 덜 바람직한 결과도 낳았다. 쿡은 경험 많은 뱃사람이자 지리학자일 뿐 아니라 해군 장교이기도 했다. 왕립협회가 탐험 비용의 대부분을 댔지만 선박 자체는 영국 해군에서 제공한 것이었다. 해군은 또한 85명의 잘 무장한 선원과 해병대를 파견했으며 배에는 대포, 머스킷 총, 화약을 비롯한 무기가 실려 있었다. 탐사대가 수집한 정보 중 많은 부분—특히 천문학, 지리학, 기상학, 인류학 데이터—은 정치 군사적 가치가 뚜렷했다. 괴혈병의 효과적인 치료법이 발견된 덕분에, 영국은 세계의 대양을 지배하고 지구 반대편에 군대를 보내는 능력이 크게 향상되었다.

쿡은 자신이 '발견한' 수많은 섬과 육지에 대해 영국의 소유권을 주장했는데, 대표적인 곳이 호주였다. 쿡의 탐사대는 영국이 남서 태평양을 점령하고, 호주, 태즈메이니아, 뉴질랜드를 정복하고, 수백만 명의 유럽인이 새로운 식민지에 정착하며, 그곳의 토착문화를 파괴하고 원주민 대부분을 박멸할 기초를 닦아주었다.[2] 쿡의 탐사 다음 세기에 호주와 뉴질랜드의 원주민들은 가장 비옥한 땅을 유럽 정착민들에게 빼앗겼다. 원주민의 수는 90퍼센트 가량 줄었고 생존자들은 인종차별적인 가혹한 정권의 지배를 받았다. 호주 원주민과 뉴질랜드 마오리족에게 쿡의 탐사는 완벽한 회복이 불가능한 파국의 시작이었다.

태즈메이니아 원주민은 이보다 더 나쁜 운명을 맞았다. 아주 훌륭한 고립 속에서 1만 년을 살아남았던 이들은 쿡이 도착한 지 1세기도 지나지 않아 거의 몰살당했다. 유럽 정착민들은 처음에 이들을 섬의 가장 비옥한 영역에서 몰아냈고, 이어 남아 있는 황무지까지 탐낸 나머지 이들을 체계적으로 사냥하고 살해했다. 최후의 생존자 가운데 일부는 기독교 복음주의교파의 강제수용소에 수용되었는데, 이곳에서는 선의를 지녔지만 그다지 열린 마음을 갖지 못한 선교사들이 서구 세계의 방식으로 이들을 가르치려 했다. 태즈메이니아인들은 읽기와 쓰기를 배웠다. 기독교를 배웠으며, 천을 바느질하고 농사를 짓는 등 다양한 '생산적 기술'을 교육받았다. 하지만 이들은 학습을 거부했다. 이들은 계속해서 더욱더 우울해했으며, 아기를 갖지 않게 되고 삶에 대한 관심을 잃었다. 마지막에는 과학과 진보의 현대 세계로부터 탈출하는 유일한 길, 죽음을 선택했다. 아, 과학과 진보는 이들의 사후세계에까지 좇아갔다. 인류학자들과 큐레이터들은 과학의 이름으로 태즈메이니아인들의 사체를 강탈했다. 그들은 사체를 해부하고, 무게를 재고, 측정하여, 그 분석 결과를 학술지에 실었다. 태즈메이니아 박물관은 1976년에 이르러서야 그로부터 1백 년 전에 사망한 원주민 트루가니니의 시신을 매장할 수 있도록 내놓았다. 그는 최후의 태즈메이니아 순수 혈통이라고 사람들이 흔히 생각하는 인물이다. 영국 왕립외과대학은 그녀의 피부와 머리카락 표본을 2002년까지 보유했다.

쿡의 배는 군대의 보호를 받은 과학탐사대였을까, 아니면 소수의 과학자가 따라붙은 군사원정대였을까? 이것은 연료통이 반쯤 찼는지 반쯤 비었는지를 묻는 것이나 다름없다. 둘 다에 해당한다. 과학혁명과 현대 제국주의는 서로 뗄 수 없는 관계였다. 제임스 쿡 선장과 식물학자 조지프 뱅크스 같은 사람들은 과학과 제국을 거의 구분하지 못했다. 불운한 트루가니니도 마찬가지였다.

어째서
유럽인가

북대서양의 큰 섬에서 온 사람들이 호주 남쪽의 큰 섬을 정복했다는 사실은 역사상 가장 기괴한 사건 중 하나다. 쿡의 탐험이 있기 얼마 전까지만 하더라도 영국 제도와 서유럽 전반은 지중해 세계에서 멀리 떨어진 벽지에 지나지 않았다. 중요한 일이 일어난 적이 거의 없는 곳이었다. 근대 이전 유럽에서 유일하게 중요한 제국이었던 로마 제국도 대부분의 부를 북아프리카, 발칸, 중동 지방에서 얻었다. 로마에게 서유럽은 초라하고 황량한 서부에 지나지 않았고, 광물과 노예를 제외하면 기여하는 바가 거의 없는 곳이었다. 북유럽은 워낙 황량하고 미개해서 심지어 정복할 가치조차 없었다. 유럽이 중요한 군사, 정치, 경제, 문화 발전의 온실이 된 것은 15세기 말에야 생긴 일이었다. 1500년에서 1750년 사이 서유럽은 세를 얻고 '외부 세계'—남미와 북미의 두 대륙과 대양을 의미한다—의 주인이 되었다.

하지만 심지어 그때도 유럽은 아시아 강대국들의 상대가 되지 못했다. 유럽이 어찌어찌 미 대륙을 정복하고 바다의 패권을 획득한 것은 주로 아시아의 강대국들이 그런 지역에 별 관심을 보이지 않은 덕분이었다. 근대 초기는 지중해의 오토만 제국, 페르시아의 사파위 제국, 인도의 무굴 제국, 중국의 명과 청 왕조의 황금시대였다. 이 제국들은 영토를 크게 확장했으며, 인구와 경제가 전대미문으로 성장했다. 1775년 아시아는 세계 경제의 80퍼센트를 차지했다. 인도와 중국의 경제 규모를 합친 것만으로도 세계 총생산의 3분의 2에 이르렀다. 이에 비해 유럽은 경제적 난쟁이였다.[3]

세계의 권력 중심이 유럽으로 이동한 것은 1750년에서 1850년 사이에 이르러서다. 이때 유럽인들은 일련의 전쟁에서 아시아 강대국들에게 모욕을 안기고, 그 영토의 많은 부분을 점령했다. 1900년이 되자 유럽은 세계 경제와 대부분의 땅을 확고하게 지배했다. 1950년 서유럽과 미국을 합친 생산량은 세계 전체 생산량의 절반이 넘었고, 중국이 차지하는 몫은 5퍼센트로 축소되었다.[4] 유럽의 방패 아래 새로운 세계 질서와 세계 문화가 등장했다. 요즘 사람들은 당사자들이 통상 인정하는 것보다 훨씬 더 심한 수준으로 유럽식 복장을 하고, 유럽식 사고방식과 취향을 지니고 있다. 말로는 격렬한 반유럽 정서를 드러낼지도 모르지만, 지구상의 거의 모든 사람은 정치, 의학, 전쟁, 경제에 대해 유럽적 시각을 견지하며, 유럽식으로 작곡된 곡에 유럽 언어로 된 가사가 붙은 음악을 듣는다. 오늘날 급성장하는 중국 경제, 머지않아 세계 1위 자리를 탈환할지도 모르는 그 나라의 경제도 유럽식 생산 및 금융 모델 위에 건설되었다.

어떻게 유라시아 변방에 있던 이들은 그 오지에서 뛰쳐나와 전 세계를 정복할 수 있었을까? 보통은 그 공의 큰 부분을 유럽 과학자들에게 돌린다. 물론 1850년 이래 유럽의 세계 지배가 군사-산업-과학 복합체와 기술의 묘기에 크게 의존했다는 점에는 의문의 여지가 없다. 근대 후기의 성공한 제국들은 모두가 기술적 혁신을 이루리라는 희망을 품고 과학연구를 장려했으며, 많은 과학자들은 제국주의 주인을 위해 무기, 의학, 기술을 개발하는 데 대부분의 시간을 쏟았다. 아프리카인 적을 맞이한 유럽 군대가 흔히 했던 말은 "뭐가 오든 상관없다. 우리에게는 기관총이 있고 그들에게는 없다"였다. 민간기술의 중요성도 군사기술 못지않았다. 통조림은 병사들을 먹여 살렸고, 철도와 증기선은 군대와 장비를 수송했다. 그러는 동안 새로운 의약품이 병사와 선원과 기관차 엔지니어들을 치료했다. 병참 부문에서의 이 같은 진보는 유럽인의 아프리카 정복에 기관총보다 더욱 중요한 역할을 했다.

하지만 1850년 이전에는 그렇지 않았다. 군사 - 산업 - 과학 복합체는 아직 유년기였고, 과학혁명의 과실은 여물지 않았으며, 유럽과 아시아와 아프리카 강대국들 사이의 기술 격차는 크지 않았다. 1770년 제임스 쿡은 분명 호주 원주민보다 훨씬 뛰어난 기술을 지녔지만, 그렇기로는 중국인이나 오토만인도 마찬가지였다. 그런데 왜 호주를 탐험하고 식민지로 만든 사람은 제임스 쿡 선장이었을까? 왜 왕룽안 선장이나 후세인 파샤 선장이 아니었을까? 더욱 중요한 문제로, 만일 1770년 유럽인들이 무슬림, 인도인, 중국인보다 기술적인 우위를 점하지 못했다면 어떻게 그다음 세기에 자신들과 나머지 온 세상 사이에 그렇게 큰 격차를 만들 수 있었을까?

어째서 군사 - 산업 - 과학 복합체는 인도가 아니라 유럽에서 꽃피었을까? 영국이 약진했을 때 어째서 프랑스, 독일, 미국은 재빨리 따라가고 중국은 뒤처졌을까? 산업화된 국가와 그렇지 못한 국가 사이의 격차가 명백한 정치경제적 요인이 되었을 때, 어째서 러시아, 이탈리아, 호주는 그 격차를 줄이는 데 성공했고 페르시아, 이집트, 오토만 제국은 실패했을까? 누가 뭐래도 1차 산업혁명기의 기술은 상대적으로 단순한 편이었다. 증기기관과 기관총을 만들고 철로를 놓는 것이 중국인이나 오토만인에게 그렇게 어려운 일이었을까?

세계 최초의 상업용 철로가 개통된 것은 1830년 영국에서였다. 1850년이 되자 서구 국가에는 4만 킬로미터의 철로가 종횡무진 달리고 있었다. 이에 비해 아시아, 아프리카, 라틴아메리카의 철로는 총연장 4천 킬로미터에 불과했다. 1880년 서구에 깔린 철로는 35만 킬로미터가 넘었지만, 나머지 세계의 철로는 35,000킬로미터에 불과했다(이 중 대부분은 영국이 인도에 놓은 것이었다).[5]

중국에 철로가 놓인 것은 1876년에 이르러서였다. 길이 24킬로미터로 유럽인이 건설했는데, 중국 정부는 이듬해 이것을 파괴했다. 1880년 중국 제국에선 단 하나의 철도도 운영되지 않았다. 페르시아에 철도가 처음 놓인 것은 1888년에 들어와서였다. 테헤란과 남쪽으로 10킬로미터 떨어진 무슬림 성지를 연결하는 공사였는데, 건설과 운영은 벨기에 회사가 맡았다. 1950년 페르시아에 놓인 철로는 총연장 2,500킬로미터에 불과했다. 국토 면적이 영국의 일곱 배인 나라로선 형편없이 적은 수치다.[6]

중국인과 페르시아인에게 부족했던 것은 증기기관 같은 기술적 발명이 아니었다(그거라면 공짜로 베끼거나 사들일 수도 있었다). 이들에게 부족한 것은 서구에서 여러 세기에 걸쳐 형성되고 성숙한 가치, 신화, 사법기구, 사회정치적 구조였다. 이런 것들은 빠르게 복사하거나 내면화할 수 없었다. 프랑스와 미국이 재빨리 영국의 발자국을 뒤따랐던 것은 가장 중요한 신화와 사회구조를 이미 영국과 공유하고 있었기 때문이었다. 중국인과 페르시아인은 사회에 대한 생각과 사회의 조직 방식이 달랐던 탓에 그렇게 빨리 따라잡을 수 없었다.

이런 설명은 1500년에서 1850년 사이 시기를 새롭게 조명하게 한다. 이 시기 유럽은 아시아 열강보다 기술, 정치, 군사, 경제의 우위를 누리지 못했다. 그럼에도 독창적 잠재력을 구축했고, 1850년경이 되자 그 중요성은 갑자기 뚜렷해졌다. 1750년에 유럽과 중국, 이슬람 세계가 외관상 동등해 보였던 것은 신기루일 뿐이었다. 매우 높은 탑을 세우고 있는 두 건축가를 상상해보자. 한 사람은 나무와 진흙 벽돌을, 다른 사람은 강철과 콘크리트를 재료로 쓴다. 처음에는 두 방법 사이에 별로 차이가 없어 보인다. 두 탑이 모두 비슷한 속도로 비슷한 높이에 도달하기 때문이다. 하지만 일단 결정적 문턱을 지나면, 나무와 진흙은 하중을 버티지 못하고 무너진다. 이에 비해 강철과 콘크리트는 시야가 미치는 한 층층이 계속 올라간다.

근대 초기에 유럽은 어떤 잠재력을 개발했기에 근대 후반 세계를 지배할 수 있었을까? 이 질문에는 서로 보완적인 두 가지 답이 존재하는데, 바로 현대 과학과 자본주의다. 유럽인은 기술적인 우위를 누리기 전부터도 과학적이고 자본주의적인 방식으로 생각하고 행동하는 습관이 있었다. 그러다가 기술의 노다지가 쏟아지기 시작하자, 유럽인들은 다른 누구보다 그것을 잘 부릴 수 있었다. 따라서 과학과 자본주의가 유럽 제국주의가 21세기 유럽 이후 세상에 남긴 가장 중대한 유산이라는 사실은 결코 우연이 아니다. 유럽과 유럽인은 더 이상 세상을 지배하지 않지만, 과학과 자본의 힘은 나날이 강력해지고 있다. 자본주의의 승리는 다음 장에서 검토한다. 이 장은 유럽 제국주의와 근대 과학 간의 연애담에 바치자.

정복의
사고방식

근대 과학은 유럽 제국 덕분에 번창할 수 있었다. 근대 과학이 고전시대 그리스, 중국, 인도, 이슬람 등의 고대 과학 전통에 큰 빚을 지고 있는 것은 분명하지만, 그 독특한 성격이 형성되기 시작한 것은 근대 초기에 이르러서였다. 이 과정은 스페인, 포르투갈, 영국, 프랑스, 러시아, 네덜란드의 제국주의적 팽창과 나란히 일어났다. 근대 초기 동안 중국인, 인도인, 무슬림, 아메리카 원주민, 폴리네시아인은 계속해서 과학혁명에 중요한 기여를 했다. 애덤 스미스와 카를 마르크스는 무슬림 경제학자들의 통찰을 배웠고, 아메리카 원주민 의사들이 개척한 치료법은 영국의 의료 문헌에 자리를 잡았으며, 학자들이 폴리네시아인들로부터 얻어낸 정보는 서구 인류학에 혁명을 가져왔다.

하지만 20세기 중반까지, 이런 방대한 과학적 발견을 수집, 분석하고 그를 통해 과학적 학문을 창조한 것은 세계적 유럽 제국을 지배하는 지적 엘리트들이었다. 극동과 이슬람 세계에도 유럽 못지않게 지적이고 호기심 많은 사람들이 있었지만, 1500년에서 1950년 사이에 이들은 뉴턴 물리학이나 다윈 생물학에 비슷하기라도 한 것조차 전혀 만들어내지 못했다. 이것은 유럽인들이 과학을 잘하는 독특한 유전자를 지녔다거나 이들이 물리학과 생물학을 영원히 지배할 것이라는 의미가 아니다. 이슬람교가 아랍인 독점으로 시작되었지만 이후 터키인과 페르시아인도 믿게 된 것처럼, 현대 과학은 유럽인의 전문 분야로 시작했지만 오늘날은 다민족의 사업이 되고 있다.

무엇이 현대 과학과 유럽 제국주의 사이의 연대를 구축했을까? 19세기와 20세기에는 기술이 중요한 요인이었지만, 근대 초기에는 기술의 중요성에 한계가 있었다. 핵심요인은 식물을 찾는 식물학자와 식민지를 찾는 해군장교가 비슷한 사고방식을 가졌다는 데 있었다. 과학자와 정복자는 둘 다 무지를 인정하는 데서 출발했다. 이들은 "저 밖에 무엇이 있는지 나는 모른다"고 말했다. 이들은 둘 다 밖으로 나가서 새로운 발견을 해야겠다는 강박을 느끼고 있었다. 그리고 그렇게 얻은 새로운 지식이 자신을 세계의 주인으로 만들어 주기를 둘 다 희망했다.

유럽 제국주의는 역사상 존재했던 다른 모든 제국주의 프로젝트들과 완전히 달랐다. 과거의 제국 추구자들은 자신들이 이미 세상을 이해하고 있다고 추정하는 경향이 있었다. 정복은 단지 '그들의'

세계관을 활용하고 퍼뜨리는 것에 불과했다. 예를 들어 아랍인들은 이집트나 스페인 혹은 인도를 정복했지만, 자신들이 모르고 있던 무언가를 발견하기 위한 것은 아니었다. 로마인, 몽골인, 아즈텍인들이 탐욕스럽게 새 땅을 정복한 것은 권력과 부를 찾아서였지, 새 지식을 찾아서는 아니었다.

이와 대조적으로 유럽 제국주의자들은 새 영토뿐 아니라 새 지식을 획득한다는 희망을 안고 먼 곳의 해변을 향해 떠났다. 이런 생각을 한 최초의 탐험가가 제임스 쿡은 아니었다. 15~16세기 포르투갈과 스페인 항해자들도 이미 그렇게 생각하고 있었다. 포르투갈의 항해자 엔히크 왕자와 바스코 다 가마는 아프리카 해안을 탐사하고 그 과정에서 섬과 항구의 지배권을 강탈했다. 크리스토퍼 콜럼버스는 아메리카를 '발견'하자 즉각 스페인 왕의 통치권을 선포했다. 페르디난드 마젤란은 세계 일주 항로를 찾아냈고, 이와 동시에 스페인이 필리핀을 정복할 기초를 놓았다.

시간이 흐르면서 지식의 정복과 영토의 정복은 점점 더 긴밀하게 합쳐졌다. 18~19세기 유럽을 출발해 먼 나라로 향한 주요 군사탐험대는 거의 모두 과학자들을 배에 태우고 있었다. 이들의 목적은 전투가 아니라 과학지식의 발견이었다. 1798년 나폴레옹은 이집트를 침공하면서 165명의 학자를 데려갔다. 이들은 많은 일을 해냈지만, 무엇보다도 이집트학이라는 완전히 새로운 학문을 구축했고, 종교, 언어, 식물 연구에 중요하게 기여했다.

1831년 대영제국 해군은 측량선 비글호를 보내 남아메리카 해안과 포클랜드 섬, 갈라파고스 제도의 지도를 작성하게 했다. 해군은 남미에 대한 식민지 지배를 공고히 하기 위해서 그런 지식이 필요했다. 아마추어 과학자였던 선장은 탐험 도중 만나게 될 지형을 연구하기 위해서 탐험대에 지리학자를 추가하기로 결정했다. 전문 지리학자 여러 명이 그의 초청을 거부하자, 선장은 케임브리지를 졸업한 22세의 찰스 다윈에게 이 업무를 제안했다. 다윈은 영국 국교회 성직자가 되기 위해 공부했으나, 성경보다는 지리학과 자연과학에 훨씬 더 많은 관심을 두었다. 그는 이 기회를 놓치지 않았고, 그 이후는 알다시피 역사가 되었다. 선장이 군사 지도를 그리느라 시간을 보내는 동안 다윈은 실증적 자료를 수집하고 통찰력을 형성했으며, 이것이 종국에는 진화론으로 꽃피었다.

1969년 7월 20일 닐 암스트롱과 버즈 올드린은 달 표면에 착륙했다. 탐험에 앞서 아폴로 11호 우주비행사들은 몇 개월간 달과 환경이 비슷한 미국 서부 사막에서 훈련을 받았다. 이 지역은 여러 아메리카 원주민 공동체의 고향인데, 우주비행사들과 한 원주민과의 만남을 담은 전설 같은 이야기가 전해진다.

어느 날 훈련 중이던 우주비행사는 늙은 아메리카 원주민과 우연히 마주쳤다. 남자는 우주비행사들에게 이곳에서 무엇을 하고 있느냐고 물었다. 그들은 달을 탐사하기 위해 곧 떠날 원정대의 대원들이라고 대답했다. 이 말을 들은 노인은 잠깐 침묵했다가 입을 열었다. 자신을 위해 부탁을 하나 들어달라는 것이었다.

"무엇을 원하세요?" 그들은 물었다.

"우리 부족 사람들은 달에 신성한 정령들이 산다고 믿는다오. 그들에게 우리 부족에서 보내는 중요한 메시지를 당신들이 전해줄 수 있을까 해서."

"그 메시지가 뭔데요?" 우주비행사들이 물었다.

남자는 자기 부족의 언어로 뭐라고 말했고, 우주비행사들에게 그 말을 정확히 외울 때까지 계속 되풀이해서 말하게 시켰다.

"그게 무슨 뜻이지요?" 우주비행사들은 물었다.

"그건 말할 수 없어요. 이 말의 뜻은 우리 부족과 달의 정령들에게만 허락된 비밀이랍니다."

기지로 돌아온 우주비행사들은 그 부족어를 말할 수 있는 사람을 수소문한 끝에 마침내 통역할 사람을 찾아내어, 비밀 메시지를 해석해달라고 부탁했다. 이들이 암기한 내용을 되뇌자 통역자는 껄껄 웃기 시작했다. 웃음이 잦아들자 우주비행사들은 무슨 뜻인지 물었다. 통역자는 비행사들이 조심스럽게 암기한 문장을 이렇게 번역했다. "이 사람들이 하는 말은 한 마디도 믿지 마세요. 이들은 당신들의 땅을 훔치러 왔어요."

비어 있는
지도

'탐험하고 정복한다'는 근대의 사고방식은 세계지도의 발전에서 잘 나타난다. 근대 이전에도 수많은 문화권에서 세계지도를 그렸다. 단언하건대, 그중 어느 것도 세계 전체를 정말로 알고 그린 것은 없었다. 아프로아시아에서 아메리카를 알았던 문화는 없었으며, 아메리카에서도 아프로아시아를 알지 못했다. 낯선 지역은 그냥 빼버리거나 상상 속의 괴물이나 불가사의로 멋대로 채워놓았다. 이런 지도에는 빈 공간이 없었다. 이런 지도들은 세계 전체에 대해 잘 알고 있다는 인상을 주었다.

15~16세기에 유럽인들은 빈 공간이 많은 세계지도를 그리기 시작했다. 이것은 유럽인의 제국주의 욕구뿐 아니라 과학적 사고방식이 발전하기 시작했다는 것을 시사한다. 빈 지도는 심리적, 이데올로기적으로 비약적인 진전이었다. 유럽인들이 자신들이 세계의 많은 부분에 대해 무지하다는 사실을 분명하게 인정했다는 점에서 그랬다. 중대한 전환점은 크리스토퍼 콜럼버스가 동아시아를 향한 새 항로를 찾기 위해서 스페인을 떠나 서쪽으로 항해하기 시작한 1492년에 왔다. 콜럼버스는 여전히 과거의 '완전한' 세계지도를 믿고 있었다. 그런 지도를 이용한 콜럼버스의 계산에 따르면, 일본은 스페인에서 7천 킬로미터 서쪽에 있어야 했다. 그러나 사실 동아시아와 유럽 사이의 거리는 2만 킬로미터가 넘으며, 중간에는 완전한 미지의 대륙이 가로막고 있었다.

1492년 10월 12일 오전 2시쯤 콜럼버스 탐험대는 미지의 대륙과 맞닥뜨렸다. 핀타 호의 돛대에서 관측하던 후안 로드리게스 베르메호는 섬을 하나 발견하고는 외쳤다. "육지다! 육지다!" 오늘날 우리가 바하마라고 부르는 곳이었다. 콜럼버스는 자신이 동아시아 연안의 작은 섬에 도달했다고 믿었다. 그는 자신이 인도 제도에―오늘날 우리가 동인도 제도 혹은 인도네시아 군도라고 부르는 곳이다―상륙했다고 믿었기 때문에, 그곳에서 발견한 사람들을 '인디언'이라고 불렀다. 콜럼버스는 평생 그렇게 오해했다. 완전히 새로운 대륙을 발견했다는 생각은 그로서는 받아들일 수 없는 것이었으

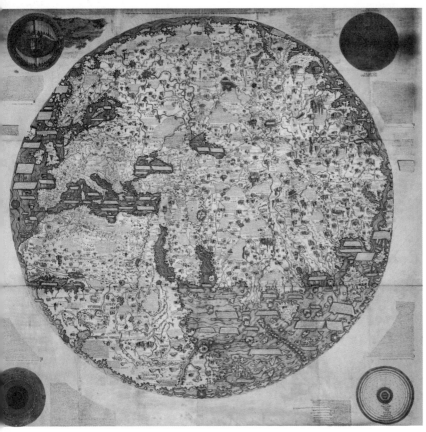

▲　　1459년 유럽에서 제작된 세계지도(유럽은 왼쪽 맨 위에 있다). 세부사항이 가득 그려져 있는데, 유럽인들이 전혀 모르는 남아프리카 같은 곳조차 그렇다.

며, 그의 세대의 많은 사람에게도 마찬가지였다. 위대한 사상가와 학자뿐 아니라 오류가 있을 수 없는 성경까지도 수천 년 동안 유럽과 아프리카와 아시아밖에 몰랐다.

그런데 그들이 모두 틀렸을 수 있을까? 성경이 세계의 절반을 몰랐을 수 있을까? 이것은 마치 1969년 달을 향해 비행하던 아폴로

11호가 무슨 이유에선지 그때까지의 관측에서 전혀 발견하지 못했던 새로운 달과 충돌했다는 이야기나 마찬가지였다. 무지를 인정하지 않은 콜럼버스는 여전히 중세인이었다. 그는 자신이 세계 전체를 안다고 확신했으며, 심지어 스스로 이룬 기념비적인 발견도 그 확신을 흔들지 못했다.

최초의 근대인은 아메리고 베스푸치였다. 그는 1499년~1504년 사이에 여러 차례 아메리카 탐험대에 참가했던 이탈리아 선원이었다. 1502년부터 1504년 사이, 그 탐험의 내용을 담은 두 건의 문서가 유럽에서 출간되었다. 저자는 베스푸치로 되어 있었다. 이들 문서의 주장에 따르면, 콜럼버스가 새로 발견한 섬들은 동아시아 연안의 섬들이 아니라 완전히 새로운 대륙이었다. 성경이나 고전 지리학자나 동시대 유럽인에게 전혀 알려지지 않은 곳이라고 했다.

1507년, 이런 주장을 확고하게 믿은 존경받는 지도 제작자 마르틴 발트제뮐러는 최신판 세계지도를 출간했는데, 그것은 유럽에서 서쪽으로 항해한 선단이 착륙했던 곳을 별개의 대륙으로 표시한 최초의 지도였다. 대륙을 그려 넣은 발트제뮐러는 이름을 부여해야 했다. 그는 그것을 발견한 사람이 아메리고 베스푸치라고 잘못 알고 있던 터라, 이 대륙에 아메리고를 기리는 이름을 붙였다. 아메리카라고. 발트제뮐러의 지도는 인기를 끌었고, 수많은 다른 지도 제작자들에 의해 복제되었다. 그가 새 땅에 부여한 이름도 함께 퍼져나갔다. 세계의 4분의 1에, 즉 일곱 대륙 중 두 곳에 거의 무명이던 이탈리아인의 이름이 붙은 것이다. 그가 유명할 이유라고는 "우리는 모른다"라고 말할 용기가 있었던 점 외에 아무것도 없다. 이 사실에는 어떤 시적 정의가 있다.

아메리카 대륙의 발견은 과학혁명의 기초가 되는 사건이었다. 그것은 유럽인에게 과거의 전통보다 지금의 관찰 결과를 더 선호하라고 가르쳐주었다. 그뿐 아니라 아메리카를 정복하겠다는 욕망은 유럽인들로 하여금 새로운 지식을 맹렬한 속도로 찾아 나서게 만들었다. 방대한 새 영토를 통제하기를 원한다면 신대륙의 지리, 기후, 식물상, 동물상, 언어, 문화, 역사에 대해서 막대한 양의 새로운 정보를 수집해야 했다. 기독교 성경이나 옛 지리서, 고대 구비 전통은 거의 도움이 되지 않았다. 이제 유럽의 지리학자뿐 아니라 거의 모든 학문 분야에서 일하는 학자들은 채워 넣을 공백이 있는 지도를 그리기 시작했다. 그들은 자신의 이론이 완전하지 않으며, 중요한 것들 가운데 아직도 모르는 것이 있다고 인정하기 시작하였다.

제 4 부

유럽인들은 마치 자석처럼 지도에서 비어 있는 곳들로 이끌렸고 공백을 신속하게 채워 넣기 시작했다. 15~16세기 동안 유럽 탐험대는 아프리카를 일주하고, 아메리카를 답사했으며, 태평양과 인도양을 횡단하고, 세계 전역에 그물처럼 기지와 식민지를 건설했다. 우리는 이런 유럽의 탐험 겸 정복 원정대에 너무나 익숙한 나머지 이들이 얼마나 특이한 존재인지 간과하는 경향이 있다. 과거에는 그런 일이 전혀 없었다. 장거리 정복 전쟁을 일으킨다는 것은 자연스럽지 않은 일이었다. 역사를 통틀어 대부분의 인간사회는 국지적 분쟁과 이웃과의 불화만으로도 너무 바빴다. 먼 곳의 땅을 탐사하고 정복한다는 것은 고려의 대상이 아니었다.

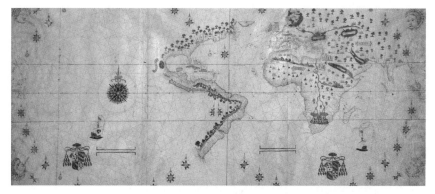

▲　　살비아티의 세계지도(1525년). 1459년의 세계지도는 대륙과 섬과 상세한 설명으로 가득
차 있었던 데 반해 이 지도는 거의 공백이다. 아메리카 대륙의 연안선을 따라 남쪽으로 눈을 돌리
면 어느덧 빈 공간과 만난다. 이 지도를 본 사람에게 최소한의 호기심이 있다면 이렇게 묻지 않을
수 없다. "이 지점 너머에는 뭐가 있지?" 지도는 답을 주지 않는다. 보는 사람에게 돛을 올리고 찾
아보라고 요구할 뿐.

　　대부분의 대제국은 자신과 직접 이웃한 지역으로만 지배권을 확
장했다. 제국이 멀리 떨어진 땅에까지 다다른 것은 오로지 이웃 지
역이 계속 확장되기 때문이었다. 로마인들이 에트루리아를 정복한
것은 로마를 지키기 위해서였다(기원전 350~300년경). 이어 이들은
포 평원을 방어하기 위해 프로방스를(기원전 200년경), 프로방스를
지키기 위해 갈리아를(기원전 50년경), 갈리아를 방어하기 위해 브리
튼 섬(기원후 50년경)을 정복했다. 로마에서 런던까지 넓혀가는 데
4백 년이 걸렸던 것이다. 기원전 350년에 배를 타고 곧바로 브리튼
섬으로 가서 점령할 생각을 한 로마인은 아무도 없었을 것이다.

가끔 야망에 찬 지배자나 모험가가 장거리 정복전쟁을 일으키곤
했지만, 그런 군사작전은 잘 닦인 제국의 도로나 상업용 도로를 타

고 이루어졌다. 가령 알렉산드로스 대왕의 군사작전은 새 제국의 건설이 아니라 기존 제국 페르시아의 찬탈이라는 결과를 낳았다. 근대 유럽 제국에 가장 근접한 선례는 고대 해상제국들이었던 아테네와 카르타고, 14세기 인도네시아의 많은 영역을 지배했던 중세의 마자파힛 해상제국이었다. 하지만 이런 제국들도 위험을 무릅쓰고 미지의 바다로 향하는 경우는 드물었다. 이들 해군의 무훈은 근대 유럽인들의 글로벌 벤처에 비하면 국지적 프로젝트에 불과했다.

많은 학자들은 중국 명 왕조의 정화 제독이 벌인 대항해가 유럽인들의 발견의 항해를 예고했으며 그 못지않은 성취였다고 주장한다. 정화 제독은 1405년부터 1433년까지 일곱 차례에 걸쳐 대함대를 이끌고 중국에서 인도양의 먼 곳까지 항해했다. 가장 규모가 컸던 함대는 3백 척에 가까운 배에 3만 명 가까운 인원이 탑승했다.[7] 함대는 인도네시아, 스리랑카, 인도, 페르시아 만, 홍해, 동아프리카를 방문했다. 중국 배들은 헤자즈(메카와 메디나가 있는 사우디아라비아 서부의 홍해 연안 지방—옮긴이)의 주요 항구인 제다와 케냐 연안의 말린디 항구에까지 닻을 내렸다. 1492년 콜럼버스의 선단—세 척의 작은 배에 120명의 선원이 타고 있었다—은 정화의 용 떼에 비하면 모기 세 마리에 지나지 않았다.[8]

하지만 둘 사이에는 중대한 차이가 존재했다. 정화 제독은 대양을 탐험하고 각국으로 하여금 중국에게 조공을 바치게 만들었다. 하지만 그는 자신이 방문한 나라를 정복하거나 식민지로 삼으려고 하지는 않았다. 더구나 정화의 원정은 중국의 정치 문화에 깊이 뿌리내린 것이 아니었다. 1430년대 베이징의 지배 파벌이 바뀌자 새로 등장한 거물들은 갑자기 작전을 중단시켰다. 대함대는 해체되었고, 중요한 기술적, 지리학적 지식은 단절되었다. 그후 중국의 항구에서 그 같은 위상과 자산을 지닌 탐험대가 항해를 떠난 일은 다시 없었다. 이후 중국의 지배자들은 이전 세기의 지배자들과 마찬가지로 중원에 인접한 영역으로 관심과 야망을 제한했다.

정화 제독의 원정은 유럽이 뛰어난 기술적 우위를 누리지는 못했다는 사실을 증명한다. 유럽인들이 이례적인 점은 탐험과 정복의 야망이 어느 누구와도 비견할 수 없이 탐욕스러웠다는 데 있었다. 로마인들은 설사 그럴 능력이 있었다고 해도 인도나 스칸디나비아의 정복을 꾀하지 않았다. 페르시아인들도 마찬가지로 마다가스카르나 스페인 정복을 시도하지 않았다. 중국인들도 인도네시아나 아프리카를 정복하려 하지 않았다. 중국의 지배자 대부분은 이웃 일본마저도 그들 뜻대로 살게 내버려두었다. 여기에는 별다른 점이 전혀 없었다.

오히려 이상한 것은 근대 초기 유럽인들이 걸린 열병이었다. 그 열병은 그들로 하여금 낯선 문화가 가득한 머나먼 미지의 땅으로 항해하여, 그 해변에 한 발 디딘 뒤, 즉각 이렇게 선언하게끔 만들었다. "이 땅은 모두 우리 왕의 것이다!"

외계로부터의
침공

1517년경 카리브 제도에 있던 스페인의 식민지 개척자들은 멕시코 본토 중심부 어딘가에 강력한 제국이 있다는 막연한 소문을 들었다. 그로부터 불과 4년 뒤에 아즈텍의 수도는 잿더미가 되었고, 아즈텍 제국은 무너졌으며, 에르난 코르테스는 멕시코에 건설된 광대하고도 새로운 스페인 제국을 통치했다. 스페인인들은 여기서 멈추고 자축하거나 숨을 고르지 않았다. 이들은 즉각 사방으로 탐험 겸 정복 작전을 벌였다. 기존에 중미를 지배하던 아즈텍, 톨텍, 마야 족 등은 과거 2천 년 동안 남미가 존재한다는 것을 몰랐으며 그것을 복속시키려는 시도는 전혀 해본 일이 없었다. 하지만 스페인이 멕시코를 정복한 지 10년이 조금 지난 뒤 프란시스코 피사로는 남미에서 잉카 제국을 발견했고, 1532년 이를 정복했다.

만일 아즈텍인과 잉카인이 자신들을 둘러싸고 있는 세상에 조금만 더 관심이 있었다면—그리고 스페인인들이 자신들의 이웃에게 한 짓을 알았더라면—이들은 스페인의 정복에 좀 더 격렬하고도 성공적으로 저항했을 것이다. 콜럼버스의 아메리카 첫 항해(1492년)와 코르테스의 멕시코 상륙(1519년) 사이 시기에 스페인인들은 카리브 제도의 섬 대부분을 정복해 일련의 식민지를 건설했다. 정복당한 원주민들에게 식민지는 지상의 지옥이었다. 탐욕스럽고 비양심적인 식민지 개척자들은 이들을 노예로 삼아 철권통치를 자행했다. 광산과 대규모 농장에서 일을 시키면서 누구든 약간이라도 저항하면 무조건 죽여버렸다. 원주민 대부분이 얼마 지나지 않아 사망했다. 열악한 작업 환경과 정복자의 범선에 무임승차해온 질병 바이러스 탓이었다. 카리브해의 원주민 거의 모두가 20년 만에 사라졌다. 스페인 식민지 개척자들은 그 빈 자리를 채우기 위해 아프리카인 노예를 수입하기 시작했다.

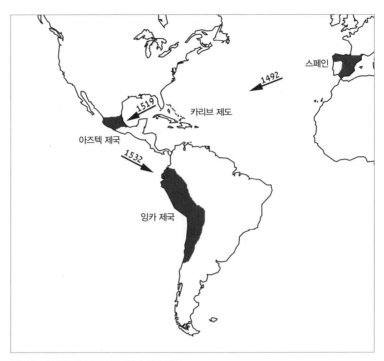

지도 6. 스페인 정복 당시 아즈텍과 잉카 제국.

    이런 인종청소는 아즈텍 제국의 바로 코앞에서 일어났지만, 코르
테스가 제국의 동부 연안에 상륙했을 때 아즈텍인들은 그에 대해
전혀 모르고 있었다. 스페인인들은 우주에서 침공해온 외계인 같았
다. 아즈텍 사람들은 스스로 온 세상을 다 알고 있으며 그중 대부분
을 지배하고 있다고 생각했다. 코르테스와 그의 부하들이 오늘날의
베라크루스 항구에 해당하는 화창한 해변에 상륙한 사건은 아즈텍
인들이 완전히 미지의 사람들과 조우하는 첫 사례였다.

    아즈텍인들은 어떻게 반응해야 할지 몰랐다. 그들은 이방인들의

정체를 알 수가 없었다. 자신들이 아는 모든 인간과 달리 이들 외계인은 피부가 희고 얼굴에는 털이 많았다. 태양빛 머리칼을 한 사람도 있었다. 그리고 악취가 났다(당시 스페인인들보다 원주민의 위생상태가 훨씬 나았다. 스페인인들이 처음 멕시코에 도착했을 때 원주민들은 향로를 든 원주민을 배정해 그들이 가는 곳마다 따라다니게 했다. 스페인인들은 그것을 신성한 영예의 상징이라고 생각했지만, 원주민의 자료를 통해 알게 된 바 그것은 원주민들이 새로 나타난 인간들의 악취를 견딜 수 없어서였다).

외계인의 물질문화는 더더욱 당황스러웠다. 이들이 타고 온 거대한 배는 보기는커녕 상상도 하지 못하던 것이었다. 이들이 타고 다니는 커다랗고 무시무시한 동물(말을 가리킨다—옮긴이)은 바람처럼 빨랐다. 이들은 또 번쩍이는 금속 막대로 번개와 천둥을 만들 능력이 있었다. 빛나는 긴 칼과 뚫을 수 없는 갑옷이 있었는데, 이에 맞서면 원주민의 나무칼이나 부싯돌 촉을 단 창은 무용지물이었다.

이들을 신이라고 믿는 아즈텍인도 있었다. 다른 사람들은 악마나 죽은 자의 유령, 강력한 마법사라고 주장했다. 아즈텍인들은 모든 역량을 집결해 스페인인을 쓸어버리는 대신에 심사숙고하면서 시간을 낭비하고 협상을 벌였다. 이들에게는 서두를 이유가 전혀 없었다. 무엇보다 코르테스에게는 스페인인이 550명밖에 없었다. 550명이 수백만 명이 사는 제국을 상대로 무슨 일을 할 수 있겠는가?

코르테스 역시 아즈텍인들에 대해 무지한 것은 마찬가지였다. 하지만 그와 그의 부하들은 적에 비해 중대한 우위를 하나 점하고 있었다. 아즈텍인들은 이상한 생김새에 역겨운 냄새를 풍기는 외계인의 도래에 대비한 경험이 없었다. 이에 비해 스페인인들은 지구상에 미지의 인간 영역이 넘쳐난다는 사실을 이미 알고 있었다. 미지의 땅을 침공해서 자신들이 전혀 모르는 상황에 대처하는 데 있어서 그들보다 더 경험 많은 족속은 없었다. 근대 유럽 과학자들이 그랬던 것처럼, 근대 유럽의 정복자들에게 미지를 향해 뛰어드는 것은 매우 신나는 일이었다.

따라서 코르테스는 1519년 7월 그 화창한 해안에 닻을 내렸을 때 주저하지 않고 행동을 개시했다. 마치 우주선에서 내린 과학소설 속 외계인처럼, 그는 자신들에게 경외심을 품은 현지인에게 말했다. "우리는 평화적인 목적으로 왔다. 너희 지도자에게 우리를 안내하라." 코르테스는 자신을 위대한 스페인 왕의 평화사절이라고 소개하고, 아즈텍의 지배자 몬테주마 2세에게 외교 접견을 요청했다(이는 뻔뻔한 거짓말이었다. 코르테스는 탐욕스러운 탐험가들의 독립 원정대를 이끌고 있었다. 스페인 왕은 코르테스에 대해서도 아즈텍에 대해서도 들은 바가 전혀 없었다).

코르테스는 자신의 적인 아즈텍 현지인들로부터 길잡이와 음식, 약간의 군사적 지원을 받았다. 이어서 그는 아즈텍의 수도이자 대도시인 테노치티틀란을 향해 행진했다. 아즈텍인들은 외계인들이 수도까지 행진하게 놔두었고, 그 지도자를 공손하게 몬테주마 2세에게 인도했다. 접견 도중 코르테스가 신호를 보내자, 강철무기를 지닌 스페인인들이 몬테주마 2세의 경비병을 학살했다(이들의 무기는 나무 곤봉과 돌칼밖에 없었다). 귀빈이 주인을 포로로 잡은 것이었다.

코르테스는 이제 매우 미묘한 상황에 놓였다. 황제를 포로로 잡았지만, 성난 적군 전사 수십만 명과 적대적인 민간인 수백만 명에게 둘러싸여 있었다. 자기를 둘러싼 대륙 전체에 대해 실질적으로 아는 것도 없는 상태였다. 그의 수하에 있는 병력은 스페인인 몇백 명뿐이었고, 가장 가까운 증원군은 1,500킬로미터 이상 떨어진 쿠바에 있었다.

코르테스는 몬테주마 2세를 궁전 안에 감금해두고서, 마치 왕은 포로로 잡히지 않았으며 '스페인 대사'는 손님에 지나지 않는 척 가장했다. 아즈텍 제국의 통치조직은 극도로 중앙집권적이었으며, 이런 전대미문의 사태는 이 조직을 마비시켰다. 몬테주마 2세는 자신이 여전히 제국을 지배하는 척 행동했으며, 아즈텍의 엘리트들은 계속해서 그의 명을 따랐다. 즉 코르테스의 명을 따른 셈이었다. 이런 상황은 여러 달 계속되었으며, 그동안 코르테스는 몬테주마 2세와 그의 하인들을 심문하고 다양한 현지 언어를 구사하도록 통역자들을 훈련시켰다. 그리고 스페인인으로 구성된 소규모 탐사대를 사방으로 파견했다. 아즈텍 제국과 제국이 통치하는 다양한 부족들, 사람들, 도시들에 대해 미리 알아두기 위해서였다.

아즈텍 엘리트들은 결국 코르테스와 몬테주마 2세에게 반기를 들고 새 황제를 선출한 뒤, 테노치티틀란에서 스페인인들을 몰아냈다. 하지만 이제 제국의 조직에는 수많은 균열이 생겼다. 코르테스는 그동안 얻은 지식을 이용해 그 균열을 더욱 크게 벌리고, 제국이 내부로부터 무너지게 만들었다. 그는 제국의 많은 피지배 민족들을 설득해, 그의 편에 서서 아즈텍의 엘리트 지배층에게 대항하도록 부추겼다. 피지배 민족들은 심각한 착오를 저질렀다. 이들은 아즈텍을 증오했지만, 스페인에 대해서도 카리브해의 인종학살에 대해서도 전혀 몰랐다. 이들은 스페인의 도움을 받으면 아즈텍의 멍에를 벗어던질 수 있을 것으로 생각했다. 스페인인들이 지배권을 장악하리란 생각은 전혀 해보지 못했다. 만일 코르테스나 몇백 되지 않는 그의 부하들이 조금이라도 문제를 일으키면 쉽게 제압할 수 있으리라고 굳게 믿었다. 반란에 가담한 민족들은 코르테스에게 수십만 명의 현지인 군대를 제공했으며, 그는 이들의 도움을 받아 테노치티틀란을 포위하고 정복했다. 이 단계에서 점점 더 많은 스페인 군인들과 정착자들이 멕시코에 도착하기 시작했다. 일부는 쿠바에서, 나머지는 스페인에서 들어왔다. 현지인들이 무슨 일이 일어나고 있는지를 깨달았을 때는 너무 늦었다. 코르테스가 베라크루스 항에 상륙한 지 1세기 만에, 아메리카의 원주민 수는 90퍼센트 가량 줄었다. 주로 침략자들과 함께 유입된 생소한 질병 탓이었다.

생존자들은 아즈텍보다 훨씬 극악하고 탐욕스러우며 인종차별적인 정권의 지배를 받게 되었다. 코르테스가 멕시코에 상륙한 지 10년 후, 피사로는 잉카 제국 연안에 도착했다. 그가 데려간 군대는 코르테스보다 훨씬 더 적어 원정대원의 숫자는 168명에 불과했다. 하지만 피사로는 지난 침략에서 얻은 지식과 경험으로 큰 이점을 누렸다. 그에 비해 잉카는 아즈텍의 운명에 대해 전혀 모르고 있었다.

피사로는 코르테스를 모방했다. 그는 스스로 스페인 왕의 평화사절이라고 선언하고, 잉카의 지배자 아타후알파를 초대했다. 그러고는 외교 접견 자리에서 그를 납치했다. 피사로는 마비된 제국을 현지 동맹자들의 도움을 받아 정복해나갔다. 만일 잉카 제국의 피지배 민족들이 멕시코 주민들의 운명을 알았더라면, 침략자들과 함께하지 않았을 것이다. 하지만 그들은 알지 못했다.

협소한 시각 때문에 혹독한 대가를 치른 민족은 아메리카 원주민들만이 아니었다. 아시아의 대제국—오토만, 사파위, 무굴, 중국—은 유럽인들이 뭔가 중요한 것을 발견했다는 소식을 매우 신속하게 전해 들었다. 하지만 이들은 그 발견에 거의 관심을 두지 않았다. 이들은 세상이 여전히 아시아를 중심으로 돌아간다고 믿고 있었다. 아메리카나 대서양·태평양의 새로운 원양 항로의 지배권을 놓고 유럽인들과 경쟁하려는 시도는 전혀 하지 않았다. 유럽에서는 스코틀랜드나 덴마크 같은 작은 왕국조차 아메리카에 몇몇 탐험 겸 정복 원정대를 보냈지만, 이슬람 세계나 인도나 중국에서 보낸 원정대는 하나도 없었다.

아메리카에 군사원정대를 보내려 했던 최초의 비유럽 국가는 일본이었다. 1942년 6월 일본 원정대는 알래스카 해안에 있는 작은 섬인 키스카와 아투를 정복하여, 미국 군인 열 명과 개 한 마리를 포획했다. 그러나 일본인들은 본토로 그 이상 더 들어가진 않았다.

터키인이나 중국인들이 너무 먼 곳에 있었다거나 기술적, 경제적, 군사적 수단이 부족했던 것은 아니었다. 1420년대 정화 제독을 동아프리카까지 보냈던 자원이면 아메리카까지 도달하기에 충분했을 것이다. 중국인들은 그저 관심이 없었다. 아메리카를 보여주는 최초의 중국 지도는 1602년 발행되었는데, 이조차도 유럽 선교사들이 한 일이었다.

유럽인들은 3백 년 동안 아메리카와 오세아니아, 대서양과 태평양에서 경쟁자가 없는 지배권을 누렸다. 이 지역에서 발생한 주요한 분쟁은 유럽 국가들 사이에서 일어난 것이었다. 유럽인들은 이렇게 축적한 부와 자원 덕분에 아시아도 침공하고, 그 제국들을 패배시키고, 자기들끼리 나눠 가질 수 있었다. 터키, 페르시아, 인도, 중국인들이 깨어나 관심을 기울이기 시작할 때는 이미 늦어버렸다.

비유럽 문화권들이 진정 세계적 시야를 가지게 된 것은 20세기에 들어와서였다. 이는 유럽이 헤게모니를 잃게 된 결정적 요인의 하나였다. 알제리 독립전쟁(1954~1962)에서 알제리 게릴라들은 압도적인 수적, 기술적, 경제적 우위를 점한 프랑스군을 무찔렀다. 알제리인들이 승리한 것은 전 지구적인 반식민 네트워크의 지원을 받은 덕분이었으며, 전 세계 미디어를 동원해 자신들의 명분을 알리는 방법을 알아냈기 때문이었다. 이들은 또한 프랑스 자체 내의 여론을 자기들에게 유리하게 이끌 줄 알았다. 작은 북베트남이 미국이란 거인과의 전쟁에서 승리한 것도 이와 유사한 전략을 기반으로 한 덕분이었다. 만일 국지적 전투가 전 지구적 대의명분의 대상이 된다면 초강대국이라도 패배할 수 있다는 것을 이들 게릴라군은 보여주었다. 만일 몬테주마 2세가 스페인의 여론을 조작할 수 있었다면, 그리고 스페인의 라이벌인 포르투갈이나 프랑스, 혹은 오토만 제국에게 지원을 받았다면 어떤 일이 일어났을까를 생각해보는 것도 흥미로운 일이다.

희귀 거미와

잊힌 문자

근대 과학과 근대 제국에 동기를 부여한 것은 뭔가 중요한 것이, 자신들이 탐사해서 정복하면 좋을 것 같은 무언가가 지평선 너머에서 기다리고 있을 것이라는 들썩거리는 기분이었다. 하지만 과학과 제국의 연계는 훨씬 더 깊은 수준까지 나아갔다. 제국 건설자들의 동기뿐 아니라 관행도 과학자들의 그것과 얽혀 있었던 것이다. 근대 유럽인에게 제국 건설은 과학적 프로젝트였고, 과학이란 분과를 건설하는 것은 제국의 프로젝트였다. 무슬림이 인도를 정복했을 때, 이들은 역사를 체계적으로 연구할 고고학자, 문화를 연구할 인류학자, 땅을 연구할 지리학자, 동물상을 연구할 동물학자를 데리고 오지 않았다.

영국은 인도를 정복하면서 이 모두를 데리고 왔다. 1802년 4월 10일 인도 대측량사업이 시작되었다. 이 프로젝트는 60년간 지속되었다. 수만 명의 현지 노동자와 학자, 안내인의 도움을 받아, 영국은 인도 전체의 지도를 꼼꼼하게 작성하고 국경선을 표시하고 거리를 측정했으며 심지어 에베레스트를 비롯한 히말라야 봉우리들의 정확한 높이를 최초로 측량하기까지 했다. 영국은 인도 각지의 군사적 자원을 탐사하고 금광의 위치를 조사했지만, 그뿐 아니라 희귀 인도 거미에 대한 정보를 수집하고, 화려한 나비들의 목록을 작성하고, 사멸한 고대 인도 언어들의 기원을 추적하고, 잊힌 유적지를 발굴하는 수고도 아끼지 않았다.

모헨조다로는 인더스강 유역 문명의 주요 도시 중 하나로 기원전

3000년에서 기원전 2000년 사이 번성했다가 기원전 1900년경 파괴되었다. 영국 이전에 인도를 지배했던 어떤 왕조도, 마우리아 왕조나 굽타 왕조도, 델리의 술탄이나 위대한 무굴 제국도 그 유적지에 관심을 가진 일이 없었다. 하지만 영국 고고학 조사단은 1922년에 주의를 기울였다. 영국 조사단은 그곳을 발굴해, 최초의 위대한 인도 문명을 발견했다. 인도인 누구도 모르고 있던 문명을 말이다.

영국의 과학적 호기심을 보여주는 또 하나의 인상적인 사례는 설형(쐐기)문자로 된 문서의 해독이다. 그 문자는 3천 년 가깝게 중동 전역에서 사용되던 주요 문자였지만 그것을 해독할 수 있는 마지막 인물은 기원후 첫 천 년 초기의 어느 시기엔가 사망한 것으로 추정된다. 이후 지역 주민들은 기념물이나 비문, 고대 유적, 깨진 항아리에서 자주 그 문자와 마주쳤지만, 뾰족하게 생긴 이상야릇한 긁힌 자국을 어떻게 읽어야 할지 전혀 몰랐으며 우리가 아는 한 읽으려고 시도한 일도 없었다.

설형문자가 유럽인의 관심을 끈 것은 1618년이었다. 페르시아 주재 스페인 대사가 고대 페르세폴리스의 유적지로 관광을 갔다가 돌에 새겨진 글씨를 보았는데, 아무도 그 내용을 그에게 설명해주지 못했다. 미지의 문자가 발견되었다는 소식이 유럽의 유명 학자들 사이에 퍼졌고, 그들은 호기심이 동했다. 1657년 유럽 학자들은 페르세폴리스에서 나온 설형문자 텍스트의 첫 필사본을 펴냈다. 이후 점점 더 많은 텍스트가 출간되었고, 거의 2세기 동안 유럽 학자들은 그것을 해독하려고 노력했다. 하지만 아무도 성공하지 못했다.

그러던 1830년대에, 헨리 롤린슨이라는 영국인 장교는 그곳의 샤(국왕을 말한다—옮긴이)가 군대를 유럽식으로 훈련시키는 것을 돕는 임무를 띠고 페르시아로 파견되었다. 롤린슨은 여가 시간에 페르시아 여기저기를 여행했다. 어느 날 현지 안내인이 그를 자그레스 산맥의 절벽으로 이끌어서 거대한 베히스툰(이란 서부의 마을—옮긴이) 비문을 보여주었다. 높이 15미터, 폭 24미터에 이르는 비문은 기원전 500년경 다리우스 1세 왕의 지시에 따라 절벽 수직면 높은 곳에 새겨진 것이었다. 이것은 고대 페르시아어, 엘람어, 바빌로니아어의 세 언어를 설형문자로 써둔 것이었다. 현지인들은 비문의 존재를 잘 알고 있었지만 아무도 읽을 수는 없었다.

롤린슨은 만일 자신이 이 글을 해독할 수 있다면 당시 중동 전역에서 발견되던 수많은 명문銘文과 문서를 자신과 다른 학자들이 해독할 수 있으리라는 확신이 생겼다. 그렇게 되면 잊힌 고대 세계로 들어가는 문이 하나 열리는 것이었다. 이들 문자를 해독하는 첫 단계는 유럽으로 가져갈 수 있는 정확한 사본을 만드는 것이었다. 롤린슨은 이를 위해 죽음을 무릅썼다. 이상한 문자를 복사하기 위해 가파른 벼랑을 오른 것이었다. 그는 현지인을 여럿 고용해 자신을 돕게 했는데, 그중 한 쿠르드족 소년은 절벽에서 가장 접근하기 어려운 곳까지 올라가 비문 윗부분의 탁본을 떠냈다. 이 프로젝트는 1847년 완료되었고, 완벽하고 정확한 사본이 유럽으로 보내졌다.

롤린슨은 그 업적을 즐기고만 있지 않았다. 장교로서 수행해야 할 군사적, 정치적 임무가 있었지만, 여유가 있을 때마다 비밀 문자의 수수께끼를 풀려고 노력했다. 그는 이런저런 방법을 차례대로 써보다가 결국에는 비문의 고대 페르시아어 부분을 어찌어찌 해독하는 데 성공했다. 이것은 가장 쉬운 부분이었다. 고대 페르시아어는 롤린슨이 잘 알던 근대 페르시아어와 그리 다르지 않았기 때문이다. 고대 페르시아어 부분을 이해하자, 그는 엘람어와 바빌로니아어 부분을 판독하는 데 필요한 열쇠를 손에 쥘 수 있었다. 장대한 문이 활짝 열리고 고대의 생생한 목소리가 쏟아져 나왔다. 수메르 시장의 부산함, 아시리아 왕들의 포고문, 바빌로니아 관료들의 논쟁······ 롤린슨 같은 근대 유럽 제국주의자들의 노력이 없었더라면 우리는 고대 중동 제국들의 운명에 대해 많은 것을 알지 못했을 것이다.

또 다른 주목할 만한 제국주의 학자는 윌리엄 존스였다. 그는 1783년 9월 벵골 최고법원의 판사로 봉직하기 위해 인도에 도착했다. 인도의 경이로움에 사로잡힌 나머지, 그는 부임 6개월 만에 '아시아 협회Asiatic Society'를 세웠다. 아시아, 그중에서도 인도의 문화, 역사, 사회를 연구하는 단체였다. 그로부터 2년도 지나지 않아 그는 《산스크리트어The Sanskrit Language》를 출간했다. 이것은 비교언어학의 출범을 알리는 기념비적 서적이었다. 여러 저서에서 존스는 고대 인도어로서 힌두교 의례에 쓰이는 신성한 언어가 된 산스크리트어가 그리스어와 라틴어와 놀랍도록 비슷하다는 것을, 그뿐 아니라 이들 언어가 고트어, 켈트어, 고대 페르시아어, 독일어, 프랑스어, 영어와도 비슷하다는 것을 지적했다. 가령 산스크리트어로 '엄마'는 'matar'인데 라틴어로는 'mater', 고대 켈트어로는 'mathir'였다. 존스는 이 모든 언어는 기원이 같았을 것이며 지금은 잊힌 고대의 한 조상언어로부터 발달했을 것이라고 추측했다. 이렇게 해서 그는 인도유럽어족을 발견한 최초의 인물이 되었다.

존스의 연구는 비단 대담한(그리고 정확한) 가설일 뿐 아니라 그가 언어들을 비교하기 위해서 개발한 정연한 방법론 때문에도 기념비적 업적이었다. 이 방법론은 다른 학자들에게 채택되어, 세계 모든 언어의 발달을 체계적으로 연구하는 방법론으로 활용되었다. 제국들은 언어학자들을 열성적으로 지원했다. 효과적으로 지배하려면 피지배자들의 언어와 문화를 알아야 한다는 것이 유럽 제국들의 생각이었다.

인도에 부임하는 영국 장교들은 길게는 3년간 콜카타 대학에서 공부해야 했다. 여기서 영국법과 함께 힌두법과 무슬림법을, 그리스어 및 라틴어와 함께 산스크리트어·우르드어·페르시아어를, 수학·경제학·지리학과 함께 타밀·벵골·힌두스탄 문화를 배워야 했다. 언어학 공부는 현지어의 구조와 문법을 이해하는 데 더할 수 없이 귀중한 도움이 되었다. 윌리엄 존스나 헨리 롤린슨 같은 사람들의 업적 덕분에 유럽 정복자들은 자신의 제국을 매우 잘 알았다. 그 이전의 어느 정복자보다도, 심지어 원주민들보다도 훨씬 더 깊이.

그런 지식이 없었다면, 우스울 정도로 적은 숫자였던 영국인이 수억 명의 인도인을 2세기에 걸쳐 지배, 억압, 착취하지는 못했을 것이다. 19세기 전반과 20세기 초에 걸쳐 최대 3억 명에 이르는 인도인을 정복하고 지배하는 데는 5천 명이 채 되지 않는 장교, 4만~7만 명의 사병 그리고 사업가들, 떡고물을 바라는 한량들, 그들의 아내와 아이들을 다 합한 10만 명의 민간인으로 충분했다.[9]

하지만 이런 실질적 이점 때문에만 제국들이 언어학, 식물학, 지리학, 역사학 연구에 자금을 댄 것은 아니었다. 이에 못지않게 중요한 점은 과학이 제국에게 이데올로기적 정당성을 제공했다는 사실이다. 근대 유럽인들은 새로운 지식을 얻는 것은 언제나 선이라고 믿게 되었다. 제국에서 새로운 지식이 끊임없이 생산되는 덕분에, 제국에는 진보적이고 적극적인 사업이란 이미지가 붙었다. 심지어 오늘날에도 지리학, 고고학, 식물학 같은 과학의 역사는 적어도 간접적으로라도 유럽 제국의 공로를 인정하지 않을 수 없다. 식물학의 역사에는 호주 원주민의 고통에 대해서는 별 말이 없지만 제임스 쿡이나 조지프 뱅크스에 대한 호의적인 말은 몇마디 있는 게 보통이다.

게다가 제국에 의해 축적된 새로운 지식은 적어도 이론적으로는 피지배 민족을 이롭게 하고 이들에게 '진보'의 혜택을 가져다줄 수 있었다. 의료와 교육을 제공하고, 철로와 운하를 건설하며, 정의와 번영을 보장할 수 있었다. 제국주의자들은 자신의 제국이 거대한 착취 사업이 아니라 비유럽 인종을 위해 시행된 이타적 프로젝트라고 주장했다. 작가 러디어드 키플링은 이를 '백인의 짐White Man's burden' 이라고 표현했다. "백인의 짐을 받아들여라./너희가 낳은 가장 뛰어난 자식들을 보내라./이들에게 유배생활의 의무를 지워라./너희가 정복한 사람들의 필요에 부응하기 위해. 온갖 장비를 무겁게 걸치고, 몸을 떠는 종족과 야만의 사람들에게 봉사하기 위해,/반은 악마이고 반은 어린이인/침울한 사람들을 위해."

물론 이런 신화가 거짓임은 종종 폭로되었다. 1764년 영국은 인도에서 가장 풍요로운 벵골 지방을 정복했다. 새 지배자들의 관심은 자신들이 부유해지는 데만 쏠려 있었다. 이들은 파멸을 초래하는 경제정책을 채택했고, 이 정책은 몇 년 지나지 않아 벵골 대기근을 낳았다. 기근은 1769년 시작되었으며 이듬해 파국적인 수준에 도달해 1773년까지 계속되었다. 이 재앙으로 벵골 주민의 3분의 1에 해당하는 1천만 명 가까운 사람이 죽었다.[10]

사실은 압제와 착취의 이야기도, 백인의 짐 이야기도 현실과 정확히 일치하지는 않는다. 유럽 제국들은 너무나 큰 규모로 다양하고 수많은 일들을 했기 때문에, 무슨 주장에 대해서든 그에 맞는 사례를 얼마든지 찾을 수 있다. 이 제국들은 세계 곳곳에 죽음과 압제와 불의를 퍼뜨리는 사악하고 기괴한 집단이었을까? 그렇다고 믿는 사람은 이들이 저지른 범죄로 백과사전이라도 만들 수 있을 것이다.

혹은 제국이 사실은 새로운 의학, 더 나은 경제적 형편, 더 큰 안보를 제공해서 피지배인들의 삶의 조건을 개선했다고 주장하고 싶은가? 그런 업적으로 채워진 백과사전도 너끈히 만들 수 있을 것이다. 이 제국들은 과학과 긴밀히 협력했던 덕에 엄청난 힘을 발휘했고 세계를 엄청나게 바꾸어놓았으므로, 이들에게 간단히 선하다거나 악하다는 딱지를 붙일 수는 없다. 제국들은 우리가 아는 세상을 창조했고, 여기에는 우리가 그들을 평가하는 데 사용하는 이데올로기도 포함된다.

하지만 제국주의자들은 과학을 좀 더 사악한 목적에도 사용했다. 생물학자, 인류학자, 심지어 언어학자들까지 유럽인들은 다른 모든 인종에 비해 우월하며 따라서 이들을 지배할 권리(아마도 의무는 아널지도 모르지만)를 가진다는 주장을 뒷받침하는 과학적 증거를 제공했다. 윌리엄 존스가 모든 인도-유럽어는 고대의 단일 언어의 후예라고 주장한 이래, 많은 학자들은 그 언어를 사용했던 사람들이 누구였는지 찾으려 애써왔다. 학자들은 최초의 산스크리트어를 말했던 사람들, 그러니까 3천여 년 전 중앙아시아에서 인도로 침공했던 사람들이 스스로를 아리아Arya라고 불렀다는 데 주목했다. 가장 초기의 페르시아어를 사용했던 사람들은 스스로를 아이리이아Airiia로 지칭했다.

그래서 유럽 학자들은 산스크리트어와 페르시아어 모두를(그뿐아니라 그리스어, 라틴어, 고트어, 켈트어를) 탄생시킨 원시 언어를 사용했던 사람들은 스스로를 아리안이라고 불렀을 것이라고 추측했다. 위대한 인도, 페르시아, 그리스, 로마 문명을 건설한 사람들이 모두 아리아인이라는 것이 우연일까? 그다음 영국·프랑스·독일의 학자들은 근면한 아리아인들에 대한 언어학적 이론을 다윈의 자연선택 이론과 결합시켰다. 그리고 아리아인이 단순한 언어 집단이 아니라 생물학적 실체—인종—이라고 단정을 내렸다. 더구나 그저 그런 인종이 아니라 지배인종, 키가 크고, 머리카락이 밝은 색이며, 눈이 파랗고, 근면하며, 지극히 이성적이고, 온 세상에 문화의 기초를 놓기 위해 북방의 안개 속에서 출현한 인종이라는 것이었다.

그러나 유감스럽게도 인도와 페르시아를 침공한 아리아인들은 현지 원주민과 결혼을 해서 흰 피부와 금발 머리를 잃었으며, 이와 함께 합리성과 근면성도 사라졌다. 그에 따라 인도와 페르시아의 문명은 쇠퇴했다. 한편 유럽에선 아리아인이 인종적 순수성을 보존했다. 유럽인들이 세계를 정복할 수 있었던 이유, 이들이 지배에 적합한 이유가 여기에 있었다. 열등한 인종과 섞이지 말라는 경고를 받아들인다는 전제하에서 말이다.

이런 인종주의 이론은 여러 세대 동안 명성과 존경을 얻었고 서구의 세계 정복을 정당화했다. 그러다 20세기 후반에 서구 열강이 무너지듯 인종주의는 과학자와 정치인 모두에게 배척의 대상이 되었다. 그러나 서구가 우월하다는 믿음은 사라지지 않았다. 그저 새로운 형태로 변했을 뿐이다. 인종주의가 이제는 '문화주의'로 대체된 것이다. 사실 '문화주의'란 말은 없지만, 이제 만들어낼 때가 되었다. 오늘날의 엘리트들은 인종 간의 생물학적 차이보다는 문화 간의 역사적 차이라는 측면에서 우월성을 정당화하는 것이 보통이다. "그건 그들이 타고난 속성이야"라고 더 이상 말하지 않고, "그건 그들의 문화 탓이야"라고 말한다. 그러므로 무슬림의 유럽 이민에 반대하는 유럽 우파 정당은 보통 인종차별적 용어를 피하려고 조심한다. 만일 마린 르 펜(1968~프랑스 국민전선 당대표—옮긴이)의 연설문 작성자가 국민전선 당수에게 TV에 출연해 "우리는 열등한 셈족이 우리의 아리아인 혈통을 희석시키고 우리의 아리아 문명을 손상시키는 것을 원치 않는다"고 말하라고 제안한다면, 그 작성자는 당장 해고될 것이다.

대신 프랑스 국민전선, 네덜란드 자유당, 오스트리아의 미래를 위한 동맹 등등은 유럽에서 진화한 서구 문화의 특징은 민주적 가치, 관용, 양성 평등인 데 반해 중동에서 발전한 이슬람 문화는 계급제 정치와 광기와 여성 혐오를 특징으로 한다고 주장한다. 두 문화는 매우 다르고, 많은 무슬림 이민자들은 서구적 가치를 따르기를 원치 않으므로(아마 불가능할지도 모른다) 그들이 내분을 조장하고 유럽 민주주의와 자유주의를 부식시키지 못하게 하려면 애초에 입국을 막아야 한다고 주장한다.

이런 문화주의적 논쟁은 이른바 문명의 충돌과 다른 문화들 간의 근본적 차이들을 강조하는 인문학 및 사회과학 분야의 과학적 연구들을 재료로 삼는다. 모든 역사학자나 인류학자가 이런 이론을 받아들이거나 그 정치적 활용을 지지하는 것은 아니다. 하지만 오늘날의 생물학자들이 현재 인간집단 사이의 생물학적 차이는 미미하다고 말함으로써 인종주의를 간단히 기각할 수 있는 데 비해, 역사학자들과 인류학자들은 그렇게 쉽게 문화주의를 기각할 수 없다. 무엇보다 만일 인간문화 사이의 차이가 미미하다면, 우리가 왜 역사학자와 인류학자에게 그 미미한 차이를 연구하라고 자금을 지원해야 한단 말인가?

과학자들은 제국주의 프로젝트에 실용적 지식, 이데올로기적 정당화, 기술적 장치를 공급했다. 이런 기여가 없었다면 유럽인들이 세계를 정복할 수 있었을지 극히 의심스럽다. 정복자들은 과학자들에게 정보와 보호를 제공하고, 온갖 종류의 이상하고 흥미진진한 프로젝트를 지원하고, 지구 구석구석에 과학적 사고방식을 퍼뜨림으로써 보답했다. 제국의 지원이 없었더라면 근대 과학이 이렇게까지 발전할 수 있었을지는 의심스럽다. 과학 분야 중에 제국주의적 성장의 하인으로서 삶을 시작하지 않은 분야, 육군 장교와 해군 함장과 식민지 총독의 넉넉한 지원에 대부분의 발견과 수집과 건물과 연구 자금을 빚지지 않은 분야는 극소수에 불과하다.

당연히 이것이 이야기의 전부는 아니다. 과학은 제국만이 아니라 다른 제도들의 지원도 받았다. 그리고 유럽 제국의 발흥에는 과학 이외의 요인들도 크게 기여했다. 과학과 제국의 일약 성공 뒤에는 특히 중요한 힘 하나가 숨어 있었다. 자본주의다. 만일 돈을 벌려는 사업가들이 없었더라면, 콜럼버스는 아메리카에 도달하지 못했을 것이고, 제임스 쿡은 호주에 도착하지 못했을 것이며, 닐 암스트롱 은 달 표면에 그 작은 발자국을 남기지 못했을 것이다.

제 4 부

자본주의의 교리

돈은 제국 건설과 과학 진흥에 필수적이었다. 현대 사회에서 군대건 대학 연구실이건 은행 없이는 유지 자체가 안 된다. 근대사에서 경제의 진정한 역할을 파악하기는 쉽지 않다. 어떻게 돈이 국가를 세우고 망하게 하며, 새로운 지평을 열고, 수백만 명을 노예로 만들고, 산업의 바퀴를 돌리고, 동식물 수백 종을 멸종으로 몰아갔는지에 대해 기술한 두꺼운 책은 많다. 하지만 근대 경제사를 알기 위해서 정말로 이해할 필요가 있는 단어는 하나밖에 없다. '성장'이란 단어다. 좋을 때나 나쁠 때나, 아플 때나 건강할 때나, 근대 경제는 마치 호르몬이 넘쳐나는 십대처럼 성장해왔다. 찾을 수 있는 모든 것을 먹어치우고, 우리가 짐작하는 것보다 늘 몇 센티미터 더 많이 자랐다.

인류 역사 대부분의 기간 동안 경제는 대체로 같은 규모를 유지해왔다. 물론 지구 총생산은 증가했지만, 이것은 대체로 인구 팽창과 정착지의 확대 덕분이었다. 1인당 생산은 정체 상태였다. 하지만 이 모든 것은 근대에 와서 바뀌었다. 1500년 재화와 용역의 지구 총생산은 약 2,500억 달러였는데, 오늘날 이 수치는 60조 달러까지 증가했다. 더욱 중요한 것은 1500년 연간 1인당 총생산은 550달러였지만 오늘날 모든 남녀와 어린이가 1인당 연평균 8,800달러를 생산한다는 점이다.[1]

이런 어마어마한 성장을 무엇으로 설명할 수 있을까? 경제학은 복잡하기로 악명 높은 학문이다. 이해를 쉽게 하기 위해서, 간단한 사례를 상상해보자.

영리한 금융업자 새뮤얼 그리디는 캘리포니아 주 엘도라도 시에 은행을 하나 세운다. 엘도라도의 전도유망한 도급업자인 A. A. 스톤은 처음으로 큰 건을 하나 마무리 짓고 거금 1백만 달러를 지급받는다. 그는 이 돈을 그리디의 은행에 예치한다. 이제 은행은 1백만 달러를 자본으로 가지고 있다. 한편 경험은 많지만 무일푼인 엘도라도의 요리사 제인 맥도넛은 사업기회가 왔다고 생각한다. 자기네 지역에는 진짜 좋은 빵집이 없는 것이다. 하지만 자기가 가진 돈으로는 오븐, 싱크대, 칼, 항아리 등의 적절한 시설을 구매할 수 없다. 그녀는 은행에 가서 그리디에게 자신의 사업계획을 설명하고 이것이 가치 있는 투자임을 설득한다.

그리디는 그녀에게 1백만 달러를 빌려주고 그녀의 은행계좌에 그 액수를 넣어준다. 이제 맥도넛은 도급업자인 스톤을 고용해 자신의 빵집을 짓고 안을 채우게 한다. 스톤이 받는 비용은 1백만 달러다. 맥도넛은 자기 계좌 명의의 수표를 발행해 이 돈을 지불한다. 스톤은 그 돈을 그리디 은행의 자기 계좌에 입금한다. 그러면 스톤의 은행잔고는 얼마인가? 맞다. 2백만 달러다. 실제로 은행 금고에 들어 있는 돈, 즉 현금은 얼마인가? 그렇다. 1백만 달러다.

일은 여기서 그치지 않는다. 도급업자들이 늘상 그렇듯이, 스톤은 작업 2개월째에 맥도넛에게 미처 예상하지 못했던 문제와 경비 탓에 빵집 건설비용은 실제로 2백만 달러가 될 것이라고 알린다. 맥도넛은 기분이 좋지 않지만 일을 중간에 그만두기는 어렵다. 그녀는 은행을 다시 방문하여 그리디를 설득해 1백만 달러를 추가로 빌린다. 그녀의 계좌에는 1백만 달러가 추가로 입금된다. 그녀는 그 돈을 도급업자의 계좌로 이체한다.

이제 스톤의 계좌에는 얼마가 들어 있는가? 3백만 달러다. 하지만 은행이 실제 보유하고 있는 돈은 얼마인가? 여전히 1백만 달러뿐이다. 처음부터 은행에 있던 바로 그 액수다. 미국의 현행 은행법은 이런 행위를 일곱 차례 더 할 수 있도록 허용하고 있다. 그러면 도급업자는 마침내 자신의 계좌에 1천만 달러를 가지게 될 것이다. 은행 금고에는 실제로 1백만 달러 밖에 없다고 해도 말이다. 은행은 자신들이 가진 1달러당 10달러를 빌려주는 것이 허용된다. 그 말은 우리의 은행계좌에 있는 모든 예금의 90퍼센트는 이에 대응하는 실제 화폐가 없다는 뜻이다.[2]

만일 바클레이 은행의 예금주들 모두가 갑자기 전액 인출을 요구한다면, 은행은 즉각 파산할 것이다(정부가 은행을 구제하기 위해 개입하지 않는 한). 로이드, 도이체 방크, 시티뱅크를 비롯해 세계 모든 은행이 다 마찬가지다.

이것은 거대한 피라미드식 이자 사기처럼 보인다. 그렇지 않은가? 하지만 만일 이것이 사기라면, 현대 경제 전체가 사기다. 사실을 말하자면 이것은 속임수가 아니다. 오히려 인간의 상상력이 지닌 놀라운 능력에게 바치는 헌사다. 은행—그리고 경제 전체—을 살아남게 하고 꽃피게 만드는 것은 미래에 대한 우리의 신뢰다. 오로지 이 신뢰가 세계의 돈 대부분을 뒷받침한다고 볼 수 있다. 빵집 사례에서 도급업자의 계좌에 들어 있는 액수와 실제로 은행에 있는 돈의 액수의 차이는 곧 맥도넛의 빵집이다. 그리디는 언젠가 그것이 이윤을 불릴 것이라고 믿으면서 은행의 돈을 투자했다. 빵집은 아직 빵 한 덩어리도 굽지 않았지만 맥도넛과 그리디는 앞으로 1년 후면 그 빵집이 매일 수천 개의 덩어리 빵, 롤 빵, 케이크, 쿠키를 팔아 많은 이윤을 남길 수 있을 것이라고 기대한다.

그러면 맥도넛은 이자를 붙여 대출금을 갚을 수 있을 것이다. 만일 그 시점에 스톤이 자신의 예금을 인출하기로 마음먹으면, 그리디는 그 돈을 내줄 수 있을 것이다. 모든 기업은 이처럼 상상된 미래에 대한 신뢰 위에 세워져 있다. 기업가와 은행가가 자신들이 꿈꾸는 빵집에 보내는 신뢰에, 그리고 은행의 미래 지불능력에 대해 도급업자가 지니고 있는 신뢰에. 앞에서 보았듯이, 돈은 무수히 많은 것들을 대표할 수 있고 무엇이든 다른 거의 모든 것으로 바꿀 수 있기 때문에 대단한 존재이다. 하지만 근대 이전에는 이 능력이 제한적이었다. 대부분의 경우 돈이 대표하고 전환할 수 있는 것은 오직 현재 실제로 존재하는 것뿐이었다. 이것은 성장에 심각한 제약을 가했다. 새로운 사업에 돈을 조달하기가 극히 힘들었기 때문이다.

다시 빵집을 생각해보자. 만일 돈이 실제로 손에 잡을 수 있는 대상만을 대표한다면, 맥도넛은 빵집을 지을 수 있었을까? 아니다. 현재 그녀에게는 꿈은 많지만 구체적인 자원은 없다. 빵집을 짓는 유일한 방법은 도급업자 중에서 외상으로 일해주고 몇 년 후에 돈을 받을 용의가 있는 사람을 찾는 것이다. 그 몇 년 후에 빵집이 돈을 벌기 시작한다는 전제하에 말이다. 하지만 그런 도급업자는 드물다. 따라서 우리의 기업가는 곤경에 처한다. 빵집이 없으면 케이크를 구울 수가 없고, 케이크가 없으면 돈을 벌 수 없으며, 돈이 없으면 도급업자를 고용할 수 없고, 도급업자가 없으면 빵집도 없다. 인류는 수천 년 동안 이 함정에서 벗어나지 못했고, 그 결과 경제는 얼어붙어 있었다. 이 함정에서 빠져나오는 방법은 근대에 이르러서야 발견되었다. 미래에 대한 신뢰를 기초로 한 새로운 시스템이 등장한 것이다.

이 시스템 내에서 사람들은 '신용'이라 불리는 특별한 종류의 돈

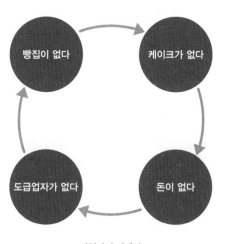

사업가의 딜레마

이 상상 속의 재화—현재 존재하지 않는 재화—를 대표하게 하는데 동의했다. 신용은 미래를 비용으로 삼아 현재를 건설할 수 있게 해준다. 신용은 우리의 미래 자원이 현재 자원보다 훨씬 더 풍부할 것이라는 가정을 토대로 하고 있다. 만일 우리가 미래의 수입을 이용해서 현재에 무엇을 건설할 수 있다면, 새롭고 놀라운 기회가 수없이 많이 열린다.

만일 신용이 그토록 놀라운 것이라면, 어째서 아무도 좀 더 일찍 그것을 생각해내지 못했을까? 물론 과거에도 생각한 사람이 있었다. 이런저런 종류의 신용 거래는 인류의 모든 문화권에 존재했으며, 그 기원은 최소한 고대 수메르까지 거슬러 올라간다. 옛 시대의 문제점은 아무도 그런 아이디어를 떠올리지 못했다거나 활용할 방법을 알지 못했다는 것이 아니었다. 사람들이 신용을 크게 확장하려는 경우가 드물었다는 점이다. 그것은 미래가 현재보다 나을 것이라고 믿지 않았기 때문이다. 사람들은 보통 자기 시대보다 과거가 더 좋았으며 미래는 현재보다 더 나쁘거나 기껏해야 지금과 같을 것이라고 믿었다.

경제용어로 말하자면, 사람들은 부의 총량이 더 줄지는 않더라도 한정되어 있다고 믿었다. 따라서 사람들은 자기 개인이든, 자신들의 왕국이든, 세계 전체든 앞으로 10년간 과거보다 더 많은 부를 생산하리라고 가정하는 것은 위험한 행태라고 생각했다. 사업은 제로섬 게임처럼 보였다. 물론 특정 빵집의 이익이 증가할 수는 있지만, 그것은 그 옆 빵집의 희생을 통해서만 가능했다. 베네치아가 번

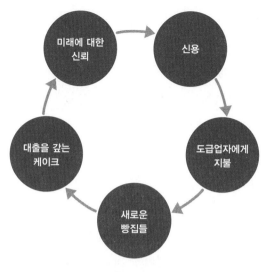

미래에 대한
신뢰

신용

도급업자에게
지불

새로운
빵집들

대출을 갚는
케이크

현대 경제의 마법의 원

영할 수는 있지만, 이는 오직 제노바를 가난하게 만듦으로써만 가
능했다. 영국 왕이 자신을 부유하게 만드는 방법은 프랑스 왕의 것
을 훔치는 것밖에 없었다. 파이를 자르는 방법은 수없이 많지만, 어
느 방법도 파이를 더 크게 만들지는 못한다. 수많은 문화권에서 돈
을 많이 버는 것을 죄악이라고 결론 내린 이유가 여기에 있었다. 예
수가 말했듯 "부자가 천국에 들어가기는 낙타가 바늘구멍을 통과
하기보다 어려우니라"(마태오 복음 19:24)였다.

만일 파이의 크기가 정해져 있는데 내가 그중 많은 부분을 가졌
다면, 누군가 다른 사람의 몫을 빼앗은 게 분명하다. 부자는 자신의
잉여 재산을 자선에 기부함으로써 악행을 속죄해야 했다. 만일 지
구 전체의 파이가 똑같은 크기로 남아 있다면, 신용이 파고들 여지

가 없다. 신용은 오늘의 파이와 내일의 파이 간의 차이다. 만일 파이 크기가 늘 같다면 왜 외상을 주겠는가? 당신에게 돈을 빌려달라고 손을 벌리는 제빵사나 왕이 다른 경쟁자의 파이 조각을 훔칠 능력이 있다고 믿지 않는 한, 그런 위험은 감수할 수 없을 것이다.

따라서 근대 이전 세계에서 대출을 받기는 힘들었고, 만일 빌리더라도 소액으로 단기간에 높은 이자를 무는 것이 보통이었다. 새로 시작하는 기업가는 새 빵집을 열기 어려웠고, 왕궁을 짓거나 전쟁을 일으키려는 위대한 왕들은 세금과 관세를 무겁게 매겨서 자금을 조달하는 방법밖에 없었다. 왕은 그래도 상관없었다(신민들이 고분고분하기만 하다면). 하지만 빵 굽기에 대한 뛰어난 아이디어로 신분상승을 바라는 하녀는 왕궁의 부엌 바닥을 박박 닦으면서 부를 꿈꾸는 것 외에 보통 다른 방법이 없었다.

이것은 모두에게 부정적인 결과였다. 신용이 제한되어 있기 때문에 사람들은 신규 사업의 자금을 조달하는 데 어려움을 겪었고, 신규 사업이 힘들었기 때문에 경제는 성장하지 못했다. 지금까지 성장이 없었으니 사람들은 앞으로도 없을 것이라고 제멋대로 판단했고, 자본을 가진 사람들은 외상 주는 것을 경계했다. 불황에 대한 기대는 자기 실현적이었다.

커지는
파이

그때 과학혁명과 진보라는 개념이 도래했다. 진보는 우리가 스스로의 무지를 인정하고 연구에 자원을 투자한다면 나아질 수 있다는 인식을 기반으로 한다. 이 아이디어는 곧 경제용어로 번역되었다. 진보를 믿는 사람이라면 누구나 지리적 발견, 기술적 발명, 조직의 발전이 인간의 생산, 무역, 부의 총량을 늘릴 수 있다고 믿는다. 인도양의 옛 교역로를 망치지 않으면서도 대서양의 새 교역로가 번창할 수 있다. 기존 상품의 생산을 줄이지 않으면서도 신상품을 생산할 수 있다. 가령 기존의 빵집을 망하지 않게 하면서도 초코 케이크와 크루아상을 전문으로 하는 제과점을 새로 열 수 있다. 모든 사람이 그저 새로운 취향을 개발하고 더 많이 먹으면 되니까. 당신을 가난하게 만들지 않으면서도 나는 부자가 될 수 있다. 당신을 굶어 죽게 만들지 않으면서도 나는 살이 찔 수 있다. 지구상의 파이 전체가 더 커질 수 있다.

지난 5백 년간 진보라는 아이디어는 사람들로 하여금 미래를 점점 더 신뢰하게 만들었다. 신뢰는 신용을 창조했고, 신용은 현실 경제를 성장시켰으며, 성장은 미래에 대한 신뢰를 강화하고 더 많은 신용을 향한 길을 열었다. 하루아침에 일어난 일은 아니었다. 경제는 풍선이라기보다 롤러코스터처럼 움직였다. 하지만 장기적 안목으로 보면 오르락내리락거림이 평탄해지면서 전반적인 방향은 오해의 여지가 없이 분명해졌다. 오늘날의 세상에는 신용이 넘쳐난다. 그 덕분에 정부, 기업, 개인은 현재 수입을 크게 넘어서는 큰돈을 장기 저리로 쉽게 빌린다. 지구의 파이가 커지고 있다는 믿음은 결국 혁명이 되었다.

1776년 애덤 스미스는 아마도 경제학의 역사에서 가장 중요한 선언문일 《국부론》을 썼다. 제1권 제8장에서 스미스는 다음과 같

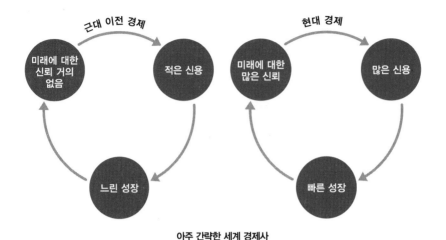

아주 간략한 세계 경제사

은 새로운 주장을 폈다. 지주나 직공이나 구두공이 자기 가족을 먹여 살리는 데 필요한 것보다 더 많은 수익을 내면 그는 남는 돈으로 조수를 더 많이 고용해 이윤을 더욱 늘리려 한다. 수익이 늘어날수록 그는 점점 더 많은 조수를 채용할 수 있다. 따라서 민간 기업인의 수익 증대는 공동체의 부와 번영을 늘리는 기초가 된다는 결론이 나온다. 우리에게는 이 내용이 그리 독창적이라고 비치지 않을지 모른다. 우리는 이미 모두 스미스의 주장을 당연히 여기는 자본주의 세상에 살고 있기 때문이다. 우리는 매일같이 뉴스에서 이 주제의 변주를 듣는다. 하지만 스미스의 주장—개인적인 수익을 늘리려는 이기적 인간의 욕구는 공동체 부의 기반이다—은 인류 역사에서 가장 혁명적인 아이디어에 속한다. 경제적 관점에서뿐 아니라 도덕적, 정치적 관점에서는 더더욱 혁명적이다. 스미스는 사실상 탐욕이 선한 것이며, 내가 부자가 되면 나만이 아니라 모두에게 이득이 된다고 말한 것이다. 이기주의가 곧 이타주의라고.

스미스는 경제를 '윈-윈 상황'으로 생각하라고 사람들에게 가르쳤다. 나의 이익이 곧 너의 이익이기도 하다는 것이다. 우리가 둘 다 더 큰 파이 조각을 가질 수 있을 뿐 아니라, 내 파이 조각이 커져야 네 조각도 커질 수 있다. 내가 가난하다면 너 역시 가난해질 것이다. 네가 생산하는 상품이나 용역을 내가 살 수 없을 테니까 내가 부자라면 너 역시 부자가 될 것이다. 네가 내게 뭔가를 팔 수 있으니까. 스미스는 부와 도덕 간의 전통적 대립을 부정했고, 부자에게 천국의 문을 열어주었다. 부자가 되는 것은 도덕적 인간이 된다는 것을 의미했다. 스미스의 이론에서, 사람들은 이웃의 것을 빼앗아서 부자가 되는 게 아니라 전체 파이의 크기를 늘림으로써 부자가 된다. 파이가 커지면 모두에게 이익이다. 따라서 부자는 사회에서 가장 쓸모 있고 인정 많은 사람이다. 모두에게 이익이 되도록 성장의 바퀴를 돌리는 사람이기 때문이다.

하지만 이 모든 것에는 전제가 있다. 부자가 자신의 수익을 비생산적인 활동에 낭비하지 않고 공장을 새로 세우고 사람들을 새로 고용하는 데 쓴다는 전제다. 그래서 스미스는 "수익이 늘면 지주나 직공은 더 많은 조수를 고용할 것이다"라는 말을 주문처럼 되풀이할 뿐 "수익이 늘면 스크루지는 돈을 상자에 숨겨둘 것이고 세어볼 때나 꺼낼 것이다"라고 말하지 않았다. 현대 자본주의 경제의 핵심적 부분은 새로운 윤리의 등장이었는데, 이 윤리에 따르면 이윤은 생산에 재투자되어야 한다. 재투자는 더 많은 수익을 가져오고, 이것은 다시 생산을 위해 투자되어서 더 많은 이윤을 낳으며, 이 과정

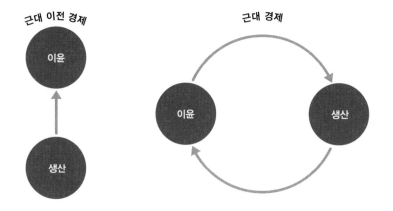

근대 이전 경제

이윤

생산

근대 경제

이윤

생산

은 무한정 되풀이된다. 투자는 다양한 방식으로 이뤄질 수 있다. 공장 확대, 과학연구의 시행, 신제품 개발…… 하지만 모든 투자는 어떻게 해서든 생산을 늘려야 하고 더 많은 이윤으로 전환되어야 한다. 새로운 자본주의 교리에서 가장 신성한 제1계율은 "생산에 따른 이윤은 생산 증대를 위해 재투자되어야 한다"이다.

자본주의가 '자본주의'라고 불리는 이유가 여기에 있다. 자본주의는 '자본'을 단순한 '부'와 구별한다. 자본이란 생산에 투자되는 돈과 재화와 자원을 말한다. 반면에 부는 땅에 묻혀 있거나 비생산적 활동에 낭비된다. 비생산적인 피라미드에 자원을 쏟아붓는 파라오는 자본주의자가 아니다. 스페인의 보물선단에서 약탈한 금화를 상자에 담아 카리브해의 어느 섬에 묻어둔 해적은 자본주의자가 아니다. 하지만 열심히 일해서 수입의 일부를 주식시장에 투자한 공장 노동자는 자본주의자다.

"생산에 따른 이윤은 생산 증대에 재투자해야 한다"는 아이디어는 사소한 것처럼 보인다. 하지만 이것은 역사를 통틀어 대부분의 사람들이 들어보지 못한 소리였다. 근대 이전의 사람들은 생산이 어느 정도 일정하다고 생각했다. 그렇다면 무슨 짓을 하든 생산이 크게 늘지 않을 텐데 왜 이윤을 재투자하겠는가? 그래서 중세 귀족은 관대함과 과시적 소비라는 윤리를 신봉했다. 이들은 수입을 마상 시합, 연회, 궁궐, 전쟁, 자선, 엄청나게 큰 성당에 썼다. 수익을 투자해 영지의 생산량을 늘리거나, 밀의 신품종을 개발하거나, 새로운 시장을 알아보는 경우는 드물었다.

근대에 이르러 귀족은 자본주의 신조를 믿는 새로운 엘리트에게 추월당했다. 새로운 자본주의자 엘리트는 공작이나 후작부인이 아니라 회장, 주식 거래인, 기업경영자로 구성되어 있다. 이들 유력자는 중세 귀족보다 훨씬 부유하지만 사치성 소비에 대한 관심이 훨씬 덜하다. 수입에서 비생산적 활동에 쓰는 돈이 차지하는 비중도 훨씬 적다. 중세 귀족은 금실과 비단으로 짠 화려한 복장을 하고 연회와 축제와 멋진 마상 시합에 참석하는 데 대부분의 시간을 보냈다. 반면에 현대의 CEO들은 까마귀 떼 정도의 스타일을 허락하는 수트라고 불리는 지루한 유니폼을 입고, 축제를 즐길 시간이 거의 없다. 전형적인 벤처 투자자는 회의에서 회의로 뛰어다니며 자본을 어디에 투자해야 좋을지 고민하고, 자신이 보유한 유가증권의 등락을 계속 추적한다. 그는 베르사체 양복을 입고 전용 제트기를 타고 다니겠지만, 이 모든 지출은 그가 생산을 늘리기 위해 투자하는 액수에 비하면 아무것도 아니다.

베르사체를 빼입은 사업계의 거물만 생산성을 늘리려고 투자를

455

하는 것이 아니다. 보통 사람들과 정부기관들도 비슷한 방식으로 생각한다. 평범한 이웃간의 저녁식사 자리에서 벌어지는 대화가 저축을 어디에 투자하면 좋은가, 주식인가 채권인가 부동산인가 하는 긴 논쟁으로 조만간 귀결하는 경우가 얼마나 많은가? 정부 역시 미래의 수입을 늘려줄 생산적인 사업에 조세수입을 투자하려고 애를 쓴다. 가령 새로운 항구를 지으면 공장에서 생산한 생산품을 수출하기 쉬워질 것이고, 공장의 수입이 늘어나면 세금을 더 매길 수 있으며, 따라서 정부의 미래 수입이 늘어날 것이다. 교육 투자를 선호하는 정부도 있을 수 있다. 교육받은 사람들은 이윤이 많은 하이테크 산업의 기반이 된다는 견지에서다. 이런 산업은 세금을 많이 내면서도 비싼 항만시설을 필요로 하지 않는다.

자본주의는 경제가 어떻게 기능하는지에 대한 이론으로서 시작되었다. 그 이론은 기술記述적인 동시에 규범적이었다. 그 이론은 돈이 어떻게 작동하는지를 설명했고, 수익을 생산에 재투자하면 경제가 빠르게 성장한다는 아이디어를 선전했다. 하지만 자본주의는 점차 경제적 교리를 넘어서는 무언가가 되었다. 이제 자본주의에는 하나의 윤리가 포함되어 있다. 사람들에게 어떻게 처신해야 하는지, 아이를 어떻게 교육해야 하는지, 심지어 어떻게 생각해야 하는지까지 일러주는 가르침들이다. 그중 가장 핵심 신조는 경제성장이 최고의 선이라는 것, 최소한 그 대용품은 된다는 것이다. 왜냐하면 정의와 자유, 심지어 행복까지도 경제성장에 좌우되기 때문이다.

자본주의자에게 짐바브웨나 아프가니스탄 같은 곳에 정의와 정치적 자유를 도입할 방법을 물어보라. 경제적 풍요와 번영하는 중산층이 안정적 민주제도에 얼마나 핵심적인지에 대한 강의를 듣게 될 것이다. 그러므로 아프가니스탄 부족민들에게 자유 기업과 검약과 자립의 가치를 가르칠 필요가 있다는 말도 듣게 될 것이다. 이 새로운 종교는 현대 과학의 발달에도 결정적 영향을 미쳤다. 과학 연구자금은 정부나 민간기업에서 조달하는 것이 보통인데, 자본주의 정부와 기업이 특정 과학 프로젝트에 대한 투자를 고려할 때 가장 먼저 나오는 질문은 보통 "이 프로젝트는 우리의 생산량과 수익을 늘려줄 것인가? 경제성장을 만들어낼 것인가?"이다. 이 장애물을 못 넘는 프로젝트는 후원자를 찾을 가능성이 희박하다. 근대 과학의 역사에서 자본주의를 관련시키지 않을 길은 없다.

반대로, 자본주의의 역사는 과학을 고려하지 않으면 이해될 수 없다. 영원히 계속되는 경제성장에 대한 자본주의자의 믿음은 우주에 대해 우리가 아는 거의 모든 지식에 위배된다. 양의 공급이 무한정 확대될 수 있다고 믿는 늑대 사회가 있다면 그것은 엄청난 멍청이들의 사회일 것이다. 그럼에도 인류의 경제는 근현대 기간 내내 어찌해서든지 계속 기하급수적으로 성장해왔는데, 이것은 오로지 과학자들이 몇 년마다 한 번씩 새로운 발견이나 장치를 들고 나온 덕분이었다. 예를 들면 아메리카 대륙, 내연기관, 유전자 복제 양 같은 것을. 은행과 정부는 돈을 찍어내지만 궁극적으로 그 비용을 부담하는 것은 과학자들이다.

지난 몇 년간 은행과 정부는 미친 듯이 돈을 찍어냈다. 지금의 경제위기가 경제성장을 멈추게 할지 모른다고 모든 사람이 겁에 질려 있다. 그래서 그들은 난데없이 조 단위의 달러와 유로와 엔을 만들어서 값싼 신용을 시스템에 펌프질해 넣고 있다. 그러면서 경제의 거품이 터지기 전에 과학자, 기술자, 공학자가 어찌해서든 뭔가 정말 큰 건수를 올리기를 희망하고 있다. 모든 것이 실험실에 있는 사람들에게 달려 있다. 생명공학 기술이나 인공지능 같은 분야에서 이룩한 새로운 발견은 온전히 새로운 산업 영역을 창조해낼 수 있으며, 그로부터 나오는 수익은 은행과 정부가 2008년부터 만들어낸 조 단위의 환상의 돈을 뒷받침해줄 수 있을 것이다. 만일 거품이 터지기 전에 연구실들이 이 기대를 충족시키지 못한다면, 우리 미래는 매우 힘들어질 것이다.

콜럼버스가
투자자를 찾는다

자본주의는 근대 과학의 발흥뿐 아니라 유럽 제국주의의 등장에도 결정적인 역할을 했다. 애초에 자본주의의 신용시스템을 만들어낸 것도 유럽 제국주의였다. 물론 신용은 근대 유럽에서 발명된 것이 아니다. 신용은 거의 모든 농경사회에도 존재했고, 또한 근대 초기 유럽 자본주의의 등장은 아시아의 경제 발전과 밀접히 관련되어 있었다. 18세기 후반 이전까지 세계 최대의 경제적 실세는 아시아였다는 점도 기억하자. 이것은 곧 유럽인들이 보유한 자본이 중국인, 무슬림, 인도인보다 훨씬 더 적었다는 것을 의미한다. 하지만 중국, 인도, 무슬림 세계의 사회정치 체제에서 신용이 수행한 역할은 부차적이었다. 이스탄불, 이스파한, 델리와 베이징의 상인들과 은행가들은 자본주의자처럼 생각했을지 몰라도, 궁전과 성채에 있는 왕과 장군들은 상인과 상업적 사고방식을 경멸하는 경향이 있었다.

근대 초기의 비유럽 제국들을 세운 것은 누르하치, 나디르 샤 같은 위대한 정복자들, 혹은 청과 오토만 제국의 경우처럼 관료 엘리트와 군사 엘리트였다. 이들은 세금이나 약탈(둘 사이에 엄밀한 구분은 없었다)을 통해 자금을 조달했지, 신용체계의 도움을 받지는 않았다. 은행가나 투자자의 이자에 대해서는 더더욱 관심이 없었다. 반면에 유럽에서는 왕과 장군들이 점차 상인의 사고방식을 따르기 시작했고, 결국 상인과 은행가가 지배 엘리트가 되었다. 유럽의 세계 정복 자금은 세금보다는 신용대부로 조달되는 경우가 점점 늘어났다. 자본가들이 일을 지휘하는 경우도 점점 많아졌다. 이들의 주된 야망은 투자를 통해 최대의 수익을 올리는 것이었다.

프록코트와 실크 해트를 입은 은행가와 상인이 세운 제국은 금실로 된 옷과 반짝이는 갑옷을 두른 왕과 귀족이 세운 제국을 무찔렀다. 상인들의 제국은 정복에 필요한 자금을 훨씬 더 영리하게 조달했다. 세금을 내고 싶어 하는 사람은 아무도 없지만, 투자를 하라고 하면 모두가 기꺼이 한다. 1484년 크리스토퍼 콜럼버스는 포르투갈 왕을 찾아가, 동아시아를 향한 새 무역로를 개척할 테니 선단을 구성할 자금을 지원해달라고 제안한다. 그런 탐사는 위험이 크고 비용이 많이 드는 사업이었다. 배를 건조하고 보급품을 사고 선원과 군인 들의 급여를 주려면 많은 돈이 필요했다. 투자가 수익을 낸다는 보장도 없었다. 포르투갈 왕은 거절했다. 하지만 오늘날 사업의 첫걸음을 내딛는 사람들처럼, 콜럼버스는 포기하지 않았다. 그는 자신의 아이디어를 다른 잠재적 투자자들에게 설명했다. 그의 설명회는 이탈리아, 프랑스, 영국을 거쳐 포르투갈로 되돌아왔다. 그는 번번이 거절당했다.

이번에 그는 새로 통일된 스페인의 통치자 페르디난드와 이사벨라에게 운을 시험해보았다. 그는 숙달된 로비스트들을 고용하여, 그들의 도움으로 이사벨라 여왕을 설득하는 데 성공했다. 그리고 모든 어린이가 학교에서 배운 것처럼, 이사벨라는 대박을 터뜨렸다. 콜럼버스의 발견으로 스페인인들은 아메리카를 정복할 수 있었고, 그곳에서 금광과 은광을 개발했으며 사탕수수와 담배를 재배할 대형 농장을 건설하여 스페인의 왕, 은행가, 상인을 상상도 하지 못한 만큼 부자가 되게 만들어주었다.

1백 년 뒤의 왕자들과 은행가들은 콜럼버스의 후계자들에게 전보다 훨씬 많은 신용대출을 기꺼이 해주고 싶어 했다. 이들은 아메리카에서 거둔 수확 덕분에 과거보다 더 많은 자본을 가지고 있었다. 그 못지않게 중요한 사실은, 왕자들과 은행가들이 탐사의 잠재력에 대해 더 큰 신뢰를 갖고 있었으며 기꺼이 자신들의 돈으로 참여하고 싶어 했다는 점이다. 이것이 제국주의적 자본주의의 마법의 순환이었다. 신용대출은 새 발견을 할 자금을 공급했고, 발견은 식민지로 이어졌고, 식민지는 수익을 제공했으며, 수익은 신뢰를 만들어냈고, 신뢰는 더 많은 신용대출로 바뀌었다. 누르하치와 나디르 샤는 수천 킬로미터를 전진한 후에 연료가 떨어졌지만, 자본주의 사업가들은 정복을 거듭하면 할수록 재정적 탄력이 점점 더 붙었다.

제 4 부

하지만 탐사는 원래 불확실한 사업이었기 때문에, 신용시장은 계속 조심스러운 입장을 취했다. 많은 원정대가 가치 있는 것을 발견하지 못한 채 빈손으로 유럽에 돌아왔다. 영국인들은 북극을 통해 아시아로 가는 북서 항로를 개척하려 많은 자본을 퍼부었지만 성과를 얻지 못했다. 아예 돌아오지 못한 원정대도 많았다. 이들을 실은 배는 빙하에 부딪치거나, 열대폭풍으로 침몰하거나, 해적에게 희생당했다. 유럽인들은 잠재적 투자자의 숫자를 늘리고 자신들이 발생시키는 위험을 줄이기 위해 합자회사에 의지했다. 한 명의 투자자가 삐그덕거리는 배 한 대에 돈을 몽땅 투자하는 대신, 합자회사는 많은 투자자로부터 돈을 모았다. 투자자 개개인은 자기 자본에서 아주 작은 몫만 위험 부담을 지는 방식이었다. 이렇게 하면 위험은 축소되지만 수익은 얼마든지 커질 수 있었다. 한 척의 배에 아주 소액만 투자해도 잘만 하면 백만장자가 될 수 있었다.

수십 년이 흐르는 동안 유럽에서는 복잡한 금융 시스템이 발달했다. 아주 짧은 기간 내에 많은 액수의 신용대출을 받아서 이를 민간 기업이나 정부에 맡기는 시스템이었다. 이 시스템은 왕국이나 제국에 비해 훨씬 더 효율적으로 탐사원정이나 정복사업에 자금을 댈 수 있었다. 새로 발견된 신용의 힘은 스페인과 네덜란드의 격렬한 싸움에서 잘 드러났다. 16세기 스페인은 유럽에서 가장 강력한 국가로서, 광대한 세계 제국을 지배하고 있었다. 유럽의 많은 부분, 남북 아메리카의 큰 땅덩어리, 필리핀 제도, 아프리카와 아시아의 연안을 따라 줄지어 건설된 기지들을 지배했다. 아메리카와 아시아의 보물을 가득 실은 선단들이 해마다 세비야와 카디스 항구로 돌아왔다.

한편 네덜란드는 바람이 많이 부는 늪지대로, 면적이 좁고 천연자원도 없었으며, 스페인 왕의 통치를 받는 작은 지방이었다. 1568년, 주로 개신교도인 네덜란드인들은 가톨릭을 믿는 스페인 군주를 상대로 반란을 일으켰다. 처음에는 반란군이 무적의 풍차를 상대로 용감하게 싸우는 돈키호테처럼 보였다. 하지만 80년이 지나지 않아 네덜란드인들은 스페인에게서 독립을 쟁취했을 뿐 아니라, 스페인과 그 동맹국인 포르투갈의 자리를 차지하는 데 성공했다. 해양 항로의 주인으로서 네덜란드 세계 제국을 건설하고 유럽에서 가장 부유한 나라로 등극한 것이다.

그 성공의 비결은 신용에 있었다. 네덜란드 소도시의 시민들은 지상에서 싸우는 데 취미가 없었으므로, 용병을 고용해 자기들 대신 스페인과 싸우게 했다. 그동안 자신들은 바다로 나가 점점 더 큰 선단을 꾸렸다. 용병을 쓰려면 돈이 많이 든다. 함포를 장착한 선단도 마찬가지다. 하지만 네덜란드인들은 강력한 스페인 제국보다 더욱 쉽게 군사 원정대의 자금을 조달할 수 있었는데, 왜냐하면 급성장하는 유럽 금융제도로부터 신뢰를 얻었기 때문이었다. 한편 당시 스페인 왕은 부주의하게도 자신에 대한 금융제도의 신뢰를 갉아먹고 있었다. 금융업자들은 네덜란드에게 군대와 선단을 갖추기에 충분한 액수를 신용으로 대출해주었다. 이 군대와 선단 덕분에 네덜란드는 세계 무역로를 장악하여 막대한 수익을 올릴 수 있었고, 그 이익으로 대출을 갚았으며, 그 덕분에 신용도는 더 높아졌다. 암스테르담은 유럽에서 가장 중요한 항구일 뿐 아니라 대륙의 금융 메카로 급성장했다.

네덜란드인들은 정확히 어떻게 금융제도의 신뢰를 얻었을까? 첫째, 이들은 기일에 맞춰 전액을 반드시 갚았다. 그래서 대부업자들에게 신용을 얻었다. 둘째, 사법제도가 독립되어 있는 데다 사적 권리, 그중에서도 사유재산권을 보호했다. 자본은 민간인들의 재산을 보호해주지 않는 독재국가에서 새어나와 법치와 사유재산권이 있는 국가로 흘러들어갔다.

당신이 독일에서 금융업을 하는 건실한 가문의 아들이라고 상상해보자. 아버지는 유럽의 주요 도시들에 지국을 열어 사업을 확장할 기회를 살피고 있다. 아버지는 당신을 암스테르담으로, 동생을 마드리드로 보내면서 투자금으로 각각 금화 1만 개를 주었다. 동생은 스페인 왕에게 이자를 받고 자본금을 빌려준다. 스페인 왕은 프랑스 왕과 싸울 군사를 구하기 위해서 돈이 필요하다.

당신은 네덜란드 상인에게 돈을 빌려주기로 한다. 상인은 맨해튼이라 불리는 황량한 섬 남단의 잡목투성이 땅에 투자하고 싶어 한다. 그는 허드슨 강이 교역의 주요 동맥으로 떠오르면서 그곳의 부동산 가치가 천정부지로 뛰어오를 것이라고 확신하고 있다. 양쪽 모두 대출은 1년 내에 갚기로 되어 있다. 1년이 지나간다. 네덜란드 상인은 자신이 구매한 땅을 높은 가격에 팔아서 수익을 올리고, 약속한 이자와 함께 원금을 갚는다. 당신의 아버지는 만족해한다. 하지만 마드리드에 있는 당신의 동생은 신경이 곤두서기 시작했다. 프랑스와의 전쟁은 잘 끝났지만, 스페인 왕은 이내 터키인들과의 분쟁에 말려들었다. 왕에게는 새 전쟁 자금이 필요하고, 한 푼도 아쉬운 상황이다. 빌린 돈을 갚는 것보다 전쟁 자금이 훨씬 더 중요하다고 생각한다. 동생은 왕궁으로 편지를 보내는 한편 법원에 끈이 있는 친구들을 동원해보지만 아무 성과가 없다. 동생은 원래의 약정에 따른 이자뿐 아니라 원금도 잃었다. 당신의 아버지는 언짢아한다.

설상가상으로 스페인 왕은 동생에게 재무 담당관을 보내, 지난번과 동일한 액수의 대출을 받기를 기대하고 있다고 말한다. 동생은 빌려줄 돈이 없다. 그는 고향에 계신 아버지께 편지를 써서, 이번에는 왕이 반드시 자기 말대로 갚을 것이라고 설득한다. 아버지들은 막내에게 약한 법이라, 무거운 마음으로 승낙한다. 금화 1만 개가 또다시 스페인 재무성으로 사라지고, 다시는 모습을 드러내지 않는다. 한편 암스테르담에서는 전망이 밝아 보인다. 당신은 진취적인 네덜란드 상인들에게 점점 더 많은 대출을 해주고, 이들은 때가 되면 전액을 정확하게 갚는다.

하지만 당신의 운이 무한정 좋을 수는 없다. 당신의 통상적인 고객 중 한 명이 다음 시즌 파리에서 유행할 품목은 나막신일 것이라는 직감을 품는다. 그는 당신에게 프랑스 수도에 초대형 신발가게를 열기 위한 자금을 신용대출해달라고 요구한다. 당신은 돈을 빌려주지만, 불행하게도 나막신은 프랑스 숙녀들에게 인기가 없는 것으로 밝혀지고, 언짢아진 상인은 대출 상환을 거부한다. 당신의 아버지는 격노해서 두 아들에게 변호사를 동원할 때가 되었다고 말한다. 동생은 마드리드에서 스페인 왕을 상대로 소송을 제기하고, 당신은 암스테르담에서 왕년의 나막신 명인을 상대로 소송을 낸다. 스페인 법원은 왕에게 영합하는 성향이다. 판사는 왕의 입맛에 맞추려 하는 데다, 왕의 뜻대로 일을 처리하지 않을 경우 처벌을 받을까 봐 두려워한다.

한편 네덜란드의 법원은 정부와 별개이며, 시민이나 군주로부터 독립되어 있다. 마드리드 법원은 당신 동생의 소송을 기각하지만, 암스테르담 법원은 당신에게 승소판결을 내리고 나막신 상인의 빚 상환을 강제하기 위해 그의 자산을 압류한다. 동생의 고난은 끝나지 않았다. 스페인 왕은 군대에 지불할 돈을 구하기 위해 필사적이다. 왕은 당신 아버지에게 자금이 더 있다는 것을 알고 있다. 왕은 동생에게 날조한 반역 혐의를 씌운다. 금화 2만 개를 당장 가져오지 않으면 동생을 지하감옥에 처넣어 죽을 때까지 그곳에서 썩일 것이라고 협박한다. 당신의 아버지는 질려버렸다. 그는 사랑하는 아들을 위해 몸값을 지불하지만, 앞으로 절대로 스페인에서 사업을 하지 않겠다고 결심한다.

아버지는 마드리드 지국을 폐쇄하고, 당신 동생을 로테르담으로 보낸다. 네덜란드에 두 개의 지국을 두는 것은 정말 좋은 아이디어로 보인다. 심지어 스페인 자본가들도 자기 나라에서 재산을 몰래 반출하고 있다는 소문이 들려온다. 그들도 자기 돈을 지키고 그 돈으로 더 많은 재산을 만들고 싶다면 어떻게 해야 할지 깨달은 것이다. 법치가 지켜지고 사유재산권이 존중받는 지역, 예컨대 네덜란드에 돈을 투자하는 편이 낫다. 스페인 왕이 투자자들의 신뢰를 잃는 동안 네덜란드 상인들이 신뢰를 쌓는 과정은 이런 식으로 진행되었다.

네덜란드 제국을 세운 것은 네덜란드라는 국가가 아니라 상인들이었다. 스페인 왕은 계속해서 자신의 정복사업을 유지했지만, 자금을 조달하기 위해 세금을 올려서 원성을 샀다. 네덜란드 상인들은 돈을 빌려서 정복사업의 자금을 댔지만, 한편으로 자기 회사의 주식을 팔아서 자금을 조달하는 경우가 점점 더 늘어났다. 주식 소유자는 회사가 내는 이익의 일부를 받을 권리를 갖게 된다. 이들은 네덜란드 제국의 대들보가 된 주식회사에 기꺼이 재산을 투자했다. 스페인 왕에게는 결코 투자하지 않을 것이며, 상대가 네덜란드 정부라도 돈을 빌려주기 전에 두 번 더 생각할 신중한 투자자인데도 말이다.

만일 당신이 앞으로 어떤 회사가 큰 수익을 내리라고 생각하는데 그 회사 주식이 이미 모두 팔렸다고 하자. 당신은 그 주식을 보유한 사람들에게서 일부를 살 수 있을 것이다. 아마도 원래 구매 가격보다 더 높은 가격으로. 거꾸로 만일 당신이 어떤 주식을 샀는데 해당 회사가 곤경에 빠졌다면, 당신은 그 주식을 구매가보다 싸게 팔려고 내놓을 수 있다. 이런 식으로 주식 거래가 시작되었고, 결국 유럽의 주요 도시 대부분에 주식거래소가 설립되었다. 네덜란드에서 가장 유명한 주식회사는 네덜란드 동인도회사로, 1602년 설립 인가를 받았다. 당시는 네덜란드가 스페인의 지배를 떨쳐버리는 투쟁을 하던 시기로, 스페인이 발사한 대포 소리가 암스테르담의 성벽 멀지 않은 곳에서 들리던 시절이었다. 네덜란드 동인도회사는 주식을 팔아서 마련한 돈으로 선박을 건조했고, 그 배를 아시아로 보내서 중국, 인도, 인도네시아의 재화를 실어 왔다.

회사는 경쟁자나 해적을 상대로 군사작전도 벌였는데, 그 경비도 동일한 방식으로 조달했다. 결국 네덜란드 동인도회사의 돈은 인도네시아 정복을 뒷받침하게 되었다. 인도네시아는 세계 최대의 군도로, 수만 개의 섬은 17세기 초에 수백 개의 왕국, 공국, 술탄의 영지, 부족이 지배하고 있었다. 네덜란드 동인도회사의 상인들이 인도네시아에 처음 도착한 것은 1603년으로 당시 이들에게는 상업적인 목적밖에 없었다. 하지만 상인들은 상업적인 이익을 보호하고 주식 소유자의 이윤을 극대화하기 위해서 유럽인 경쟁자들과 싸웠으며, 관세를 높게 물리는 현지의 통치자들과도 싸웠다. 동인도회사는 상선에 대포를 장착하고 일본인, 인도인, 인도네시아인 용병을 고용했다. 요새를 건설하고, 제대로 된 전투와 포위 공격을 수행했다.

이런 사업은 오늘날의 시각으로는 좀 이상해 보이지만, 근대 초기에는 그렇지 않았다. 당시에는 민간회사가 병사뿐 아니라 장군과 제독을 고용하고, 대포와 함선을 구매하고, 심지어 체제를 갖춘 기성품 군대도 고용했다. 국제사회는 이를 당연시하여, 민간회사가 제국을 건설해도 눈살을 찌푸리지 않았다. 섬들은 하나하나 네덜란드 동인도회사의 수중에 떨어졌고, 인도네시아 대부분이 이 회사의 식민지가 되었다. 회사는 인도네시아를 2백 년 가까이 통치했다. 네덜란드 정부는 1800년이 되어서야 인도네시아의 통치를 떠맡아 국영 식민지로 만들었고 이 체제는 150년간 지속되었다.

오늘날 일부에선 21세기의 기업이 너무 많은 권력을 가지고 있다고 경고한다. 근대 초기 역사를 보면, 기업이 이익을 무한히 추구하게 놔둘 경우 어떤 일이 벌어질 수 있는지를 잘 알 수 있다. 네덜란드 동인도회사가 인도양에서 활약한 반면 네덜란드 서인도회사는 대서양에서 부지런히 움직였다. 허드슨 강에서 이루어지는 교역이 중요했기 때문에, 회사는 이를 장악하기 위해 강 입구 섬에 뉴암스테르담이란 정착지를 건설했다. 식민지는 거듭해서 원주민들의 위협을 받고 되풀이해서 영국인의 공격을 받은 끝에, 결국 1664년 영국의 수중에 들어갔다. 영국은 섬의 이름을 뉴욕으로 바꿨다. 네덜란드 서인도회사가 식민지를 원주민과 영국인으로부터 지키기 위해 세웠던 성벽wall의 잔해 위에 깐 포장도로는 세계에서 가장 유명한 거리, 즉 월스트리트Wall Street가 되었다.

17세기가 끝나가면서 네덜란드는 뉴욕을 잃었고, 금융 및 제국의 심장이라는 유럽 내에서의 지위도 내놓았다. 여기에는 현상에 안주한 자세도 한몫했고, 대륙전쟁을 치르느라 경비를 너무 많이 지출한 탓도 있었다. 네덜란드가 빠져나간 공백을 놓고 치열한 경쟁을 벌인 것은 프랑스와 영국이었다. 처음에는 프랑스가 훨씬 유리해 보였다. 프랑스는 덩치가 더 크고 자금과 인구도 더 많았으며 경험 많은 군대를 더 많이 보유하고 있었다. 하지만 영국인들은 어떻게 해서든 금융제도의 신뢰를 얻는 데 성공한 데 비해, 프랑스는 스스로 신용할 수 없는 대상임을 드러냈다. 프랑스 왕의 행태는 18세기 유럽 최대의 금융 버블이라 불리는 미시시피 버블 과정에서 특히 악명을 떨쳤다.

이 이야기도 제국을 세운 주식회사와 함께 시작된다. 1717년 프랑스에서 사업승인을 받은 미시시피 사는 미시시피 하류의 연안 지역을 식민지로 만들고 뉴올리언스 시를 건설했다. 야심찬 계획을 실현할 자금을 모으고자, 프랑스 루이 15세의 궁정과 좋은 관계를

제 4 부

▲ 1660년의 뉴암스테르담은 맨해튼 섬의 끝자락에 자리 잡고 있었다. 오늘날 이 정착지의 방어벽 자리로는 월스트리트의 도로가 지나간다.

맺고 있던 회사는 파리 주식시장에서 주식을 팔았다. 회사 사장이던 존 로는 프랑스 중앙은행 총재이기도 했다. 게다가 왕은 그를 오늘날의 재정부장관과 비슷한 정부 금융 총책 자리에 임명했었다.

1717년 미시시피 하류의 연안 지대는 늪지와 악어를 제외하면 그다지 매력이 없는 곳이었다. 하지만 미시시피 사는 여기에 엄청난 부와 무한한 기회가 있다고 떠벌렸다. 프랑스의 귀족, 사업가, 도시 부르주아 중 둔한 사람들이 이런 환상에 속았고, 회사 주식의 가격은 천정부지로 치솟았다. 애초에 주식은 한 주에 50리브르(프랑스의 옛 화폐단위—옮긴이)에 발행되었다. 1719년 8월 1일에는 2,750리브르에 거래되었다. 8월 30일에는 4,100리브르, 9월 4일에는 5천 리브르가 되었다.

12월 2일이 되자 주식은 한 주당 1만 리브르를 돌파했다. 황홀감이 파리의 거리를 휩쓸었다. 사람들은 가진 것을 모두 팔고 대규모 대출을 받아 미시시피 사의 주식을 샀다. 부자가 되는 손쉬운 방법을 발견했다는 것이 모든 사람의 생각이었다. 며칠 지나지 않아, 공황이 시작되었다. 일부 투자자들은 주식 가격이 완전히 비현실적이며 지속 가능하지 않다는 사실을 깨달았다. 이들은 가격이 정점을 찍을 때 파는 게 좋겠다고 판단했다. 매도 물량이 늘어나자 가격이 내려가기 시작했다. 투자자들은 가격이 떨어지는 것을 보자 빨리 손을 털고 싶었고, 가격은 더욱더 떨어져서 눈사태처럼 무너져버렸다.

프랑스 중앙은행은 가격을 안정시키기 위해 총재인 존 로의 지시에 따라 미시시피 주식을 구매했지만, 영원히 매수를 계속할 수는 없었다. 결국에는 자금이 떨어졌다. 일이 이렇게 되자 정부 재정 총책임자이기도 했던 존 로는 돈을 더 찍어내도록 인가했다. 중앙은행이 주식을 더 살 수 있게 하기 위해서였다. 이로써 프랑스의 재정 시스템 전체가 거품 속으로 들어갔다. 더군다나 그런 금융상의 마법으로도 곤경을 면할 수 없었다. 미시시피 사의 주식값은 1만 리브르에서 1천 리브르로 떨어졌고, 그다음엔 완전히 붕괴하여 한 푼 어치의 가치도 없게 되었다. 이즈음 프랑스 중앙은행과 왕국 재무성은 돈은 한 푼도 없으면서 무가치한 주식만 엄청나게 가지고 있는 상황이었다. 큰손 투기꾼들은 제때 주식을 판 덕분에 대체로 큰 손실 없이 벗어났지만, 개미들은 모든 것을 잃었다. 자살하는 사람이 속출했다.

미시시피 버블은 역사상 가장 극적인 금융붕괴 사태였고, 프랑스의 금융 시스템은 결코 완전히 회복되지 못했다. 미시시피 사가 어떤 식으로 정치적 연줄을 이용해서 주가를 조작하고 매수 광풍에 불을 질렀는지 백일하에 드러났기 때문에, 대중은 프랑스 은행 시스템과 프랑스 왕의 현명함에 대해 불신했다. 루이 15세는 신용대출을 받기가 점점 더 힘들어졌다. 이것은 해외의 프랑스 제국이 영국의 손에 떨어진 주요한 이유 중 하나였다.

영국인들은 자금을 저리로 쉽게 빌릴 수 있었던 데 비해, 프랑스인들은 융자를 받기도 어려웠고 높은 이자를 지불해야 했다. 프랑스 왕은 점점 불어나는 빚을 갚기 위해서 점점 더 많은 돈을 더욱더 높은 이자율로 빌려야 했다. 그가 죽자 왕위에 오른(1774년) 손자 루이 16세는 1780년대에 이르러 자신이 파산을 향해 달려가고 있다는 사실을 깨달았다. 연간 예산의 절반이 대출금에 대한 이자 지불금으로 묶여 있었던 것이다. 1789년 그는 마지못해 삼부회(사제, 귀족, 제3신분으로 이뤄진 신분제 의회―옮긴이)를 소집한다. 위기의 해법을 찾기 위해 150년 동안 열린 적이 없던 의회를 소집한 것이다. 그리하여 프랑스 혁명이 시작되었다.

프랑스의 해외 제국이 무너지는 동안 대영제국은 급속히 팽창했다. 이전의 네덜란드 제국처럼 대영제국은 대체로 민간 주식회사들에 의해 설립, 운영되고 있었고, 이들 회사는 런던 주식거래소에 기반을 두고 있었다. 북미 최초의 영국인 정착지는 런던 사, 플라이마우스 사, 도체스터 사, 매사추세츠 사 같은 17세기 초 주식회사들에 의해 건설되었다. 인도 아대륙을 정복한 것도 영국 정부가 아니라 영국 동인도회사의 용병들이었다. 이 회사의 실적은 심지어 네덜란드 동인도회사를 넘어섰다. 런던 레든홀 스트리트에 있는 본부를 기반으로 한 회사는 막강한 인도 제국을 약 1백 년 동안 지배했다. 막대한 군대를 유지했는데, 군인이 많을 때는 35만 명에 이르러 영국 왕이 보유한 군대를 크게 상회했다. 영국 왕은 1858년에 이르러서야 인도를 국유화했고, 동인도회사의 민영 군대도 이때 국유화했다. 나폴레옹은 영국을 가게 주인들의 나라라며 비웃었지만, 결국 그 가게 주인들에게 패배했다. 가게 주인들이 세운 제국은 역사상 최대의 제국이었다.

자본의
이름으로

네덜란드의 인도네시아 국유화(1800년), 영국의 인도 국유화(1858년)가 이루어졌지만, 이로 인해 자본주의와 제국의 포옹이 끝났다고는 볼 수 없다. 오히려 양자의 관계는 19세기에 더 끈끈해졌다. 주식회사는 더 이상 민간 식민지를 개척하고 지배할 필요가 없었고, 이제 사장과 대주주들은 런던, 암스테르담, 파리에서 권력의 끈을 조종했다. 이들은 국가가 자신들의 이익을 지키고 뒷배를 봐주리라고 믿고 있었다. 마르크스를 비롯한 사회 비평가들이 빈정댔듯이, 서구 정부는 자본주의자들의 노동조합이 되어가고 있었다.

정부가 큰돈을 벌려고 나선 가장 악명 높은 사례가 영국과 중국이 벌인 제1차 아편전쟁(1840~1842)이다. 19세기 전반 영국 동인도회사와 잡다한 영국 사업가들은 마약 수출로 돈을 벌었는데, 특히 중국에 아편을 수출하는 것이 주종이었다. 수백만 명의 중국인이 중독자가 되었고, 나라는 경제적으로나 사회적으로 쇠약해졌다. 1830년대 말 중국 정부는 마약 거래를 금지하는 포고령을 내렸으나 영국 마약 상인들은 법을 완전히 무시했고, 중국 당국은 배에 실려 있던 마약을 압류해 파괴하기 시작했다. 마약 카르텔들은 웨스트민스터와 다우닝 가와 긴밀한 관계를 유지하고 있었다. 실제로 많은 의원과 각료들이 마약 회사의 주식을 보유하고 있었다. 그래서 이들은 정부에게 행동에 나서라는 압력을 넣었다.

1840년 영국은 '자유무역'이라는 명목으로 중국에 정식으로 전쟁을 선포했다. 전쟁은 식은 죽 먹기였다. 자신감 과잉이던 중국은 증기선, 대구경 대포, 로켓, 신속발사 소총 같은 영국의 신무기에 상대가 되지 않았다. 이어진 평화조약에서, 중국은 영국 마약 상인의 활동을 제약하지 않겠다고 약속했고 중국 경찰이 마약 상인에게 끼친 피해도 보상하기로 했다. 더구나 영국은 홍콩의 조차租借를 요구해 통치함으로써 그곳을 안전한 마약 거래 기지로 계속 사용했다(홍콩은 1997년까지 영국의 통치를 받았다). 19세기 말 중국 인구의 10분의 1에 이르는 약 4천만 명이 마약 중독자였다.[3]

이집트 역시 영국 자본주의의 힘을 벗어날 수 없었다. 19세기 프랑스와 영국의 투자자들은 이집트의 지배자들에게 거액을 빌려주었는데, 처음에는 수에즈 운하 프로젝트에 자금을 대기 위해서였고 나중에는 이보다 훨씬 성공적이지 않은 다른 사업들에 자금을 대기 위해서였다. 이집트의 빚은 점점 더 많아졌고, 유럽인 채권자들은 이집트 내정에 점점 더 많이 관여했다. 1881년 이집트 민족주의자들은 더 이상 참지 못하고 반란을 일으켰다. 이들은 모든 외국 채무를 갚지 않겠다고 일방적으로 선언했다. 이것이 불쾌했던 빅토리아 여왕은 1년 후 나일강에 육군과 해군을 파견했고, 이집트는 제2차 세계대전 이후까지 영국의 보호령으로 있었다(보호령으로 유지된 기간은 명목상 1914~1922년이었다. 하지만 영국은 수에즈 운하에 계속 군대를 주둔시키며 제2차 세계대전 내내 이집트를 핵심 전략 기지로 삼았다―옮긴이).

투자자의 이익을 위해 치러진 전쟁이 이것들뿐만은 아니었다. 사실 전쟁 자체가 아편처럼 재화가 될 수 있었다. 1821년 그리스인들은 오토만 제국에 반란을 일으켰다. 이 반란은 영국의 자유주의자 및 낭만주의자 무리에게 큰 공감을 불렀다. 시인 바이런 경은 반란군과 함께 싸우기 위해 그리스에 가기까지 했다. 하지만 런던의 금융인들은 여기서 돈벌이 기회를 보았다. 이들은 반군 지도자들에게 런던 주식거래소에서 그리스 반군 공채를 발행할 것을 제안했다. 그리스는 전쟁에서 승리해 독립을 쟁취하면 이자를 포함해 채권을 갚기로 했다.

민간인 투자자들은 이윤을 얻기 위해, 혹은 그리스의 명분에 공감해서, 혹은 두 가지 이유 모두로 채권을 구매했다. 그리스 반군 채권의 가격은 주로 헬라스에서 벌어지는 전투의 승패에 발맞춰 등락을 거듭했다. 점차 터키인들이 우위를 점했다. 반란군의 패배가 눈앞에 다가오자 채권 소유자들은 돈을 잃을 위험에 직면하게 되었다. 채권 소유자의 이해는 나라의 이해였기에 영국은 국제 함대를 조직했고, 1827년 이 함대는 나바리노 전투에서 오토만 제국의 주력인 소함대를 침몰시켰다. 여러 세기에 걸친 복종을 딛고 그리스는 마침내 자유를 얻었지만, 자유는 엄청난 빚과 함께 왔고 독립 그리스는 이를 갚을 방법이 없었다. 그리스 경제는 향후 수십 년간 영국 채권자들에게 저당 잡힌 신세였다.

자본과 정치의 힘찬 포옹은 신용시장에서 크나큰 의미가 있었다. 어떤 경제가 지닌 신용의 양은 새로운 유전의 발견이나 새 기계의 발명 같은 순수한 경제적 요인뿐만 아니라 체제 변화나 좀 더 대담한 해외정책 같은 정치적 사건들에 따라서도 달라진다. 나바리노 전투 이후 영국 자본주의자들은 해외의 위험한 거래에 돈을 투자할 용의를 더 많이 나타냈다. 외국의 채무자가 변제를 거부한다면 여왕의 군대가 돈을 받아내주는 것을 보았던 것이다.

오늘날 한 나라의 신용등급이 천연자원보다 경제적 복지에 미치는 영향이 훨씬 더 큰 이유가 여기에 있다. 신용등급은 그 나라가 부채를 갚을 가능성을 가리킨다. 순수한 경제적 데이터 외에도 정치, 사회, 심지어 문화적 요인을 고려해서 매겨진다. 석유가 풍부한 나라라도 독재 정부에 전쟁이 만연하고 사법제도가 부패해 있다면 등급이 낮은 것이 보통이다. 그 결과 이 나라는 상대적 빈곤국으로 남아 있을 가능성이 크다. 석유자원을 최대한 활용하는 데 필요한 자본을 모을 수 없기 때문이다. 거꾸로 천연자원이 없더라도 평화를 유지하며, 사법제도가 공정하고, 자유정부를 가진 나라는 신용등급을 높게 받을 가능성이 크다. 그래서 이 나라는 싼 대가로 많은 자본을 모아 좋은 교육제도를 지원하고 하이테크 산업을 육성하는 데 사용할 수 있다.

자유시장에 대한
집단적 숭배

자본과 정치는 서로 깊은 영향을 미치는 탓에, 양자의 관계는 경제학자, 정치학자, 대중 모두에게 뜨거운 토론의 대상이다. 열렬한 자본주의자는 자본이 정치에 자유로이 영향을 미칠 수 있어야 하지만 정치가 자본에 영향을 미쳐서는 안 된다고 주장한다. 정부가 시장에 개입하면 정치적 이해관계 때문에 현명치 못한 투자를 하게 되고 그 결과 경제성장이 느려진다는 것이다. 가령 정부가 기업가에게 무거운 세금을 매기고 그 돈으로 실업수당을 넉넉하게 지급해서 유권자에게 인기를 끌려고 할 수 있다는 것이다. 많은 사업가의 견해에 따르면, 정부는 기업이 돈을 마음대로 쓰게 내버려두는 편이 훨씬 낫다. 그러면 사업가는 공장을 개설하고 실업자를 고용하는 데 그 돈을 사용할 것이라고 그들은 주장한다.

이런 견해에 따르면, 가장 현명한 경제정책은 정치를 경제로부터 분리하고, 과세를 줄이고, 정부 규제를 최소화하며, 시장의 힘이 자유롭게 제 갈 길을 가도록 하는 것이다. 정치적 고려의 방해를 받지 않는 민간 투자자들은 가장 큰 이윤을 얻을 수 있는 곳에 돈을 투자할 테니, 최대의 경제성장—이것은 기업가나 노동자 모두에게 도움이 될 것이다—을 보장하는 방법은 정부가 가능한 한 일을 적게 하는 것이다.

이런 자유시장 교리는 자본주의 교리의 가장 흔하고 영향력 있는 변종에 해당한다. 가장 열렬한 자유시장 지지자들은 국내의 복지 정책을 비판할 때만큼이나 열성적으로 해외에서의 군사적 모험을 비판한다. 이들이 정부에게 주는 조언은 선禪 전문가가 입문자에게 하는 조언과 동일하다. 아무것도 하지 말라는 것이다. 하지만 극단적인 자유시장 신봉주의는 산타클로스가 존재한다는 믿음만큼이나 순진한 것이다. 모든 정치적 편견에서 자유로운 시장 같은 것은 원래 없는 법이다. 가장 중요한 경제적 자원은 미래에 대한 믿음인데, 이 자원은 도둑들과 사기꾼들에 의해 끊임없이 위협당하고 있다.

시장은 그 자체만으로는 사기, 도둑질, 폭력으로부터 스스로를 보호할 수 없다. 속임수를 제재하는 법을 만들고, 그 법을 집행할 경찰, 법원, 교도소를 설립하고 지원함으로써 신뢰를 보장하는 것은 정치체제가 할 일이다. 왕이 시장을 적절히 규율하는 업무에 실패하면 신뢰의 상실, 신용의 축소, 경기침체로 이어진다. 우리가 1719년 미시시피 버블에서 배운 교훈이 이것이었다. 혹시 잊은 사람이 있었다면 2007년 미국의 주택시장 버블과 그 결과로 일어난 신용 붕괴와 불황이 상기시켜주었을 것이다.

자본주의자의
지옥

시장에 완전한 자유를 부여하는 것이 위험한 데는 더욱 근본적인 이유가 존재한다. 애덤 스미스는 구두공이 자신이 낸 흑자를 더 많은 조수를 고용하는 데 쓸 것이라고 가르쳤다. 이것은 이기적 탐욕이 모두에게 이익이 된다는 것을 암시했다. 이윤은 생산을 확대하고 사람을 더 많이 고용하는 데 활용되기 때문이다. 하지만 탐욕스러운 구두공이 피고용인들의 월급을 깎고 근로시간은 늘리는 방법으로 이윤을 늘리면 어떻게 될까? 표준답변은 자유시장이 피고용자를 보호해주리라는 것이다. 만일 우리의 구두공이 월급은 너무 적게 주고 일은 너무 많이 시킨다면, 최고의 일꾼들은 자연히 그를 떠나 경쟁자의 가게로 일하러 갈 것이다. 폭군 같은 구두공에게는 최악의 노동자만 남거나 아무도 남지 않을 것이다. 그는 운영 방식을 바꾸거나 사업을 접어야 할 것이다. 그는 자신의 탐욕 때문에 피고용인들을 잘 대해줄 수밖에 없다.

이론상으로는 물 샐 틈 없는 논리 같지만, 현실에서는 물이 너무 쉽게 샌다. 왕이나 사제가 감독하지 않는 완전 자유시장에서 탐욕스러운 자본가들은 독점을 할 수도 있고, 노동자를 탄압하기로 서로 공모할 수도 있다. 만일 국내의 모든 구두 공장을 통제하는 단 하나의 회사가 있거나 모든 공장주가 임금을 동시에 삭감하기로 짬짜미를 한다면 어떻게 될까? 노동자들은 더 이상 일터를 바꿈으로써 스스로를 보호할 수 없을 것이다.

사태는 이보다 더 나쁠 수도 있다. 탐욕스러운 사장들은 노동자들의 이동의 자유를 제한할 수도 있다. 빚을 갚기 위한 노역이나 노예제도를 통해서 말이다. 중세 말 유럽의 가톨릭 지역에는 노예제도가 거의 없었다. 한편 근대 초기 유럽 자본주의의 부흥은 대서양 노예무역의 부흥과 함께 등장했다. 이런 재앙의 책임은 독재적인 왕이나 인종차별 이데올로기가 아니라 고삐 풀린 시장의 힘에 있었다.

유럽인은 아메리카를 정복한 뒤 금광과 은광을 개발하고 사탕수수, 담배, 면화 농장을 건설했다. 이 광산과 농장은 미국의 생산과 수출의 중추가 되었다. 사탕수수 농장은 특히 중요했다. 중세 유럽에서 설탕은 희귀한 사치품이었다. 중동에서 터무니없는 가격에 수입되어 진미 요리나 엉터리 약에 들어가는 비밀 성분으로만 조금씩 사용되었다. 아메리카에 대규모 사탕수수 농장이 건립된 이후, 점점 더 많은 설탕이 유럽에 들어왔다. 설탕 가격은 하락했고, 유럽인들은 단것을 점점 더 좋아하게 되었다. 기업가들은 엄청난 양의 단것을 만들어 수요를 충족시켰다. 가령 케이크, 쿠키, 초콜릿, 캔디 그리고 코코아·커피·홍차 같은 가당 음료였다.

평균적인 영국인의 연간 설탕 섭취량은 17세기 초에는 거의 0이었지만 19세기 초가 되자 8킬로그램으로 늘었다. 하지만 사탕수수를 재배하고 거기서 설탕을 추출하는 것은 노동집약적인 사업이었다. 적도의 태양 아래 말라리아 감염 위험이 큰 사탕수수 밭에서 장시간 노동을 하려는 사람은 드물었다. 계약직 노동자는 대량소비하기에는 너무 비싼 상품이었다. 시장의 힘에 민감하고 이윤에 탐욕을 부리며 경제성장을 바라는 유럽인 농장주들은 노예로 눈을 돌렸다. 16세기에서 19세기까지 약 1천만 명의 아프리카 노예가 아메리카로 수입되었다. 이 중 약 70퍼센트가 사탕수수 농장에서 일했다. 노동 환경은 끔찍했다. 대부분의 노예는 짧고 비참한 삶을 살았다. 그 외에도 노예를 포획하기 위한 전쟁이나 아프리카 내륙에서 아메리카 연안으로 노예들을 옮기는 과정에서 수백만 명이 추가로 사망했다. 모두가 유럽인들이 달콤한 홍차와 캔디를 즐길 수 있게 하기 위해서, 그리고 설탕 농업의 거물들이 막대한 이윤을 누릴 수 있게 하기 위해서 자행된 일이었다.

노예무역은 정부나 국가에게 어떠한 통제도 받지 않았다. 그것은 순수한 경제사업으로서, 수요 공급의 원칙에 따라 자유시장에 의해 조직되고 자금조달이 이루어졌다. 민간 노예무역 회사들은 암스테르담, 런던, 파리 주식거래소에서 주식을 판매했고, 좋은 투자처를 찾는 중산층 유럽인들이 이 주식을 샀다. 이렇게 모은 돈으로 회사는 배를 사고 선원과 군인을 고용한 뒤 아프리카에서 노예를 사서 미국으로 수송했다. 노예는 대형 농장의 주인에게 팔렸고, 그 수익은 다시 설탕, 코코아, 커피, 담배, 면화, 럼주 같은 농장의 산물을 구매하는 데 쓰였다. 이들은 유럽으로 돌아와 설탕과 면화를 비싼 값에 판매한 뒤, 다시 돛을 달고 아프리카로 향하여 같은 영업을 되풀이했다. 주주들은 이런 사업 방식에 매우 만족해했다. 18세기 내내 노예무역 투자에 대한 연간 수익률은 약 6퍼센트였다. 현대의 컨설턴트라면 누구나 재깍 인정할 만한 엄청난 돈벌이였다.

이것은 자유시장 자본주의의 옥에 티다. 자유시장 자본주의는 이윤이 공정한 방식으로 얻어지거나 공정한 방식으로 분배되도록 보장하지 못한다. 그렇기는커녕, 이윤과 생산량을 늘리려는 갈망에 사로잡힌 사람들은 눈에 보이는 것이 없다. 성장이 최고의 선이 되고 다른 윤리적 고려에 의한 제약을 받지 않을 때, 그 성장은 쉽사리 파국으로 치닫는다.

기독교나 나치즘 같은 종교는 불타는 증오심 때문에 수백만 명을 살해했다. 자본주의는 차가운 무관심과 탐욕 때문에 수백만 명을

480

살해했다. 대서양 노예무역은 아프리카인에 대한 인종적 증오에서 생긴 것이 아니다. 주식을 구매한 개인이나 그것을 판매한 중개인, 노예무역 회사의 경영자는 아프리카인에 대해 거의 생각해본 적이 없었다. 사탕수수 농장 소유자들도 마찬가지였다. 많은 농장주들이 농장에서 멀리 떨어진 곳에 살았고, 그들이 원한 유일한 정보는 손익을 담은 깔끔한 장부였다.

대서양 노예무역이 그것만 아니라면 흠이 없었을 기록에 새겨진 유일한 오점이 아니었다는 점도 기억해야 한다. 앞장에서 이야기했던 벵골 대기근 역시 이와 비슷한 역학에 의해 유발되었다. 영국 동인도회사는 벵골인 1천만 명의 삶보다 자기 이익에 더 신경을 썼다. 인도네시아에서 네덜란드 동인도회사가 벌인 군사작전에 돈을 댄 것은 자기 자녀를 사랑하고, 자선사업에 돈을 내고, 좋은 음악과 미술을 즐기는 네덜란드의 정직한 시민들이었다. 하지만 이들은 자바, 수마트라, 말라카 주민들이 겪는 고통은 중히 여기지 않았다. 지구의 한켠에서 현대 경제가 성장하는 데는 수없이 많은 범죄와 악행이 뒤따랐다.

19세기에도 자본주의 윤리는 조금도 나아지지 않았다. 유럽을 휩쓴 산업혁명은 은행가와 자본 소유자를 더욱 부유하게 만들었지만, 수백만 명의 노동자에게는 비참하고 가난한 삶을 선고했다. 유럽 식민지에서는 사태가 더욱 나빴다. 1876년 벨기에의 왕 레오폴드 2세는 중부 아프리카를 탐사하고 콩고 강 유역의 노예무역과 싸우는 것을 사명으로 내건 비정부 인도주의 기구를 설립했다. 기구에는 도로와 학교와 병원을 건설해 해당 지역 주민의 삶의 질을 개선한다는 책임도 주어졌다. 1885년 유럽 열강들은 이 기구에 콩고강 유역 230만 제곱킬로미터의 통제권을 부여하기로 합의했다. 벨기에 국토의 75배에 이르는 그 땅은 이후 콩고 자유국으로 알려지게 되었다. 그곳에 사는 주민 2천만~3천만 명의 의사를 물어본 사람은 아무도 없었다. 인도주의 기구는 눈 깜박할 사이에 성장과 이윤이 진정한 목적인 기업으로 변했다. 학교와 병원은 잊혔고, 콩고강 유역은 광산과 농원으로 채워졌다. 그 운영은 대부분 벨기에 관리들이 맡았으며, 이들은 현지인을 무자비하게 착취했다.

고무 산업은 특히 악명 높았다. 고무는 빠른 속도로 중요한 산업 필수품이 되었고, 고무 수출은 벨기에의 가장 중요한 수입원이었다. 고무를 수집하는 아프리카 촌마을 사람들에게는 점점 더 많은 할당량이 주어졌다. 할당량을 채우지 못한 사람에게는 '게으름'을 이유로 잔인한 벌이 주어졌다. 팔을 절단해버리는가 하면 어떤 때는 한 마을 전체를 학살하기도 했다. 가장 보수적으로 추정해도 1885~1908년 성장과 이윤을 추구하는 과정에서 희생된 사람은 6백만 명(콩고 인구의 20퍼센트 이상)에 이르렀다. 일부에선 1천만 명에 육박한다고 추정한다.[4]

최근 몇십 년 전부터, 특히 1945년 이후 자본주의의 탐욕에는 어느 정도 고삐가 죄어졌는데, 여기에는 공산주의에 대한 두려움이 가장 큰 이유였다. 하지만 불평등은 여전히 만연했다. 2014년의 경제적 파이는 1500년보다 크지만, 분배는 너무나 불공평해서 하루 종일 힘들게 일한 아프리카의 농부와 인도네시아의 노동자가 집에 가져오는 식량은 5백 년 전보다 더 적다. 농업혁명과 마찬가지로, 현대 경제의 성장은 거대한 사기로 드러날지도 모른다. 인류와 세계 경제는 성장을 거듭했을지라도 기아와 궁핍 속에서 살아가는 개인은 더욱 많아졌는지도 모른다.

자본주의는 이 같은 비판에 두 가지 대답을 가지고 있다. 첫째, 자본주의는 오직 자본주의자만이 운영할 수 있는 세계를 창조했다. 세상을 다른 방식으로 운영하려 했던 유일하게 진지한 시도는 공산주의였으나, 그것은 거의 모든 면에서 자본주의보다 훨씬 더 나빴기 때문에 다시 시도해볼 배짱이 있는 사람은 아무도 없다. 기원전 8500년의 사람은 농업혁명에 통한의 눈물을 흘렸을 수도 있지만 농업을 포기하기에는 너무 늦어버렸다. 이와 비슷하게 우리는 자본주의를 좋아하지 않을 수도 있지만 그것 없이는 살 수 없다.

두 번째 대답은 우리가 인내심을 더 많이 가져야 한다는 것이다. 자본주의자들은 천국이 눈앞에 와 있다고 약속한다. 인정하건대, 대서양 노예무역이나 유럽 노동계층 착취 같은 실수가 있었던 것은 사실이다. 하지만 우리는 거기서 교훈을 얻었다. 이제 조금만 더 기다리면, 파이가 좀 더 커지도록 놔두면, 모두에게 좀 더 두꺼운 조각이 돌아갈 것이다. 성과가 평등하게 분배되는 일은 영영 없겠지만, 모든 남자와 여자, 어린이를 만족시킬 만큼 충분히 돌아갈 것이다. 심지어 콩고에서도.

실제로 긍정적인 신호가 조금 보인다. 최소한 순수한 물질적 기준에서는—기대수명, 어린이 사망률, 칼로리 섭취—2014년 평균적 인간의 생활수준은 1914년에 비해 상당히 나아졌다. 인구가 기하급수적으로 늘어났음에도 불구하고 그렇다. 하지만 경제적 파이가 무한히 커질 수 있을까? 모든 파이에는 원자재와 에너지가 필요하다. 어두운 결말을 예언하는 사람들은 호모 사피엔스가 조만간 우리 지구의 원자재와 에너지를 고갈시킬 것이라고 경고한다. 그러면 어떻게 될까?

제 4 부

산업의 바퀴

현대 경제가 성장할 수 있는 것은 우리가 미래를 신뢰하는 덕분이며, 자본주의자들이 이윤을 생산에 재투자할 의사가 충만하기 때문이다. 하지만 그것만으로는 충분치 않다. 경제성장에는 에너지와 원자재가 필요한데 이는 유한하다. 만일 이것들이 고갈되는 때가 온다면, 전체 시스템은 붕괴할 것이다. 하지만 과거를 증거로 삼자면, 이런 것들이 유한하다는 것은 오직 이론적으로만 그렇다. 우리의 직관과는 반대로, 지난 몇 세기 동안 인류의 에너지와 원자재 사용량은 급격히 늘었지만 이용 가능한 자원과 에너지의 양도 늘어났다. 둘 중 하나가 부족해서 경제성장이 느려질 위험이 생기면 그때마다 과학적, 기술적 연구에 투자가 흘러 들어갔다. 그러면 예외 없이 기존 자원을 더 효과적으로 이용하는 방법뿐 아니라 완전히 새로운 유형의 에너지와 원자재가 만들어졌다.

운송 수단 산업을 생각해보자. 지난 3백 년간 인류는 수십억 개의 탈것을 만들어냈다. 마차에서 손수레, 기차, 자동차, 초음속 제트기, 우주왕복선까지…… 누군가는 우리가 이미 그토록 막대한 노력을 기울였으니 운송 수단 생산에 쓸 수 있는 에너지원과 원자재는 고갈될 것이라고, 그래서 오늘날 우리는 저장고의 바닥이나 긁고 있을 것이라고 예상했었을지도 모른다. 하지만 실상은 그 반대다. 1700년 지구 전체의 운송 수단 산업은 거의 전부 나무와 철에 의존한 데 비해, 오늘날 이 산업은 플라스틱, 고무, 알루미늄, 티타늄 등 우리 조상들은 들어보지도 못했던 가지각색의 재료를 마음대로 사용할 수 있다. 1700년의 마차는 주로 목수와 대장장이의 근력으로 만들어졌던 데 비해, 오늘날 도요타와 보잉 사에 있는 기계들은 석유 내연기관과 핵발전소로부터 동력을 공급받는다. 이와 비슷한 혁명은 산업의 거의 모든 분야를 휩쓸었다. 우리는 이를 산업혁명이라 부른다.

산업혁명 이전 수천 년 동안에도 인류는 매우 다양한 에너지원을 활용하는 방법을 알고 있었다. 사람들은 나무를 태워서 철광석을 제련하고, 집에 난방을 하고, 빵을 구웠다. 범선은 풍력을 이용해 항해했으며, 물레방아는 강의 흐름을 이용해 곡물을 빻았다. 하지만 이 모든 동력은 분명한 한계와 문제점을 지니고 있었다. 나무는 아무 데나 있는 것이 아니었고, 바람은 필요할 때 불어주지 않았으며, 수력은 강가에 살 때만 유용했다. 이보다 큰 문제는 한 유형의 에너지를 다른 유형으로 바꾸는 방법을 몰랐다는 데 있었다. 바람과 물의 움직임을 이용해 배를 항해하고 맷돌을 돌릴 수는 있었지만, 그걸로 물을 데우거나 철광석을 녹일 수는 없었다. 반대로 나무를 태워서 생기는 열로 맷돌을 움직이게 할 수도 없었다.

인간에게는 그런 에너지 전환 묘기를 부릴 줄 아는 기계가 딱 하나밖에 없었다. 우리 몸이었다. 인간과 동물의 몸은 대사 과정에서 식품이라는 유기연료를 태워서 거기서 방출되는 에너지를 근육의 움직임으로 전환한다. 사람과 동물은 곡물과 고기를 먹고 그 속의 탄수화물과 지방을 태워서 생긴 에너지를 인력거나 쟁기를 끄는 데 사용한다. 이용 가능한 에너지 전환 장치라고는 사람과 동물뿐이었으므로, 거의 모든 인간 활동의 핵심은 근력이었다. 인간의 근육은 수레와 집을 만들었고, 황소의 근육은 밭을 갈았으며, 말의 근육은 물건을 운반했다. 이들 근육 기계에 연료를 공급한 에너지원은 단 하나, 식물이었다. 한편 식물은 태양에서 에너지를 얻었다. 광합성 과정을 통해 태양에너지를 포획해서 그것을 유기화합물 속에 저장했다. 역사를 통틀어 인간이 행한 거의 모든 일은 근력을 바탕으로 했고, 그 근원은 식물이 포획한 태양에너지에 있었다.

그 결과 인류의 역사는 두 가지 주요 주기의 지배를 받았는데, 식물의 성장 주기와 태양에너지의 변화 주기(낮과 밤, 여름과 겨울)였다. 햇빛이 충분치 못하고 밀밭이 아직 녹색일 때는 인간에게 에너지가 거의 없었다. 곡물창고는 비었고, 세금징수관은 놀았으며, 병사들은 이동하고 싸우기가 힘들었고, 왕들은 평화를 유지하는 경향이 있었다. 그러다 태양이 환하게 빛나고 밀이 익으면 농부는 수확을 해서 창고를 채웠다. 세리들은 자기 몫을 거두느라 바빴고, 병사들은 근육을 울뚝불뚝 과시하고 칼을 갈았다. 왕들은 평의회를 소집하고 다음번 전투를 벌일 계획을 세웠다. 모두를 움직이는 힘은 식물에게 포획되어서 밀과 쌀과 감자에 저장된 태양에너지였다.

　　이렇게 수천 년이 흐르는 동안, 사람들은 에너지의 역사에서 가장 중요한 발명을 매일같이 직면하면서도 눈치를 채지 못했다. 그 발명은 하인이 차를 끓이기 위해 난로 위에 주전자를 올리거나 감자가 가득 찬 냄비를 올릴 때마다 사람들을 빤히 쳐다보았다. 물이 끓자마자 주전자나 냄비의 뚜껑은 튀어올랐다. 열이 운동으로 전환된 것이다. 하지만 튀어오르는 냄비 뚜껑은 성가셨다. 특히 냄비를 난로 위에 올려둔 사실을 잊고 있다가 물이 끓어 넘쳤을 때는 말이다. 아무도 거기에서 진정한 잠재력을 알아차리지 못했다.

　9세기 중국에서 화약이 발명된 이후, 열을 운동으로 전환하는 데 있어서 부분적 돌파구가 열렸다. 처음에는 화약을 이용해 발사체를 추진시킨다는 아이디어가 직관적으로 떠오르지 않았기 때문에, 화약은 몇 세기 동안 화염폭탄을 만드는 데 주로 이용되었다. 하지만 결국 대포가 등장했다. 아마도 어느 화약 전문가가 막자사발에 화약을 넣고 갈다가 그게 터져서 막자가 포탄처럼 튀어나오는 것을 발견한 다음의 일이었을 것이다. 화약이 발명되고 나서 약 6백 년 후에야 효과적인 대포가 발달했다. 심지어 그때도 열을 운동으로 전환한다는 아이디어는 직관적인 것이 아니었기에 열을 이용해 물건을 움직이는 차세대 기계가 발명된 것은 또다시 3세기가 흐른 다음의 일이었다.

　신기술은 영국의 석탄 광산에서 태어났다. 영국의 인구가 급격하게 늘어나자, 성장하는 경제에 연료를 대고 집과 경작지를 위한 자

제 4 부

리를 만들기 위해서 숲의 나무들이 베어져 나갔다. 영국은 땔감 부족이 심해지면서 곤경을 겪었다. 사건은 나무 대신 석탄을 땐 데서 시작했다. 석탄을 함유한 얇은 탄층은 물에 잠긴 지역에 있는 경우가 많았고, 범람 때문에 광부들은 탄층의 더 깊은 곳에 접근할 수가 없었다. 해결책이 필요했다. 1700년경, 영국의 광산 갱도에서 이상한 소음이 울려 퍼지기 시작했다. 산업혁명의 조짐인 그 소음은 처음에는 작았으나 해를 거듭하면서 점점 커져서 마침내 전 세계를 귀 멀게 할 듯한 소음으로 뒤덮었다. 그것은 증기기관에서 나는 소음이었다.

증기기관의 유형은 여러 가지였지만 모두가 공통된 원리로 작동했다. 석탄을 비롯한 모종의 연료를 태우고 거기서 나오는 열로 물을 끓여서 증기를 발생시키는 것이었다. 증기가 팽창하면서 피스톤을 밀어내고, 피스톤이 움직이면 거기 연결된 것은 무엇이든 따라 움직인다. 18세기 영국 석탄광산에서 피스톤은 갱도 바닥에서 물을 끌어올리는 펌프와 연결되어 있었다. 초창기 증기기관은 믿기 어려울 정도로 비효율적이었다. 조금이라도 물을 뿜어 올리려면 엄청난 양의 석탄을 태워야 했다. 하지만 광산에는 석탄이 바로 옆에 잔뜩 있었기 때문에 아무도 개의치 않았다.

그후 수십 년 동안 영국 기업가들은 증기기관의 효율성을 개선했고, 이것을 갱도에서 *끄집어내어* 실을 잣고 천을 짜는 기계에 연결했다. 덕분에 섬유 생산에 혁명이 일어나서 싼값에 점점 더 많은 양을 생산할 수 있게 되었다. 눈 깜짝할 새 영국은 세계의 공장이 되었다. 하지만 이보다 중요한 점은 증기기관을 갱도에서 *끄집어내면*

서 중요한 심리적 장벽이 깨졌다는 사실이었다. 직조기를 돌리기 위해서 석탄을 땔 수 있다면 가령 운송 수단처럼 다른 것들을 움직이는 데도 같은 방법을 이용하지 못할 이유가 어디 있겠는가?

1825년 한 영국인 엔지니어는 석탄이 가득 찬 운반 차량의 행렬에 증기기관을 연결했다. 증기 엔진은 이 광차들을 인근의 20킬로미터 떨어진 항구까지 끌고 갔다. 이것이 역사상 첫 증기기관차였다. 만일 증기를 이용해 석탄을 운반할 수 있다면, 다른 물건은 왜 안 되겠는가? 사람은 왜 안 되겠는가? 1830년 9월 15일 리버풀과 맨체스터를 잇는 최초의 상업 철도가 영업을 시작했다.

열차를 움직인 것은 이전에 물을 뿜어내고 직조기를 움직였던 증기력이었다. 이후 불과 20년 만에 영국에는 수만 킬로미터의 철로가 놓였다.[1] 이때부터 사람들은 기계와 엔진이 한 유형의 에너지를 다른 유형의 에너지로 바꾸는 데 사용될 수 있다는 아이디어에 사로잡혔다. 세계 어느 곳에 있는 어떤 형태의 에너지든 우리가 알맞은 기계를 발명할 수만 있다면 우리에게 필요한 어떤 일에든 사용할 수 있었다. 가령 물리학자들이 원자에 엄청난 양의 에너지가 저장되어 있다는 사실을 깨달았을 때, 이들은 고민하기 시작했다. 어떻게 하면 이 에너지를 끌어내어 전기를 생산하고, 잠수함의 동력을 제공하고, 도시를 멸절시키는 데 사용할 수 있을지를. 중국 연금술사들이 화약을 발견한 순간부터 터키의 대포가 콘스탄티노플의 성벽을 무너뜨린 시점 사이에 6백 년이 흘렀다. 그런데 아인슈타인이 모든 종류의 질량은 에너지로 전환될 수 있다—이것이 $E = mc^2$의 의미다—는 사실을 밝힌 지 불과 40년 만에 원자폭탄은 히로시마와 나가사키를 흔적도 없이 날려버렸고 핵발전소는 전 세계에 우후죽순 솟아났다.

또 다른 중요 발명품은 내연기관이었다. 내연기관은 불과 한 세대 남짓에 인간의 운송 수단에 혁명을 가져왔으며, 석유를 액체 정치권력으로 바꿔놓았다. 석유는 이미 수천 년 동안 알려져 있던 물질이었고, 지붕에 방수처리를 하거나 회전축이 매끄럽게 돌아가게 하는 데 쓰였다. 하지만 한 세기 전만 하더라도 그 이상의 효용이 있을 것이라고는 아무도 생각하지 못했다. 석유를 위해 피를 흘린다는 생각은 우스꽝스럽게 들렸을 것이다. 땅을 놓고, 혹은 금이나 후추, 노예를 두고 싸울 수는 있지만 석유라니.

전기의 행적은 이보다 더욱 놀랄 만하다. 2세기 전에 전력은 경제에 아무런 역할을 하지 않았고, 기껏해야 신비로운 과학실험이나 값싼 마술 기교에 사용되었을 뿐이었다. 하지만 일련의 발명이 이어지자 전력은 도처에 존재하는 램프 속의 거인이 되었다. 우리가 손가락만 까딱하면 전기는 책을 인쇄하고, 옷을 꿰매고, 채소를 신선하게 보관하고, 아이스크림을 얼리고, 저녁식사를 요리하고, 범죄자를 처형하며, 우리의 생각을 기록하고, 웃음을 녹음하고, 밤에 불을 밝히고, 수많은 TV쇼를 통해 우리를 즐겁게 한다. 전력이 어떻게 이런 일을 다 해내는지 아는 사람은 거의 없지만, 전기가 없는 삶을 상상할 수 있는 사람은 더더욱 없다.

에너지의
바다

산업혁명의 핵심은 에너지 전환의 혁명이었다. 우리가 사용할 수 있는 에너지에는 한계가 없다는 사실을 산업혁명은 되풀이해서 보여주었다. 좀 더 정확히 말하자면, 유일한 한계는 우리의 무지뿐이라는 것을 보여주었다. 불과 몇십 년마다 새로운 에너지원이 발견되었고, 그 덕분에 우리가 사용할 수 있는 에너지의 총량은 계속 늘었다. 그린데도 에너지 고갈을 두려워하는 사람이 이렇게 많은 이유는 무엇일까? 사용 가능한 화석연료가 고갈되면 재앙이 닥칠 것이라고 경고하는 이유는 무엇일까? 분명 세상에는 에너지 결핍이 존재하지 않는다. 부족한 것은 에너지를 찾아내 그것을 우리의 필요에 맞게 전환하는 데 필요한 지식이다.

지구의 화석연료 전체에 저장된 에너지의 총량은 태양이 매일 공짜로 보내주는 에너지에 비하면 무시할 만한 정도다. 태양에너지 중 지구에 도달하는 것은 극히 일부에 지나지 않는데도 그 양은 매년 376만 6,800엑사줄에 이른다(1줄은 미터법에 의한 에너지 단위의 하나다. 당신이 작은 사과를 수직으로 1미터 들어 올리는 데 사용하는 정도의 양이다. 엑사줄은 1줄의 10억의 10억 배다).[2] 세상의 모든 식물이 광합성을 통해 받아들이는 양은 약 3천 엑사줄에 지나지 않는다.[3] 인간의 모든 활동과 산업에서 매년 소비하는 양은 5백 엑사줄 가량으로, 지구가 태양으로부터 90분간 받는 양에 불과하다.[4] 태양에너지만 이야기해도 이런데, 우리 주위에는 그 밖에도 핵에너지, 중력에너지 등 수많은 에너지원이 있다. 후자의 가장 뚜렷한 예는 달의 인력에 의해 바다에서 일어나는 밀물과 썰물의 힘이다.

산업혁명 이전에 인류의 에너지 시장은 거의 전적으로 식물에 의존했다. 사람은 연간 3천 엑사줄을 저장하는 녹색 에너지 저장소 옆에 살았으며, 여기에서 최대한 많은 에너지를 끄집어내려고 노력했다. 하지만 식물에서 추출할 수 있는 에너지의 양에는 분명한 한계가 존재했다. 산업혁명 기간에 우리는 우리가 사실 엑사줄의 수십억 배의 수십억 배 에너지를 품은 거대한 에너지의 바다 곁에 살고 있다는 사실을 실감하게 되었다. 우리가 해야 할 일이라고는 오로지 더 나은 펌프를 발명하는 것뿐이었다.

에너지를 끌어내 효율적으로 전환하는 방법을 알아내는 과정에서, 경제성장을 가로막고 있던 또 다른 문제가 해결되었다. 원자재 부족이었다. 인류는 대량의 에너지를 값싸게 생산하려 노력하는 와중에 과거에는 접근할 수 없었던 원자재 광상鑛床(예컨대 시베리아 황무지의 철광석 채굴)을 개발할 수 있었고, 혹은 점점 더 먼 곳에서 원자재를 실어 올 수 있었다(예컨대 호주산 양모를 영국의 직조기에 공급했다). 더불어 여러 과학적 혁신이 일어나, 인류는 플라스틱 같은 완전히 새로운 원자재를 발명할 수 있었다. 과거에는 전혀 알지 못했던 규소나 알루미늄 같은 천연자원도 발견할 수 있었다.

화학자들이 알루미늄을 발견한 것은 1820년대였지만, 광석에서 이것을 분리해내기는 극도로 힘들었고 비용이 많이 들었다. 수십년간 알루미늄은 금보다 더 비쌌다. 1860년대 프랑스의 나폴레옹 3세 황제는 가장 신분이 높은 손님들 앞에는 알루미늄 식기를 놓으라고 지시했다. 그보다 신분이 떨어지는 사람들 앞에는 금으로 된 나이프와 포크가 놓였다.[5] 하지만 19세기 말 화학자들이 막대한 양의 알루미늄을 값싸게 추출하는 방법을 알아냈고, 오늘날 연간 총 생산량은 3천만 톤에 이른다. 만일 나폴레옹 3세가 자기 백성의 후손들이 샌드위치를 싸거나 남은 음식을 가져갈 때 값싼 알루미늄 호일을 사용한다는 이야기를 듣는다면 정말 놀랄 것이다.

2천 년 전 지중해 연안 주민들은 피부 건조증에 시달릴 때면 손바닥에 올리브기름을 칠해서 문질렀다. 오늘날 사람들은 핸드크림 튜브를 연다. 다음은 내가 동네 가게에서 사 온 평범한 핸드크림의 성분 목록이다. 탈염수, 스테아르산, 글리세린, 카프릴릭 트리글리세라이드, 프로필렌 글리콜, 이소프로필 미리스트산염, 인삼 추출물, 방향성 물질, 세틸알코올, 트리에탄올아민, 다이메티콘, 악토스타필로스 우바우르시 잎 추출물, 마그네슘 아스코빌 포스페이트, 이미다졸리디닐 요소, 메틸파라벤, 장뇌, 포르포리 파라벤, 히드록시이소헥실 3-시클로헥센 카복스알데히드, 히드록시시트로넬랄, 리날룰, 부틸페닐 메틸프로플로날, 시트로넬롤, 리모넨, 게라니올. 거의 모든 성분이 지난 2세기 동안 발명되거나 발견된 것이다.

제1차 세계대전 중 독일은 봉쇄를 당해 심각한 원자재 난을 겪었다. 특히 화약을 비롯한 폭발물의 원료가 되는 초석이 부족했다. 가장 중요한 초석 산지는 칠레와 인도에 있었고, 독일 내에서는 전혀 생산되지 않았다. 사실 초석은 암모니아로 대체할 수 있지만 생산 단가가 비싸기는 마찬가지였다. 독일에게는 다행스럽게도, 독일 시민이었던 유대인 화학자 프리츠 하버가 1908년 말 그대로 공기에서 암모니아를 생산해내는 공정을 발견했다. 전쟁이 발발했을 때 독일은 하버의 발견을 이용해 화약을 산업적으로 생산하기 시작했다. 이때의 원자재는 공기였다. 하버의 발견이 없었더라면 독일은 1918년 11월 이전에 항복했을 것이라고 일부 학자들은 주장한다.[6] 하버는 이 발견으로 1918년 노벨상을 수상했다. 화학상이었지 평화상은 아니었다(하버는 전쟁터에서 독가스를 사용하는 분야의 개척자이기도 하다).

컨베이어 벨트
위에서의 삶

산업혁명은 값싸고 풍부한 에너지와 값싸고 풍부한 원자재라는 전대미문의 조합을 내놓았다. 그 결과 생산성이 폭발적으로 증가했다. 그 성장은 농업에서 가장 먼저 가장 크게 느껴졌다. 우리는 산업혁명이라고 하면 보통 도시의 연기 나는 굴뚝을 생각하거나 지구의 내장 속에서 땀에 절은 채 착취당하는 석탄 광부들의 처지를 생각하게 마련이다. 하지만 산업혁명은 무엇보다 제2차 농업혁명이었다.

지난 2백 년간 산업적 생산기법이 농업의 주류가 되었다. 트랙터 같은 기계들이 과거 근육의 힘으로 수행되었거나 아예 수행되지 않던 일들을 떠맡기 시작했다. 농경지와 가축의 생산성은 인공비료, 산업적 살충제, 호르몬과 약물이라는 무기고 덕분에 크게 높아졌다. 농산물은 냉장고, 선박, 항공기 덕에 몇 개월씩 저장되었다가 신속하고 값싸게 세계의 다른 지역으로 옮겨졌다. 유럽인들은 신선한 아르헨티나 쇠고기와 일본 스시로 식사를 하기 시작했다.

심지어 동식물까지 기계화되었다. 호모 사피엔스가 인간 중심 종교에 의해 신성한 지위로 격상될 무렵, 농장 동물들은 더이상 고통과 비참함을 느낄 수 있는 생명체로 간주되지 않았고 기계 취급을 받게 되었다. 오늘날 동물은 공장 비슷한 시설에서 대량 생산되며, 몸체의 형태도 산업 수요에 맞게 형성된다. 거대한 생산라인의 톱니로서 전 생애를 보내며, 그 수명과 삶의 질은 해당 기업의 이익과 손해에 따라 결정된다. 산업이 동물들이 제법 건강하게 잘 먹고 잘 살도록 신경 쓰는 경우에도, 그들의 사회적, 심리적 욕구에는 본질적 흥미가 없다(생산량에 직접 영향이 있는 경우는 예외다).

예컨대 산란용 닭에게는 복잡한 행태적 욕구와 충동의 세계가 있다. 닭은 자기가 사는 곳을 정찰하고, 사회적 위계를 결정하며, 둥지를 짓고, 스스로의 털을 고르겠다는 강한 충동을 느낀다. 하지만 양계산업에서는 암탉들을 비좁은 우리에 가두어 키우며, 한 우리에 네 마리를 밀어 넣는 일도 드물지 않다. 한 마리에게 주어지는 바닥 면적은 가로 25센티미터, 세로 22센티미터 정도에 불과하다. 닭들은 모이는 충분히 받지만, 영역을 주장하거나 둥지를 짓는 등의 자연스러운 활동은 할 수 없다. 사실 우리가 너무 좁아서 날개를 펴거나 똑바로 설 수조차 없다.

돼지는 포유동물 중 가장 지능과 탐구심이 뛰어난 축에 속한다. 이를 능가하는 동물은 유인원뿐이다. 하지만 산업화된 돼지 농장의 축사는 너무 비좁아서 돼지가 몸을 돌릴 수조차 없다(걷거나 먹이를 구하러 다니는 것은 말할 나위도 없다). 암돼지는 출산 후 4주 동안 밤낮

▲　　　상업적 부화장의 컨베이어 벨트에 있는 병아리들. 수컷과 완벽하지 않은 암컷은 벨트에서 골라내진다. 이들은 가스실에서 질식한 다음 자동 절단기 속으로 떨어지거나 그냥 쓰레기통에 들어가 눌려 질식사한다. 이런 부화장에서 매년 수억 마리가 죽는다.

으로 이런 우리에 갇혀 있다. 그후 새끼들은 살을 찌우는 비육이 되기 위해 어디론가 옮겨지고, 암퇘지는 다음번 새끼를 임신한다. 많은 젖소는 생애의 거의 대부분을 비좁은 울타리 속에서 자기가 싼 대소변 위에서 서고 앉고 잠을 자며 보낸다. 기계장치가 이들에게 사료와 호르몬, 약품을 공급하며, 또 다른 장치가 몇 시간마다 계속 우유를 짜낸다. 그 기계들 사이에 낀 암소는 원자재를 받아들이는 입과 상품을 생산하는 젖통 이상의 취급을 받지 못한다. 복잡한 감정 세계를 지닌 살아 있는 동물을 마치 기계처럼 대하는 것은 그들에게 육체적 불편뿐 아니라 그에 못지않은 스트레스와 심리적 좌절

을 안겨준다.[7]

대서양 노예무역이 아프리카인을 향한 증오의 결과가 아니었던 것처럼, 현대의 동물산업도 악의를 기반으로 출발한 것이 아니었다. 이번에도 그 연료는 무관심이다. 달걀과 우유와 고기를 생산하고 소비하는 대부분의 사람들은 짬을 내어 자기가 살이나 그 산물을 먹고 있는 닭과 암소, 돼지를 생각하는 일이 드물다. 실제로 생각해본 사람들은 종종 그런 동물은 실제로 기계와 다를 것이 거의 없어 감정이나 느낌이 없고 고통을 느낄 능력도 없다고 주장한다. 하지만 얄궂게도 우리의 우유 기계나 달걀 기계를 빚어내는 바로 그 과학 분야는 최근 포유류와 조류가 복잡한 감각과 감정적 기질을 지녔다는 점은 의심의 여지가 없는 것을 증명해냈다. 육체적 통증을 느끼는 것은 물론, 정서적 고통도 느낀다는 것이다.

진화심리학에 따르면, 가축의 정서적, 사회적 욕구는 그것이 생존과 번식에 핵심적이던 시절에 야생에서 진화한 것이다. 예컨대 야생 암소는 다른 암소나 황소와 긴밀한 관계를 맺는 방법을 알아야만 했다. 그러지 못하면 생존도 번식도 할 수 없었다. 필수 기술을 학습하기 위해서, 진화는 송아지에게 다른 모든 사회적 포유류의 새끼와 마찬가지로 놀이를 하려는 강한 본능을 심어두었다(놀이는 포유동물이 사회적 행위를 학습하는 방식이다). 그리고 어미와 유대감을 형성하려는 더 강력한 욕구도 심어두었다. 어미의 젖과 보살핌은 생존에 결정적으로 중요하기 때문이다.

오늘날 농부가 어린 암송아지를 어미에게서 떼어내 좁은 우리에 가두고, 물과 사료를 주고, 병에 걸리지 않도록 예방접종을 하고, 충분히 자랐을 때 황소의 정자로 인공수정을 시킨다면, 어떤 일이 벌어질까? 객관적인 관점에서 볼 때 이 송아지는 더 이상 생존이나 번식을 위해 어미나 놀이친구와의 유대가 필요하지 않다. 하지만 송아지 입장에서는 여전히 어미와 유대를 맺고 다른 송아지와 놀겠다는 강력한 욕구를 느낀다. 만일 이런 욕구가 채워지지 않으면 송아지는 크게 고통스러워한다. 진화심리학이 우리에게 가르쳐준 기본 교훈은, 야생에서 형성된 욕구는 설사 더 이상 생존과 번식에 필요하지 않게 되었다 할지라도 계속 주관적으로 느껴진다는 점이다.

산업화된 농업의 비극은 동물의 주관적 욕구는 무시하면서 객관적 욕구만 잘 챙긴다는 점이다. 이 이론이 옳다는 사실은 적어도 1950년대 이래 알려져 있다. 미국 심리학자 해리 할로가 원숭이의 발달을 연구한 덕분이었다. 할로는 갓 태어난 원숭이들을 출생 몇 시간 만에 어미와 떼어놓았다. 새끼들은 우리에 가둬진 채 인형 어미의 젖을 먹었다. 할로는 두 종류의 인형을 배치했는데, 하나는 철사로 만들어졌고 새끼들이 빨아먹을 수 있는 우유병이 달려 있었다. 또 하나는 나무로 제작해 겉에 천을 씌운 것으로 진짜 어미 원숭이를 닮았지만 새끼들에게 물질적인 자양분은 전혀 줄 수 없었다. 새끼들은 아무것도 주지 않는 천 엄마보다 영양을 공급하는 철사 엄마에게 매달릴 것이라고 예상되었다. 그런데 놀랍게도 새끼 원숭이들은 천으로 된 엄마를 훨씬 더 좋아했고, 대부분의 시간을 함께 보냈다. 두 엄마가 가까이 놓여 있으면 심지어 철사 엄마에게서 우유를 빨기 위해 목을 뻗으면서도 천 엄마에게 매달려 있었다. 할로는 새끼들이 추워서 그러는 것은 아닐까 싶었다. 그는 철사 엄

▲　할로의 고아 원숭이가 철사 엄마의 젖을 빠는 동안에도 천 엄마에게 매달려 있다.

제 4 부

마의 내부에 전구를 장착해서 열을 내게 했다. 그러나 아주 어린 새
끼들을 제외한 대부분의 새끼는 계속해서 천 엄마를 좋아했다.

　후속 연구 결과, 할로가 고아로 만든 새끼들은 필요한 모든 영양
을 제공받았음에도 성장한 후 정서장애가 생겼다는 사실이 밝혀졌

500

다. 그런 원숭이들은 원숭이 사회에 결코 적응하지 못했고, 다른 원숭이와 소통에 어려움을 겪었으며, 높은 수준의 불안과 공격성에 시달렸다. 결론은 뚜렷했다. 원숭이는 물질적 필요를 넘어서는 심리적 필요와 욕구를 지니고 있음이 틀림없고, 만일 이런 욕구가 충족되지 않으면 매우 큰 고통을 받는다. 할로의 새끼 원숭이들이 젖도 안 주는 천 엄마의 품에서 지내는 것을 더 좋아한 것은 이들이 젖만이 아니라 감정적인 유대도 찾고 있기 때문이었다. 그후 몇십 년 동안 수없이 많은 후속연구가 이루어져, 이 결론은 원숭이뿐 아니라 여타 포유류와 조류에까지 적용된다는 사실이 드러났다. 오늘날 수백만 마리의 가축이 할로의 원숭이와 동일한 환경에 처해 있다. 농부들은 일상적으로 송아지를 비롯해 온갖 새끼들을 어미에게서 떼어내 고립 상태에서 사육한다.[8]

오늘날 농장에서 기계화된 조립 라인의 일부로 키워지는 가축의 숫자는 모두 수백억 마리에 이르며, 해마다 이 중 약 500억 마리가 도축된다. 이 같은 산업적 사육방법은 농업 생산량과 인류의 식재료 양을 급증시켰다. 기계화된 농작물 재배법과 산업적 가축사육법은 현대의 사회경제 질서의 기반이다. 농업이 산업화되기 전에 들판과 농장에서 생산된 식량의 대부분은 농부와 가축을 먹이느라 '낭비'되었고, 생산량 중 아주 낮은 비율만이 장인과 교사, 사제와 관료에게 돌아갈 수 있었다. 그 결과 거의 모든 사회에서 농부가 차지하는 비율은 90퍼센트를 넘었다. 농업이 산업화되자, 적은 수의 농부로도 많은 사무원과 공장 노동자를 먹여 살리기에 충분하게 되었다.

오늘날 미국에서 농업으로 먹고사는 인구는 2퍼센트에 불과하다.[9] 하지만 이 2퍼센트가 미국 인구 전체를 먹이고 남은 것은 수출할 만큼 생산하고 있다. 농업의 산업화가 없었더라면 도시의 산업혁명은 결코 일어날 수 없었을 것이다. 공장과 사무실에서 일할 사람이 부족했을 것이기 때문이다. 공장과 사무실은 농업에서 풀려난 수십억 명의 손과 두뇌를 흡수해서 전대미문의 생산물을 봇물처럼 쏟아내기 시작했다. 오늘날 인류는 과거 어느 때보다 많은 양의 철강과 의류를 만들고 구조물을 세운다. 더불어 과거에는 상상할 수 없었던 무수한 제품을 만들어낸다. 전구, 휴대전화, 카메라, 식기세척기…… 인류 역사상 처음으로 공급이 수요를 넘어서기 시작했다. 그러면서 완전히 새로운 종류의 문제가 생겼다. 누가 이 모든 물건을 구매할 것인가?

쇼핑의
시대

현대 자본주의 경제는 생존을 위해 끊임없이 생산량을 늘려야만 한다. 상어가 계속 헤엄치지 않으면 질식하는 것과 마찬가지다. 하지만 만드는 것만으로는 충분치 못하다. 누군가 제품을 사주어야 한다. 그렇지 않으면 제조업자와 투자자는 함께 파산할 것이다. 이런 파국을 막으면서 업계에서 생산하는 신제품이 무엇이든 사람들이 항상 구매하게 하기 위해서 새로운 종류의 윤리가 등장했는데, 그것이 바로 소비지상주의다. 역사를 통틀어 대부분의 사람들은 결핍 속에서 살았다. 그러므로 검약이 표어였다. 청교도와 스파르타인의 금욕 윤리는 가장 유명한 두 사례였다. 훌륭한 사람은 사치품을 멀리했고, 음식을 버리지 않았으며, 바지가 찢어지면 새로 사는 것이 아니라 꿰매 입었다. 오로지 왕과 귀족들만이 그런 가치관을 공개적으로 포기하고 자신들의 부를 눈에 띄게 뽐낼 수 있었다.

소비지상주의는 점점 더 많은 재화와 용역을 소비하는 것을 긍정적으로 본다. 사람들로 하여금 제 자신에게 잔치를 베풀어 실컷 먹게 하고, 자신을 망치고, 나아가 스스로 죽이게끔 한다. 검약은 치료가 필요한 질병이라고 말한다. 소비지상주의 윤리가 실제로 작동 중이라는 사실을 알려면 멀리 갈 필요도 없이 시리얼 상자의 뒷면을 읽어보면 된다. 내가 좋아하는 아침용 시리얼은 이스라엘 회사 텔마의 것인데 그 상자에는 이런 말이 적혀 있다.

"당신은 가끔 맛있는 것을 잔뜩 먹어야 합니다. 가끔은 에너지만 약간 보충하면 됩니다. 과체중에 주의해야 할 때도 있지요. 하지만 뭔가 먹어야만 할 때도 있습니다…… 바로 지금처럼! 텔마는 바로 당신을 위해 다양하고도 맛있는 시리얼을 제공합니다. 후회 없이 마음껏 드세요."

이 상자에는 '헬스 트리츠'라는 또 다른 시리얼 브랜드를 자랑스럽게 광고하는 말도 적혀 있다.

"헬스 트리츠는 다량의 곡물, 과일, 견과를 제공합니다. 맛과 즐

거움, 건강이 결합된 경험을 선사하죠. 낮에 즐기는 파티, 건강한
생활방식에 맞는 스낵. <u>더욱 놀라운 맛을 지닌 진짜 선물.</u>"

이런 글들은 역사상 대부분의 기간 동안 사람들을 유혹하기보다
배척받기가 더 쉬웠다. 사람들은 여기에 이기적이고, 퇴폐적이고,
도덕적으로 부패했다는 낙인을 찍었을 것이다. 소비지상주의는 대
중심리학('Just do it!')의 도움을 받아, 사람들에게 탐닉은 당신에게
좋은 것이며 검약은 스스로를 억압하는 것이라고 설득하려 무진장
애썼다.

설득은 먹혔다. 이제 우리는 모두가 훌륭한 소비자다. 우리는 실
제로 필요하지 않은 상품들을 무수히 사들인다. 어제까지만 해도
존재하는 줄도 몰랐던 것들을 말이다. 제조업자들은 일부러 수명이
짧은 상품들을 고안하고, 이미 완벽하게 만족스러운 제품을 불필요
하게 갱신하는 새 모델을 발명한다. 이것은 유행을 따르려면 반드
시 사야 하는 물건이다. 쇼핑은 인기 있는 소일거리가 되었으며, 소
비재는 가족, 배우자, 친구 관계의 핵심 매개물이 되었다. 크리스마
스 같은 종교 휴일은 쇼핑 축제가 되었다. 미국의 경우 심지어 현충
일도 마찬가지다. 원래는 순국선열을 추모하는 경건한 날이었지만,
이제는 특별 세일을 하는 기회가 되었다. 대부분의 사람들은 이날
을 기념하기 위해 쇼핑을 하러 가는데, 어쩌면 자유를 수호했던 사
람들의 죽음이 헛되지 않았다는 사실을 증명하기 위해서 그러는 것
일지도 모르겠다.

소비지상주의 윤리가 꽃피었다는 사실은 식품 시장에서 가장 분

명하게 드러난다. 전통 농업사회는 굶주림이라는 무시무시한 그늘 속에서 살았다. 오늘날의 풍요사회에서 건강에 가장 심각한 문제는 비만인데, 그 폐해는 가난한 사람이(이들은 햄버거와 피자를 잔뜩 먹는다) 부자들보다(이들은 유기농 샐러드와 과일 스무디를 먹는다) 훨씬 더 심각하게 입는다. 미국 사람들이 해마다 다이어트를 위해 소비하는 돈은 나머지 세상의 배고픈 사람 모두를 먹여 살리고도 남는 액수다. 비만은 소비지상주의의 이중 승리다. 사람들은 너무 많이 먹고 (적게 먹으면 경제가 위축될 테니) 다이어트 제품을 산다. 경제성장에 이중으로 기여하는 것이다.

소비지상주의 윤리와 사업가의 자본주의 윤리를 어떻게 일치시킬 수 있을까? 후자에 따르면 이윤은 낭비되어서는 안 되고 생산을 위해 재투자되어야 하는데 말이다. 답은 간단하다. 과거에도 그랬듯이 오늘날 엘리트와 대중 사이에는 노동의 분업이 존재한다. 중세 유럽의 귀족들은 값비싼 사치품에 돈을 흥청망청 썼지만, 농부들은 한 푼 한 푼을 아끼면서 검소하게 살았다. 오늘날은 상황이 역전되었다. 부자는 자산과 투자물을 극히 조심스럽게 관리하는 데 반해, 그만큼 잘살지 못하는 사람들은 빚을 내서 정말로 필요하지도 않은 자동차와 TV를 산다. 자본주의 윤리와 소비지상주의 윤리는 동전의 양면이다. 이 동전에는 두 계율이 새겨져 있다. 부자의 지상 계율은 "투자하라!"이고, 나머지 사람들 모두의 계율은 "구매하라!"다.

자본주의-소비지상주의 윤리는 다른 면에서도 혁명적이다. 이전 시기의 윤리 체계들은 대부분 사람들에게 매우 힘든 거래를 제시했다. 사람들은 천국에 갈 수 있다는 약속을 받았지만, 그러려면 동정심과 관용을 키우고, 탐욕과 분노를 극복하며, 이기심을 억제해야만 한다는 조건이 붙었다. 그것은 대부분의 사람에게 너무 어려운 조건이었다. 윤리의 역사는 아무도 그에 맞춰 살 수 없는 훌륭한 이상들로 점철된 슬픈 이야기다. 대부분의 기독교인은 예수를 모방하지 않았고, 대부분의 불교도는 부처를 따르는 데 실패했으며, 대부분의 유생들은 공자를 울화통 터지게 했을 것이다.

이와 대조적으로 오늘날 대부분의 사람들은 자본주의-소비지상주의 이념을 성공적으로 준수하며 살아간다. 새로운 윤리가 천국을 약속하는 대신 내놓은 조건은 부자는 계속 탐욕스러움을 유지한 채 더 많은 돈을 버는 데 시간을 소비할 것, 그리고 대중은 갈망과 열정의 고삐를 풀어놓고 점점 더 많은 것을 구매할 것이다.

이것은 그 신자들이 요청받은 그대로를 실제로 행하는 역사상 최초의 종교다. 그렇지만 우리가 그 대가로 정말 천국을 얻게 되리라는 것을 어떻게 알 수 있을까? 그야 TV에서 이미 보지 않았는가.

18

끝없는 혁명

산업혁명은 에너지를 전환하고 상품을 생산하는 새로운 길을 열었다. 그 덕분에 인류는 주변 생태환경에 예속된 상태에서 대체로 해방되었다. 인류는 숲을 베어내고, 늪의 물을 빼고, 강을 댐으로 막고, 들판에 물을 대고, 수십만 킬로미터에 달하는 철로를 놓고, 고층빌딩이 즐비한 거대도시를 건설했다. 세상이 호모 사피엔스의 필요에 맞게 변형되면서, 서식지는 파괴되고 종들은 멸종의 길을 걸었다. 과거 녹색과 푸른색이던 우리의 행성은 콘크리트와 플라스틱으로 만든 쇼핑센터가 되어가는 중이다.

오늘날 지구상에는 70억 명이 넘는 사피엔스가 살고 있다. 이 모든 사람을 한데 모아 거대한 저울 위에 세운다면 그 무게는 약 3억 톤이 될 것이다. 그리고 우리가 가축화한 모든 농장 동물—암소, 돼지, 양, 닭—을 더욱 거대한 저울 위에 세운다면 그 무게는 약 7억 톤에 달할 것이다.

이와 대조적으로, 현재 살아 있는 대형 야생동물—호저에서 펭귄, 코끼리에서 고래에 이르는—의 무게를 모두 합쳐도 1억 톤에

과 학 혁 명

못 미친다. 어린이 도서나 각종 도해서, TV 화면은 여전히 기린과 늑대와 침팬지로 넘쳐나지만 실제 세상에는 이들이 매우 조금밖에 남아 있지 않다. 세상에 남아 있는 기린은 약 8만 마리에 지나지 않지만, 소는 15억 마리에 이른다. 늑대는 20만 마리밖에 남지 않았지만, 가축화된 개는 4억 마리다. 침팬지는 25만 마리에 불과하지만, 사람은 70억 명이다. 인류는 정말로 지구를 접수했다.[1]

생태계 파괴는 자원 희소성과 같은 문제가 아니다. 앞 장에서 보았듯 인류가 사용할 수 있는 자원은 계속해서 늘고 있으며 앞으로도 이 추세는 계속될 가능성이 크다. 자원의 희소성을 말하는 종말론적 예언가들이 아마도 헛짚은 것으로 보이는 이유다. 이와 반대로 생태계 파괴에 대한 두려움은 근거가 너무 확실하다. 미래의 사피엔스는 온갖 새로운 원자재와 에너지원의 보고를 손에 넣되 이와 함께 겨우 남아 있는 자연 서식지를 파괴하고 대부분의 종을 멸종시킬지 모른다.

사실 생태적 혼란은 호모 사피엔스 자신의 생존을 위태롭게 할 수도 있다. 지구온난화, 해수면 상승, 광범위한 오염은 지구를 우리 종이 살기에 부적합한 공간으로 만들 수 있고, 그 결과 미래에 인류의 힘과 인류가 유발한 자연재해는 쫓고 쫓기는 경쟁의 나선을 그리며 커질지도 모른다. 인류가 자신의 힘으로 자연의 힘에 대항하고 생태계를 자신의 필요와 변덕에 종속시킨다면, 미처 예상하지 못한 위험한 부작용을 점점 더 많이 초래할지 모른다. 이를 통제하는 유일한 방법은 생태계를 더더욱 극적으로 조작하는 것인데, 이것은 더더욱 큰 혼란을 초래할 것이다.

많은 사람이 이런 과정을 '자연 파괴'라 부른다. 하지만 사실 이것은 파괴가 아니라 변형이다. 자연은 파괴되지 않는다. 6,500만 년 전, 소행성이 공룡을 쓸어버렸지만, 그럼으로써 포유류가 번성할 길이 열렸다. 오늘날 인류는 많은 종을 멸종으로 몰아넣고 있으며 심지어 자신조차 멸종시킬지 모른다. 하지만 매우 잘 버티고 있는 생물들도 있다. 가령 들쥐와 바퀴벌레는 전성기를 누리고 있다. 이 끈질긴 생명체들은 아마도 핵무기로 인한 아마겟돈의 폐허의 바닥을 헤치고 기어 나올 공산이 크다. 자신들의 유전자를 퍼뜨릴 능력과 준비를 갖춘 상태로. 어쩌면 지금부터 6,500만 년 후 지능 높은 쥐들은 인류가 일으킨 대량 살해를 감사하는 마음으로 돌이켜볼지도 모른다.

오늘날 우리가 공룡을 멸종시킨 소행성에 감사하는 것과 마찬가지로 말이다. 그럼에도 우리 종이 멸종할 것이라는 소문은 성급한 것이다. 산업혁명 이래 세계 인구는 사상 유례없이 급증했다. 1700년 세계 인구는 약 7억 명이었다. 1800년에는 9억 5천만 명이었다. 1900년이 되자 거의 두 배로 늘어 16억 명이 되었다. 2000년에는 네 배로 늘어 60억 명이 되었다. 오늘날 사피엔스의 숫자는 70억 명을 약간 넘는다.

현대의
시간

사피엔스는 자연의 변덕으로 인한 영향은 점점 더 적게 받게 되었지만 현대 산업과 정부의 명령에 점점 더 많이 복종하게 되었나. 산업혁명의 결과 사회공학적 실험이 계속해서 이어졌고, 일상과 인간 심리 면에서 예기치 못했던 변화는 더 길게 이어졌다. 많은 변화 중 한 예는 전통농업의 리듬이 산업의 획일적이고 정밀한 스케줄로 대체된 것이다.

전통 농업은 자연의 시간과 유기적 성장의 주기에 의존했다. 대부분의 사회들은 시간을 정확하게 측정할 능력이 없었으며 그런 측정을 하는 데 그다지 흥미를 느끼지도 않았다. 시계와 시간표 없이도 세상은 탈 없이 굴러갔으며, 이를 지배하는 것은 오로지 태양의 움직임과 식물의 성장주기뿐이었다. 일사불란한 근무일 같은 것은 없었으며 모든 일과는 계절에 따라 극적으로 바뀌었다. 사람들은 태양이 어디쯤 있는지 알고 있었으며 우기와 수확기가 시작되는 전조를 열심히 찾았지만, 시간은 알지 못했고 연도에도 관심이 없었다. 중세 마을에 시간여행자가 갑자기 나타나 지나가는 사람에게 이렇게 물었다고 치자. "올해가 몇 년도이지요?" 마을 사람들은 질문한 이방인의 우스꽝스러운 복장 못지않게 질문의 내용에 어리둥절해할 것이다.

중세 농부나 구두공과 달리 현대 산업은 태양이나 계절을 거의 상관하지 않는다. 대신 정밀성과 획일성을 신성시한다. 중세 공방에서는 구두공 각자가 밑창에서 버클에 이르는 신발 전체를 만들었다. 한 명의 출근이 늦는다 해도 그 때문에 다른 사람의 일이 늦어지지는 않았다. 하지만 오늘날 구두 공장의 조립 라인에서 노동자들은 각자 한 대씩 기계를 담당하는데, 기계들은 구두의 극히 일부분만을 만들어 그 제품을 다음 기계로 넘긴다. 만일 5번 기계를 조작하는 노동자가 늦잠을 자면 다른 모든 기계의 작동이 멈춘다.

이런 참사를 막기 위해서는 모든 사람이 정확한 시간표를 준수해야 한다. 모든 노동자는 정확히 같은 시간에 직장에 도착한다. 배가 고픈 사람이든 그렇지 않은 사람이든 모두가 똑같은 점심시간을 준수한다. 근무시간이 끝났다는 호각이 울리면 모두 집으로 돌아간다. 자기 일이 끝났을 때 돌아가는 것이 아니다.

산업혁명은 시간표와 조립 라인을 거의 모든 인간 활동의 틀로 변화시켰다. 공장이 자신의 시간표를 인간들의 행동에 강요한 직후부터 학교 역시 정확한 시간표를 채택했으며, 병원과 정부기관, 식품점이 그 뒤를 따랐다. 심지어 조립 라인과 기계가 없는 장소에서도 시간표가 왕이 되었다. 공장의 교대 근무시간이 오후 5시에 끝난다면 동네 술집은 5시 2분에 문을 여는 것이 나았다.

시간표 체계가 확산된 결정적 고리는 대중교통이었다. 노동자들이 오전 8시에 근무를 시작해야 한다면 기차나 버스는 공장 문 앞에 7시 55분까지 도착해야만 한다. 작업이 몇 분만 늦어져도 생산성은 떨어지고 심지어 불운하게 지각한 사람은 해고될 위험까지 있다. 1784년 영국에서 운행시간표를 붙인 마차 서비스가 운영되기 시작했다. 시간표에 명시된 것은 출발시각뿐이었다. 도착 시각은 없었다. 당시만 해도 영국의 각 도시와 타운은 각자의 현지 시간이 따로 있었고, 이 시간은 런던 시간과 크게는 30분까지 차이가 났다. 런던이 12시면 리버풀은 12시 20분, 캔터베리는 11시 50분이었다. 전화나 라디오도 없었고 TV나 급행열차도 없던 시대였다. 시간을 누가 알 수 있었겠으며 누가 상관했겠는가?[2]

최초의 상업용 기차가 리버풀과 맨체스터 사이에서 운행을 시작한 1830년으로부터 10년 뒤에 최초의 기차 시간표가 나왔다. 기차는 마차보다 훨씬 더 빨랐으므로, 현지 시각의 변덕스러운 차이가 심각한 불편을 초래했다. 1847년 영국의 열차 회사들은 머리를 맞대고 이제부터 모든 열차 시간표를 리버풀이나 맨체스터나 글래스고의 현지 시간이 아니라 그리니치 천문대 표준시에 맞추기로 합의했다. 그리고 점점 더 많은 기관들이 열차 회사들의 모범을 따르기 시작했다.

마침내 1880년 영국 정부는 영국의 모든 시간표는 그리니치를 따라야 한다는 법률을 제정했다. 이것은 전례 없는 일이었다. 역사상 처음으로 한 나라가 국가 시간을 채택하고 국민들에게 현지 시각이나 해가 뜨고 지는 주기 대신에 시계에 맞춰 살기를 강요한 것이다. 이처럼 대수롭지 않았던 시작은 결국 몇십 분의 일 초까지 똑같이 맞추는 세계적 시간표 네트워크를 낳았다.

방송매체는 세상에 등장하면서—라디오를 시작으로 TV가 나타났다—시간표의 세상을 열었고, 시간표의 주된 강요자이자 복음전도사가 되었다. 라디오 방송국이 처음으로 한 일 가운데 하나가 시보時報 방송이었다. "삐삐 삐—"소리는 멀리 떨어진 주거지나 바다의 선박에서 시간을 맞출 수 있게 해주었다. 이후 라디오 방송국들은 매시간 뉴스를 방송하는 것을 관례화했다. 오늘날 모든 뉴스 방송의 첫 순서를 차지하는 것은 시간이다. 시각이 전쟁 발발 소식보다 더 먼저 보도된다. 제2차 세계대전 당시 BBC 뉴스는 나치 점령하의 유럽에 방송을 내보냈다. 모든 뉴스 프로그램은 첫머리에 영국 국회의사당 시계탑의 시계 소리를 생방송으로 들려주었다. 이것은 자유를 상징하는 마법의 소리였다. 독일의 천재 물리학자들은 생방송에 나오는 딩동 소리의 톤이 날씨에 따라 미세한 차이가 난다는 점에 착안하여 이를 토대로 런던의 기상상황을 파악하는 방법을 알아냈다. 그 정보는 독일 공군에게 귀중한 도움이 되었다. 영국 정보부는 뒤늦게 이 사실을 알고는 그 유명한 시계 소리를 녹음 방송으로 바꿨다.

시간표 네트워크를 운영하기 위해서, 값싸고 정교한 휴대용 시계가 어디에나 널려 있게 되었다. 아시리아, 사산, 잉카의 도시에는 해시계가 몇 개쯤 있었을 것이다. 중세 유럽 도시에는 보통 마을 광장에 있는 높은 탑 꼭대기에 거대한 기계가 올라앉은 형태의 시계가 하나 있었다. 이런 탑 시계는 시간이 안 맞기로 악명이 높았지만, 어차피 마을에는 그것과 다른 시각을 가리키는 다른 시계가 없었기 때문에 틀려도 별 문제가 없었다. 오늘날 여느 부잣집 한 곳에 있는 시계 종류를 다 합치면 대개 중세 한 나라가 보유했던 것보다 수가 많다. 손목시계, 휴대전화, 침대 머리맡의 자명종, 부엌 벽의 붙박이 시계, 전자오븐이나 TV, DVD, 컴퓨터 스크린의 작업표시줄이 모두 시간을 표시한다. 지금 시각이 몇 시인지 알고 싶지 않다면 의식적인 노력을 기울여야 한다.

보통 사람은 하루에도 수십 번씩 이런 시계들을 본다. 우리가 하는 일 거의 대부분이 제시간에 이뤄져야 하는 일이기 때문이다. 자명종은 우리를 오전 7시에 깨우고, 우리는 냉동 베이글을 전자레인지에 넣고 정확히 50초 동안 가열하며, 칫솔질은 전동칫솔에서 알림음이 울릴 때까지 정확히 3분간 한다. 7시 40분 전철을 타고 직장으로 향하고, 헬스클럽 러닝머신이 30분이 경과했다는 알림음을 울릴 때까지 뛴다. 좋아하는 쇼를 보기 위해 오후 7시 정각에 TV 앞에 앉은 뒤, 미리 정해진 정확한 순간에 나오는 초당 1천 달러짜리 광고로 TV 시청을 방해받고, 결국 정신과 의사를 찾아가 모든 걱정을 털어놓는데, 의사는 우리의 수다를 정확히 50분으로 제한한다. 오늘날 표준화된 한 회 진료시간이 그렇기 때문이다.

산업혁명은 인류사회에 수십 가지의 커다란 격변을 불러왔다. 산업적 시간에 적응하는 것은 그중 하나에 불과하다. 또 다른 두드러진 예로는 도시화, 농민의 소멸, 산업 프롤레타리아의 등장, 보통 사람에게 주어진 힘, 민주화, 청년문화, 가부장제의 해체 등을 들 수 있다. 하지만 이런 격변들조차 역사를 통틀어 인류에게 닥친 가장 중요한 사회혁명에 대면 시시했다. 그것은 바로 가족과 지역 공동체가 붕괴하고 국가와 시장이 그 자리를 대신한 사건이다.

우리가 아는 한, 인류는 가장 초기부터, 그러니까 1백만여 년 전부터 대부분 친척들로 구성된 작고 친밀한 공동체에서 살았다. 인지혁명과 농업혁명이 일어난 뒤에도 상황은 달라지지 않았다. 이런 혁명 덕분에 가족과 공동체가 뭉쳐서 부족, 도시, 왕국, 제국이 만들어졌지만, 모든 인류사회의 기본 단위가 가족과 공동체라는 점은 바뀌지 않았다. 하지만 산업혁명은 불과 2세기 남짓 만에 이 단위들을 산산이 깨부쉈다. 가족과 공동체가 수행하던 전통적 기능은 대부분 국가와 시장에게 넘어갔다.

가족과
공동체의 붕괴

　　　　　산업혁명 이전 대부분의 사람들이 영위했던 일상은 핵가족, 확장된 가족, 지역의 친밀한 공동체라는 세 가지 오래된 틀 속에서 이루어졌다.* 대부분의 사람은 가족 농장이나 가족 공방 같은 가업에 종사하거나 이웃집에서 일했다. 가족은 또한 복지 시스템, 의료 시스템, 교육 시스템, 건축 산업, 노동조합, 연금 펀드, 보험 회사, 라디오, TV, 신문, 은행, 심지어 경찰이었다.

어떤 사람이 병에 걸리면 가족이 그를 보살폈다. 그가 늙으면 가족이 그를 부양했고 아들딸이 그의 연금이었다. 누군가 죽으면 가족이 남은 고아들을 돌보았다. 그가 오두막을 원하면 가족들이 일손을 보탰고, 사업을 시작하려고 하면 가족이 필요한 자금을 조달했다. 그가 결혼을 하고자 하면 가족이 배우자 후보를 고르거나 최소한 심사라도 했다. 이웃과 분쟁이 생기면 가족이 끼어들었다. 하지만 병이 너무 심하게 걸려서 가족이 어떻게 다룰 수 없을 정도가 되거나, 새로운 사업이 너무 큰 투자를 필요로 하거나, 이웃과의 분쟁이 폭력으로 확대되는 경우, 지역 공동체가 해결사로 나섰다.

공동체는 지역 전통과 호혜의 경제를 기반으로 도움을 제공했다. 이런 경제는 자유시장의 수요공급 법칙과는 크게 다른 경우가 흔했다. 구식의 중세 공동체에서 내 이웃이 필요로 하면 나는 아무 대

---

* 　친밀한 공동체란 구성원 각자가 서로를 잘 알며 생존을 위해 서로에게 의지하는 사람들의 집단을 말한다.

가를 바라지 않고 그가 오두막을 짓는 것을 돕고 그의 양을 대신 돌봐주었다. 내가 도움을 필요로 하면 이웃이 내 호의를 다시 갚았다. 이와 동시에 지방의 유력자는 마을 사람 모두를 징발해 한 푼도 대가를 지불하지 않으면서 자신의 성을 쌓게 만들 수 있었다. 그 대가로 우리는 그가 산적이나 야만인으로부터 우리를 보호해줄 것이라고 믿었다.

마을의 삶에는 많은 거래가 있었지만 지불이 뒤따르는 경우는 드물었다. 물론 시장도 일부 존재했지만 그 역할은 제한적이었다. 귀한 향신료나 천, 도구를 구매하거나 법률가나 의사의 서비스에 돈을 낼 수는 있지만 통상적인 상품과 용역 중 시장에서 구매가 이뤄지는 것은 10퍼센트도 되지 않았다. 인간의 필요 대부분은 가족과 공동체의 보살핌으로 충족되었다.

왕국이나 제국도 존재하여, 전쟁을 벌인다거나 도로를 닦고 왕국을 건설하는 등의 중요한 업무를 수행했다. 이런 목적을 위해 왕들은 세금을 징수했으며, 때때로 병사와 노동자를 징집했다. 하지만 드문 예외를 제하면 왕들은 가족과 공동체의 일상사에 관여하지 않으려 했다. 설사 개입하고 싶더라도 대부분의 왕은 이를 실행하는 데 어려움을 겪었다. 전통적 농업 경제체제는 수많은 정부 관료, 경찰, 사회복지사, 교사, 의사를 먹여 살릴 만큼의 잉여분을 거의 생산하지 못했다. 그 결과 대부분의 통치자는 대중 복지체제, 의료체제, 교육체제를 발전시키지 않았다. 그런 문제는 그냥 가족과 공동체의 손에 맡겼다. 통치자들이 농민들의 일상에 더 깊이 개입하려고 시도하는 드문 경우에도(예컨대 중국의 진 제국에서 그랬다) 가족의 수장과 공동체의 연장자들을 정부 요원으로 만들어버리는 방법을 썼다 (관직을 내렸다는 뜻이다―옮긴이).

멀리 떨어진 곳의 공동체 일에 개입하기에는 수송과 통신이 너무나 불편할 때가 많았기 때문에 많은 왕국이 왕의 가장 기본 특권인 과세와 폭력행사를 공동체에 양도하는 쪽을 선호했다. 예컨대 오토만 제국은 대규모의 제국 경찰력을 운영하느니 피해자 가족이 피의 복수를 통해 정의를 실현하도록 허용했다. 만일 내 사촌이 누군가를 살해하면 희생자의 형제가 그 보복으로 나를 살해하는 것이 허용되었다. 이스탄불의 술탄이나 지방의 파샤조차도 폭력이 허용할 만한 한계 내에서 이루어지는 한 이런 충돌에 개입하지 않았다.

중국의 명 제국(1368~1644)은 백성들을 보갑제保甲制로 조직했다. 열 개의 가족이 하나의 '보保'가 되었고 열 개의 보가 하나의 '갑甲'을 이루었다. 보의 구성원 한 명이 범죄를 저지르면 보의 다른 구성원, 특히 연장자들이 그를 처벌할 수 있었다. 세금도 보에 부과되었다. 개별 가정의 상황을 평가해서 각자 내야 할 세금의 액수를 결정하는 책임도 정부 관리가 아니라 보의 연장자에게 있었다. 제국의 관점에서 볼 때 이 시스템에는 막대한 장점이 있었다. 제국은 수천 수만 명의 세무 공무원과 세금 징수원을 유지해서 개별 집안의 소득과 지출을 조사하는 대신, 이런 업무를 공동체의 연장자에게 맡기는 쪽을 택했다. 연장자들은 촌민들의 수입이 얼마나 되는지를 알고 있었고, 제국의 군대를 개입시키지 않고도 보통 세금 납부를 강제할 수 있었다. 많은 왕국과 제국이 사실상 (상인 등에게) 보호비를 뜯는 대규모 폭력단에 지나지 않았다. 왕은 보스 중의 보스로서 보호비를 거두고 그 대가로 자신의 보호하에 있는 사람들을 이웃 범죄 조직이나 지역의 잡배들로부터 지켜주는 역할을 했다. 그 이상의 역할은 거의 없었다.

가족과 공동체 품 안에서 사는 삶은 이상적이진 않았다. 가족과 공동체의 억압은 오늘날 국가와 시장의 그것보다 덜하지 않았다. 그 내적 역학은 긴장과 폭력으로 가득하기 일쑤였지만, 사람들에게는 선택권이 없었다. 1750년경 가족과 공동체를 잃은 여성은 죽은 목숨이나 다름없었다. 직업도 없고, 교육도 받지 못했으며, 병들고 곤궁할 때 도와줄 곳이 없었다. 돈을 빌려줄 사람도, 분란이 생겼을 때 옹호해줄 사람도 없었다. 경찰이나 사회복지사, 의무교육은 없었다. 살아남으려면 새로이 소속될 가족이나 공동체를 즉시 찾아야 했다. 집에서 도망친 소년 소녀가 기대할 수 있는 것은 기껏해야 다른 집안의 하인이 되는 것이었다. 최악의 경우 군대나 매춘굴이 기다리고 있었다.

이 모든 것은 지난 2세기에 걸쳐 극적으로 달라졌다. 산업혁명은 시장에 막대한 새 힘을 주었고, 국가에는 새로운 통신 및 수송 수단을 제공했으며, 정부로 하여금 사무원과 교사, 경찰과 사회복지사의 군단을 쓸 수 있게 해주었다. 처음에 시장과 국가의 진로는 외부 개입을 꺼리는 전통적 가족과 공동체에 가로막혔다. 부모와 공동체의 원로들은 젊은 세대가 민족주의적 교육 시스템에 세뇌 당하거나 군에 징집되거나 뿌리 없는 도시 프롤레타리아로 변하는 것을 꺼렸다.

세월이 흐르면서 국가와 시장은 점점 커지는 권력을 이용해 가족과 공동체의 전통적 결속력을 약화시켰다. 국가는 가족 간 피의 복수를 경찰을 보내 막았고 법원의 판결로 대체했다. 시장은 지역의 오랜 전통을 장사꾼을 보내 일소하고 끊임없이 변화하는 상행위 관습으로 대체했다. 하지만 이것만으로는 충분치 않았다. 가족과 공동체의 힘을 약화시키려면 제5열(스파이를 말한다—옮긴이)의 도움이 필요했다.

국가와 시장은 거절할 수 없는 제안을 가지고 사람들에게 접근했다. 그들은 말했다. "개인이 되어라. 누가 되었든 네가 원하는 사람과 결혼하라. 부모의 허락을 받을 필요는 없다. 네게 맞는 직업을 택하라. 그 때문에 공동체의 연장자가 눈살을 찌푸리더라도. 어디가 되었든 네가 원하는 곳에서 살아라. 그 때문에 가족 만찬에 매주 참석할 수 없게 되더라도. 당신은 더 이상 가족이나 공동체에 얽매일 필요가 없다. 그 대신 우리, 즉 국가와 시장이 당신을 돌볼 것이다. 식량과 주거, 교육과 의료, 복지와 직업을 제공할 것이다. 연금과 보험을 제공하고 당신을 보호해줄 것이다."

낭만주의 문학은 곧잘 개인을 국가와 시장을 대상으로 투쟁하는 사람으로 묘사한다. 사실 이보다 진실에서 먼 이야기는 없다. 국가와 시장은 개인의 어머니이자 아버지이며, 개인이 살아남을 수 있는 것은 오로지 이들 덕분이다. 시장은 우리에게 직업과 보험과 연금을 제공한다. 전문직업인이 되려는 공부를 하고 싶다면, 당신을 가르칠 공립학교가 존재한다. 사업을 하고 싶다면, 은행이 돈을 빌려준다. 집을 짓고 싶다면, 건설회사가 지어주고 은행이 융자를 해주며 여기에 국가가 보조금을 지급하거나 보증을 서주기도 한다. 폭

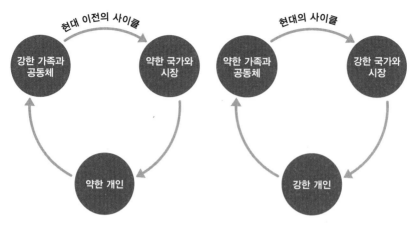

가족과 공동체 대 국가와 시장

력이 발생하면, 경찰이 지켜준다. 며칠간 아프면, 의료보험이 보살펴 준다. 몇 개월간 환자로 있으면, 사회보장제도가 개입한다. 24시간 보살핌을 원하면, 시장에서 간병인을 고용할 수 있다. 그 간병인은 외부 세계에서 온 낯선 사람으로, 이제는 더 이상 자녀들에게 기대 할 수 없는 헌신성으로 우리를 돌본다.

돈만 있다면 고급 양로원에서 노년을 보낼 수 있다. 과세 당국은 우리를 개인으로 취급하며, 이웃의 세금까지 낼 것을 기대하지 않 는다. 법원 역시 우리를 개인으로 보며, 사촌이 저지른 범죄로 우리 를 처벌하는 일은 결코 없다. 성인 남자뿐 아니라 성인 여자와 어린 이도 개인으로 인식된다. 대부분의 역사에서 여자는 가족과 공동체 의 재산으로 취급되었지만, 현대 국가는 이와 달리 여자를 가족이 나 공동체에서 독립하여 경제적, 법적 권리를 누리는 개인으로 본 다. 여성은 은행계좌를 가지며, 누구와 결혼할 것인지는 물론이고

제 4 부

이혼할 것인지, 혼자 살 것인지도 스스로 결정할 수 있다.

하지만 개인의 해방에는 대가가 따른다. 현대의 많은 사람이 강력한 가족과 공동체를 상실한 데 대해 슬퍼하며, 인간미가 없는 국가와 시장이 우리 삶에 미치는 영향력 때문에 소외되고 위협당한다는 느낌을 받는다. 소외된 개인으로 구성된 국가와 시장은 강력한 가족과 공동체로 구성된 국가와 시장에 비해 그 구성원들에게 훨씬 더 쉽게 개입할 수 있다. 고층 아파트 주민들이 아파트 수위에게 주어야 할 급여액조차 합의하지 못하는 마당에 어떻게 이들이 국가에 저항하리라고 기대할 수 있단 말인가?

국가와 시장과 개인 간의 거래는 쉬운 일이 아니다. 국가와 시장은 서로의 권리와 의무에 대해 의견이 다르며, 개인은 국가와 시장이 둘 다 너무 적게 주면서 너무 많이 요구한다고 불평한다. 많은 경우 개인은 시장에게 착취당한다. 국가가 군대와 경찰, 관료를 고용하는 것은 개인을 보호하기 위해서가 아니라 처벌하기 위해서인 경우가 많다. 하지만 아무리 불완전하게라도 이런 거래가 작동한다는 것은 그 자체가 놀라운 일이다. 수없이 많은 세대에 걸쳐 이어온 인류의 사회계약을 위반하는 것이기 때문이다. 수백만 년에 걸친 진화의 결과, 우리는 스스로를 공동체의 구성원으로서 생각하면서 살아가도록 설계되었지만, 불과 2세기 만에 우리는 소외된 개인이 되었다. 문화의 무시무시한 힘을 이보다 더 잘 증언하는 사례는 없다.

현대사회에서도 핵가족은 완전히 사라지지 않았다. 국가와 시장은 경제적, 정치적 역할의 대부분을 가족에게서 빼앗으면서도 일부 중요한 감정적 기능은 남겨두었다. 현대 가족은 국가와 시장이 (아직은) 제공할 수 없는 사적인 욕구를 제공하기로 되어 있다. 하지만 가족은 심지어 이 영역에서도 점점 더 많은 개입을 겪고 있다. 시장이 사람들의 연애 및 성생활 방식에 미치는 영향이 점점 더 커지고 있는 것이다. 전통적으로는 가족이 중매쟁이의 역할을 맡았지만, 오늘날 연애와 성적 선호를 조종하고 그것을 얻도록 도와주는 것은 시장이다.

다만 그 비용이 비싸다. 옛날에는 신랑과 신부는 집 안의 거실에서 만났고, 한쪽 아버지에게서 다른 쪽 아버지로 돈이 건네졌다. 오늘날 연애는 술집과 카페에서 이루어지고, 돈은 연인의 손에서 웨이트리스에게 건네진다. 이보다 더 많은 돈이 패션 디자이너, 헬스클럽 매니저, 다이어트 전문가, 미용사, 성형외과 의사의 은행계좌로 건너간다. 이들 모두는 우리가 시장이 제시하는 미의 이상에 가급적 가장 가까운 모습을 하고서 카페에 도착하도록 도와준다.

국가 역시 가족관계를 예전보다 더 예리하게 주시하고 있는데, 특히 부모와 자식 간의 관계에 주목한다. 부모에게는 아이들을 정부의 학교에 보내 교육받게 할 의무가 있다. 특별히 아이를 학대하거나 폭력을 행사하는 부모는 국가의 저지를 당할 수 있다. 필요한 경우 국가는 심지어 부모를 감옥에 보내고 아이들을 다른 가정에 위탁할 수도 있다.

불과 얼마 전까지만 해도 부모가 자녀를 때리거나 모욕하지 못하도록 국가가 나서야 한다고 누군가 주장했다면 말도 안 되고 실행 불가능하다는 이유에서 무시당했을 것이다. 대부분의 사회에서 부모의 권위는 신성한 것으로 간주되었다. 부모에 대한 존경과 복종은 가장 신성한 가치에 속했고, 부모는 거의 모든 행위를 원하는 대로 할 수 있었다. 신생아를 살해하거나, 아기를 노예로 팔거나, 딸을 나이가 두 배가 넘는 남자와 결혼시키는 것이 모두 가능했다. 오늘날 부모의 권위는 완전히 후퇴했다. 젊은이들은 연장자의 말을 따를 의무가 점점 줄고 있고, 이에 비해 부모들은 자녀의 삶에서 무엇이든 잘못된 것이 있으면 비난을 받는다. 엄마와 아빠는 스탈린 치하의 여론조작용 재판에 출석한 피고인처럼, 프로이트의 법정에서 비난을 받는 곤경에 처하게 되었다.

상상의
공동체

　　핵가족도 그렇지만 공동체 역시 아무런 정서적 대체물을 남기지 않고 세상에서 완전히 사라질 수는 없었다. 오늘날 시장과 국가는 과거에 공동체가 제공하던 물질적 필요의 대부분을 충족시켜주고 있지만, 이와 함께 같은 부족민 사이에 느끼던 유대감도 충족시켜주어야 한다. 시장과 국가는 '상상의 공동체'를 육성함으로써 그 일을 해낸다. 수백만 명의 낯선 사람을 포함하는 이 공동체는 국가적, 상업적 필요에 맞게끔 만들어졌다. 모든 상상의 공동체는 실제로 서로 알지는 못하지만 서로 안다고 상상하는 사람들의 공동체다. 이것은 새로운 발명이 아니다. 왕국, 제국, 교회는 상상의 공동체로 수천 년씩 기능해왔다.

　　고대 중국에서는 수천만 명의 사람들이 서로를 단일 가족의 구성원으로 보았다. 천자가 그들의 아버지였다. 중세에 수백만 명의 독실한 무슬림은 그들 모두가 위대한 이슬람 공동체의 형제자매라고 생각했다. 하지만 이런 상상의 공동체는 서로서로 잘 알고 지내는 수십 명으로 구성된 친밀한 공동체의 보조 역할에 불과했다. 친밀한 공동체는 구성원의 감정적 필요를 충족시켰으며, 모두의 생존과 복지에 핵심요소였다. 지난 2세기 동안 친밀한 공동체는 말라죽었고, 그에 따른 감정적 공백을 채우는 역할은 상상의 공동체가 맡게 되었다.

상상의 공동체가 부상한 사례 중 가장 중요한 두 가지가 국민과 소비 공동체이다. 국민은 국가가 만든 상상의 공동체다. 소비 공동체는 시장이 만든 상상의 공동체다. 둘 다 상상의 공동체임에 분명한 까닭은 시장의 모든 고객이나 한 국가의 모든 구성원이 과거 한 마을 사람들이 서로 알던 것만큼 실제로 잘 아는 것은 불가능하기 때문이다. 독일 사람 누구도 자신이 속한 국가의 다른 국민 8천만 명과 친하게 알고 지낼 수는 없다. 유럽 공동시장의 고객 5억 명도 마찬가지다(유럽 공동시장은 처음에는 유럽공동체로, 나중에는 유럽연합으로 진화했다).

소비지상주의와 민족주의는 우리로 하여금 우리가 수백만 명의 모르는 사람들과 같은 공동체에 속해 있으며 모두가 공통의 과거, 공통의 관심사, 공통의 미래를 갖고 있다고 생각하게끔 만들려고 무진장 애를 쓴다. 이것은 거짓말이 아니다. 상상일 뿐이다. 돈이나 유한회사, 인권과 마찬가지로, 국민과 소비 공동체는 상호 주관적 실체다. 이것들은 오로지 우리의 집단 상상 속에만 존재하지만, 그 힘은 막강하다. 독일인 수천만 명이 독일이란 국가의 존재를 믿고, 독일의 국가 상징을 보면 흥분하고, 국가의 신화를 거듭 이야기하고, 국가를 위해 돈과 시간과 팔다리를 기꺼이 희생하려 하는 한, 독일은 언제까지나 세계의 강대국으로 남을 것이다.

국가는 상상의 존재라는 자신의 속성을 숨기려 최선을 다한다. 대부분의 국가는 자신이 자연적이며 영원한 실체라고, 어떤 시원적 시기에 모국의 흙과 사람들의 피가 섞여서 창조된 존재라고 주장한다. 하지만 그런 주장은 보통 과장된 것이다. 오랜 옛날에도 민족은 존재했지만 그 중요성은 오늘날보다 훨씬 적었다. 국가의 중요성이 오늘날보다 훨씬 떨어졌기 때문이다. 중세 뉘른베르크의 주민이 국가 독일에 대해 뭔가 충성심을 느꼈을 수는 있지만 자신의 욕구 대부분을 채워주는 가족과 지역 공동체에 대한 충성심과 비교하면 그리 크지는 않았다. 게다가 고대에서 국가가 어떤 중요성을 지녔든 간에, 지금껏 살아남은 국가는 거의 없다. 오늘날 많은 국가는 지난 몇 세기 동안에 통합된 것이다.

중동에는 그런 사례가 수없이 많다. 시리아, 레바논, 요르단, 이라크는 프랑스와 영국 외교관들이 지역의 역사와 지리, 경제를 무시하고 모래 위에 아무렇게나 그어놓은 경계선의 산물이다. 1918년 이 외교관들은 지금부터 쿠르드인, 바그다드인, 바스라인은 이라크인이 된다고 결정했다. 누가 시리아인이 되고 누가 레바논인이 될 것인가를 결정한 것은 프랑스인들이었다. 사담 후세인과 하페즈 알아사드는 영국과 프랑스가 만들어낸 자신들의 나라에서 국가의식을 육성, 강화하기 위해서 최선을 다했다. 하지만 국가 이라크나 시리아가 영원하다는 과장된 연설은 공허하게 들렸다. 아무것도 없는 곳에서 국가를 창조해낼 수 없다는 것은 당연한 소리다. 이라크나 시리아를 건설하기 위해 열심이었던 사람들은 실제 역사, 지리, 문화적 원자재를 활용했는데, 그중 일부는 수백 수천 년 된 것이었다. 사담 후세인은 아바스 왕조 칼리프의 지위와 바빌로니아 제국의 유산을 채택했으며, 자신의 정예 기갑부대 하나에 함무라비 사단이라는 이름을 붙이기까지 했다.

하지만 그런다고 해서 이라크가 고대부터 이어져 내려온 존재로 바뀌는 것은 아니었다. 내가 밀가루와 오일, 설탕으로 케이크를 굽는다고 하자. 그 모든 재료는 지난 2년간 부엌 옆 창고방에 들어 있던 것이지만 그렇다고 해서 케이크 자체가 2년 된 것이라는 의미는 아니다.

인류의 충성심을 얻기 위한 다툼에서 국가 공동체는 소비자라는 부족과 경쟁해야만 했다. 사람들은 서로 직접 잘 알지는 못하지만 소비 습관과 관심이 동일하면, 종종 스스로 동일한 공동체의 일부라고 느끼며 자신을 그렇게 규정한다. 가령 마돈나의 팬들도 그런 소비자 공동체를 구성한다. 그들은 주로 구매 패턴으로 스스로를 규정한다. 마돈나의 공연 티켓, CD, 포스터, 셔츠, 휴대전화 벨소리 음악을 구매하며 이를 통해 자신이 누구인가를 규정한다. 맨체스터 유나이티드의 팬들, 채식주의자들, 환경주의자들도 마찬가지다. 사실, 환경 문제나 맨체스터 유나이티드를 위해서 기꺼이 자기 목숨을 내놓을 사람은 거의 없을 것이다. 그러나 오늘날 대부분의 사람들은 전장보다는 슈퍼마켓에서 훨씬 더 많은 시간을 보내며, 슈퍼마켓 안에서만큼은 소비자 부족이 종종 국가보다도 강하다.

끝없는
운동

지난 2세기에 걸쳐 일어난 혁명들은 워낙 빠르고 과격한 나머지 사회질서의 가장 근본적인 특성 대부분을 변화시켰다. 전통적으로 사회질서는 단단하고 고정된 무엇이었다. '질서'는 안정성과 연속성을 의미했다. 급격한 사회혁명은 예외였고, 대부분의 사회 변화는 수많은 작은 단계가 축적된 결과였다. 사람들은 사회구조란 확고하며 영원하다고 가정하는 경향이 있었다. 가족과 공동체가 그 질서 내에서 자신이 차지하는 위치를 변화시키려 분투할 수는 있었지만, 스스로 질서의 근본구조를 바꿀 수 있다는 발상은 과 학 혁 명 낯선 것이었다. 사람들은 "이것은 과거에도 늘 그랬고 앞으로도 늘 이렇게 이어질 거야"라고 선언하면서 현재 상태를 어쩔 수 없는 것으로 받아들이는 경향이 있었다.

지난 2세기 동안 변화의 속도는 너무나 빨랐고, 그런 나머지 사회질서는 동적이고 가변적이라는 속성을 지니게 되었다. 이제 그것은 끊임없이 변화하는 상태로 존재한다. 현대의 혁명이라고 하면 우리는 1789년(프랑스 혁명), 1848년(유럽의 연쇄적 민주화 혁명), 혹은 1917년(러시아 혁명)을 생각하는 경향이 있지만, 정확히 말하자면 오늘날은 모든 해가 혁명적이다. 요즘은 심지어 30세밖에 되지 않은 사람도 십대를 향해 "내가 어렸을 때는 세상이 지금과 완전히 달랐어"라고 말할 수 있다. 십대는 그 말을 믿지 않겠지만, 그 말은 사실이다. 예컨대 인터넷이 널리 쓰이게 된 것은 1990년 초반에 이르러서였다. 불과 20년밖에 되지 않은 일이다. 오늘날 우리는 인터넷 없는 세상은 상상할 수가 없다.

그러므로 현대사회의 속성을 규정하려는 모든 시도는 카멜레온의 색을 규정하려는 것과 비슷하다. 우리가 확신할 수 있는 유일한 속성은 끊임없는 변화다. 우리는 여기에 익숙해져, 대부분의 사람들은 사회질서를 바꿀 수 있는 무엇, 우리가 마음대로 가공하고 개선할 수 있는 무엇이라고 생각한다. 현대 이전 지배자들의 주된 약속은 전통적 질서를 수호하겠다거나 심지어 잃어버린 모종의 황금시대로 돌아가겠다는 것이었지만, 지난 2세기 동안 정치에서는 구세계를 파괴하고 그 자리에 더 나은 것을 건설하겠다고 약속하는 것이 기본이었다. 가장 보수적인 정당조차 현상을 그대로 유지하겠다고만 약속하지는 않는다. 모든 사람이 사회 개혁, 교육 개혁, 경제 개혁을 약속하고, 어떤 때는 공약을 실천하기도 한다.

제 4 부

지각판의 움직임이 지진과 화산 폭발이라는 결과를 낳을 것이라고 지리학자들이 예측하듯이 격렬한 사회운동은 피비린내 나는 폭력을 분출할 것이라고 예측함직하다. 19세기와 20세기의 정치사는 끔찍한 전쟁과 대량학살, 혁명으로 점철되어 있다는 이야기를 흔히들 한다. 이런 견해에 따르면, 역사는 장화를 신고 한 웅덩이에서 다른 웅덩이로 폴짝폴짝 뛰는 아이처럼 하나의 피바다에서 다른 피바다로 뛰어드는 행태를 보여왔다. 제1차 세계대전에서 제2차 세계대전을 거쳐 냉전으로, 아르메니아 대학살에서 유대인 대학살을 거쳐 르완다 대학살로, 로베스피에르에서 레닌을 거쳐 히틀러로……

이것은 물론 진실이다. 하지만 우리가 너무나 익숙한 이런 참사들의 목록은 오해를 부른다. 우리는 웅덩이에 너무 큰 관심을 둔 나머지, 웅덩이들 사이에 있는 마른 땅은 잊고 있다. 현대사는 전에 없던 수준의 폭력과 공포의 시기만이 아니라 그와 같은 수준의 평화와 평온의 시기였다. 찰스 디킨스가 프랑스 혁명에 대해 썼던 표현대로 "최고의 시절이자 최악의 시절이었다." 이 말은 비단 프랑스 혁명에 대해서뿐 아니라 그것이 불러온 시대 전체에 대해서도 맞는 말인지도 모른다.

특히 제2차 세계대전이 끝난 뒤 지금까지의 70년에 대해서는 잘 맞는 말이다. 이 시기에 인류는 처음으로 완전한 자기 소멸, 즉 멸종의 가능성에 직면했으며 실제 상당한 숫자의 전쟁과 대량학살을 겪었다. 하지만 이 시기는 또한 인류 역사상 가장 평화로운 시기였다. 그것은 곧 대단히 평화로웠다는 뜻이다. 이것은 놀라운 일이다. 이 시기에 우리는 이전의 어느 시대보다 더 커다란 경제, 사회, 정치적 변화를 겪었기 때문이다. 역사의 판은 미친 듯한 속도로 움직이지만, 화산은 대체로 조용하다. 새로 출현한 탄력적 질서는 질서가 붕괴되어 격렬한 분쟁이 일어나게 하지 않으면서도 급격한 구조적 변화를 억제하거나 반대로 촉발할 능력이 있는 것으로 보인다.[3]

우리 시대의
평화

　　대부분의 사람들은 우리가 얼마나 평화로운 시대에 살고 있는지에 대해 정당하게 평가하지 않는다. 우리 중에 천 년 동안 살아온 사람은 아무도 없으니, 과거 세상이 얼마나 폭력적이었는지를 쉽게 망각한다. 그리고 전쟁이 점점 드물어질수록 한 번 발발하면 더욱 많은 관심을 끈다. 브라질 사람과 인도 사람이 누리는 평화를 떠올리는 사람보다 오늘날 아프가니스탄과 이라크에서 벌어지고 있는 전쟁을 생각하는 사람이 더 많다.

　　이보다 더욱 중요한 사실이 있다. 우리는 집단 전체보다 개인의 고통에 더욱 쉽게 공감할 수 있다는 점이다. 하지만 거시적 역사 과정을 이해하려면, 개인의 이야기보다 대중의 통계를 검토할 필요가 있다. 2000년에 전쟁으로 인한 사망자는 31만 명, 폭력 범죄로 인한 사망자는 이와 별도로 52만 명이었다. 개별 희생자는 한 명 한 명이 하나의 파괴된 세계이고, 파탄 난 가정이며, 친구와 친척이 평생 안고 살아야 할 상처다. 하지만 거시적 시각에서 보면, 이 83만 명은 2000년의 총 사망자 5,600만 명에서 1.5퍼센트를 차지할 뿐이다. 그해에 자동차 사고로 인한 사망자는 126만 명(총 사망자의 2.25퍼센트), 자살로 인한 사망자는 81만 5천 명(1.45퍼센트)이었다.[4] 2002년의 수치는 더욱 놀랍다. 총 사망자 5,700만 명 중에서 전쟁으로 인한 사망자는 17만 2천 명, 폭력 범죄로 인한 사망자는 56만 9천 명에 불과했다(인간의 폭력에 의한 전체 사망자는 74만 1천 명이었다). 이와 대조적으로 자살자는 87만 3천 명에 이르렀다.[5] 9·11 테러가 일어난 다음 해라 테러와 전쟁에 대한 이야기가 많았음에도 불구하고 한 개인을 죽이는 것은 테러리스트나 군인, 마약상이 아니라 본인 스스로일 가능성이 컸던 것이다.

오늘날 세계 대부분의 지역에서 사람들은 잠자리에 들면서 한밤중에 이웃 부족이 자기 마을을 둘러싸고 모두를 학살할지 모른다는 두려움을 품지 않는다. 부유한 영국 시민은 녹색 옷을 입은 명랑한 강도들(의적 로빈 후드를 지칭—옮긴이)이 자신을 습격해 돈을 빼앗아 가난한 자들에게 나눠줄지도 모른다는 두려움 없이(실제는 여행자를 살해하고 돈은 자기들이 챙길 가능성이 더 크지만 말이다) 노팅엄에서 셔우드 숲을 지나 런던으로 매일 여행한다. 학생들은 선생의 채찍질을 견디지 않으며, 아이들은 부모가 청구서의 돈을 내지 못해 노예로 팔릴 것을 두려워할 필요가 없다. 여성들은 남편이 자신을 때리거나 외출을 막는 것을 법이 금지한다는 사실을 알고 있다.

세계 도처에서 이런 기대는 점점 더 많이 현실이 되어가고 있다. 폭력이 감소한 것은 대체로 국가의 등장 덕분이다. 역사를 통틀어 대부분의 폭력은 가족과 공동체가 서로 일으키는 국지적 반목이 원인이었다(심지어 오늘날에도 위의 숫자가 가리키듯이 지역 범죄로 인한 희생자가 국가 간의 전쟁 희생자보다 훨씬 더 많다). 앞서 살펴보았듯이 지역 공동체보다 큰 정치 조직을 알지 못했던 초기 농부들은 만연하는 폭력으로 고통받았다.[6]

왕국과 제국이 강력해지면서 공동체의 고삐를 죄자, 폭력은 줄어들었다. 중세 유럽의 지방분권형 왕국의 경우 해마다 인구 10만 명당 20~40명이 살해되었으나, 최근 몇십 년간 국가와 시장이 무소

불위의 힘을 얻고 공동체가 소멸하자 폭력의 발생률은 아주 낮아졌다. 오늘날 세계 평균을 보면 연간 10만 명당 피살자는 아홉 명에 지나지 않는다. 그리고 대부분의 살인은 소말리아나 콜롬비아 같은 취약한 국가에서 발생한다. 유럽의 중앙집권적 국가에서는 평균 살인사건 발생률이 연간 10만 명당 한 명에 불과하다.[7]

국가가 권력을 이용해서 자국민을 살해하는 경우가 있다는 것은 분명하며, 이런 사례가 우리의 기억과 두려움에 크게 다가올 때도 종종 있다. 20세기에 자국의 보안 병력에 의해 살해된 국민은 수억 명은 아니지만 수천만 명에 이른다. 그럼에도, 거시적으로 볼 때 국가가 운영하는 법원과 경찰 덕분에 세계 전체의 안전 수준은 아마 높아졌을 것이다. 심지어 가혹한 독재정권 아래일지라도, 어떤 사람이 다른 사람의 손에 목숨을 잃을 가능성은 현대 이전에 비해 훨씬 낮아졌다.

1964년 브라질에 군사 독재정권이 수립되었다. 그 통치는 1985년까지 계속되었다. 그 20년 동안 수천 명의 브라질인이 정권에 의해 살해되었고, 또 다른 수천 명이 투옥되고 고문을 당했다. 하지만 이 정권 최악의 시기에도 평균적인 리우데자네이루 시민이 다른 사람의 손에 죽을 확률은 와오라니, 아라웨테, 야노마뫼 족의 평균보다 훨씬 더 낮았다. 아마존 밀림 깊은 곳에 사는 이들 토착민에게는 군대도 경찰도 감옥도 없다. 인류학적 연구에 따르면 이 종족 남성의 4분의 1에서 2분의 1가량은 이르든 늦든 재산이나 여성, 특권을 두고 벌어진 폭력적 충돌로 인해 사망한다.[8]

제국의

은퇴

　　1945년 이래 국가 내의 폭력이 줄었느냐 늘었느냐 하는 문제에는 논의의 여지가 있을 것이다. 누구도 부인할 수 없는 사실은 국가 간의 폭력이 사상 최저로 떨어졌다는 점이다. 가장 명백한 사례는 유럽 제국의 붕괴다. 역사를 통틀어 제국은 반란을 철권으로 분쇄해왔고, 최후를 맞이할 때가 되면 스스로를 침몰로부터 구하기 위해 모든 힘을 다하며 그 결과 피바다 속에서 무너지는 것이 보통이었다. 끝내 제국이 소멸할 때는 통상 무정부 상태와 계승 전쟁으로 이어졌다. 이와 달리, 1945년 이래 대부분의 제국들은 평화로운 조기 은퇴를 선택했다. 이들의 붕괴 과정은 상대적으로 신속하고, 조용하며, 질서정연했다.

　　1945년 영국은 지구의 4분의 1을 지배했다. 그로부터 30년 뒤, 그 지배권은 몇 안 되는 작은 섬들에 한정되었다. 그사이 영국은 대부분의 식민지에서 평화롭고 질서 있게 철수했다. 말라야나 케냐처럼 영국이 무력으로 버티기를 시도한 지역도 있었지만, 대부분의 지역에서는 그렇지 않았다. 제국의 종말을 한숨과 함께 받아들였을지언정 성질을 부리지는 않았다. 권력을 유지하기보다는 가능한 한 매끄럽게 넘겨주는 데 힘을 쏟았다.

　　마하트마 간디의 비폭력주의에 수많은 칭송이 바쳐지고 있지만, 적어도 그 칭송 중 일부는 대영제국에게 돌아가야 마땅하다. 인도인들은 오랫동안 격렬하게 폭력적으로 저항했지만, 영국의 통치가 종식될 때 델리나 캘커타의 거리에서 영국군과 싸울 필요는 없었다. 제국의 자리는 많은 독립국들이 차지했다. 그 대부분은 이후 안정적인 국경선을 유지했으며 이웃나라와 대체로 평화를 유지하며 살았다. 물론 위협을 느낀 대영제국의 손에 사망한 사람은 수만 명에 이르고, 제국이 여러 분쟁지역에서 철수하는 바람에 민족 분쟁이 분출해 수십만 명이 희생되기도 했다(특히 인도). 하지만 장기적으로 역사적 평균과 비교하면, 영국의 철수는 평화와 질서의 모범이었다.

프랑스 제국은 이보다 완고했다. 붕괴 중 베트남과 알제리에서 승산 없는 싸움을 피비린내 나게 벌인 탓에 수십만 명이 희생되었다. 하지만 프랑스 역시 나머지 지역에서는 신속하고 평화롭게 철수했다. 현지에 남긴 것도 무질서한 혼란이 아니라 안정적인 국가들이었다. 1989년 소련의 붕괴는 더더욱 평화롭게 진행되었다. 발칸, 캅카스, 중앙아시아에서 민족 분쟁이 분출했다는 점을 감안해도 그랬다. 그렇게 강력한 제국이 그토록 신속하고 조용하게 사라진 예는 역사상 달리 없었다. 1989년 소련 제국은 아프가니스탄에서를 제외하면 군사적 패배를 당하지 않았으며, 외부의 침입이나 내부의 반란도 없었다. 심지어 마틴 루서 킹 스타일의 시민적 불복종 운동이 대규모로 일어난 일도 없었다.

소련은 당시 수백만 명의 군대, 수십만 대의 탱크와 항공기, 인류 전체를 여러 차례 멸절시킬 분량의 핵무기를 보유하고 있었다. 붉은 군대와 여타 바르샤바 동맹군 군대는 변함없이 충성스러웠다. 만일 소련의 마지막 지도자인 미하일 고르바초프가 명령을 내렸다면, 붉은 군대는 소련에 예속되어 있던 나라들의 대중을 향해 서슴

없이 사격을 가했을 것이다. 하지만 소련의 엘리트와 동유럽 대부분(루마니아와 세르비아는 제외)에 걸친 공산주의 정권은 그 군사력의 극히 일부도 사용하지 않는 쪽을 선택했다. 공산주의가 파산했다는 사실을 깨달은 그들은 힘을 포기하고 실패를 인정했다. 짐을 싸서 집으로 돌아갔다. 고르바초프와 그의 동료들은 한 번 싸워보지도 않고 포기했다. 제2차 세계대전에서 정복했던 지역뿐 아니라 그보다 훨씬 이전에 차르가 복속시켰던 발트, 우크라이나, 캅카스, 중앙아시아 모두를 해방시켰다. 만일 고르바초프가 세르비아 지도부나 알제리에서의 프랑스인처럼 행동했다면 어떤 일이 일어났을까, 생각만 해도 소름끼친다.

팍스

아토미카

제국의 소멸 이후 등장한 독립국가들은 전쟁에 아무런 관심이 없었다. 매우 드문 예외를 제외하면 1945년 이래 국가는 정복과 병탄을 위해 다른 국가를 침략하는 짓을 더 이상 하지 않았다. 그런 정복은 까마득한 옛날부터 이어져온 정치사의 핵심 스토리였다. 대부분의 대제국이 그런 방법으로 세워졌으며, 대부분의 통치자와 국민들은 제국이 계속해서 그렇게 돌아가리라고 예상했다. 하지만 로마, 몽골, 오토만이 벌인 것과 같은 정복 전쟁은 오늘날엔 일어날 수 없다. 1945년 이래 UN의 승인을 받은 독립국가 중 정복당해 지도 상에서 사라진 곳은 없다. 때때로 제한된 지역에서 국제전이 일어나고 수백만 명이 사망하는 것은 여전하지만, 전쟁은

535

더 이상 일반적인 현상이 아니다.

국제전이 사라진 것은 서유럽의 부유한 민주국가들에서만 일어난 독특한 현상이라고 믿는 사람이 많다. 사실 유럽에 평화가 찾아온 것은 세계 다른 곳에 이미 평화가 퍼진 이후였다. 남미 국가들 간에 마지막으로 벌어졌던 심각한 국제전은 1941년 페루-에콰도르 전쟁과 1932~1935년 볼리비아-파라과이 전쟁이었다. 그 이전에 남미 국가들 간에 벌어진 심각한 전쟁은 1879~1884년 칠레가 볼리비아와 페루를 대상으로 벌인 것이 마지막이었다.

우리는 아랍 세계가 평화롭다고는 결코 생각하지 않는다. 하지만 아랍 국가들이 독립을 얻은 후에 한 국가가 다른 국가를 대대적으로 침공한 일은 한 차례밖에 없었다(1990년 이라크의 쿠웨이트 침공). 국경에서의 충돌은 상당히 많았고(예컨대 1970년 시리아와 요르단) 다른 나라의 내정에 무력 개입한 사례도 많았다(시리아의 레바논 개입). 내전도 많았고(알제리, 예멘, 리비아), 수많은 쿠데타와 혁명이 있었다. 하지만 걸프전을 제외하면 아랍국 간의 대대적인 국제전은 없었다. 무슬림 세계 전체로 시야를 확대해보아도 추가되는 사례는 딱 하나, 이란-이라크전뿐이다. 터키-이란전이나 파키스탄-아프가니스탄전, 인도네시아-말레이시아전 같은 것은 없었다.

아프리카의 상황은 이런 장밋빛이 아니었다. 하지만 심지어 그곳에서도 대부분의 분쟁은 내전과 쿠데타였다. 아프리카 국가들이 1960년대와 1970년대 독립을 획득한 이래 다른 나라를 정복하려고 쳐들어간 경우는 극소수였다.

상대적으로 평화로운 시기는 예전에도 있었다. 가령 1871년과

1914년 사이 유럽이 그랬다. 하지만 이런 기간의 끝은 언제나 나빴다. 그러나 지금은 상황이 다르다. 진정한 평화는 단지 전쟁이 없는 것만이 아니다. 진정한 평화는 전쟁을 결코 받아들일 수 없는 것을 말한다. 이런 의미에서 세상에 진정한 평화가 있었던 적은 예전에는 없었다. 1871년에서 1914년 사이 유럽에서 전쟁은 받아들일 수 있는 필연이었고, 전쟁에 대한 예상이 군대와 정치인, 시민 모두의 사고방식을 지배했다.

이런 불길한 전조는 역사에 존재했던 다른 모든 평화 기간들에도 해당되었다. 국제 정치에서는 "인접한 두 정치체 사이에는 1년 내로 한쪽이 다른 쪽을 상대로 전쟁을 일으킬 만한 그럴듯한 시나리오가 반드시 존재한다"는 것이 철칙이었다. 이런 정글의 법칙은 19세기 말 유럽, 중세 유럽, 고대 중국, 고전 시대 그리스를 지배했다. 만일 기원전 450년 스파르타와 아테네가 평화 상태였다면, 기원전 449년에는 그들이 전쟁을 벌일 타당한 시나리오가 존재했다.

오늘날 인류는 이런 정글의 법칙을 무너뜨렸다. 드디어 단순히 전쟁이 없는 상태가 아니라 진정한 평화가 존재하는 것이다. 대부분의 정치체들에게는 1년 내로 서로 전쟁에 돌입할 그럴듯한 시나리오는 존재하지 않는다. 무엇이 내년에 독일과 프랑스 사이에서 전쟁을 일으킬 수 있을까? 중국과 일본은? 브라질과 아르헨티나는? 소소한 국경 충돌은 일부 일어날 수 있을 것이다. 하지만 올해 브라질과 아르헨티나 사이에 과거와 같은 전면전이 일어나려면, 아르헨티나의 기갑 사단들이 리오의 여러 관문으로 몰아치고 브라질의 폭격기들이 부에노스아이레스 인근을 융단폭격해 가루로 만드는 일이 벌어지려면, 정말로 종말론적인 시나리오가 있어야 할 것이다.

이런 전쟁이 몇몇 국가들 사이에서 발발할 위험은 있다. 예컨대 이스라엘과 시리아, 에티오피아와 에리트레아, 미국과 이란이 그렇다. 하지만 이는 법칙을 증명하는 예외일 뿐이다. 물론 미래에는 규칙이 바뀔 수 있다. 그래서 오늘날의 세계가 믿을 수 없을 정도로 순진했다는 깨달음이 뒤늦게 올지도 모른다. 하지만 역사적 관점에서 볼 때, 우리의 순진함 자체가 더없이 매혹적이다. 평화가 너무나 널리 퍼져 있어서 사람들이 전쟁을 상상조차 할 수 없던 시대는 과거에는 달리 없었다.

이처럼 행복한 진전을 설명하기 위해서, 학자들은 우리가 결코 읽어볼 엄두가 나지 않을 정도로 많은 책과 논문을 써서 이 현상에 기여하는 요인을 몇 가지 확인했다.

첫 번째이자 다른 무엇보다, 전쟁의 대가가 극적으로 커졌다. 모든 평화상을 종식시킬 노벨 평화상은 원자폭탄을 개발한 로버트 오펜하이머와 그의 동료들에게 주어졌어야 할 것이다. 핵무기는 초강대국 사이의 전쟁을 집단 자살로 바꾸어놓았으며, 군대의 힘으로 세계를 지배하려는 시도를 불가능하게 만들었다.

둘째, 전쟁의 비용이 치솟은 반면 그 이익은 작아졌다. 역사상 대부분의 기간 동안 정치조직체들은 적의 영토를 약탈하거나 병합함으로써 부를 획득할 수 있었다. 대부분의 부는 들판과 가축, 노예와 금 같은 물질적인 것이었기 때문에 약탈이나 점령이 쉬웠다. 오늘날 부는 주로 인적 자본과 조직의 노하우로 구성된다. 그 결과 이것을 가져가거나 무력으로 정복하기가 어려워졌다. 캘리포니아를 생각해보자. 처음에 그 부의 원천은 금광이었지만, 오늘날은 실리콘과 셀룰로이드(영화 필름의 재료—옮긴이)를 기반으로 하고 있다. 실리콘밸리와 할리우드의 영화 산업 말이다. 만일 중국이 캘리포니아를 침공해 샌프란시스코 해변에 1백만 명의 병사를 상륙시키고 내륙으로 돌격한다면 어떤 일이 일어날까? 이들이 얻을 것은 별로 없다. 실리콘밸리에는 실리콘 광산이 없다. 부는 구글의 엔지니어들과 할리우드의 대본가, 감독, 특수효과 전문가의 마음속에 있다. 이들은 중국의 탱크가 선셋대로에 진입하기 전에 인도의 방갈로르나 뭄바이로 향하는 첫 비행기에 몸을 싣고 있을 것이다.

가령 이라크의 쿠웨이트 침공처럼 아직도 세상에서 벌어지는 몇 안 되는 국제적 전면전이 구식의 물질적 재화가 부의 척도인 지역에서 벌어진다는 사실은 우연이 아니다. 쿠웨이트의 왕족들은 해외로 달아날 수 있지만, 유전은 그대로 남아 점령되었다. 전쟁의 이익이 전만 못해진 데 비해, 평화는 과거 어느 때보다도 수익성이 좋아졌다. 전통 농업 경제체제에서 장거리 교역과 해외 투자는 부차적인 일이었다. 따라서 전쟁 비용을 피하는 것을 차치하면, 평화는 그다지 수익을 낳지 못했다. 만일 1400년 프랑스와 영국이 평화 관계였다면, 프랑스인들은 무거운 세금을 내지 않아도 되었을 것이고 영국 침략군의 파괴에 고통받지도 않았을 것이다. 하지만 이것을 제외하면 평화가 딱히 프랑스인들의 지갑을 불려주지는 못했을 것이다.

현대 자본주의 경제체제에서 대외 교역과 투자는 매우 중요해졌다. 그러므로 평화는 훌륭한 배당이익을 낳는다. 중국과 미국이 평화를 유지하는 한, 중국인들은 미국에 제품을 팔고 월스트리트에서 거래하며 미국의 투자를 받아서 번영할 수 있다.

마지막 요인은 세계 정치 문화에 지각변동이 일어났다는 점이다. 역사상 많은 엘리트들은—예컨대 훈 족장, 바이킹 귀족, 아즈텍 사제—전쟁을 긍정적인 선으로 보았다. 한편 다른 사람들은 악으로 보기는 했지만 필요악으로 여겼으므로, 자신에게 유리하도록 바꾸는 편이 낫다고 생각했다. 우리 시대는 평화를 사랑하는 엘리트가 세계를 지배하는 역사상 최초의 시대다. 정치인, 사업가, 지식인, 예술가 등은 진심으로 전쟁을 막을 수 있는 악이라고 본다(과거에도 초기 기독교도와 같은 평화주의자가 있기는 했지만, 이들도 드물게 권력을 잡은 경우 "너의 왼뺨을 내밀어라"는 주문을 잊어버리는 경향이 있었다).

세 요인 사이에는 양의 되먹임 고리가 존재한다. 핵무기에 의한 대량학살 위협은 평화주의를 육성한다. 평화주의가 퍼지면 전쟁이 물러가고 무역이 번창한다. 무역은 평화의 수익과 전쟁의 비용을 모두 늘린다. 세월이 흐르면서 이 되먹임 고리는 전쟁에 또 다른 장애물을 만들어내는데, 궁극적으로는 이것이 모든 장애 중 가장 중요한 것으로 판명될지도 모른다. 점점 치밀해지는 국제적 연결망은 국가들의 독립성을 서서히 약화시켜, 어느 한 나라가 일방적으로 전쟁을 일으킬 가능성을 줄인다. 대부분의 국가들이 더 이상 전면전을 벌이지 않는 이유는 단지 그들이 이제 독립적이지 못하기 때문이다. 비록 이스라엘, 이탈리아, 멕시코, 타이 국민들이 독립성이라는 환상을 품고 있을지라도, 사실 그들의 정부는 독립적인 경제, 외교 정책을 수행할 수 없으며 혼자 힘으로는 전면전을 벌이고 수행할 능력이 없는 것도 확실하다. 3장 〈제국의 비전〉에서 설명했듯, 우리는 지구 제국의 형성을 목격하고 있는 중이다. 이전의 제국들과 마찬가지로 이번 제국 역시 그 국경 내에서 평화를 강제한다. 그리고 그 국경이 지구 전체를 아우르기 때문에, 세계 제국은 세계 평화를 효과적으로 강제한다.

자, 그렇다면 현대는 제1차 세계대전의 참호와 히로시마의 버섯구름과 히틀러와 스탈린이라는 잔학한 광인들로 대표되는 무분별한 대량학살, 전쟁, 압제의 시대인가? 아니면 남미에서 파인 적 없는 참호, 모스크바와 뉴욕에서 피어오르지 않은 버섯구름, 마하트마 간디와 마틴 루서 킹의 평화로운 얼굴로 대표되는 평화의 시대인가? 여기에 대한 답은 시기 선택의 문제다. 과거에 대한 우리의 시각이 최근 몇 년간의 사건에 의해 얼마나 크게 왜곡되는지를 깨닫는 것은 정신이 번쩍 드는 일이다. 만일 이 장이 1945년이나 1962년에 쓰였다면, 지금보다 훨씬 더 분위기가 어두웠을 것이다. 이 책은 2014년에 쓰였기에 현대사에 대해 상대적으로 밝은 접근법을 취하고 있는 것이다.

낙관주의자와 비관주의자 모두를 만족시키기 위해서는 다음과 같이 결론 내릴 수도 있겠다. 우리는 천국과 지옥으로 나뉘는 갈림길에 서 있다. 한쪽으로 난 문과 다른 쪽으로 열린 입구 사이에서 초조하게 오락가락하고 있다. 역사는 우리의 종말에 대해 아직 결정 내리지 않았으며, 일련의 우연들은 우리를 어느 쪽으로도 굴러가게 만들 수 있다.

19

그리고 그들은 행복하게 살았다

지난 5백 년은 깜짝 놀랄 만한 혁명이 연쇄적으로 일어난 시기였다. 지구는 단일한 생태적, 역사적 권역으로 통일되었다. 경제는 기하급수적으로 성장했으며, 오늘날 인류는 예전이라면 동화에서나 들어보았을 부를 누리고 있다. 과학과 산업혁명 덕분에 인류는 초인적 힘과 실질적으로 무한한 에너지를 갖게 되었다. 사회질서는 완전히 바뀌었으며 정치, 일상생활, 인간의 심리도 그렇게 되었다. 하지만 우리는 더 행복해졌는가? 지난 5세기 동안 인류가 쌓아온 부는 우리에게 새로운 종류의 만족을 주었는가? 무한한 에너지원의 발견은 우리 앞에 무한한 행복의 창고를 열어주었는가? 좀 더 옛날로 거슬러 올라가면, 인지혁명 이래 험난했던 7만 년의 세월은 세상을 더욱 살기 좋은 것으로 만들었는가? 바람 없는 달 표면에 지워지지 않을 발자국을 남겼던 닐 암스트롱은 3만 년 전 쇼베 동굴에 손자국을 남겼던 이름 모를 수렵채집인보다 더 행복했을까? 만일 그렇지 않다면 농업과 도시, 글쓰기와 화폐 제도, 제국과 과학, 산업을 발전시키는 것이 무슨 의미가 있을까?

이런 질문을 제기하는 역사학자는 드물다. 역사학자들은 우루크와 바빌론의 시민이 자신들의 수렵채집인 선조보다 행복했을까, 이슬람교가 등장해서 이집트인들의 삶이 더욱 만족스러워졌을까, 아프리카에서 유럽 제국이 붕괴한 것이 수없이 많은 사람들의 행복에 어떤 영향을 미쳤을까를 묻지 않는다. 하지만 이것은 사람이 역사를 향해 물을 수 있는 가장 중요한 질문들이다. 현대 이데올로기와 정치 프로그램 대부분은 무엇이 진정 인간을 행복하게 하는가에 대해서는 거의 모른다. 민족주의자는 정치적 자기결정권이 우리 행복에 필수요소라고 믿는다. 공산주의자는 프롤레타리아 독재가 시행되면 모두가 행복해질 것이라고 가정한다. 자본주의자는 오로지 자유시장만이 최대다수의 최대행복을 보장할 수 있다고 주장한다. 자유시장이 경제를 성장시키고 물질적 풍요를 가져오며, 사람들로 하여금 자립적이고 기업가적인 진취성을 갖도록 가르친다는 것이다.

만일 진지한 연구조사 결과 이런 가정이 틀렸다는 것이 증명된다면 어떨까? 만일 경제성장과 자립이 사람들을 행복하게 만들지 않는다면, 자본주의의 이점은 무엇일까? 만일 대제국의 신민이 독립국의 신민보다 일반적으로 더 행복하다는 사실이 확인된다면, 예컨대 가나 사람들이 영국의 식민지배를 받았던 때가 내부에서 자라난 독재자의 지배를 받을 때보다 더 행복했던 것으로 판명된다면 어찌되는가? 이것이 사실이라면 우리는 탈식민지화 과정에 대해, 민족자결의 가치에 대해 뭐라고 말할 것인가?

이 모두는 가설적 가능성에 불과하다. 지금까지 역사학자들은 이런 질문에 대답하는 것은 고사하고 질문을 제기하는 것 자체를 피해왔기 때문이다. 그들은 모든 것의 역사를 연구했다. 정치, 사회, 경제, 성 역할, 질병, 성적 특질, 식량, 의복…… 하지만 이것들이 인류의 행복에 어떤 영향을 미치는지 멈춰서 생각하는 일은 드물었다.

행복의 장기적 역사를 연구한 사람은 드물지만, 거의 모든 학자와 보통 사람이 여기에 대해 막연한 선입견을 가지고 있다. 흔히들 역사가 지속되는 기간 동안 인간의 능력은 계속 커졌다고 생각한다. 인간은 불행을 줄이고 자신의 소망을 충족하는 일에 능력을 사용하는 것이 일반적이므로, 그렇다면 우리는 중세 시대의 선조에 비해 틀림없이 행복할 것이다. 또한 중세 사람은 석기시대 수렵채집인보다 틀림없이 행복했을 것이다. 하지만 이런 진보적 설명은 설득력이 없다. 익히 아는 바대로 새로운 재능, 행태, 기술이 반드시 더 나은 삶을 만들어주는 것은 아니다. 인류가 농업혁명에서 농경을 배웠을 때, 집단으로서 이들이 환경을 바꾸는 힘은 커졌을지 모르지만 수많은 개인의 삶은 더 팍팍해졌다.

농부들은 수렵채집인보다 열심히 일해야 했지만, 먹는 음식은 영양가도 더 적었고 근근이 버틸 양밖에 되지 않았다. 그리고 질병과 착취에 훨씬 더 많이 노출되었다. 이와 비슷한 예로, 유럽 제국의 확대는 아이디어와 기술과 농작물을 이동, 순환시키고 새로운 상업로를 개척한 덕분에 인류의 집단적 힘을 크게 늘렸다. 하지만 수백만 명의 아프리카인, 아메리카 원주민, 호주 원주민에게는 좋은 소식이 아니었다.

인간이 권력을 남용하는 경향이 있다는 사실은 이미 증명되어 있다. 이를 감안하면 사람들이 더 많은 영향력을 누리면 더 행복해질 것이라고 생각하는 것은 순진한 태도로 보인다. 이 견해에 반대하는 사람 중 일부는 정반대 입장을 취하여, 인간의 능력과 행복 사이에는 역관계가 존재한다고 말한다. 권력은 부패하게 마련이며, 인류가 점점 더 많은 힘을 갖게 될수록 우리의 진정한 욕구와는 동떨어진 차가운 기계적 세상이 만들어졌다는 것이다.

그들에 따르면, 진화의 결과 우리의 마음과 신체는 수렵채집인의 삶에 맞도록 주조되었다. 그러나 우리가 처음에 농업으로, 그다음에 산업으로 이행한 탓에, 우리는 부자연스러운 삶을 살 수밖에 없다는 선고를 받았다. 타고난 성향과 본능을 모두 표현할 수 없으므로 가장 깊은 욕구를 만족시킬 수 없는 삶이라는 것이다. 도시 중산층의 안락한 삶을 이루는 어떤 것도 매머드 사냥에 성공한 수렵채집인 무리가 경험한 흥분의 도가니와 형언할 수 없는 기쁨에 근접할 수 없다. 새로운 발명이 하나씩 이루어질 때마다 우리는 에덴의 낙원으로부터 몇 킬로미터씩 멀어질 뿐이다.

하지만 이처럼 모든 발명의 뒤에서 어두운 그림자만을 보려는 낭만적 고집은 진보가 필연이라는 믿음에 못지않게 교조적이다. 우리는 우리 내면의 수렵채집인과 접촉이 끊겼을지도 모르지만, 그게 꼭 나쁘기만 한 것은 아니다. 예컨대 지난 2세기 동안 발전한 현대 의학 덕분에 어린이 사망률은 33퍼센트에서 5퍼센트 이하로 떨어졌다. 이 사실이 의학이 발달하지 않았더라면 사망했을 어린이 본인뿐 아니라 그 가족과 친구들의 행복에 엄청나게 기여했다는 것을 의심할 사람이 과연 있을까?

이보다 좀 더 미묘한 것은 중도를 취하는 입장이다. 과학혁명이 일어나기 전에는 권력과 행복 간에 분명한 상관관계가 없었다. 중세 농부는 실제로 그들의 수렵채집인 조상보다 더욱 비참하게 살았을지 모른다. 하지만 지난 몇 세기 동안 인류는 스스로의 능력을 더욱 현명하게 사용하는 법을 배웠다. 현대 의학의 승리는 한 예에 불과하고, 이외에도 전대미문의 성취가 많다. 폭력은 급격히 줄었고, 국제전은 사실상 사라졌으며, 대규모 기근은 거의 자취를 감추었다.

하지만 이 또한 과도한 단순화다. 첫째, 낙관적 평가의 표본으로 삼은 기간이 너무 짧다. 인류 대다수가 현대 의학의 결실을 누리기 시작한 것은 1850년 이후의 일이고, 어린이 사망률이 급격하게 떨어진 것은 20세기에 일어난 현상이다. 대규모 기근은 20세기 중반까지도 상당 지역에 큰 피해를 입혔다. 1958~1961년 중국 공산당의 대약진운동 당시 1천만~5천만 명이 굶어 죽었다. 국제전이 드물어진 것은 1945년 이후에 와서였는데 대체로 핵무기로 인해 인류가 절멸할 위협이 새로 등장한 덕분이었다. 따라서 판단하기에는 아직 이르다. 최근 몇십 년이 인류에게 전대미문의 황금시대였지만, 이것이 역사의 흐름이 근본적으로 바뀐 것을 대변하는 현상인지 아니면 단명할 행운의 회오리바람에 불과한지 말하기는 이르다. 우리는 현대성을 판단할 때 21세기 서구 중산층의 시각을 취하려는 유혹을 크게 느끼지만, 우리는 19세기 웨일스의 광산 노동자, 중국의 아편 중독자, 태즈메이니아 원주민의 시각을 잊어서는 안 된다. 원주민 트루가니니는 호머 심슨(미국 TV 애니메이션 시리즈 〈심슨 가족〉의 등장인물―옮긴이)보다 그 중요성이 덜하지 않다.

둘째, 지난 반세기는 짤막한 황금시대였는데 이것조차 미래에 파국을 일으킬 씨를 뿌린 시기였다는 사실이 나중에 확인될지도 모른다. 지난 몇십 년간 우리는 지구의 생태적 균형을 수없이 많은 새로운 방법으로 교란해왔으며, 이것이 끔찍한 결과를 빚고 있는 중인 듯하다. 우리가 무모한 소비의 잔치를 벌이면서 인류 번영의 기초를 파괴하는 중이라는 사실을 가리키는 증거는 많다.

결론적으로, 우리는 다른 모든 동물의 운명을 깡그리 무시할 때만 현대 사피엔스가 이룩한 전례 없는 성취를 자축할 수 있다. 우리는 스스로를 질병과 기근으로부터 보호해주는 물질적 부를 자랑하지만, 그중 많은 부분은 실험실의 원숭이, 젖소, 컨베이어 벨트의 병아리의 희생 덕분에 축적된 것이다. 지난 2세기에 걸쳐 수백억 마리의 동물들이 산업적 착취체제에 희생되었으며, 그 잔인성은 지구라는 행성의 연대기에서 전대미문이었다. 만일 우리가 동물권리 운동가들의 주장을 10분의 1만이라도 받아들인다면, 현대의 기업농은 역사상 가장 큰 범죄를 저지르는 중이라고 말해도 지나치지 않다. 지구 전체의 행복을 평가할 때 오로지 상류층이나 유럽인이나 남자만을 대상으로 하는 것은 잘못이다. 인류만의 행복을 고려하는 것도 마찬가지로 잘못일 것이다.

행복

계산하기

지금껏 우리는 행복이 주로 건강이나 식사, 부와 같은 물질적 요인의 산물인 것처럼 이야기해왔다. 사람들이 더 부유하고 건강해지면 더 행복할 것은 틀림없다. 하지만 잠깐, 그게 정말 그렇게 명백한 일일까? 철학자, 사제, 시인 들이 행복의 본질을 수천 년 간 곰곰이 생각해온 결과, 그들은 우리의 사회적, 윤리적, 정신적 요 인들도 물질적 조건만큼이나 행복에 큰 영향을 끼친다고 결론지었 다. 어쩌면 현대의 풍요사회에 살고 있는 사람들은 그들의 번영에 도 불구하고 소외와 무의미 때문에 크게 고통받고 있는지도 모른 다. 어쩌면 우리보다 잘살지 못했던 선조들이 공동체, 종교, 자연과 의 결합 속에서 커다란 만족을 느꼈을지도 모른다. 최근 몇십 년간 심리학자들과 생물학자들은 무엇이 실제로 사람들을 행복하게 만 드는가를 과학적으로 연구하는 도전에 나섰다. 그것은 돈일까, 가 족일까, 유전일까 아니면 덕성일까?

과제의 첫 단계는 무엇을 측정해야 하는지를 규정하는 것이다. 행복에 대해 일반적으로 받아들여지는 정의는 '주관적 안녕'이다. 이 견해에 따르면, 행복은 자신 속에서 스스로 느끼는 무엇이다. 다 시 말해 내 삶이 진행되는 방식에 대해 느끼는 즉각적인 기쁜 감정 이나 장기적인 만족감이다. 그것이 내 속에서 느끼는 감정이라면, 어떻게 외부에서 측정할 수 있을까?

어쩌면 사람들에게 어떤 기분을 느끼느냐고 물어보면 될 것 같기 도 하다. 그래서 사람들의 행복감을 평가하려는 심리학자와 생물학 자는 설문지를 나눠주고 그 결과를 계산한다. 주관적 안녕을 묻는 전형적 설문지는 인터뷰 대상에게 질문을 던지고, 거기에 동의하는 정도를 0에서 10 사이의 척도로 평가하게 한다. "나는 나 자신이 이 런 모습이라는 데 만족한다." "삶은 보람 있는 것이라고 생각한다." "나는 미래를 낙관한다." "삶은 좋은 것이다." 연구자는 모든 답의 점수를 합산해서 인터뷰 대상이 느끼는 주관적 안녕의 전반적 수준을 계산한다. 그러고는 그 결과를 써서 행복을 다양한 객관적 요인과 연관시켜본다. 연봉 10만 달러를 받는 사람 1천 명과 5만 달러를 버는 1천 명을 비교하는 연구가 있다고 하자. 연구 결과 첫 번째 집단의 주관적 안녕 수준이 8.7이고 두 번째 집단의 평균이 7.3에 불과했다면, 부와 주관적 안녕 사이에는 양의 상관관계가 있다는 결론을 합리적으로 내릴 수 있을 것이다. 간단히 말하자면 돈이 행복을 가져다준다는 것이다. 이와 동일한 방법으로 민주주의 체제하에서 사는 사람과 독재 체제하에서 사는 사람 중 어느 쪽이 행복한지를 조사할 수도 있고, 기혼자와 독신자, 이혼자, 홀아비를 비교해볼 수도 있다.

이런 조사는 역사학자에게 과거의 부, 정치적 자유, 이혼율을 검토할 수 있는 기반을 제공한다. 만일 민주체제하의 사람들이 더 행복하고 이혼자보다 배우자가 있는 사람이 더 행복하다면, 역사가는 지난 몇십 년간의 민주화 과정은 인류의 행복에 기여한 데 반해 이혼율의 증가는 그 반대의 경향을 나타냈다고 주장할 근거가 있는 셈이다. 이런 접근법에 흠이 없는 것은 아니지만, 허점을 지적하기 전에 이런 접근법으로 찾아낸 발견을 검토할 가치가 있다.

흥미로운 결론 중 하나는, 돈이 실제로 행복을 가져다준다는 것이다. 하지만 이는 어느 정도까지만이며, 그 정도를 넘어서면 돈은 중요치 않다. 경제 사다리의 맨 밑에 붙박여 있는 사람의 경우, 돈이 많으면 행복이 커진다. 만일 당신이 식당 아르바이트로 연간 1,200만 원을 벌며 혼자 아이를 키우는 여성인데 갑자기 5억 원짜리 복권에 당첨되었다면, 당신의 주관적 안녕은 오랫동안 큰 폭으로 높아진 상태를 유지할 것이다. 더 이상 빚의 늪 속으로 빠져들지 않고 아이들을 먹이고 입힐 수 있을 테니까 말이다.

하지만 연봉 2억 5천만 원을 받는 대기업 임원이 10억 원짜리 복권에 당첨되었다거나 회사 이사회에서 갑자기 연봉을 두 배로 올리기로 결정했다면, 이로 인해 높아진 행복감은 몇 주밖에 지속되지 않을 가능성이 크다. 경험적 조사 결과에 따르면, 이것은 장기적으로는 기분에 큰 차이를 만들지 않을 것이 분명하다. 더 세련된 차를 사고, 저택 같은 집으로 옮기고, 시바스 리갈 12년산 대신에 밸런타인 30년을 마시는 데 익숙해지겠지만, 이 모든 것은 머지않아 예외가 아닌 일상이 되어버릴 것이다.

또 다른 흥미로운 발견은 질병과 행복의 관계다. 질병이 단기적인 행복감을 낮추는 것은 사실이다. 하지만 장기적인 행복감을 감소시키는 것은 두 가지 경우뿐인데, 하나는 상태가 점점 나빠지는 것이고 또 하나는 그 병이 사람을 쇠약하게 만드는 지속적인 고통을 주는 것이다. 당뇨병 같은 만성질환으로 진단을 받은 사람은 단기간 우울해지는 것이 보통이지만, 만일 병이 더 나빠지지만 않는다면 사람들은 새로운 상황에 적응한다. 이들이 평가하는 주관적 행복은 건강한 사람과 같은 수준이다.

중산층 쌍둥이인 루시와 루크가 주관적 안녕 연구에 참여하기로 했다고 치자. 심리학 실험실에서 돌아오는 길에, 루시의 차가 버스와 부딪치는 사고가 났다. 루시는 뼈가 여러 개 부러졌으며, 한쪽 다리를 영원히 절게 되었다. 구조팀이 찌그러진 차를 부수고 그녀

550

를 꺼내는 순간 휴대전화가 울리는데, 그 너머에서 루크가 30억 원 짜리 복권에 당첨되었다고 외친다. 2년 후 루시는 다리를 절 것이고, 루크는 지금보다 훨씬 더 부자가 될 것이다. 하지만 심리학자가 추적 연구를 위해 들렀을 때 이들의 행복감에 대한 답변은 사고가 난 2년 전 그날의 것과 동일한 수준일 가능성이 크다. 가족과 공동체는 우리의 행복에 돈과 건강보다 더 큰 영향을 주는 것으로 보인다. 가족간에 유대감이 강하고 구성원을 잘 돕는 공동체에 소속된 사람은 그렇지 못한 사람보다, 즉 가족이 제 구실을 못하거나 소속될 공동체를 찾지 못한 이들에 비해서 훨씬 행복하다. 결혼은 특히 중요하다. 좋은 결혼은 행복과, 나쁜 결혼은 불행과 매우 밀접한 연관이 있다는 사실은 각종 연구에서 거듭 확인되고 있다. 이것은 경제적 조건은 물론이거니와 신체적 조건과도 상관없다. 무일푼의 병자라도 사랑하는 배우자, 헌신적 가족, 따스한 공동체의 보살핌을 받는 사람은 소외된 억만장자보다 행복감이 높다. 다만 병자의 가난이 너무 심하지 않고, 그 병이 퇴행성이거나 고통스러운 것이 아니라는 전제하에서 그렇다.

그렇다면, 지난 2세기 동안 물질적 조건이 크게 개선된 효과가 가족과 공동체의 붕괴로 상쇄되었을 가능성이 높다. 만일 이것이 사실이라면, 오늘날의 평균적 사람이 1800년보다 더 행복하지 않다는 것도 무리가 아니다. 심지어 우리가 그렇게 높이 평가하는 자유조차 나쁘게 작용할 수 있다. 우리는 배우자와 친구, 이웃을 선택할 수 있지만, 그들은 우리를 버리는 쪽을 선택할 수 있다. 개인이 각자의 삶의 길을 결정하는 데 전례 없이 큰 힘을 누리게 되면서, 우리는 남에게 헌신하기가 점점 더 힘들어진다. 그래서 우리는 공동체와 가족이 해체되고 다들 점점 더 외로워지는 세상에 살고 있다.

무엇보다 중요한 사실은, 행복이 부나 건강, 심지어 공동체 같은 객관적 조건에 전적으로 좌우되는 것은 아니라는 점이다. 행복은 객관적인 조건과 주관적 기대 사이의 상관관계에 의해 결정된다. 당신이 손수레를 원해서 손수레를 얻었다면 만족하지만, 새 페라리를 원했는데 중고 피아트밖에 가지지 못한다면 불행하다고 느낀다. 복권 당첨이든 끔찍한 자동차 사고든 시간이 지나면 행복에 미치는 영향이 비슷해지는 것은 이 때문이다. 사태가 좋아지면 기대도 부풀게 마련이라, 객관적 조건이 극적으로 좋아져도 불만일 수 있다. 상황이 나빠지면 기대가 작아지기 마련이라, 심각한 질병에 걸린 사람이라도 행복감은 이전과 비슷할 수 있다.

이런 사실을 알기 위해 심리학자의 숱한 설문지가 필요하진 않다. 예언자, 시인, 철학자 들은 수천 년 전부터 가진 것에 만족하는 것이 원하는 것을 더 많이 가지는 것보다 훨씬 더 중요하다는 사실을 알고 있었다. 그렇지만 현대의 연구조사 결과에서도 수많은 숫자와 도표의 뒷받침을 받아 옛 사람들과 똑같은 결론이 나온다는 것은 좋은 일이다.

인간의 기대가 결정적으로 중요하다는 점은 행복의 역사를 이해하는 데 지대한 영향을 미친다. 만일 행복이 부나 건강, 사회관계 같은 객관적 조건에만 좌우된다면, 행복의 역사를 조사하는 것은 상대적으로 쉬웠을 것이다. 행복이 주관적 기대에 좌우된다는 발견은 역사학자의 일을 훨씬 더 어렵게 만든다. 현대인에게는 사용할 수 있는 안정제와 진통제가 얼마든지 있지만, 안락함과 즐거움은 더 크게 기대하면서 불편함과 불쾌함은 더 참지 못하게 되었다. 그 결과 우리가 선조들보다 더 많은 고통을 겪는다고 해도 무리가 아닐 정도다.

이런 생각의 노선을 받아들이는 것은 쉽지 않다. 문제는 우리의 정신 속에 깊이 박혀 있는 추론의 오류에 있다. 우리는 다른 사람이 현재 얼마나 행복한지, 혹은 과거의 사람들이 얼마나 행복했는지를 추측하고 상상하려 할 때 우리 자신을 그들의 상황에 대입해본다. 하지만 이런 방식은 정확하지 않다. 우리의 기대를 타인의 물질적 조건에 끼워넣기 때문이다. 예컨대 현대의 풍요 사회에서는 매일 샤워를 하고 옷을 갈아입는 것이 관습이다. 대조적으로 중세 농부는 몇 개월간 한 번도 씻지 못했으며, 옷을 갈아입는 일은 거의 없었다. 불결하게 지독한 냄새가 나는 채로 사는 것은 우리 입장에서는 혐오감이 드는 일이지만, 중세 농부는 개의치 않았던 것으로 보인다. 이들은 오랫동안 세탁하지 않은 셔츠의 촉감과 냄새에 익숙했다. 옷을 갈아입고 싶은데 그러지 못한 것이 아니었다. 이들은 자신들이 원하는 것을 가졌다. 적어도 의복에 관해서는 만족했다.

생각해보면 놀랄 일도 아니다. 무엇보다 우리의 침팬지 사촌은 평생 동안 씻는 일이 거의 없으며, 옷도 갈아입지 않는다. 우리도 기르는 개나 고양이가 매일 샤워하거나 코트를 갈아입지 않는다고 해서 혐오감을 느끼기는커녕 거리낌 없이 이들을 토닥이고 끌어안고 입을 맞춘다. 풍요로운 사회의 어린이들도 샤워를 싫어하는 일이 흔하다. 다들 멋진 관습이라고 믿고 있는 샤워를 아이들이 받아들이게 만들려면 몇 년에 걸친 교육과 부모의 훈육이 필요하다. 이 모두가 기대의 문제다. 만일 행복이 기대에 의해 결정된다면, 우리 사회를 떠받치는 두 기둥—대중 매체와 광고 산업—은 지구의 만족 저장고를 생각지 않게 고갈시키는 중일 수도 있다.

만일 당신이 5천 년 전의 어느 마을에 사는 18세 젊은이라면, 아마도 스스로 외모가 괜찮다고 생각할 것이다. 마을에 남자라고는 50명밖에 안 되고, 대부분은 늙었거나 얼굴에 상처나 주름이 있으며, 그렇지 않으면 아직 어린애이기 때문이다. 하지만 당신이 오늘날의 십대 청소년이라면, 스스로 부적격자라고 느낄 가능성이 매우 크다. 설사 학교에서 만나는 다른 애들이 못생겼다 하더라도 그렇다. 당신은 그애들과 비교하는 것이 아니라 TV나 페이스북, 대형 광고판에서 매일 보는 영화배우, 운동선수, 슈퍼모델과 비교할 것이기 때문이다.

그렇다면 제3세계의 불만은 단지 가난이나 질병, 부패나 정치적 압제뿐 아니라 제1세계의 규범에 노출된 탓이기도 하지 않을까? 평균적인 이집트인이 기아나 질병, 폭력으로 사망할 확률은 람세스 2세나 클레오파트라의 치하에서보다 호스니 무바라크의 치하에서 훨씬 더 낮다. 대부분의 이집트인에게 물질적 조건이 이토록 좋았던 시대는 또 없었다. 그렇다면 2011년 이들은 자신들의 행운에 감사하며 거리에서 춤을 추고 있었어야 하겠지만, 사실 그들은 무바라크를 축출하기 위해 격렬하게 들고일어났다. 이들은 자신을 파라오 치하의 선조들과 비교한 게 아니라 동시대 부유한 서방국가 사람들과 비교했기 때문이다.

현실이 그와 같다면, 심지어 영원한 생명도 불만으로 이어질 수 있다. 한번 상상해보자. 모든 질병을 고치는 치료법, 노화를 효과적으로 막아주는 요법, 젊음을 영원히 유지하는 회춘요법 등을 찾아냈다고 하자. 그 직접적인 결과는 분노와 불안이 사상 유례없이 광범위하게 일어나는 현상일 것이다. 새로운 기적의 요법을 받을 돈이 없는 사람—대다수의 사람—들은 격렬한 분노에 휩싸일 것이다. 역사를 통틀어 가난하고 압박받는 사람들이 스스로를 위안해온 것은 적어도 죽음만은 누구에게나 공평하게 찾아온다는 믿음이었다. 부자나 권력자도 죽을 수밖에 없다는 사실이었다. 가난한 사람들은 자신들은 죽어야 하는데 부자는 영원히 젊고 아름답게 살 수 있다는 생각에 마음이 편치 않을 것이다.

하지만 새로운 요법을 받을 경제적 여유가 있는 극소수의 사람들도 그렇게 희열을 느끼지는 않을 것이다. 걱정해야 할 일이 많이 생길 것이기 때문이다. 새로운 요법이 생명과 젊음을 연장해줄 수는 있지만, 시체를 되살리지는 못한다. 나와 내 사랑하는 이가 영원히 살 수는 있지만 트럭에 치이거나 테러리스트에 의해 산산조각이 나지 않는다는 조건하에서만 그렇다고 생각해보라. 얼마나 끔찍하겠는가. 영원히 살 수 있는 잠재력이 있는 사람들은 심지어 아주 조그만 위험을 무릅쓰는 것도 몹시 싫어하게 될 것이며, 배우자나 자녀, 친한 친구를 잃는 데 따르는 고통을 견딜 수 없게 될 것이다.

화학적

행복

사회과학자들은 행복을 묻는 설문지를 배포하고 그 결과를 부나 정치적 자유 같은 사회경제적 요인과 연관시킨다. 생물학자들도 똑같은 설문지를 사용하지만, 사람들의 응답 결과를 생화학적이고 유전적 요인과 연관 짓는다. 그들이 알아낸 사실은 충격적이다.

생물학자들에 따르면, 우리의 정신세계와 감정세계는 수백만 년의 진화에 의해 만들어진 생화학적 체제의 지배를 받는다. 다른 모든 정신적 상태와 마찬가지로 우리의 행복도 월급이나 사회관계, 정치적 권리 같은 외부 변수에 의해 결정되는 것이 아니다. 그보다는 신경, 뉴런, 시냅스 그리고 세로토닌·도파민·옥시토신 등의 다양한 생화학 물질에 의해 결정된다. 복권에 당첨되거나 집을 사거나 승진하거나 심지어 진정한 사랑을 찾거나 하는 일로 행복해진 사람은 아무도 없다. 사람을 행복하게 하는 것은 오로지 하나밖에 없다. 바로 신체 내부의 쾌락적인 감각이다. 방금 복권에 당첨되거나 새로운 연인을 찾아서 기뻐 날뛰는 사람은 실제로 돈이나 연인에게 반응하는 것이 아니다. 혈관 속을 요동치며 흐르는 다양한 호르몬과 뇌의 여러 부위에서 오가는 전기신호의 폭풍에 반응하는 것이다.

지상에 낙원을 창조하려는 희망을 가진 모든 이에게는 불행한 일이지만, 우리의 내부 생화학 시스템은 행복 수준을 상대적으로 일정하게 유지하도록 프로그램되어 있는 듯하다. 자연선택은 보통 말하는 의미의 행복을 선호하지 않는다. 행복한 은둔자의 유전적 계통은 끊어질 테지만, 걱정을 많이 하는 부모의 유전자는 다음 세대로 계속 전해질 것이다. 진화에서 행복과 불행이 맡는 역할은 생존과 번식을 부추기거나 그만두게 하는 것과 관련해서만 의미가 있다. 그런 의미에서 보자면, 진화의 결과 우리가 너무 불행해하지도 행복해하지도 않게 만들어졌다는 사실은 놀라운 일이 아닐지 모른다. 진화는 우리로 하여금 일시적으로 몰려오는 쾌락적 감각을 누릴 수 있게 했지만, 그런 느낌은 결코 영원히 지속되지 않는다. 조만간 이 느낌은 가라앉고, 불쾌한 느낌에게 자리를 내준다.

예를들어, 진화는 남자로 하여금 임신 가능한 여자와 성관계를 해서 유전자를 퍼뜨리면 쾌감이라는 보상이 주어지도록 만들었다. 만일 성관계에 따르는 쾌감이 그리 크지 않다면, 힘들여 그런 수고를 하려 드는 남자는 드물 것이다. 그런데 또한 우리는 그 쾌감이 재빨리 사라지는 방향으로 진화했다. 이것도 마찬가지 이유에서다. 만일 오르가즘이 영원히 계속된다면 행복한 남자는 음식에 흥미를 잃은 탓에 굶어 죽고 말 것이고, 다른 임신 가능한 여자를 찾는 수고를 하려 들지도 않을 것이다.

인간의 생화학 시스템을 극심한 더위가 다가오든 눈보라가 몰아치든 온도를 일정하게 유지해야 하는 공조 시스템으로 비교하는 학자도 있다. 사고가 생겨 온도가 일시적으로 바뀔 수는 있지만, 공조 시스템은 언제나 온도를 설정된 값으로 되돌려놓는다. 어떤 시스템은 섭씨 25도에 맞춰져 있고, 어떤 시스템은 20도에 맞춰져 있다. 인간의 행복 조절 시스템 역시 사람마다 다르다. 1에서 10까지의 척도로 볼 때 어떤 사람들은 즐거운 생화학 시스템을 갖고 태어난다. 그런 사람은 기분이 6에서 10 사이에서 움직이다가 시간이 지나면 8에서 안정된다. 그런 사람은 매우 행복하다. 설령 그가 대도시 변두리에 살며 주식시장 붕괴로 돈을 모두 날리고, 당뇨병이 있다는 진단을 받더라도 말이다. 또 다른 사람들은 우울한 생화학 시스템을 가지고 태어난다. 기분은 3에서 7 사이로 움직이고, 5에서 안정된다. 그런 사람은 항상 우울하다. 설사 그가 잘 짜여진 공동체의 지원을 받고, 수백만 달러짜리 복권에 당첨되며, 국가대표 운동선수 같은 건강을 지니고 있다고 해도 말이다.

우리의 우울한 친구는 심지어 아침에 5천만 달러 복권에 당첨되고, 정오에는 에이즈와 암을 동시에 치료할 수 있는 방법을 발견하고, 오후에는 이스라엘과 팔레스타인 간에 평화를 이룩하고, 저녁에는 여러 해 전에 실종되었던 딸을 찾는다고 해도 행복지수 7 이상을 경험할 수는 없을 것이다. 그의 뇌는 애초에 유쾌한 기분과는 거리가 멀게 생겨먹은 것이다. 무슨 일이 일어난다 하더라도 똑같다.

한번 당신의 가족과 친구들을 생각해보라. 어떤 일이 닥치더라도 상대적으로 즐거운 상태를 잘 유지하는 사람이 있을 것이다. 그런가 하면 세상이 그의 발치에 어떤 선물을 놓아주든 항상 언짢은 상태인 사람도 있다. 사람들은 내가 직장을 바꾸면, 결혼을 하면, 쓰고 있던 소설을 끝마치면, 새 차를 사면, 융자금을 모두 갚으면…… 그러면 엄청나게 행복해질 것이라고 믿는 경향이 있지만, 원하는 것을 실제로 얻을지라도 조금도 더 행복해지지는 않는 것 같다. 차를 사거나 소설을 쓰는 것이 우리의 생화학 시스템을 바꾸지 못한다.

아주 짧은 기간 동안 생화학 시스템을 흔들어놓을 수는 있지만, 그 것은 곧 원래의 설정된 값으로 돌아오게 마련이다.

이런 사실은 위에서 언급한 심리학과 사회학의 연구 결과와 아 귀가 잘 맞지 않아 보인다. 예컨대 결혼한 사람은 독신자들보다 행 복한 것이 사실 아닌가? 답은 이렇다. 첫째, 이런 연구 결과들은 상 관관계를 밝힌 것뿐이다. 무엇이 원인이고 무엇이 결과인지는 일부 연구자들이 가정한 것과 반대 방향일 수도 있다. 결혼한 사람들이 이미 이혼했거나 원래 독신인 사람들보다 행복한 것은 사실이지만, 그렇다고 해서 결혼이 필연적으로 행복을 만들어낸다는 것을 의미 하지는 않는다. 행복이 결혼의 이유일 수도 있다. 보다 정확히 말하 자면, 세로토닌, 도파민, 옥시토신이 결혼을 일으키고 유지하게 해 주는 것일지도 모른다. 즐거운 생화학 시스템을 지닌 사람들은 일 반적으로 행복하며, 삶의 만족도도 크다. 그런 사람들은 배우자로 서 더욱 매력적이며, 결과적으로 결혼할 가능성이 더 많고, 이혼할 가능성은 더 적다. 우울하고 불만스러워하는 배우자보다 행복하고 만족해하는 배우자와 함께 사는 것이 훨씬 더 쉽지 않은가. 결혼한 사람들이 독신인 사람보다 평균적으로 더 행복한 것은 사실이지만, 생화학적으로 우울한 경향이 있는 여성은 남편과 함께 지낸다고 해 서 반드시 더 행복해지지 않는다.

게다가 대부분의 생물학자는 광신자가 아니다. 행복이 '주로' 생 화학에 의해 결정된다고 주장하는 것이지, 심리학적, 사회학적 요 인의 영향을 부인하는 것은 아니다. 우리의 정신적 온도조절 시스템은 일정한 범위 내에서 행동의 자유를 가지고 있다. 감정적 경계의 하한선과 상한선을 넘기는 것은 거의 불가능하지만, 결혼과 이혼은 그 중간의 어느 지점에 있느냐에 영향을 줄 수 있다. 행복지수 5를 지니고 태어난 사람은 길거리에서 열광적으로 춤을 출 수는 없을 것이다. 하지만 좋은 결혼생활은 그녀로 하여금 때때로 지수 7을 누릴 수 있게 해줄 것이며, 지수 3의 낙담을 피하게 도와줄 것이다.

우리가 행복에 대한 생물학적 접근법을 받아들인다면, 이것은 곧 역사는 별로 중요치 않다는 의미가 된다. 대부분의 역사적 사건은 우리의 생화학에 영향을 미치지 않았기 때문이다. 역사는 세로토닌 분비를 유발하는 외부자극을 변화시킬 수는 있지만, 그 결과로 나타나는 세로토닌 수준을 바꾸지는 않는다. 따라서 사람들을 더 행복하게 만들 수 없다. 중세 프랑스의 농부와 현대 파리의 은행가를 비교해보자. 농부는 돼지우리가 내려다보이는 진흙 오두막에서 난방도 없이 살았다. 하지만 은행가는 샹젤리제가 내려다보이는 호화로운 펜트하우스에서 각종 최신 장치를 완비해놓은 채 살고 있다. 당신은 즉각 기업가가 중세 농부보다 훨씬 더 행복하다고 생각할 것이다. 하지만 진흙 오두막이나 펜트하우스, 샹젤리제가 우리의 기분을 결정짓지 않는다. 세로토닌이 그렇게 한다. 중세의 농부가 자신의 진흙 오두막을 완성했을 때, 뇌의 뉴런은 세로토닌을 분비해 행복 수치를 10으로 올렸다. 2014년 이 기업가가 멋진 펜트하우스의 대금을 모두 치렀을 때, 그의 뇌에 있는 뉴런은 농부와 비슷한 양의 세로토닌을 분비해 역시 10으로 수치를 올렸다. 펜트하우스 최상층이 진흙 오두막보다 훨씬 더 안락하다는 사실은 뇌에 아무런 차이를 일으키지 않는다. 뇌가 오로지 아는 것은 현재 세로토닌 수치가 10이라는 사실뿐이다. 따라서 기업가는 자신의 태고조의 태고조 할아버지인 중세의 가난한 농부보다 조금도 더 행복하지 않을 것이다. 이 원리는 개인의 삶에서만이 아니라 거대한 집단적 사건에도 동일하게 적용된다.

예컨대 프랑스 혁명을 보자. 혁명가들은 왕을 처형하고, 농민들에게 땅을 분배하고, 인권선언을 하고, 귀족의 특권을 폐지하고, 유럽 전체를 상대로 전쟁을 벌이느라 바빴다. 하지만 이 중 어느 것도 프랑스인의 생화학 시스템을 바꾸지는 못했다. 그 결과, 혁명이 초래한 모든 정치적, 사회적, 이데올로기적, 경제적 격변에도 불구하고 이것이 프랑스인의 행복에 미친 영향은 크지 않았다. 유전자 복권에서 '즐거운 생화학'에 당첨된 사람은 혁명 전이나 후나 여전히 행복했고, '우울한 생화학'을 가진 사람은 과거 루이 16세나 마리 앙투아네트에게 했던 것과 똑같이 신랄한 불평을 로베스피에르와 나폴레옹에게 던졌다. 만일 그렇다면, 프랑스 혁명에 무슨 좋은 점이 있었을까? 사람들이 조금도 더 행복해지지 않았다면, 그 모든 혼란과 공포, 피와 전쟁은 무슨 의미가 있단 말인가? 생물학자들이라면 결코 바스티유 감옥을 습격하지 않을 것이다. 사람들은 이런저런 정치 혁명이나 사회 개혁이 자신들을 행복하게 해줄 것이라고 생각하지만, 신체의 생화학은 거듭해서 이들을 속인다.

실질적인 중요성을 지닌 역사적 진전은 오직 하나밖에 없다. 오늘날 우리는 마침내 진정한 행복의 열쇠가 우리의 생화학 시스템의 손에 달렸다는 사실을 인식하게 되었다. 따라서 우리는 정치적, 사회적 개혁이나 반란이나 이데올로기에 시간을 그만 낭비하고, 대신 우리를 정말로 행복하게 해줄 수 있는 유일한 일에, 즉 우리의 생화학 시스템을 조작하는 일에 집중할 수 있다.

우리가 뇌의 생화학 시스템을 이해하고 적절한 요법을 개발하는 데 수십억 달러를 투자한다면, 혁명을 일으키지 않아도 과거 어느 때보다도 사람들을 더욱 행복하게 만들 수 있다. 일례로 프로작(미국 일라이 릴리 제약사가 개발한 항우울제―옮긴이)은 생화학 시스템 자체는 바꾸지 않지만 세로토닌 수치를 높여줌으로써 사람들을 우울증에서 빠져나오게 돕는다. 과거 뉴에이지 세대의 유명한 구호만큼 생물학자들의 주장을 핵심적으로 대표하는 것은 또 없다. "행복은 내부에서 시작된다." 돈이나 사회적 지위, 성형수술, 아름다운 집, 높은 자리는 우리에게 전혀 행복을 가져다주지 못할 것이다. 지속적 행복은 오로지 세로토닌, 도파민, 옥시토신에서만 온다.[1]

미국 대공황의 절정기인 1932년 출간된 올더스 헉슬리의 디스토피아 소설 《멋진 신세계》 속에서, 행복은 최고의 가치이며 향정신성 약물이 경찰과 투표 대신 정치의 기반 자리를 차지한다. 모든 사람은 날마다 '소마'라는 약을 복용하는데, 생산성과 효율성을 해치지 않으면서 사람들을 행복하게 해주는 합성 마약이다. 지구 전체를 지배하는 세계 정부는 전쟁이나 혁명, 파업이나 시위로 인해 위협받는 일이 전혀 없다. 모든 사람이 현재의 상황에 어떻든 대단히 만족하기 때문이다. 헉슬리의 미래상은 조지 오웰의 《1984》보다 훨씬 더 우리 마음을 불편하게 한다. 대부분의 독자는 헉슬리가 그

려내는 세상을 괴물 같다고 느낀다. 하지만 왜 그런지 설명하기는 힘들다. 모든 사람이 항상 행복하다는데, 거기에 무슨 문제가 있단 말인가?

삶의 의미

헉슬리가 그려낸 당황스러운 세계는 행복과 쾌감이 동일하다는 생물학적 가정을 기초로 하고 있다. 행복하다는 것은 쾌락적인 신체적 감각을 느낀다는 것과 다르지 않다. 우리의 생화학 시스템은 이 감각의 크기와 지속기간을 제한한다. 따라서 높은 수준의 행복을 일정 기간 이상 느끼게 하는 유일한 방법은 사람들의 생화학 시스템을 조작하는 것이다. 하지만 일부 학자들은 행복에 대한 이런 정의에 이의를 제기했다.

노벨경제학상 수상자인 대니얼 카너먼은 사람들에게 하루의 일상적인 활동을 재평가하라고 요구해보았다. 상황을 하나하나 떠올려 가며, 그때마다 자신이 얼마나 즐거웠는지 혹은 싫었는지를 평가하게 했다. 카너먼은 대부분의 사람들이 스스로의 삶에 대해 갖는 시각에서 역설처럼 보이는 현상을 발견했다. 아이를 양육하는 일을 예로 들면, 즐거운 순간과 지겨운 순간을 평가하게 한 결과 양육은 상대적으로 불쾌한 일에 속하는 것으로 드러났다. 기저귀를 갈고, 설거지를 하고, 아이의 짜증을 달래는 일은 아무도 좋아하지 않는다. 그럼에도 대부분의 부모는 아이가 행복의 주된 원천이라고 말한다. 이것은 사람들이 무엇이 정말 자신에게 좋은지를 모른다는 뜻일까?

그럴 수도 있다. 또 다른 가능성은, 행복이란 불쾌한 순간을 상쇄하고 남는 여분의 즐거움의 총합이 아니라, 그보다는 개인의 삶을 총체적으로 의미 있고 가치 있는 것으로 바라보는 데서 온다는 것이다. 행복에는 중요한 인지적, 윤리적 요소가 존재한다. 우리는 스스로를 '아기 독재자의 비참한 노예'로 볼 수도 있고, '사랑을 다해 새 생명을 키우고 있는 사람'으로 간주할 수도 있다. 그 큰 차이를 결정하는 것은 우리의 가치체계다.[2] 니체가 표현한 대로, 만일 당신에게 살아야 할 이유가 있다면 당신은 어떤 일이든 견뎌낼 수 있다. 의미 있는 삶은 한창 고난을 겪는 와중이더라도 지극히 행복할 수 있다. 이에 비해 의미 없는 삶은 아무리 안락할지라도 끔찍한 시련이다.

삶을 분 단위로 평가할 때, 중세 사람들의 삶은 고되었던 것이 틀림없다. 하지만 이들이 죽음 뒤에 영원한 행복이 온다는 약속을 신봉했다면, 자신의 삶을 현대의 세속적인 사람들보다 훨씬 더 행복하다고 평가하는 것도 무리가 아니다. 현대의 불신자들은 장기적으로 보면 완전하고도 가치 없는 망각 외에는 기대할 게 없기 때문이다.

우리가 중세 사람들에게 "당신의 삶 전체에 대해 만족하십니까?"라고 물었다면, 이들은 주관적 행복의 수준이 매우 높다고 대답했을 것이다. 그렇다면 우리의 중세 조상들이 행복했던 것은 사후의 삶에 대한 집단적 환상 속에서 의미를 찾았기 때문이라는 말인가? 그렇다. 환상에 구멍을 뚫어 파괴하는 사람이 아무도 없는데 행복하지 않을 리가 없다. 우리가 아는 한, 순수한 과학적 관점에서 볼 때, 인간의 삶은 절대 아무런 의미가 없다. 인류는 목적이나 의도 같은 것 없이 진행되는 눈먼 진화과정의 산물이다. 우리의 행동은 뭔가 신성한 우주적 계획의 일부가 아니다. 내일 아침 지구라는 행성이 터져버린다 해도 우주는 아마도 보통 때와 다름없이 운행될 것이다. 그 시점에서 우리가 아는 바로는 인간의 주관성을 그리워하는 존재는 없을 것이다. 그러므로 사람들이 자신의 삶에 부여하는 가치는 그것이 무엇이든 망상에 지나지 않는다.

중세 사람들이 자신의 삶에서 발견한 내세의 의미는 현대인들이 추구하는 인본주의적, 혹은 민족주의적 의미보다 더 심한 망상이 아니었다. 어떤 과학자가 자신은 인간의 지식을 증가시키므로 자신의 삶에 의미가 있다고 생각한다고 하자. 어떤 병사는 자신은 고향을 지키기 위해 싸우므로 삶에 의미가 있다고 하고, 어느 기업가는 새로 회사를 세우는 데서 자신의 의미를 발견한다고 하자. 이들이 찾는 의미가 중세 사람들이 경전을 읽거나 십자군 전쟁에 참전하고 새로운 성당을 짓는 데서 찾았던 의미보다 더 환상적인 것도 아니다. 그러므로 행복의 관건은 의미에 대한 개인의 환상을 폭넓게 퍼진 집단적 환상에 맞추는 데 있을지 모른다. 내 개인적 내러티브가 주변 사람들의 내러티브와 일치하는 한 나는 내 삶이 의미 있는 것이라고 확신할 수 있으며, 그 확신을 통해 행복을 찾을 수 있다. 이것은 꽤 우울한 결론이다. 행복은 정말로 자기기만에 달려 있는 것일까?

너 자신을
알라

만일 행복이 쾌락적 감각을 느끼는 데 기반을 두고 있다면, 우리는 더 행복해지기 위해 스스로의 생화학 시스템을 개조할 필요가 있다. 만일 행복이 삶의 의미를 느끼는 데 기반을 두고 있다면, 우리는 더 행복해지기 위해 스스로를 좀 더 효과적으로 기만할 필요가 있다.

세 번째 선택지는 없는 것일까? 앞의 두 견해는 행복이란 모종의 주관적 느낌(쾌감이든 의미든)이라는 가정을 공유하고 있다. 그리고 사람들의 행복을 판단하려면 그들에게 기분이 어떠냐고 물어보기만 하면 된다는 가정도 깔고 있다.

오늘날 많은 사람들에게 이것은 논리적인 가정으로 보인다. 우리 세대의 지배적 종교가 자유주의이기 때문이다. 자유주의는 개인의 주관적 기분을 신성시한다. 개인의 기분과 느낌이 권위의 최고 원천이라고 본다. 선과 악, 미와 추, 당위와 존재는 우리 각자가 어떻게 느끼느냐에 따라 결정된다. 자유주의 정치학은 투표자가 가장 잘 안다는 생각, 우리에게 무엇이 좋은지를 알려주는 빅브라더는 필요 없다는 생각에 기반을 두고 있다. 아름다움은 보는 이의 눈 속에 있는 것이라고 인문학은 선언한다.

인문학을 공부하는 대학생들은 스스로의 힘으로 생각하라고 교육 받는다. 광고는 우리에게 촉구한다. "저질러버려!" 액션 영화, 연극, 연속극, 소설, 인기 팝송은 끊임없이 우리를 세뇌한다. "자신에게 충실하라." "자신에게 귀를 기울이라." "내면의 소리를 따르라."

장 자크 루소는 이런 견해를 가장 고전적으로 표현했다. "내가 좋다고 느끼는 것이 선이고, 내가 나쁘다고 느끼는 것은 악이다." 유년 시절부터 이런 구호를 들으며 자란 사람들은 행복이 주관적 느낌이라고 믿기가 쉽고, 자신이 행복한지 비참한지를 가장 잘 아는 것은 자신이라고 믿기 쉽다. 하지만 이런 견해는 자유주의에 특유한 것이다. 역사상 존재했던 대부분의 종교와 이데올로기는 선함과 아름다움, 당위에는 객관적인 척도가 존재한다고 말했다. 보통 사람의 느낌이나 선호는 신뢰하지 않았다. 델포이의 아폴론 신전 입구에 새겨져 순례자들을 맞이하는 글귀는 "너 자신을 알라!"인데, 이것이 함축하는 바는 보통 사람은 진정한 자신에 대해 모르며 따라서 진정한 행복이 무엇인지도 모른다는 것이다. 프로이트에게 물었다면, 아마도 여기에 동의했을 것이다.* 기독교 신학자도 마찬가지로 대답했을 것이다. 만일 사람들에게 묻는다면, 대부분이 기도보다는 성관계를 더 좋아한다고 대답할 것이다. 성 바오로와 성 아우구스티누스는 이를 잘 알고 있었다. 그렇다고 해서 성관계가 행복의 핵심이라는 사실이 증명되었다고 할 수 있을까? 바오로와 아우구스티누스에 따르면 그렇지 않다. 그것이 증명하는 바는 인간이 본래 죄 많은 존재이며 쉽게 사탄의 유혹에 빠진다는 사실뿐이다. 기독교의 관점에서 보면, 대부분의 사람들은 헤로인 중독자와 어

---

* 역설적으로, 주관적 행복감에 대한 심리학적 연구는 사람들이 자기의 행복을 정확하게 진단하는 능력에 기반을 두고 있지만, 심리요법의 존재 근거는 그 반대다. 사람들은 실제로는 자신에 대해 모르며 이들이 자기 파괴적인 행동을 하지 않게 하려면 전문가의 도움이 필요하다는 것이다.

느 정도 비슷한 상태이다. 어느 심리학자가 마약 사용자들의 행복에 대한 연구를 시작한다고 상상해보자. 중독자들의 여론을 조사한 결과, 하나같이 마약을 하고 있을 때만 행복하다는 답이 나왔다고 하자. 이 심리학자는 헤로인이 행복의 핵심이라고 단언하는 논문을 출간할 것인가?

주관적 느낌이 믿을 만한 것이 못 된다는 생각은 기독교만 가지고 있는 것이 아니다. 최소한 주관적 느낌의 가치에 대해서라면, 찰스 다윈이나 리처드 도킨스도 성 바오로나 성 아우구스티누스와 같은 입장을 취할 수 있다. 이기적 유전자 이론에 따르면, 자연선택은 사람들로 하여금 유전자의 복제에 좋은 행동을 선택하게 만든다. 설사 그 선택이 개체로서의 자신에게는 나쁜 결과를 가져온다고 해도 말이다. 사람뿐 아니라 모든 생명체가 그렇다. 대부분의 남성들은 평화 속에서 행복을 누리는 대신에 노동하고 걱정하고 경쟁하고 싸우며 삶을 보내는데, 이들의 DNA가 자신의 이기적 목적에 따라 그렇게 조종하기 때문이다. 악마와 마찬가지로, DNA는 덧없는 기쁨을 이용해 사람들을 유혹하고 자신의 손아귀에 넣는다.

그 결과, 대부분의 종교와 철학은 행복에 대해 자유주의와는 매우 다른 접근법을 취했다.[3] 불교의 입장은 특히 흥미롭다. 불교는 행복의 문제를 다른 어떤 종교나 이념보다도 중요하게 취급했다. 불교도들은 지난 2,500년에 걸쳐 행복의 본질은 무엇인가, 무엇이 행복을 가져다주는가를 체계적으로 연구했다. 과학자들 사이에서 불교 철학과 명상법에 대한 관심이 점점 커져가는 이유가 여기에 있다. 행복에 대한 불교의 접근방식은 생물학적 접근방식과 기본적 통찰의 측면에서 일치한다. 즉, 행복은 외부 세계의 사건에서 오는 것이 아니라 신체 내부에서 일어나는 과정의 결과라는 것이다. 하지만 동일한 통찰에서 시작했음에도, 불교는 생물학과는 매우 다른 결론에 도달한다.

불교에 따르면, 대부분의 사람들은 행복을 즐거운 감정과, 고통을 불쾌한 감정과 동일시한다. 그래서 자신의 느낌을 매우 중요시하며, 점점 더 많은 즐거움을 추구하는 한편 고통을 피하려고 한다. 우리가 살아가면서 하는 모든 일은 다리를 긁든, 의자에서 꼼지락거리든, 세계대전을 치르든 모두 그저 즐거운 감정을 느끼기 위한 시도에 지나지 않는다.

문제는 우리의 감정이 바다의 파도처럼 매 순간 변화하는 순간적 요동에 지나지 않는다는 데 있다. 5분 전에 나는 즐겁고 결의에 차 있었지만, 지금 나는 슬프고 낙담해 있다. 그러므로 만일 내가 즐거운 감정을 경험하고 싶다면, 불쾌한 감정을 몰아내면서 즐거운 감정을 끊임없이 추구해야 한다. 설령 한 번 그러는 데 성공했다 해도 곧바로 모든 것을 다시 시작해야 한다. 그간의 노고에 대한 보상은 전혀 없다.

그토록 덧없는 보상을 받는 것이 뭐가 그리 중요한가? 나타나자마자 곧바로 사라지는 무언가를 달성하기 위해서 그토록 힘들게 분투할 필요가 무엇인가? 불교에서 번뇌의 근원은 고통이나 슬픔에 있지 않다. 심지어 덧없음에 있는 것도 아니다. 번뇌의 진정한 근원은 이처럼 순간적인 감정을 무의미하게 끝없이 추구하는 데 있다. 이 때문에 우리는 항상 긴장하고, 동요하고, 불만족스러운 상태에 놓인다. 이런 것을 추구하기 때문에 우리 마음은 결코 만족하지 못하고, 기쁨을 느낄 때조차 만족스럽지 않다. 기쁜 감정이 금방 사라져버릴 것이 두렵고, 이 감정이 이어져 더 강해지기를 갈망하기 때문이다.

사람들이 번뇌에서 벗어나는 길은 이런저런 덧없는 즐거움을 느끼는 것이 아니라 이 모든 감정이 영원하지 않다는 속성을 이해하고 이에 대한 갈망을 멈추는 데 있다. 이것이 불교 명상의 목표다. 명상을 할 때는 자신의 몸과 마음을 깊이 관찰하여 모든 감정이 끊임없이 일어나고 사라지는 것을 목격하며, 그런 감정을 추구하는 것의 덧없음을 깨달아야 한다. 그런 추구를 중단하면 마음은 느긋하고, 밝고, 만족스러워진다. 즐거움, 분노, 권태, 정욕 등 모든 종류의 감정은 계속해서 일어나고 사라지지만, 일단 당신이 특정한 감정에 대한 추구를 멈추면 어떤 감정이든 있는 그대로 받아들일 수 있게 된다. 어쩌면 일어났을지도 모르는 무언가를 공상하는 대신에 지금 이 순간을 사는 것이다. 그 결과 완전한 평정을 얻게 된다. 평생 미친 듯이 쾌락을 찾아 헤매던 사람들은 상상조차 할 수 없는 수준의 평정이다. 그런 사람은 바닷가에 수십 년간 서 있으면서 모종의 '좋은' 파도를 받아들여 그것이 흩어져버리지 못하도록 애쓰는 동시에 모종의 '나쁜' 파도는 밀어내어 자신에게 가까이 오지 못하게 만들려고 애쓰는 사람과 마찬가지다. 이 사람은 날이면 날마다 해변에 서서 무익한 노력을 거듭하면서 스스로의 마음을 괴롭힌다. 그러다 마침내 그는 모래에 주저앉아, 파도가 마음대로 오고 가게 놔둔다. 얼마나 평화로운가!

현대의 자유주의적 문화의 입장에서 이런 사상은 너무나 낯설었다. 그래서 서구의 뉴에이지 운동은 불교의 통찰을 처음 대했을 때 이를 자유주의적 용어로 바꿔버렸다. 완전히 거꾸로 받아들인 것이다. 뉴에이지 문화는 주로 이렇게 주장했다. "행복은 외적인 조건에 좌우되는 것이 아니다. 오로지 우리 내면의 느낌에 좌우되는 것이다. 부나 지위와 같은 외적 성취에 더 이상 매달리지 말고 내면의 느낌에 귀를 기울여야 한다." 혹은 보다 간결하게 이렇게 주장했다. "행복은 내부에서 시작된다." 이것은 생물학자들의 주장과 정확히 일치하는 슬로건이다. 하지만 부처의 가르침과는 거의 반대라고 할 수 있다. 행복이 외적 조건에 달려 있지 않다고 하는 점에서 부처의 생각은 현대 생물학이나 뉴에이지 운동과 궤를 같이하지만, 부처의 가장 심원하고 중요한 통찰은 따로 있다. 진정한 행복은 주관적 느낌이나 감정과도 무관하다는 점이다. 사실 우리가 스스로의 주관적 느낌을 중요하게 여기면 여길수록 우리는 더 많이 집착하게 되고, 괴로움도 더욱 심해진다. 부처가 권하는 것은 우리가 외적 성취의 추구뿐 아니라 내 내면의 느낌에 대한 추구 역시 중단하는 것이다.

요약하자면, 주관적 안녕을 묻는 설문은 우리의 안녕을 주관적 느낌과 동일시하고, 행복의 추구를 특정한 감정 상태의 추구와 동일시한다. 많은 전통철학과 불교를 비롯한 종교는 이와 반대되는 입장을 취한다. 행복을 얻는 비결은 자신의 진실한 모습을—자신이 정말로 어떤 사람인지를—파악하는 데 있다는 것이다. 대부분의 사람들은 스스로의 감정, 생각, 호불호를 자신과 동일시하는데, 이는 잘못이다. 이들은 분노를 느끼면 '나는 화가 났다. 이것은 나의 분노다'라고 생각한다. 그래서 그들은 어떤 감정을 피하고 또 다른 감정을 추구하느라 일생을 보낸다. 그들은 자신과 자신의 감정은 다르다는 것을 알지 못한다. 특정한 감정을 끈질기게 추구하는 행위는 자신을 고통스럽게 만드는 함정이라는 사실도 모른다.

만일 이것이 사실이라면, 행복의 역사에 대한 우리의 이해 전체는 오도된 것일 수 있다. 사람들의 기대가 충족되었느냐의 여부, 쾌락적 감정을 즐기는가의 여부는 그리 중요하지 않을지도 모른다. 주된 질문은 사람들이 스스로에 대한 진실을 알고 있느냐 하는 것이다. 오늘날의 사람들이 고대의 수렵채집인이나 중세의 농부보다 이런 진실을 조금이라도 더 잘 이해하고 있다는 증거가 있을까?

학자들이 행복의 역사를 연구하기 시작한 것은 최근의 일이다. 우리는 아직 초기 가설을 만들어내고 적절한 연구방법을 찾는 단계에 머물고 있다. 확고한 결론을 채택하고 논의를 마무리 짓기에는 너무 이르다. 논의는 아직 시작조차 되지 않았다. 중요한 것은 서로 다른 수많은 접근법을 되도록 많이 알고 올바른 질문을 던지는 것이다.

대부분의 역사서는 위대한 사상가의 생각, 전사의 용맹, 성자의 자선, 예술가의 창의성에 초점을 맞춘다. 이런 책들은 사회적 구조가 어떻게 짜이고 풀어지느냐에 대해서, 제국의 흥망에 대해서, 기술의 발견과 확산에 대해서 할 말이 많다. 하지만 이 모든 것이 개인들의 행복과 고통에 어떤 영향을 미쳤느냐에 대해서는 아무것도 말해주지 않는다. 이것은 우리의 역사 이해에 남아 있는 가장 큰 공백이다. 우리는 이 공백을 채워나가기 시작해야 할 것이다.

20

호모 사피엔스의 종말

이 책의 시작에서 나는 역사를 물리학, 화학, 생물학으로 이어진 연속체의 다음 단계라고 말했다. 사피엔스 역시 모든 생명체를 지배하는 물리적 힘, 화학반응, 자연선택 과정에 종속된다. 자연선택의 결과, 호모 사피엔스는 다른 어떤 생명체도 누리지 못했던 거대한 운동장을 갖게 되었다. 하지만 이 운동장에도 여전히 경계선이 있다. 그렇다면 사피엔스는 아무리 열심히 노력하고 아무리 많은 것을 이룩한다고 할지라도 생물학적으로 결정되어 있는 스스로의 한계를 벗어날 수 없을 것이다.

하지만 21세기에 이것은 더 이상 사실이 아니다. 호모 사피엔스는 스스로의 한계를 초월하는 중이다. 이제 호모 사피엔스는 자연선택의 법칙을 깨기 시작하면서, 그것을 지적설계의 법칙으로 대체하고 있다. 40억 년 가까운 세월 동안 지구상의 모든 생명체는 자연선택의 법칙에 따라 진화했다. 지적인 창조자에 의해 설계된 생명체는 단 하나도 없었다. 예컨대 기린의 목이 길어진 것은 고대에 있었던 기린 사이의 경쟁 때문이었지, 초월적 지성을 가진 모종의 존

과 학 혁 명

재가 변덕을 부렸기 때문이 아니었다.

목이 좀 더 긴 원시 기린은 좀 더 많은 먹을거리에 접근할 수 있었으며, 그 결과 자신보다 목이 짧은 기린에 비해 더 많은 자손을 남겼다. 기린을 포함해 아무도 "목이 길다면 나무 꼭대기의 잎을 우적우적 씹어 먹을 수 있을 텐데. 그러니 목을 늘이자"라고 말하진 않았다. 다윈의 이론이 아름다운 점은 기린이 어떻게 해서 목이 길어졌는가를 설명하기 위해 지적인 설계자를 상정할 필요가 없다는 데 있다.

수십억 년 동안 생명의 역사에서도 지적설계는 가능한 선택지조차 되지 못했는데, 왜냐하면 다른 무언가를 설계할 지능 자체가 존재하지 않았기 때문이다. 상당히 최근까지도 세상에 존재하는 유일한 생명체였던 미생물은 나름대로 놀라운 일을 할 줄 안다. 한 종의 미생물은 완전히 다른 종의 미생물로부터 유전 부호를 가져와 자신의 세포 속에 통합함으로써 항생제 내성 같은 새로운 능력을 지닐 수 있다. 하지만 우리가 아는 한, 미생물은 의식이나 삶의 목표, 미리 계획을 세우는 능력은 갖추지 못했다.

어느 단계에선가 기린, 돌고래, 침팬지, 네안데르탈인 같은 생물들에게서 의식과 계획수립 능력이 진화했다. 하지만 설사 어떤 네안데르탈인이 아주 통통하고 행동은 굼떠서 자신이 언제든 배가 고플 때 손으로 잡기만 하면 되는 가금류를 키운다는 몽상을 품었더라도, 그에게는 그 환상을 실현할 방법이 없었다. 그에게는 자연선택된 새들을 사냥하는 방법밖에 없었다. 이런 구체제에 첫 균열이 생긴 것은 약 1만 년 전 농업혁명이 진행되던 시기였다. 통통하고 굼뜬 영계

574

를 꿈꾸던 사피엔스들은 가장 통통한 암탉을 가장 굼뜬 수탉과 교배시키면 그 자손 중 일부는 통통하면서도 굼뜨다는 사실을 발견했다. 이런 자손들끼리 교배시키면, 통통하고 굼뜬 새의 혈통을 만들수 있다. 이것은 자연에는 존재하지 않던 새로운 계통으로서, 신이아니라 인간이 지적으로 설계해서 만들어낸 존재였다.

물론 호모 사피엔스는 전능한 신에 비교하면 여전히 설계 기술이 제약되었다. 선택교배라는 우회로를 이용하며 정상적으로 닭에게 작용하는 자연선택 과정의 속도를 빠르게 만들 수 있었지만, 야생 닭의 유전자 정보에 원래 없는 완전히 새로운 특성을 도입할 수는 없었다. 어떤 면에서는 호모 사피엔스와 닭의 관계는 자연계에서 흔히 일어나는 수많은 공생관계와 비슷했다. 사피엔스는 통통하고 굼뜬 개체들이 번성하도록 하는 독특한 압력을 닭에게 가했다. 가루받이를 하는 벌들이 맘에 드는 꽃을 선택함으로써 화려하고 밝은 색을 지닌 꽃들이 번성하게 만든 것과 마찬가지다.

40억 년에 걸쳐 이어져온 자연선택이라는 구체제는 오늘날 완전히 다른 종류의 도전에 직면하고 있다. 전 세계의 실험실에서 과학자들은 살아 있는 개체의 유전자를 조작하여, 원래 해당 종에게 없던 특성을 부여하는 정도까지 자연선택의 법칙을 위반하는 중이다. 브라질의 생물예술가인 에두아르도 카츠는 지난 2000년 새로운 예술작품을 창조하기로 결심했다. 녹색 형광 토끼였다. 그는 프랑스의 연구소와 접촉해, 자신의 설계대로 토끼가 빛을 내도록 유전자조작을 해달라고 주문했다. 돈을 받은 연구소는 지극히 평범한 흰토끼의 배아에 녹색 형광을 발하는 해파리 유전자를 삽입했다. 그러자 짜잔! 녹색 형광 토끼 한 마리가 탄생했다. 카츠는 이 토끼에 '알바'라는 이름을 붙였다.

알바의 존재는 자연선택의 법칙으로 설명하기가 불가능하다. 이 암토끼는 지적설계의 산물이며, 앞으로 올 것에 대한 선구자이다. 만일 알바가 상징하는 잠재력이 모두 실현된다면—그리고 만일 인류가 그때까지 스스로를 멸절시키지 않는다면—과학혁명은 단지 하나의 역사적 혁명이 아니라 그보다 훨씬 더 위대한 것이라는 점을 스스로 증명할 수 있을 것이다. 지구상에 생명이 탄생한 이래 가장 중요한 생물학적 혁명으로 드러날지도 모른다.

지난 40억 년이 자연선택의 기간이었다면, 이제 지적인 설계가 지배하는 우주적인 새 시대가 열리려 하고 있다. 알바는 그 시대의 새벽을 상징하는 존재다. 그때가 도래하면, 그 이전의 인류사 전체는 생명이라는 게임에 혁명을 일으킨 실험 및 견습 과정이었다고 뒤늦게 재해석될 것이다. 이런 과정은 천 년 단위의 인간적 시각이 아니라 십억 년 단위의 우주적 시각으로 조망되어야 할 것이다.

세계의 생물학자들은 도처에서 지적설계(창조론) 운동과 끊임없는 전투를 벌이고 있다. 학교에서 다윈의 진화론을 가르치는 데 반대하는 지적설계 운동의 주장에 따르면, 생물학적 복잡성은 모든 생물학적 세부사항을 미리 생각해낸 창조자가 존재한다는 증거다. 과거에 대해서는 생물학자들이 옳지만, 미래에 대해서라면 역설적으로 지적설계 옹호자들이 맞을지 모른다. 내가 이 글을 쓰고 있는 지금도 자연선택을 지적설계로 대체하는 일이 진행 중일 수 있다. 그 방법은 세 가지인데 첫째가 생명공학, 둘째가 사이보그 공학(사이보그는 유기물과 무기물을 하나로 결합시킨 존재다), 셋째가 비유기물공학이다.

생쥐와 인간

생명공학은 생물학의 수준에서 인간이 계획적으로 개입하는 것을 말한다(예컨대 유전자 이식). 가령 에두아르도 카츠의 예술적 변덕처럼 미리 생각해둔 모종의 문화적 아이디어를 실현하기 위해서 생물의 형태, 능력, 필요나 욕구나 욕망 등을 변형하겠다는 목적이다. 생명공학은 그 자체로는 전혀 새로운 것이 아니다. 사람들은 자신이나 다른 생명체의 형태를 바꾸기 위해서 수천 년간 이를 활용해왔다. 간단한 예가 거세다. 인간이 황소bull를 거세해 거세 황소(ox, 일을 시키기 위해 거세한 소―옮긴이)를 만든 역사는 아마도 1만 년은 될 것이다.

거세 황소는 공격성이 덜하기 때문에 쟁기를 끌도록 훈련시키기가 더 쉬웠다. 인간은 또한 자기 종의 젊은 수컷도 거세했다. 매혹적인 목소리를 지닌 소프라노 가수를 만들기 위해서, 혹은 이슬람 왕의 하렘을 돌보는 일을 안심하고 맡길 수 있는 환관을 만들기 위해서. 하지만 인류가 생명체의 작동 방식을 세포 및 세포핵 수준까지 이해하게 되자, 과거에는 상상할 수 없었던 가능성의 문이 열렸다. 오늘날 우리는 남자를 거세하는 것은 물론이거니와 수술 및 호르몬 치료를 통해 아예 여성으로 바꿀 수 있다. 하지만 그게 전부가 아니다.

1996년 578쪽의 사진이 신문과 TV에 등장했을 때 사람들이 보

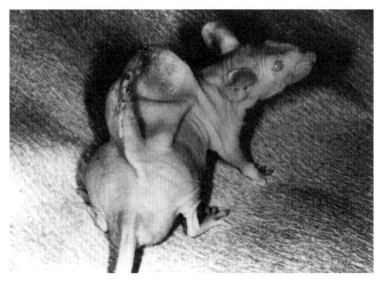

▲　　生쥐의 등에서 소의 연골조직으로 만들어진 귀가 자라난 모습. 독일 슈타델 동굴에서 발견된 사자 – 남자 조상을 으스스하게 상기시킨다. 3만 년 전에 이미 인류는 각기 다른 종을 결합하는 상상을 했던 것이다. 오늘날 인류는 실제로 그 같은 키메라를 만들어낼 수 있다.

였던 경악과 혐오를 떠올려보라. 이 사진은 포토샵을 이용해 조작한 것이 아니다. 과학자들이 생쥐의 등에 소의 연골을 이식한 모습을 찍은 진짜 사진이다. 이들은 새 조직의 성장을 조절함으로써 이 경우 인간의 귀처럼 보이는 무언가가 발생하게 만들었다. 머지않아 과학자들은 이런 방법으로 인간에게 이식 가능한 인공 귀를 만들 수 있을 것이다.[1] 유전공학을 이용하면 이보다 훨씬 더 놀라운 일도 해낼 수 있다.

　유전공학에 다수의 윤리적, 정치적, 이데올로기적 쟁점이 제기되는 이유가 여기에 있다. 인간이 신의 역할을 빼앗아서는 안 된다는 반대론을 펴는 것은 독실한 일신론자들만이 아니다. 수많은 확고한 무신론자들도 과학자들이 자연의 역할을 대신하려 한다는 점에서 그에 못지 않은 충격을 받았다.

동물권리 운동가들은 유전공학 실험의 대상이 된 동물이 겪는 고통에 대해서 강하게 비판한다. 스스로의 필요나 욕망과는 전혀 무관하게 유전자가 조작된 가축이 받는 고통에 대해서도 마찬가지다. 인권 운동가들은 유전공학이 우리 모두를 노예로 삼을 슈퍼맨을 만들어내지 않을까 두려워한다. 구약의 예레미야서는 생물학적 독재자가 두려움 없는 병사와 복종하는 노동자를 대량 복제한다는 종말론적 전망을 보여주었다. 오늘날 사람들은 대체로 너무나 많은 가능성의 문이 너무나 일찍 열리고 있고, 우리의 유전자 조작 능력은 선견지명을 가지고 이 기술을 현명하게 사용할 능력을 넘어서고 있다고 느낀다.

그 결과, 현재 우리는 유전공학의 잠재력 중 일부만 활용하고 있을 뿐이다. 현재 조작의 대상이 되고 있는 생명체 대부분—식물, 곰팡이, 박테리아, 곤충—은 정치적 로비 능력이 제일 적은 것들이다. 과학자들은 여러 계통의 대장균의 유전자를 조작해 바이오 연료를 생산하고 있다.[2] 대장균은 인간의 장에서 인간과 공생하는 박테리아인데, 장을 벗어나 치명적 감염을 일으키면 언론의 집중 조명을 받기도 한다. 또한 과학자들은 대장균과 여러 종의 곰팡이 유전자를 조작해 인슐린을 생성했고, 그 덕분에 당뇨병 치료비가 낮아졌다.[3] 북극에 사는 어느 물고기에서 추출한 유전자를 감자에 삽입해 서리에 저항력을 가지도록 만들기도 했다.[4] 포유류 중에도 유전공학의 대상이 된 동물이 일부 있다. 낙농산업은 젖소의 젖통에 생기는 유선염 탓에 해마다 수십억 달러의 피해를 입는다. 그래서 과학자들은 현재 리소스타핀이 포함된 우유를 생산하도록 유전자를 조작한 젖소를 실험하는 중이다. 리소스타핀은 유선염을 일으키는 박테리아를 공격하는 항균성 효소다.[5] 돼지 산업의 매출은 줄어들고 있는데, 햄과 베이컨에 있는 지방이 건강에 해롭다며 소비자들이 경계하는 탓이다. 그래서 요즘 돼지 산업은 벌레에서 추출한 유전물질을 돼지에 삽입하는 실험에 희망을 걸고 있다. 이 유전자는 몸에 해로운 오메가-6 지방산을 건강에 이로운 오메가-3 지방산으로 바꿔준다.[6]

차세대 유전공학은 이로운 지방을 지닌 돼지를 만드는 일쯤은 애들 장난으로 보이게 만들 것이다. 유전공학자들은 벌레의 수명을 여섯 배로 늘렸을 뿐 아니라, 기억과 학습능력이 크게 개선된 천재 생쥐를 만드는 데도 성공했다.[7]

생쥐 비슷하게 생긴 밭쥐는 크기가 작고 통통한 설치류다. 대부분의 밭쥐 종은 난교를 한다. 하지만 암수가 평생 일부일처 관계를 맺는 종도 하나 있다. 유전학자들은 밭쥐의 일부일처제에 원인이 되는 유전자들을 분리하는 데 성공했다고 주장한다. 만일 바람둥이 밭쥐에게 유전자 하나를 삽입함으로써 충실하고 애정 깊은 남편으로 바꿔놓을 수 있다면 어떨까? 그러면 쥐(그리고 사람)의 개체의 행태뿐 아니라 그 사회구조까지 유전적으로 조작할 수 있지 않을까? 그런 시대의 도래가 멀지 않은 것이 아닐까?[8]

제 4 부

네안데르탈인의
귀환

　　　　　　하지만 유전학자들이 조작하기를 원하는 대상은 생존한 계통에 국한되지 않는다. 멸종 동물도 대상이 된다. 영화 〈쥐라기 공원〉의 공룡만이 아니다. 최근 러시아, 일본, 한국 과학자로 구성된 연구진은 시베리아의 얼음 속에서 발견된 매머드의 유전자 지도를 작성하는 작업을 완료했다. 이제 이들은 현생 코끼리의 수정란에서 코끼리 DNA를 제거하고 매머드에서 복원한 DNA를 삽입한 뒤 그 수정란을 암코끼리의 자궁에 다시 집어넣는다는 계획을 세우고 있다. 앞으로 22개월 후에는 지난 5천 년 사이에 처음으로 매머드가 태어나는 것을 볼 수 있을 것으로 이들은 기대하고 있다.[9] 하지만 매머드만으로 끝낼 이유가 무엇이겠는가?

　　최근 하버드 대학교의 조지 처치 교수는 이제 네안데르탈인 유전체 프로젝트가 완성되었으니 복원한 DNA를 사피엔스의 난자에 이식할 수 있고, 그러면 지난 3만 년 이래 처음으로 네안데르탈인 아기를 만들 수 있다고 주장했다. 그는 고작 3천만 달러만 있으면 이 일을 해낼 수 있다고 주장했다. 이미 여러 여성이 대리모 역할을 자원했다.[10]

　　네안데르탈인이 왜 필요할까? 일각에서는 만일 우리가 살아 있는 네안데르탈인을 연구할 수 있다면 호모 사피엔스의 기원과 독특성에 관해 계속 제기되고 있는 질문의 일부에 답을 얻을 수도 있다고 주장한다. 네안데르탈인의 뇌와 호모 사피엔스의 뇌를 비교하고 구조상의 차이에 대한 지도를 만들면 과연 어떤 생물학적 변화 때문에 오늘날 우리가 지니는 종류의 의식이 생성된 것인지를 식별할 수 있지 않을까.

일각에서는 윤리적 명분도 제기한다. 만일 네안데르탈인의 멸종이 호모 사피엔스의 책임이라면 이들을 되살리는 것이 우리의 도덕적 의무라는 것이다. 그리고 네안데르탈인들이 주위에 있으면 쓸모가 많을 수도 있다. 많은 제조업자가 사피엔스 두 배 몫의 육체 노동력을 지닌 네안데르탈인에게 기꺼이 돈을 내려고 할 것이다. 하지만 네안데르탈인에서 그칠 이유가 어디 있는가? 하느님의 제도판으로 돌아가서 보다 나은 사피엔스를 설계하지 않을 이유가 없지 않은가? 호모 사피엔스의 능력, 필요, 욕망에는 유전적 바탕이 있고, 사피엔스의 유전체라고 해서 밭쥐나 생쥐의 유전체보다 크게 복잡한 것은 아니다(생쥐의 유전체를 이루는 염기서열은 25억 개, 사피엔스는 29억 개다. 생쥐보다 14퍼센트 많은 정도다).[11]

앞으로 몇십 년 지나지 않아, 유전공학과 생명공학 기술 덕분에 우리는 인간의 생리기능, 면역계, 수명뿐 아니라 지적, 정서적 능력까지 크게 변화시킬 수 있게 될 것이다. 유전공학이 천재 생쥐를 만들 수 있다면 천재 인간을 만들지 못할 이유가 어디에 있는가? 우리가 일부일처제 밭쥐를 창조할 수 있다면 평생 배우자에게 충실하도록 유전적으로 타고난 인간을 왜 못 만들겠는가?

인지혁명 덕분에 인간은 별반 중요치 않은 유인원에서 세상의 주인으로 변화했다. 이 혁명에는 생리기능의 변화는 물론이요, 사피엔스의 뇌 크기나 외부 형태에도 뚜렷한 변화를 필요로 하지 않았다. 뇌 내부 구조의 작은 변화 이상은 관련되지 않았던 것으로 보인다. 여기에 약간의 추가적 변화만 있으면, 제2차 인지혁명의 불이 붙어 완전히 새로운 형태의 의식이 창조되고 호모 사피엔스가 완전히 새로운 무언가로 바뀔 수도 있다. 우리가 아직 이를 달성하기 위한 통찰력을 가지고 있지 못한 것은 사실이지만, 우리로 하여금 초인간을 만들어내지 못하게 막는 극복할 수 없는 기술적 장애는 없는 것으로 보인다.

주된 장애는 윤리적, 정치적 반대이다. 인간에 대한 연구 속도가 느려진 것도 그 때문이다. 그러나 윤리적 주장이 아무리 그럴싸하다 해도, 그것으로 다음 단계의 발전을 오랫동안 지체시킬 수는 없을 것이다. 그 발전에 인간의 수명을 무한히 연장하고, 불치병을 정복하며, 우리의 인지적 정서적 능력을 향상시킬 성패가 달려 있다면 특히 그렇다.

우리가 알츠하이머 치료제를 개발했는데 그 약이 건강한 사람의 기억력을 극적으로 증진시키는 부수효과가 있다면 어떨까? 누가 그와 관련된 연구를 중단시킬 수 있을까? 그리고 그런 치료제가 개발되었을 때 그 약을 알츠하이머 환자만 사용하도록 하고 건강한 사람은 이를 복용해 천재적 기억력을 얻지 못하도록 강제할 수 있을까? 어떤 법 집행기관이 그럴 수 있을까? 생명공학이 네안데르탈인을 정말 부활시킬 수 있을지는 분명치 않다. 하지만 호모 사피엔스의 막을 내리게 할 가능성은 매우 크다. 우리가 우리의 유전자를 주물럭거린다고 해서 반드시 멸종하는 것은 아니다. 하지만 우리가 더 이상 호모 사피엔스가 아니게 될 가능성은 있다.

생체공학적
생명체

생명의 법칙을 바꿀 수 있는 또 다른 기술이 있다. 사이보그 공학이다. 사이보그는 생물과 무생물을 부분적으로 합친 존재로, 생체공학적 의수를 지닌 인간이 그런 예다. 어떤 의미에서 우리는 거의 모두가 생체공학적 존재다. 타고난 감각과 기능을 안경, 심장박동기, 의료보장구 그리고 컴퓨터와 휴대전화(우리의 뇌가 지고 있는 자료 저장 및 처리의 부담 일부를 맡아준다)로 보완하고 있기 때문이다. 우리는 지금 진정한 사이보그가 되려는 경계선에 아슬아슬하게 발을 걸치고 있다. 이 선을 넘으면, 우리는 신체에서 떼어낼 수 없으며 우리의 능력, 욕구, 성격, 정체성이 달라지게 하는 무기물적 속성을 갖게 될 것이다.

미국의 군사 연구기관인 국방고등연구기획청DARPA은 곤충 사이보그를 개발 중이다. 파리나 바퀴벌레의 몸에 전자칩, 탐지기, 연산 장치를 심는다는 아이디어다. 그러면 멀리 있는 인간이나 인공지능이 해당 곤충의 움직임을 조절해 정보를 수집, 전송하게 만들 수 있다. 이런 파리는 적 사령부 벽에 앉아서 가장 은밀한 대화를 도청할 것이고, 거미에게 잡히지만 않는다면 적의 계획이 무엇인지를 우리에게 정확하게 알려줄 수 있을 것이다.[12]

2006년 미 해군잠수전센터Naval Undersea Warfare Center는 사이보그 상어를 개발하겠다는 의도를 발표했다. "물고기의 신경에 장치를 삽입해 그 행동을 조절한다는 목표 아래 그 같은 장치를 개발 중" 이라고 했다. 개발자들의 목표는 인간의 탐지기를 능가하는 상어의

자기장 탐지 능력을 활용해 물속의 잠수함이나 기뢰가 생성하는 자기장을 식별하는 것이다.[13]

사피엔스 역시 사이보그로 변하는 중이다. 최첨단 보청기는 '바이오닉 귀'라고도 불린다. 귀에 이식된 이 장치는 귀의 바깥에 장치된 마이크로폰을 통해 소리를 흡수한다. 장치는 소리를 걸러서 인간의 목소리를 식별하고, 이를 전기신호로 번역한다. 신호는 중추 청각신경으로, 다시 뇌로 전달된다.[14]

미 정부가 후원하는 독일 회사인 '망막 임플란트Retina Implant'는 시각장애인이 부분적으로라도 볼 수 있도록 망막에 삽입하는 장치를 개발 중이다. 환자의 눈에 작은 마이크로칩을 삽입하는 게 핵심이다. 광세포는 눈에 비치는 빛을 흡수해 이를 전기에너지로 바꾸고, 이것이 망막의 손상되지 않은 신경세포를 자극한다. 이 세포들이 내보낸 신경신호는 뇌를 자극하고, 뇌는 신호를 번역해 무엇이 보이는지를 파악한다. 현재 이 기술은 환자들이 방향을 정하고 문자를 식별하며 심지어 얼굴을 인식하게 해줄 정도로 발전했다.[15]

미국의 전기기술자인 제시 설리반은 2001년 사고를 당해 두 팔을 완전히 잃었다. 오늘날 그는 '시카고 재활연구소Rehabilitation Institute of Chicago'의 도움 덕분에 두 개의 생체공학 팔을 사용한다. 새 팔의 특징은 생각만으로 작동한다는 것이다. 제시의 뇌에서 나온 신경신호는 초소형 컴퓨터에 의해 전기적 명령으로 해석되고, 이 명령이 팔을 움직인다. 제시는 오른팔을 움직이고 싶으면 보통 사람이 무의식적으로 하는 일을 의식적으로 해야 한다. 이 팔이 수행할 수 있는 일은 생물적 팔에 비해 크게 제한적이지만, 그래도 단

순한 일상적 기능은 가능하다. 이와 유사한 생체공학 팔이 오토바
이 사고로 팔을 잃은 미국 군인인 클로디아 미첼에게 최근 적용되
었다. 이렇게 팔을 움직이는 것을 넘어서서 거꾸로 신호를 뇌로 보
내 촉감까지도 느낄 수 있는 날이 언젠가 올 것으로 과학자들은 믿
고 있다.[16]

　현재로서 이런 생체공학 팔은 생물학적 원본에 못 미치지만, 앞
으로 발전 가능성은 무한하다. 예컨대 원본보다 훨씬 더 강한 힘을
지니도록 만들 수 있다. 그 앞에서는 권투 챔피언도 자신이 약하다
고 느낄 것이다. 게다가 몇 년마다 교체할 수도 있으며 몸에서 분리
해 원격 조종할 수 있다는 장점도 있다. 미국 노스캐롤라이나 주 듀

크 대학교의 과학자들은 최근 붉은털원숭이의 뇌에 전극을 심어 이 가능성을 입증했다. 전극을 이용해 뇌의 신호를 수집한 뒤 외부장치에 전송한 것이다. 이 원숭이들은 분리되어 있는 생체 팔다리를 생각만으로 제어하는 훈련을 받았다. 오로라라는 원숭이는 진짜 팔두 개를 움직이는 동시에 분리 상태의 생체공학 팔을 생각으로 움직이는 법을 학습했다. 오로라는 힌두교의 일부 여신처럼 세 팔을 가졌으며, 이 팔들은 서로 다른 방이나 심지어 다른 도시에 위치할수도 있다. 노스캐롤라이나의 실험실에 앉아서 한 팔로는 등을 다른 팔로는 머리를 긁으면서 뉴욕에서 세 번째 팔로 바나나를 훔칠수도 있는 것이다(먼 곳에서 훔친 바나나를 여기서 먹는다는 것은 아직 꿈으로 남아 있지만 말이다). 또 다른 붉은털원숭이 아이도야는 2008년 세계적 명성을 얻었다. 노스캐롤라이나의 의자에 앉아서 일본 교토에 있는 생체공학 다리 한 쌍을 생각으로 제어했던 것이다. 두 다리는 아이도야보다 스무 배 무거웠다.[17]

감금증후군이란 병이 있다. 인지능력은 정상인데 신체를 거의 혹은 전혀 움직일 수 없는 희귀질환이다. 현재까지 환자가 외부세계와 소통하는 방법은 눈을 조금 움직이는 것밖에 없었다. 하지만 몇몇 환자는 자기 뇌에 전극을 심어 뇌의 정보를 수집하게 만들었다. 이 신호를 단순히 동작만이 아니라 단어로 해석하려는 연구가 현재 진행 중이다. 실험이 성공한다면, 마침내 환자는 외부세계에 직접 말할 수 있게 될 것이다. 그리고 결국 우리는 이 기술을 이용해 다른 사람의 마음을 읽을 수 있게 될 것이다.[18]

현재 진행되는 프로젝트 중에 가장 혁명적인 것은 뇌와 컴퓨터를 직접 연결하는 방법을 고안하려는 시도다. 컴퓨터가 인간 뇌의 전기 신호를 읽어내는 동시에 뇌가 읽을 수 있는 신호를 내보내는 것이 목표다. 이런 인터페이스가 뇌와 컴퓨터를 직접 연결한다면, 혹은 여러 개의 뇌를 직접 연결한다면 어떻게 될까? 그렇게 해서 일종의 뇌 인터넷을 만들어낸다면?

만일 뇌가 집단적인 기억은행에 직접 접속할 수 있게 된다면 인간의 기억, 의식, 정체성에는 어떤 일이 일어날까? 그런 상황이 되면 가령 한 사이보그가 다른 사이보그의 기억을 검색할 수 있을 것이다. 그러면 마치 자신의 것인 듯 기억하게 된다. 이것은 남의 기억을 듣거나 자서전을 통해 읽거나 상상력을 발휘하는 것과는 다른 이야기다. 마음이 집단으로 연결되면 자아나 성정체성 같은 개념은 어떻게 될까? 어떻게 스스로를 알고 자신의 꿈을 좇을까? 그 꿈이 자신의 마음속이 아니라 모종의 집단 꿈저장소에 존재한다면 말이다.

또 다른 삶

생명의 법칙을 바꾸는 제3의 방법은 완전히 무생물적 존재를 제작하는 것이다. 대표적 예는 독립적인 진화를 겪을 수 있는 컴퓨터 프로그램이다.

최근 머신러닝이 발전한 덕분에 이러한 컴퓨터 프로그램이 스스로 진화하는 것이 이미 가능해졌다. 이런 프로그램은 비록 처음에야 인간 엔지니어에 의해 코딩되었다고 하더라도, 이후부터는 스스로 새로운 정보를 습득하고, 스스로 새로운 기술을 익히고, 자신을 창조한 인간을 뛰어넘는 통찰력을 갖출 수 있다. 즉, 프로그램이 당초 제작자가 상상하지 못했던 방향으로 자유롭게 진화할 수 있게 된 것이다.

이런 컴퓨터 프로그램은 스스로 체스를 하고, 자동차를 운전하기도 하고, 질병을 진단하고, 주식 시장에 돈을 투자하는 법을 배울 수도 있다. 모든 분야에서 점차 인류를 능가하겠지만, 반드시 서로 경쟁하게 될 것이다. 따라서 새로운 형태의 진화의 압력에 직면하게 될 것이다. 수천 개의 컴퓨터 프로그램이 주식시장에 투자를 하고, 각기 다른 전략을 쓰면서 일부 프로그램은 파산하고 일부는 또 억만장자가 될 것이다. 그리고 이 과정에서 인류는 경쟁할 수도, 이해할 수도 없는 놀라운 기술을 발전시킬 것이다. 마치 사피엔스가 침팬지에게 월스트리트를 설명할 수 없는 것과 같은 이유로 컴퓨터 역시 사피엔스에게 투자전략을 설명할 수 없을 것이다. 우리 중 다수는 결국 그런 프로그램들을 위해 일하게 될 것이다. 이 프로그램은 돈을 어디에 투자할 것인가 뿐만 아니라, 특정 직업에 누구를 고용할 것인가, 누구에게 주택 융자를 해줄 것인가, 누구를 감옥에 보낼 것인가를 결정할 것이다.

이것들은 살아 있는 피조물일까? 그 답은 '살아 있는 피조물'을 어떻게 정의하느냐에 달렸다. 이 컴퓨터 프로그램이 유기체 진화의 법칙과 한계와는 전혀 무관한 새로운 진화과정에 의해 만들어진 것은 분명한 사실이다.

또 다른 가능성을 상상해보자. 당신이 뇌를 휴대용 하드드라이브에 백업해서 노트북 컴퓨터에서 실행한다고 가정하자. 당신의 노트북은 사피엔스처럼 생각하고 느낄 수 있을까? 만일 그렇다면 그것은 당신일까, 아니면 다른 누구일까? 컴퓨터 프로그래머가 완전히 새로운 디지털 마음을 창조한다면 어떨까? 컴퓨터 코드로만 구성된 그 마음이 자아의식, 의식, 기억을 다 갖추고 있다면? 이 프로그램을 컴퓨터에서 실행하면 그것은 인격체일까? 그것을 지우면 살인죄로 기소될까?

머지않아 우리는 이런 질문에 대한 답을 얻을지도 모른다. 2005년 시작된 '블루브레인 프로젝트Blue Brain Project'는 인간의 뇌 전부를 컴퓨터 안에서 재창조하는 것을 목표로 삼고 있다. 컴퓨터 내의 전자회로가 뇌의 신경망을 고스란히 모방하게끔 하는 것이다. 이 프로젝트의 책임자에 따르면, 자금 모금이 적절히 이루어질 경우 10~20년 내에 우리는 인간과 흡사하게 말하고 행동하는 인공두뇌를 컴퓨터 내부에 가질 수 있을 것이다. 만일 성공한다면, 이것은 생명이 유기화합물이라는 작은 세계 속에서 40억 년간 배회한 끝에 마침내 비유기물의 영역으로 뛰어 들어온다는 것을 의미할 것이다. 우리가 꿈조차 꿀 수 없던 방식으로 스스로 형태를 만들어나갈 태세를 갖추고서. 인간의 마음이 오늘날의 디지털 컴퓨터와 비슷한 방식으로 작동하리라는 데 대해 모든 학자가 동의하는 것은 아니지만, 그 가능성을 무시하는 것은 어리석은 짓일 것이다(만일 작동방식이 다르다면, 오늘날의 컴퓨터는 뇌를 흉내 내지 못할 것이다). 2013년 유럽연합은 이 프로젝트에 10억 유로의 보조금을 지원하기로 결정했다.[19]

특이점

현재로서 이런 새로운 가능성 중에서 실현된 것은 극히 일부에 지나지 않는다. 하지만 2014년의 세상은 이미 문화가 생물학적 족쇄에서 스스로를 해방시키는 중이다. 우리는 외부 세계는 물론, 우리의 신체와 마음까지 조작할 능력을 갖추고 있으며, 이 능력은 위험한 속도로 발달하고 있다. 점점 더 많은 영역의 활동이 전통적인 방식에 안주하지 못하고 재검토의 대상이 되고 있다. 법률가는 프라이버시와 정체성 이슈를 다시 생각할 필요가 있으며, 정부는 의료 및 평등 문제를 다시 생각해야 할 필요에 직면하고 있다. 체육단체와 교육기관은 페어 플레이와 성취를 다시 정의할 필요가 있다. 연금기금과 노동시장은 60세가 30세처럼 활동할 수 있는 세상에 다시 적응해야 한다. 이들 모두는 생명공학, 사이보그, 비유기적 생명체 등의 난제를 처리해야 한다. 인간 유전체 지도를 처음 만드는 데는 15년의 세월과 30억 달러의 자금이 소요되었지만, 오늘날에는 몇백 달러만 들이면 몇 주일 만에 한 사람의 DNA 지도를 만들 수 있다.[20]

맞춤 의학의 시대, 환자의 DNA에 맞춤 치료를 하는 의학의 시대는 이미 도래했다. 머지않아 당신의 주치의는 좀 더 자신 있게 당신이 간암에 걸릴 위험이 크지만 심근경색 위험은 걱정하지 않아도 된다고 말해줄 수 있을 것이다. 92퍼센트의 사람들에게 효과가 있는 유명한 약이 당신에게는 맞지 않는다는 것도, 다른 사람들에게는 치명적인 약이 당신에게는 꼭 맞는 효과를 낸다는 것도 알아낼 수 있을 것이다. 거의 완벽한 의료의 시대로 가는 길이 우리 눈앞에 펼쳐져 있다.

하지만 의학지식의 진보에 따라 새로운 윤리적 난제가 대두될 것이다. 윤리학자와 법률 전문가들은 벌써 DNA 프라이버시라는 난제를 붙들고 씨름하고 있다. 보험회사가 우리의 DNA 검사자료를 요구한 뒤 그 속에서 무모한 행동을 하게 만드는 유전적 성향을 발견할 경우, 보험료를 인상할 수 있을까? 우리는 취업하고 싶은 회사로부터 이력서가 아니라 DNA 자료를 전송해달라는 요구를 받게 될까? 고용주가 사람을 채용할 때 DNA가 더 나아 보인다는 이유로 선택해도 될까? 그런 경우 우리는 '유전적 차별'을 이유로 소송을 제기할 수 있을까? 새로운 피조물이나 장기를 개발한 회사는 그 DNA 염기서열에 특허등록을 할 수 있을까? 특정한 닭을 소유하는 것은 가능하겠지만 특정한 종 전체도 소유할 수 있을까?

이 같은 딜레마는 불멸이라는 문제가 갖는 윤리적, 사회적, 정치적 함의에 비하면 사소한 것이다. 우리가 초인간을 창조해낼 가능성이 지니는 함의에 비해서도 그렇다. 세계인권선언, 전 세계 정부들의 의료 프로그램, 국민 건강보험 프로그램, 세계 각국의 헌법은 인간사회는 그 구성원 모두에게 공평한 의학적 치료를 제공하며 상당한 수준의 건강을 유지하게 해줄 의무가 있다는 데 동의한다. 의료가 주로 질병 예방과 환자 치료의 문제이던 시절에는 이 규정에 아무 문제가 없었다. 하지만 의학이 몰두하는 주제가 인간 능력의 강화에 있는 시대가 온다면, 어떤 일이 일어날까? 모든 인간에게 강화된 능력을 부여받을 자격이 있을까, 아니면 초인간 엘리트 족속이 새로 생겨날까?

현대는 역사상 처음으로 모든 인간이 기본적으로 평등하다는 사실을 인정한 시대이며, 사람들은 이 사실을 자랑스러워한다. 하지만 우리는 이제 역사상 유례없는 불평등을 창조할 만반의 태세를 갖추고 있다. 역사를 통틀어 언제나 상류계급은 자신들이 하류계급보다 똑똑하고 강건하며 전반적으로 우수하다는 주장을 펼쳤다. 이들은 언제나 스스로를 속였다. 사실 가난한 농부에게서 태어난 아기의 지능은 황태자의 그것과 다를 바가 없다. 하지만 이제 새로운 의학적 능력의 도움을 받는다면, 상류계층의 허세가 머지않아 객관적 현실이 될지도 모른다. 이것은 과학소설이 아니다. 대부분의 과학소설 줄거리는 우리와 똑같은 사피엔스가 빛의 속도로 달리는 우주선이나 레이저 총 같은 우월한 기술을 지닌 세상을 그리고 있다. 거기서 핵심이 되는 윤리적, 지적 딜레마는 우리가 사는 이 세상에서 가져간 것들이다. 이런 소설은 미래를 배경으로 현재 우리의 정서적, 사회적 긴장관계를 재생산하는 데 불과하다.

하지만 미래 기술의 진정한 잠재력은 호모 사피엔스 자체를 변화시키는 것이다. 단순히 수송 수단과 무기만이 아니라 우리의 감정과 욕망까지 말이다. 영원히 젊은 사이보그에 비하면 우주선은 아무것도 아니다. 이 사이보그가 번식도 하지 않고, 성별도 없으며, 다른 존재들과 생각을 직접 공유할 수 있다면 더욱 그렇다. 집중하고 기억하는 능력은 인간의 수천 배에 이르며, 화를 내거나 슬퍼하지 않는 대신 우리가 상상조차 할 수 없는 감정과 욕망을 가지고 있다면 말할 것도 없다. 과학 소설이 이런 미래를 그리는 경우는 드문데, 왜냐하면 정의상 정확한 묘사가 불가능하기 때문이다. 한마디로 이해 불능인 것이다. 어떤 슈퍼사이보그의 삶에 대한 영화를 만든다는 것은 네안데르탈인 관객을 위해 연극 〈햄릿〉을 만드는 것과 비슷하다. 아마도 우리와 미래의 주인공들의 차이는 우리와 네안데르탈인의 차이보다 더욱 클 것이다. 적어도 우리와 네안데르탈인은 같은 인간이지만, 우리의 후계자들은 신 비슷한 존재일 것이다.

물리학자들은 빅뱅을 특이점으로 정의한다. 그것은 알려진 모든 자연법칙이 존재하지 않는 지점이다. 시간도 존재하지 않았다. 그러므로 빅뱅 '이전에' 무엇이 존재했다고 말하는 것은 무의미하다. 우리는 새로운 특이점에 빠른 속도로 접근하고 있는지 모른다. 우리 세계에 의미를 부여했던 모든 개념—나, 너, 남자, 여자, 사랑, 미움—이 완전히 무관해지는 지점 말이다. 그 지점을 넘어서 벌어지는 일들은 그게 무엇이든 우리에게 아무 의미도 없다.

프랑켄슈타인의
예언

1818년 메리 셸리는 소설 《프랑켄슈타인》을 출판했다. 우월한 존재를 창조하려 시도한 과학자가 결국 괴물을 만들어 낸다는 이야기다. 지난 2세기 동안 이 이야기는 수없이 많은 버전으로 되풀이되어, 새로운 과학적 신화의 골자가 되었다. 얼핏 보기에 프랑켄슈타인 이야기는 경고 같다. 우리가 신의 행세를 하려 들고 생명을 조작하면 심한 벌을 받게 되리라는 경고 말이다. 하지만 이 이야기에는 더욱 깊은 의미가 있다.

프랑켄슈타인 신화는 호모 사피엔스로 하여금 종말의 날이 빠르게 다가오고 있다는 사실을 직감하게 만든다. 핵 재앙이나 생태적 재앙이 우리를 먼저 파괴해 버리지 않는 한, 지금과 같은 속도로 기술이 발달한다면 호모 사피엔스가 완전히 다른 존재로 대체되는 시대가 곧 올 것이다. 그 존재는 체격뿐 아니라 인지나 감정 면에서 우리와 매우 다를 것이다.

이런 생각은 대부분의 사피엔스를 극단적으로 불안하게 만든다. 우리는 미래에 우리와 똑같은 사람들이 빠른 우주선을 타고 이 행성에서 저 행성으로 여행하리라고 믿고 싶다.

미래에는 우리와 동일한 감정과 정체성을 지닌 존재가 더 이상 존재하지 않으며 우리의 자리는 우리보다 능력이 훨씬 더 뛰어난 외계 생명체가 차지할 것이란 가능성은 생각하고 싶지 않다.

그래서 우리는 프랑켄슈타인 박사가 창조할 수 있는 것은 오직 끔찍한 괴물뿐이며, 세상을 구하려면 그 괴물을 파괴해야만 한다는 판타지 속에서 위안을 찾는다. 우리가 그런 식의 이야기를 좋아하는 까닭은 그런 이야기가 우리가 모든 존재 중 가장 우수하며 우리보다 우수한 존재는 과거에도 미래에도 존재할 수 없다는 것을 함축하기 때문이다. 우리를 개선하려는 시도는 필연적으로 실패하게 마련인데, 왜냐하면 설사 신체가 개선될 수 있다 할지라도 우리의 정신은 손댈 수 없는 것이기 때문이라는 것이다.

우리가 과학자들이 신체뿐 아니라 정신도 조작할 수 있다는 사실을 받아들이려면 힘든 시간을 거쳐야 할 것이다. 미래의 프랑켄슈타인 박사는 우리보다 진실로 우월한 존재를, 우리가 네안데르탈인을 바라보듯이 우리를 무시하면서 바라볼 무언가를 창조할 수 있다는 사실에 대해서도 마찬가지다.

오늘날의 프랑켄슈타인 박사들이 이런 예언을 정말로 실현할지 여부는 불확실하다. 미래는 알 수 없다. 만일 지난 몇 페이지에서 나왔던 예측들이 모두 실현된다면, 놀라운 일일 것이다. 역사는 우리에게 한 모퉁이만 돌면 금방 일어날 것 같아 보이는 일도 미처 예상치 못한 장애로 실현 불가능해질 수 있다는 점을 가르쳐주고 있다. 그 결과 예상 밖의 시나리오가 현실이 될 수도 있다. 1940년대에 원자력의 시대가 갑자기 도래했을 때, 2000년쯤에는 원자력을 활용하는 다양한 세계가 펼쳐질 것이라는 예상이 만발했었다.

스푸트니크 위성과 아폴로 11호 우주선이 세계의 상상력에 불을 지폈을 당시, 사람들은 앞다투어 20세기 말이 되면 우리가 화성과 명왕성에 건설한 우주 식민지에 살게 될 것이라고 예상했었다. 이런 예측 중에서 실현된 것은 거의 없다. 그러나 한편 인터넷의 존재를 예상한 사람은 아무도 없었다.

그러니 디지털 존재들이 제기하는 소송에 대비하기 위해 책임보험에 가입하기에는 아직 이르다. 앞에 서술한 환상 혹은 악몽은 그저 상상력을 일깨우기 위한 자극제일 뿐이다. 우리가 진지하게 받아들여야 할 것은, 역사의 다음 단계에는 기술적, 유기적 영역뿐 아니라 인간의 의식과 정체성에도 근본적인 변형이 일어나리라는 생각이다. 또한 이러한 변형은 너무나 근본적이어서 사람들은 '인간적'이라는 용어 자체에 의문을 품게 될 것이라는 생각이다. 앞으로 남은 시간이 얼마나 될까? 알 수 없는 일이다. 이미 언급했듯이 2050년이 되면 일부 사람들이 이미 죽지 않는 존재가 되어 있을 것이라고 말하는 사람도 있다. 이보다 온건한 사람들은 다음 세기 혹은 다음 천 년에 대해서 말한다. 하지만 7만 년에 걸친 사피엔스의 역사라는 관점에서 보면 몇 세기 정도는 별것 아니다.

만일 사피엔스의 역사가 정말 막을 내릴 참이라면, 우리는 그 마지막 세대로서 마지막으로 남은 하나의 질문에 답하는 데 남은 시간의 일부를 바쳐야 할 것이다. "우리는 무엇이 되고 싶은가?" '인간 강화' 문제라고도 불리는 이 질문에 비하면 오늘날 정치인이나 철학자, 학자, 보통사람 들이 몰두하고 있는 논쟁은 사소한 것이다. 어쨌든 오늘날의 종교, 이데올로기, 국가, 계급 사이에서 벌어지고 있는 논쟁은 호모 사피엔스의 종말과 함께 사라질 것이 너무나 분명하기 때문이다.

만일 우리 후손들의 의식이 작동하는 차원이 정말로 우리와 완전히 다르다면(혹은 우리의 의식을 넘어서서 우리가 생각조차 할 수 없는 차원이 될 가능성이 상당하지만), 그들이 기독교나 이슬람교에 관심을 갖는다거나, 사회조직이 자본주의나 공산주의라거나, 성별이 남성과 여성으로 갈린다거나 하는 일이 벌어질 가능성은 낮다.

그럼에도 역사상의 위대한 논쟁들은 중요하다. 적어도 이 신들의 첫 세대만큼은 인간 설계자들의 문화적 아이디어에 따라 그 모습이 결정될 것이기 때문이다. 그들은 어떤 이미지에 따라 창조될까? 자본주의? 이슬람? 페미니즘? 이 질문에 대한 답에 따라, 그들이 가는 길은 방향이 완전히 달라질 수 있다.

대부분의 사람들은 이에 대해 생각하지 않는 편을 선호한다. 심지어 생명윤리 분야조차 "무엇이 금지된 행위인가?" 하는 다른 질문에 마음을 쏟고 싶어 한다. 살아 있는 사람을 상대로 유전적 실험을 하는 것은 허용되는가? 낙태된 태아에 대해서는? 줄기세포에 대해서는? 양을 복제하는 것은 윤리적인가? 침팬지는? 사람은? 이런 질문들은 물론 중요하다. 하지만 우리가 여기서 이대로 브레이크를 밟고 호모 사피엔스를 다른 종류의 존재로 업그레이드하는 과학 프로젝트들을 중단하리라고 생각한다면 순진한 착각이다.

이런 프로젝트들은 불멸을 향한 탐구—길가메시 프로젝트—와 떼려야 뗄 수 없이 깊게 얽혀 있기 때문이다. 과학자들에게 왜 유전체를 연구하는지, 왜 뇌를 컴퓨터에 연결하려고 시도하는지, 왜 컴퓨터 안에 마음을 창조하려고 노력하는지 물어보라. 당신이 듣게 될 표준적 답변은 십중팔구 다음과 같을 것이다. 병을 고치고 사람들의 목숨을 살리기 위해서. 이것이 표준적인 정당화다. 아무도 여기에는 토를 달기 어렵기 때문이다. 사실은 정신질환을 치료하는 것보다는 컴퓨터 속에 마음을 창조하는 것이 훨씬 더 극적인 함의를 가지지만 말이다.

길가메시 프로젝트가 과학의 주력상품인 이유가 여기에 있다. 길가메시 프로젝트는 과학이 하는 모든 일을 정당화하는 구실을 한다. 프랑켄슈타인 박사는 길가메시의 어깨에 목말을 타고 있다. 길가메시를 막는 것은 불가능하기 때문에, 프랑켄슈타인을 막는 것도 불가능하다. 우리가 시도할 수 있는 유일한 행동은 이들이 가고 있는 방향에 영향을 미치는 것이다.

우리는 머지않아 스스로의 욕망 자체도 설계할 수 있을 것이다. 그러므로 아마도 우리가 마주하고 있는 진정한 질문은 "우리는 어떤 존재가 되고 싶은가?"가 아니라 "우리는 무엇을 원하고 싶은가?"일 것이다. 이 질문이 섬뜩하게 느껴지지 않는 사람이 있다면, 아마 이 문제를 깊이 고민해보지 않은 사람일 것이다.

신이 된 동물

7만 년 전, 호모 사피엔스는 아프리카의 한구석에서 자기 앞가림에만 신경을 쓰는 별 중요치 않은 동물이었다. 이후 몇만 년에 걸쳐, 이 종은 지구 전체의 주인이자 생태계 파괴자가 되었다. 오늘날 이들은 신이 되려는 참이다. 영원한 젊음을 얻고 창조와 파괴라는 신의 권능을 가질 만반의 태세를 갖추고 있다. 불행히도 지구상에 지속되어온 사피엔스 체제가 이룩한 것 중에서 자랑스러운 업적은 찾아보기 어렵다. 우리는 주위 환경을 굴복시키고, 식량생산을 늘리고, 도시를 세우고, 제국을 건설하고, 널리 퍼진 교역망을 구축했다. 하지만 우리가 세상의 고통의 총량을 줄였을까? 인간의 역량은 크게 늘어났지만, 개별 사피엔스의 복지를 개선시키는 데는 이르지 못했다. 뿐만 아니라 그로 인해 다른 동물들에게는 큰 불행을 야기하는 일이 되풀이되었다.

지난 몇십 년간 우리는 인간의 조건에 대해서는 마침내 약간의 실질적인 진보를 이룩했다. 기근과 전염병과 전쟁이 줄어들었다. 하지만 다른 동물들의 상황은 과거 어느 때보다 빠른 속도로 악화되고 있다. 대다수 인간의 상황이 개선되고 있지만, 이는 극히 최근의 일이며 확신하기에는 상황이 지나치게 불안정하다.

더구나 인간의 능력이 놀라울 정도로 커졌음에도 불구하고 여전히 스스로의 목표를 확신하지 못하고 있으며 예나 지금이나 불만족스러워하기는 마찬가지인 듯하다. 우리의 기술은 카누에서 갤리선과 증기선을 거쳐 우주왕복선으로 발전해왔지만, 우리가 어디로 가고 있는지는 아무도 모른다. 과거 어느 때보다 강력한 힘을 떨치고 있지만, 이 힘으로 무엇을 할 것인가에 관해서는 생각이 거의 없다. 이보다 더욱 나쁜 것은 인류가 과거 어느 때보다도 무책임하다는 점이다. 우리는 친구라고는 물리법칙밖에 없는 상태로 스스로를 신으로 만들면서 아무에게도 책임을 느끼지 않는다. 그 결과 우리의 친구인 동물들과 주위 생태계를 황폐하게 만든다. 오로지 자신의 안락함과 즐거움 이외에는 추구하는 것이 거의 없지만, 그럼에도 결코 만족하지 못한다.

스스로 무엇을 원하는지도 모르는 채 불만스러워하며 무책임한 신들, 이보다 더 위험한 존재가 또 있을까?

《사피엔스》는 2011년 이스라엘에서 히브리어로 출간된 이래 30개 이상의 언어로 번역된 국제적인 베스트셀러다. 저자는 옥스퍼드 대학교에서 박사학위를 받고 예루살렘의 히브리 대학교에서 세계사를 가르치는 유발 노아 하라리 박사. 스스로 재레드 다이아몬드의 《총, 균, 쇠》에서 가장 큰 영감을 받았다고 밝힌 그는 '빅히스토리'를 서술한다. "매우 큰 질문들을 제기하고 여기에 과학적으로 답변하는 것이 가능하다는 사실을《총, 균, 쇠》는 보여주었다."

저자는 생물학과 역사학을 결합한 큰 시각으로 우리 종, 즉 호모 사피엔스의 행태를 개관한다. 약 3만 년 전까지만 해도 지구상에는 최소한 여섯 종의 호모(사람) 종이 있었다. 예컨대 동부 아프리카에는 우리의 조상인 호모 사피엔스가, 유럽에는 네안데르탈인이, 아시아 일부에는 직립원인이 거주했다. 모두가 호모, 즉 사람 속屬의 구성원이다. 하지만 오늘날에는 우리 종밖에 남지 않았다.

저자는 이에 덧붙여 사피엔스가 이르는 곳마다 대형 동물들이 멸종했음을 지적하며 다음과 같이 말한다. "우리는 생물학 역사상 가장 치명적인 종이다. 생태학적 연쇄살인범이라고 할 수 있다. 우리가 이미 멸망시킨 종이 얼마나 많은지 안다면 아직 살아 있는 종을 보호할 동기를 충분히 느낄 수 있을 것이다."

호모 사피엔스가 세상을 지배하게 된 것은 다수가 유연하게 협동할 수 있는 유일한 동물이기 때문이다. 이것이 이 책의 주된 주장이다. 더 나아가 이 같은 협동이 가능한 것은 오로지 상상 속에만 존재하는 것들을 믿을 수 있는 독특한 능력 덕분이라고 한다. 신, 국가, 돈, 인권 등이 그런 예다. 인간의 대규모 협동 시스템—종교, 정치 체제, 교역망, 법적 제도—은 모두가 궁극적으로는 허구, 즉 지어낸 이야기를 기반으로 하고 있다는 것이다. 이것은 "우리 종의 가장 독특한 특징일 것"이라고 저자는 말한다.

그에 따르면 우리 종의 역사는 세 가지 혁명을 중심으로 파악할 수 있다. 인지혁명(우리가 똑똑해진 시기), 농업혁명(자연을 길들여 우리가 원하는 일을 하게 만든 시기), 과학혁명(우리가 위험할 정도의 힘을 갖게 된 시기)이다.

호모 사피엔스는 불과 20여만 년 전에 등장했다. 그 이후 대부분의 시간 동안 인류는 동아프리카를 떠돌며 수렵채집을 하는 중요치 않은 유인원 집단에 불과했다. 그리고 약 7만 년 전부터 이들은 매우 특별한 행동을 하기 시작했다. 아프리카를 벗어나 세계 곳곳으로 퍼져나간 것이다. 재레드 다이어몬드는 이를 '대약진Great Leap Forward'이라고 했다. 그동안 선박, 전투용 도끼, 아름다운 예술을 발명했으며, 이것이 바로 인류를 변화시킨 첫 혁명인 인지혁명이다.

그런데 무슨 일이 일어난 것일까? 저자는 아직 발견되지 않은

'지식의 나무 돌연변이'를 근거로 제시한다. 이 덕분에 뇌의 배선이 바뀌어서 완전히 새로운 유형의 언어를 이용해 의사소통을 할 수 있게 되었다는 것이다. 그래서 집단과 집단 간의 협력이 가능해졌다고 한다.

이후 약 12,000년 전 인류는 농업혁명에 돌입했다. 수렵채집 시기에서 농업의 시기로 전환하기 시작한 것이다. 오늘날 우리가 먹는 식량의 90퍼센트는 기원전 9500~3500년에 우리가 길들인 가축과 농작물에 기원을 두고 있다. 우리의 부엌은 고대 농부의 것과 크게 다르지 않다는 말이다.

농업 덕분에 가용 식량은 늘어났지만, 이 같은 번영의 결과는 행복이 아니라 인구 폭발과 만족한 엘리트였다. 농부는 수렵채집인들보다 더욱 열심히 일했지만 그 식단은 빈약했고 건강도 더 나빴다. 잉여 농산물은 특권을 가진 소수의 손으로 들어갔고, 이것은 다시 압제에 사용되었다. 농업혁명은 역사상 가장 큰 사기였다. 인류가 밀을 길들인(작물화한) 것이 아니라 밀이 우리를 길들였다는 것이 저자의 시각이다. 땀 흘려 자신을 키우게 만들었다는 것이다. 농업혁명은 제국을 출현시키고 교역망을 확대했으며 돈이나 종교 같은 '상상의 질서'를 낳았다.

과학혁명은 약 5백 년 전 일어났다. 이것은 자본주의와 제국주의의 성장, 글로벌화, 에너지 생산과 소비의 확대, 환경파괴를 불렀다. 이것은 차례로 250년 전의 산업혁명, 약 50년 전의 정보혁명을 유발했다. 후자가 일으킨 생명공학 혁명은 아직도 진행 중이다. 문제는 우리의 감정과 욕구가 이 중 어느 혁명에 의해서도 달라지지 않았다는 점이다. 우리의 식습관, 우리의 감정, 성적 특질은 수렵채집 시대에 맞춰진 우리의 마음이 후기 산업사회의 환경과 상호작용한 결과이다. 거대 도시, 항공기, 전화, 컴퓨터…… "오늘날 우리는 먹을 것이 가득 찬 냉장고가 딸린 고층 아파트에 살지만 우리의 DNA는 우리가 여전히 사바나에 있다고 생각한다." 설탕과 지방에 대한 우리의 강력한 욕구가 대표적인 증거다.

유발 하라리는 과학혁명의 후속편인 생명공학 혁명이 결국 다다르는 곳은 '길가메시 프로젝트'라고 주장한다('길가메시'는 죽음을 없애버리려 했던 고대 메소포타미아의 영웅이다). 인간에게 영원한 생명을 주는 것을 목표로 하는 이 프로젝트가 결국 성공하리란 것을 저자는 의심하지 않는다. 인류는 앞으로 몇 세기 지나지 않아 사라질 것이다. 생명공학적 신인류, 영원히 살 수 있는 사이보그로 대체될 것이다. 환경파괴로 인해 스스로 멸망의 길을 걷지 않는다면 말이다.

하지만 영생은 더 큰 행복을 가져다주지는 않는다. 인간의 일상적 행복은 물질적 환경과는 거의 상관이 없다는 유명한 연구결과를 제시한다. 돈은 차이를 가져오지만 그것은 가난을 벗어나게 해주었을 때뿐이다. 그 단계를 넘어서면 돈이 더 많아져도 행복 수준은 거의 혹은 전혀 달라지지 않는다. 복권에 당첨되면 잠시 행복해질 수는 있지만 대략 1년 6개월이 지나면 일상적 행복은 예전 수준으로 돌아온다.

저자는 한 인터뷰에서 사피엔스가 놀라울 정도로 잘하는 영역이 있는가 하면, 같은 정도로 잘못한 영역도 있다고 말한 바 있다. "인간은 새로운 힘을 얻는 데는 극단적으로 유능하지만 이 같은 힘을 더 큰 행복으로 전환하는 데는 매우 미숙하다. 우리가 전보다 훨씬 더 큰 힘을 지녔는데도 더 행복해지지 않은 이유가 여기에 있다."

번역을 하는 과정에서 저자의 독특하고도 흥미진진한 주장을 도처에서 접하는 즐거움이 있었다. "우리는 언어능력 덕분에 공통의 신화 혹은 허구를 발명할 수 있었다. 그중 가장 중요한 세 가지는 화폐, 종교, 제국이었다. 이것이 대륙을 가로지르며 사람들을 결속했다." "자본주의는 경제이론이라기보다 일종의 종교이다. 제국은 지난 2천 년을 통틀어 가장 성공적인 정치체제였다. 오늘날 가축의 취급 방식은 역사상 가장 큰 범죄다. 현대인은 옛 시대의 사람들에 비해 그다지 행복하지 않다. 인간은 현재 스스로를 신으로 업그레이드하는 과정에 있다……"

물론 이 책의 주장에는 상당한 반론과 논란이 있을 수 있다. 인지혁명이 7만 년 전에 실제로 일어났는가가 그런 예다. 그보다 수만 년 내지는 수십만 년 전부터 인류의 지능이 높았다는 증거들이 있지만 그동안 부당하게 무시되어왔다는 주장이 대두된다. 과학혁명에 대해서도 '그런 이름의 급격한 혁명 같은 것은 없다'는 이론이 오히려 힘을 얻고 있다고 한다.

나의 의견은 이렇다. "빅히스토리가 새롭게 각광받는 것은 문제의식이 새롭기 때문이다. 증거가 충분할 리 없다. 거대한 질문을 제기하고 그에 대한 과학적인 답을 찾으려 노력하는 과정 자체가 핵심이다. 열린 마음으로 인간이라는 종을 바라보는 새로운 시각을 따라가보자."

참고문헌

• 지면의 제약이 있어, 이 책에서 인용한 참고문헌은 일부만 제시합니다. 전체 참고문헌이 필요하신 분은
다음 웹사이트를 방문해 주십시오. http://www.ynharari.com/sapiens-references/

1장 — 별로 중요치 않은 동물

1   Ann Gibbons, 'Food for Thought: Did the First Cooked Meals Help Fuel
the Dramatic Evolutionary Expansion of the Human Brain?', *Science*
316:5831(2007), 1558-1560.

2장 — 지식의 나무

1   Robin Dunbar, *Grooming, Gossip, and the Evolution of Language*(Cambridge,
Mass.: Harvard University Press, 1998).

2   Frans de Waal, *Chimpanzee Politics: Power and Sex among Apes*(Baltimore:
Johns Hopkins University Press, 2000); Frans de Waal, *Our Inner Ape:
A Leading Primatologist Explains Why We Are Who We Are*(New York:
Riverhead Books, 2005); Michael L. Wilson and Richard W. Wrangham,
'Intergroup Relations in Chimpanzees', *Annual Review of Anthropology*
32(2003), 363-392; M. McFarland Symington, 'Fission-Fusion Social
Organization in *Ateles and Pan*', *International Journal of Primatology*,

II:1(1990), 49; Colin A. Chapman and Lauren J. Chapman, 'Determinants of Groups Size in Primates: The Importance of Travel Costs', in *On the Move: How and Why Animals Travel in Groups*, ed. Sue Boinsky and Paul A. Garber(Chicago: University of Chicago Press, 2000), 26.

3   Dunbar, *Grooming, Gossip and the Evolution of Language*, 69-79; Leslie C. Aiello and R. I. M. Dunbar, 'Neocortex Size, Group Size, and the Evolution of Language', *Current Anthropology* 34:2(1993), 189. For criticism of this approach see: Christopher McCarthy et al., 'Comparing Two Methods for Estimating Network Size', *Human Organization* 60:1(2001), 32; R. A. Hill and R. I. M. Dunbar, 'Social Network Size in Humans', *Human Nature* 14:1(2003), 65.

4   Yvette Taborin, 'Shells of the French Aurignacian and Perigordian', in *Before Lascaux: The Complete Record of the Early Upper Paleolithic*, ed. Heidi Knecht, Anne Pike-Tay and Randall White(Boca Raton: CRC Press, 1993), 211-28.

5   G. R. Summerhayes, 'Application of PIXE-PIGME to Archaeological Analysis of Changing Patterns of Obsidian Use in West New Britain, Papua New Guinea', in *Archaeological Obsidian Studies: Method and Theory*, ed. Steven M. Shackley(New York: Plenum Press, 1998), 129-58.

3장 — 아담과 이브가 보낸 어느 날

1   Christopher Ryan and Cacilda Jethá, *Sex at Dawn: The Prehistoric Origins of Modern Sexuality*(New York: Harper, 2010); S. Beckerman and P. Valentine (eds.), *Cultures of Multiple Fathers. The Theory and Practice of Partible Paternity in Lowland South America*(Gainesville: University Press of Florida,

2002).

2   Noel G. Butlin, *Economics and the Dreamtime: A Hypothetical History* (Cambridge: Cambridge University Press, 1993), 98-101; Richard Broome, *Aboriginal Australians* (Sydney: Allen & Unwin , 2002), 15; William Howell Edwards, *An Introduction to Aboriginal Societies* (Wentworth Falls, NSW: Social Science Press, 1988), 52.

3   Fekri A. Hassan, *Demographic Archaeology* (New York: Academic Press, 1981), 196-199; Lewis Robert Binford, *Constructing Frames of Reference: An Analytical Method for Archaeological Theory Building Using Hunter-Gatherer and Environmental Data Sets* (Berkeley: University of California Press, 2001), 143.

4   Brian Hare, *The Genius of Dogs: How Dogs Are Smarter Than You Think* (Dutton: Penguin Group, 2013).

5   Christopher B. Ruff, Erik Trinkaus and Trenton W. Holliday, 'Body Mass and Encephalization in Pleistocene *Homo*', *Nature* 387 (1997), 173-176; M. Henneberg and M. Steyn, 'Trends in Cranial Capacity and Cranial Index in Subsaharan Africa During the Holocene', *American Journal of Human Biology* 5:4 (1993): 473-479; Drew H. Bailey and David C. Geary, 'Hominid Brain Evolution: Testing Climatic, Ecological, and Social Competition Models', *Human Nature* 20 (2009): 67-79; Daniel J. Wescott and Richard L. Jantz, 'Assessing Craniofacial Secular Change in American Blacks and Whites Using Geometric Morphometry', in *Modern Morphometrics in Physical Anthropology: Developments in Primatology: Progress and Prospects*, ed. Dennis E. Slice (New York: Plenum Publishers, 2005), 231-245.

6   Nicholas G. Blurton Jones et al., 'Antiquity of Postreproductive Life: Are There Modern Impacts on Hunter-Gatherer Postreproductive Life

Spans?', *American Journal of Human Biology* 14(2002), 184-205.

7   Kim Hill and A. Magdalena Hurtado, *Aché Life History: The Ecology and Demography of a Foraging People* (New York: Aldine de Gruyter, 1996), 164, 236.

8   Ibid., 78.

9   Vincenzo Formicola and Alexandra P. Buzhilova, 'Double Child Burial from Sunghir(Russia): Pathology and Inferences for Upper Paleolithic Funerary Practices', *American Journal of Physical Anthropology* 124:3(2004), 189-198; Giacomo Giacobini, 'Richness and Diversity of Burial Rituals in the Upper Paleolithic', *Diogenes* 54:2(2007), 19-39.

10   I. J. N. Thorpe, 'Anthropology, Archaeology and the Origin of Warfare', *World Archaeology* 35:1(2003), 145-165; Raymond C. Kelly, *Warless Societies and the Origin of War* (Ann Arbor: University of Michigan Press, 2000); Azar Gat, *War in Human Civilization* (Oxford: Oxford University Press, 2006); Lawrence H. Keeley, *War before Civilization: The Myth of the Peaceful Savage* (Oxford: Oxford University Press, 1996); Slavomil Vencl, 'Stone Age Warfare', in *Ancient Warfare: Archaeological Perspectives*, ed. John Carman and Anthony Harding (Stroud: Sutton Publishing, 1999), 57-73.

4장 ─ 대홍수

1   James F. O'Connel and Jim Allen, 'Pre-LGM Sahul(Pleistocene Australia - New Guinea) and the Archaeology of Early Modern Humans', in *Rethinking the Human Revolution: New Behavioural and Biological Perspectives on the Origin and Dispersal of Modern Humans*, ed. Paul Mellars, Ofer Bar-Yosef, Katie Boyle(Cambridge: McDonald Institute for Archaeological Research, 2007), 395-410; James F. O'Connel and Jim Allen, 'When

Did Humans First Arrive in Greater Australia and Why Is it Important to Know?', *Evolutionary Anthropology*, 6:4(1998), 132-146; James F. O' Connel and Jim Allen, 'Dating the Colonization of Sahul (Pleistocene Australia-New Guinea): A Review of Recent Research', *Journal of Radiological Science* 31:6(2004), 835-853; Jon M. Erlandson, 'Anatomically Modern Humans, Maritime Voyaging, and the Pleistocene Colonization of the Americas', in *The first Americans: the Pleistocene Colonization of the New World*, ed. Nina G. Jablonski (San Francisco: University of California Press, 2002), 59-60, 63-64; Jon M. Erlandson and Torben C. Rick, 'Archeology Meets Marine Ecology: The Antiquity of Maritime Cultures and Human Impacts on Marine Fisheries and Ecosystems', *Annual Review of Marine Science* 2(2010), 231-251; Atholl Anderson, 'Slow Boats from China: Issues in the Prehistory of Indo-China Seafaring', *Modern Quaternary Research in Southeast Asia*, 16(2000), 13-50; Robert G. Bednarik, 'Maritime Navigation in the Lower and Middle Paleolithic', *Earth and Planetary Sciences* 328(1999), 559-560; Robert G. Bednarik, 'Seafaring in the Pleistocene', *Cambridge Archaeological Journal* 13:1(2003), 41-66.

2   Timothy F. Flannery, *The Future Eaters : An Ecological History of the Australasian Lands and Peoples* (Port Melbourne: Reed Books Australia, 1994); Anthony D. Barnosky et al., 'Assessing the Causes of Late Pleistocene Extinctions on the Continents', *Science* 306:5693(2004): 70-75; Barry W. Brook and David M. J. S. Bowman, 'The Uncertain Blitzkrieg of Pleistocene Megafauna', *Journal of Biogeography* 31:4(2004), 517-523; Gifford H. Miller et al., 'Ecosystem Collapse in Pleistocene Australia and a Human Role in Megafaunal Extinction,' *Science* 309:5732(2005), 287-290; Richard G. Roberts et al., 'New Ages for the Last Australian

Megafauna: Continent Wide Extinction about 46,000 Years Ago', *Science* 292:5523(2001), 1,888–1,892.

3   Stephen Wroe and Judith Field, 'A Review of Evidence for a Human Role in the Extinction of Australian Megafauna and an Alternative Explanation', *Quaternary Science Reviews* 25:21–22(2006), 2,692–2,703; Barry W. Brooks et al., 'Would the Australian Megafauna Have Become Extinct If Humans Had Never Colonised the Continent? Comments on "A Review of the Evidence for a Human Role in the Extinction of Australian Megafauna and an Alternative Explanation" by S. Wroe and J. Field', *Quaternary Science Reviews* 26:3–4(2007), 560–564; Chris S. M. Turney et al., 'Late-Surviving Megafauna in Tasmania, Australia, Implicate Human Involvement in their Extinction', *Proceedings of the National Academy of Sciences* 105:34(2008), 12,150–12,153.

4   John Alroy, 'A Multispecies Overkill Simulation of the End-Pleistocene Megafaunal Mass Extinction', *Science*, 292:5523(2001), 1,893–1,896; O' Connel and Allen, 'Pre-LGM Sahul', 400–401.

5   L. H. Keeley, 'Proto-Agricultural Practices Among Hunter-Gatherers: A Cross-Cultural Survey', in *Last Hunters, First Farmers: New Perspectives on the Prehistoric Transition to Agriculture*, ed. T. Douglas Price and Anne Birgitte Gebauer(Santa Fe: School of American Research Press, 1995), 243–272; R. Jones, 'Firestick Farming', *Australian Natural History* 16(1969), 224–228.

6   David J. Meltzer, *First Peoples in a New World: Colonizing Ice Age America*(Berkeley: University of California Press, 2009).

7   Paul L. Koch and Anthony D. Barnosky, 'Late Quaternary Extinctions: State of the Debate', *Annual Review of Ecology, Evolution, and Systematics*

37(2006), 215-250; Anthony D. Barnosky et al., 'Assessing the Causes of Late Pleistocene Extinctions on the Continents', 70-75.

5장 — 역사상 최대의 사기

1   The map is based mainly on: Peter Bellwood, *First Farmers: The Origins of Agricultural Societies*(Malden: Blackwell Publishing, 2005).

2   Jared Diamond, *Guns, Germs, and Steel: The Fates of Human Societies*(New York: W. W. Norton, 1997)

3   Gat, *War in Human Civilization*, 130-131; Robert S. Walker and Drew H. Bailey, 'Body Counts in Lowland South American Violence', *Evolution and Human Behavior* 34(2013), 29-34.

4   Katherine A. Spielmann, 'A Review: Dietary Restriction on Hunter -Gatherer Women and the Implications for Fertility and Infant Mortality', *Human Ecology* 17:3(1989), 321-345. 또한 다음을 보라: Bruce Winterhalder and Eric Alder Smith, 'Analyzing Adaptive Strategies: Human Behavioral Ecology at Twenty Five', *Evolutionary Anthropology* 9:2(2000), 51-72.

5   Alain Bideau, Bertrand Desjardins and Hector Perez-Brignoli (eds.), *Infant and Child Mortality in the Past*(Oxford: Clarendon Press, 1997); Edward Anthony Wrigley et al., *English Population History from Family Reconstitution*, 1580-1837(Cambridge: Cambridge University Press, 1997), 295-296, 303.

6   Manfred Heun et al., 'Site of Einkorn Wheat Domestication Identified by DNA Fingerprints', *Science* 278:5341(1997), 1,312-1,314.

7   Charles Patterson, *Eternal Treblinka: Our Treatment of Animals and the Holocaust*(New York: Lantern Books, 2002), 9-10; Peter J. Ucko and G.

W. Dimbleby(eds.), *The Domestication and Exploitation of Plants and Animals*(London: Duckworth, 1969), 259.

8   Avi Pinkas(ed.), *Farmyard Animals in Israel-Research, Humanism and Activity* (Rishon Le-Ziyyon: The Association for Farmyard Animals, 2009 [Hebrew]), 169-199; 'Milk Production-the Cow'[Hebrew], The Dairy Council, accessed 22 March 2012, http://www. milk. org. il/cgi-webaxy/sal/sal. pl?lang=he&ID=645657_milk&act=show&dbid=katavot&dataid=cow. htm

9   Edward Evan Evans-Pritchard, *The Nuer: A Description of the Modes of Livelihood and Political Institutions of a Nilotic People*(Oxford: Oxford University Press, 1969); E. C. Amoroso and P. A. Jewell, 'The Exploitation of the Milk-Ejection Reflex by Primitive People', in *Man and Cattle: Proceedings of the Symposium on Domestication at the Royal Anthropological Institute, 24-26 May 1960*, ed. A. E. Mourant and F. E. Zeuner(London: The Royal Anthropological Institute, 1963), 129-134.

10   Johannes Nicolaisen, *Ecology and Culture of the Pastoral Tuareg*(Copenhagen: National Museum, 1963), 63.

6장 — 피라미드 건설하기

1   Angus Maddison, *The World Economy*, vol. 2(Paris: Development Centre of the Organization of Economic Co-operation and Development, 2006), 636; 'Historical Estimates of World Population', U. S. Census Bureau, accessed 10 December 2010, http://www. census. gov/ipc/www/worldhis. html.

2   Robert B. Mark, *The Origins of the Modern World: A Global and Ecological Narrative*(Lanham, MD: Rowman & Littlefield Publishers, 2002), 24.

3   Raymond Westbrook, 'Old Babylonian Period', in *A History of Ancient Near Eastern Law*, vol. I, ed. Raymond Westbrook(Leiden: Brill, 2003), 361–430; Martha T. Roth, *Law Collections from Mesopotamia and Asia Minor*, 2nd edn. (Atlanta: Scholars Press, 1997), 71–142; M. E. J. Richardson, *Hammurabi's Laws: Text, Translation and Glossary*(London: T & T Clark International, 2000).

4   Roth, *Law Collections from Mesopotamia*, 76.

5   Ibid., 121.

6   Ibid., 122–123.

7   Ibid., 133–134.

8   Constance Brittaine Bouchard, *Strong of Body, Brave and Noble: Chivalry and Society in Medieval France*(New York: Cornell University Press, 1998), 99; Mary Martin McLaughlin, 'Survivors and Surrogates: Children and Parents from the Ninth to Thirteenth Centuries', in *Medieval Families: Perspectives on Marriage, Household and Children*, ed. Carol Neel(Toronto: University of Toronto Press, 2004), 81 n.; Lise E. Hull, *Britain's Medieval Castles*(Westport: Praeger, 2006), 144.

7장 — 메모리 과부하

1   Andrew Robinson, *The Story of Writing*(New York: Thames and Hudson, 1995), 63; Hans J. Nissen, Peter Damerow and Robert K. Englung, *Archaic Bookkeeping: Writing and Techniques of Economic Administration in the Ancient Near East*(Chicago, London: The University of Chicago Press, 1993), 36.

2   Marcia and Robert Ascher, *Mathematics of the Incas- Code of the Quipu*(New York: Dover Publications, 1981).

3   Gary Urton, *Signs of the Inka Khipu* (Austin: University of Texas Press, 2003);
    Galen Brokaw, *A History of the Khipu* (Cambridge: Cambridge University
    Press, 2010).

4   Stephen D. Houston (ed.), *The First Writing: Script Invention as History and
    Process* (Cambridge: Cambridge University Press, 2004), 222.

8장 — 역사에 정의는 없다

1   Sheldon Pollock, 'Axialism and Empire', in *Axial Civilizations and World
    History*, ed. Johann P. Arnason, S. N. Eisenstadt and Björn Wittrock
    (Leiden: Brill, 2005), 397-451.

2   Harold M. Tanner, *China: A History* (Indianapolis: Hackett, Pub. Co., 2009), 34.

3   Ramesh Chandra, *Identity and Genesis of Caste System in India* (Delhi: Kalpaz
    Publications, 2005); Michael Bamshad et al., 'Genetic Evidence on the
    Origins of Indian Caste Population', *Genome Research* II (2001): 904-1,004;
    Susan Bayly, *Caste, Society and Politics in India from the Eighteenth Century to
    the Modern Age* (Cambridge: Cambridge University Press, 1999).

4   Houston, *First Writing*, 196.

5   The Secretary-General, United Nations, *Report of the Secretary-General on
    the In-depth Study on All Forms of Violence Against Women*, delivered to the
    General Assembly, UN Doc. A/16/122/Add. I (6 July 2006), 89.

6   Sue Blundell, *Women in Ancient Greece* (Cambridge, Mass.: Harvard University
    Press, 1995), 113-29, 132-33.

1   Francisco López de Gómara, *Historia de la Conquista de Mexico*, vol. I, ed. D. Joaquin Ramirez Cabañes(Mexico City: Editorial Pedro Robredo, 1943), 106.

2   Andrew M. Watson, 'Back to Gold-and Silver', *Economic History Review* 20:1(1967), 11-12; Jasim Alubudi, *Repertorio Bibliográfico del Islam*(Madrid: Vision Libros, 2003), 194.

3   Watson, 'Back to Gold-and Silver', 17-18.

4   David Graeber, *Debt: The First 5,000 Years*(Brooklyn, NY: Melville House, 2011).

5   Glyn Davies, *A History of Money: from Ancient Times to the Present Day* (Cardiff: University of Wales Press, 1994), 15.

6   Szymon Laks, *Music of Another World*, trans. Chester A. Kisiel(Evanston, Ill.: Northwestern University Press, 1989), 88-89. 아우슈비츠의 '시장'은 죄수 중 특정 계층만이 이용할 수 있었으며 시간의 경과에 따라 여건이 극적으로 달라졌다.

7   Niall Ferguson, *The Ascent of Money*(New York: The Penguin Press, 2008), 4.

8   보리 화폐에 대한 정보는 출판되지 않은 다음 박사학위 논문에 의존하였다: Refael Benvenisti, 'Economic Institutions of Ancient Assyrian Trade in the Twentieth to Eighteenth Centuries BC(Hebrew University of Jerusalem, unpublished PhD thesis, 2011). 또한 다음을 보라. Norman Yoffee, 'The Economy of Ancient Western Asia', in *Civilizations of the Ancient Near East*, vol. I, ed. J. M. Sasson(New York: C. Scribner's Sons, 1995), 1,387-1,399; R. K. Englund, 'Proto-Cuneiform Account-Books and Journals', in *Creating Economic Order: Record-keeping, Standardization, and the Development of Accounting in the Ancient Near East*, ed. Michael Hudson

and Cornelia Wunsch(Bethesda, MD: CDL Press, 2004), 21-46; Marvin A. Powell, 'A Contribution to the History of Money in Mesopotamia prior to the Invention of Coinage', in *Festschrift Lubor Matouš*, ed. B. Hruška and G. Komoróczy(Budapest: Eötvös Loránd Tudományegyetem, 1978), 211-243; Marvin A. Powell, 'Money in Mesopotamia', *Journal of the Economic and Social History of the Orient*, 39:3(1996), 224-242; John F. Robertson, 'The Social and Economic Organization of Ancient Mesopotamian Temples', in *Civilizations of the Ancient Near East*, vol. 1, ed. Sasson, 443-500; M. Silver, 'Modern Ancients', in *Commerce and Monetary Systems in the Ancient World: Means of Transmission and Cultural Interaction*, ed. R. Rollinger and U. Christoph(Stuttgart: Steiner, 2004), 65-87; Daniel C. Snell, 'Methods of Exchange and Coinage in Ancient Western Asia', in *Civilizations of the Ancient Near East*, vol. 1, ed. Sasson, 1,487-1,497.

11장 __ 제국의 비전

1   Nahum Megged, *The Aztecs*(Tel Aviv: Dvir, 1999 [Hebrew]), 103.

2   Tacitus, *Agricola*, ch. 30(Cambridge, Mass.: Harvard University Press, 1958), 220-221.

3   A. Fienup-Riordan, *The Nelson Island Eskimo: Social Structure and Ritual Distribution*(Anchorage: Alaska Pacific University Press, 1983), 10.

4   Yuri Pines, 'Nation States, Globalization and a United Empire-the Chinese Experience(third to fifth centuries BC)', *Historia* 15(1995), 54 [Hebrew].

5   Alexander Yakobson, 'Us and Them: Empire, Memory and Identity in Claudius' Speech on Bringing Gauls into the Roman Senate', in *On*

Memory: An Interdisciplinary Approach, ed. Doron Mendels (Oxford: Peter Land, 2007), 23-24.

12장 ─ 종교의 법칙

1   W. H. C. Frend, *Martyrdom and Persecution in the Early Church* (Cambridge: James Clarke & Co., 2008), 536-537.

2   Robert Jean Knecht, *The Rise and Fall of Renaissance France*, 1483 -1610 (London: Fontana Press, 1996), 424.

3   Marie Harm and Hermann Wiehle, *Lebenskunde fuer Mittelschulen-Fuenfter Teil. Klasse* 5 fuer Jungen (Halle: Hermann Schroedel Verlag, 1942), 152-157.

13장 ─ 성공의 비결

1   Susan Blackmore, *The Meme Machine* (Oxford: Oxford University Press, 1999).

14장 ─ 무지의 발견

1   David Christian, *Maps of Time: An Introduction to Big History* (Berkeley: University of California Press, 2004), 344-345; Angus Maddison, *The World Economy*, vol. 2 (Paris: Development Centre of the Organization of Economic Co-operation and Development, 2001), 636; 'Historical Estimates of World Population', US Census Bureau, accessed 10 December 2010, http://www.census.gov/ipc/www/worldhis.html.

2   Maddison, *The World Economy*, vol. I, 261.

3   'Gross Domestic Product 2009', The World Bank, Data and Statistics, accessed 10 December 2010, http://siteresources. worldbank. org/ DATASTATISTICS/Resources/GDP. pdf.

4   Christian, *Maps of Time*, 141.

5   오늘날 가장 큰 선박은 약 10만 톤까지 실을 수 있다. 1470년 세계의 모든 배가 실을 수 있는 짐을 모두 합쳐도 32만 톤을 넘지 않았다. 1570년 이 수치는 73만 톤으로 늘었다. (Maddison, *The World Economy*, vol. I, 97).

6   세계 최대 은행인 스코틀랜드 왕립은행(The Royal Bank of Scotland)은 2007년 예금고가 1조 3천억 달러라고 보고했다. 이는 1500년 연간 세계 총생산액의 다섯 배다. 다음을 보라 'Annual Report and Accounts 2008', The Royal Bank of Scotland, 35, accessed 10 December 2010, http://files,shareholder. com/downloads/RBS/626570033x0x278481/eb7a003a-5c9b-41ef-bad3- 81fb98a6c823/RBS_GRA_2008_09_03_09. pdf.

7   Ferguson, *Ascent of Money*, 185-198.

8   Maddison, *The World Economy*, vol. I, 31; Wrigley, *English Population History*, 295; Christian, *Maps of Time*, 450, 452; 'World Health Statistic Report 2009', 35-45, World Health Organization, accessed 10 December 2010 http://www. who. int/whosis/whostat/EN_WHS09_Full. pdf.

9   Wrigley, *English Population History*, 296.

10 'England, Interim Life Tables, 1980-82 to 2007-09', Office for National Statistics, accessed 22 March 2012 http://www.ons.gov.uk/ons/ publications/re-reference-tables. html?edition=tcm%3A77-61850

11 Michael Prestwich, *Edward I* (Berkley: University of California Press, 1988), 125-126.

12 Jennie B. Dorman et al., 'The *age-1* and *daf-2* Genes Function in a Common Pathway to Control the Lifespan of *Caenorhabditis elegans*',

Genetics 141:4(1995), 1,399-1,406; Koen Houthoofd et al., 'Life Extension via Dietary Restriction is Independent of the Ins/IGF-1 Signaling Pathway in *Caenorhabditis elegans*,' *Experimental Gerontology* 38:9(2003), 947-954.

13 Shawn M. Douglas, Ido Bachelet, and George M. Church, 'A Logic-Gated Nanorobot for Targeted Transport of Molecular Payloads', *Science* 335:6070(2012): 831-834; Dan Peer et al., 'Nanocarriers As An Emerging Platform for Cancer Therapy', *Nature Nanotechnology* 2(2007): 751-760; Dan Peer et al., 'Systemic Leukocyte-Directed siRNA Delivery Revealing Cyclin D1 as an Anti-Inflammatory Target', *Science* 319:5863(2008): 627-630.

15장 — 과학과 제국의 결혼

1 Stephen R. Bown, *Scurvy: How a Surgeon, a Mariner and a Gentleman Solved the Greatest Medical Mystery of the Age of Sail*(New York: Thomas Dunne Books, St. Matin's Press, 2004); Kenneth John Carpenter, *The History of Scurvy and Vitamin* C(Cambridge: Cambridge University Press, 1986).

2 James Cook, *The Explorations of Captain James Cook in the Pacific, as Told by Selections of his Own Journals 1768-1779*, ed. Archibald Grenfell Price(New York: Dover Publications, 1971), 16-17; Gananath Obeyesekere, *The Apotheosis of Captain Cook: European Mythmaking in the Pacific*(Princeton: Princeton University Press, 1992), 5; J. C. Beaglehole, ed., *The Journals of Captain James Cook on His Voyages of Discovery*, vol. I(Cambridge: Cambridge University Press, 1968), 588.

3 Mark, *Origins of the Modern World*, 81.

4 Christian, *Maps of Time*, 436.

5 John Darwin, *After Tamerlane: The Global History of Empire since 1405* (London: Allen Lane, 2007), 239.

6 Soli Shahvar, 'Railroads i. The First Railroad Built and Operated in Persia', in the Online Edition of *Encyclopaedia Iranica*, last modified 7 April 2008, http://www.iranicaonline.org/articles/railroads-i; Charles Issawi, 'The Iranian Economy 1925-1975: Fifty Years of Economic Development', in *Iran under the Pahlavis*, ed. George Lenczowski (Stanford: Hoover Institution Press, 1978), 156.

7 Mark, *The Origins of the Modern World*, 46.

8 Kirkpatrik Sale, *Christopher Columbus and the Conquest of Paradise* (London: Tauris Parke Paperbacks, 2006), 7-13.

9 Edward M. Spiers, *The Army and Society: 1815-1914* (London: Longman, 1980), 121; Robin Moore, 'Imperial India, 1858-1914', in *The Oxford History of the British Empire: The Nineteenth Century*, vol. 3, ed. Andrew Porter (New York: Oxford University Press, 1999), 442.

10 Vinita Damodaran, 'Famine in Bengal: A Comparison of the 1770 Famine in Bengal and the 1897 Famine in Chotanagpur', *The Medieval History Journal* 10:1-2 (2007), 151.

16장 — 자본주의의 교리

1 Maddison, *World Economy*, vol. I, 261, 264; 'Gross National Income Per Capita 2009, Atlas Method and PPP', The World Bank, accessed 10 December 2010, http://siteresources. worldbank. org/DATASTATISTICS/Resources/GNIPC. pdf.

2 빵집 사례에서 내가 사용한 수학은 아주 정확한 것은 아니다. 은행은 예금 1달러당 10달러를 대출해줄 수 있기 때문에, 예금이 1백 만 달러가 있다면 은행은 91,000달러를 지불준비금으로 남기고 909,000달러를 기업가에게 대출해줄 수 있다. 하지만 나는 독자들이 편안하도록 근사값을 이용했다. 게다가 은행이 반드시 규칙을 따르는 것도 아니다.

3 Carl Trocki, *Opium, Empire and the Global Political Economy* (New York: Routledge, 1999), 91.

4 Georges Nzongola-Ntalaja, *The Congo from Leopold to Kabila: A People's History* (London: Zed Books, 2002), 22.

17장 — 산업의 바퀴

1 Mark, *Origins of the Modern World*, 109.

2 Nathan S. Lewis and Daniel G. Nocera, 'Powering the Planet: Chemical Challenges in Solar Energy Utilization', *Proceedings of the National Academy of Sciences* 103:43(2006), 15,731.

3 Kazuhisa Miyamoto(ed.), 'Renewable Biological Systems for Alternative Sustainable Energy Production', *FAO Agricultural Services Bulletin* 128 (Osaka: Osaka University, 1997), chapter 2.1.1, accessed 10 December 2010, http://www.fao.org/docrep/W7241E/w7241e06.htm#2.1.1percent 20solarpercent20energy; James Barber, 'Biological Solar Energy', *Philosophical Transactions of the Royal Society A* 365:1853(2007), 1007.

4 'International Energy Outlook 2010', US Energy Information Administration, 9, accessed 10 December 2010, http://www.eia.doe.gov/ oiaf/ieo/pdf/0484(2010).pdf.

5 S. Venetsky, '"Silver" from Clay', *Metallurgist* 13:7(1969), 451; Fred

Aftalion, *A History of the International Chemical Industry* (Philadelphia: University of Pennsylvania Press, 1991), 64; A. J. Downs, *Chemistry of Aluminum, Gallium, Indium and Thallium* (Glasgow: Blackie Academic & Professional, 1993), 15.

6   Jan Willem Erisman et al, 'How a Century of Ammonia Synthesis Changed the World', *Nature Geoscience* 1(2008), 637.

7   G. J. Benson and B. E. Rollin(eds.), *The Well-Being of Farm Animals: Challenges and Solutions* (Ames, IA: Blackwell, 2004); M. C. Appleby, J. A. Mench, and B. O. Hughes, *Poultry Behaviour and Welfare* (Wallingford: CABI Publishing, 2004); J. Webster, *Animal Welfare: Limping Towards Eden* (Oxford: Blackwell Publishing, 2005); C. Druce and P. Lymbery, *Outlawed in Europe: How America is Falling Behind Europe in Farm Animal Welfare* (New York: Archimedean Press, 2002).

8   Harry Harlow and Robert Zimmermann, 'Affectional Responses in the Infant Monkey', *Science* 130:3373(1959), 421-432; Harry Harlow, 'The Nature of Love', *American Psychologist* 13(1958), 673-685; Laurens D. Young et al., 'Early stress and later response to separation in rhesus monkeys', *American Journal of Psychiatry* 130:4(1973), 400-405; K. D. Broad, J. P. Curley and E. B. Keverne, 'Mother-infant bonding and the evolution of mammalian social relationships', *Philosophical Transactions of the Royal Society B* 361:1476(2006), 2,199-2,214; Florent Pittet et al., 'Effects of maternal experience on fearfulness and maternal behaviour in a precocial bird', *Animal Behaviour* (March 2013), In Press - available online at: http://www.sciencedirect.com/science/article/pii/S0003347213000547).

9   'National Institute of Food and Agriculture', United States Department of

Agriculture, accessed 10 December 2010, http://www.csrees.usda.gov/
qlinks/extension. html.

18장 — 끝없는 혁명

1   Vaclav Smil, *The Earth's Biosphere: Evolution, Dynamics, and Change*
    (Cambridge, Mass.: MIT Press, 2002); Sarah Catherine Walpole et al., 'The
    Weight of Nations: An Estimation of Adult Human Biomass', *BMC Public
    Health* 12:439(2012), http://www. biomedcentral. com/1471-2458/12/439.

2   William T. Jackman, *The Development of Transportation in Modern England*
    (London: Frank Cass & Co., 1966), 324-327; H. J. Dyos and D. H. Aldcroft,
    *British Transport -An Economic Survey From the Seventeenth Century to the
    Twentieth*(Leicester: Leicester University Press, 1969), 124-131; Wolfgang
    Schivelbusch, *The Railway Journey: The Industrialization of Time and Space
    in the 19th Century*(Berkeley: Univeristy of California Press, 1986).

3   지난 몇십 년간 전례 없는 평화가 지속된 데 대한 상세한 논의는 특히 다음
    을 보라. Steven Pinker, *The Better Angels of Our Nature: Why Violence Has
    Declined*(New York: Viking, 2011); Joshua S. Goldstein, *Winning the War on
    War: The Decline of Armed Conflict Worldwide*(New York: Dutton, 2011); Gat,
    War in Human Civilization.

4   'World Report on Violence and Health: Summary, Geneva 2002', World
    Health Organization, accessed 10 December 2010, http://www.who.int/
    whr/2001/en/whr01_annex_en. pdf. 이전 시대의 사망률은 다음을 보라:
    Lawrence H. Keeley, *War before Civilization: The Myth of the Peaceful
    Savage*(New York: Oxford University Press, 1996).

5   'World Health Report, 2004', World Health Organization, 124, accessed 10

December 2010, http://www.who.int/whr/2004/en/report04_en.pdf.

6   Raymond C. Kelly, *Warless Societies and the Origin of War*(Ann Arbor: University of Michigan Press, 2000), 21; Gat, *War in Human Civilization*, 129-131; Keeley, *War before Civilization*.

7   Manuel Eisner, 'Modernization, Self-Control and Lethal Violence', *British Journal of Criminology* 41:4(2001), 618-638; Manuel Eisner, 'Long-Term Historical Trends in Violent Crime', *Crime and Justice: A Review of Research* 30(2003), 83-142; 'World Report on Violence and Health: Summary, Geneva 2002', World Health Organization, accessed 10 December 2010, http://www.who.int/whr/2001/en/whr01_annex_en.pdf; 'World Health Report, 2004', World Health Organization, 124, accessed 10 December, 2010, http://www.who.int/whr/2004/en/report04_en.pdf.

8   Walker and Bailey, 'Body Counts in Lowland South American Violence,' 30.

19장 — 그리고 그들은 행복하게 살았다

1   행복의 심리학과 생화학에 대해서는 다음 자료들이 좋은 출발점이 된다: Jonathan Haidt, *The Happiness Hypothesis: Finding Modern Truth in Ancient Wisdom*(New York: Basic Books, 2006); R. Wright, *The Moral Animal: Evolutionary Psychology and Everyday Life*(New York: Vintage Books, 1994); M. Csikszentmihalyi, 'If We Are So Rich, Why Aren't We Happy?', *American Psychologist* 54:10(1999): 821-827; F.A. Huppert, N. Baylis and B. Keverne (eds.) *The Science of Well-Being*(Oxford: Oxford University Press, 2005); Michael Argyle, *The Psychology of Happiness*, 2nd edition(New York: Routledge, 2001); Ed Diener(ed.), *Assessing Well-Being: The Collected*

Works of Ed Diener(New York: Springer, 2009); Michael Eid and Randy J. Larsen(eds.), *The Science of Subjective Well-Being*(New York: Guilford Press, 2008); Richard A. Easterlin(ed.), *Happiness in Economics*(Cheltenham: Edward Elgar Pub., 2002); Richard Layard, *Happiness: Lessons from a New Science*(New York: Penguin, 2005).

2 Daniel Kahneman, *Thinking, Fast and Slow*(New York: Farrar, Straus and Giroux, 2011); Inglehart et al., 'Development, Freedom, and Rising Happiness,' 278-281.

3 D. M. McMahon, *The Pursuit of Happiness: A History from the Greeks to the Present*(London: Allen Lane, 2006).

20장 — 호모 사피엔스의 종말

1 Keith T. Paige et al., 'De Novo Cartilage Generation Using Calcium Alginate-Chondrocyte Constructs', *Plastic and Reconstructive Surgery* 97:1(1996), 168-178.

2 David Biello, 'Bacteria Transformed into Biofuels Refineries', *Scientific American*, 27 January 2010, accessed 10 December 2010, http://www.scientificamerican.com/article.cfm?id=bacteria-transformed-into-biofuel-refineries.

3 Gary Walsh, 'Therapeutic Insulins and Their Large-Scale Manufacture', *Applied Microbiology and Biotechnology* 67:2(2005), 151-159.

4 James G. Wallis et al., 'Expression of a Synthetic Antifreeze Protein in Potato Reduces Electrolyte Release at Freezing Temperatures', *Plant Molecular Biology* 35:3(1997), 323-330.

5 Robert J. Wall et al., 'Genetically Enhanced Cows Resist Intramammary

Staphylococcus Aureus Infection', *Nature Biotechnology* 23:4(2005), 445−451.

6   Liangxue Lai et al., 'Generation of Cloned Transgenic Pigs Rich in Omega−3 Fatty Acids', *Nature Biotechnology* 24:4(2006), 435−436.

7   Ya−Ping Tang et al., 'Genetic Enhancement of Learning and Memory in Mice', *Nature* 401(1999), 63−69.

8   Zoe R. Donaldson and Larry J. Young, 'Oxytocin, Vasopressin and the Neurogenetics of Sociality', *Science* 322:5903(2008), 900−904; Zoe R. Donaldson, 'Production of Germline Transgenic Prairie Voles(Microtus Ochrogaster) Using Lentiviral Vectors', *Biology of Reproduction* 81:6(2009), 1,189−1,195.

9   Terri Pous, 'Siberian Discovery Could Bring Scientists Closer to Cloning Woolly Mammoth', *Time*, 17 September 2012, accessed 19 February 2013; Pasqualino Loi et al, 'Biological time machines: a realistic approach for cloning an extinct mammal', *Endangered Species Research* 14(2011), 227−233; Leon Huynen, Craig D. Millar and David M. Lambert, 'Resurrecting ancient animal genomes: The extinct moa and more', *Bioessays* 34(2012), 661−669.

10   Nicholas Wade, 'Scientists in Germany Draft Neanderthal Genome', *New York Times*, 12 February 2009, accessed 10 December 2010, http://www.nytimes. com/2009/02/13/science/13neanderthal. html?_r=2&ref=science; Zack Zorich, 'Should We Clone Neanderthals?', *Archaeology* 63:2(2009), accessed 10 December 2010, http://www.archaeology.org/1003/etc/neanderthals. html.

11   Robert H. Waterston et al., 'Initial Sequencing and Comparative Analysis of the Mouse Genome', *Nature* 420:6915(2002), 520.

12   'Hybrid Insect Micro Electromechanical Systems(HI-MEMS)',

Microsystems Technology Office, DARPA, accessed 22 March 2012, http://www.darpa.mil/Our_Work/MTO/Programs/Hybrid_Insect_Micro_ Electromechanical_Systems_percent28HI-MEMSpercent29.aspx. 다음 을 보라: Sally Adee, 'Nuclear-Powered Transponder for Cyborg Insect', *IEEE Spectrum*, December 2009, accessed 10 December 2010, http:// spectrum.ieee.org/semiconductors/devices/nuclearpowered- transponder-for-cyborg-insect?utm_source=feedburner&utm_ medium=feed&utm_campaign=Feedpercent3A+IeeeSpectrum+perce nt28IEEE+Spectrumpercent29&utm_content=Google+Reader; Jessica Marshall, 'The Fly Who Bugged Me', *New Scientist* 197:2646(2008), 40-43; Emily Singer, 'Send In the Rescue Rats', *New Scientist* 183:2466(2004), 21-22; Susan Brown, 'Stealth Sharks to Patrol the High Seas', *New Scientist* 189:2541(2006), 30-31.

13   Bill Christensen, 'Military Plans Cyborg Sharks', *Live Science*, 7 March 2006, accessed 10 December 2010, http://www.livescience.com/ technology/060307_shark_implant.html.

14   'Cochlear Implants', National Institute on Deafness and Other Communication Disorders, accessed 22 March 2012, http://www.nidcd. nih.gov/health/hearing/pages/coch.aspx

15   Retina Implant, http://www.retina-implant.de/en/doctors/technology/ default.aspx.

16   David Brown, 'For 1st Woman With Bionic Arm, a New Life Is Within Reach', *Washington Post*, 14 September 2006, accessed 10 December 2010, http://www.washingtonpost.com/wp-dyn/content/article/2006/09/13/ AR2006091302271.html?nav=E8.

17   Miguel Nicolelis, *Beyond Boundaries: The New Neuroscience of Connecting*

Brains and Machines—and How It Will Change Our Lives (New York: Times Books, 2011).

18 Chris Berdik, 'Turning Thought into Words', *BU Today*, 15 October 2008, accessed 22 March 2012, http://www.bu.edu/today/2008/turning-thoughts-into-words/.

19 Jonathan Fildes, 'Artificial Brain "10 years away"', *BBC News*, 22 July 2009, accessed 19 September 2012, http://news.bbc.co.uk/2/hi/8164060.stm

20 Radoje Drmanac et al., 'Human Genome Sequencing Using Unchained Base Reads on Self-Assembling DNA Nanoarrays', *Science* 327:5961(2010), 78-81; 'Complete Genomics' website: http://www.completegenomics.com/; Rob Waters, 'Complete Genomics Gets Gene Sequencing under 5000$(Update 1)', *Bloomberg,* 5 November 2009, accessed 10 December 2010; http://www.bloomberg.com/apps/news?pid=newsarchive&sid=aWutnyE4SoWw; Fergus Walsh, 'Era of Personalized Medicine Awaits', BBC *News*, last updated 8 April 2009, accessed 22 March 2012, http://news.bbc.co.uk/2/hi/health/7954968.stm; Leena Rao, 'PayPal Co-Founder and Founders Fund Partner Joins DNA Sequencing Firm Halcyon Molecular', *TechCrunch*, 24 September 2009, accessed 10 December 2010, http://techcrunch.com/2009/09/24/paypal-co-founder-and-founders-fund-partner-joins-dna-sequencing-firm-halcyon-molecular/.